警察憲法

경찰헌법

권순현

박영사

머리말

처음으로 헌법에 관한 기본서를 쓴 것은 2001년이었다. '신경향 헌법'이라는 이름으로 처음 책을 출판하여 여러 번의 개정을 거쳐 현재는 "헌법강의(삼조사)"라는 이름으로 기본서가 나오고 있다.

알다시피 올해부터 경찰(순경) 공채시험에 헌법 과목이 새로이 들어가서 시행을 하게 되는 첫해가 된다. 우선 범위와 관련해서는 헌법총론과 기본권 부분에서 출제가 되고 통치구조(국가 조직ㆍ작용) 부분은 출제가 되지 않는다. 이에 맞도록 기존의 기본서에서 통치구조 부분을 제외하고 헌법총론과 기본권 부분으로 기본서를 정리할 필요가 생긴 것이다. 그래서 필자는 "경찰헌법"이라는 이름의 헌법총론과 기본권 중심으로 책을 출판하게 되었다.

경찰(순경) 시험에서 헌법 과목이 처음으로 실시되므로 그 시험의 난이도나 출제 경향 등에 대하여는 예측하기는 쉽지 않다. 필자가 생각하기에는 아주 쉽게 출제되기는 어려울 것으로 본다. 왜냐하면 영어와 한국사 과목이 통과 시험이 되어서 사실상 헌법, 형사법, 경찰학개론 3과목의 성적으로 당락이 결정될 것이고, 순경 시험은 응시자가 매우 많은 시험이므로 쉽게 출제되면 많은 동점자가 발생할 수도 있기 때문이다. 시험의 수준은 9급 공무원 시험 정도의 수준이 될 것으로 예상한다.

"경찰헌법"의 내용 중에서 가장 많은 비중을 차지하는 부분은 '기본권'이고 이 부분은 많은 내용이 판례로 채워져 있다. 오늘날 법학 시험의 중심은 판례이므로 판례를 얼마나 잘 이해하고 기억하는가 하는 것으로 시험 성적이 결정될 것이다. 그래서 이 책에서는 최근 판례를 포함하여 풍부한 판례로 책을 구성하고자 하였다. 여러 기출 시험에서 이미 출제가 된 주요 판례와 최근에 변경되거나 새로 나온 판례를 빠짐없이 반영하고자 하였다. 또한 헌법총론 중에서 '지방자치제도' 부분은 최근에 지방자치법의 개정된 부분을 충실히 반영하고자 하였다.

마지막으로 판례를 잘 이해하기 위한 기초로서 책 뒷부분에 보충내용으로 '헌법재판소'를 요약하여 실었다. 통치구조에 해당하여 직접 시험 범위에는 포함되지 않으나 헌법판례를 이해하기 위한 기초가 되기 때문이다. 또한 헌법 공부에 필수적인 것으로 부록에 '대한민국헌법' 조문을 수록하였다.

이 "경찰헌법" 교재로 공부하는 여러분으로부터 많은 합격자가 나오기를 기대하며 부족한 점은 개정을 통하여 반영할 것을 약속하며 글을 마치도록 하겠다.

2022. 2. 20.

권 순 현

차례

제1편 헌법총론

제1장 헌법의 의의 ·· 3

　제1절 헌법 일반이론 ··· 3
　　Ⅰ. 헌법의 개념 ··· 3
　　Ⅱ. 역사적 발전과정에서 본 헌법개념 ······························ 4
　　Ⅲ. 실질적 의미의 헌법과 형식적 의미의 헌법 ··················· 7
　제2절 헌법의 분류 ··· 9
　　Ⅰ. 고전적 · 전통적 분류 ·· 9
　　Ⅱ. 현대적 분류-독창성 여부에 따라 ······························ 10
　　Ⅲ. 존재론적 효력에 따라 ··· 10

제2장 헌법의 해석 ·· 18

　제1절 헌법해석 일반 ·· 18
　　Ⅰ. 헌법해석의 의의 ··· 18
　　Ⅱ. 헌법해석의 특성 ··· 18
　　Ⅲ. 헌법해석의 종류 ··· 18
　　Ⅳ. 헌법해석의 방법 ··· 19
　　Ⅴ. 헌법해석의 원리 ··· 20
　제2절 합헌적 법률해석 ··· 21
　　Ⅰ. 서설 ··· 21
　　Ⅱ. 합헌적 법률해석의 근거 ·· 22
　　Ⅲ. 합헌적 법률해석의 방법-한정합헌 · 한정위헌 · 질적 일부위헌 ··········· 22
　　Ⅳ. 합헌적 법률해석의 한계 ·· 23
　　Ⅴ. 합헌적 법률해석의 기속력 ·· 23
　제3절 헌법의 특성 ··· 25
　　Ⅰ. 헌법의 최고규범성 ·· 25
　　Ⅱ. 헌법의 정치규범성 ·· 26
　　Ⅲ. 헌법의 조직규범성 · 수권규범성 ································· 26

　　Ⅳ. 헌법의 생활규범성 ·· 26

　　Ⅴ. 헌법의 권력제한 규범성 · 기본권보장규범성 ························ 27

　　Ⅵ. 헌법의 역사성 · 이념성 ·· 27

　　Ⅶ. 헌법의 자기보장규범성 ·· 28

제3장 헌법의 제정과 개정 ·· 29

　제1절 헌법의 제정 ··· 29

　　Ⅰ. 헌법제정의 의의 ··· 29

　　Ⅱ. 헌법제정권력의 의의 ··· 29

　　Ⅲ. 구별개념 ··· 29

　　Ⅳ. 헌법제정권력이론의 발전 ··· 30

　　Ⅴ. 헌법제정권력의 주체 ··· 30

　　Ⅵ. 헌법제정권력의 한계 ··· 31

　　Ⅶ. 헌법제정권력의 한계의 내용 ·· 31

　　Ⅷ. 현행 헌법의 태도 ·· 31

　제2절 헌법의 개정 ··· 32

　　Ⅰ. 헌법개정의 의의 ··· 32

　　Ⅱ. 헌법개정의 필요성 ·· 32

　　Ⅲ. 헌법개정의 형식 ··· 32

　　Ⅳ. 헌법개정의 한계 ··· 32

　　Ⅴ. 헌법개정 한계의 내용 ·· 33

　　Ⅵ. 현행 헌법상의 한계 ··· 34

　　Ⅶ. 현행 헌법상의 헌법의 개정 ··· 35

　제3절 헌법의 변천 ··· 36

　　Ⅰ. 서설 ·· 36

　　Ⅱ. 헌법변천의 인정 여부 ·· 36

　　Ⅲ. 헌법변천의 유형과 성립요건 ·· 37

　　Ⅳ. 헌법변천의 예 ··· 37

　　Ⅴ. 헌법변천의 한계 ··· 38

제4장 헌법의 보장(보호, 수호) ·· 39

　제1절 헌법보장 ··· 39

　　Ⅰ. 의의 ·· 39

Ⅱ. 헌법보장의 유형 ··· 39

Ⅲ. 헌법의 수호자 ·· 40

Ⅳ. 현행 헌법상 헌법보장제도 ······································ 40

Ⅴ. 헌법보장의 한계 ··· 41

제2절 저항권 ··· 41

Ⅰ. 개념 ·· 41

Ⅱ. 연혁과 입법례 ··· 41

Ⅲ. 저항권 행사의 주체와 대상 ···································· 42

Ⅳ. 저항권에 대한 태도 ··· 43

Ⅴ. 저항권의 법적 성질 ··· 43

Ⅵ. 저항권 행사의 요건 ··· 44

제3절 방어적 민주주의 ··· 45

Ⅰ. 의의 ·· 45

Ⅱ. 방어적 민주주의의 전개 ·· 45

Ⅲ. 방어적 민주주의의 기능 ·· 47

Ⅳ. 방어적 민주주의의 한계 ·· 47

Ⅴ. 판례의 태도 ·· 47

Ⅵ. 한국헌법과 방어적 민주주의 ·································· 48

제5장 대한민국 헌정사 ··· 50

제1절 건국헌법 ··· 50

제2절 제1차 헌법개정(1952.7.7. 발췌개헌) ···················· 52

제3절 제2차 헌법개정(1954.11.27. 사사오입개헌) ·········· 53

제4절 제3차 헌법개정(1960.6.15.) ································· 54

제5절 제4차 헌법개정(1960.11.29. 부칙개정) ················ 56

제6절 제5차 헌법개정(1962.12.26.) ······························ 57

제7절 제6차 헌법개정(1969.10.21. 3선개헌) ················· 58

제8절 제7차 헌법개정(1972.12.27.) ······························ 59

제9절 제8차 헌법개정(1980.10.27.) ······························ 61

제10절 제9차 헌법개정(1987.10.29.) ····························· 63

제6장 국가형태와 국가의 본질 ·· 65

제1절 민주공화국 ··· 65

Ⅰ. 의의 ··· 65

Ⅱ. 민주공화국의 의미 ··· 65

Ⅲ. 민주공화국의 법적 성격 및 규범성 ······················ 65

제2절 주권 ·· 66

Ⅰ. 주권의 의의 ··· 66

Ⅱ. 주권이론의 발전 ·· 66

제3절 국민 ·· 67

Ⅰ. 개념 ··· 67

Ⅱ. 국민의 요건 ··· 67

Ⅲ. 국민의 헌법상 지위 ··· 71

제4절 영토 ·· 79

Ⅰ. 영역의 의의 ··· 79

Ⅱ. 영토조항(제3조)의 성격 ······································ 79

Ⅲ. 헌법 제3조와 제4조의 충돌문제 ·························· 81

Ⅳ. 헌법재판소의 태도(헌재 1997.1.16. 92헌바6 등 병합) ····· 82

제7장 헌법의 기본원리 ·· 84

제1절 헌법전문 ··· 84

Ⅰ. 의의 ··· 84

Ⅱ. 입법례 ··· 84

Ⅲ. 법적 성격과 효력 ·· 85

Ⅳ. 헌법전문의 내용 ··· 87

제2절 국민주권주의 ··· 88

Ⅰ. 의의 ··· 88

Ⅱ. 국민주권의 내용 ··· 89

Ⅲ. 국민주권과 인민주권의 비교 ······························· 90

Ⅳ. 국민주권의 법적 성격 ··· 90

Ⅴ. 우리 헌법상 국민주권주의의 구현 ························· 91

제3절 법치주의 ··· 93

Ⅰ. 의의 ··· 93

Ⅱ. 이론의 전개 ··· 94

Ⅲ. 법치주의 구현방법 ··· 95

Ⅳ. 법치주의의 예외 ··· 96

Ⅴ. 특별권력관계 ··· 96

Ⅵ. 법치주의와 민주주의의 관계 ··· 98

제4절 사회국가원리 ·· 102

Ⅰ. 의의 ·· 102

Ⅱ. 사상적 배경 ··· 102

Ⅲ. 사회권(생존권)의 법적 성격 ··· 102

Ⅳ. 사회국가원리의 내용 ··· 103

Ⅴ. 사회국가원리의 한계 ··· 103

Ⅵ. 사회국가원리와 법치주의·민주주의와의 상호관계 ························ 103

Ⅶ. 현행 헌법상의 사회국가원리 ··· 104

제5절 문화국가원리 ·· 104

Ⅰ. 개념 ·· 104

Ⅱ. 사상적 배경 ··· 105

Ⅲ. 우리 헌법상 문화국가원리 ··· 106

제6절 민주적 기본질서 ·· 107

Ⅰ. 의의 ·· 107

Ⅱ. 민주적 기본질서의 개념 ·· 109

Ⅲ. 자유민주적 기본질서의 내용(헌법재판소 판례에 따름) ················· 109

Ⅳ. 민주적 기본질서의 보장 ·· 110

제7절 국제질서 ·· 110

Ⅰ. 국제평화주의 ··· 110

Ⅱ. 국제법 존중주의 ··· 111

Ⅲ. 국제법의 국내법적 효력 ·· 115

Ⅳ. 외국인의 법적 지위 보장 ··· 119

제8절 사회적 시장경제질서 ·· 119

Ⅰ. 사회적 시장경제의 의의 ·· 119

Ⅱ. 헌법상의 경제조항 ·· 120

Ⅲ. 한국경제헌법의 헌정사 ·· 120

Ⅳ. 경제영역에 대한 국가개입의 한계 ·· 121

Ⅴ. 경제질서의 기본정책 ··· 122

Ⅵ. 경제질서에 대한 국가적 개입의 한계 ·· 126

제9절 공무원제도 ··· 127

Ⅰ. 공무원 ·· 127

Ⅱ. 직업공무원제도(제7조 제2항) ··· 128

제10절 정당제도 ·· 132

    Ⅰ. 서설 ·· 132

    Ⅱ. 정당의 개념과 법적 성격 ·· 135

    Ⅲ. 정당의 조직 ·· 136

    Ⅳ. 정당의 권리와 의무 ·· 139

    Ⅴ. 정당의 해산 ·· 144

제11절 선거제도 ·· 150

    Ⅰ. 선거의 의의 ·· 150

    Ⅱ. 선거의 기본원리 ·· 152

    Ⅲ. 선거구제의 유형 ·· 155

    Ⅳ. 대표제의 유형 ·· 157

    Ⅴ. 우리나라의 선거제도(공직선거법) ······························ 159

    Ⅵ. 선거에 관한 소송 ·· 179

제12절 지방자치제도 ·· 182

    Ⅰ. 서설 ·· 182

    Ⅱ. 지방자치의 유형 ·· 182

    Ⅲ. 본질과 법적 성격 ·· 183

    Ⅳ. 지방자치제의 내용과 한계 ·· 183

    Ⅴ. 우리나라의 지방자치제도 ·· 184

제2편 기본권론

제1장 기본권 총론 ·· 211

제1절 기본권의 연혁 ·· 211

    Ⅰ. 영국의 발전사 ·· 211

    Ⅱ. 미국의 발전사 ·· 211

    Ⅲ. 프랑스의 발전사 ·· 212

    Ⅳ. 독일의 발전사 ·· 212

제2절 기본권의 법적 성격 ·· 212

    Ⅰ. 주관적 공권성 ·· 212

    Ⅱ. 자연권성 ·· 213

    Ⅲ. 이중적 성격(양면성) ·· 213

제3절 기본권보장과 제도적 보장 ·· 215

    Ⅰ. 제도적 보장의 의의 및 연혁 ···································· 215

    Ⅱ. 법적 성격 ·· 215

Ⅲ. 기본권보장과의 관계 ·· 216

Ⅳ. 제도적 보장과 기본권의 관계 ···························· 217

Ⅴ. 우리 헌법상 제도적 보장 ································· 217

Ⅵ. 헌재의 태도 ·· 218

제4절 기본권의 주체 ··· 219

Ⅰ. 국민 ··· 219

Ⅱ. 외국인 ··· 220

Ⅲ. 법인 ··· 222

제5절 기본권의 효력 ··· 226

Ⅰ. 기본권의 대국가적 효력 ··································· 226

Ⅱ. 기본권의 대사인적 효력 ··································· 226

Ⅲ. 기본권의 갈등 ·· 228

제6절 기본권의 제한 ··· 233

Ⅰ. 기본권 제한의 유형 ··· 233

Ⅱ. 기본권의 법률유보 ··· 238

제7절 기본권의 침해와 구제 ····································· 238

Ⅰ. 입법기관에 의한 침해와 구제 ·························· 238

Ⅱ. 행정기관에 의한 침해와 구제 ·························· 239

Ⅲ. 사법기관에 의한 침해와 구제 ·························· 240

Ⅳ. 사인에 의한 기본권의 침해와 구제 ·················· 240

Ⅴ. 기본권보호의 최후수단으로는 저항권을 들 수 있다. ·········· 240

Ⅵ. 국가인권위원회법 ·· 240

제2장 인간의 존엄과 평등 ··· 244

제1절 인간의 존엄과 행복추구권 ······························· 244

Ⅰ. 인간의 존엄과 가치 ··· 244

Ⅱ. 행복추구권 ·· 248

Ⅲ. 국가의 기본권보장의무(제10조 제2문 후단) ········· 259

Ⅳ. 생명권 ··· 261

Ⅴ. 인격권 ··· 268

제2절 평등권 ··· 274

Ⅰ. 의의 ··· 274

Ⅱ. 법적 성격 ·· 274

Ⅲ. 주체와 효력 ·· 274

　Ⅳ. 내용 ··· 275

　Ⅴ. 우리 헌법상 개별적 평등조항 ·· 281

　Ⅵ. 평등의 원칙에 대한 예외 ··· 282

제3장 자유권적 기본권 ··· 296

　제1절 자유권적 기본권의 의의 ··· 296

　　Ⅰ. 자유권의 개념 ··· 296

　　Ⅱ. 법적 성격 ··· 296

　　Ⅲ. 분류 ·· 296

　제2절 신체의 자유 ·· 297

　　Ⅰ. 적법절차의 원리(제12조 제1항) ·· 297

　　Ⅱ. 진술거부권 및 고문을 받지 아니할 권리(제12조 제2항) ············· 302

　　Ⅲ. 영장제도(제12조 제3항) ··· 304

　　Ⅳ. 변호인의 조력을 받을 권리(제12조 제4항) ······························· 310

　　Ⅴ. 체포·구속이유 등 고지·통지제도(제12조 제5항) ······················· 315

　　Ⅵ. 체포·구속적부심사제도(제12조 제6항) ····································· 316

　　Ⅶ. 자백의 증거능력 및 증명력 제한(제12조 제7항) ························ 320

　　Ⅷ. 죄형법정주의(제12조 제1항 후단, 제13조 제1항 전단) ·············· 321

　　Ⅸ. 일사부재리의 원칙(제13조 제1항) ·· 330

　　Ⅹ. 소급입법의 금지(제13조 제2항) ··· 333

　　ⅩⅠ. 연좌제 금지(제13조 제3항) ·· 334

　　ⅩⅡ. 무죄추정의 원칙(제27조 제4항) ·· 335

제4장 사회적·경제적 자유 ·· 338

　제1절 거주 이전의 자유 ··· 338

　제2절 직업선택의 자유 ··· 341

　제3절 영업의 자유와 한계 ·· 345

　제4절 재산권의 보장 ··· 360

　제5절 주거의 자유 ·· 381

　제6절 사생활의 비밀과 자유 ··· 382

　제7절 통신의 자유 ·· 391

　제8절 소비자의 권리 ··· 398

제5장 정신적 자유 ·· 400

    제1절 양심의 자유 ·· 400

    제2절 종교의 자유 ·· 408

    제3절 국교부인과 정교분리(제20조 제2항) ············ 410

    제4절 언론 · 출판의 자유 ······································ 412

    제5절 집회 · 결사의 자유 ······································ 432

    제6절 학문의 자유 ·· 446

    제7절 대학의 자치(제31조 제4항) ························ 448

    제8절 예술의 자유 ·· 451

제6장 정치적 기본권(참정권) ································ 453

    제1절 정치적 기본권 일반 ···································· 453

    제2절 선거권 ··· 454

    제3절 공무담임권 ·· 456

    제4절 국민표결권(국민투표권) ···························· 462

제7장 청구권적 기본권 ·· 465

    제1절 청구권적 기본권 ·· 465

    제2절 청원권 ··· 466

    제3절 재판청구권(제27조 제1항) ························ 471

    제4절 형사보상청구권 ·· 490

    제5절 국가배상청구권 ·· 496

    제6절 범죄피해구조청구권 ·································· 507

제8장 생존권(사회적 기본권) ································ 515

    제1절 생존권 일반 ·· 515

    제2절 교육을 받을 권리 ······································ 516

    제3절 근로의 권리 ·· 524

    제4절 근로자의 노동3권(제33조) ························ 529

    제5절 인간다운 생활을 할 권리(제34조 제1항) ····· 541

    제6절 환경권 ··· 546

    제7절 혼인 · 가족 · 모성 · 보건 ·························· 550

제9장 국민의 기본의무 ·· 559

    제1절 국민의 기본적 의무 ·· 559

    제2절 국민의 기본적 의무의 내용 ·· 559

      Ⅰ. 고전적인 국민의 의무 ··· 560

      Ⅱ. 현대적 의무 ·· 561

보충 내용

제1장 헌법재판제도(헌법재판소) ·· 563

    제1절 헌법재판제도 개관 ·· 563

    제1강 헌법재판의 의의 ·· 563

    제2강 헌법재판의 기능 ·· 563

    제3강 헌법재판소의 구성 ·· 563

    제2절 헌법재판의 유형 ·· 564

    제1강 위헌법률심판 ·· 564

    제2강 헌법소원심판 ·· 567

    제3강 탄핵심판 ·· 572

    제4강 정당해산심판 ·· 573

    제5강 권한쟁의심판 ·· 574

부록

대한민국헌법 ·· 579

제1편
헌법총론

제1장 헌법의 의의
제2장 헌법의 해석
제3장 헌법의 제정과 개정
제4장 헌법의 보장(보호, 수호)
제5장 대한민국 헌정사
제6장 국가형태와 국가의 본질
제7장 헌법의 기본원리

제1장 헌법의 의의

헌법 일반이론/헌법의 분류

제1절 헌법 일반이론

Ⅰ. 헌법의 개념

헌법(Constitution Verfassung)은 국가적 공동체의 존재형태와 기본적 가치질서에 대한 국민적 합의를 법규범적인 논리체계로 정립한 국가의 기본법으로 이해할 수 있다. 헌법은 국가적 공동체의 현실적 권력관계라고 하는 정치적 사실이라는 측면(사회학적 헌법개념)과 정치적 권력관계를 법적으로 규율하는 법규범이라는 측면(법학적 헌법개념)이라는 양면성을 동시에 가지고 있기 때문이다. 다만 헌법의 개념은 일의적인 것은 아니고, 다음과 같은 여러 관점에 따라 다의적으로 규정될 수 있는 개념이다.

1. 사회학적 헌법개념

정치적 사실(sein)로 파악한다.

① 라살레(Lassalle): 정치적 · 사실적 권력관계로서의 헌법을 강조한다.

② 스멘트(Smend): 정치적 통합과정의 원리로서의 헌법을 설명한다.

③ 슈미트(Schmitt): 헌법 제정권력의 정치적 근본결단으로서의 헌법을 설명한다.

2. 법학적 헌법개념

국가생활에 있어야 할 당위(sollen)로 파악한다.

▶ 켈젠(Kelsen): 국내법상 최상위에 위치하는 근본규범

3. 이중적 헌법개념이란 헌법의 사실적 측면과 규범적 측면을 모두 헌법의 본질로 파악하였다(H. Heller).

Ⅱ. 역사적 발전과정에서 본 헌법개념

1. 고유한 의미의 헌법

고유한 의미의 헌법이란 역사성이 배제된 헌법개념으로서 국가의 통치체제, 즉 국가의 구성과 조직에 관한 기본사항을 정한 국가의 기본법을 의미한다. 고유한 의미의 헌법은 동·서양을 막론하고 국가가 존재하는 곳이면 어떠한 형태로든 반드시 존재한다.

(1) 국가의 조직과 작용에 관한 기본법이다.

(가) "국가가 있으면 헌법이 있다."고 할 때 헌법은 고유한 의미의 헌법이다. 고유한 의미의 헌법은 모든 국가에 존재한다.

(나) 성문·불문헌법과 무관하고 존재형식, 시간·장소에 관계없이 존재한다.

(2) 기본권 규정과는 무관하다. 즉, 기본권 규정은 근대 입헌주의에서 출현했는데, 헌법에 기본권 규정이 없어도 고유한 의미의 헌법은 가능하다.

2. 근대입헌주의헌법

근대입헌주의적 헌법이란 자연법적인 국가계약이론을 기초로 하여 단순한 국가 구성과 조직에 관한 기본법에 머무르는 것이 아니라, 기본권 보장과 권력 분립에 의하여 국가권력의 남용을 억제하는 것을 내용으로 하는 헌법이다.

(1) 근대입헌주의의 이론적 토대

(가) 자유와 권리의 불가침성   자유와 권리는 국가에 의해서 실정법에 근거하여 부여된 것이 아니라 신의 의지 또는 인간의 속성에 따른 것이고 인간의 자유와 권리를 보장하기 위해 국가를 형성하였으므로 국가권력에 의한 인간의 자유와 권리침해는 허용되지 아니한다.

(나) 국가관   절대군주로 상징되는 국가는 자유와 권리의 침해자이므로 국가 작용은 자유와 권리의 침해작용이다. 따라서 무제한 국가권력행사를 허용하는 절대국가, 절대군주는 인정될 수 없고 제한국가, 입헌군주만이 허용된다. 어떠한 국가권력도 헌법 하위에 있으므로 헌법을 침해할 수 없다. 또한 국가는 사회질서 유지를 위한 최소한의 국가이어야 한다. 따라서 최소한의 국가가 최선의 국가이다.

(다) 자유주의   시민사회를 구성하는 개인은 합리적인 판단능력을 가진 이성

적 존재이다. 따라서 개인은 자신의 욕망에 따라 행위하도록 하더라도 경제, 문화 영역의 시민사회는 가장 안정적으로 형성되고 유지·발전된다(조화예정설). 국가의 사회영역에 대한 개입은 오히려 시민의 자유와 권리를 침해하므로 국가는 이에 개입해서는 안 된다.

(라) 권력분립   절대주의시대에 있어서는 절대군주가 입법권, 집행권, 사법권을 모두 장악한 결과 군주가 권력을 남용하여 시민의 자유와 권리의 침해가 발생하였다 하더라도 자유와 권리침해를 배제할 방법이 없었다. 따라서 권력은 분리되어야 하고 다른 권력에 의해 상호견제·통제됨으로써 권력의 남용에 의한 권리의 침해를 배제함으로써 시민의 자유와 권리를 보장해야 한다는 권력분립은 근대입헌주의의 주요특징이다.

(마) 법치국가원리   절대주의하에서 군주는 자신의 자의적인 의사에 따라 국가권력을 행사함으로써 시민의 자유와 권리가 침해되었다. 따라서 시민의 자유와 권리를 시민의 대표인 의회가 제정한 법률에 근거하지 아니하고는 제한할 수 없다. 다만, 국가는 시민의 자유로운 의사와 행위에 의해 형성된 사회질서를 시민이 대표인 의회가 제정한 법률에 따라 유지해야 할 뿐이다(시민적 법치국가론).

(2) 외견적 입헌주의

(가) 역사적 배경   진정한 입헌주의헌법은 시민혁명을 통해 절대국가·절대군주가 타도되어야 성립할 수 있는 헌법이다. 영국, 미국, 프랑스에서 절대국가는 정치 현실적으로 타도되었으나, 독일은 시민혁명이 성공하지 못해 정치 현실적으로 절대국가가 유지되었다. 따라서 독일에서의 국가는 시민의 자유를 위한 국가가 아니라 국가는 스스로 정당성을 가진 절대국가이므로 자기를 목적으로 하는 국가였다.

그러나 주변 여러 국가들의 자유주의이념에 근거한 새로운 국가 창설과 자유주의 확산의 영향에 따라 자유주의에 근거한 새로운 국가 창설을 억제하면서도 부분적으로 이를 수용한 헌법이 외견적 입헌주의헌법이다. 대표적인 헌법이 1871년 비스마르크헌법이다.

(나) 특징   외견적 입헌주의는 시민의 자유와 권리를 전국가적·초실정법 권리가 아니라 실정법적 권리로 본다.

또한 군주가 입법재가권을 가짐으로써 시민의 대표인 의회가 제정한 법률이 아니라 군주의 의사에 따른 법률에 근거한 집행권 행사가 이루어진다. 따라서 권력

통제를 통한 시민의 자유와 권리보장이라는 근대입헌주의의 진정한 의의를 결여한 헌법이다.

3. 현대사회국가헌법

현대사회국가적(복지국가적) 헌법이란 사회국가의 이념 내지 복지국가의 원리를 바탕으로 하는 헌법으로서 근대입헌주의적 헌법의 기반 위에서 실질적 민주화와 사회화를 그 내용으로 하는 헌법이다.

20세기에 들어와 법치국가의 원리와 권력분립의 원리가 공동화되고, 의회주의에 대한 불신이 가중되었으며, 자본주의가 구조적 모순에 빠지게 됨에 따라 실질적 민주화와 사회화의 요구를 수용한 진보적 헌법이 등장하게 된다.

(1) 역사적 배경

국가가 자유영역인 시민사회에 개입하지 않더라도 이성적인 존재인 시민은 합리적으로 자유를 행사함으로써 사회의 조화·안정이 보장되리라 가정하였다. 따라서 국가는 시민의 자유의 결과로써 형성된 사회질서를 유지하는 기능을 하는 것으로 족하지 사회질서를 시민의 의사와 관계없이 형성해서는 안 된다(소극국가, 시민적 법치국가). 그러나 18·19세기 시민의 절대적 재산권 행사, 계약의 자유행사의 결과는 노동자를 착취하는 근로계약을 강요하고 노동자의 생존을 침해하여 양자의 계급갈등으로 인한 사회적 불안을 가중시켰다. 이로 인해 국가의 개입이 면해진 사회가 조화롭게 형성되고 유지된다는 자유주의이론에 수정이 가해질 수밖에 없었다.

(2) 현대사회국가의 특징

국가는 사회적 모순을 방치하는 방관자가 아니라 평등권과 사회적 기본권을 실현하기 위해 법률에 근거하여 사회적 안전·정의에 적합한 새로운 사회질서를 형성해야 할 권한과 의무가 있다.

절대주의와 근대입헌주의헌법, 현대사회국가헌법의 비교

구분	절대주의	근대입헌주의헌법	현대사회국가헌법
시기	15~18세기 초	18~19세기	20세기
최초의 헌법	–	1776년 Virginia 권리장전	1919년 Weimar 헌법
인간상	–	추상적 인간상	구체적 인간상
주권론	군주주권	형식적 국민주권	실질적 국민주권

국가관	절대주의국가	소극국가, 자유방임국가, 야경국가	적극 · 행정 · 사회 · 조세국가
국가의 사회영역 개입	당연히 여김	원칙적 금지, 최소한 개입	제한적 허용
경제체제	중상주의	자유시장경제질서	사회적 시장경제질서
법치주의	人治主義	형식적 법치주의	실질적 법치주의 → 위헌법률심판
권력 분립	권력 집중	국가기관 중심의 엄격한 권력 분립	권력통합, 기능 중심의 권력 통제
기본권의 본질	반사적 이익	前 국가적, 자연법적 · 천부적 권리	자연법설, 가치권설
기본권의 효력	대국가적 효력 부인	대국가적 효력	대국가적 효력, 대사인적 효력
주된 기본권	–	자유권 중심	사회적 기본권 강조, 생존권과 자유권의 조화
재산권	–	불가침의 권리	상대적 권리
특징	–	① 기본권 보장 ② 국민주권 ③ 권력분립 ④ 성문헌법 ⑤ 경성헌법	① 국제평화주의 ② 정당제도의 법적 수용 ③ 헌법재판제도의 강화

Ⅲ. 실질적 의미의 헌법과 형식적 의미의 헌법

1. 실질적 의미의 헌법

법형식에 구애받지 아니하고 국가의 조직 · 작용(통치구조) 및 국가와 국민과의 관계(기본권관계), 이를 헌법사항이라고 하는데 이를 정하고 있는 법규범의 전체를 의미한다. 헌법전을 비롯하여 법률(예컨대 국적법, 정당법, 정부조직법 등) · 명령 · 규칙은 물론 관습법까지도 헌법사항을 규정한 것이면 실질적 의미의 헌법에 포함된다. 실질적 헌법은 그 존재형식에 따라 효력이 달라진다. 따라서 헌법전의 형식으로 존재하는 경우에는 헌법으로서의 효력을 갖게 되지만, 법률의 형식으로 존재하는 경우에는 법률로서의 효력을 가진다.

2. 형식적 의미의 헌법

헌법의 내용과는 관계없이 헌법의 존재형식에 따라 정의된 헌법개념을 의미하며(=헌법전), 영국에는 헌법이 없다고 할 때의 헌법을 의미한다(=형식적 의미의 헌법).

형식적 의미의 헌법은 그 내용에 상관없이 헌법으로서의 효력을 가진다. 따라서 실질적 의미의 헌법이 아닌 형식적 의미의 헌법도 법률에 대한 우위가 인정된다.

3. 양자의 관계

형식적 의미 헌법과 실질적 의미의 헌법은 그 내용이 일치하는 것이 보통이며, 또 바람직하다고 할 수 있다. 그러나 입법기술상의 이유(실질적 의미의 헌법을 모두 성문화할 수 없다는 점) 또는 헌법정책적인 이유(실질적 의미의 헌법이 아니더라도 헌법에 편입하는 경우가 있음)로 인하여 양자가 항상 일치하는 것은 아니며, 그 사이에는 간격이 생기게 된다.

정리

▎실질적 의미의 헌법은 아니지만 형식적 헌법의 예
 Ⅰ. 미연방헌법의 금주조항
 Ⅱ. 스위스헌법의 도살조항
 Ⅲ. 바이마르헌법의 풍치조항
 Ⅳ. 벨기에헌법의 先혼인 後거례조항 등

▎형식적 의미의 헌법은 아니지만 실질적 의미의 헌법의 예
 Ⅰ. 정부조직법
 Ⅱ. 국회법
 Ⅲ. 법원조직법
 Ⅳ. 헌법재판소법
 Ⅴ. 공직선거 및 선거부정 방지법
 Ⅵ. 정당법
 Ⅶ. 선거관리위원회법

제2절 헌법의 분류

Ⅰ. 고전적·전통적 분류

1. 제정의 주체에 따라

① 흠정헌법: 군주 1인의 의사에 의해 제정한다.

② 민정헌법: 국민주권을 기초로 국민이 제정한다.

  ▶ 최초의 민정헌법: 버지니아헌법(1776), 미연방헌법(1787)

③ 협약헌법: 군주와 국민의 타협에 의해 제정되어진다.

④ 국약헌법: 국가 간의 합의에 의해 제정되어진다.

2. 존재의 형식에 따라

(1) 성문헌법

헌법이 단일한 통일의 헌법전으로 존재하는 경우를 말한다.

▶ 최초의 성문헌법: 버지니아헌법(1776)

(2) 불문헌법

헌법이 헌법전이 아닌, 일반법률이나 관습률의 형태로 존재하는 경우로 영국, 뉴질랜드(1947) 등이 있다.

  ▶ 불문헌법 국가에서는 ㉠ 법률에 대한 위헌심사제도가 존재할 수 없으며, ㉡ 특별한 헌법개정절차가 없다.

3. 개정절차의 난이도

(1) 경성헌법

헌법개정 시 일반법률의 개정절차보다 어렵게 하는 경우를 말한다.

(2) 연성헌법

헌법개정 시 일반법률의 개정절차와 동일하게 하는 경우로 영국, 뉴질랜드 (1947), 이탈리아(1848) 등이 있다.

(가) 불문헌법이 연성헌법인지 여부

(a) 긍정설　　　불문헌법국가는 헌법전의 형식은 없으나 헌법사항이 일반법률형식으로 성문화되어 있다. 따라서 헌법개정절차가 없고 법률개정절차에 따라 개정되므로 불문헌법은 개념필수적으로 연성헌법이다.

(b) 부정설　　　경성헌법과 연성헌법은 성문헌법을 전제로 하므로 불문헌법은 연성헌법이라 할 수 없다.

(c) 제3설　　　영국과 같은 불문헌법국가에서 오랜 세월 동안 국민에게 익숙한 법감정에 비추어 법률의 형식을 빌려 헌법적 사항을 정립시킬 수 있다고 보기 어려우므로 관습헌법체제하에서도 최소한의 경성적 성격은 있다.

(나) 성문헌법은 반드시 경성헌법인 것은 아니다. 즉, 성문헌법은 거의 경성헌법이나 연성헌법인 1848년 이탈리아 샤르디니아왕국헌법이 있으므로 성문헌법이 개념필수적으로 경성헌법이라고 할 수는 없다.

Ⅱ. 현대적 분류 – 독창성 여부에 따라

1. 독창적 헌법

정치권력과 국민의사 형성과정상의 독창성을 가진 헌법으로 1787년 미국헌법(대통령제), 영국헌법(의원내각제 또는 내각책임제), 1793년 프랑스헌법의 국민공회정부제, 1918년 레닌헌법의 평의회제, 1931년 중국헌법(5권분립제), 1935년 폴란드헌법의 신대통령제 등이 해당한다.

2. 모방적 헌법

기존의 헌법을 모방한 헌법으로 바이마르헌법, 일본헌법 등이 해당한다.

Ⅲ. 존재론적 효력에 따라

(1) 규범적 헌법

헌법의 규범과 그 현실이 일치하는 헌법으로 미국·독일 등이 이에 해당한다.

(2) 명목적 헌법

헌법 현실이 헌법의 규범에 따르지 못하는 헌법으로 아시아·아프리카 등이 해당한다.

(3) 장식적(가식적) 헌법

헌법을 단지 과시하거나 권력자의 자기정당화 수단으로 이용하는 헌법으로 나치즘의 독일, 파시즘의 이탈리아 등이 해당한다.

관련판례

신행정수도의 건설을 위한 특별조치법 위헌확인(헌재 2004.10.21, 2004헌마554556 병합)

【주문】 신행정수도 건설을 위한 특별조치법(2004.1.16. 법률 제7062호)은 헌법에 위반된다.

【판시사항】

1. 헌법상 수도의 개념
2. 신행정수도의 건설을 위한 특별조치(이하 '이 사건 법률'이라 한다)이 수도 이전의 의사결정을 포함하는지 여부(적극)
3. 우리 헌법상 관습헌법이 인정될 수 있는지 여부(적극)
4. 관습헌법 인정의 헌법적 근거
5. 관습헌법의 성립요건으로서의 기본적 헌법사항
6. 관습헌법의 일반적 성립요건
7. 수도의 설정과 이전의 헌법적 의의
8. '우리나라의 수도가 서울인 점'이 자명하고 전제된 헌법규범으로서 불문헌법으로 인정될 수 있는지 여부(적극)
9. '우리나라의 수도가 서울인 점'이 관습헌법으로 인정될 수 있는지 여부(적극)
10. '우리나라의 수도가 서울인 점'이 단순한 사실명제가 아니라 규범명제인지 여부(적극)
11. 관습헌법의 폐지와 사멸
12. 관습헌법을 하위 법률의 형식으로 의식적으로 개정할 수 있는지 여부(소극)
13. '우리나라의 수도가 서울인 점'에 대한 관습헌법을 폐지하기 위해서는 헌법개정이 필요한지 여부(적극)
14. 이 사건 법률이 헌법 제130조에 따라 헌법개정절차에 있어 국민이 가지는 국민투표권을 침해하여 위헌인지 여부(적극)

【결정요지】

1. 일반적으로 한 나라의 수도는 국가권력의 핵심적 사항을 수행하는 국가기관들이 집중 소재하여 정치·행정의 중추적 기능을 실현하고 대외적으로 그 국가를 상징하는 곳을 의미한다. 헌법기관들 중에서 국민의 대표기관으로서 국민의 정치적 의사를 결정하는 국회와 행정을 통합하며 국가를 대표하는 대통령의 소재지가 어디인가 하는 것은 수도를 결정하는데 있어서 특히 결정적인 요소가 된다. 대통령은 국가원수로서 국가를 상징하고 정부의 수반으로서 국가운용의 최고 통치권자이며, 의회는 주권자인 국민이 선출한 대표들로 구성된 대의기관으로서 오늘날의 간접민주주의 통치구조하에서 주권자의 의사를 대변하고 중요한 국가의사를 결정하는 중추적

역할을 담당하므로 이들 두 개의 국가기관은 국가권력의 중심에 있고 국가의 존재와 특성을 외부적으로 표현하는 중심이 되기 때문이다.

2. 이 사건 법률은 신행정수도를 "국가 정치·행정의 중추기능을 가지는 수도로 새로 건설되는 지역으로서 …… 법률로 정하여지는 지역"이라고 하고(제2조 제1호), 신행정수도의 예정지역을 "주요 헌법기관과 중앙행정기관 등의 이전을 위하여 …… 지정·고시하는 지역"이라고 규정하여(같은 조 제2호), 결국 신행정수도는 주요 헌법기관과 중앙행정기관들이 소재하여 국가의 정치·행정의 중추기능을 가지는 수도가 되어야 함을 명확히 하고 있다. 따라서 이 사건 법률은 비록 이전되는 주요 국가기관의 범위를 개별적으로 확정하고 있지는 아니하지만, 그 이전의 범위는 신행정수도가 국가의 정치·행정의 중추기능을 담당하기에 충분한 정도가 되어야 함을 요구하고 있다. 그렇다면 이 사건 법률은 국가의 정치·행정의 중추적 기능을 수행하는 국가기관의 소재지로서 헌법상의 수도개념에 포함되는 국가의 수도를 이전하는 내용을 가지는 것이며, 이 사건 법률에 의한 신행정수도의 이진은 곧 우리나라의 수도의 이전을 의미한다.

3. 우리나라는 성문헌법을 가진 나라로서 기본적으로 우리 헌법전(憲法典)이 헌법의 법원(法源)이 된다. 그러나 성문헌법이라고 하여도 그 속에 모든 헌법사항을 빠짐없이 완전히 규율하는 것은 불가능하고 또한 헌법은 국가의 기본법으로서 간결성과 함축성을 추구하기 때문에 형식적 헌법전에는 기재되지 아니한 사항이라도 이를 불문헌법(不文憲法) 내지 관습헌법으로 인정할 소지가 있다. 특히 헌법제정 당시 자명(自明)하거나 전제(前提)된 사항 및 보편적 헌법원리와 같은 것은 반드시 명문의 규정을 두지 아니하는 경우도 있다. 그렇다고 해서 헌법사항에 관하여 형성되는 관행 내지 관례가 전부 관습헌법이 되는 것은 아니고 강제력이 있는 헌법규범으로서 인정되려면 엄격한 요건들이 충족되어야만 하며, 이러한 요건이 충족된 관습만이 관습헌법으로서 성문의 헌법과 동일한 법적 효력을 가진다.

4. 헌법 제조 제2항은 '대한민국의 주권은 국민에게 있고, 모든 권력은 국민으로부터 나온다'고 규정한다. 이와 같이 국민이 대한민국의 주권자이며, 국민은 최고의 헌법제정권력이기 때문에 성문헌법의 제·개정에 참여할 뿐만 아니라 헌법전에 포함되지 아니한 헌법사항을 필요에 따라 관습의 형태로 직접 형성할 수 있다. 그렇다면 관습헌법도 성문헌법과 마찬가지로 주권자인 국민의 헌법적 결단의 의사의 표현이며 성문헌법과 동등한 효력을 가진다고 보아야 한다. 국민주권주의는 성문이든 관습이든 실정법 전체의 정립에의 국민의 참여를 요구한다고 할 것이며, 국민에 의하여 정립된 관습헌법은 입법권자를 구속하며 헌법으로서의 효력을 가진다.

5. 관습헌법이 성립하기 위하여서는 관습이 성립하는 사항이 단지 법률로 정할 사항이 아니라 반드시 헌법에 의하여 규율되어 법률에 대하여 효력상 우위를 가져야 할 만큼 헌법적으로 중요한 기본적 사항이 되어야 한다. 일반적으로 실질적인 헌법사항이라고 함은 널리 국가의 조직에 관한 사항이나 국가기관의 권한 구성에 관한 사항 혹은 개인의 국가권력에 대한 지위를 포함하여 말하는 것이지만, 관습헌법은 이와 같은 일반적인 헌법사항에 해당하는 내용 중에서도 특히 국가의 기본적이고 핵심적인 사항으로서 법률에 의하여 규율하는 것이 적합하지 아니한 사항을 대상으로 한다. 일반적인 헌법사항 중 과연 어디까지가 이러한 기본적이고 핵심적인 헌법사항에 해당하는지 여부는 일반 추상적인 기준을 설정하여 재단할 수는 없고, 개별적 문제사항

에서 헌법적 원칙성과 중요성 및 헌법원리를 통하여 평가하는 구체적 판단에 의하여 확정하여야 한다.

6. 관습헌법이 성립하기 위하여서는 관습법의 성립에서 요구되는 일반적 성립 요건이 충족되어야 한다. 첫째, 기본적 헌법사항에 관하여 어떠한 관행 내지 관례가 존재하고, 둘째, 그 관행은 국민이 그 존재를 인식하고 사라지지 않을 관행이라고 인정할 만큼 충분한 기간 동안 반복 내지 계속되어야 하며(반복 · 계속성), 셋째, 관행은 지속성을 가져야 하는 것으로서 그 중간에 반대되는 관행이 이루어져서는 아니 되고(항상성), 넷째, 관행은 여러 가지 해석이 가능할 정도로 모호한 것이 아닌 명확한 내용을 가진 것이어야 한다(명료성). 또한 다섯째, 이러한 관행이 헌법관습으로서 국민들의 승인 내지 확신 또는 폭넓은 컨센서스를 얻어 국민이 강제력을 가진다고 믿고 있어야 한다(국민적 합의).

7. 헌법기관의 소재지, 특히 국가를 대표하는 대통령과 민주주의적 통치원리에 핵심적 역할을 하는 의회의 소재지를 정하는 문제는 국가의 정체성(正體性)을 표현하는 실질적 헌법사항의 하나이다. 여기서 국가의 정체성이란 국가의 정서적 통일의 원천으로서 그 국민의 역사와 경험, 문화와 정치 및 경제, 그 권력구조나 정신적 상징 등이 종합적으로 표출됨으로써 형성되는 국가적 특성이라 할 수 있다. 수도를 설정하는 것 이외에도 국명(國名)을 정하는 것, 우리말을 국어(國語)로 하고 우리글을 한글로 하는 것, 영토를 획정하고 국가주권의 소재를 밝히는 것 등이 국가의 정체성에 관한 기본적 헌법사항이 된다고 할 것이다. 수도를 설정하거나 이전하는 것은 국회와 대통령 등 최고 헌법기관들의 위치를 설정하여 국가조직의 근간을 장소적으로 배치하는 것으로서, 국가생활에 관한 국민의 근본적 결단임과 동시에 국가를 구성하는 기반이 되는 핵심적 헌법사항에 속한다.

8. 우리 헌법전상으로는 '수도가 서울'이라는 명문의 조항이 존재하지 아니한다. 그러나 현재의 서울 지역이 수도인 것은 그 명칭상으로도 자명한 것으로서, 대한민국의 성립 이전부터 국민들이 이미 역사적, 전통적 사실로 의식적 혹은 무의식적으로 인식하고 있었으며, 대한민국의 건국에 즈음하여서도 국가의 기본구성에 관한 당연한 전제사실 내지 자명한 사실로서 아무런 의문도 제기될 수 없는 것이었다. 따라서 제헌헌법 등 우리 헌법제정의 시초부터 '서울에 수도(서울)를 둔다'는 등의 동어반복적인 당연한 사실을 확인하는 헌법조항을 설치하는 것은 무의미하고 불필요한 것이었다. 서울이 바로 수도인 것은 국가생활의 오랜 전통과 관습에서 확고하게 형성된 자명한 사실 또는 전제된 사실로서 모든 국민이 우리나라의 국가구성에 관한 강제력 있는 법규범으로 인식하고 있는 것이다.

9. 서울이 우리나라의 수도인 것은 조선시대 이래 600여 년 간 우리나라의 국가생활에 관한 당연한 규범적 사실이 되어 왔으므로 우리나라의 국가생활에 있어서 전통적으로 형성되어 있는 계속적 관행이라고 평가할 수 있고(계속성), 이러한 관행은 변함없이 오랜 기간 실효적으로 지속되어 중간에 깨어진 일이 없으며(항상성), 서울이 수도라는 사실은 우리나라의 국민이라면 개인적 견해 차이를 보일 수 없는 명확한 내용을 가진 것이며(명료성), 나아가 이러한 관행은 오랜 세월간 굳어져 와서 국민들의 승인과 폭넓은 컨센서스를 이미 얻어(국민적 합의) 국민이 실효성과 강제력을 가진다고 믿고 있는 국가생활의 기본사항이라고 할 것이다. 따라서 서울이 수도

라는 점은 우리의 제정헌법이 있기 전부터 전통적으로 존재하여 온 헌법적 관습이며 우리 헌법조항에서 명문으로 밝힌 것은 아니지만 자명하고 헌법에 전제된 규범으로서, 관습헌법으로 성립된 불문헌법에 해당한다.

10. 관습헌법의 제 요건을 갖추고 있는 '서울이 수도인 사실'은 단순한 사실명제가 아니고 헌법적 효력을 가지는 불문의 헌법규범으로 승화된 것이며, 사실명제로부터 당위명제를 도출해 낸 것이 아니라 그 규범력에 대한 다툼이 없이 이어져 오면서 그 규범성이 사실명제의 뒤에 잠재되어 왔을 뿐이다.

11. 어느 법규범이 관습헌법으로 인정된다면 그 개정가능성을 가지게 된다. 관습헌법도 헌법의 일부로서 성문헌법의 경우와 동일한 효력을 가지기 때문에 그 법규범은 최소한 헌법 제130조에 의거한 헌법개정의 방법에 의하여만 개정될 수 있다. 따라서 재적의원 3분의 2 이상의 찬성에 의한 국회의 의결을 얻은 다음(헌법 제130조 제1항) 국민투표에 붙여 국회의원 선거권자 과반수의 투표와 투표자 과반수의 찬성을 얻어야 한다(헌법 제130조 제3항). 다만, 이 경우 관습헌법규범은 헌법전에 그에 상반하는 법규범을 첨가함에 의하여 폐지하게 되는 점에서 헌법전으로부터 관계되는 헌법조항을 삭제함으로써 폐지되는 성문헌법규범과는 구분된다. 한편, 이러한 형식적인 헌법개정 외에도 관습헌법은 그것을 지탱하고 있는 국민적 합의성을 상실함에 의하여 법적 효력을 상실할 수 있다. 관습헌법은 주권자인 국민에 의하여 유효한 헌법규범으로 인정되는 동안에만 존속하는 것이며, 관습법의 존속요건의 하나인 국민적 합의성이 소멸되면 관습헌법으로서의 법적 효력도 상실하게 된다. 관습헌법의 요건들은 그 성립의 요건일 뿐만 아니라 효력유지의 요건이다.

12. 우리나라와 같은 성문의 경성헌법체제에서 인정되는 관습헌법사항은 하위규범형식인 법률에 의하여 개정될 수 없다. 영국과 같이 불문의 연성헌법체제에서는 법률에 대하여 우위를 가지는 헌법전이라는 규범형식이 존재하지 아니하므로 헌법사항의 개정은 일반적으로 법률개정의 방법에 의할 수밖에 없을 것이다. 그러나 우리 헌법의 경우 헌법 제10장 제128조 내지 제130조는 일반법률의 개정절차와는 다른 엄격한 헌법개정절차를 정하고 있으며, 동 헌법개정절차의 대상을 단지 '헌법'이라고만 하고 있다. 따라서 관습헌법도 헌법에 해당하는 이상, 여기서 말하는 헌법개정의 대상인 헌법에 포함된다고 보아야 한다. 이와 같이 헌법의 개정절차와 법률의 개정절차를 준별하고 헌법의 개정절차를 엄격히 한 우리 헌법의 체제 내에서 만약 관습헌법을 법률에 의하여 개정할 수 있다고 한다면 이는 관습헌법을 더 이상 '헌법'으로 인정한 것이 아니고 단지 관습 '법률'로 인정하는 것이며, 결국 관습헌법의 존재를 부정하는 것이 된다. 이러한 결과는 성문헌법체제하에서도 관습헌법을 인정하는 대전제와 논리적으로 모순된 것이므로 우리 헌법체제상 수용될 수 없다.

13. 우리나라의 수도가 서울이라는 점에 대한 관습헌법을 폐지하기 위해서는 헌법이 정한 절차에 따른 헌법개정이 이루어져야 한다. 이 경우 성문의 조항과 다른 것은 성문의 수도조항이 존재한다면 이를 삭제하는 내용의 개정이 필요하겠지만 관습헌법은 이에 반하는 내용의 새로운 수도설정조항을 헌법에 넣는 것만으로 그 폐지가 이루어지는 점에 있다. 다만, 헌법규범으로 정립된 관습이라고 하더라도 세월의 흐름과 헌법적 상황의 변화에 따라 이에 대한 침범이 발생

하고 나아가 그 위반이 일반화되어 그 법적 효력에 대한 국민적 합의가 상실되기에 이른 경우에는 관습헌법은 자연히 사멸하게 된다. 이와 같은 사멸을 인정하기 위하여서는 국민에 대한 종합적 의사의 확인으로서 국민투표 등 모두가 신뢰할 수 있는 방법이 고려될 여지도 있을 것이다. 그러나 이 사건의 경우에 이러한 사멸의 사정은 확인되지 않는다. 따라서 우리나라의 수도가 서울인 것은 우리 헌법상 관습헌법으로 정립된 사항이며, 여기에는 아무런 사정의 변화도 없다고 할 것이므로 이를 폐지하기 위해서는 반드시 헌법개정의 절차에 의하여야 한다.

14. 서울이 우리나라의 수도인 점은 불문의 관습헌법이므로 헌법개정절차에 의하여 새로운 수도설정의 헌법조항을 신설함으로써 실효되지 아니하는 한 헌법으로서의 효력을 가진다. 따라서 헌법개정의 절차를 거치지 아니한 채 수도를 충청권의 일부지역으로 이전하는 것을 내용으로 한 이 사건 법률을 제정하는 것은 헌법개정사항을 헌법보다 하위의 일반 법률에 의하여 개정하는 것이 된다. 한편 헌법 제130조에 의하면 헌법의 개정은 반드시 국민투표를 거쳐야만 하므로 국민은 헌법개정에 관하여 찬반투표를 통하여 그 의견을 표명할 권리를 가진다. 그런데 이 사건 법률은 헌법개정사항인 수도의 이전을 헌법개정의 절차를 밟지 아니하고 단지 단순법률의 형태로 실현시킨 것으로서 결국 헌법 제130조에 따라 헌법개정에 있어서 국민이 가지는 참정권적 기본권인 국민투표권의 행사를 배제한 것이므로 동 권리를 침해하여 헌법에 위반된다.

재판관 김영일의 별개의견

1. 수도 이전에 관한 의사결정은 헌법 제72조 국민투표의 대상이다.

가. 수도의 위치는 국가존재의 의미에 영향을 미치는 것이어서 국가안위에 관한 문제이고, 통일과정 및 통일의 전후에 있어 중요한 의미를 가지기 때문에 통일에 관한 문제이며, 국가방위전략에 중요한 고려요소가 되기 때문에 국방에 관한 문제이므로 수도 이전에 관한 의사결정은 헌법 제72조가 정한 '국방·통일 기타 국가안위에 관한 정책'에 해당한다.

나. 수도 이전 문제는 대의기관의 의사를 통하여 추정되는 국민의사와 별도로 현실적인 국민의사를 확인할 필요가 있을 만큼 충분한 가치가 있는 것이므로 수도 이전에 관한 의사결정은 헌법 제72조가 정한 '중요정책'에 해당한다.

다. 따라서 수도 이전에 관한 의사결정은 헌법 제72조가 정한 '외교·국방·통일 기타 국가안위에 관한 중요정책'에 해당하여 국민투표의 대상이 된다.

2. 대통령의 국민투표부의행위는 자유재량행위이지만, 수도 이전에 관한 의사결정을 국민투표에 붙이지 아니하는 것은 재량권을 일탈·남용한 것으로서 재량권이 부여된 근거되는 법규범인 헌법 제72조에 위반된다.

재판관 전효숙의 반대의견

1. 다수의견의 논지는 우리 헌법의 해석상 받아들일 수 없다.

가. 관습헌법이란 실질적 의미의 헌법사항이 관습으로 규율되고 있다는 것을 뜻할 뿐이며, 관습헌법이라고 해서 성문헌법과 똑같은 효력이 인정된다고 볼 근거가 없다. 또한 헌법의 개정은 "형식적 의미"의 헌법, 즉 성문헌법과 관련된 개념이므로 관습헌법의 변경은 헌법의 개정에 속하지 않으며 헌법이 마련한 대의민주주의 절차인 법률의 제정, 개정을 통하여 다루어질 수 있다.

나. "서울이 수도"라는 관습헌법의 변경은 헌법개정에 의해야 한다면, 이는 관습헌법에 대하여 헌

법이 부여한 국회의 입법권보다 우월적인 힘을 인정하는 것이 된다. 수도 이전과 같은 헌법관습의 변경의 경우에도 별도로 이를 제한하는 헌법규정이 없으므로 국회의 입법으로 가능하다. 이 사건 법률은 국회의원들의 압도적 다수로 통과되었는데, 그러한 입법이 국민의 민의를 제대로 반영하지 못하였다는, 혹은 민의를 배신하였다는 정치적 비난을 받을 수 있는 것은 별도로 하고, 헌법적 측면에서 그것이 "국회의원들의 권한이 아니다"고 단정할 수 없는 것이다.

다. 이러한 이유에서 이 사건 법률이 헌법 제130조 제2항의 국민투표권을 침해할 가능성은 없다.

2. 한편 별개의견은 이 사건 법률이 헌법 제72조의 국민투표권을 침해하였다고 하나, 헌법 제72조는 대통령에게 '국가안위에 관한 중요정책'의 국민투표를 실시할 것인지 여부에 관하여 재량을 주고 있는데, 사안의 중대성에 따라 그 재량이 달라진다고 해석할 수 없다. 또한 그러한 재량은 헌법이 직접 부여한 것이므로 행정법상의 재량권의 일탈·남용법리는 적용될 수 없다. 따라서 이 사건에서 헌법 제72조의 국민투표권이 침해될 가능성은 없다.

3. 결국 청구인들의 국민투표권 침해 주장은 권리의 침해가능성 자체가 인정되지 않으므로 부적법하다. 청구인들의 다른 기본권 침해 주장 역시 기본권 침해의 자기관련성, 직접성 혹은 현재성 요건을 갖추지 못하였다. 이 사건은 기본권 침해를 구제하기 위한 헌법소원절차에서 헌법재판소가 본안판단을 하기에 부적법한 것이다.

신행정수도 후속대책을 위한 특별법 사건(신행정수도 후속대책을 위한 연기·공주지역 행정중심복합도시 건설을 위한 특별법 위헌확인; 2005.11.24. 2005헌마579·763 병합 – 각하)

【판시사항】

1. 신행정수도 후속대책을 위해 신행정수도 후속대책을 위한 연기·공주지역 행정중심복합도시 건설을 위한 특별법(2005.3.18. 법률 제7391호, 이하 '이 사건 법률'이라 한다. 2005.7.21. 법률 제7604호로 일부 개정되었으나 2006.1.22. 시행된다)에 의하여 연기·공주지역에 건설되는 행정중심복합도시가 수도로서의 지위를 획득하는지 여부(소극)

2. 행정중심복합도시의 건설로 서울의 수도로서의 지위가 해체되는지 여부(소극)

3. 행정중심복합도시의 건설로 권력구조 및 국무총리의 지위가 변경되는지 여부(소극)

4. 행정중심복합도시의 건설이 헌법 제72조의 국민투표권을 침해할 가능성이 있는지 여부(소극)

【결정요지】

1. 행정중심복합도시로 이전하는 기관은 국무총리를 비롯한 총 49개 기관이며, 이들을 수평적인 권한배분면에서 보면 이전기관들의 직무범위가 대부분 경제, 복지, 문화분야에 한정되어 있고, 경제의 주요부문인 금융정책을 결정하는 기관들은 제외되어 있다. 수직적인 면에서 보아도 여전히정부의 주요정책은 국무회의의 심의를 거쳐 대통령이 최종적으로 결정하며, 국무총리는 헌법상 대통령의 보좌기관으로서 그 명을 받아 행정각부를 통할하고 각부의 장은 정해진 정책을 구체적으로 실현할 뿐이다. 특히 정보통신기술이 발달한 현대사회에서는 서로 장소적으로 떨어진 곳에 위치하더라도 대통령과 행정각부 간의 원활한 의사소통수단이 확보되기만 하면 대통령이 의사결정을 통한 통제력을 확보하는 것은 어렵지 않다. 따라서 행정중심복합도시에 소재하는 기관들이 국가정책에 대한 통제력을 의미하는 정치·행정의 중추기능을 담당하는 것으로 볼

수 없다. 또한 행정중심복합도시는 대내적으로 국가의 중요정책이 최종적으로 결정되는 곳이 아니며, 각국 외교사절들이 소재하여 주요 국제관계가 형성되는 장소도 아니다. 특히 국가상징으로서의 기능은 오랜 세월에 걸쳐 역사와 문화적인 요소가 결합되어 형성되는 것으로 짧은 기간에 인위적으로 만들어낼 수 있는 것이 아니다. 따라서 행정중심복합도시가 건설된다고 하더라도 이러한 요소가 충족되지 않은 상황에서 국가상징으로서의 기능을 수행할 것이라고 예상하기 어렵다. 이와 같이 이 사건 법률에 의하여 건설되는 행정중심복합도시는 수도로서의 지위를 획득하는 것으로 평가할 수는 없고, 이 사건 법률에 의하여 수도가 행정중심복합도시로 이전한다거나 수도가 서울과 행정중심복합도시로 분할되는 것으로 볼 수 없다.

2. 이 사건 법률에 의하면 행정중심복합도시가 건설된다고 하더라도 국회와 대통령은 여전히 서울에 소재한다. 국회는 국민의 대의기관으로서 입법기능을 담당하며 모든 국가작용은 헌법상의 법치국가원칙에 따라 법률에 기속되며, 대통령은 행정권이 속한 정부의 수반으로서 정부를 조직하고 통할하는 행정에 관한 최고책임자로서 행정과 법집행에 관한 최종적인 결정을 하고 정부의 구성원에 대하여 최고의 지휘·감독권을 행사한다. 따라서 서울은 여전히 정치·행정의 중추기능을 수행하는 곳이라 할 수 있다. 또한 대외관계의 형성과 발전은 서울에서 이루어지고 여전히 서울은 국내 제1의 거대도시로서 경제·문화의 중심지의 지위를 유지할 것이며 대법원과 헌법재판소 등 사법기능의 핵심 역시 이곳에서 이루어진다. 따라서 서울은 국가의 상징기능을 여전히 수행할 수 있다. 이와 같이 서울은 이 사건 법률에 의한 행정중심복합도시의 건설에도 불구하고 계속하여 정치·행정의 중추기능과 국가의 상징기능을 수행하는 장소로 인정할 수 있으므로 이 사건 법률에 의하여 수도로서의 기능이 해체된다고 볼 수 없다.

3. 이 사건 법률은 행정중심복합도시의 건설과 중앙행정기관의 이전 및 그 절차를 규정한 것으로서 이로 인하여 대통령을 중심으로 국무총리와 국무위원 그리고 각부 장관 등으로 구성되는 행정부의 기본적인 구조에 어떠한 변화가 발생하지 않는다. 또한 국무총리의 권한과 위상은 기본적으로 지리적인 소재지와는 직접적으로 관련이 있다고 할 수 없다. 나아가 청구인들은 대통령과 국무총리가 서울이라는 하나의 도시에 소재하고 있어야 한다는 관습헌법의 존재를 주장하나 이러한 관습헌법의 존재를 인정할 수 없다.

4. 헌법 제72조는 국민투표에 부쳐질 중요정책인지 여부를 대통령이 재량에 의하여 결정하도록 명문으로 규정하고 있고 헌법재판소 역시 위 규정은 대통령에게 국민투표의 실시 여부, 시기, 구체적 부의사항, 설문내용 등을 결정할 수 있는 임의적인 국민투표발의권을 독점적으로 부여하였다고 하여 이를 확인하고 있다. 따라서 특정의 국가정책에 대하여 다수의 국민들이 국민투표를 원하고 있음에도 불구하고 대통령이 이러한 희망과는 달리 국민투표에 회부하지 아니한다고 하여도 이를 헌법에 위반된다고 할 수 없고 국민에게 특정의 국가정책에 관하여 국민투표에 회부할 것을 요구할 권리가 인정된다고 할 수도 없다.

제2장 헌법의 해석

헌법해석 일반/합헌적 헌법해석/헌법의 특성

제1절 헌법해석 일반

Ⅰ. 헌법해석의 의의

헌법해석이란 헌법전 및 실질적 헌법의 각 조문들이 가지는 객관적 의미·내용을 확정하는 법인식작용을 말한다.

Ⅱ. 헌법해석의 특성

① **기능적 특성**: 헌법해석은 분쟁의 해결보다는 사회공동체의 조직·형성과 직결된다.

② **규범구조적 특성**: 헌법규범은 구조적인 면(개방성·미완결성)에서 해석에 의한 보충 내지 형성이 불가피하고 광범위하다.

③ **해석기준적 특성**: 헌법의 정치규범적 특성은 규범적 관점 외에 정치적 관점에 의한 해석의 가능성이 크다.

Ⅲ. 헌법해석의 종류

1. 유권해석

① **입법해석**: 국회가 법률을 제정하는 과정에서 헌법해석을 하게 되는 경우이다.

② **행정해석**: 정부가 명령·처분 등을 하는 과정에서 헌법해석을 하게 되는 경우이다.

③ **사법해석**: 법원이 판결을 하는 과정에서 헌법해석을 하게 되는 경우이다.

▶ 최종적으로 헌법을 해석하는 기관은 헌법재판소이다.

2. 학리해석(＝무권해석)

개인에 의한 해석을 말한다.

Ⅳ. 헌법해석의 방법

1. 고전적·전통적 해석방법

헌법해석이 법률해석과 동일하다는 전제하에 사비니의 4단계 해석방법론(문리적·논리적·역사적·체계적 해석방법)은 이후 보완되어 7단계 해석방법론(＋비교법학적 해석, 법제정자의 주관적 해석, 목적론적 해석)까지 발전하였다. 헌법해석은 1차적으로 법문의 문리해석에서 출발하되, 그것으로 헌법규범의 의미 내용이 명확하지 않을 경우에는 논리적·체계적 해석을 하고, 그것으로도 부족하면 목적론적 해석까지 가야 한다.

2. 고유한 헌법적 해석방법(현대적 의미 헌법해석)

(1) 현실기준적 해석방법

헌법조문의 문구나 개념에 얽매이지 않고 헌법의 목적(동화적 통합)이나 헌법 현실(동화적 통합의 과정)이 해석의 기준이 된다.

(2) 법학적 관점론

구체적 사안을 관찰의 출발점으로 하여 사안의 해결에 여러 가지 토픽을 중심으로 귀납적으로 해석하는 방법론이다. 법규범도 문제해결을 위한 많은 관점(topos) 중의 하나에 불과하다고 본다.

(3) 절충적 해석방법

헌법을 단순한 개념이나 자구의 나열이 아닌 일정한 가치관이 규범의 형태로 정립된 것으로 보고 헌법규범에 내포된 가치를 해석지침으로 강조하는 해석방법이다. 헌법해석의 출발점은 언제나 헌법규범이라 한다.

V. 헌법해석의 원리

① **헌법의 통일성의 원리**: 헌법의 개별요소들은 상호관련되어 있기 때문에 그 규범이 놓여 있는 전체적 관련을 함께 고찰해야 하고 다른 헌법규범과 상호 모순되지 않게 해석해야 한다.

② **실제적 조화의 원리**: 헌법상 보호되는 모든 법익을 모두 동시에 가장 잘 실현되도록 헌법을 해석해야 한다.

③ **기능적 적정성의 원리**: 헌법을 해석하는 기관은 자기에게 배정된 기능의 테두리 내에서 머물러야 하고 해석의 방법이나 결론에 의하여 기능의 분배를 변경시켜서는 아니 된다.

따라서 헌법재판소는 입법자에 대하여 통제적 기능만을 부여받고 있기 때문에 이 기능의 한계를 넘어 입법자의 형성의 자유를 침해해서는 아니 된다.

④ **통합작용의 원리**: 헌법의 문제를 해결하는 데 있어 정치적 통일성을 강화시키는 방향으로 헌법을 해석해야 한다.

⑤ **헌법의 규범력 원리**: 헌법의 규범력이 잘 발휘될 수 있도록 해석해야 한다.

관련판례

헌법 개별규정 간의 우열관계

헌법은 전문과 각 개별조항이 서로 밀접한 관계를 맺으면서 하나의 통일된 가치체계를 이루고 있는 것으로서 헌법의 제 규정 가운데는 헌법의 근본가치를 보다 추상적으로 선언한 적도 있고, 이를 보다 구체적으로 표현한 것도 있으므로 이념적·논리적으로는 규범 상호간의 우열을 인정할 수 있는 것이 사실이다. 그러나 이때 인정되는 규범 상호간의 우열은 추상적 가치규범의 구체화에 따른 것으로 헌법의 통일적 해석에 있어서는 유용할 것이지만, 그것이 헌법의 어느 특정 규정이 다른 규정의 효력을 전면적으로 부인할 수 있을 정도의 개별적 헌법규정 상호간에 효력상의 차등을 의미하는 것이라고는 볼 수 없다(헌재 1995.12.28, 95헌바3).

기본권의 해석기준으로서 헌법의 기본원리

"헌법의 기본원리는 헌법의 이념적 기초인 동시에 헌법을 지배하는 지도원리로서 입법이나 정책결정의 방향을 제시하며 공무원의 비롯한 모든 국민·국가기관이 헌법을 존중하고 수호하도록 하는 지침이 되며, 구체적 기본권을 도출하는 근거로 될 수는 없으나 기본권의 해석 및 기본권 제한 입법의 합헌성 심사에 있어 해석기준의 하나로서 작용한다(헌재 1996. 4.25, 92헌바47)."

제2절 합헌적 법률해석

Ⅰ. 서설

1. 의의

합헌적 법률해석이란 소극적으로는 합헌적 해석의 소지가 조금이라도 있는 법률은 되도록 그 효력을 지속시켜야 한다는 것이고, 적극적으로는 헌법정신에 맞도록 법률의 내용을 제한·보충하거나 새로 결정하는 것을 의미한다. 이 경우 권력분립의 원칙상, 입법권이 침해될 가능성이 크기 때문에 무제한 허용될 수는 없다.

2. 연혁

합헌적 법률해석은 미연방대법원의 판례(Ogden v. Saunder, 1827)를 통해 '법률의 합헌성 추정의 원칙'으로 확립, 독일연방재판소는 미국의 법률의 합헌성 추정의 원칙을 받아들여 '합헌적 법률해석론'으로 발전시켜 왔다.

3. 규범통제와 비교

합헌적 법률해석은 규범통제(법률에 대한 위헌심사)의 과정에서 주로 문제가 되는 것이지만, 규범통제를 반드시 전제로 하는 것은 아니다.

합헌적 법률해석	규범통제
헌법의 최고규범성	헌법의 최고규범성
헌법의 최고규범성만으로 충분	별도의 법적 근거가 필요
해석규칙(규범조화적 해석)	저촉규칙(위헌법률은 무효)
법률의 해석기준	법률의 심사기준
법률의 효력 유지	헌법의 최고규범적 효력 유지

(1) 법률의 해석기준과 심사기준

합헌적 법률해석과 규범통제는 헌법의 최고규범성을 그 공통적인 이론적 근거로 하지만 엄밀히 따져 본다면 합헌적 법률해석은 헌법이 일종의 '해석규칙(解釋規則)'으로서 기능하는 경우이고, 법률에 대한 규범통제는 헌법이 '저촉규칙(抵觸規

則)'으로서 기능하는 경우이다. 따라서 전자의 경우에는 법률이 헌법과 조화될 수 있도록 해석·적용되는 것을 요구하지만, 후자의 경우에는 법률이 헌법에 저촉되는 것을 용납하지 않기 때문에 헌법에 저촉되는 법률은 당연히 무효화되는 결과를 초래하게 된다. 말하자면 전자의 경우 헌법은 법률의 '해석기준'이 되지만, 후자의 경우에는 법률의 '심사기준'이 된다.

(2) 법적 근거를 요하는지 여부

합헌적 법률해석은 규범통제의 과정에서 주로 행해지는 것이 원칙이지만, 그렇다고 해서 합헌적 법률해석이 규범통제를 꼭 전제로 하는 것은 아니다. 그러나 <u>규범통제는 헌법의 최고규범성만에 의해서 인정될 수는 없고 그에 대한 명시적인 별도의 근거규정이 있어야</u> 한다.

(3) 상호제약적 관계

합헌적 법률해석이 규범통제에 대한 제약이 되고, 합헌적 법률해석은 규범통제에 의하여 한계가 정해짐으로써, 두 제도가 서로 제약적(한계적)인 기능을 하게 된다.

Ⅱ. 합헌적 법률해석의 근거

헌법재판소는 ① 법질서의 통일성 유지, ② 권력 분립, ③ 민주적 입법기능의 존중, ④ 법적 안정성을 들고 있다(헌재 1990.6.25. 90헌가11).

▶ 허영 교수는 국가 간의 신뢰보호(조약의 경우)를 더 들고 있다.

Ⅲ. 합헌적 법률해석의 방법 – 한정합헌 · 한정위헌 · 질적 일부위헌

1. 법률이 그 자체로는 합헌이라 볼 수 없어도 그 내용을 제한하는 경우(해석에 의하여 위헌적 부분을 제거함)에는 위헌이라고 볼 수 없는 경우에 행하여진다. 법률의 합헌해석의 대부분이 여기에 해당한다.

우리 헌법재판소는 상속세법 제32조의2, 국가보안법 제7조, 제9조, 도로교통법 제50조 제2항, 구 집회 및 시위에 관한 법률 제3조 제1항, 군사기밀보호법 제6조에 대하여 한정합헌결정을 했다. 동시에 헌법재판소는 정기간행물법 제7조 제1항, 음반에 관한 법률 제3조에 대하여 한정위헌결정을 했다.

한편, 국유재산법 제5조 제2항, 민법 제764조, 국가보안법 제19조에 대하여 질적 일부위헌결정을 내린 바 있다.

2. 헌법불합치결정을 넓은 의미의 합헌적 법률해석으로 보는 견해[권영성]가 있으나 불합치결정은 사법적 자제의 표현이지 합헌적 법률해석으로 보기는 힘들다는 것이 다수입장이다[허영, 강경근].

3. 입법촉구결정은 아직은 합헌이라는 결정이므로 합헌적 법률해석으로 보기는 어렵다.

4. 양적일부위헌결정은 법률의 일부 문언의 효력을 상실시키는 위헌결정의 일종으로 합헌적 법률해석이 아니다.

5. 위헌불선언결정은 5인이 위헌일 때 내리는 결정유형으로 합헌결정의 일종이므로 합헌적 법률해석이 아니다.

Ⅳ. 합헌적 법률해석의 한계

1. 문의적 한계

법조문의 문자가 가지는 뜻(文義)을 완전히 다른 의미로 변질되지 않는 범위 내에서 해석해야 한다는 것이다.

2. 법목적적 한계

입법자가 법률제정을 통해서 추구하고자 하는 입법목적을 헛되게 하는, 즉 '완전히 다른 것'을 만드는 것은 법률해석을 넘어서 입법기능이 되기 때문이다.

3. 헌법수용적 한계(=헌법허용적 한계)

법률의 효력을 유지시키기 위해서 헌법규범의 내용을 지나치게 확대해석함으로써 헌법규범이 가지는 정상적인 수용한도를 넘어서는 안 된다. '법률의 합헌적 해석'이 '헌법의 합법률적 해석'으로 주객이 전도되어서는 안 된다는 한계이다.

Ⅴ. 합헌적 법률해석의 기속력

우리 헌법재판소법은 제47조 제1항에서 '위헌결정'의 기속력을 인정하고 있으나, 변형결정의 기속력에 대한 아무 규정이 없다. 따라서 변형결정(한정합헌·한정위헌)의 경우 기속력이 인정되는지 여부가 문제된다.

1. 부정설(대법원)

한정위헌결정에 표현되어 있는 헌법재판소의 법률해석에 관한 견해는 법률의 의미·내용과 그 적용범위에 관한 헌법재판소의 견해를 일부 표명한 데 불과하여, 이와 같이 법원에 전속되어 있는 법령의 해석·적용권한에 대하여 어떠한 영향을 미치거나 기속력도 가질 수 없다고 판시한다(대판 1996.4.9. 95누11405).

2. 긍정설(헌재·다수설)

헌법재판소의 법률에 대한 위헌결정에는 단순위헌결정은 물론, 한정합헌·한정위헌결정과 헌법불합치결정도 포함되고, 이들은 모두 당연히 기속력을 가진다.

헌법재판소에 의하여 명령·규칙이 위헌으로 결정하여 그 효력을 상실한 경우에도 법률의 경우와 그 법리가 다를 바 없다(헌재 1997.12.24. 96헌마172).

관련판례

법률의 합헌해석
헌법재판소는 법률의 합헌적 해석은 법률문언의 뜻이 분명치 아니하여 다의적으로 해석될 수 있을 경우에 가능한 것이지, 법률문언이 뚜렷하여 한 가지 뜻으로 밖에 해석할 여지가 없는 경우에는 헌법합치적 해석이 불가능하다고 하여 법률의 다의적인 해석의 가능 여부를 떠나서 아예 추상적이고 광범위하며 애매모호한 것일 때에는 이미 헌법합치적 해석의 영역을 벗어난 것이어서, 이러한 법률의 위헌성 해소는 당해 법률의 개폐에 의하여서만 가능한 것이라고 하였다(헌재 1992.1.28. 89헌가8).

합헌적 법률해석과 그 한계
1. "법률의 합헌적 해석은 헌법의 최고규범성에서 나오는 법질서의 통일성에 바탕을 두고, 법률이 헌법에 조화하여 해석될 수 있는 경우에는 위헌으로 판단하여서는 아니 된다는 것을 뜻하는 것으로서 권력분립과 입법권을 존중하는 정신에 그 뿌리를 두고 있다. 따라서 법률 또는 법률의 위 조항은 원칙적으로 가능한 범위 안에서 합헌적으로 해석함이 마땅하나 그 해석은 법의 문구와 목적에 따른 한계가 있다. 즉, 법률의 조항의 문구가 간직하고 있는 말의 뜻을 넘어서 말의 뜻이 완전히 다른 의미로 변질되지 아니하는 범위 내이어야 한다는 문의적 한계와 입법권자와 그 법률의 제정으로써 추구하고자 하는 입법자의 명백한 의지와 입법의 목적을 헛되게 하는 내용으로 해석할 수 없다는 법목적에 따른 한계가 바로 그것이다(헌재 1989.7.14. 88헌가5 등)."
2. "일반적으로 어떤 법률에 대한 여러 갈래의 해석이 가능할 때에는 원칙적으로 헌법에 합치되는 해석, 즉 합헌해석을 하여야 한다. 왜냐하면 국가의 법질서는 헌법을 최고법규로 하여 그 가치질

서에 의하여 지배되는 통일체를 형성하는 것이며, 그러한 통일체 내에서 상위규범은 하위규범의 효력근거가 되는 동시에 해석근거가 되는 것이므로, 헌법은 법률에 대하여 형식적인 효력의 근거가 될 뿐만 아니라 내용적인 합치를 요구하고 있기 때문이다(헌재 1989.7.21. 89헌마38)."

합헌해석의 문의의 한계를 벗어나는 것으로 본 사례
구 사회보호법 제5조 제1항의 요건에 해당되는 경우에는 법원으로 하여금 감호청구의 이유 유무, 즉 재범의 위험성의 유무를 불문하고 반드시 감호의 선고를 하도록 강제한 것임이 위 법률의 조항의 문의임은 물론 입법권자의 의지임을 알 수 있으므로 위 조항에 대한 합헌적 해석은 문의의 한계를 벗어난 것이라 할 것이다(헌재 1989.7.14. 88헌가5 등).

제3절 헌법의 특성

Ⅰ. 헌법의 최고규범성

헌법은 다른 모든 법(법률·명령·규칙)의 입법기준과 해석기준이 되고, 모든 국가권력(입법·사법·행정)을 구속한다.

우리 헌법은 최고규범성에 관하여 명문규정은 두지 않고 있으나, 헌법재판제도(위헌법률심사, 탄핵심판 등)를 둠으로써 간접적으로 최고규범성을 시인한다. 궁극적으로는 헌법의 최고규범성의 보장은 '국민의 헌법에의 의지'에 의해 보장된다.

정리

1. 최고법조항을 두고 있는 국가 - 나이지리아·일본·미국·구소련
헌법의 최고법조항은 헌법의 최고규범성을 확인 내지 선언규정으로서, 조항의 유무가 헌법의 최고법성을 좌우하는 것은 아니다.

2. 헌법의 최고규범성 확보방법
Ⅰ. 헌법개정의 경성: 헌법이 자주 개정되면 헌법의 불가침성에 대한 신뢰가 약화되어 헌법의 최고규범력이 약화된다.
Ⅱ. 헌법재판제도(위헌법률심판)(헌법 제107조 제1항)
Ⅲ. 명령·규칙의 위헌·위법심사(헌법 제107조 제2항)
Ⅳ. 최고법조항
Ⅴ. 대통령의 헌법준수 및 수호의무부과(헌법 제69조, 제66조 제2항)
Ⅵ. 국민의 헌법에의 의지(K. Hesse)
Ⅶ. 부칙 제5조

Ⅱ. 헌법의 정치규범성

1. 유동성

헌법규범은 유동적인 정치현상을 그 대상으로 하므로 규범체계도 개정가능성을 염두에 두고 정치현실에 대응할 수 있어야 한다.

2. 추상성

헌법은 제정 당시 정치현실에 입각해서 미래의 정치발전을 예상하고 만들어지므로 구체적인 사안에 관한 기타 법률과는 달리 추상적인 규범구조를 가진다.

3. 개방성

헌법은 미래의 정치투쟁에 의해서 결정될 사항을 유보함으로서 그에 대한 개방적인 입장을 취한다. 그러나 공동체의 기본질서와 국가의 구조 등 개방될 문제를 결정하는 절차 자체는 개방되어서는 안 되므로 개방의 한계가 된다.

4. 미완성성

헌법은 헌법제정 당시의 상황만으로는 어렵고 미래에 미지의 동인에 의해서 결정될 가능성이 큰 일정한 정치사실을 의식적으로 헌법규정의 대상에 제외시킨다.

Ⅲ. 헌법의 조직규범성 · 수권규범성

헌법은 국가권력을 조직하고, 이들 기관에게 권한을 부여하는 수권규범이다.

Ⅳ. 헌법의 생활규범성

헌법은 관념의 세계에서만 존재하는 규범이 아니라, 국민의 생활 속에서 존재하면서 국민의 일상생활에 의해서 실현되고 발전되는 규범이다.

헌법규범의 현실적응력과 현실의 헌법적응력을 높이기 위하여 사전적으로는 추상성, 개방성, 미완성성, 헌법의 상반구조적 입법기술이 요구되고, 사후적으로는 헌법변천, 헌법개정을 통하여 해결한다. 헌법의 생활규범성에 대해서는 학설의 대립이 있다.

1. 긍정설

형법·민법 등도 생활규범임에는 틀림없으나 형법은 금지규정, 민법은 상황규범적 성격을 가지므로 전생활영역을 대상으로 하는 가치규범적 성격을 가지는 헌법의 생활규범성은 그 진지성을 달리한다[허].

2. 부정설

생활규범성은 모든 규범에 공통된 속성이지 결코 헌법규범만이 가지는 특수한 성질일 수는 없으므로 헌법규범의 특질로서 생활규범성까지 드는 것은 문제가 있다[권].

▶ 헌법의 상반구조적 입법기술이란 국민의 기본권을 보장하면서도 기본권을 제한할 수 있게 한다든지, 권력분립의 원칙을 따르면서도 권력적 통합요소를 받아들이는 것이다.

Ⅴ. 헌법의 권력제한 규범성·기본권보장규범성

헌법은 국가권력을 분리시킴으로서 국가기관 상호 간을 견제하는 제한규범의 역할을 한다. 동시에 헌법은 국민의 기본권보장을 위한 기본권보장규범성으로서의 성격도 지닌다.

Ⅵ. 헌법의 역사성·이념성

헌법은 헌법제정 당시의 역사적 조건과 상황 속에서 만들어지므로 그때의 역사적 상황에 제약을 받는 역사적 이념이자 가치이다. 따라서 헌법은 사회공동체가 콘센서스(합의)를 기반으로 해서 정치적인 일원체로 조직되어야 할 일정한 상황 속에서 성립되는 산물이다. 다만, 기본적 인권의 보장은 초역사적 의미를 가짐을 유의해야 한다.

또한 헌법은 이념성을 가지므로 동시대의 이데올로기를 반영한 것으로서 일정한 이념과 가치질서를 구현하려 한다는 데 특징이 있다. 각 헌법은 그 헌법의 핵심적 내용으로서의 특정한 이념 또는 가치질서를 내포하고 있다.

Ⅶ. 헌법의 자기보장규범성

헌법은 다른 규범과 달리 자신의 실효성을 확보하거나 그 내용을 강제할 수 있는 기관이나 수단을 구비하고 있지 못하다. 물론 헌법재판기관이 있으나, 헌법재판기관은 어떤 법률이나 특정기관의 행위가 헌법에 위반된다는 판단만을 할 수 있을 뿐 그 결정을 강제집행할 수 있는 권한이나 수단은 가지고 있지 않다.

따라서 헌법은 국가권력 상호간의 통제와 권력적 균형이라는 메커니즘을 통해 그 실효성을 유지한다는 점에서 그 밖의 법규범과는 다른 자기보장규범으로서의 특성을 가지고 있다.

제3장 헌법의 제정과 개정

헌법의 제정/헌법의 개정/헌법의 변천

제1절 헌법의 제정

Ⅰ. 헌법제정의 의의

헌법제정이란 실질적으로는 정치적 공동체의 형태와 기본적 가치질서에 관한 국민적 합의를 법규범체계로 정립하는 것이며, 형식적으로는 헌법사항을 성문화하는 것을 말한다.

Ⅱ. 헌법제정권력의 의의

헌법제정권력이란 국가 법질서의 근본법인 헌법을 시원적으로 창조하는 힘이다. 헌법을 창조하는 사실적(사실적인 힘)이라는 측면과 헌법을 정당화시키는 권위(규범적인 힘)라는 측면을 아울러 가진다.

Ⅲ. 구별개념

1. 헌법개정권력과의 관계

헌법제정권력은 헌법을 시원적으로 창조하는 권력이라는 점에서 헌법제정권력에 의하여 비로소 조직화되고 제도화된 헌법개정권력과 구별된다.

2. 주권과의 관계

국가의사와 국가적 질서를 전반적·최종적으로 결정하는 주권이란 개념과는 동일한 개념이라고 보는 것이 지배적이다.

Ⅳ. 헌법제정권력이론의 발전

1. 시예스(A. Sieyes)의 체계화

Sieyes가 헌법제정권력이론을 처음으로 체계화하였다. 그는 논문 "제3신분이란 무엇인가"에서

1) 헌법제정권력의 주체는 국민(제3신분, 시민계급)이며,

2) 일종의 창조적 권력이므로 시원성을 가지며, 따라서 아무런 제약을 받지 않고(헌법제정권력의 한계 부인),

3) 헌법제정권력으로부터 전래된 헌법개정권력과 구별되며,

4) 국민투표 대신에 귀족·교회대표·시민대표로 구성된 제헌의회에서 헌법을 제정할 것을 주장하여 대의제의 선구가 되었다.

2. 슈미트(C. Schmitt)에 의한 부활

Schmitt는 결단주의에 입각하여

1) 헌법제정권력과 헌법개정권력을 구별하였고,

2) 헌법제정행위에 혁명적 성격을 인정하여 헌법제정권력의 한계를 부인하였고,

3) 헌법제정권력의 주체를 국민에게만 한정하지 않음으로써 헌법제정권력을 그 주체에서 분리하며,

4) 헌법제정권력을 실력 또는 권위를 가진 정치적 의사로 평가한다.

▶ 슈미트는 헌법제정권력의 주체는 '현재 힘을 가진 자'이면 누구라도 가능하다고 보았다(신·군주·소수의 집단 등).

Ⅴ. 헌법제정권력의 주체

오늘날의 민주주의 이념에 의하면 국민만이 유일한 헌법제정권력의 주체이다.

Ⅵ. 헌법제정권력의 한계

1. 문제의 제기

헌법제정권력은 어떠한 제약에도 따르지 아니하고 무슨 결정이든 내릴 수 있는 권력인가가 문제된다.

2. 인정 여부

① 한계부정설: 시예스는 헌법제정권력의 시원성에서, 그리고 슈미트는 헌법제정권력의 혁명적 성격에서 이것을 제약하는 한계를 부정한다.

② 한계긍정설: 헌법제정권력은 불변의 기본적 가치에 구속된다(Kägi)든가, 전국가적 인권과 같은 자연법상의 원리에 의하여 제약을 받는다(Maunz)고 하는 견해인데, 우리나라의 통설도 같다.

③ 결론: 한계긍정설이 타당하다.

Ⅶ. 헌법제정권력의 한계의 내용

① 이데올로기적 한계: 헌법제정권력은 헌법제정 당시의 시대사상, 정치이념, 생활감각 등에 일치되어야 한다.

② 법원리적 한계: 정의, 법적 이성, 법적 안정성 등 기초적 법원리를 존중하여야 한다.

③ 자연법적 한계: 기본권 보장 등에 자연법적 한계가 있다.

④ 국제법적 한계: 패전국, 식민지 등의 나라에는 국제법적 한계가 있다.

Ⅷ. 현행 헌법의 태도

헌법에 따라서는 명시하고 있는 경우도 있으나 현행 헌법에서는 헌법제정권력을 규정한 명문규정은 없다. 그러나 주권과 헌법제정권력을 동일한 성질의 권력으로 본다면, 국민주권을 선언한 헌법 제1조 제2항 전단을 헌법제정권력에 관한 규정으로 볼 수 있을 것이다.

제2절 헌법의 개정

Ⅰ. 헌법개정의 의의

헌법의 개정이란 헌법에 규정된 개정절차에 따라(형식적 요건) 기존 헌법과 동일성을 유지하면서(실질적 조건) 의식적으로 성문헌법전의 전부 또는 일부를 수정·삭제·추가하는 것을 의미한다.

Ⅱ. 헌법개정의 필요성

헌법의 개정은 헌법의 현실적응성과 실효성을 유지, 헌법의 생활규범성을 증대, 헌법파괴의 방지, 또한 살아 있는 규범으로서의 헌법을 유지하기 위함이다.

Ⅲ. 헌법개정의 형식

① 수정식 또는 개폐식 개정(revision): 이미 있는 조항을 수정 또는 삭제하거나 새로운 조항을 삽입하는 유형(대한민국헌법)

② 추가식개정(additional amendment): 기존의 조항들을 그대로 둔 채 개정조항만을 추가하는 유형(미국헌법)

Ⅳ. 헌법개정의 한계

헌법개정의 한계에 관하여 명문규정을 둔 헌법으로는 Bonn기본법, 프랑스 제5공화국헌법, 일본헌법, 이탈리아헌법, 우리나라 제2차 개정헌법 등이다.

1. 문제의 제기

헌법개정의 한계는 일차적으로 헌법이론의 문제이고, 실정법상의 문제일 수는 없다.

2. 인정 여부

(1) 한계긍정설

(가) 결단주의 입장(C. Schmitt)   헌법제정권력자가 내린 근본적인 결단으로서

의 헌법은 '헌법률'과 달라서 헌법개정권자에 의해 침해될 수 없다고 한다(헌법조항 간의 가치의 우열이 존재).

(나) 통합주의 입장(R. Smend)　　헌법의 유동성적인 현실적응력은 인정되나 일정한 한계를 가지며 사회통합기능을 저해하는 헌법개정은 배척된다고 한다. 헤벌레(P. Häberle)는 헌법의 자동성 유지를, 헤세는 역사발전과정의 계속성 유지와 헌법의 동일성과 공동체의 법적 기본질서의 계속성을 한계로 인정한다.

(2) 한계부정설(법실증주의)

(가) 사회변화에 따라 헌법적응력을 제고하기 위해 헌법개정이 무한히 인정된다.

(나) 켈젠(Kelsen)은 헌법변천을 인정하지 않으므로 헌법규범과 헌법 현실 간의 괴리를 극복하기 위해서는 헌법개정을 무제한적으로 허용할 수밖에 없었다.

(다) 헌법제정권력과 헌법개정권력은 본질상 구별될 수 없고 상하관계가 존재하지 않는다.

(라) 옐리네크(Jellinek)는 헌법조항의 등가이론에 따라 헌법개정의 한계를 부정한다. 또한 완성된 사실과 규범적 효력이론에 따라 한계를 부정한다.

(마) 헌법개정의 한계를 넘은 헌법개정을 하였을 경우 무효를 선언할 기관도 없다.

(바) 모든 가치는 주관적이며 상대적이므로 현재의 규범이나 가치로 장래의 세대를 구속하는 것은 부당하다.

(3) 결론

명문의 개정금지규정이 있는지 여부와 관계없이 헌법개정에는 일정한 한계가 있다고 보는 한계긍정설이 통설이다.

V. 헌법개정 한계의 내용

1. 초헌법적 한계

자연법상의 원리, 국제법상의 일반원칙 등이 있다.

2. 헌법내재적 한계

① 법논리상의 제약: 헌법 존립의 기초가 되는 기본적 규정(근본가치)을 개정하는 것은 금지된다.

② 시기상의 제약: 비상사태하의 개정, 외국군대 점령하의 개정은 금지된다.

(3) 방법상의 제약

헌법의 본래적 의미를 변질시키는 우회적인 개정방법도 금지되며, 사실상 새로운 헌법의 제정에 가까운 전면 개정도 금지된다.

3. 실정헌법상의 한계

헌법 자체가 명문으로 개정금지조항을 규정하고 있는 경우, 통설은 헌법제정권력자의 의사를 존중하여 개정이 금지된다고 한다.

> **정 리**
>
> **1. 헌법개정절차조항의 개정가능성**
> 헌법개정절차조항은 헌법개정권자의 자의로부터 헌법을 수호하기 위한 것이므로 개정절차를 까다롭게 하기 위한 개정이다. 즉, 연성헌법에서 경성헌법으로의 개정은 가능하다고 하고, 경성헌법에서 연성헌법으로는 불가능하다고 본다(Ehmke, 다수설).
>
> **2. 헌법개정한계를 무시한 헌법개정의 효력**
> 이때는 이미 헌법개정론의 영역을 벗어난 경우로서 헌법보장문제, 저항권의 행사문제로 된다.

Ⅵ. 현행 헌법상의 한계

1. 헌법개정의(내재적) 한계

일반적으로 <u>민주공화국의 국가형태</u>, <u>국민주권의 원리</u>, <u>자유민주적 기본질서</u>, <u>권력분립주의</u>, <u>핵심적인 기본권</u>, <u>국제평화주의</u>, <u>복수정당제</u>, <u>사유재산제</u>, <u>시장적 경제질서</u> 등이 있다.

헌법개정의 한계

헌법재판소는 헌법규정이 이념적·논리적으로는 규범 상호 간의 우열을 인정할 수 있는 것이 사실이나, 이때에 인정되는 규범 상호 간의 우열은 추상적 가치규범의 구체화에 따른 것으로 헌법의 통일적 해석에 있어서는 유용할 것이지만, 그것이 헌법의 어느 특정규정이 다른 규정의 효력상의 차등을 의미하는 것이라 볼 수 없다고 하였고, 헌법의 개별규정 가운데 무엇이 헌법제정규정이고 무엇이 헌법개정규정인지를 구분하는 것이 가능하지 아니할 뿐 아니라, 각 개별규정에 효력상의 차이를 인정하여야 할 형식적 이유를 찾을 수 없다고 하였다(헌재 1996.6.13, 94헌바20).

2. 헌법개정효력의 한계

헌법 제128조 제2항의 "대통령의 임기연장 또는 중임변경을 위한 헌법개정은 그 헌법개정제안 당시의 대통령에 대하여는 효력이 없다"라는 규정은 개정금지조항이라기보다는 개정의 효력을 배제한다는 헌법개정효력의 한계조항이라고 할 것이다(다수설).

Ⅶ. 현행 헌법상의 헌법의 개정

1. 제안(발의: 제128조 제1항)

① 국회의원: 재적의원 과반수의 찬성으로

② 대통령: 국무회의의 심의를 거쳐 제안한다.

2. 헌법개정안의 공고(제129조)

20일 이상 공고한다(공고절차는 생략될 수 없다).

3. 의결·확정(제130조 제1항·제2항)

공고된 날로부터 60일 이내에 국회의 의결(기명투표): 재적의원 3분의 2 이상의 찬성 → 국회의 의결 후 30일 이내에 국민투표에 회부: 국회의원선거권자 과반수의 투표와 투표자 과반수의 찬성으로 확정된다(수정의결은 불가능).

4. 공포(제130조 제3항)

대통령이 즉시 공포한다(거부권행사는 불가능).

5. 발효

개정된 헌법의 효력발생시기에 대해서는 '공포시설'과 '20일 경과설'이 있다. 현행 헌법은 부칙 제1조에서 효력발생시기를 1988년 2월 25일로 규정하고 있다.

제3절 헌법의 변천

Ⅰ. 서설

1. 헌법변천의 의의

특정 조항이 헌법에 규정된 개정절차에 따라 수정·변경되는 것이 아니라, 당해 조항은 그대로 있으면서 그 의미나 내용만이 실질적으로 변경되는 경우이다.

2. 헌법개정과의 관계

헌법의 변천을 인정한다 해도 무제한 인정할 수는 없고 헌법의 규범력을 높이기 위해서는 헌법의 개정이 필요하다. 즉, 헌법개정은 이른바 헌법변천의 한계적 기능이다.

3. 헌법변천의 기능

헌법규범과 헌법 현실 사이의 갭을 좁혀서 헌법의 규범적 기능을 고양시킨다.

Ⅱ. 헌법변천의 인정 여부

1. 문제의 제기

헌법의 변천을 헌법규범의 변경으로 인정할 것인가의 문제이다. 긍정설이 다수설이다.

2. 인정 여부

(1) 부정설(객관설)

성문헌법전은 헌법조문의 변경을 통해서만 변경될 수 있다. 헌법조문에 맞지 않는 국가행위는 아무리 반복이 계속되어도 법규범이 될 수 없다.

(2) 긍정설(주관설)

옐리네크(Jellinek)는 사실의 규범력설을 근거로 헌법과 모순되는 국가행위라도 반복에 의해 법적 확신이 생기면 당해 헌법조항이 개폐되어 헌법의 변천이 이루어진다고 보았고, 슈미트(Schmitt)는 헌법변천을 국민의 의지에서 찾았다. 또한 스멘트(Smend)는 헌법변천을 유동적인 동화적 통합과정을 법적으로 규율하려는 헌법의 본질상 당연한 현상으로 보고 있다.

Ⅲ. 헌법변천의 유형과 성립요건

1. 헌법변천의 유형(Jellinek)

의회·정부·법원의 해석에 의하여, 정치상의 필요에 의하여, 헌법상의 관행에 의하여, 국가권력의 불행사에 의하여, 헌법의 흠결을 보완하기 위하여 이루어진다.

2. 헌법변천의 성립요건

(1) 사실적 요소

헌법의 유권해석기관에 의한 헌법적 실례의 반복과 그러한 일련의 사실이 불변·명료하게 확립되어야 한다.

(2) 심리적 요소

제정헌법의 규범적 의미가 상실되고 그 사실에 규범으로서의 가치를 인정하는 국민적 합의가 존재해야 한다.

Ⅳ. 헌법변천의 예

1. 미국

연방헌법은 대법원에 위헌법률심사권을 부여하고 있지 않으나 Marbury v. Madison사건(1803)을 계기로 대법원이 위헌법률심사권을 갖게 된 것과 대통령선거에 있어서의 간접선거의 직선제적 운영 등이 있다.

2. 영국

국왕은 국가원수의 지위를 상실하고 명목적 · 상징적인 반면, 의원내각제의 지배체제가 확립된 것 등이 있다.

▶ 불문헌법을 가진 국가에서도 헌법변천은 가능하다.

3. 일본

평화헌법의 변질, 즉 전력보유금지조항에 어긋나는 자위대가 있다.

4. 우리나라

제1차 개정헌법에서 양원제를 규정했으나 단원제의 운영, 제5차 개정헌법 이래 1991년 상반기까지 지방의회를 구성하지 않고 관치행정으로 운용[김철수, 권영성, 구병삭]된 것을 들 수 있다.

Ⅴ. 헌법변천의 한계

헌법변천의 한계는 ① 헌법개정의 한계범위 내일 것과 ② 헌법존중의 방향일 것이다. 따라서 이러한 한계를 벗어난 헌법변천은 헌법해석상 헌법관습법으로 인정될 수 없는 헌법과의 괴리현상이며 헌법위반이다.

제4장 헌법의 보장(보호, 수호)

헌법보장/저항권/방어적 민주주의

제1절 헌법보장

I. 의의

1. 개념

헌법의 침해나 파괴로 인해 헌법의 규범력이 변질 또는 상실되지 않도록 헌법의 규범성(특히 최고규범성)의 보장과 사실적 성격을 법적·정치적으로 보호하여 실질적 헌법과 헌법적 가치를 유지하는 것이다.

2. 헌법보장의 필요성

헌법은 다른 규범(법률, 명령 등)과 달리 자신의 실효성을 확보하거나 그 내용을 강제할 수 있는 기관이나 수단을 갖고 있지 못하므로, 헌법침해에 대하여 헌법의 규범력을 어떻게 보장할 것인가가 중요한 문제가 된다.

II. 헌법보장의 유형

Jellinek의 분류	Kelsen의 분류
• 사회적 보장 • 정치적 보장 • 법적 보장(사법적 보장을 중시했음)	• 사전적 보장과 사후적 보장 • 인적 보장과 물적 보장

Ⅲ. 헌법의 수호자

1. 헌법의 수호자 논쟁

Schmitt는 그의 저서 『헌법의 수호자』 중에서 국민에 의하여 선출된 중립적 권력인 대통령만이 헌법의 수호자라고 하였고, Kelsen은 그의 논문 「누가 헌법의 수호자여야 하는가」 중에서 대통령과 의회를 헌법의 수호자로 인정하면서도 헌법재판소의 중요성을 역설하였다.

한편 영국에서도 헌법의 수호자는 국왕이어야 한다는 Keith와 내각이어야 한다는 Laski 간에 헌법수호자 논쟁이 전개된 바 있다.

2. 최종적 헌법의 수호자

국가기관에 의한 헌법보장에도 각각 일정한 한계가 있으므로 헌법의 최종적인 수호는 국민의 헌법에의 의지에 의한다.

Ⅳ. 현행 헌법상 헌법보장제도

1. 평상시의 헌법보장제도

(1) 사전적·예방적 보장

(가) 정치적 보장(헌법규정 이외의 보장)   국민의 헌법의식, 합리적인 정당정치, 국제 정치적인 영향 등이 있다.

(나) 법적 보장(헌법규정에 의한 보장)   국가권력의 분립(제40조, 제66조 제4항, 제101조 제1항), 헌법개정조항의 경성화(제10장), 대통령의 취임선서(제69조) 중 헌법준수의무, 대통령의 책무(제66조 제2항)로서 헌법수호책무, 방어적 민주주의(제8조 제4항), 공무원의 정치적 중립(제7조 제2항), 헌법의 최고법규성의 간접적 선언 등이 해당된다.

(2) 사후적·교정적 보장

(가) 헌법재판소에 의한 보장   위헌법률심사제도(제107조), 탄핵제도(제65조, 제111조), 정당해산제도(제8조 제4항) 등

(나) 국회에 의한 보장   국무총리, 국무위원 등 해임건의제도(제63조 제1항), 해임의결제(현행 헌법은 인정 안함)

(다) 법원에 의한 보장   공무원의 책임제(제29조 제1항), 사법심사제 등

2. 비상시의 헌법보장제도

① 국가긴급권: 긴급명령 등과 계엄(제76조, 제77조)

② 저항권

V. 헌법보장의 한계

헌법보장은 헌법의 침해를 전제로 헌법의 규범력을 보호하려는 것이므로 헌법상 기본권의 정당한 행사(언론의 자유 등)는 헌법의 침해가 아니라, 그 자체가 헌법의 보장의 기능을 하므로 이를 제한하는 수단으로 헌법보장제도가 악용되어서는 안 된다.

제2절 저항권

I. 개념

저항권이란 헌법보호의 한 수단으로서 입헌주의적 헌법질서를 침해·배제하려고 하는 권력행사에 대하여 주권자로서의 국민이 실력으로 저항하여 입헌주의적 헌법질서를 보호하는 최후의 비상적 권리를 말한다.

II. 연혁과 입법례

1. 연혁

근대적 저항권 이론은 Locke의 위임계약설과 자연권 사상을 근거로 한다.

2. 입법례

(1) 미국

버지니아 권리장전(1776)에서 최초, 연방헌법(1787)에서 명문화

(2) 프랑스

인권선언(1789) 제2조에서 명문화하였고, 제5공화국 헌법에 저항권 규정은 없으나 "1789년 인권선언을 계승한다."라고 규정하였다.

(3) 독일

시민혁명의 전통이 없고, 법실증주의 영향으로 저항권 사상이 없다. 제2차 세계대전 후 저항권의 문제가 제기되었다.

독일기본법(1949)에는 저항권의 규정이 없었으나 제17차 개헌에서 저항권을 규정하였다.

▶ 독일 연방헌법재판소는 독일공산당(KPD)에 대한 위헌결정(1956)에서 독일공산당의 저항권 주장을 부인했으나 저항권의 본질과 요건을 체계화하였고(1949년 독일기본법에 저항권 규정이 없음에도 판례가 인정함), 독일기본법 제17차 개헌(1968)에서 저항권을 명문화하여 현재 독일기본법에는 저항권이 직접 규정되어 있다.

(4) 일본

명문 규정이 없다.

(5) 우리나라

직접 규정은 없다. 그러나 보통 간접 규정으로 전문의 '불의에 항거한 4·19 민주이념을 계승'에서 찾는다.

Ⅲ. 저항권 행사의 주체와 대상

① 주체: 국민(정당 또는 단체도 포함)을 말하며, 국가기관은 절대 주체가 될 수 없다.
② 대상: 헌법질서를 위협·파괴하는 국가권력 또는 공권력 담당자가 된다.

Ⅳ. 저항권에 대한 태도

1. 긍정하는 견해

① 로크: 국가에 대한 보호, 위임계약설, 제한국가론, 국민주권론에 따라 긍정한다.

② 토마스 아퀴나스: 가톨릭적 국가관에 따라 긍정한다.

③ 우리나라의 다수설: 저항권에 관한 실정법상 근거가 없다 해도 저항권이 인정된다고 하며, 그 헌법적 근거를 '불의에 항거한 4 · 19 민주이념 계승'에서 찾고 있다.

2. 부정하는 견해

① 홉스: 국가를 통한 보호, 복종계약설, 자연법적 저항권 부인하는 입장이다.

② 칸트: 이성국가론(모든 국가는 도덕적 이성의 표현형태이므로 저항권은 무용한 것으로 봄)에 따라 부정한다.

③ 루소: 일반의사론(국가는 계약의 산물로서 국가의 의사는 곧 국민의 의사이므로 저항권이 부정됨)에 따라 부정한다.

④ 기독교적 국가관: 루터에 따르면 부정하는 입장이다.

⑤ 법실증주의: 실정법상의 권리만을 인정함으로 초실정법적인 저항권을 부정한다.

Ⅴ. 저항권의 법적 성질

1. 자연권설(다수설)

저항권은 인간이 존엄과 가치를 유지하고 민주적 원리를 수호하기 위한 수단이므로 자연법상의 권리로 본다.

2. 실정권설

저항권 행사의 정당성 여부에 관한 권위적인 심판기관이 없는 이상, 저항권을 초실정법적으로 인정한다는 것은 무질서만을 초래한다(법실증주의).

3. 판례의 태도

(1) 대법원

다수의견에 따르면 "저항권의 개념 그 자체가 초실정법적 자연법 질서 내의 권리주장으로서 그 개념 자체가 막연할 뿐만 아니라 실정법을 근거로 국가사회의 법질서 위반 여부를 판단하는 재판권 행사에 있어 이를 주장하는 것은 그 이유 없다"고 판시한 원심판결은 당원의 거듭된 판례[민청학련사건(대판 1975.4.8, 74도3323); 김재규사건(대판 1980.5.20, 80도306)]에 비추어 타당하다(대판 1980.8.26, 80도1278). 한편 "저항권은 헌법에 명문화되어 있지 않았더라도 일종의 자연법상의 권리로서 이를 인정하는 것이 타당하다 할 것이고 이러한 저항권이 인정된다면 재판규범으로서의 기능을 배제할 근거가 없다고 할 것이다."라는 임항준 등의 소수의견이 있었다.

(2) 헌법재판소

저항권이 헌법이나 실정법에 규정이 있는지 여부를 가려볼 필요도 없이 제청법원이 주장하는 국회법 소정의 협의 없는 개의시간의 변경과 회의일시를 통지하지 아니한 입법과정의 하자는 저항권의 대상이 되지 아니한다. 왜냐하면 저항권은 "국가권력에 의하여 헌법의 기본원리에 대한 중대한 침해가 행하여지고 그 침해가 헌법의 존립 자체를 부인하는 것으로 다른 합법적인 구제수단으로는 목적을 달성할 수 없을 때에 국민이 자기의 권리·자유를 지키기 위하여 실력으로 저항하는 권리이기 때문이다."라고 하여 저항권을 간접적으로 인정하지만 입법과정의 하자는 저항권 행사의 대상이 아니라고 한다. → 노동조합 및 노동관계조정법 등 위헌제청(헌재 1997.9.25, 97헌가4).

Ⅵ. 저항권 행사의 요건

1. 저항권 행사의 전제조건

1) 국가권력이 민주적·법치국가적 기본질서 또는 기본권보장체계를 전면적으로 부정하고 이러한 불법이 객관적으로 명백한 경우에 한한다(명백성).

2) 저항권 행사는 입헌주의 헌법질서를 회복하기 위한 최후의 수단이어야 한다

(보충성 또는 최후 수단성).

3) 저항권의 행사요건으로 성공가능성을 꼽는 견해(J. Isensse)도 있으나, 대부분은 요건으로 인정하고 있지 않다.

2. 저항권 행사의 목적(=소극성)

인간의 존엄을 수호하고 입헌주의 헌정체제를 수호하기 위한 것(소극적)이어야 하며, 새로운 질서의 구축을 위한 시도(적극적)는 저항권 행사로 인정되지 않는다.

3. 저항권 행사의 방법

본질적으로 실력의 행사를 수반하므로, 가능한 한 가장 평화적인 방법을 선택하며, 또한 '과잉금지의 원칙'을 존중하여 목적달성에 필요한 최소한의 정도에 머물러야 하고 필요 이상의 실력행사는 자제되어야 한다(최소한의 원칙).

제3절 방어적 민주주의

Ⅰ. 의의

민주주의 혹은 자유의 이름으로 민주주의와 자유 그 자체를 파괴·말살하려는 민주적 헌정질서의 적에 대하여 자신을 수호하기 위한 자기방어적 민주주의를 의미(K. Mannheim이나 K. Löewenstein 등에 의한 전투적·투쟁적 민주주의)한다.

Ⅱ. 방어적 민주주의의 전개

1. 역사적 배경

1930년대 독일에서는 민주주의를 형식적 원리(H. Kelsen의 가치상대주의에 근거한 상대적 민주주의, '민주주의는 어떤 내용이 없는 국민의 다수의 배')로만 이해하였다.

이러한 바이마르헌법의 민주주의하에서 다수의 지지를 등에 업은 나치스의 집권과 바이마르공화국의 붕괴는 민주주의 스스로의 존립을 유지하기 위한 이론이 탄생하는 배경이 되었다.

2. 사상적 기초

방어적 민주주의는 Saint Just의 "자유의 적에게는 자유가 없다."는 사상과 나치즘 이후 1930년대 후반 독일에서 민주주의의 상대주의적 가치중립성에 대한 자제 내지 한계이론으로 전개되었다.

3. 입법례

제2차 세계대전 후 독일기본법(1949)은 기본권상실제도와 위헌정당해산제도를 도입했고, 우리나라에서는 제2공화국에서 위헌정당해산제도를 도입했다.

4. 독일 연방헌법재판소의 판례

1) 동법원은 1952년 사회주의국가당(SRP)의 위헌판결에서 SRP의 목적이 복수정당제를 부인하고, 또한 당내조직과 운영이 민주주의의 원칙에 위배되고 당원의 활동이 인간의 존엄과 가치 등의 기본권을 경시한다는 이유로 강제해산을 선고하였다.

2) 1956년 독일공산당(KPD) 위헌판결에서 동정당을 가치지향적 민주주의에 반하는 위헌정당으로 해산결정을 내렸다. 그러면서 대체조직도 결성할 수 없으며 KPD의 재산도 몰수한다는 판결을 내렸다.

3) 1970년 군인판결(방어적 민주주의 원칙은 연방군 내에서도 타당하다), 1970년 도청판결(자유민주적 기본질서 수호를 위해 도청의 사전통고 배제는 허용되며, 법원에 의한 심문절차 대신 법원에 의한 통제절차를 규정한 도청법은 합헌이다), 1975년 급진주의자판결(자유민주적 · 사회국가적 기본질서를 거부하거나 이를 부정하는 자를 공직에 취임시키지 않아도 헌법에 반하지 않는다)에서 재차 확인되었다.

정리

독일판례의 전개

최초의 판례는 사회주의국가당(SRP) 위헌판결(1952) → 두 번째 판례는 공산당(KPD) 위헌판결 (1956) → 군인판결(1970) → 도청판결(1970) → 급진주의자판결(1975) 등을 통하여 정립되었다.

▶ 공산당 위헌판결은 저항권을 인정한 판례로는 최초이나, 방어적 민주주의를 인정한 판례로는 두 번째이다.

Ⅲ. 방어적 민주주의의 기능

　① 가치구속적·가치지향적 민주주의를 전제(가치중립적 민주주의를 지양)

　② 헌법보장의 기능(헌법의 최고규범성과 실효성 확보)

Ⅳ. 방어적 민주주의의 한계

1. 민주주의의 본질침해금지

　방어적 민주주의는 민주주의의 적으로부터 진정한 민주주의를 수호하기 위한 수단이어야지, 민주주의 파괴 또는 민주주의의 자기부정이어서는 안 된다.

2. 헌법의 기본원리 침해금지

　방어적 민주주의 명분하에 국민주권·법치국가·사회국가 등 헌법의 기본원리의 본질을 침해해서는 안 된다.

3. 정치적 기본권의 본질적 내용침해금지

　방어적 민주주의가 정치적 기본권을 제한하기 위한 수단으로 악용되어서는 안 된다.

4. 소극적·방어적 행사

　방어적 민주주의를 적극적으로 적용하면 표현의 자유와 정당의 자유를 침해할 가능성이 크므로 방어적 민주주의는 소극적·방어적으로 행사되어야 하지 적극적 또는 확대하여 적용해서는 안 된다. 방어적 민주주의를 위한 국가의 개입과 제한도 과잉금지의 원칙에 따라 필요 최소한으로 한정되어야 한다.

Ⅴ. 판례의 태도

1. 구 국가보안법 제7조에 대한 위헌심판(헌재 1990.4.2. 89헌가113)

　국가보안법 제7조 제1항 및 제5항은 각 그 소정행위가 국가의 존립·안전을 위태롭게 하거나 자유민주적 기본질서에 위해를 줄 경우에 적용된다고 할 것이므로 이러한 해석하에 헌법에 위반되지 아니한다.

2. 개정 국가보안법 제7조에 대한 위헌심판(헌재 1997.1.16. 92헌바6)

개정 후의 국가보안법조항들의 규정내용은 각 그 구법규정과 대비해 보면 모두 「국가의 존립·안전이나 자유민주적 기본질서를 위태롭게 한다는 정을 알면서」라는 주관적 구성요건이 추가됨으로써 그동안 개념의 다의성과 적용범위의 광범성으로 인하여 제기되었던 위헌적 요소가 제거되었다고 볼 수 있다.

Ⅵ. 한국헌법과 방어적 민주주의

① 국가형대로서의 민주공화국(전문, 제4조)

② 위헌정당의 해산제도(제8조 제4항)

③ 기본권 제한의 사유(제37조 제2항)

④ **우리나라의 판례**: 실제로 우리나라에서 정당이 방어적 민주주의에 따른 위헌정당으로 해산된 예로는 헌법재판소가 통합진보당을 위헌정당으로 보아 강제해산하였다(헌재 2014.12.19. 2013헌다1). 대법원과 헌법재판소는 일련의 국가보안법 위반사건에서 자유민주주의를 헌법의 최고이념으로 규정하면서 이를 수호하기 위한 수단으로 방어적 민주주의를 인정하고 있다.

정리

진보당 사건·통합진보당 해산 사건
제1공화국에서의 진보당 해산은 당시 헌법에서는 위헌정당강제해산제도가 없었으므로(제2공화국에서 최초 도입) 공보실장의 명령에 의해 등록이 취소된 바 있다. 그러므로 방어적 민주주의, 즉 위헌정당강제해산제도에 따른 해산이 아니다. 그러나 최근 2014년에 헌법재판소는 통합진보당에 대하여 위헌정당으로 보아 강제해산을 하였다(헌재 2014.12.19. 2013헌다1).

관련판례 대법원 2011.1.20. 선고 2008재도11 전원합의체 판결【간첩·간첩방조·국가보안법위반·법령제5호위반】
피고인이 평화통일의 실현 등을 강령·정책으로 하여 결성한 '진보당'은 그 경제정책이 사회적 민주주의의 방식에 의하여 자본주의 경제체제의 부작용이나 모순점을 완화·수정하려고 하였을 뿐 사유재산제와 시장경제체제의 골간을 전면 부인하는 취지가 아니고, 정치형태 역시 주권재민과 대의제도, 국민의 자유와 권리의 보장 등을 목표로 하였을 뿐 자유민주주의를 부정하는 내용이 아니

어서그 결성 목적이 대한민국헌법에 위배된다고 할 수 없고, 또한 진보당의 통일정책인 평화통일론이 북한의 위장평화통일론에 부수하는 것으로 인정되지 아니하고 이를 인정할 다른 아무런 증거도 없어 그 결성이 북한에 부수하여 국가를 변란할 목적으로 이루어진 것으로 볼 수 없으므로, 구 국가보안법(1958.12.26. 법률 제500호로 폐지제정되기 전의 것) 제1조, 제3조에 정한 '불법결사'에 해당하지 않는다.

이른바 '진보당사건'에 관한 재심대상판결인 대법원 1959.2.27. 선고 4291형상559 판결에서 피고인에 대한 구 국가보안법(1958.12.26. 법률 제500호로 폐지제정되기 전의 것. 이하 '구 국가보안법'이라고 한다) 위반, 군정법령 제5호 위반 및 간첩의 공소사실이 각 유죄로 인정되어 사형이 집행되었는데, 피고인의 자녀들이 위 판결에 대해 재심을 청구하여 재심이 개시된 사안에서, 원심판결과 제1심판결 중 유죄 부분을 각 파기하고 직접판결을 하면서 제1심판결에서 무죄가 선고된 진보당 관련 구 국가보안법 위반의 공소사실에 대한 검사의 항소를 기각하고, 간첩의 공소사실에 대하여 무죄를 선고한다.

제5장 대한민국 헌정사

건국헌법/제1차 개정헌법/제2차 개정헌법/제3차 개정헌법/제4차 개정헌법/
제5차 개정헌법/제6차 개정헌법/제7차 개정헌법/제8차 개정헌법/제9차 개정헌법

제1절 건국헌법

> **참고**
>
> 대한민국헌법의 전사(前史)
> 1. 1889년의 대한제국국제(大韓帝國國制) 9개 조항: 한국 최초의 성문헌법이며, 흠정헌법의 성격을 갖는다.
> 2. 대한민국임시정부의 헌법: 5차례의 개정이 있었고, 명칭이 대한민국임시 '헌법', '약헌', '헌약' 등의 순으로 변경되었다. 근대 입헌주의적 헌법이다.

1. 건국헌법의 제정

1948년 2월 27일 UN총회의 결의와 동년 3월 17일의 미군정법령 제175호에 의거한 남조선과도정부임시입법의원에서 제정한 국회의원선거법에 따라서 1948년 5월 10일에 우리 헌정사상 최초의 국회의원선거가 실시되었다. 초대 국회는 5·10선거에서 선출된 198인의 의원으로 구성되었다.

초대 국회는 헌법과 기타 법률 등을 제정할 준비를 하였다. 여러 가지 우여곡절 끝에 제정된 헌법은 1948년 7월 17일 공포되었으며, 동헌법에 의거하여 대통령과 부통령이 선출되었고, 국무총리와 대법원장이 국회의 인준을 받아 정부가 수립되고, 1948년 8월 15일 역사적인 대한민국정부수립 선포식이 거행되었다.

이승만의 주장대로 대통령제와 단원제를 채택했고, 한민당의 주장대로 의원내각제 중에서 국무원제와 국무총리제를 반영했다.

2. 건국헌법의 내용

건국헌법은 전문, 10장, 103조로 구성되었다. 주요 내용을 보면 ① 민주공화국, 국민주권, 기본권 보장, 사기업에 있어서 근로자의 이익분배균점권(제5차 개정 때 삭제됨), ② 단원제 국회, ③ 대통령과 부통령을 임기 4년(1차에 한하여 중임)으로 국회에서 선출, ④ 대통령의 법률안거부권 및 법률안제출권 허용, ⑤ 부서제도, ⑥ 국무총리는 대통령이 임명(국회의 승인을 얻어야 함), ⑦ 국무원, ⑧ 가예산제도, ⑨ 통제경제를 주축으로 함, ⑩ 헌법개정은 국회의 의결로 가능함, ⑪ 헌법위원회, ⑫ 탄핵재판소, ⑬ 자연자원의 원칙적 국유화 등이다. 다만, 정당조항이 없었으며 통일조항도 없었다.

건국헌법의 제정(1948.7.17.) – 제1공화국 헌법

제정과정		• 1948년 5·10 총선거로 제헌국회 구성 • 제헌국회가 헌법위원회를 구성하여 헌법제정작업 착수: 유진오 초안을 원안, 권승렬 초안을 참고안(양 초안 모두 의원내각제, 양원제 국회, 위헌법률심사권은 대법원에 부여)으로 하여 토의 • 이승만의 반대로 대통령제, 단원제 국회, 위헌법률심사권은 헌법위원회에 부여하는 헌법안이 1948년 7월 12일 국회를 통과 • 1948년 7월 17일 국회의장이 서명한 후 공포, 부칙의 규정에 따라 공포일로부터 시행
주요 내용	구성	전문, 10장, 103조
	총강	국가형태로서 민주공화국·국민주권의 원리·영토조항
	기본권	• 자유권 • 노동3권, 사기업에 있어 근로자의 이익분배균점권(제5차 때 삭제) 등 사회적 기본권의 규정 • 개별적 법률 유보 • 구속적부심제 • 국민의 불법행위를 한 공무원의 파면청원권
	통치 구조	• 정부와 대통령 　– 대통령·부통령 국회간선제(4년 1차 중임) 　– 대통령의 법률안거부권과 법률안제출권 　– 대통령의 긴급명령권과 계엄선포권 　– 국무원(의결기관) 　– 국무총리 　– 국정감사제도 　– 심계원 • 국회

		− 단원제 국회 − 국회의원불체포특권 • 법원 − 10년 임기의 법관으로 구성 − 대법원장은 대통령이 임명하되 국회의 승인을 요함
	경제 질서	• 통제경제 • 사회화 경향(자연자원의 국유화 및 공공필요에 의한 사기업의 국·공유화, 경제자유전의 원칙 등)
	재정	• 조세법률주의　　　• 1년 예산주의　　　• 가예산제도
	지방 자치	지방자치단체의 사무범위와 지방자치단체의 조직과 운영 규정
	헌법 재판	• 헌법위원회(위원장은 부통령, 대법관 5인과 국회의원 5인으로 구성): 위헌법 률심판 • 탄핵재판소(재판장은 부통령): 탄핵심판권
	기타	정당조항과 통일조항이 없음
평가		기본권 보장·정부형태·경제조항 등에서 미국헌법과 바이마르헌법의 영향을 많이 받았으며, 국회의 정부에 대한 불신임권이 없어서 행정부 우위의 후진국 가형 대통령제 정부였다[김철수].

제2절 제1차 헌법개정(1952.7.7. 발췌개헌)

1. 과정

1950년 5월 총선에서 야당이 국회다수석을 차지하자 이승만은 재집권을 위해 건국헌법의 대통령간선제규정을 직선제로 개정하고자 했다.

정부개헌안과 국회개헌안은 모두 부결되었으나 여·야당개헌안을 가미한 발췌개헌안이 통과되어 발췌개헌이라고 한다.

2. 내용

① 정·부통령의 직선제, ② 양원제 국회, ③ 국회의 국무원불신임제도 도입, ④ 국무위원 임명에 있어 국무총리의 제청권 등이 있다.

3. 문제점

공고절차를 위반하였고(공고되지 않은 헌법안이 통과됨), 국회에서 토론의 자유가 보장되지 않았으며, 의결이 강제되었다는 점에서 위헌이었다.

아울러 대통령을 직선으로 선출하면서 국무원불신임제를 도입한 것은 소위 체계정당성을 무시한 것이다.

1952년 7월 4일의 제1차 개정헌법(발췌개헌)

개정과정		• 1950년 5월 총선에서 야당이 국회다수석을 차지하자 이승만은 재집권하기 위해 대통령간선규정을 직선제로 바꾸려 함 • 정부개헌안(대통령직선＋양원제)과 국회개헌안(의원내각제)은 모두 부결되고, 이후 국회는 양 개헌안이 절충된 발췌개헌안을 통과시킴
주요 내용	통치 구조	• 정부와 대통령 　-대통령직선제(4년 1차 중임) 　-국무위원 임명에 있어서 국무총리의 제청권 • 국회 　-양원제 국회(but 단원제로 운영)로 양원(4년 임기의 민의원, 6년 임기의 참의원) 모두직선 　-국회의 국무원불신임제 　-일사부재의
	헌법 개정	• 대통령 또는 민의원, 참의원(재적의원 3분의 2 이상) 발의 • 양원에서 각각 의결(재적의원 3분의 2 이상)
평가		일사부재의의 원칙에 위배되고, 공고되지 아니한 개헌안을 의결하였으며, 토론의 자유가 보장되지 아니한 채 의결이 강제되었다는 점, 대통령직선제와 국무원불신임제(내각제적 요소)를 함께 채택하여 체계정당성이 무시되었다는 점 등에서 위헌적인 것이었다.

제3절 제2차 헌법개정(1954.11.27. 사사오입개헌)

1. 과정

이승만 장기집권을 위해 대통령중임규정을 수정할 필요가 있었고, 제2차 헌법개정안은 당초 부결되었으나 사사오입의 수학적 계산방법을 동원하여 통과시켰다.

2. 내용

① 초대 대통령의 중임제한을 철폐(부칙), ② 주권의 제약, 국가안위에 관한 중대사항을 국회가결 후 다시 국민투표에 회부, ③ 국무위원에 대한 개별적 불신임제 채택, ④ 대통령 궐위 시의 부통령의 대통령직 승계의 제도, ⑤ 특별법원(군법

회의)에 대한 헌법상 지위 부여, ⑥ 자유시장경제체제로의 전환, ⑦ 국무총리제의 폐지, ⑧ 헌법개정의 한계에 대한 명문규정을 설정, ⑨ 헌법개정안에 대한 국민발안의 허용 등이 있다.

3. 문제점

절차상 의결정족수에 미달하는 흠이 있었고, 초대 대통령에 한하여 중임제한을 철폐한다는 것은 평등의 원칙에 어긋나는 위헌적인 개헌이었다.

1954년 11월 27일의 제2차 개정헌법(사사오입개헌)

개정과정		• 이승만의 장기집권을 위한 대통령중임규정 수정이 목적 • 헌법개정안은 부결되었으나 사사오입의 수학적 계산방법을 동원하여 통과
주요 내용	통치 구조	• 정부와 대통령 　－초대 대통령에 한하여 중임제한(3선 제한)을 철폐하고 무제한 입후보 허용 　－대통령 궐위 시 부통령이 지위 승계 　－국무총리제 폐지 　－국무원연대책임제 폐지(국무원에 대한 개별적 불신임제 채택) • 법원: 군사재판에 헌법상 지위 부여
	경제 질서	경제체제를 자유시장경제체계로 전환
	헌법 개정	• 대통령, 민의원 또는 참의원(재적의원 3분의 2 이상), 민의원선거권자(50만인 이상) 발의(국민발안제－7차에서 삭제) • 양원에서 각각 의결(재적의원 3분의 2 이상) • 헌법개정금지조항
	기타	• 헌법개정금지조항 • 국민투표제 도입(주권의 제약, 영토변경 등 국가안위에 관한 중대사항은 국민투표에 필요적으로 붙여야 함)
평가		초대대통령에 한하여 중임제한을 철폐한 것은 평등의 원칙에 위배되고, 부결선언사항을 가결로 번복하여 위헌적인 것이었다.

제4절 제3차 헌법개정(1960.6.15.)

1. 과정

1960년 4 · 19혁명 이후 의회에서 헌법을 개정하였다.

2. 내용

① 내각책임제의 채택, ② 국민의 기본권 강화(검열제, 허가제 금지, 개별적 법률유보 대신에 일반적 법률유보조항을 둠), ③ 정당조항의 신설, ④ 헌법재판소의 설치, ⑤ 대법관의 선거제 실시, ⑥ 중앙선거관리위원회의 헌법기관화, ⑦ 공무원의 신분 및 정치적 중립성 보장, ⑧ 경찰의 중립, ⑨ 지방자치단체장의 선거제 실시, ⑩ 제1차 개정 때 규정상 있던 양원제 실시, ⑪ 본질내용침해금지조항이 들어갔다.

1960년 6월 15일의 제3차 개정헌법(제2공화국 헌법)

개정과정		• 3 · 15부정선거와 4 · 19혁명으로 이승만 대통령 하야 • 허정 과도정부가 수립되어 개헌안이 국회를 통과
주요 내용	기본권	• 기본권의 확대 강화가 특징 　－언론 · 출판 · 집회 · 결사에 대한 사전허가 검열금지 　－일반적 법률유보조항, 본질적 내용침해금지 신설
	통치 구조	• 정부와 대통령 　－대통령 국회간선제(5년 1차 중임) 　－긴급명령 삭제, 대통령이 긴급재정처분권을 국무총리가 긴급재정명령권을 보유 　－심계원, 감찰위원회 • 국회 　－의원내각제(수상이 내각 수반) 　－국회의 양원제 • 법원: 대법원장 · 대법관 선거(법관 선거인단－국민재판참여) • 헌법재판소 신설 • 중앙선거관리위원회의 헌법기관화(각급 선거관리위원회는 제3공화국 헌법에서 규정)
	지방 자치	• 지방자치단체장의 선거제 • 지방자치 실시
	재 정	준예산제도(가예산제도 폐지)
	헌법 재판	헌법재판소는 법률의 위헌심판, 헌법에 관한 최종적 해석, 국가기관 간의 권한쟁송, 정당의 해산심판, 탄핵재판, 대통령 · 대법원장 · 대법관의 선거에 관한 소송 등을 관할
	헌법 개정	그대로 유지(국민발안제 등)
	기타	• 정당조항 신설(복수정당제의 보장, 위헌정당강제해산제도) • 직업공무원제(공무원의 중립 및 신분보장) • 경찰의 중립보장
평가		여 · 야 합의에 의한 최초의 개헌이며, 형식적으로는 개정의 방법에 의한 것이나 실질적으로는 가히 신헌법의 제정이라고도 할 만한 것이었다[권영성, 김철수].

제5절 제4차 헌법개정(1960.11.29. 부칙개정)

1. 과정

반민주주의자를 처벌하기 위해 형벌불소급의 원칙에 대한 예외의 헌법적 근거가 요구되었다.

2. 내용

이 개헌은 형벌불소급의 원칙에 대한 예외로서 3·15부정선거의 주모자들을 처벌하기 위한 헌법적 근거를 마련하기 위한 것이었다.

헌법부칙에 신설된 내용을 보면

1) 1960년 3·15부정선거에 관련된 자 및 4·19혁명을 탄압코자 살상행위를 한 자를 처벌할 특별법 제정근거,

2) 반민주행위자와 부정축재자 처벌을 위한 특별법 제정근거,

3) 이들 사건을 처리하기 위하여 특별재판소와 특별검찰부를 둘 수 있다는 것을 내용으로 하고 있다.

3. 문제점

제4차 개정은 소급입법에 의하여 참정권과 재산권을 제한할 수 있게 한 점에서 위헌 여부의 논란이 많았다.

1960년 11월 29일의 제4차 개정헌법(부정선거관련자처벌 개헌)

개정과정	반민주행위자 처벌을 위해 형벌불소급원칙의 예외의 근거를 마련하는 헌법개정안 통과시킴
주요 내용	부칙만 개정 -3·15부정선거 관련자 처벌을 위한 헌법적 소급조항 -특별간부·특별재판소 설치
평가	소급입법에 의하여 참정권과 재산권 등을 제한하거나 처벌할 수 있게 한 점에서 위헌적인 것이었다.

제6절 제5차 헌법개정(1962.12.26.)

1. 과정

1961년 5월 16일 군사정변으로 국가재건최고회의가 구성되고, 동년 6월 6일에 국가재건비상조치법이 제정·공포되었으며, 구 헌법은 국가재건비상조치법에 저촉되지 않는 범위 내에서 효력을 가지게 되었다. 제5차 개헌안은 국가재건최고회의의 의결을 거쳐 국민투표에 의하여 확정되고, 1962년 12월 26일에 공포되었다(제5차 헌법개정).

2. 내용

① 헌법전문이 최초로 개정되었고(제5차, 제7차, 제8차, 제9차 개헌 때도 개정됨), ② 인간의 존엄권조항이 신설되었다. ③ 대통령제로의 환원, ④ 단원제 국회, ⑤ 헌법재판소 폐지, 위헌법률심사권을 대법원에 부여하였다. ⑥ 극단적인 정당국가를 지향(정당의 추천이 없으면 대통령·국회의원에 출마할 수 없었고, 당적을 변경하면 의원직을 상실케 함), ⑦ 법관의 임명에 법관추천회의의 제청에 따르게 하였고, ⑧ 헌법개정에 필수적 국민투표제 도입, ⑨ 탄핵심판위원회 설치, ⑩ 경제과학심의회와 국가안전보장회의를 신설하였다.

1962년 12월 26일 제5차 개정헌법(제3공화국 헌법)

개정과정		• 5·16군사쿠데타로 국가재건최고회의가 구성되고 국가재건비상조치법이 제정 • 국가재건최고회의의 특별위원회로서 헌법심의위원회 발족 • 개헌안을 국가재건최고회의의 의결(국회의결 ×)을 거쳐 국민투표로 확정
주요 내용	구성	• 헌법전문 최초로 개정 • 헌법전문의 연도표기가 단기에서 서기로 변경 • 헌법조문에 최초로 항 및 내용을 구별함
	기본권	• 인간의 존엄과 가치 신설 • 양심의 자유를 종교의 자유에서 분리 • 직업선택의 자유 신설 • 인간다운 생활권 신설 • 묵비권, 고문받지 않을 권리, 임의성 없는 자백의 증거능력 제한 신설 • 소급입법에 의한 참정권이나 재산권 박탈 금지 신설 • 신속·공개재판청구권 신설 • 언론·출판의 타인명예침해금지, 영화·연예에 대한 검열 허용 • 이익분배균점권 폐지

통치 구조	• 정부와 대통령 　-대통령 직선제(4년 1차 중임) 　-국무회의 심의기관화 　-국무총리 임명에 국회동의제 폐지 　-감사원 신설 　-국가안전보장회의 신설 • 국회 　-국회 단원제: 비례대표제, 국회의원수 제한 　-일사부재의 원칙, 회기계속의 원칙 　-국회의 국무원해임건의제도 　-국회의원 면책특권에서 발언·표결의 직무관련성 신설 • 법원: 법관추천회의 설치(법관 임명에 법과추천회의 제청) • 헌법재판소 폐지, 탄핵심판위원회 설치	
헌법 재판	• 대법원: 위헌법률심사, 정당해산심판, 선거소송 관할 • 탄핵심판위원회: 탄핵심판 관할 ※ 기관 간 권한쟁의제도는 두지 않음	
헌법 개정	• 국회의원(재적의원 3분의 1 이상), 국회의원선거권자(50만인 이상, 국민발안제) 　의 발의 • 국회의결(재적의원 3분의 2 이상) • 필수적 국민투표(국회의원선거권자 과반수 투표와 과반수 찬성)	
기타	극단적 정당국가화(무소속 출마 불허, 당적변경 시 자격 상실)	
평가	헌법상의 개정절차에 의하지 아니하고 국가비상조치법이 규정한 국민투표에 의하여 개정되었다는 점에서 법리상의 문제가 있다는 견해[권영성]와 제3공화국 헌법은 쿠데타에 의한 구 헌법의 폐지와 새 헌법의 제정에 의해서 성립된 것이기 때문에 이를 헌법개정의 이론으로 설명하는 것은 타당하지 못하다는 견해[허영]가 있다.	

제7절 제6차 헌법개정(1969.10.21. 3선개헌)

1. 과정

1969년 8월 7일 민주공화당 의원 122명은 대통령의 3기 연임을 위한 개헌안을 제출하고 국회의결과 국민투표를 거쳐 개정되었다.

2. 내용

① 대통령의 계속 재임을 3기로 연장하였고, ② 대통령에 대한 탄핵소추의 정족수를 가중하였으며, ③ 국회의원 정수의 상한을 250명으로 늘렸고, ④ 국회의원

인 국무위원겸직을 허용하였다.

3. 문제점

대통령의 계속 재임을 3기로 연장함으로써 장기집권의 계기를 만들어 주었다.

1969년 10월 21일 제6차 개정헌법(3선개헌)

개정과정	• 1969년 8월 여당은 대통령의 연임회수 연장을 골자로 하는 개헌안 제출 • 동개헌안은 국민투표에 회부되어 확정
주요 내용	• 대통령 　－대통령의 계속 재임을 3기까지 인정 　－대통령 탄핵소추요건 강화 • 국회 　－국회의원 정수상한을 250명으로 증원 　－국회의원 겸직규정
평 가	국회의사당이 아닌 곳에서 기습적으로 여당의원들로만 이루어진 반민주적인 개헌안으로, 장기집권을 가능하게 하는 수단이 되었다[허영].

제8절 제7차 헌법개정(1972.12.27.)

1. 과정

박정희 대통령은 1971년 12월 27일 국가보위에 관한 특별조치법을 제정하였는바, 이 법은 초헌법적인 국가긴급권의 행사를 가능케 한 것이었으며, 1972년 10월 17일에는 국가보위에 관한 특별조치법에 의거하여 비상조치를 단행하였다(소위 10·17비상조치). 10·17비상조치로 국회가 해산되었고 정치활동이 중지되었으며, 동년 12월 27일에는 이른바 유신헌법(프랑스 제5공화국 헌법에 영향받음)이 공포되었다.

2. 내용

전문, 126조, 부칙으로 구성된 유신헌법의 주요 내용은 ① 주권의 행사방법을 처음으로 규정하였고, ② 기본권을 실정권으로 약화시키고, 각종 기본권 보장을 제한·축소시켰다(구속적부심제도 폐지, 임의성 없는 자백의 증거능력 부인조항의 삭제, 재산권의 수용 등에 따른 보상을 법률에 위임함. 군인·군무원 등의 이중배상청구를 금함. 근로3권의 범위를 크게 제한함). ③ 통일주체국민회의를 신설하여 대통령과 국회의원 3분의 1을 선출하도록 하였고, 국회가 제안한 개헌안을 의결토록 하였다. ④ 대통령은 임기 6년이며, 중임이나 연임제한규정을 두지 아니하였고, ⑤ 대통령은 긴급조치권, 국회해산권, 국회의원 정수의 3분의 1의 추천권, 국민투표부의권, 모든 법관의 임명권을 행사할 수 있도록 하였고, ⑥ 국회의 회기 단축, 국정감사권을 부인하였고, ⑦ 법관을 징계처분에 의하여 파면할 수 있도록 하였고, ⑧ 헌법재판권을 헌법위원회에 부여하였고, ⑨ 헌법개정을 이원화하였다(대통령이 제안한 경우에는 국민투표로 의원이 제안한 경우에는 통일주체국민회의의 의결로 확정토록 함). ⑩ 지방의회의 구성을 조국통일이 이루어질 때까지 구성하지 않도록 규정함으로써 지방자치단체를 유명무실하게 하였다.

1972년 헌법의 성립과 내용[제7차 개정헌법(유신개헌)]: 제4공화국 헌법

개정과정		• 1971년 국가보위에서 특별조치법 제정 • 1972년 박정희 대통령은 비상계엄을 선포하고 비상조치(국회해산, 정치활동금지)를 단행 • 비상국무회의에서 헌법개정안 공고 • 국민투표로써 확정, 1972년 12월 27일에 공포
주요 내용	기본권	• 기본권 약화 − 기본권의 제한요소로 국가안전보장 추가 − 본질적 내용침해금지 삭제 − 구속적부심제도 폐지
	통치 구조	• 정부와 대통령[영도적 대통령제(대통령에게 국정조정자적 지위 부여)] − 대통령의 중임 · 연임조항 폐지 − 통일주체국민회의 설치(대통령과 국회의원 3분의 1 선출) − 대통령의 긴급조치권 신설 − 대통령의 국회의원 정수의 3분의 1 추천권, 대통령의 국회임시회 소집요구권 신설, 대통령의 국회해산권 − 대통령의 법관임명제 도입 • 국회(권한 축소): 대통령이 국회의원 3분의 1 추천, 회기 단축(연 150 이내), 국정감사권 폐지 • 법원(권한 축소): 대통령이 법관 임명, 징계처분에 의한 법관의 파면 가능 • 헌법위원회 설치
	지방 자치	지방자치 유보(조국의 통일시까지 유예)
	헌법 재판	• 헌법위원회: 위헌법률심사, 탄핵심판, 정당해산심판 관할 • 법원: 위헌법률심사 제청만을 할 수 있음
	헌법 개정	• 헌법개정에 대한 국민발안제 폐지 • 헌법개정 이원화

	– 대통령 발안, 국민투표(국회의원선거권자 과반수 투표와 투표자 과반수 찬성) – 국회의원(재적의원 2분의 1 이상) 발의, 국회의결(재적의원 3분의 2 이상), 통일주체국민회의의 의결로 확정
기타	• 주권의 행사방법 규정(국민은 그 대표자나 국민투표에 의하여 주권을 행사한다) • 중요정책에 대한 국민투표부의권
평가	유신헌법에 대하여는 혁명에 의한 새 헌법의 제정이라는 견해와 긴급조치에 의한 제3공화국 헌법의 전면개정이라는 견해가 대립한다. 유신헌법은 정권을 연장하기 위하여 권위주의적인 대통령제를 채택하였으며, 국민의 기본권 보장을 악화시켰다는 점에서 반민주적인 것이었다.

제9절 제8차 헌법개정(1980.10.27.)

1. 과정

1979년 10 · 26사태와 12 · 12쿠데타를 거쳐, 1980년 5월 17일 전국계엄확대조치를 거쳐 국가보위비상대책위원회를 설치하고 국회활동을 정지시켰다. 헌법개정심의위원회가 개헌안을 작성하여 국민투표를 거쳐 1980년 10월 27일 공포 · 발효되었다.

2. 내용

전문, 131조, 부칙 10조로 구성된 제5공화국 헌법의 주요 내용은 ① 전통문화의 창달, 재외국민 보호, 정당보조금 지급, 국군의 국가의 안전보장조항을 신설하였고(국토방위의 신성한 의무는 건국헌법 때부터 있었음), ② 기본권조항은 대체로 제3공화국 헌법으로 복귀하였고, 행복추구권 · 연좌제 금지 · 사생활비밀 · 환경권 · 적정임금조항이 신설되었고, 구속적부제의 부활, 언론 · 출판의 사회적 책임, 평생교육, 형사피고인의 무죄추정이 규정되었다. ③ 통일주체국민회의를 폐지하고 대통령을 선거인단에 의한 간선제로 하였고, ④ 대통령의 권한을 유신헌법에 비하여 대폭 축소하였고(긴급조치권을 비상조치권으로 변경하고 남용방지책을 둠), 임기를 7년 단임으로 한다. ⑤ 전직 대통령의 예우조항, 국정자문회의, 평화통일정책자문회의를 둔다. ⑥ 국정조사권을 신설, ⑦ 일반법관의 임명을 대법원장이 하도록 하였고, ⑧ 대법원에 전담부 설치근거 및 행정심판의 헌법적 근거를 명시하고 아울러 징계처분에 의한 법관면직규정을 삭제한다. ⑨ 경제질서에 대한 공법적 규제를 확대

(독 · 과점의 규제와 조정, 소비자보호, 국가표준제도, 중소기업의 보호 · 육성, 농 · 어민 · 중소기업의 자조조직의 정치적 중립성 선언), ⑩ 헌법개정절차를 일원화시켰다(국민투표로만 확정시킬 수 있음).

1980년 헌법의 성립과 내용[제8차 개정헌법(국보위개헌)]: 제5공화국 헌법

개정과정		• 1979년 10 · 26사태와 12 · 12쿠데타 • 국가보위비상대책위원회(상임위원회 위원장 전두환) 설치 • 헌법개정심의위원회 발족 • 전두환이 통일주체국민회의에서 대통령으로 선출 • 헌법개정심의위원회가 개헌안 작성하고 국민투표에 회부되어 확정됨 • 1980년의 10월 27일 공포, 부칙의 규정에 따라 공포일로부터 시행
주요 내용	기본권	• 기본권의 상대적 강화 　－행복추구권 신설　　　　　　－구속적부심 부활 　－사생활의 비밀과 자유 신설　－연좌제 폐지 　－형사피고인의 무죄추정 신설　－환경권 　－적정임금조항
	통치 구조	• 정부와 대통령(강력한 대통령제) 　－선거인단에 의한 대통령 간선제(7년 단임제), 통일주체국민회의 폐지 　－대통령의 비상조치권 　－국정자문회의, 평화통일자문회의 신설 • 국회: 국회의 국정조사권 신설 • 법원 　－일반법관임명권 대법원장에 부여 　－징계에 의한 법관파면 삭제 　－행정심판의 헌법적 근거
	경제 질서	• 소비자보호운동의 보장 • 독 · 과점의 규제와 조정 • 중소기업의 보호 · 육성 • 국가표준제도 확립
	헌법 재판	제4공화국 헌법 그대로 유지
	헌법 개정	• 헌법개정절차의 일원화(국민투표로만 확정시킬 수 있음) 　－대통령, 국회의원(재적의원 2분의 1 이상) 발의 　－국회의결(재적의원 3분의 2 이상) 　－국민투표 • 임기연장이나 중임변경을 위한 헌법개정은 개정 당시의 대통령에게 적용금지
	기타	• 민족문화의 창달 • 재외국민보호조항(의무는 현행 헌법) • 정당보조금 지급 • 외교 · 국방 · 통일 기타 국가안위에 대한 국민투표부의권

평가	제5공화국 헌법에 대하여는 새로운 정치주도세력에 의해서 추진되었다는 점, 국민이 참여해서 이루어진 것이라는 점에서 새로운 헌법의 제정이라는 견해가 유력하다[김철수, 허영].

제10절 제9차 헌법개정(1987.10.29.)

1. 과정

1987년 6·10항쟁을 계기로 민주화의 요구가 최고도에 달하였던바, 이는 대통령직선제로의 개헌방향으로 확정지어졌다. 이에 따라 여·야 간의 8인 정치회담을 구성하여 헌법개정을 논의한바, 1987년 9월 17일에 전문과 본문 130조 및 부칙 6조에 달하는 개헌안을 확정하여 여·야 간의 합의개헌에 성공하였다.

2. 내용

전문, 본문 10장, 130조, 부칙 6조로 구성된 제6공화국 헌법의 주요 내용은 ① 기본권 보장의 강화, ② 대통령의 국민 직접선거제 채택, 임기 5년 단임, ③ 대통령의 권한 축소(국회해산권을 삭제하고 비상조치권을 긴급명령권(긴급재정·경제처분 및 명령권)으로 변경하였음), ④ 국회의 지위와 권한을 강화(국정감사권을 부활, 회기제한을 삭제, 정기회를 100일로 연장, 임시회의소집을 쉽게 하였음), ⑤ 헌법위원회를 폐지하고 헌법재판소를 설치하였다. ⑥ 구속이유 등 고지제도 신설, ⑦ 범죄피해자 구조청구권 신설, ⑧ 쾌적한 주거생활권, 최저임금제, 모성보호, 대학의 자율성 신설, ⑨ 총강에 '국군의 정치적 중립성', '정당의 목적도 민주적일 것'이 새로 추가, ⑩ 대통령의 비상조치권, 대통령의 국회해산권, 국회의 국무위원해임의결권은 현행 헌법에서 폐지되었다.

1987년 현행 헌법의 성립과 내용(제9차 개정헌법: 대통령직선제개헌)

개정과정		• 1987년 6월 직선제 쟁취를 요구하는 민주화운동의 결과 6·29선언 • 여·야로 구성된 국회개헌특별위원회에서 개정안을 마련하고 1987년 10월 27일에 국민투표에 의해 확정
주요 내용	구성	전문 10장, 130조, 부칙
	전문	전문개정(대한민국 임시정부의 법통 계승, 불의에 항거한 4·19민주이념)

	기본권	• 기본권 강화
		  – 적법절차제도
		  – 형사피해자의 진술권
		  – 최저임금제
		  – 쾌적한 주거 생활권 – 구속의 통지 · 고지 제도
		    – 범죄피해자구조청구권
		    – 대학의 자율성

	**통치
	구조**
		• 정부와 대통령
		  – 대통령(5년 단임 직선제)
		  – 대통령 후보자 자격으로 5년 이상 거주조항 삭제, 공선법에 규정
		  – 비상조치권 삭제, 긴급명령제 부활
		  – 국회해산권 삭제
		• 국회(국회와 지위와 권한을 강화)
		  – 국무위원에 대한 해임건의권
		  – 국정감사권 부활
		• 법원: 대법관 임명에 국회의 동의
		• 헌법재판소 부활

	헌법 재판	• 헌법재판소: 위헌법률심판, 탄핵심판, 정당해산심판, 권한쟁의심판, 헌법소원심판(신설) • 대법원: 선거소송 관할

	**헌법
	개정**
		• 대통령중임제한규정 개정시 효력제한규정 둠
		• 헌법개정절차
		  – 대통령, 국회의원(재적의원 2분의 1 이상) 발의
		  – 국회의결(재적의원 3분의 2 이상)
		  – 국민투표

기타		• 재외국민보호의무 • 국군의 정치적 중립성 • 정당의 목적이 민주적일 것 • 통일조항(제4조)

제6장 국가형태와 국가의 본질

민주공화국/주권/국민/영토

제1절 민주공화국

I. 의의

① 대한민국: 국가의 정통성 부여(임시정부의 법통을 계승)한다.

② 민주: 자유민주주의＋사회민주주의를 수용한다.

③ 공화국: 군주국 또는 군주제도를 부인한다.

II. 민주공화국의 의미

국체정체설, 정체설 등이 있으나 국체와 정체의 구별을 부인하며 민주공화국이라는 규정 자체가 우리나라의 국가형태를 공화국이라 규정한 것으로 보면서 "그 내용이 민주적이다."라고 해석하는 것이 일반적인 통설이다.

III. 민주공화국의 법적 성격 및 규범성

1. 법적 성격

(1) 군주제 배제

공화국이란 원래 세습적 국가권력의 담당자인 군주가 통치하는 군주제에 반대하는 국가형태이다. 따라서 의례적 권한만을 갖는 입헌군주제의 도입도 우리 헌법상 허용되지 않는다.

(2) 독재국가 배제

공화국에는 민주공화국만이 있는 것이 아니라 계급공화국, 인민공화국, 전제공화국 등 다양한 공화국이 있는데 우리 헌법은 민주공화국을 규정하고 있다.

(3) 민주공화국의 성격

민주공화국은 국가형태에 관한 국민의 기본적인 결단이자 우리 헌법의 핵으로 헌법개정에 의해서도 개정할 수 없는 헌법개정의 한계이다.

제2절 주권

Ⅰ. 주권의 의의

주권이란 국내의 최고권력, 국외에 대해서는 독립의 권력을 뜻한다. 현재 다수 설은 주권과 헌법제정권력을 같은 뜻으로 본다.

Ⅱ. 주권이론의 발전

1. 군주주권론

(1) 배경

교황과 황제의 권위에 기초한 중세 봉건질서가 무너지면서 새로운 권위, 즉 왕 권을 절대화하는 데서 군주주권론은 비롯된다. 군주주권론은 주권이란 교황과 황 제의 권위로부터 독립하고 봉건영주 제후의 권위에 우선하는 최고의 권력으로 이 해하였다.

(2) 대표적 사상가

보댕은 주권의 자연법적 한계는 인정하였으나, 홉스는 자연법적 한계도 부정하 였다.

2. 의회주권론

명예혁명 이후 영국의회가 군주에 대한 통제권을 강화하여 의회가 통치의 중심 이 되자 의회제정법의 우위라는 사상을 중심으로 의회주권론이 확산되었다.

3. 국가주권론, 법주권론

국가라는 법인이 주권자라는 국가주권론은 19세기 독일에서 라반트, 옐리네크에 의해 주장되었다. 프랑스, 영국 등은 시민혁명을 통해 국민주권론을 수용하고 근대입헌주의를 만들어냈으나, 독일에서는 군주권력이 여전히 강해 외견적 입헌주의의 성격을 벗어나지 못하여 국민주권을 성립시킬 정치적 상황이 성숙되지 못한 상태에서 나온 이론이므로 군주주권론과 국민주권론이 대립하고 있던 19세기에 타협적 문제회피적인 발상에서 나온 것으로 평가되고 있다.

4. 국민주권론

알투시우스는 군주의 절대권을 제한적인 것으로 이해했고, 국민의 양도될 수 없는 최종적 권력을 주장하였다.

그리고 루소는 사회계약론에서 주권자는 사회계약의 당사자이고 주권의 표현인 일반의사에 군주도 복종해야 한다고 주장하여 국민주권론을 확립하였다.

제3절 국민

Ⅰ. 개념

국가에 소속하여 통치권에 복종할 의무를 가진 개개의 자연인을 말한다.

Ⅱ. 국민의 요건

우리나라 국적주의의 특징은 국적단행법주의, 속인주의를 원칙으로 하고 예외적 속지주의를 취하며, 부모양계혈통주의, 수반취득에서의 부부 간의 평등, 단일국적의 원칙을 들 수 있다.

1. 국적의 취득

(1) 선천적 취득(출생에 의한 경우)

(가) 원칙　　　속인주의로서 부모양계혈통주의를 채택하고 있다.

(나) 예외　　　대한민국에서 발견된 기아의 경우는 속지주의가 적용된다.

(2) 후천적 취득(출생 이외의 사유에 의한 경우)

(가) 인지　　미성년자에 한하며 출생 당시 대한민국 국민인 부모의 인지에 의한다.

(나) 귀화　　귀화에는 일반귀화, 간이귀화, 특별귀화가 있으며, 법무부장관의 허가를 요건으로 한다.

(다) 수반취득　처의 수반취득조항은 삭제되어 부부는 국적이 다를 수 있다. 미성년자인 자는 수반취득을 신청한 때에 한하여 그 부 또는 모와 함께 우리 국적을 취득하는 것으로 하였다.

(라) 국적회복　대한민국 국민이었던 외국인은 법무부장관의 국적회복허가를 받아 대한민국의 국적을 취득할 수 있다.

(마) 국적재취득 대한민국의 국적을 취득한 외국인으로서 외국국적을 가지고 있는 자는 대한민국의 국적을 취득한 날부터 1년 내에 그 외국국적을 포기해야 하는데, 이를 이행하지 않으면 그 기간이 경과한 때에 대한민국의 국적을 상실한다. 대한민국의 국적을 상실한 자가 그 후 1년 내에 그 외국국적을 포기한 때에는 법무부장관에게 신고함으로써 대한민국의 국적을 재취득할 수 있다.

관련판례

귀화허가의 근거 규정의 형식과 문언, 귀화허가의 내용과 특성 등을 고려해 보면, 법무부장관은 귀화신청인이 귀화 요건을 갖추었다 하더라도 귀화를 허가할 것인지 여부에 관하여 재량권을 가진다고 보는 것이 타당하다(대판 2010.10.28. 2010두6496).

---

2. 국적의 상실

국적상실의 원인은 혼인, 입양, 인지, 이중국적, 외국국적의 자진취득, 혼인취소, 이혼으로 외국국적취득 등을 들 수 있다. 국적이 상실되면 대한민국 국민의 지위를 상실한다.

(1) 복수국적자에 대한 국적선택제도

국적법 제12조에 의하여 만 20세가 되기 전에 복수국적자가 된 자는 만 22세가 되기 전까지, 만 20세가 된 후에 복수국적자가 된 자는 그때부터 2년 내에 제

13조 및 제14조의 규정에 의하여 하나의 국적을 선택하여야 한다.

다만, 제10조 제2항에 따라 법무부장관에게 대한민국에서 외국국적을 행사하지 아니하겠다는 뜻을 서약한 복수국적자는 제외한다.

(2) 외국국적취득에 의한 국적상실

대한민국의 국민이 자진하여 외국국적을 취득한 경우에는 대한민국의 국적을 상실한다.

(3) 국적상실자의 권리변동

대한민국의 국적을 상실한 자는 국적을 상실한 때부터 대한민국의 국민으로서의 지위 및 권리를 상실하게 되며, 권리 중 대한민국의 국민이었을 때 취득한 것으로써 양도가능한 것은 그 권리와 관련된 법령이 별도로 정한 바가 없는 한 3년 내에 대한민국의 국민에게 양도하여야 한다.

3. 재외국민의 보호

(1) 재외국민은 국가에 보호를 받는다는 소극적 규정은 제8차 개정헌법에도 규정되어 있으나 국가의 적극적 보호의무는 현행 헌법에서 규정되었다. 재외국민이란 외국에 장기체류하거나 영주하는 한국국적소지자를 말한다. 재외국민은 재외동포법 제3조에 의할 때 대한민국의 국민으로서 외국에 영주하거나 체류하는 자만을 의미하므로 재외동포는 재외국민을 포함하는 광의의 개념이다. 재외국민은 재외국민등록법 제2조 규정에 의해서 등록을 하여야 한다. 또한 재외국민은 민주평화통일자문회의법 제10조 규정에 의할 때 민주평화통일자문위원이 될 수 있다.

(2) 재외국민보호와 관련된 헌법재판소의 판례

1980년 해직공무원의 보상 등에 관한 특별조치법에서 이민간 이후의 보상을 배제하는 규정을 둔 것은 헌법 제2조 제2항의 "국가는 법률이 정하는 바에 의하여 재외국민보호의 의무를 진다는 규정을 위배한 것이 아니다"라고 판시했다(헌재 1998.5.28. 197헌마282). 대한민국 정부수립 이전에 해외로 이주한 자 및 그 직계비속을 재외동포의 범주에서 제외한 재외동포의 출입국과 법적 지위에 관한 법률조항은 차별의 정도 또한 적정한 것이라 볼 수 없으므로, 헌법 제11조의 평등원칙에 위배된다(헌재 2001.11.29. 99헌마494). 헌재는 공직선거 및 선거부정방지법 제37조 제1항에 의거 재외국민에 대해 선거권을 제한하는 것은 헌법에 위반된다(헌재 2007.6.28. 2004헌마664 등). 해외에 거주하는 국민에 대하여 부재자투표를 미실시한다는 규정을 둔 공직선거 및 선거부정방지법 제38조에 대하여 헌법에 위반된다고 했다(헌재 2007.6.28. 2004헌마644 등).

관련판례

재외동포의 출입국과 법적 지위에 관한 법률 제2조 제2호에 대한 헌법소원(헌재 2001.11.29. 99헌마494 – 헌법 불합치)
이 사건 심판대상규정이 청구인들과 같은 정부수립 이전 이주동포를 재외동포법의 적용대상에서 제외한 것은 합리적 이유 없이 정부수립 이전 이주동포를 차별하는 자의적인 입법이어서 헌법 제11조의 평등원칙에 위배된다.

이영순 씨 귀순사건 – 북한국적의 주민도 대한민국의 국민이라는 판결
북한 주민으로 중국에 건너가 중국주재 북한대사관으로부터 해외공민증을 발급받아 생활하던 중 중국여권을 받아 우리나라에 입국한 이영순 씨에 대하여 대법원은 북한지역 역시 대한민국의 영토를 이루는 한반도의 일부로써 대한민국의 주권이 미칠 뿐이고 대한민국의 주권과 부딪치는 어떠한 국가단체나 주권을 법리상 인정할 수 없으므로 이씨가 중국여권을 소지하고 우리나라에 입국하였다는 사정은 대한민국의 국적을 취득하고 유지하는 데 아무런 영향이 없다(대판 1996.11.12. 96누1221).

혼인으로 국적을 취득한 자가 이혼한 경우 국적을 상실하는 것은 아니라는 판결
일본인 여자가 한국인 남자와의 혼인으로 인하여 한국의 국적을 취득하는 동시에 일본의 국적을 상실한 뒤 이혼하였다 하여 한국국적을 상실하고 일본국적을 다시 취득하는 것은 아니고 동녀가 일본국에 복적할 때까지는 여전히 한국국적을 그대로 유지한다(대판 1976.4.23. 73마1051).

외국 영주권을 취득하였다 하여 대한민국 국적을 상실하는 것은 아니라는 판결
대한민국 국민이 일본국에서 영주권을 취득하였다 하여 우리 국적을 상실하지 아니하며 영주권을 가진 재일교포를 준외국인으로 보아 외국인토지법을 준용해야 하는 것은 아니다(대판 1981.10.13. 80다235).

병역준비역에 편입된 복수국적자 국적이탈 제한 사건(헌재 2020.9.24. 2016헌마889 – 헌법불합치)
헌법재판소는 2020년 9월 24일 재판관 7:2의 의견으로, 복수국적자가 병역준비역에 편입된 때부터 3개월이 지난 경우 병역의무 해소 전에는 대한민국 국적에서 이탈할 수 없도록 제한하는 국적법 제12조 제2항 본문 및 제14조 제1항 단서 중 제12조 제2항 본문에 관한 부분이 헌법에 합치되지 아니하고, 이들 법률조항은 2022.9.30.을 시한으로 개정될 때까지 계속 적용된다는 결정을 선고하였다.
○ 병역준비역에 편입된 복수국적자의 국적선택 기간이 지났다고 하더라도, 그 기간 내에 국적이

탈 신고를 하지 못한 데 대하여 사회통념상 그에게 책임을 묻기 어려운 사정 즉, 정당한 사유가 존재하고, 또한 병역의무 이행의 공평성 확보라는 입법목적을 훼손하지 않음이 객관적으로 인정되는 경우라면, 병역준비역에 편입된 복수국적자에게 국적선택 기간이 경과하였다고 하여 일률적으로 국적이탈을 할 수 없다고 할 것이 아니라, 예외적으로 국적이탈을 허가하는 방안을 마련할 여지가 있다.

Ⅲ. 국민의 헌법상 지위

1. 주권자(주권의 주체)로서의 국민

헌법 제1조 제2항은 국민주권주의를 규정하고 있다. 주권자로서의 국민은 정치적·이념적 통일체로서의 국민의 총체이다. 주권자로서의 국민에는 연령, 성별, 사회적 지위 등에 관계없이, 또한 선거권의 유무에 관계없이 모든 국민이 포함이 된다. 다만, 법인은 제외된다.

2. 기본권주체로서의 국민

기본권 주체로서의 국민은 모든 국민 개개인을 의미한다. 이에는 미성년자나 금치산자 등도 포함된다.

다만, 참정권의 주체로서는 일정한 선거연령 또는 피선거연령에 도달해야 하고, 법률에 의하여 그 권리가 박탈당하지 아니한 자라야 한다. 또한, 외국인과 법인도 기본권의 성격에 따라 그 주체가 될 수 있다.

3. 의무 주체(피치자)로서의 국민

통치대상자 혹은 피치자로서의 국가구성원을 말한다. 이에는 자연인 외에 법인도 포함되며 외국인도 포함될 수 있다.

국민의 의무에는 납세의 의무, 국방의 의무, 근로의 의무, 교육의 의무, 재산권 행사의 공공복리적합의무, 환경보전의 의무 등이 있다.

국적법 [시행 2018.12.20] [법률 제15249호, 2017.12.19. 일부개정]

제1조【목적】이 법은 대한민국의 국민이 되는 요건을 정함을 목적으로 한다. 〈전문개정 2008.3.14〉

제2조【출생에 의한 국적취득】① 다음 각 호의 어느 하나에 해당하는 자는 출생과 동시
   에 대한민국 국적(國籍)을 취득한다.
  1. 출생 당시에 부(父)또는 모(母)가 대한민국의 국민인 자
  2. 출생하기 전에 부가 사망한 경우에는 그 사망 당시에 부가 대한민국의 국민이었
     던 자
  3. 부모가 모두 분명하지 아니한 경우나 국적이 없는 경우에는 대한민국에서 출생한 자
② 대한민국에서 발견된 기아(棄兒)는 대한민국에서 출생한 것으로 추정한다. 〈전문개
   정 2008.3.14〉
제3조【인지에 의한 국적취득】① 대한민국의 국민이 아닌 자(이하 "외국인"이라 한다)
   로서 대한민국의 국민인 부 또는 모에 의하여 인지(認知)된 자가 다음 각 호의 요건
   을 모두 갖추면 법무부장관에게 신고함으로써 대한민국 국적을 취득할 수 있다.
  1. 대한민국의 「민법」상 미성년일 것
  2. 출생 당시에 부 또는 모가 대한민국의 국민이었을 것
② 제1항에 따라 신고한 자는 그 신고를 한 때에 대한민국 국적을 취득한다.
③ 제1항에 따른 신고 절차와 그 밖에 필요한 사항은 대통령령으로 정한다. 〈전문개정
   2008.3.14〉
제4조【귀화에 의한 국적취득】① 대한민국 국적을 취득한 사실이 없는 외국인은 법무
   부장관의 귀화허가(歸化許可)를 받아 대한민국 국적을 취득할 수 있다.
② 법무부장관은 귀화허가신청을 받으면 제5조부터 제7조까지의 귀화요건을 갖추었는
   지를 심사한 후 그 요건을 갖춘 자에게만 귀화를 허가한다.
③ 제1항에 따라 귀화허가를 받은 사람은 법무부장관 앞에서 국민선서를 하고 귀화증
   서를 수여받은 때에 대한민국 국적을 취득한다.
제5조【일반귀화요건】 외국인이 귀화허가를 받기 위하여서는 제6조나 제7조에 해당하는
   경우 외에는 다음 각 호의 요건을 갖추어야 한다. 〈개정 2017.12.19.〉
  1. 5년 이상 계속하여 대한민국에 주소가 있을 것
  1의2. 대한민국에서 영주할 수 있는 체류자격을 가지고 있을 것
  2. 대한민국의 민법상 성년일 것
  3. 법령을 준수하는 등 법무부령으로 정하는 품행 단정의 요건을 갖출 것
  4. 자신의 자산(資産)이나 기능(技能)에 의하거나 생계를 같이하는 가족에 의존하여
     생계를 유지할 능력이 있을 것
  5. 국어능력과 대한민국의 풍습에 대한 이해 등 대한민국 국민으로서의 기본 소양
     (素養)을 갖추고 있을 것
  6. 귀화를 허가하는 것이 국가안전보장 · 질서유지 또는 공공복리를 해치지 아니한다
     고 법무부장관이 인정할 것

제6조【간이귀화요건】① 다음 각 호의 어느 하나에 해당하는 외국인으로서 대한민국에 3년 이상 계속하여 주소가 있는 자는 제5조제1호의 요건을 갖추지 아니하여도 귀화허가를 받을 수 있다.

1. 부 또는 모가 대한민국의 국민이었던 자
2. 대한민국에서 출생한 자로서 부 또는 모가 대한민국에서 출생한 자
3. 대한민국 국민의 양자(養子)로서 입양 당시 대한민국의 「민법」상 성년이었던 자

② 배우자가 대한민국의 국민인 외국인으로서 다음 각 호의 어느 하나에 해당하는 자는 제5조 제1호의 요건을 갖추지 아니하여도 귀화허가를 받을 수 있다.

1. 그 배우자와 혼인한 상태로 대한민국에 2년 이상 계속하여 주소가 있는 자
2. 그 배우자와 혼인한 후 3년이 지나고 혼인한 상태로 대한민국에 1년 이상 계속하여 주소가 있는 자
3. 제1호나 제2호의 기간을 채우지 못하였으나, 그 배우자와 혼인한 상태로 대한민국에 주소를 두고 있던 중 그 배우자의 사망이나 실종 또는 그 밖에 자신에게 책임이 없는 사유로 정상적인 혼인생활을 할 수 없었던 자로서 제1호나 제2호의 잔여기간을 채웠고 법무부장관이 상당(相當)하다고 인정하는 자
4. 제1호나 제2호의 요건을 충족하지 못하였으나, 그 배우자와의 혼인에 따라 출생한 미성년의 자(子)를 양육하고 있거나 양육하여야 할 자로서 제1호나 제2호의 기간을 채웠고 법무부장관이 상당하다고 인정하는 자 〈전문개정 2008.3.14〉

제7조【특별귀화요건】① 다음 각 호의 어느 하나에 해당하는 외국인으로서 대한민국에 주소가 있는 자는 제5조 제1호·제2호 또는 제4호의 요건을 갖추지 아니하여도 귀화허가를 받을 수 있다. 〈개정 2010.5.4〉

1. 부 또는 모가 대한민국의 국민인 자, 다만 양자로서 대한민국의 「민법」상 성년이 된 후에 입양된 자는 제외한다.
2. 대한민국에 특별한 공로가 있는 자
3. 과학·경제·문화·체육 등 특정 분야에서 매우 우수한 능력을 보유한 자로서 대한민국의 국익에 기여할 것으로 인정되는 자

② 제1항 제2호 및 제3호에 해당하는 자를 정하는 기준 및 절차는 대통령령으로 정한다. 〈개정 2010. 5.4〉 〈전문개정 2008.3.14〉 〈시행일: 2011.1.1〉

제8조【수반취득】① 외국인의 자(子)로서 대한민국의 「민법」상 미성년인 자는 부 또는 모가 귀화허가를 신청할 때 함께 국적취득을 신청할 수 있다.

② 제1항에 따라 국적취득을 신청한 자는 법무부장관이 부 또는 모에게 귀화를 허가한 때에 함께 대한민국 국적을 취득한다.

③ 제1항에 따른 신청절차와 그 밖에 필요한 사항은 대통령령으로 정한다. 〈전문개정 2008.3.14〉

제9조【국적회복에 의한 국적취득】 ① 대한민국의 국민이었던 외국인은 법무부장관의 국적회복허가(國籍回復許可)를 받아 대한민국 국적을 취득할 수 있다.

② 법무부장관은 국적회복허가신청을 받으면 심사한 후 다음 각 호의 어느 하나에 해당하는 자에게는 국적회복을 허가하지 아니한다.

1. 국가나 사회에 위해(危害)를 끼친 사실이 있는 자

2. 품행이 단정하지 못한 자

3. 병역을 기피할 목적으로 대한민국 국적을 상실하였거나 이탈하였던 자

4. 국가안전보장·질서유지 또는 공공복리를 위하여 법무부장관이 국적회복을 허가하는 것이 적당하지 아니하다고 인정하는 자

③ 제1항에 따라 국적회복허가를 받은 사람은 법무부장관 앞에서 국민선서를 하고 국적회복증서를 수여받은 때에 대한민국 국적을 취득한다.

제10조【국적취득자의 외국 국적 포기의무】 ① 대한민국 국적을 취득한 외국인으로서 외국 국적을 가지고 있는 자는 대한민국 국적을 취득한 날부터 1년 내에 그 외국 국적을 포기하여야 한다. 〈개정 2010.5.4〉

② 제1항에도 불구하고 다음 각 호의 어느 하나에 해당하는 자는 대한민국 국적을 취득한 날부터 1년 내에 외국 국적을 포기하거나 법무부장관이 정하는 바에 따라 대한민국에서 외국 국적을 행사하지 아니하겠다는 뜻을 법무부장관에게 서약하여야 한다. 〈신설 2010.5.4〉〈종전 제2항은 제3항으로 이동 2010.5.4〉

1. 귀화허가를 받은 때에 제6조 제2항 제1호·제2호 또는 제7조 제1항 제2호·제3호의 어느 하나에 해당하는 사유가 있는 자

2. 제9조에 따라 국적회복허가를 받은 자로서 제7조 제1항 제2호 또는 제3호에 해당한다고 법무부장관이 인정하는 자

3. 대한민국의「민법」상 성년이 되기 전에 외국인에게 입양된 후 외국 국적을 취득하고 외국에서 계속 거주하다가 제9조에 따라 국적회복허가를 받은 자

4. 외국에서 거주하다가 영주할 목적으로 만 65세 이후에 입국하여 제9조에 따라 국적회복허가를 받은 자

5. 본인의 뜻에도 불구하고 외국의 법률 및 제도로 인하여 제1항을 이행하기 어려운 자로서 대통령령으로 정하는 자

③ 제1항 또는 제2항을 이행하지 아니한 자는 그 기간이 지난 때에 대한민국 국적을 상실(喪失)한다. 〈개정 2010.5.4〉〈전문개정 2008.3.14〉〈시행일: 2011.1.1〉

제11조【국적의 재취득】 ① 제10조 제3항에 따라 대한민국 국적을 상실한 자가 그 후 1년 내에 그 외국 국적을 포기하면 법무부장관에게 신고함으로써 대한민국 국적을 재취득할 수 있다. 〈개정 2010.5.4〉

② 제1항에 따라 신고한 자는 그 신고를 한 때에 대한민국 국적을 취득한다.

③ 제1항에 따른 신고 절차와 그 밖에 필요한 사항은 대통령령으로 정한다. 〈전문개정 2008.3.14〉〈시행일: 2011.1.1〉

제11조의2【복수국적자의 법적 지위 등】① 출생이나 그 밖에 이 법에 따라 대한민국 국적과 외국 국적을 함께 가지게 된 자[이하 "복수국적자"(複數國籍者)라 한다]는 대한민국의 법령 적용에서 대한민국 국민으로만 처우한다.

② 복수국적자가 관계 법령에 따라 외국 국적을 보유한 상태에서 직무를 수행할 수 없는 분야에 종사하려는 경우에는 외국 국적을 포기하여야 한다.

③ 중앙행정기관의 장이 복수국적자를 외국인과 동일하게 처우하는 내용으로 법령을 제정 또는 개정하려는 경우에는 미리 법무부장관과 협의하여야 한다. 〈본조신설 2010.5.4〉〈시행일: 2011.1.1〉

제12조【복수국적자의 국적선택의무】① 만 20세가 되기 전에 복수국적자가 된 자는 만 22세가 되기 전까지, 만 20세가 된 후에 복수국적자가 된 자는 그 때부터 2년 내에 제13조와 제14조에 따라 하나의 국적을 선택하여야 한다. 다만, 제10조 제2항에 따라 법무부장관에게 대한민국에서 외국 국적을 행사하지 아니하겠다는 뜻을 서약한 복수국적자는 제외한다. 〈개정 2010.5.4〉

② 제1항 본문에도 불구하고 「병역법」 제8조에 따라 제1국민역(第一國民役)에 편입된 자는 편입된 때부터 3개월 이내에 하나의 국적을 선택하거나 제3항 각 호의 어느 하나에 해당하는 때부터 2년 이내에 하나의 국적을 선택하여야 한다. 다만, 제13조에 따라 대한민국 국적을 선택하려는 경우에는 제3항 각 호의 어느 하나에 해당하기 전에도 할 수 있다. 〈개정 2010.5.4〉

③ 직계존속(直系尊屬)이 외국에서 영주(永住)할 목적 없이 체류한 상태에서 출생한 자는 병역의무의 이행과 관련하여 다음 각 호의 어느 하나에 해당하는 경우에만 제14조에 따른 국적이탈신고를 할 수 있다. 〈개정 2010.5.4〉

1. 현역·상근예비역 또는 보충역으로 복무를 마치거나 마친 것으로 보게 되는 경우
2. 제2국민역에 편입된 경우
3. 병역면제처분을 받은 경우 〈전문개정 2008.3.14〉〈제목개정 2010.5.4〉

제13조【대한민국 국적의 선택절차】① 복수국적자로서 제12조 제1항 본문에 규정된 기간 내에 대한민국 국적을 선택하려는 자는 외국 국적을 포기하거나 법무부장관이 정하는 바에 따라 대한민국에서 외국 국적을 행사하지 아니하겠다는 뜻을 서약하고 법무부장관에게 대한민국 국적을 선택한다는 뜻을 신고할 수 있다. 〈개정 2010.5.4〉

② 복수국적자로서 제12조 제1항 본문에 규정된 기간 후에 대한민국 국적을 선택하려는 자는 외국 국적을 포기한 경우에만 법무부장관에게 대한민국 국적을 선택한다는 뜻을 신고할 수 있다. 다만, 제12조 제3항 제1호의 경우에 해당하는 자는 그 경우에 해당하는 때부터 2년 이내에는 제1항에서 정한 방식으로 대한민국 국적을 선택한다

는 뜻을 신고할 수 있다. 〈신설 2010.5.4〉

③ 제1항 및 제2항 단서에도 불구하고 출생 당시에 모가 자녀에게 외국 국적을 취득하게 할 목적으로 외국에서 체류 중이었던 사실이 인정되는 자는 외국 국적을 포기한 경우에만 대한민국 국적을 선택한다는 뜻을 신고할 수 있다. 〈신설 2010.5.4〉

④ 제1항부터 제3항까지의 규정에 따른 신고의 수리(受理)요건, 신고절차, 그 밖에 필요한 사항은 대통령령으로 정한다. 〈개정 2010.5.4〉〈전문개정 2008.3.14〉

제14조【대한민국 국적의 이탈요건 및 절차】① 복수국적자로서 외국 국적을 선택하려는 자는 외국에 주소가 있는 경우에만 주소지 관할 재외공관의 장을 거쳐 법무부장관에게 대한민국 국적을 이탈한다는 뜻을 신고할 수 있다. 다만, 제12조 제2항 본문 또는 같은 조 제3항에 해당하는 자는 그 기간 이내에 또는 해당 사유가 발생한 때부터만 신고할 수 있다. 〈개정 2010.5.4〉

② 제1항에 따라 국적이탈의 신고를 한 자는 법무부장관이 신고를 수리한 때에 대한민국 국적을 상실한다. 〈개정 2010.5.4〉

③ 제1항에 따른 신고 및 수리의 요건, 절차와 그 밖에 필요한 사항은 대통령령으로 정한다. 〈개정 2010.5.4〉〈전문개정 2008.3.14〉〈제목개정 2010.5.4〉〈시행일: 2011.1.1〉

제14조의2【복수국적자에 대한 국적선택명령】① 법무부장관은 복수국적자로서 제12조 제1항 또는 제2항에서 정한 기간 내에 국적을 선택하지 아니한 자에게 1년 내에 하나의 국적을 선택할 것을 명하여야 한다.

② 법무부장관은 복수국적자로서 제10조 제2항, 제13조 제1항 또는 같은 조 제2항 단서에 따라 대한민국에서 외국 국적을 행사하지 아니하겠다는 뜻을 서약한 자가 그 뜻에 현저히 반하는 행위를 한 경우에는 6개월 내에 하나의 국적을 선택할 것을 명할 수 있다.

③ 제1항 또는 제2항에 따라 국적선택의 명령을 받은 자가 대한민국 국적을 선택하려면 외국 국적을 포기하여야 한다.

④ 제1항 또는 제2항에 따라 국적선택의 명령을 받고도 이를 따르지 아니한 자는 그 기간이 지난 때에 대한민국 국적을 상실한다.

⑤ 제1항 및 제2항에 따른 국적선택의 절차와 제2항에 따른 서약에 현저히 반하는 행위유형은 대통령령으로 정한다. 〈본조신설 2010.5.4〉〈시행일: 2011.1.1〉

제14조의3【대한민국 국적의 상실결정】① 법무부장관은 복수국적자가 다음 각 호의 어느 하나의 사유에 해당하여 대한민국의 국적을 보유함이 현저히 부적합하다고 인정하는 경우에는 청문을 거쳐 대한민국 국적의 상실을 결정할 수 있다. 다만, 출생에 의하여 대한민국 국적을 취득한 자는 제외한다.

1. 국가안보, 외교관계 및 국민경제 등에 있어서 대한민국의 국익에 반하는 행위를

하는 경우

2. 대한민국의 사회질서유지에 상당한 지장을 초래하는 행위로서 대통령령으로 정하는 경우

② 제1항에 따른 결정을 받은 자는 그 결정을 받은 때에 대한민국 국적을 상실한다. 〈본조신설 2010.5.4〉〈시행일: 2011.1.1〉

제14조의4【복수국적자에 관한 통보의무 등】① 공무원이 그 직무상 복수국적자를 발견하면 지체 없이 법무부장관에게 그 사실을 통보하여야 한다.

② 공무원이 그 직무상 복수국적자 여부를 확인할 필요가 있는 경우에는 당사자에게 질문을 하거나 필요한 자료의 제출을 요청할 수 있다.

③ 제1항에 따른 통보절차는 대통령령으로 정한다. 〈본조신설 2010.5.4〉〈시행일: 2011. 1.1〉

제15조【외국 국적취득에 따른 국적상실】① 대한민국의 국민으로서 자진하여 외국 국적을 취득한 자는 그 외국 국적을 취득한 때에 대한민국 국적을 상실한다.

② 대한민국의 국민으로서 다음 각 호의 어느 하나에 해당하는 자는 그 외국 국적을 취득한 때부터 6개월 내에 법무부장관에게 대한민국 국적을 보유할 의사가 있다는 뜻을 신고하지 아니하면 그 외국 국적을 취득한 때로 소급(遡及)하여 대한민국 국적을 상실한 것으로 본다.

1. 외국인과의 혼인으로 그 배우자의 국적을 취득하게 된 자

2. 외국인에게 입양되어 그 양부 또는 양모의 국적을 취득하게 된 자

3. 외국인인 부 또는 모에게 인지되어 그 부 또는 모의 국적을 취득하게 된 자

4. 외국 국적을 취득하여 대한민국 국적을 상실하게 된 자의 배우자나 미성년의 자(子)로서 그 외국의 법률에 따라 함께 그 외국 국적을 취득하게 된 자

③ 외국 국적을 취득함으로써 대한민국 국적을 상실하게 된 자에 대하여 그 외국 국적의 취득일을 알 수 없으면 그가 사용하는 외국 여권의 최초 발급일에 그 외국 국적을 취득한 것으로 추정한다.

④ 제2항에 따른 신고절차와 그 밖에 필요한 사항은 대통령령으로 정한다. 〈전문개정 2008.3.14〉

제16조【국적상실자의 처리】① 대한민국 국적을 상실한 자(제14조에 따른 국적이탈의 신고를 한 자는 제외한다)는 법무부장관에게 국적상실신고를 하여야 한다.

② 공무원이 그 직무상 대한민국 국적을 상실한 자를 발견하면 지체 없이 법무부장관에게 그 사실을 통보하여야 한다.

③ 법무부장관은 그 직무상 대한민국 국적을 상실한 자를 발견하거나 제1항이나 제2항에 따라 국적상실의 신고나 통보를 받으면 가족관계등록 관서와 주민등록 관서에 통보하여야 한다.

④ 제1항부터 제3항까지의 규정에 따른 신고 및 통보의 절차와 그 밖에 필요한 사항은 대통령령으로 정한다. 〈전문개정 2008.3.14〉

제17조【관보고시】① 법무부장관은 대한민국 국적의 취득과 상실에 관한 사항이 발생 하면 그 뜻을 관보에 고시(告示)하여야 한다.

② 제1항에 따라 관보에 고시할 사항은 대통령령으로 정한다. 〈전문개정 2008.3.14〉

제18조【국적상실자의 권리변동】① 대한민국 국적을 상실한 자는 국적을 상실한 때부 터 대한민국의 국민만이 누릴 수 있는 권리를 누릴 수 없다.

② 제1항에 해당하는 권리 중 대한민국의 국민이었을 때 취득한 것으로서 양도(讓渡) 할 수 있는 것은 그 권리와 관련된 법령에서 따로 정한 바가 없으면 3년 내에 대한 민국의 국민에게 양도하여야 한다. 〈전문개정 2008.3.14〉

제19조【법정대리인이 하는 신고 등】이 법에 규정된 신청이나 신고와 관련하여 그 신청 이나 신고를 하려는 자가 15세 미만이면 법정대리인이 대신하여 이를 행한다. 〈전 문개정 2008.3.14〉

제20조【국적판정】① 법무부장관은 대한민국 국적의 취득이나 보유 여부가 분명하지 아니한 자에 대하여 이를 심사한 후 판정할 수 있다.

② 제1항에 따른 심사 및 판정의 절차와 그 밖에 필요한 사항은 대통령령으로 정한다. 〈전문개정 2008.3.14〉

제21조【허가 등의 취소】① 법무부장관은 거짓이나 그 밖의 부정한 방법으로 귀화허가 나 국적회복허가 또는 국적보유판정을 받은 자에 대하여 그 허가 또는 판정을 취소 할 수 있다.

② 제1항에 따른 취소의 기준·절차와 그 밖에 필요한 사항은 대통령령으로 정한다. 〈본조신설 2008. 3.14〉

제22조【권한의 위임】이 법에 따른 법무부장관의 권한은 대통령령으로 정하는 바에 따 라 그 일부를 출입국관리사무소장 또는 출입국관리사무소 출장소장에게 위임할 수 있다. 〈본조신설 2010.5.4〉〈시행일: 2011.1.1〉

부칙[제10275호, 2010.5.4]

제1조【시행일】이 법은 2011년 1월 1일부터 시행한다. 다만, 제12조 제1항 본문, 같은 조 제2항 및 제13조의 개정규정과 부칙 제2조(제3항 중 제14조의2 제2항부터 제5 항까지에 관한 사항은 제외한다) 및 부칙 제4조 제1항은 공포한 날부터 시행한다.

제4절 영토

Ⅰ. 영역의 의의

국가의 통치권이 포괄적·배타적으로 미치는 공간적 범위를 의미한다. 영역은 영토·영해·영공으로 구성된다.

1. 영토

'한반도와 그 부속도서'라고 직접 헌법 제3조에서 명시하고 있다. 1949년 독일 기본법은 서독지역에 한해 적용되는 것으로 규정하여 잠정적 헌법이었으나, 우리 건국헌법은 한반도와 그 부속도서를 영토로 규정함으로써 영구적 헌법이었다. 영토조항은 반드시 헌법에 규정되어야 하는 필수적인 사항은 아니다.

2. 영해

영해는 12해리이고, 대한해협은 3해리이다. 접속수역은 24해리이며, 영해를 제외한 수역이다. 배타적 경제수역은 200해리이다.

3. 영공

무한계설, 대기권설 등이 있으나 영토와 영해의 수직상공 중 지배가능한 범위 내에 한정되는 것으로 보는 실효적(실용적) 지배설이 일반적이다.

Ⅱ. 영토조항(제3조)의 성격

1. 정치적 의미

① 구한 말 영토승계론: 대한민국의 영역이 구한말시대의 국가영역을 기초로 한다.

② 국제평화주의론: 우리나라의 영토를 명백히 함으로서 타국의 영토에 야심이 없음을 표시한다.

2. 규범적 의미

① 유일합법정부론: 한반도 내에서 유일한 합법정부는 대한민국이다.

② **미수복지역론**: 휴전선 이북지역은 인민공화국이 불법으로 점령한 미수복지역이다.

정리

국가보안법의 헌법적 근거
국가보안법의 헌법적 근거에 관해서는 "대한민국의 영토는 한반도와 그 부속도서로 한다."는 헌법 제3조의 영토조항을 드는 견해(영토조항설)와 "국민의 모든 자유와 권리는 국가안전보장 등을 위하여 필요한 경우에는 법률로써 제한할 수 있다."고 규정한 헌법 제37조 제2항의 일반적 법률유보 조항을 드는 견해(법률유보조항 신설)가 갈리고 있다.

▶ 대법원(대판 1992.7.24. 92도1148)과 헌법재판소(헌재 1997.1.16. 92헌바6)에 의하면 국가보안법의 헌법적 근거를 제3조의 영토조항에서 찾고 있다(영토조항설).

▶ 헌법재판소는 "북한은 조국의 평화적 통일을 위한 대화와 협력의 동반자임과 동시에 대남적화노선을 고수하면서 우리 자유민주체제의 전복을 획책하고 있는 반국가단체라는 성격도 함께 갖고 있다(헌재 1993.7.29. 92헌바48)."라고 하며, 이것은 학설의 다수입장이기도 하다.

관련판례 한·일 어업협정에 대한 헌법소원(헌재 2001.3.21. 99헌마139 - 합헌)

1. 이 사건협정은 우리나라 정부가 일본 정부와의 사이에서 어업에 관해 체결·공포한 조약(조약 제1477호)으로써 헌법 제6조 제1항에 의하여 국내법과 같은 효력을 가지므로 그 체결행위는 고권적 행위로서 '공권력의 행사'에 해당한다.
2. '헌법전문에 기재된 3·1정신'은 우리나라 헌법의 연혁적·이념적 기초로서 헌법이나 법률해석에서의 해석기준으로 작용한다고 할 수 있지만, 그에 기하여 곧바로 국민의 개별적 기본권성을 도출해낼 수는 없다고 할 것이므로 헌법소원의 대상인 '헌법상 보장된 기본권'에 해당하지 않는다.
3. 국민의 개별적 기본권이 아니라 할지라도 기본권 보장의 실질화를 위하여서는 영토조항만을 근거로 하여 독자적으로는 헌법소원을 청구할 수 없다 할지라도 모든 국가권능의 정당성의 근원인 국민의 기본권 침해에 대한 권리구제를 위하여 그 전제조건으로서 영토에 관한 권리를, 이를테면 영토권이라 구성하여 이를 헌법소원의 대상인 기본권의 하나로 간주하는 것은 가능한 것으로 판단된다.
4. 우리 영토인 독도가 한·일 간 중간 수역에 위치해 있는 것은 사실이나 어업협정의 대상이 어업문제에 국한된다고 규정되어 있어 독도의 영유권 또는 영해문제와 직접 관련이 없다.
5. 한·일 어업협정은 양국 정부의 어업질서에 관한 협력의향을 선언한 것으로서 협정 자체가 국제 영해권 등 법률관계를 발생시키는 것은 아니며 대한민국의 영토권 등을 침해당했다고 보긴 어렵다.
6. 한·일 양국이 마주보는 수역이 400해리에 미치지 못해 각국의 200해리 배타적 경제수역을 설정하는 과정에서 중첩되는 부분이 나타나게 됐기 때문에 독도가 중간 수역에 포함되었을 뿐이

Ⅲ. 헌법 제3조와 제4조의 충돌문제

독일은 영토조항이 없었고 서독연방 가입주에만 주권이 미치게 되어 있어 통일
로 동독의 주가 연방에 가입하는 형식으로 이루어졌으나, 우리나라는 제헌 당시
영토조항(제3조)을 규정하고 1987년 개헌 당시 평화통일조항(제4조)을 규정하여 헌
법규범 간의 상호불일치 또는 동규정에 근거한 법령 상호간의 조화의 문제가 제기
되고 있다.

1. 헌법 제3조와 제4조가 모순된다고 보며 해결책을 찾는 견해

이 견해는 헌법 제3조와 제4조가 서로 모순된다고 보고 영토조항에 대해 통일
조항이 우선적 효력을 갖는다고 한다. 그 이론적 설명으로는 ① 헌법이념상으로나
헌법정책상으로 통일조항과 영토조항은 상·하위관계로서 상위법인 통일조항이 우
선한다는 견해, ② 구법인 영토조항에 대해 통일조항이 신법으로서 우선한다는 견
해, ③ 비현실적인 영토조항에 대해 현실적인 통일조항이 신법으로서 우선한다는
견해, ④ 일반특수관계로 보아 통일조항이 특별조항으로서 일반조항인 영토조항에
우선한다는 견해, ⑤ 변화된 헌법 현실에 부응하기 위한 헌법변천으로 이해하는
견해 등이 있다.

2. 헌법 제3조와 제4조의 조화로운 해석을 모색하는 견해

이 견해는 헌법 제3조와 제4조가 서로 모순되지 아니하고 조화로운 해석이 가
능하여 영토조항도 나름대로의 정당성을 갖는다는 견해이다. 구체적으로는 ① 영
토조항이 역사성의 표현이라면 통일조항은 하나의 가치지향적 개념으로 상충되지
않는다는 견해, ② 영토조항과 통일조항은 남북한 관계의 대내적 측면과 대외적
측면을 각기 다른 차원에서 규정한 것으로 남북관계가 국내관계도 아니고 국제관
계도 아닌 특수성을 표현한 것이라는 견해, ③ 영토조항과 통일조항의 양 규정을

동시에 둔 입법자의 의사를 고려할 때 양 규정은 상반구조적 입법기술로 그때그때의 규율대상에 따라 입법이 형성될 경우 헌법에 위반되지 아니하는 근거가 되는 것이라고 보는 견해 등이 있다.

3. 대법원의 입장

대법원은 그간 헌법 제3조를 근거로 대한민국만이 한반도 유일의 합법정부이고, 북한지역은 인민공화국이 불법적으로 점령한 미수복지역이라 하였다. 또한 최근에 참고가 되는 판례로는 "북한괴뢰집단은 우리 헌법상 반국가적인 불법단체로서 국가로 볼 수 없으나, 간첩죄의 적용에 있어서는 이를 국가에 준하여 취급하여야 한다."는 것이 있다(대판 1983.3.22. 82도3036).

4. 헌법재판소의 입장

헌법재판소는 북한은 평화적 통일을 위한 대화와 협력의 동반자임과 동시에 대남적화노선을 고수하면서 우리 자유민주체제의 전복을 획책하고 있는 반국가단체의 성격도 함께 갖고 있으므로 ……"라고 하여 영토조항과 통일조항은 조화를 이룬다고 하였다(헌재 1993.7.29. 92헌바48).

Ⅳ. 헌법재판소의 태도(헌재 1997.1.16. 92헌바6 등 병합)

1. 남·북한의 UN 동시 가입

남·북한이 UN에 동시 가입하였다고 하더라도 이는 UN헌장이라는 다변조약에의 가입을 의미하는 것으로서, UN헌장 제4조 제1항의 해석상 신규가맹국이 UN이라는 국제기구에 의하여 국가로 승인받는 효과가 발생하는 것은 별론으로 하고, 그것만으로는 곧 다른 가맹국과의 관계에 있어서도 당연히 상호 간에 국가승인이 있었다고는 볼 수 없다는 것이 현실 국제정치상의 관례이고, 국제법상의 통설적 입장이다.

2. 남북합의서의 작성

남북합의서는 남북관계를 '나라와 나라 사이의 관계가 아닌, 통일을 지향하는 과정에서 잠정적으로 형성되는 특수관계'임을 전제로 하여 이루어진 합의문서인바,

이는 한민족 공동체 내부의 특수관계를 바탕으로 한 당국 간의 합의로서 남북당국의 성의 있는 이행을 상호약속하는 일종의 공동성명 또는 신사협정에 준하는 성격을 가짐에 불과하다.

3. 북한의 반국가단체성

현 단계에 있어서의 북한은 조국의 평화적 통일을 위한 대화와 협력의 동반자임과 동시에 대남적화노선을 고수하면서 우리 자유민주주의체제의 전복을 획책하고 있는 반국가단체라는 성격도 함께 갖고 있음이 엄연한 현실인 점에 비추어 헌법의 전문과 제4조가 천명하는 자유민주적 기본질서에 입각한 평화적 통일정책을 수립하고 이를 추진하는 법적 장치로서 남북교류협력에 관한 법률 등을 제정·시행하는 한편, 국가의 안전을 위태롭게 하는 반국가활동을 규제하기 위한 법적 장치로서 국가보안법을 제정·시행하고 있는 것으로서, 위 두 법률은 상호 그 입법목적과 규제대상을 달리하고 있는 것이므로 남북교류협력에 관한 법률 등이 공포·시행되었다 하여 국가보안법의 필요성이 소멸되었다거나 북한의 반국가단체성이 소멸되었다고는 할 수 없다.

> **관련판례** 헌재의 태도
>
> 1. 남북교류협력에 관한 법률 제9조 제3항이 헌법에 위배된다는 헌법소원에서 남한주민이 북한주민 등과 회합·통신 기타의 방법으로 접촉하고자 할 때에 통일부장관의 승인을 얻도록 한 남북교류협력에 관한 법률 제9조 제3항은 국가의 안전보장이나 국가유지를 위해 현 단계에서는 불가피하므로 평화통일원칙을 선언한 헌법규정에 위배된다고 볼 수 없다(헌재 2000.7.20, 98헌바63).
> 2. 헌법상의 여러 통일관련 조항들은 국가의 통일의무를 선언한 것이기는 하지만, 그로부터 국민 개개인의 통일에 대한 기본권, 특히 국가기관에 대하여 통일과 관련된 구체적인 행위를 요구하거나 일정한 행동을 할 수 있는 권리가 도출된다고 볼 수는 없다(헌재 2000.7.20, 98헌바63).
> 3. 국가보안법과 남북교류협력에 관한 법률은 상호 그 입법목적과 규제대상을 달리하고 있는 관계로 구 국가보안법 제6조 제1항 소정의 잠입·탈출죄에서의 "잠입(潛入)·탈출(脫出)"과 남북교류법 제27조 제2항 제1호 소정의 죄에서의 "왕래"는 그 각 행위의 목적이 다르다고 해석되고, 따라서 두 죄는 각기 그 구성요건을 달리하고 있다고 보아야 할 것이므로, 위 두 법률조항에 관하여 형법 제1조 제2항의 신법우선의 원칙이 적용될 수 없다(헌재 1993.7.29, 92헌바48).
> 4. 탈북의료인에게 국내 의료면허를 부여할 것인지 여부는 북한의 의학교육 실태와 탈북의료인의 의료수준, 탈북의료인의 자격증명방법 등을 고려하여 입법자가 그의 입법형성권의 범위 내에서 규율할 사항이지, 헌법조문이나 헌법해석에 의하여 바로 입법자에게 국내 의료면허를 부여할 입법의무가 발생한다고 볼 수는 없다(헌재 2006.11.30, 2006헌마679).

제7장 헌법의 기본원리

헌법전문/국민주권주의/법치주의/사회국가원리/문화국가원리/
민주적 기본질서/국제질서/사회적 시장경제질서/공무원제도/정당제도/
선거제도/지방자치제도

제1절 헌법전문

Ⅰ. 의의

헌법 본문 앞에 있는 서문으로서 헌법전을 구성하는 헌법규범이다. 대체로 헌법의 성립유래, 헌법제정권자, 헌법제정의 목적, 헌법의 지도이념 내지 기본원리 등을 선언하고 있는 성문헌법의 구성 부분이다.

Ⅱ. 입법례

헌법에 전문을 필수적으로 반드시 두어야 하는 것은 아니나 제2차 세계대전 후 대부분의 헌법은 전문을 두는 것을 원칙으로 한다.

1. 전문이 없는 헌법

구소련(1936), 노르웨이, 벨기에, 이스라엘, 포르투갈, 오스트리아, 덴마크, 네덜란드헌법 등이 있다.

▶ 북한헌법은 최근 개정(1998.9.5.)으로 전문을 삽입하여 더 이상 전문이 없는 헌법이 아니다.

2. 전문에 권리장전을 규정한 헌법

프랑스 제4공화국헌법(1946), 파키스탄헌법(1961) 등이 있다.

Ⅲ. 법적 성격과 효력

1. 법적 성격

(1) 효력부정설

헌법전문은 헌법의 유래, 헌법제정의 목적을 기술한 것에 불과하므로 법적 규범력을 가지는 것이 아니라고 본다(법실증주의 헌법관: Jellinek, Anshütz, O. Mayer 및 미연방대법원, K. C. Wheare, E. S. Corwin).

(2) 효력긍정설(통설)

전문에는 헌법제정권력자의 결단이 내포(결단주의 헌법관) 또는 사회통합의 당위적 방향과 목표가 내재(통합주의 헌법관)되기 때문이다(독일연방헌법재판소, 우리 헌법재판소, 우리나라 학자의 통설).

2. 법적 효력

(1) 최고규범성

헌법전문은 국내법질서의 근본이념을 규정한 것으로 헌법의 본문 및 모든 법규범의 내용을 한정하며 타당성의 근거가 된다. 따라서 일국의 법체계에서 최상위의 근본규범이다.

> **관련판례** 헌법전문과 본문과의 우열관계(1995.12.28, 95헌바3)
> 헌법은 전문과 단순한 개별조항의 상호관련성이 없는 집합에 지나지 않는 것이 아니고 하나의 통일된 가치체계를 이루고 있는 것이므로 헌법의 전문과 각 개별규정은 서로 밀접한 관련을 맺고 있고 따라서 헌법의 제규정 가운데는 헌법의 근본가치를 보다 추상적으로 선언한 것도 있고, 이를 보다 구체적으로 표현한 것도 있어서 이념적·논리적으로는 규범 상호간의 우열을 인정할 수 있는 것이 사실이나, 그렇다 하더라도, 이때에 인정되는 규범 상호 간의 우열은 추상적 가치규범의 구체화에 따른 것으로 헌법의 통일적 해석에 있어서는 유용할 것이지만, 그것이 헌법의 어느 특정 규정과 다른 규정의 효력상의 차등을 의미하는 것이라 볼 수 없다.

(2) 법령해석의 기준

헌법전문은 헌법본문과 기타법령의 해석기준이 된다.

(3) 헌법개정의 한계

헌법전문의 자구수정은 가능하나 핵심적인 내용은 헌법개정의 한계이다. 제 5 · 7 · 8 · 9차 개정헌법은 헌법전문을 개정한 바 있다.

(4) 재판규범성 여부에 대한 견해

(가) 부정설   규범적 효력은 인정하나, 구체적 사건의 재판규범의 성격은 인정하지 않는다.

(나) 긍정설(다수설)   재판규범으로서 구체적 사건에 직접 적용할 수 있다.

> **관련판례** 헌재의 태도
>
> 헌법재판소는 정당추천후보자에게만 별도로 정당연설을 허용하는 구 국회의원선거법 제55조 제3항이 헌법전문 등에 위반된다고 하여 위헌이라고 하였다(헌재 1992.3.13. 92헌마37). 따라서 헌법재판소는 초기 판례부터 헌법전문에 재판규범성을 인정하고 있다.

(5) 국민의 권리와 의무 도출 불가

헌법전문은 해석을 통해 헌법상 원리를 도출하는 근거는 될 수 있으나 헌법전문이나 원리로부터 권리와 의무를 도출할 수는 없다는 것이 일반적 견해이고 헌재 판례의 입장이다.

> **관련판례**
>
> 헌법전문의 3 · 1정신으로부터의 기본권 도출여부(헌재 2001.3.21. 99헌마139 · 142)
>
> 청구인들이 침해받았다고 주장하는 기본권 가운데 "헌법전문에 기재된 3 · 1정신"은 우리나라 헌법의 연혁적 · 이념적 기초로서 헌법이나 법률해석에서의 해석기준으로 작용한다고 할 수 있지만, 그에 기하여 곧바로 국민의 개별적 기본권성을 도출해낼 수는 없다고 할 것이므로, 본안판단의 대상으로부터 제외하기로 한다.
>
> 헌법전문의 대한민국임시정부의 법통계승부분의 침해 여부
>
> 헌법전문에 기재된 대한민국임시정부의 법통을 계승하는 부분이 침해되었다는 부분은 청구인들의 법적 지위에 현실적이고 구체적인 영향을 미친다고 볼 수 없으므로 기본권침해의 가능성이 인정되지 않는다(헌재 2008.11.27. 2008헌마517).

Ⅳ. 헌법전문의 내용

1. 사회통합의 당위성 등을 제시

① 당위성: 조국의 민주개혁과 평화적 통일의 사명

② 방향: 자유민주적 기본질서

③ 방법: 모든 영역에 있어서 기회균등 · 능력발휘 · 책임과 의무의 완수

④ 목표: 국민생활의 균등한 향상 · 세계평화 · 인류공영

2. 헌법상의 인간상

사회성과 주체성을 가진 자주적 인간을 의미한다.

3. 근본이념의 표명

① 국민주권의 이념('우리 대한국민은 …… 국민투표에 의하여 개정한다.')

② 자유민주주의 이념('자유민주적 기본질서를 더욱 확고히 하고')

③ 사회국가의 이념('각인의 기회를 균등히 하고', '국민생활의 균등한 향상을 기하고')

④ 문화국가의 이념('유구한 역사와 전통에 빛나는', '…… 문화의 모든 영역에 있어서')

⑤ 국제평화주의의 이념('항구적인 세계평화와 인류공영에 이바지하여')

⑥ 평화통일의 이념('평화적 통일의 사명에 입각하여')이 나타나 있다.

▶ 권력분립주의, 역대 1차부터 8차까지 개정일자, 민주공화국, 국가형태, 5 · 16 혁명, 침략전쟁부인, 자유민주적 기본질서에 입각한 평화적 통일정책, 국가의 전통문화계승발전과 민족문화창달의무 등은 우리 헌법전문에 규정되어 있지 않다.

4. 헌법전문의 내용과 헌법 조항의 비교

헌법전문의 내용	헌법 조항의 내용
대한민국임시정부의 법통(新)	–
불의에 항거한 4 · 19민주이념(新)	–
조국의 민주개혁의 사명(新)	–
조국의 평화적 통일의 사명	평화적 통일정책(제4조)

모든 사회적 폐습과 불의의 타파	–
자유민주적 기본질서	민주적 기본질서(제8조 제4항)
각인의 기회균등, 생활의 균등	–
책임과 의무 완수	–
항구적인 세계평화(→ 국제평화주의 이념)	국제평화의 유지(제5조 제1항), 침략전쟁의 부인
유구한 역사와 전통 …… 정치, 경제, 사회, 문화	전통문화의 계승·발전(제9조)
–	민족문화의 창달(제9조, 제69조)
–	영토보존·국가의 계속성 수호(제66조: 대통령의 의무)
–	국민의 자유와 복지의 증진(제69조: 대통령취임선서내용)
안전과 자유와 행복을	인간의 존엄과 가치(제10조)

제2절 국민주권주의

Ⅰ. 의의

1. 개념

국민주권주의란 국가의사의 최고결정권 내지 헌법제정권력, 즉 주권이 국민에게 있다는 사상을 말한다.

2. 연혁

사회계약론에서 출발, 알트시우스(국민주권론의 효시) → 로크(국민주권론) → 루소(인민주권론)를 거쳐 미국 버지니아권리장전(1776)과 프랑스헌법(1791)에 규정됨으로서 근대국가의 기본원리가 되었다.

Ⅱ. 국민주권의 내용

1. 주권의 개념

(1) 주권개념 실체긍정설(다수설)

주권개념은 역사적·다의적 개념이나, 국민주권에서의 주권개념은 국가의사를 결정하는 최고의 독립적인 의사결정권력(헌법제정권력) 또는 정당성을 의미한다.

(2) 주권개념 실체부정설

고전적 국민주권이론은 주권개념의 실체설(주권과 국가권력의 구별)과 국민개념의 이분설(Nation과 Peuple의 구별)을 기초로 한 점에서 역사적 의의는 인정되나, 현대 민주주의의 국민주권이론은 현대적 이데올로기로서 국가권력의 정당성의 원리로서 주권개념의 실체성을 부인한다.

2. 국민의 범위

(1) 인민주권설

국민주권에서의 국민은 사회계약 참가자의 총체로서 선거권자 전체를 말한다. 이 견해는 국민의 범위를 유권자에 한정하므로, 주권자의 범위 결정을 입법자에 위임하게 되는 결과 주권의 불가양성과 모순이 된다는 비판이 있다.

(2) 국민주권설(다수설)

국민주권에서의 국민은 자연인의 총체인 이념적 통일체로서 성별·연령·선거권 여부와 무관하게 모두 국민에 포함한다.

이러한 견해는 국민의 범위를 전체국민으로만 보게 되면 전체국민은 조직화된 실체가 아니라 관념적인 존재이므로 하나의 기관을 구성하여 통일된 행동을 할 수 없으므로, 주권의 주체는 있지만 주권행사의 주체가 없는 주권론이 된다는 비판이 있다.

Ⅲ. 국민주권과 인민주권의 비교

구분	국민(Nation)주권	인민(Peuple)주권
국민	이념적·추상적 국민	유권자의 총체
국민주권실현방법	대의제	직접민주제
위임의 성격	자유위임, 무기속위임 → 면책특권, 임기보장	명령위임, 기속위임 → 국민소환
주권의 주체와 행사자	분리	분리되지 않음/ 주체(피치자)=행사자(치자)
권력분립/권력집중	권력분립, 제한정치	권력집중, 제한정치반대
주권의 분유	분유(分有) 불가능	분유(分有) 가능
선거의 성격	의무	권리
선거제도	제한선거, 차등선거	보통선거, 평등선거
대표자	시예스, 몽테스키외 → 대의제	루소 → 직접민주제
헌법제정권력의 행사	대의기관인 제헌의회	국민
대표적 헌법	1791년 프랑스헌법	1793년 프랑스헌법

▶ 현대국가에서는 국민주권과 인민주권이 결합하는 반대표제, 즉 반직접민주제의 경향이 나타나고 있다.

Ⅳ. 국민주권의 법적 성격

1. 법적 성격

(1) 정치적·이데올로기적 개념설

국가권력의 정당성의 원천이 국민에게 있다는 정치적·이데올로기적 개념에 불과하다.

(2) 법적 개념설(다수설)

주권자로서의 국민은 헌법이 정치적 가치의 근원 내지 법적 구속력의 근원을 의미하는 법적 개념이다.

국민주권주의의 최고 가치규범성

"우리 헌법의 전문과 본문의 전체에 담겨 있는 최고 이념은 국민주권주의와 자유민주주의에 입각한 입헌민주헌법의 본질적 기본원리에 기초하고 있다. 기타 헌법상의 제원칙도 여기에서 연유되는 것이므로 이는 헌법전을 비롯한 모든 법령해석의 기준이 되고, 입법형성권 행사의 한계와 정책결정의 방향을 제시하며, 나아가 모든 국가기관과 국민이 존중하고 지켜가야 하는 최고의 가치규범이다(헌재 1989.9.8. 88헌가6)."

실질적 국민주권과 민주적인 선거제도

"헌법상의 국민주권론을 추상적으로 보면 전체국민이 이념적으로 주권의 근원이라는 전제 아래 형식적인 이론으로 만족할 수 있으나, 현실적으로 보면 구체적인 주권의 행사는 투표권 행사인 선거를 통하여 이루어지는 것이다. 실질적 국민주권을 보장하기 위하여 유권자들이 자기들의 권익과 전체국민의 이익을 위해 적절하게 주권을 행할 수 있도록 민주적인 선거제도가 마련되어야 하고, 국민 각자의 참정권을 합리적이고 합헌적으로 보장하는 선거법을 제정하지 않으면 안 된다(헌재 1989.9.8. 88헌가6)."

2. 헌법개정의 한계

국민주권의 원리는 헌법의 핵이므로 헌법개정절차에 의해서도 개정될 수 없다. 즉, 현대 민주국가에서는 주권이 국민이 아닌 국가나 노동계급 등 특정계층에 있다는 방향의 헌법개정은 허용되지 않는다.

V. 우리 헌법상 국민주권주의의 구현

1. 국민주권의 선언

(1) 직접선언

제1조 제2항이 해당된다.

(2) 간접선언

전문, 제1조 제1항 등이 해당된다.

2. 국민주권원리의 실현 방법

(1) 기본권보장

우리 헌법은 인간의 존엄과 가치를 그 핵으로 하는 국민의 기본권을 최대한으로 보호함으로써 국민주권의 이념을 실현하기 위해서 국가권력의 행사를 기본권에 기속시키고 있다.

(2) 간접민주제

국민은 주기적인 선거를 통해 자신들의 의사를 충실히 반영할 대표자를 선출한다. 따라서 선거제도는 국민주권을 실현하는 핵심적인 제도이다.

(3) 직접민주제

헌법개정안의 국민투표(제130조)는 필수적 국민투표이나 국가안위에 관한 중요정책의 국민투표(제72조)는 임의적 국민투표이다. 현행 헌법은 국민발안제와 국민소환제는 채택하고 있지 않다.

(4) 복수정당제도

정당은 국민의 의사를 형성하고 국민의 의사에 의해 권력행위를 통제하는 기능을 하므로 복수정당제는 국민주권의 실현방법이다.

(5) 지방자치제도

지방자치제도는 지방행정을 주민 스스로가 결정, 처리하도록 함으로써 국민주권을 실현하는 방법이다.

(6) 직업공무원제도

우리 헌법은 직업공무원이 특정세력, 집단을 위한 공무원이 아니고 전체국민에 봉사하는 공무원임을 선언하여 공무원을 국민주권의 실현자로 보고 있다.

(7) 권력분립제도

권력분립제도는 국민이 대표로 선출한 한 국가기관에 권력이 집중되어 국민이 단순히 권력의 대상이 되는 것을 방지함으로 국민주권을 실질적으로 실현하는 제도이다.

제3절 법치주의

Ⅰ. 의의

1. 개념

국가가 국민의 자유와 권리를 제한하거나 국민에게 새로운 의무를 부과하려고 할 때에는 반드시 의회가 제정한 법률에 의하거나 또는 그에 근거가 있어야 한다는 원리를 뜻한다.

2. 법적 성격

(1) 국가권력 제한원리설

선재하는 국가권력으로부터 개인의 자유와 권리를 보호하기 위한 방어적·소극적 원리로서, 법치주의는 국민의 자유와 권리를 보장하기 위한 비정치적이고 법기술적인 원리이다.

(2) 국가권력의 구조원리설

국가와 사회의 상호기능적 관련성을 갖는 사회적 통합을 위한 구성적·적극적 원리이다.

(3) 검토

법치주의는 민주주의 이념과 함께 국민의 자유·평등·정의를 실현하기 위한 국가의 구조원리로 봄이 타당하다.

Ⅱ. 이론의 전개

1. 법의 지배와 법률의 지배

구분	영국의 법의 지배	독일의 법률의 지배
대표자	E. Coke → A. V. dicey	F. J. V. Stahl → O. Mayer, C. Schmitt
내용	① 보통법의 절대적 우위 ② 재판소의 존중 ③ 개인적 인권의 보장	① 법률의 우위 ② 법률의 유보 ③ 법률의 법규창조력

> **관련판례**
>
> 규율대상이 <u>기본권적 중요성을 가질수록</u> 그리고 그에 관한 공개적 토론의 필요성 내지 상충하는 <u>이익 간 조정의 필요성이 클수록</u>, 그것이 국회의 법률에 의해 직접 규율될 필요성 및 그 규율밀도의 요구정도는 그만큼 더 증대되는 것으로 보아야 한다(헌재 2004.3.25. 2001헌마882).

(1) 영·미에서의 법의 지배(Rule of law)

(가) **영국의 Common law 전통**　　Edward Coke는 Common law의, 군주의 대권과 의회 제정법에 대한 우위성을 주장하고 권리청원을 주도하였다. 보통법이 국왕까지도 구속한다는 사상이 발달되면서 보통법의 지배원리가 발전되었다.

(나) **제정법우위사상**　　명예혁명 이후 의회의 권한확대로 의회주권이 확립되어 의회제정법률에 국가권력의 행사가 근거하도록 요청되어 보통법우위사상 대신에 의회제정법 우위사상이 관철되었다.

(2) 독일의 법치국가원리

(가) **개념형성단계**　　R. Von Mohl은 처음으로 법치국가라는 용어를 사용하였는데[계희열 上 p.314] 이때 법치국가는 입헌국가의 실현, 절대주의적 행정체제의 개혁을 요구하는 정치적 개념[계희열 上 p.314] 또는 구조적 원리[허영 『헌법이론과 헌법』 p.260]였다.

(나) **개념변질단계**　　독일에서의 시민세력이 성장함에 따라 제기된 입헌주의국가창설적 운동은 1848년 프랑크푸르트헌법의 실패로 좌절되었다. 법실증주의는 1871년 독일제국을 전제로 하여 행정권 행사를 입법권에 기속시키려는 국가권

력의 제한의 원리로 법치국가원리를 변질시켰다.

또한 C. Shmitt도 법치국가를 비정치적 영역인 자유의 보장원리로 볼 뿐 새로운 국가창설의 원리로 보지는 않았다. E. Forsthoff는 법치주의를 "법적인 자유의 보장을 위한 법기술적인 기교"라고 하였다. 법실증주의도 법치국가원리를 제한의 원리로 이해하였다.

(다) 재정립단계　　　　현대에 와서는 법치국가원리를 자유·평등·정의를 실현하는 구조적 원리로 보게 된다.

2. 법치주의의 변질

형식적 법치주의	실질적 법치주의
근대적·시민적 법치주의	현대적·사회적 법치주의
법치주의의 이념을 도외시 (＝합법성을 강조)	법치주의 이념인 기본권을 강조 (＝합법성＋정당성을 강조)
「법률의 지배」의 원리 (＝법률만능주의가 팽배-Weimar 헌법)	「법의 지배」의 원리 (＝정당한 법을 강조-Bonn 기본법)

Ⅲ. 법치주의 구현방법

① 성문헌법주의, 기본권과 적법절차의 보장이 있다.

② 권력분립의 확립

　　㉠ 입법, 행정, 사법부로 권력분립(고전적 권력분립)

　　㉡ 중앙정부와 지방정부의 권력통제

　　㉢ 직업공무원과 정치세력 간의 권력통제

　　㉣ 여당과 야당의 권력통제

　　㉤ 헌법재판소를 통한 권력통제

　　㉥ 주요 사항 법정주의 및 포괄적 위임입법금지

③ 법치행정(행정의 합법률성)

　　㉠ 명령, 규칙, 처분에 대한 위헌·위법심사제도(헌법 제107조 제2항)

　　㉡ 행정심판에 사법절차 준용(헌법 제107조 제3항)

　　㉢ 조세법률주의(헌법 제59조)

    ⓔ 적법절차조항(헌법 제12조 제1항, 제3항)

    ⓜ 포괄적 위임입법금지(헌법 제75조)

  ④ 사법심사 및 권리구제 절차제도: 재판청구권, 청원권, 헌법소원 등

  ⑤ 신뢰보호 및 소급효금지원칙이 있다.

Ⅳ. 법치주의의 예외

1. 국가긴급권

다수설은 국가긴급권이 법치주의의 예외 내지 제한임을 인정하고 있으나, 국가긴급권에 대하여도 과잉금지원칙을 적용함으로써 법치주의의 절차적·형식적 내용을 확인한 것이라고 하여 법치주의는 그 본질상 예외가 허용되지 않는 법원리로 보아 법치주의의 예외를 인정하지 않으려는 견해도 있다.

이 견해에 따르면 국가긴급권은 법치주의의 예외가 아니라 헌법보장을 위한 수단으로 보고 있다.

2. 특별권력관계

다수설에 의하면, 특별권력관계에도 법치주의는 원칙적으로 적용되며, 다만 그 목적달성을 위하여 합리적인 범위 안에서 기본권이 제한될 뿐이라고 한다.

Ⅴ. 특별권력관계

1. 특별권력관계의 의미

(1) 의미

특별권력관계란 법규정이나 당사자의 동의 등 특별한 법적 원인에 의거하여 성립하고 공법상의 특별한 목적달성에 필요한 한도 내에서 한 쪽이 다른 쪽을 포괄적으로 지배하고 다른 쪽이 이에 복종하는 것을 내용으로 하는 공법상의 관계이다.

(2) 특별권력관계의 예

국가와 공무원의 관계, 국공립학교와 학생의 관계, 교도소와 수형자의 관계, 국

공립병원과 전염병 환자와의 관계, 군대와 군복무자의 관계

2. 특별권력관계에 관한 이론

(1) 고전적 특별권력관계이론

(가) 내용   특별권력관계에서 국민은 절대적으로 국가에 복종하는 특별한 법률관계이므로 법률에 의한 기본권 제한의 원칙이 존중될 필요가 없고 행정상 처분행위는 사법심사의 대상이 되지 않는다. 특별권력관계에서는 권리제한이나 의무부과에 법률을 대신하여 행정규칙으로도 충분하다.

(나) 근거   당사자의 동의 속에 기본권의 포기 내지 제한이 들어 있다고 보는 것이다.

(2) 특별권력관계에 대한 오늘날의 견해

(가) 비판점   고전적인 특별권력관계이론의 논거였던 당사자의 동의는 국가와 수형자, 병역관계 등에서 적용될 수 없으며, 기본권의 포기는 이론상 허용될 수 없는 것이다. 특별권력관계라는 용어도 오늘날에는 특수신분관계, 특수지위이론, 특별행정법관계 등의 용어로 순화되어 사용되고 있다.

(나) 울레(C. H. Ule)의 견해   특별권력관계를 기본관계와 내부관계로 나누어 기본관계에서 이루어지는 행정작용은 행정처분으로 법이 침투할 수 있는 영역으로 보아 사법심사의 대상으로 보았으나 내부관계의 경우에는 법이 침투할 수 없는 행정영역으로 인정하였다.

(다) 독일연방헌법재판소 재소자의 기본권을 제한하기 위해서는 반드시 법률의 근거가 있어야 한다는 점을 밝혀 법률에 의한 기본권의 제한원칙이 특별권력관계에도 적용된다는 점을 최초로 확인했다.

(3) 헤세의 견해

특수한 신분관계는 헌법질서의 테두리 내에서 헌법에 의해 설정된 특수한 생활관계이다. 특수한 신분관계를 원활히 유지하기 위해 불가피한 기본권의 제한은 규범조화적 해석의 방법에 따라 그 정당성 여부가 평가되어야 한다. 특수한 신분관계와 기본권이 서로 조화될 수 있는 합리적인 범위 내에서 기본권의 제한이 허용

되나, 기본권 제한에 관한 일반적 한계원칙이 특수한 신분관계에도 준수되어야 한다.

3. 기본권 제한의 형식과 기본권 제한

(1) 기본권 제한의 허용 여부

(가) 특별권력관계가 강제적으로 성립된 경우 특별권력관계가 법규에 의하여 강제적으로 성립된 경우에는 헌법에 그에 관한 근거가 있든지, 헌법이 최소한 그것을 전제하고 있어야 기본권 제한이 가능하다.

(나) 특별권력관계가 합의로 성립된 경우　공무원의 복무관계, 학생과 재학관계와 같이 특별권력관계가 당사자 간 합의에 따라 성립한 경우에도 최소한 법률에 근거가 있어야 기본권 제한이 가능하다.

(2) 헌법에 의한 기본권 제한

(3) 법률에 의한 기본권 제한

4. 특별권력관계와 사법적 통제

특별권력관계에서 기본권 제한입법의 한계를 넘은 기본권 제한은 사법심사의 대상이 된다. 대법원은 국립교육대학 재학 중인 학생에 대한 퇴학처분에 대하여 원고가 당해 퇴학처분의 취소를 다투는 행정소송을 인용한 바 있다(대판 1991.11.12. 91누2144).

Ⅵ. 법치주의와 민주주의의 관계

전통적 견해에 의하면, 민주주의는 정치적 원리이고 법치주의는 비정치적 · 법기술적 원리라고 이해하고 양자를 대립 · 단절관계(Schmitt)로 보았으나, 현대의 민주주의와 법치주의는 양자 모두 국민이 자유 · 평등 · 정의의 실현을 위한 국가형성의 원리이자 헌법의 기본질서로서 이념적 · 기능적 연관성을 가지고 있어 그 구성요소가 대부분 중첩된다.

다만, 민주주의는 역동적인 국가형성과 정치과정의 개방성에 중점을 둔 동적 요소인 데에 비하여, 법치주의는 안정적 국가형성과 정치과정의 예측가능성에 중점을 둔 정적 요소이다.

정 리

1. 법치주의에 위배되는 것의 예
포괄적 위임입법, 행정소송열기주의, 소급입법에 의한 처벌, 행정기관에 의한 행정소송의 관할

2. 법치주의에 위배되지 않는 것의 예
법률유보, 행정소송개괄주의, 주관적 공권의 확대, 간이절차에 의한 재판, 조세법·교통위반자에 대한 통고처분

3. 법치주의와 관련이 없는 것의 예
복수정당제, 다수결의 원리, 정부형태(대통령제, 의원내각제), 국회(양원제, 단원제), 민주적 정당성

관련판례

1. 법치주의
(1) 헌법재판소는 담배자동판매기 설치를 금지하면서 기존의 설치된 <u>자판기를 3월 이내에 철거하도록 한 부천시 조례 제4조</u>에 대한 헌법소원사건에서, 위 조례는 장래에 대하여 자판기 존치사용을 규제하고 있을 뿐이므로 소급입법이라고 볼 수 없으며, 조례시행 전 적법하게 설치된 자판기설치 사용에 대한 청구인들의 신뢰를 보호할 필요성과 조례제정으로 달성할 청소년보호라는 공익목적을 형량하여 볼 때 청구인들의 신뢰보호나 법적 안정성을 외면하여 <u>법치주의원리에 어긋난 것이라고 볼 수 없다</u>고 하였다(헌재 1995.4.20., 92헌가264).
(2) 세월호피해지원법 사건(헌재 2017.06.29. 2015헌마654)
재판관 6:2의 의견으로, 배상금 등을 지급받으려는 신청인으로 하여금 "세월호 참사에 관하여 일체의 이의를 제기하지 않을 것을 서약한다."는 취지가 기재된 동의서를 제출하도록 규정하고 있는 '4·16세월호 참사 피해구제 및 지원 등을 위한 특별법'시행령 제15조 중 별지 제15호 서식 가운데 일체의 이의제기를 금지한 부분이 법률유보원칙에 위반하여 청구인들의 일반적 행동의 자유를 침해하므로 헌법에 위반된다는 결정을 선고하였다.

2. 법치국가원리
(1) 초헌법적인 국가긴급권의 부인
대통령에게 초헌법적인 국가긴급권을 부여하고 있는 <u>국가보위에 관한 특별조치법</u>은 헌법을 부정하고 파괴하는 반입헌주의, 반법치주의의 <u>위헌법률이다</u>(헌재 1994.6.30., 92헌가18).
(2) 위임입법의 한계와 법치주의
헌법 제75조는 "대통령은 법률에서 구체적으로 범위를 정하여 위임받은 사항 …… 에 관하여 대통령령을 발할 수 있다"고 규정하여 위임입법의 헌법상 근거를 마련하는 한편 대통령령으로 입법할 수 있는 사항을 "법률에서 구체적으로 범위를 정하여 위임받은 사항"으로 한정함으로써 일반적이고 포괄적인 위임입법은 허용되지 않는다는 것을 명백히 하고 있는데, 이는 국민주권주의, 권력분립주의 및 법치주의를 기본원리로 하고 있는 우리 헌법하에서 <u>국민의 헌법상 기본권 및 기본의무와 관련된 중요한 사항 내지 본질적인 내용에 대한 정책형성기능은 원칙적으로 주권자인 국민에</u>

의하여 선출된 대표자들로 구성되는 입법부가 담당하여 법률의 형식으로써 이를 수행하여야 하고, 이와 같이 입법화된 정책을 집행하거나 적용함을 임무로 하는 행정부나 사법부에 그 기능을 넘겨서는 아니 되기 때문이다(헌재 1995.7.21, 94헌마125).

3. 소급입법의 제한

(1) 죄형법정주의의 소급입법금지 → 제13조 제1항
소급입법에 의한 참정권, 재산권 침해금지 → 제13조 제2항
(2) 소급입법의 종류 및 한계
"넓은 의미의 소급입법은, 신법이 이미 종료된 사실관계에 작용하는지 아니면 현재 진행중인 사실관계에 작용하는지에 따라 일응 진정소급입법과 부진정소급입법으로 구분되고, 전자는 헌법적으로 허용되지 않는 것이 원칙이며 특단의 사정이 있는 경우에만 예외적으로 허용될 수 있는 반면, 후자는 원칙적으로 허용되지만 소급효를 요구하는 공익상의 사유와 신뢰보호의 요청 사이의 교량과정에서 신뢰보호의 관점이 입법자의 형성권에 제한을 가하게 된다(헌재 1995.10.26, 94헌바12 ; 판례집 7-2, 447 / 1996.2.16, 96헌가2 등 ; 판례집 8-1, 51, 84~88 / 헌재 1998.11.26, 97헌바58 ; 판례집 10-2, 673, 680)."
(3) 시혜적인 소급입법에 대한 입법형성권
"헌법상의 기본원칙인 죄형법정주의나 법치주의로부터 도출되는 신체의 자유와 법적 안전성 및 신뢰보호의 원칙상 모든 법규범은 현재와 장래에 한하여 효력을 가지는 것이기 때문에 소급입법에 의한 처벌은 원칙적으로 금지 내지 제한되지만, 신법이 피적용자에게 유리한 경우에 이른바 시혜적인 소급입법을 할 것인지의 여부는 입법재량의 문제로서 그 판단은 일차적으로 입법기관에 맡겨져 있는 것이므로 이와 같은 시혜적 조치를 할 것인가를 결정함에 있어서는 국민의 권리를 제한하거나 새로운 의무를 부과하는 경우와는 달리 입법자에게 보다 광범위한 입법형성의 자유가 인정된다. 입법자는 입법목적, 사회실정이나 국민의 법감정, 법률의 개정이유나 경위 등을 참작하여 시혜적 소급입법을 할 것인가 여부를 결정할 수 있고, 그 판단은 존중되어야 하며, 그 결정이 합리적 재량의 범위를 벗어나 현저하게 불합리하고 불공정한 것이 아닌 한 헌법에 위반된다고 할 수 없다(헌재 1995.12.28, 95헌마196)."
(4) 성폭력범죄자에 대해 위치추적 전자장치 부착은 전통적 의미의 형벌이 아니며, 이를 통하여 피부착자의 위치만 국가에 노출될 뿐 그 행동 자체를 통제하지 않는다는 점에서 비형벌적 보안처분에 해당되므로, 이를 소급적용하도록 한 부칙경과조항은 헌법 제13조 제1항 전단의 소급처벌금지원칙에 위배되지 아니한다(헌재 2015.9.24. 2015헌바35).

4. 일반적 명확성의 원칙

(1) 죄형법정주의의 명확성 원칙 → 제13조 제1항
표현의 자유의 제한한계 → 제21조
(2) 과세요건 명확주의 → 제59조
위임입법의 예측가능성, 구체성 → 제75조
(3) 일반적 명확성원칙의 의미
"법치국가원리의 한 표현인 명확성의 원칙은 기본적으로 모든 기본권제한입법에 대하여 요구된다. 규범의 의미내용으로부터 무엇이 금지되는 행위이고 무엇이 허용되는 행위인지를 수범자가 알 수 없다면 법적 안정성과 예측가능성은 확보될 수 없게 될 것이고, 또한 법집행 당국에 의한 자의적 집행을 가능하게 할 것이기 때문이다(헌재 1990.4.2, 89헌가113)."
(4) 입법의 성격에 따른 명확성원칙의 차별적용

"명확성의 원칙은 모든 법률에 있어서 동일한 정도로 요구되는 것은 아니고 개개의 법률이나 법조항의 성격에 따라 요구되는 정도에 차이가 있을 수 있으며 각각의 구성요건의 특수성과 그러한 법률이 제정되게 된 배경이나 상황에 따라 달라질 수 있다고 할 것이다. 일반론으로는 어떠한 규정이 부담적 성격을 가지는 경우에는 수익적 성격을 가지는 경우에 비하여 명확성의 원칙이 더욱 엄격하게 요구된다고 할 것이다(헌재 1992.2.25, 89헌가104 ; 판례집 4, 64, 78~79)."

(5) 예시적 입법형식의 경우, 구성요건의 대전제인 일반조항의 내용이 지나치게 포괄적이어서 법관의 자의적인 해석을 통하여 그 적용범위를 확장할 가능성이 있다면 죄형법정주의의 원칙에 위배될 수 있다. 따라서 예시적 입법형식이 법률 명확성의 원칙에 위배되지 않으려면, 예시한 개별적인 구성요건이 그 자체로 일반조항의 해석을 위한 판단지침을 내포하고 있어야 할 뿐만 아니라, 그 일반조항 자체가 그러한 구체적인 예시를 포괄할 수 있는 의미를 담고 있는 개념이 되어야 한다(헌재 2009.5.28, 2007헌바24).

(6) 아동청소년성보호법의 입법목적, 가상의 아동ㆍ청소년이용음란물의 규제 배경, 법정형의 수준 등을 고려할 때, "아동ㆍ청소년으로 인식될 수 있는 사람"은 일반인의 입장에서 실제 아동ㆍ청소년으로 오인하기에 충분할 정도의 사람이 등장하는 경우를 의미함을 알 수 있고, "아동ㆍ청소년으로 인식될 수 있는 표현물" 부분도 아동ㆍ청소년을 상대로 한 비정상적 성적 충동을 일으키기에 충분한 행위를 담고 있어 아동ㆍ청소년을 대상으로 한 성범죄를 유발할 우려가 있는 수준의 것에 한정된다고 볼 수 있으며, 기타 법관의 양식이나 조리에 따른 보충적인 해석에 의하여 판단 기준이 구체화되어 해결될 수 있으므로, 위 부분이 불명확하다고 할 수 없다(헌재 2015.6.25, 2013헌가17 등).

5. 신뢰보호의 원칙

(1) 법치국가와 신뢰보호

법치국가의 원칙상 법률이 개정되는 경우에는 구법질서에 대하여 가지고 있던 당사자의 신뢰는 보호되어야 할 것이다(헌재 1997.11.27, 97헌바10).

(2) 신뢰보호의 원칙의 심사기준

신뢰보호원칙의 위반 여부는 한편으로는 침해받은 신뢰이익의 보호가치, 침해의 중한 정도, 신뢰침해의 방법 등과 다른 한편으로는 새 입법을 통해 실현하고자 하는 공익목적을 종합적으로 비교형량하여 판단하여야 한다(헌재 1995.3.23, 93헌바18 등). 신뢰보호의 필요성과 개정법률로 달성하려는 공익을 비교형량하여 신뢰보호원칙을 판단하는 것은 "부진정 소급입법의 경우에도 당연히 적용되어야 할 것이다(헌재 1995.10.26, 94헌바12)."

(3) 여객자동차운수사업법 제73조의2에 대한 헌법소원(헌재 2001.6.28, 2000헌마32 – 합헌)

백화점의 셔틀버스운행을 금지하고 있는 법률조항은 영업의 자유ㆍ평등권을 침해했다고 볼 수 없고 신뢰보호의 원칙에도 위반하지 않는다.

(4) 소급효에 있어서 신뢰보호원칙

과거의 사실관계 또는 법률관계를 규율하기 위한 소급입법의 태양에는 이미 과거에 완성된 사실ㆍ법률관계를 규율의 대상으로 하는 이른바 진정소급효의 입법과 이미 과거에 시작하였으나 아직 완성되지 아니하고 진행과정에 있는 사실ㆍ법률관계를 규율의 대상으로 하는 부진정소급효의 입법이 있다. 헌법 제13조 제2항이 금하고 있는 소급입법은 진정소급효를 가지는 법률만을 의미하므로 부진정소급효의 입법은 원칙적으로 허용된다(헌재 2005.6.30, 2004헌바42).

진정소급입법이라 할지라도 예외적으로 국민이 소급입법을 예상할 수 있었던 경우와 같이 소급입법이 정당화되는 경우에는 허용될 수 있다(헌재 1996.2.16, 96헌가2 등).

제4절 사회국가원리

Ⅰ. 의의

사회국가란 모든 국민생활의 기본적 생활수요를 충족할 수 있도록 국민의 생활여건을 조성하는 것을 국가의 과제로 하는 원리를 말한다.

Ⅱ. 사상적 배경

18세기 자유방임적 자본주의 시장경제의 폐해(빈부격차의 심화, 사회적 불평등의 구조화) → 자유방임적 자본주의의 수정을 통한 국민의 생존권보장 필요성 → 20세기 사회국가원리로 등장

▶ 바이마르헌법: 사회적 기본권만 규정하고 있다.

독일기본법: 사회국가 원리만을 규정하고 있다.

미국헌법: 사회적 기본권 조항이 없다.

▶ 사회국가와 복지국가와의 관계: 구별을 인정하는 견해, 구별을 부정하는 견해(다수설)로 나뉜다.

Ⅲ. 사회권(생존권)의 법적 성격

1. 규범적 성격 부정설(선언적 규정설)

헌법이 사회국가 원리를 규정하고 있더라도 국민에게 주관적 공권을 주지 않는 단순한 정치적 선언에 불과하다고 본다.

2. 규범적 성격 긍정설(다수설)

당연히 헌법규범적 성격을 갖기 때문에 모든 법규범의 해석지침으로써 헌법규범적 효력을 나타낸다고 본다. 규범적 성격 긍정설도 추상적 권리설과 구체적 권리설로 나뉘는데 대법원은 공해(환경)소송에서 추상적 권리설에 입각하고 있는 것으로 보이며(대결 1995.5.23. 94마2218), 학설의 일반적 입장은 구체적 권리설을 지지하고 있으며, 헌법재판소는 인간다운 생활을 할 권리에 대하여 최소한의 물질적 생활의 유지에 필요한 급부를 요구할 수 있는 구체적 권리가 도출되는 것으로 보고, 그 이상의 급부를 내용으로 하는 것은 추상적 권리설에 입각하고 있다고 보

는 이분설에 근거하고 있다(헌재 1998.2.27, 98헌가10)고 본다.

Ⅳ. 사회국가원리의 내용

① 실질적인 자유와 평등의 보장을 목표로 한다.

② 사회적 인간상을 전제하고 있다.

③ **사회국가원리의 구현**: 생존권적 기본권보장, 재산권의 사회적 구속, 소득의 적정한 분배, 사회복지제도, 경제질서에 대한 규제와 조정 등이 있다.

Ⅴ. 사회국가원리의 한계

1. 보충성원리에 의한 한계

사회국가에서 보충성원리란 경제적 · 사회적 문제의 해결은 1차적으로는 개인적 차원에서 이루어지도록 하고 개인적 차원에서의 해결이 불가능한 경우에 비로소 국가가 개입해야 한다는 것이다.

2. 개념본질상의 한계

사회국가원리의 실현은 단계적 · 점진적 · 사회개량적 방법에 의하여야 한다.

3. 기본권 제한상의 한계

사회국가는 비록 그 목적달성을 위하여 자유권적 기본권을 제한하더라도 자유와 권리의 본질적 내용을 침해하는 제한은 허용되지 아니한다.

4. 재정·경제력에 의한 한계

사회국가의 실현에 소요되는 방대한 재원의 확보는 국가의 재정능력과 경제력에 의존할 수밖에 없다. 재원확보와 국가의 경제성장이 조화되는 방향으로 이루어져야 한다.

Ⅵ. 사회국가원리와 법치주의 · 민주주의와의 상호관계

법치주의와 민주주의는 다 같이 자유 · 평등 · 정의를 실현시키기 위한 국가의 구조적 원리일 뿐만 아니라, 사회국가원리는 법치주의 · 민주주의에 불가결한 생활환경을 조성하기 위한 또 다른 현대국가의 구조적 원리를 뜻하므로, 법치주의 · 민주주의와 사회국가원리는 이념적으로 상호 갈등·대립관계에 있는 것이 아니라, 자유·평등·정의를 실현하기 위한 삼면경(三面鏡)과도 같다.

Ⅶ. 현행 헌법상의 사회국가원리

1. 사회국가원리의 조항

전문, 제10조, 제31조~제36조, 제119조 등에 나타나 있다.

2. 사회국가원리의 구현방법

① 사회적 기본권의 보장(제31조~제36조)

② 재산권의 사회적 구속성(제23조 제2항)

③ 경제질서의 규제와 조정(제119조~제127조)을 들 수 있다.

> **관련판례** 사회국가원리의 수용을 통한 실질적 자유와 평등의 달성
>
> "헌법 제119조는 제1항에서 대한민국의 경제질서는 개인과 기업의 경제상의 자유와 창의를 존중함을 기본으로 한다고 규정하여 사유재산제도, 사적 자치의 원칙, 과실책임의 원칙을 기초로 하는 자유시장 경제질서를 기본으로 하고 있음을 선언하면서, 한편 그 제2항에서 국가는 …… 경제주체 간의 조화를 통한 경제의 민주화를 위하여 경제에 관한 규제와 조정을 할 수 있다고 규정하고, 헌법 제34조는 모든 국민은 인간다운 생활을 할 권리를 가지며(제1항), 신체장애자 및 질병·노령 기타의 사유로 생활능력이 없는 국민은 법률이 정하는 바에 의하여 국가의 보호를 받는다(제5항)고 규정하여 사회국가원리를 수용하고 있다. 결국 우리 헌법은 자유시장 경제질서를 기본으로 하면서 사회국가원리를 수용하여 실질적인 자유와 평등을 아울러 달성하려는 것을 근본이념으로 하고 있는 것이다(헌재 1998. 5.28. 96헌가4 등)."

제5절 문화국가원리

Ⅰ. 개념

문화국가란 국가로부터 문화의 자유가 보장되고, 국가에 의하여 문화가 공급(문화에 대한 국가적 보호·지원·조성)되어져야 하는 국가를 말한다.

여기에서 문화란 교육·학문·예술·종교와 언론 등 인간의 정신적·지적 활동 영역을 말한다.

Ⅱ. 사상적 배경

1. 근대이전시대

1) 근대 이전에는 국가가 문화를 포괄적으로 지배하는 상황이었으므로, 교육·학문·문화·예술 등 문화의 전분야가 그 자체로서 존재의의를 가질 수 없었다. 이 시기의 문화는 국가종속적 문화였다.

2) 헤겔(Hegel)은 국가의 적극적인 문화간섭정책을 당연시했다.

2. 자유방임시대(야경국가: 18 ~ 19C)

1) 시민혁명을 계기로 문예부흥과 종교개혁이 전유럽에 확산되면서 비로소 국가적 지배체제로부터 벗어난 문화활동의 자유·문화의 자율성이 인정되었다. 이와 같은 문화의 자율성은 문화영역에 대한 국가적 지배나 간섭의 배제와 문화자유시장법칙을 통하여 실현되었다.

2) Fichte가 문화국가라는 개념을 처음 사용하였다.

3. 제2차 세계대전 이후

문화활동이 시장법칙에 따르게 되면서 문화의 경제종속성, 외래문화의 범람과 전통문화의 퇴조, 문화적 불평등의 문제가 생겨나 건전한 문화의 육성과 문화적 불평등의 시정이 국가적 과제가 되었다.

따라서 현대국가는 문화의 자율성을 보장하면서도 문화에 대한 자유방임정책이 초래한 문제를 해결할 기능을 안고 있다.

> **관련판례**
>
> 과거 국가절대주의사상의 국가관이 지배하던 시대에는 국가의 적극적인 문화간섭정책이 당연한 것으로 여겨졌다. 그러나 오늘날에 와서는 국가가 어떤 문화현상에 대하여도 이를 선호하거나, 우대하는 경향을 보이지 않는 불편부당의 원칙이 가장 바람직한 정책으로 평가받고 있다(헌재 2004.5.27. 2003헌가1 등).

Ⅲ. 우리 헌법상 문화국가원리

1. 헌법의 기본원리

건국헌법 이래 헌법의 기본원리로 규정하였다. 특히 1980년 헌법은 국가의 전통문화 계승·발전과 민족문화 창달의무를 규정하고 있다.

2. 현행 헌법상 문화국가원리의 구현

① 헌법전문(문화의 …… 영역에 있어서)

② 국가의 민족문화 창달의무(제9조, 제69조)

③ 문화직 자유의 보장[양심의 자유(제19조), 종교의 자유(제20조), 표현의 자유(제21조), 학문·예술의 자유(제22조)]

④ 교육제도(제31조)

⑤ 개인책임을 중요시하는 문화국가원리의 표현으로서 연좌제 폐지(제13조 제3항)

⑥ 건강하고 쾌적한 환경문화유산 조성을 위한 환경권(제35조)

⑦ **문화적 평등권보장:** 문화적 평등권은 누구든지 문화활동에 참여할 수 있는 기회를 요구할 수 있다는 것과 그러한 기회를 국가와 타인에 의해서 방해받지 아니할 것 및 이미 존재하는 문화활동의 결과를 평등하게 향유하는 것을 내용으로 한다.

⑧ 혼인가족제도(제36조 제1항) 등이 있다.

관련판례

1. 언론·출판의 영역에서 국가는 단순히 어떤 표현이 가치 없거나 유해하다는 주장만으로 그 표현에 대한 규제를 정당화시킬 수는 없다. 그 표현의 해악을 시정하는 1차적 기능은 시민사회 내부에 존재하는 사상의 경쟁메커니즘에 맡겨져 있기 때문이다. 그러나 대립되는 다양한 의견과 사상의 경쟁메커니즘에 의하더라도 그 표현의 해악이 처음부터 해소될 수 없는 성질의 것이거나 또는 다른 사상이나 표현을 기다려 해소되기에는 너무나 심대한 해악을 지닌 표현은 언론·출판의 자유에 의한 보장을 받을 수 없고 국가에 의한 내용규제가 광범위하게 허용된다(헌재 1998.4.30, 95헌가6).
2. 과외교습금지는 사적인 교육의 영역에서 부모와 자녀의 기본권에 대한 중대한 침해라는 개인적인 차원을 넘어서 국가를 문화적으로 빈곤하게 만들며, 국가 간의 경쟁에서 살아남기 힘든 오늘날의 무한경쟁시대에서 문화의 빈곤은 궁극적으로는 사회적·경제적인 후진성으로 이어질 수밖에 없다. 따라서 법 제3조가 실현하려는 입법목적의 실현효과에 대하여 의문의 여지가 있고, 반면에 법 제3조에 의하여 발생하는 기본권제한의 효과 및 문화국가실현에 대한 불리한 효과가 현저하므로,

법 제3조는 제한을 통하여 얻는 공익적 성과와 제한이 초래하는 효과가 합리적인 비례관계를 현저하게 일탈하여 법익의 균형성을 갖추지 못하고 있다(헌재 2000.4.27, 98헌가16 등).

3. 문예진흥기금이 공연관람자 등의 집단적 이익을 위해서 사용되는 것도 아니다. 현실적으로 문예진흥기금은 문예진흥을 위한 다양한 용도로 사용되고 있지만, 그것이 곧바로 공연관람자들의 집단적 이익을 위한 사용이라고 말할 수는 없는 것이다. 공연 등을 보는 국민이 예술적 감상의 기회를 가진다고 하여 이것을 집단적 효용성으로 평가하는 것도 무리이다. 공연관람자 등이 예술감상에 의한 정신적 풍요를 느낀다면 그것은 헌법상의 문화국가원리에 따라 국가가 적극 장려할 일이지, 이것을 일정한 집단에 의한 수익으로 인정하여 그들에게 경제적 부담을 지우는 것은 헌법의 문화국가이념(제9조)에 역행하는 것이다(헌재 2003.12.18, 2002헌가2).

4. 문화국가원리의 이러한 특성은 문화의 개방성 내지 다원성의 표지와 연결되는데, 국가의 문화육성의 대상에는 원칙적으로 모든 사람에게 문화창조의 기회를 부여한다는 의미에서 모든 문화가 포함된다. 따라서 엘리트문화뿐만 아니라 서민문화, 대중문화도 그 가치를 인정하고 정책적인 배려의 대상으로 하여야 한다(헌재 2004.5.27, 2003헌가1 등).

제6절 민주적 기본질서

Ⅰ. 의의

1. 헌법규정

1) 헌법전문의 '민주이념'과 '자유민주적 기본질서', '민주개혁': 대한민국의 국가적 이념명시와 개혁 및 발전방향을 나타내고 있다.

2) 제1조 제1항의 '민주': 국가형태로서의 공화국을 설정하고 있다.

3) 제4조의 '자유민주적 기본질서': 한반도 통일정책 방향 정립을 나타낸다.

4) 제8조 제2항의 '민주적': 정당의 목적과 조직 및 활동의 준칙 제시를 나타낸다.

5) 제8조 제4항의 '민주적 기본질서': 위헌정당의 실질적 해산요건에 해당한다.

6) 제32조 제2항의 '민주주의원칙': 근로의 의무의 내용과 조건의 기준이 된다.

2. 민주주의의 본질

(1) 실천원리로서 민주주의

구체적인 국가생활이나 사회생활의 실천 속에서 형성된 역사적 개념이며, 개인주의 · 인간주의 · 합리주의 · 상대주의 등을 그 내용으로 하면서 시공을 초월하여 모든 인간생활에 타당한 원리라는 점에서 보편적 개념이다.

(2) 정치원리로서의 민주주의

국민에 의한 통치를 그 수단·방법으로 하면서 그에 의해 실현되는 이념 또는 목적이 국민전체의 이익에 합치하는 경우가 최선이나, 민주주의는 정치질서의 내용이라기보다 정치질서를 형성하기 위한 수단이자 방법이라고 하는 것이 타당하다.

3. 민주주의의 역사적 전개과정

(1) 자유민주주의

자유주의는 국가권력의 간섭을 배제하고 시민의 자유를 옹호하는 시민계급에 의해 주장된 사상이다.

(2) 사회민주주의

사회민주주의는 형식적 민주주의가 경제적 약자의 경제적 불평등을 해결하지 못한 것에 대한 반성으로 실질적인 평등을 지향하는 민주주의이다.

(3) 동일성 민주주의

1) 루소가 주장한 민주주의로서 동일성 민주주의는 치자와 피치자의 동일성을 강조하면서 국민에 의한 직접적인 통치권의 행사를 주장하는 이론이다.

2) 동일성 민주주의는 직접민주주의이므로 대의제, 권력분립과 대립한다.

(4) 상대적 민주주의

1) 가치중립성의 입장에서 국민의 다양한 정치의사를 전제로 하여 민주주의 내용을 다수결의 원칙에 따라 정하도록 하는 민주주의이다.

2) 다수결 원칙에 의한 의사에 절대적 힘을 부여함으로 소수보호에 약점을 지니며, 다수결에 의하면 민주주의 가치도 부정할 수 있다는 모순이 있다.

(5) 방어적 민주주의

상대적 민주주의는 나치에 의한 민주주의 가치질서 파괴를 막을 수 없었고 이에 대한 반성으로 방어적 민주주의는 민주주의 가치가 다수결에 의해 정해지는 것이 아니라 이미 민주주의라는 개념 속에 내재하는 것으로 보고 이 가치를 부정하는 세력으로부터 이를 보호하려는 민주주의이다.

Ⅱ. 민주적 기본질서의 개념

1. 개념

자유민주적 기본질서란 모든 폭력적 지배와 자의적 지배를 배제하고 다수의 의사와 자유·평등에 의거한 국민의 자기결정을 토대로 하는 법치국가적 통치질서라고 할 수 있다.

2. 자유민주적 기본질서와 헌법질서와의 관계

헌법질서는 헌법의 내용을 이루고 있는 모든 질서를 말하는 데 반하여, 자유민주적 기본질서는 반전체주의적 기본질서를 의미하므로 전자가 후자보다 넓은 개념이다. 따라서, 민주적 기본질서의 위반은 헌법질서의 위반이 되지만, 헌법질서의 위반이 민주적 기본질서의 위반이 되는 것은 아니다.

3. 헌법 제8조 제4항의 민주적 기본질서의 의미

제8조 제4항의 민주적 기본질서는 자유민주적 기본질서라는 설과 사회민주적 기본질서를 포함하는 넓은 의미라는 설이 대립하나, 자유민주적 기본질서와 동일한 개념으로 이해하는 것이 통설이다.

Ⅲ. 자유민주적 기본질서의 내용(헌법재판소 판례에 따름)

① 기본적 인권의 존중

② 권력분립

③ 의회제도

④ 복수정당제도

⑤ 선거제도

⑥ 사법권의 독립

⑦ 사유재산제도를 근간으로 하는 시장경제질서가 제시되고 있다.

▶ 위헌법률심사제는 성문헌법국가에서만 존재하므로 내용이 되지 않는다.

Ⅳ. 민주적 기본질서의 보장

1. 적극적 보장

자유민주적 기본질서는 우리 헌법의 최고규범을 의미하므로 이를 실현하기 위하여는 자유로운 의사 표현과 정치과정의 공개 등 적극적인 제도가 보장되어야 한다. 이는 양심의 자유·종교의 자유 및 표현의 자유 등에 의하여 보장된다.

2. 소극적 보장

1) 국가권력 또는 단체(정당)·개인에 의해 침해되지 아니하도록 하는 것을 말한다(방어적 민주주의).

2) 대통령, 국무총리, 국무위원에 의한 침해 시에는 탄핵심판의 대상이 된다.

3) 국회의 입법에 의한 침해 시에는 위헌법률심판, 헌법소원심판의 대상이 된다.

> **관련판례** 자유민주적 기본질서에 위해를 주는 경우
>
> "자유민주적 기본질서에 위해를 준다 함은 모든 폭력적 지배와 자의적 지배, 즉 반국가단체의 일인독재 내지 일당독재를 배제하고 다수의 의사에 의한 국민의 자치, 자유·평등의 기본원칙에 의한 법치주의적 통치질서의 유지를 어렵게 만드는 것으로서 구체적으로는 기본적 인권의 존중, 권력분립, 의회제도, 복수정당제도, 선거제도, 사유재산과 시장경제를 골간으로 한 경제질서 및 사법권의 독립 등 우리의 내부체제를 파괴·변혁시키려는 것"이다(헌재 1990.4.2, 89헌가113).

제7절 국제질서

Ⅰ. 국제평화주의

1. 입법례

① 전쟁을 포기한 최초의 헌법: 프랑스헌법(1791)이다.

② 전쟁의 포기와 군비까지 금지한 헌법: 일본의 제2차 세계대전 이후에 제정된 평화헌법이 해당된다.

③ 국제평화를 위하여 주권을 제약한 헌법: 이탈리아헌법(1947)이 해당된다.

④ 양심적 병역(집총)거부권을 보장한 헌법: 독일기본법, 브라질헌법, 네덜란드헌법 등이 있다.

2. 우리 헌법상의 국제평화주의

① 국제평화주의의 선언: 헌법전문+침략전쟁의 부인(제5조 제1항), 국제법 존중주의(제6조) 등이 있다.

② 침략전쟁의 부인: 일체의 전쟁을 부정하는 것이 아니라 침략전쟁을 금지하고 있으므로, 방위전쟁 내지 자위전쟁은 허용(제5조 제1항)된다. 이 경우, 방위행위는 긴급성이 있는 한 예방적 방위를 포함한다.

③ 평화적 통일의 지향: 헌법 전문+제66조 제3항, 제69조 등에 나타나 있다.

Ⅱ. 국제법 존중주의

1. 조약과 헌법의 관계

조약우위설과 헌법우위설, 헌법과 조약 사이의 효력을 인정하는 견해, 개별화설 등이 있으나 헌법우위설이 일반적 입장이다.

2. 국제법과 국내법과의 관계

이원론	이원론은 국제법과 국내법을 각기 서로 다른 별개의 법체계로 보는 견해이다. 이와 같은 이원론에 따르면 국제법이 그대로 국내법화하는 경우는 있을 수 없고, 국제법이 국내에서 효력을 갖기 위해서는 국제법을 국내적으로 수용하기 위한 변형을 하여야 한다.
일원론	일원론은 국제법과 국내법이 별개의 독립된 법질서가 아니라 하나의 통일된 법체계를 형성하며 따라서 상호간의 저촉은 상위·하위의 법질서에 의하여 해결된다고 하는 학설이다. 일원론에는 국내법우위론과 국제법우위론이 있다.

3. 헌재의 태도

(1) 국제연합(UN)의 '인권선언'

(가) 인권선언의 법적 성격   국제연합의 '인권선언'은 그 전문에 나타나

있듯이 '…… 모든 국민과 모든 나라가 달성하여야 할 공통의 기준'으로 선언하는 의미는 있으나, 그 선언내용의 각 조항이 보편적인 법적 구속력을 가지거나 국내 법적 효력을 갖는 것은 아니다.

(나) 국제인권규약의 법적 성격　　다만, 실천적 의미를 갖는 것은 위 선언의 실효성을 뒷받침하기 위하여 마련된 「경제적·사회적 및 문화적 권리에 관한 국제규약」(1990.6.13. 조약1006호, A규약)과 「시민적 및 정치적 권리에 관한 국제규약」(1990.6.13. 조약1007호, B규약)이다. …… 국제인권규약은 법적 구속력은 있으나 법률유보조항을 두고 있고, 특히 B규약은 우리 국내법적인 수정의 필요에 따라 가입이 유보되었기 때문에 직접적으로 국내법적 효력을 갖는 것도 아니다.

(2) 교원의 지위에 관한 권고

1960.10.5. 국제연합교육과학문화기구와 국제노동기구가 채택한 '교원의 지위에 관한 권고'는 …… 또한 직접적으로 국내법적 효력을 가지는 것이라고 할 수도 없다.

(3) 교원의 지위에 관한 국제법규의 의미

교육에 관한 국제법상 선언, 규약 및 권고문 등은 우리의 현실에 적합한 교육 제도의 실시를 제약해 가면서까지 교원에게 근로권이 제한 없이 보장되어야 한다는가, 교원단체를 전문직으로서의 특수성을 살리는 교직단체로 구성하는 것을 배제하고 반드시 일반노동조합으로서만 구성하여야 한다는 주장의 논거로 삼을 수 없다. - 사립학교법 제55조 등에 관한 위헌심판(헌재 1991.7.22. 89헌가106)

(4) 외교관계에 관한 비엔나협약 제32조

외교관계에 관한 비엔나협약 제32조 제1항과 제4항에 의하면, 외교관 등을 파견한 국가는 판결의 집행으로부터의 면제의 특권을 포기할 수도 있는 것이므로, 위 협약에 가입하는 것이 바로 헌법 제23조 제3항의 소정의 '공공필요'에 의한 재산권의 제한에 해당하는 것은 아니다. - 입법부작위 위헌확인(헌재 1998.5.28. 96헌마44)

(5) 국제노동기구의 제105호 조약

강제노동의 폐지에 관한 국제노동기구의 제105호 조약은 우리나라가 일반적으로 비준한 바 없고, 헌법 제6조 제1항에서 말하는 '일반적으로 승인된 국제법규'로서 헌법적 효력을 갖는 것이라고 볼 만한 근거도 없으므로, 이 사건 심판대상 규정의 위헌성 심사의 척도가 될 수 없다. – 구형법 제314조 위헌소원(헌재 1998.7.16. 97헌바23)

(6) 대한민국과 아메리카합중국 간의 상호방위조약 제4조에 의한 시설과 구역 및 대한민국에서의 합중국군대의 지위에 관한 협정 제2조 제1항의 (나)에 대한 위헌법률심판(헌재 1999.4.29. 97헌가14 – 합헌)

1) 이 사건 조약은 그 명칭이 '협정'으로 되어 있어 국회의 관여 없이 체결되는 행정협정처럼 보이기는 하나 우리나라의 입장에서 볼 때에는 외국군대의 지위에 관한 것이고, 국가에게 재정적 부담을 지우는 내용과 입법사항을 포함하고 있으므로 국회의 동의를 요하는 조약으로 취급되어야 한다.

2) 이 사건 조약은 국회의 비준동의와 대통령의 비준 및 공포를 거친 것으로 인정되므로, 이 사건 조약이 국내법적 효력을 가짐에 있어서 성립절차상의 하자로 인하여 헌법에 위반되는 점은 없다.

3) 국가가 미리 적법한 소유권 또는 사용권 취득을 마치지 않은 사인의 특정 재산을 사실상 공여된 시설과 구역으로 취급함으로써 국가(대한민국) 또는 미군이 그 재산을 권원 없이 사용하거나 그 밖의 방법으로 사인의 재산권을 침해하는 사태가 있다 하더라도, 그것은 위 조항 자체에 내재된 위헌성에서 비롯된 결과라고는 볼 수 없으므로 위 조항이 국민의 재산권을 침해한다고는 할 수 없다.

관련판례

미군기지이전협정(헌재 2006.2.23. 2005헌마268)
전국의 주한미군기지를 통폐합하여 평택지역으로 집중 재배치하는 내용의 '미군기지이전협정'과 '이행합의서'가 평택시민들의 자기결정권, 평화적 생존권 등의 기본권을 침해하는지 여부
미군기지의 이전은 공공정책의 결정 내지 시행에 해당하는 것으로서 헌법상 자기결정권의 보호범위에 포함된다고 볼 수 없다. 또한 이 사건 조약들은 미군기지의 이전을 위한 것이고 그 내용만으로는 장차 우리나라가 침략적 전쟁에 휩싸이게 된다는 것을 인정하기 곤란하므로 이 사건에서 평

화적 생존권의 침해가능성이 있다고 할 수 없다. …… 청구인들은 이 사건 조약들이 일반 헌법규정(제5조, 제60조)에 위반된다는 주장을 하였으나, 기본권 침해의 가능성이 없이 단순히 일반 헌법규정이나 헌법원칙에 위반된다는 주장은 기본권침해에 대한 구제라는 헌법소원의 적법요건을 충족시키지 못하는 것이다. 따라서 청구인들의 이 사건 심판청구는 <u>기본권 침해의 가능성 등 적법요건을 갖추지 못하여</u> 모두 부적법하므로 이를 각하하기로 한다.

지방공무원의 노동운동 금지(헌재 2005.10.27. 2003헌바50등)

사실상 노무에 종사하는 공무원을 제외한 지방공무원의 노동운동을 금지하는 것이 국제법규에 위배되는지 여부

1) 청구인들이 드는 <u>국제노동기구의 제87호 협약</u>(결사의 자유 및 단결권 보장에 관한 협약), 제98호 협약(단결권 및 단체교섭권에 대한 원칙의 적용에 관한 협약), <u>제151호 협약</u>(공공부문에서의 단결권 보호 및 고용조건의 결정을 위한 절차에 관한 협약)은 우리나라가 비준한 바가 없고, 헌법 제6조 제1항에서 말하는 일반적으로 승인된 국제법규로서 헌법적 효력을 갖는 것이라고 볼만한 근거도 없으므로, 이 사건 심판대상 규정의 위헌성 심사의 척도가 될 수 없다.

2) 한편, 국제노동기구의 '결사의 자유위원회'나 국제연합의 '경제적·사회적 및 문화적 권리위원회' 및 경제협력개발기구(OECD)의 '노동조합자문위원회' 등의 국제기구들이 우리나라에 대하여 가능한 한 빨리 모든 영역의 공무원들에게 <u>근로3권을 보장할 것을 권고</u>하고 있다고 하더라도 그것만으로 위 법률조항이 위헌으로서 당연히 효력을 상실하는 것은 아니라 할 것이다.

집단적 노무제공 거부행위(헌재 1998.7.16. 97헌바23)

노동조합 조합원들이 집단적으로 노무제공을 거부한 행위를 형법 제314조의 위력에 의한 업무방해죄로 형사처벌하는 것이 국제노동기구(ILO)의 제105호 조약 및 시민적 및 정치적 권리에 관한 국제규약(B규약) 제8조 제3항에 위배되는지 여부

강제노동의 폐지에 관한 <u>국제노동기구(ILO)의 제105호 조약</u>은 우리나라가 비준한 바가 없고, 헌법 제6조 제1항에서 말하는 일반적으로 승인된 국제법규로서 헌법적 효력을 갖는 것이라고 볼 만한 근거도 없으므로 이 사건 심판대상 규정의 위헌성심사의 척도가 될 수 없다. 그리고 1966년 제21회 국제연합(UN)총회에서 채택된 <u>시민적 및 정치적 권리에 관한 국제규약(B규약)</u> 제8조 제3항은 "법원의 재판에 의한 형의 선고 등의 경우를 제외하고는 어느 누구도 강제노동을 당하지 아니한다."고 규정하고 있는데, 이는 범죄에 대한 처벌로서 노력을 정당하게 부과하는 경우와 같이 법률과 적법한 절차에 의한 경우를 제외하고는 본인의 의사에 반하는 노역은 과할 수 없다는 의미라고 할 수 있는 우리 헌법 제12조 제1항 후문과 같은 취지라고 할 수 있다. 그렇다면 이 사건 심판대상 규정 또는 그에 관한 대법원 해석이 우리 헌법에 위반되지 않는다고 판단하는 이상 위 규약 위반의 소지는 없다 할 것이다.

아시아·태평양지역에서의 고등교육의 수학, 졸업증서 및 학위인정에 관한 지역협약(헌재 2003.4.24. 2002헌마611)

외국 치과, 의과대학을 졸업한 우리 국민이 국내 의사면허시험을 치기 위해서는 기존의 응시요건에 추가하여 새로이 예비시험을 치도록 하는 것이 '아시아·태평양 지역에서의 고등교육의 수학, 졸업증서 및 학위인정에 관한 지역협약'에 위반되는지 여부

청구인들은 예비시험 조항이 '아시아·태평양 지역에서의 고등교육의 수학, 졸업증서 및 학위인정에 관한 지역협약'에 위반하여, 다른 당사국에서 취득한 학력을 제대로 인정하지 않고 국내 면허

취득에 추가적 제한을 가하고 있다고 주장한다. <u>이 조약은 우리나라도 가입하고 있으나, 그 법적 지위가 헌법적인 것은 아니며 법률적 효력을 갖는 것이라 할 것이므로 예비시험 조항의 유·무효에 대한 심사척도가 될 수는 없고,</u> 한편 동 조약은 국내법으로 '관련전문직 종사의 조건'을 규정할 수 있는 여지를 주고 있다.

> **일본군 위안부 문제 합의 발표 사건**(헌재 2019.12.27. 2016헌마253)
> 헌법재판소는 2019년 12월 27일 재판관 전원일치 의견으로, '대한민국 외교부장관과 일본국 외무대신이 2015.12.28. 공동발표한 일본군 위안부 피해자 문제 관련 합의'는 절차와 형식 및 실질에 있어서 구체적 권리·의무의 창설이 인정되지 않고, 이를 통해 일본군 '위안부' 피해자들의 권리가 처분되었다거나 대한민국 정부의 외교적 보호권한이 소멸하였다고 볼 수 없으므로 <u>헌법소원심판청구의 대상이 되지 않는다</u>고 보고, 이 사건 심판청구 이후 사망한 청구인들을 제외한 청구인들의 심판청구를 각하하였다. [각하]

Ⅲ. 국제법의 국내법적 효력

1. 조약의 효력

(1) 의의

조약·규약·협약·협정 등 명칭을 묻지 않고 국가 간에 법률상 권리의무를 창설, 변경, 소멸시키는 문서에 의한 둘 또는 그 이상의 국가 간의 합의를 말한다(광의). 헌법 제6조 제1항의 조약은 '일반적으로 승인된 국제법규'와 달리 우리나라가 당사자가 되어 체결·공포된 조약에 국한된다.

헌법재판소는 한미주둔군지위협정(헌재 1999.4.29. 97헌가14), 한일어업협정(헌재 2001.3.21. 99헌마139), 마라케쉬협정(헌재 1998.11.26. 97헌바65)을 조약이라고 판시하였다. 그러나 '한일어업협정의 합의의사록'에 대해서는 조약에 해당되지 않는다고 판시하였다(헌재 2001.3.21. 99헌마139 등).

> **관련판례**
> **동맹 동반자관계를 위한 전략대화 출범에 관한 공동성명**(헌재 2008.2.27. 2006헌라4)
> 대통령이 외교통상부장관에게 위임하여 2006.1.19경 워싱턴에서 미합중국 국무장관과 발표한 '동맹 동반자관계를 위한 전략대화 출범에 관한 공동성명'이 조약에 해당하는지 여부
> 이 사건 공동성은 한국과 미합중국이 상대방의 입장을 존중한다는 내용만 담고 있을 뿐, 구체적인 법적 권리·의무를 창설하는 내용을 전혀 포함하고 있지 아니하므로, 조약에 해당된다고 볼 수 없으므로 그 내용이 헌법 제60조 제1항의 조약에 해당되는지 여부를 따질 필요도 없이 이 사건 공

동성명에 대하여 국회가 동의권을 가진다거나 국회의원인 청구인이 심의표결권을 가진다고 볼 수 없다.

한일어업협정의 합의의사록(헌재 2001.3.21. 99헌마139등)
합의의사록의 합의내용이 '국제법률관계'에 해당하는지 여부가 합의의사록의 조약 해당성여부를 판단하는 데 결정적 기준이 된다고 할 것이다. 그런데 합의의사록의 내용을 살펴보면, 한일 양국 정부의 어업질서에 관한 양국의 협력과 협의 의향을 선언한 것으로서 이러한 것들이 곧바로 구체적인 법률관계의 발생을 목적으로 한 것으로는 보기 어렵다 할 것이다. 따라서 합의의사록은 조약에 해당하지 아니한다.

(2) 조약의 성립절차

(가) 조약의 체결과 비준 대통령의 권한(제73조)이다.

(나) 국회의 동의를 요하는 조약   상호원조 또는 안전보장에 관한 조약, 중요한 국제조직에 관한 조약, 우호통상항해조약, 주권의 제약에 관한 조약, 강화조약, 국가나 국민에게 중대한 재정적 부담을 지우는 조약, 입법사항에 관한 조약을 명시하고 있다(제60조 제1항).

헌법 제60조 제1항에 열거된 조약은 국회의 동의가 필요하나 문화협정, 비자협정과 같이 행정협조적·기술적 조약은 국회의 동의가 필요 없다. 제60조 제1항을 제한적 열거로 보는 견해[권영성 p.837, 김철수 p.947]가 다수설이다. 국회는 조약체결에 대해서는 동의권을 가지나 조약의 종료에 대해서는 동의 없이 대통령이 단독으로 할 수 있다.

▶ 어업조약, 무역조약은 국회의 동의가 필요 없다.

(3) 국회동의의 법적 성격

국회의 동의는 대통령의 전단을 방지하는 민주적 통제로서, 대통령의 비준행위를 정당화시켜 주며 조약의 국내법적 효력발생을 위한 전제요건이 된다.

그러나 국내법적 효력발생을 위하여 독일에서와 같이 국내법으로 전환하는 절차를 요구하지는 않는다. 국회의 동의 없이 대통령이 체결·비준한 조약은 국내법상 무효이나, 국제법상은 유효하다고 보며 국회의 수정동의권은 부정된다(다수설).

(4) 조약의 효력

헌법에 의하여 체결·공포된 조약만이 국내법과 동일한 효력을 가지므로, 국회의 동의를 요하지 않는 단순한 행정협정, 문화교류협정 등은 명령·규칙의 효력을 가진다(다수설).

또한, 조약은 체결절차와 내용이 헌법에 위반하지 않은 때에만 법률의 효력을 지닌다(헌법우위설).

(5) 조약에 대한 규범통제

(가) 긍정설(통설)   조약은 헌법보다 효력이 하위에 있고 국내법과 같은 효력을 가지므로 위헌법률처럼 사법심사의 대상이 되며,

다만 조약의 성질에 따라 법률의 효력을 가지는 조약은 헌법재판소가 심사하고, 명령·규칙의 효력을 가지는 조약은 각급 법원이 심사하고 최종적 심사는 대법원이 한다.

(나) 부정설   조약은 국가 간의 약속으로서 국내법과는 달리 고도의 정치성을 띠는 것이고, 조약체결은 일종의 통치행위의 성질을 갖기 때문에 사법심사의 대상이 될 수 없다고 한다.

> **관련판례** 조약에 대한 위헌심사(헌재 2001.9.27. 2000헌바20)
> 헌법재판소법 제68조 제2항은 심판대상을 '법률'로 규정하고 있으나, 여기서의 '법률'에는 "조약"이 포함된다고 볼 것이다. 헌법재판소는 국내법과 같은 효력을 가지는 조약이 헌법재판소의 위헌법률 심판대상이 된다고 전제하여 그에 관한 본안판단을 한 바 있다(1999.4.29. 97헌가14). 한편 이 사건 조항은 재판권면제에 관한 것이므로 성질상 국내에 바로 적용될 수 있는 법규범으로서 위헌법률심판의 대상이 된다고 할 것이다.

(6) 위헌결정의 효력

법률과 동일한 효력을 가진 조약은 헌법재판소의 위헌결정이 있으면 조약의 효력을 상실하며(일반적 효력), 명령과 동일한 효력을 가진 조약은 법원의 위헌·위법결정이 있으면 당해 사건에 한하여 적용만 거부된다(개별적 효력). 한편, 헌법재판소에 의해 위헌으로 결정된 조약은 국내법적 효력은 상실하나, 국제법상은 강행법규가 아닌 한 무효가 되는 것은 아니라고 본다.

2. 일반적으로 승인된 국제법규의 효력

(1) 의의

세계 대다수 국가에 의하여 보편적 · 일반적 규범으로 일반적으로 승인된 것으로, 이에 국제관습법과 우리나라가 체약 당사자가 아닌 국제성문법이라도 국제사회에서 일반적으로 그 규범성이 인정된 국제성문법을 포함한다.

일반적으로 승인된 국제법규는 조약과 달리, 특별한 수용절차(국회의 동의) 없이 직접 국내법으로 편입된다.

(2) 종류

(가) 일반적으로 승인된 국제관습법   전쟁법의 일반원칙, 민족자결의 원칙, 조약준수의 원칙, 대사 · 공사 등에 관한 원칙, 내정불간섭의 원칙 등이 있다.

(나) 일반적으로 승인된 국제성문법   국제연합헌장의 일부, 포로에 관한 제네바협정, 집단학살(genocide)의 금지협정, 부전(不戰)조약, 세계우편연맹규정 등이 있다(단, 국제연합인권선언이나 포츠담선언은 포함 안 됨).

▶ 강제노동의 폐지에 관한 국제노동기구(ILO)의 제105조약은 일반적으로 승인된 국제법규로 보지 않는다(헌재 1998.7.16. 97헌바23).

(3) 효력

일반적으로 승인된 국제법규는 법률과 동위라는 설, 헌법보다 하위이나 법률보다 상위라는 설, 국제법규는 그 내용에 따라 헌법률, 법률 · 명령의 효력을 가진다는 개별적 판단설이 대립하고 있다.

(4) 규범통제의 문제

일반적으로 승인된 국제법규는 위헌여부의 의미를 지닌 규범통제의 대상은 본질상 인정되지 않는다(다수설, 조약과는 다르게 취급함). 다만, 국내법으로의 편입여부를 판단하는 규범통제절차는 가능하다고 본다(일반적으로 승인된 국제법규인가의 여부는 사법심사의 대상이 됨).

Ⅳ. 외국인의 법적 지위 보장

> **헌법**
> 제6조 ① 헌법에 의하여 체결·공포된 조약과 일반적으로 승인된 국제법규는 국내법과
>   같은 효력을 가진다.
> ② 외국인은 국제법과 조약이 정하는 바에 의하여 그 지위가 보장된다.

외국인의 보호에 관한 입법례는 내·외국인 평등주의와 상호주의가 있다. 우리 나라는 외국인의 법적 지위에 관하여 상호주의를 취하고 있다. 따라서 외국인을 모두 동등하게 대우해야 되는 것은 아니다.

제8절 사회적 시장경제질서

Ⅰ. 사회적 시장경제의 의의

1. 개념

민주적 기본질서가 정치적 공동체로서의 대한민국의 기본질서라면 사회적 시장 경제질서는 경제적 공동체로서의 기본질서라 볼 수 있다. 근대 헌법은 정치중심의 헌법으로 정치적 문제가 주된 관심사였으나, 현대에 있어서는 경제문제가 중대한 헌법사항으로 간주되고 있다(경제헌법). 사회적 시장경제질서란 자본주의 자유시장 경제를 근간으로 하되, 사회복지 및 사회정의를 실현시키기 위한 범위 내에서 경 제의 규제나 조정이 허락된 경제를 의미한다.

2. 연혁

(1) 자본주의 자유시장경제에서 사회적 시장경제로

자본주의 자유시장경제는 개인의 자유를 최대한으로 보장하려는 시민적 법치국 가시대의 경제로서 재화의 생산·유통·소비 등을 전적으로 개인의 시장에 맡기고 국가는 최소한의 질서유지를 위해서만 관여가 허용되는 경제를 말한다.

사회구조가 시민사회에서 산업사회로 변천함에 따라 고도로 산업화된 자유주의 국가에서는 여러 가지 어려운 문제가 발생하게 되었다. 즉, 부의 편재, 근로계급

의 형성, 독점의 발생 등이다. 이러한 사회내재적 모순을 해결하기 위하여 두 가지 방법(사회개량의 방법, 사회혁명의 방법)이 제기되었던 바[권], 그 중에서 자유시장경제를 근간으로 하면서 점진적으로 제문제점들을 개량시키려는 경제가 곧 사회적 시장경제이다(부분사회화).

(2) 사회주의 계획경제와의 구별

자본주의 자유시장경제가 지니고 있는 모순을 해결하기 위하여 사회개량의 방법 대신에 기존질서를 파괴하는 사회혁명의 방식을 채택한 국가가 있다(완전·전면적·혁명적 사회화). 사회주의 계획경제란 사회적 시장경제와 전혀 다른 것으로서 모든 생산수단의 사회화, 중앙집권적 계획경제, 경제에 대한 국가적 통제를 그 내용으로 하고 있다.

Ⅱ. 헌법상의 경제조항

경제에 관한 직접 조항으로는 헌법 제9장(특히 제119조는 기본조항임), 제23조 제1항(재산권 일반의 보장), 제22조 제2항(무체재산권의 보장)을 들 수 있고, 간접적으로 경제와 관련된 조항은 헌법전문, 제10조(인간의 존엄권), 제34조(인간다운 생활권) 등이다. 헌법 '제9장 경제'의 존재의의는 경제영역에서의 국가목표를 명시적으로 규정함으로써 국가가 경제정책을 통하여 달성하여야 할 공익을 구체화하고, 동시에 헌법 제37조 제2항의 기본권제한을 위한 일반법률유보에서의 공공복리를 구체화하고 있다.

Ⅲ. 한국경제헌법의 헌정사

1. 제1공화국 헌법

1948년 건국헌법은 독점방지와 균형 있는 국민경제 확립을 위하여 국유화와 사회화를 광범하게 규정함으로써 통제경제가 원칙이고 자유시장경제질서가 예외인 듯한 인상을 주었다. 1954년의 제2차 개정헌법에서는 경제질서를 자본주의적 자유시장경체제로 전환하였다.

2. 제3·4공화국 헌법

1962년 제5차 개정헌법에서는 실질적 법치국가의 실현과 사회국가의 건설을 위해 경제에 대한 규제와 조정이 가능하도록 했다. 1972년의 제7차 개정헌법(유신헌법)에서는 경제에 대한 국가적 간섭의 범위가 확대되었다. 경제제일주의 또는 관주도형경제로 불린 유신헌법의 경제질서는 정부가 직접 경제에 개입하여 지원·보호·육성 일변도의 경제시책을 실시하는 등 모든 경제적인 변수를 정부가 조정하는 것을 특징으로 한다.

3. 제5공화국 헌법

대기업과 독과점업체의 폐단·급속한 공업화로 인한 환경파괴문제 등 경제성장에 수반된 부조리가 노출되고, 국민복지에 대한 요구가 활발해졌으며, 경제규모의 확대로 민간주도형경제체제로의 전환이 불가피하게 되었다. 이런 점을 감안하여 1980년 제8차 개정헌법은 독과점의 규제·조정, 중소기업의 보호·육성, 소비자보호운동의 보장, 농·어민자조직의 정치적 중립성 보장, 농지의 임대차와 위탁경영의 허용 등 새로운 내용의 경제조항을 신설하여 경제질서에 대한 폭넓은 수정을 가하였다.

4. 현행 헌법

6·29민주화선언으로 자율화의 분위기가 고조되고 전국적 규모의 노사분규가 발생하면서 자주적인 노동조합활동의 보장과 근로조건의 개선, 생계비에 상응하는 적정임금의 지불, 근로자의 경영참가를 통한 경제민주화의 실현 등이 핵심적 쟁점으로 대두되었다. 이리하여 경제영역에 있어서 사회정의의 실현과 경제민주화를 위하여 재산권에 대한 규제와 조정을 재확인하고, 경제과정에 대한 국가적 통제와 계획을 확대하였으며 경제질서에 대한 공법적 규제를 강화하였다.

Ⅳ. 경제영역에 대한 국가개입의 한계

1. 사적 자치의 원칙

국가의 개입으로 계약의 자유, 자유경쟁이 근본적으로 침해되어서는 안 된다. 헌재는 헌법 제119조 제1항 개인과 기업의 자유와 창의에서 사적 자치원칙을 도출한 바 있다.

2. 법치주의원리

경제에 관한 규제와 조정은 법치주의적 원리에 따라야 한다. 사유재산제 폐지, 상속제도 폐지, 재산권의 무상몰수, 소급입법에 의한 재산박탈은 금지된다.

3. 재산권의 본질내용

국가가 사경제에 개입할 경우에도 재산권의 본질적인 내용을 침해해서는 안 된다.

4. 자본주의의 근본적인 틀

사유재산제를 부정하고 전면적인 사회주의적 경제를 도입해서는 안 된다.

5. 보상

보상 없이는 재산권의 수용·사용·제한 등을 할 수 없다.

V. 경제질서의 기본정책

1. 천연자원의 국·공유화(사회화)

광물 기타 중요한 지하자원·수산자원·수력과 경제상 이용할 수 있는 자연력은 국유를 전제로 하고 있고, 법률(광업법, 수산업법, 공유수면관리법)이 정하는 바에 의하여 일정한 기간 그 채취·개발 또는 이용을 특허한다.

2. 규제와 조정

1) 국가는 대외무역을 육성하고, 효율적인 외환관리를 위하여 규제와 조정을 할 수 있다(제125조, 무역법).
2) 국가는 소수의 독과점기업의 시장지배와 경제력의 남용을 방지하기 위하여 규제와 조정을 할 수 있다(제119조 제2항, 독점규제 및 공정거래에 관한 법률).

3. 국토와 농지정책

(1) 국토정책

국토와 자원은 국가의 보호를 받고, 균형 있는 개발과 이용을 위하여 필요한
계획을 수립하고(제120조 제2항), 필요한 제한과 의무를 과할 수 있다(제122조, 국
토건설종합계획법, 국토의 계획 및 이용에 관한 법률).

(2) 농지정책

농지는 경자유전의 원칙에 입각하여, 소작제도는 금지된다. 다만, 농업생산성의
제고와 농지의 합리적 이용을 위하여 불가피한 경우에는 법률이 정하는 바에 따라
농지의 임대차·위탁경영을 인정한다(제121조).

4. 농·어촌 종합개발계획수립과 지역경제균형발전

(1) 농·어촌의 개발과 이익보호

국가는 지역경제를 육성할 의무를 지며(제123조 제2항), 농업·어업을 보호하기
위한 계획을 수립·시행하여야 한다(제123조 제1항). 국가는 농수산물정책을 실시
하여 농·어민의 이익을 보호한다(제123조 제4항). 국가는 지역 간의 경제적 차이
를 조정하고, 경제적으로 낙후된 지역이나 경제부분을 지원할 과제가 있다.

(2) 중소기업의 보호

중소기업의 특별한 보호를 위하여 국가는 중소기업을 보호·육성한다(제123조
제3항). 중소기업의 지원을 통하여 경쟁에서 불리함을 조정하고 가능하면 균등한
경쟁조건을 형성함으로써 대기업과의 경쟁을 가능하게 해야 할 국가의 과제를 부

과하고 있다.

(3) 경제적 약자의 자조조직의 육성

헌법은 협동조합을 육성하여 농·어민, 중소기업자를 보호하고, 협동조합의 자율적 활동과 발전을 보장하고 있다(제123조 제5항, 농·수산업협동조합법, 중소기업 협동조합법).

관련판례

농어민의 자조조직을 육성할 의무와 자조조직의 자율적 활동과 발전을 보장할 의무(헌재 2000.6.1. 99헌마553)
헌법 제123조 제5항은 국가에게 "농·어민이 자조조직을 육성할 의무"와 "자조조직의 자율적 활동과 발전을 보장할 의무"를 아울러 규정하고 있는데, 이러한 국가의 의무는 자조조직이 제대로 활동하고 기능하는 시기에는 그 조직의 자율성을 침해하지 않도록 하는 후자의 소극적 의무를 다하면 된다고 할 수 있지만, 그 조직이 제대로 기능하지 못하고 향후의 전망도 불확실한 경우라면 단순히 그 조직의 자율성을 보장하는 것에 그쳐서는 아니 되고, 적극적으로 이를 육성하여야 할 전자의 의무까지도 수행하여야 한다고 할 것이다.

구농지법 제6조 제2항이 종중의 재산권 침해 여부
농업 경영에 이용하지 않는 경우에 농지소유를 원칙적으로 금지하고 있는 농지법 제6조 제1항에도 불구하고, 예외적인 경우에는 농지소유를 허용하면서, 그러한 예외에 종중은 포함하지 않고 있는 구 농지법 제6조 제2항이 종중의 재산권을 침해하지 않는다(헌재 2013.6.27. 2011헌바278).

원칙적으로 농지의 위탁경영을 할 수 없도록 한 농지법 조항에 관한 위헌소원 사건(헌재 2020.5.27. 2018헌마362)
○ 농지소유자로서는 곡류의 경작·판매를 대신할 사람을 구하여 농지경영을 전담하게 하는 것이 농지를 보다 효율적으로 사용·수익하는 방안이 될 수 있다. 그러나 농지에 대한 위탁경영을 널리 허용할 경우 농지가 투기 수단으로 전락할 수 있고, 식량 생산의 기반으로서 농지의 공익적 기능이 저해될 가능성을 배제하기 어렵다. 한편 위탁경영 금지조항에서는 예외적으로 농지의 위탁경영이 허용되는 사유를 규정함으로써 그 농지를 합리적으로 사용·수익할 수 있도록 하고 있으므로 위탁경영 금지조항은 침해의 최소성도 인정된다.
○ 그러므로 위탁경영 금지조항은 청구인의 재산권을 침해하지 않는다.

---

5. 소비자 보호

국가는 건전한 소비행위를 계도하고, 생산품의 품질향상을 촉구하기 위한 소비자보호운동을 법률(소비자기본법)이 정하는 바에 의하여 보장한다(제124조).

헌법상 소비자권리를 규정한 조문은 없으나 소비자 보호운동은 제8차 개정헌법부터 규정되어 왔다. 학설은 소비자 보호운동 조항으로부터 소비자의 권리를 도출하고 있으나 헌법재판소 판례는 소비자 자기결정권을 행복추구권으로부터 도출하고 있다.

6. 사기업의 국·공유화 또는 통제·관리의 원칙적 금지(제126조)

사유재산제도를 근간으로 하는 자유시장질서 경제하에서는 원칙적으로 사기업을 국·공유화하거나 통제·관리하는 것은 허용될 수 없다. 그러나 국방상·국민경제상 긴절할 필요가 있는 경우에 한하여 법률에 근거하여 사기업을 국·공유하거나 통제·관리하는 것은 예외적으로 허용될 수 있다. 사기업을 국·공유한 경우 정당한 보상을 지급해야 하고(헌법 제23조 제3항), 전면적인 사기업의 국·공유화는 사유재산제도를 근간으로 하는 시장경제질서에 위배되므로 허용되지 아니한다. 헌법재판소는 사기업을 관리·통제하기 위해서는 법률 또는 긴급명령에 근거하고 있어야 한다고 하면서 국제그룹해체 관련 재무부장관의 제일은행장에 대한 지시는 법률 또는 긴급명령에 근거 없이 이루어졌다고 하여 헌법 제126조에 위반된다고 하였다.

7. 과학기술의 혁신과 정보·인력개발

국가는 과학기술의 혁신과 정보 및 인력의 개발을 통하여 국민경제의 발전에 노력하여야 한다(제127조 제1항). 이를 위한 자문기구를 둘 수 있다(제127조 제3항).

8. 국가표준제도의 확립

국가는 도량형·시간 등 각종 계측의 표준을 확립한다(제127조 제2항).

관련판례

주세법 제5조 제3항에 대한 위헌법률심판(헌재 1999.7.22. 98헌가5 - 합헌)
탁주의 공급구역제한제도를 규정하고 있는 주세법 제5조 제3항은 입법자가 여러 가지 사정을 입법정책적으로 고려하여 입법형성권의 범위 내에서 입법한 것으로서 헌법 제37조 제2항이 정한 한계 내에서 행한 필요하고 합리적인 기본권제한이라고 할 것이므로 헌법에 위반되지 아니한다.

주세법 제38조의7 등에 대한 위헌제청(헌재 1996.12.26. 96헌가18-위헌)
구입명령제도는 소주판매업자의 직업의 자유는 물론 소주제조업자의 경쟁 및 기업의 자유, 즉 직업의 자유와 소비자의 행복추구권에서 파생된 자기결정권을 지나치게 침해하는 위헌적인 규정이다. 소주시장과 다른 상품시장, 소주판매업자와 다른 상품의 판매업자, 중소 소주제조업자와 다른 상품의 중소 제조업자 사이의 차별을 정당화할 수 있는 합리적인 이유를 찾아볼 수 없으므로 이 사건 법률조항은 평등원칙에도 위반된다. 지방 소주제조업자는 신뢰보호를 근거로 하여 구입명령제도의 합헌성을 주장할 수는 없다 할 것이고, 다만 개인의 신뢰는 적절한 경과규정을 통하여 고려되기를 요구할 수 있는 데 지나지 않는다.

Ⅵ. 경제질서에 대한 국가적 개입의 한계

우리 헌법이 경제에 대한 국가적 개입과 경제촉진 등의 방법을 예견하고 있더라도 사회주의 경제원리(계획경제)를 도입하는 데는 일정한 한계가 있다고 본다. 즉, 자본주의 시장경제질서 내에서의 경제규제는 사회정의의 구현을 위하여 그리고 국민경제의 균형적인 발전을 위하여만 가능한 것이므로, 국가는 사적 자치영역에서 공공복리의 목적수행이 가능하도록 조정하고, 그것이 여의치 않을 때에만 실질적 법치주의에 따른 목적과 비례성 범위 내에서 개입하는 것이 타당하며, 기업활동의 자유에 대한 공권력의 개입도 법치국가적 절차에 따라 이루어져야 한다.

관련판례

제119조(경제질서) 제1항(자유경제질서)
보충의 원리와 사적 자치의 존중
자유민주주의국가에서는 각 개인의 인격을 존중하고 그 자유와 창의를 최대한으로 존중해 가는 것을 그 이상으로 하고 있는 만큼 기본권주체의 활동은 일차적으로 그들의 자결권과 자율성에 입각하여 보장되어야 하고 국가는 예외적으로 꼭 필요한 경우에 한하여 이를 보충하는 정도로만 개입할 수 있고, 이러한 헌법상의 보충의 원리가 국민의 경제생활영역에도 적용됨은 물론이므로 사적사치의 존중이 자유민주주의국가에서 극히 존중되어야 할 대원칙임은 부인할 수 없다(헌재 1989.12.22. 88헌가13).

제2항(경제에 관한 규제와 조정)
국제그룹 해체를 위한 공권력의 행사
공권력에 의한 국제그룹의 전격적인 전면해체 조치는 "법률적 근거 없이 사영기업의 경영권에 개입하여 그 힘으로 이를 제3자에게 이전시키기 위한 공권력의 행사였다는 점에서 헌법 제119조 제1항·제126조 소정의 개인기업의 자유와 경영권 불간섭의 원칙을 직접적으로 위반한 것이다(헌재 1993.7.29. 89헌마31)."

제9절 공무원제도

I. 공무원

1. 개념

직접 또는 간접적으로 국민에 의하여 선출 또는 임용되어 국가 또는 공공단체와 공법상의 근무관계를 맺고 공공적 업무를 담당하고 있는 사람들(헌재 1992.4.28. 90헌바27)을 뜻한다.

2. 국민(전체)에 대한 봉사자(헌법 제7조 제1항)

(1) 의의

공무원은 주권자인 국민전체에 대한 봉사자이어야 하고, 국민의 일부나 특정 정당 또는 계급의 이익을 위한 봉사자이어서는 안된다는 뜻이다(Weimar헌법).

(2) 공무원의 범위

모든 공무원을 말한다. 즉, 일반직 공무원은 물론 경력직 공무원·선거직 공무원 등 정치적 공무원·일시적 공무위탁자도 포함한다(최광의의 공무원).

3. 국민에 대한 공무원의 책임(제7조 제1항)

(1) 책임의 성질

정치적·윤리적 책임(다수설)-국민소환제는 인정되지 않는다.

(2) 책임의 유형

직접적인 책임은 추궁할 수 없으나(국민소환제 인정 안 됨), 간접적으로 책임을 물을 수 있는데, 예를 들면 각종의 선거(대통령, 국회의원), 탄핵·해임건의, 손해배상책임·징계책임, 청원 등이 있다.

▶ 손실보상은 적법행위로 인한 손실을 보전하는 제도이므로 공무원에 대한 책임추궁의 방법이 아니다.

4. 공무원의 기본권 제한

(1) 의의

공무원에 대해서는 국민전체의 봉사자로서의 지위확보, 직무의 공정한 수행과 정치적 중립성을 보장하기 위하여 기본권의 제한이 허용된다.

(2) 이론적 근거

국민전체봉사자설, 특별권력관계설, 직무성질설 등이 있다.

▶ 헌재는 국가공무원법 제66조 제1항(공무원의 노동운동금지)의 합헌 근거로, 국민전체에 대한 봉사자의 지위, 그리고 직무의 공공성을 들고 있다.

(3) 기본권 제한

(가) 정치활동의 제한(국가공무원법 제65조) 경력직 공무원은 정당가입이 안 된다.

(나) 근로3권의 제한(제33조 제2항, 국가공무원법 제66조)   법률이 정하는 자에 한하여 단결권 · 단체교섭권 · 단체행동권을 가진다.

(다) 특별권력관계에 의한 제한 특수신분관계의 목적을 달성하기 위하여 기본권을 제한하는데, 예를 들면 직업선택의 자유(영업 · 계약의 자유) 제한, 거주이전의 자유(군인의 영내 거주) 제한 등이 있다.

Ⅱ. 직업공무원제도(제7조 제2항)

1. 의의

직업공무원제도란 공무원에게 신분을 보장해 주고 국가의 정책집행 기능을 맡김으로써 안정적인 정책집행을 확보하려는 공직구조에 관한 제도적 보장을 의미한다(헌재 1989.12.18. 89헌마32 · 33 병합). 직업공무원제도를 최초로 규정한 것은 Weimar 헌법이며, 우리나라는 건국헌법에서 '공무원의 지위와 책임'을 규정했고, 제2공 헌법에서 '공무원의 신분보장과 정치적 중립성'을 추가하여 직업공무원제도를 최초로 규정했다. 제3공 헌법에서 '국민전체의 봉사자로서의 공무원'을 규정했고, 현행 헌법에서는 '국군의 정치적 중립'을 규정했다.

2. 기능

① 민주주의와 법치주의의 이념에 따른 정책집행의 실현

② 통치권행사의 절차적 정당성을 확보

③ 사회공동체의 동화적 통합을 촉진

④ 기능적 권력분립의 한 메커니즘

⑤ 국민의 기본권(공무담임권)을 보장하기 위한 제도적 기초

3. 적용범위

직업공무원제도의 공무원은 공법상 특별권력관계하에 공무를 담당하는 협의의 공무원을 말하며(경력직공무원에 국한함), 정치적 공무원·임시적 공무원은 포함되지 않는다.

4. 내용(제7조 제2항)

(1) 공무원의 신분보장

공무원은 정권교체 또는 같은 정권하에서도 정당한 이유 없이 해임당하지 아니한다. 그러나 그 신분은 무제한 보장되지 않으며 국회의 입법재량의 여지가 인정되므로 국가공무원법, 지방공무원법의 개정으로 신분보장의 내용이 변경될 수 있다(헌재 1992.11.12. 91헌가2).

(2) 정치적 중립성

정치에 불간섭·불가담의 소극적인 활동을 의미하므로 공무원은 정당가입이 배제된다(단, 특수경력직은 가능).

(3) 능력주의(실적주의)

인사행정에 있어 정치적 또는 정실적 요소를 배제하고 자격이나 능력을 기준으로 하여 공무원을 임용하거나 승진·전보하는 원칙을 말한다. 따라서 공직자선발에 관하여 능력주의에 바탕한 선발기준을 마련하지 아니하고 해당 공직이 요구하

는 직무수행능력과 무관한 요소, 예컨대 성별·종교·사회적 신분·출신지역 등을 기준으로 삼는 것은 국민의 공직취임권을 침해하는 것이 된다(헌재 1999.12.23. 98헌마363).

국가공무원법 [시행 2013.12.12] [법률 제11530호, 2012.12.11., 일부개정]

제2조【공무원의 구분】 ① 국가공무원(이하: "공무원"이라 한다)은 경력직공무원과 특수경력직공무원으로 구분한다.

② "경력직공무원"이란 실적과 자격에 따라 임용되고 그 신분이 보장되며 평생 동안(근무기간을 정하여 임용하는 공무원의 경우에는 그 기간 동안을 말한다) 공무원으로 근무할 것이 예정되는 공무원을 말하며, 그 종류는 다음 각 호와 같다. 〈개정 2012.12.11〉

1. 일반직공무원: 기술·연구 또는 행정 일반에 대한 업무를 담당하는 공무원
2. 특정직공무원: 법관, 검사, 외무공무원, 경찰공무원, 소방공무원, 교육공무원, 군인, 군무원, 헌법재판소 헌법연구관, 국가정보원의 직원과 특수 분야의 업무를 담당하는 공무원으로서 다른 법률에서 특정직공무원으로 지정하는 공무원
3. 삭제 〈2012.12.11〉

③ "특수경력직공무원"이란 경력직공무원 외의 공무원을 말하며, 그 종류는 다음 각 호와 같다. 〈개정 2012.12.11, 2013.3.23〉

1. 정무직공무원
   가. 선거로 취임하거나 임명할 때 국회의 동의가 필요한 공무원
   나. 고도의 정책결정 업무를 담당하거나 이러한 업무를 보조하는 공무원으로서 법률이나 대통령령(대통령비서실 및 국가안보실의 조직에 관한 대통령령만 해당한다)에서 정무직으로 지정하는 공무원
2. 별정직공무원: 비서관·비서 등 보좌업무 등을 수행하거나 특정한 업무 수행을 위하여 법령에서 별정직으로 지정하는 공무원
3. 삭제 〈2012.12.11〉
4. 삭제 〈2011.5.23〉

관련판례

1. 헌법재판소는 <u>국가보위입법회의법 부칙 제4항</u>에 대한 헌법소원사건에서 공무원 자신의 귀책사유가 없이 임명권자의 후임자임명처분 등으로 공무원직을 상실시킨 것은 <u>직업공무원제를 침해한 것으로 위헌</u>이라고 하였다(헌재 1989.12.18. 89헌마32).
2. 헌법재판소는 <u>특별채용의 대상을 6급 이하의 해직공무원에게만 이를 허용하고 있는 1980년 해

직공무원 보상 등에 관한 법률 제4조에 대한 헌법소원사건에서, 5급 이상의 공무원은 이른바 관리직으로서 직무의 책임성, 중요성, 인사조직에 미치는 영향이 상대적으로 크며, 특별채용규정은 시혜적인 고려와 배상의 성질이 공존하는 것으로 금전적 배상과 보상이 주가 되면 되는 것으로, 국회의 입법재량에 속하므로 <u>합헌</u>이라고 하였다(헌재 1993.5.13. 90헌바22).

지방공무원법 제62조 제1항 제3호 위헌소원(헌재 2004.11.25. 2002헌바8)
【쟁점】 폐직 또는 과원이 된 경우 지방공무원을 면직시킬 수 있도록 규정한 것이 직업공무원제도의 본질적 내용을 침해한 것인지 여부
【주문】 지방공무원법 제62조 제1항 제3호 중 '지방자치단체의 직제 개폐에 의하여 폐직된 때' 부분은 헌법에 위반되지 아니한다.

직업공무원제도
1. 직업공무원제도의 의의와 내용
"우리나라는 직업공무원제도를 채택하고 있는데, 이는 공무원이 집권세력의 논공행상의 제물이 되는 엽관제도(獵官制度)를 지양하고, 정권교체에 따른 국가작용의 중단과 혼란을 예방하고 일관성 있는 공무수행의 독자성을 유지하기 위하여 헌법과 법률에 의하여 공무원의 신분이 보장되는 공직구조에 관한 제도이다. 여기서 말하는 공무원은 국가 또는 공공단체와 근로관계를 맺고 이른바 공법상 특별권력관계 내지 특별행정법관계 아래 공무를 담당하는 것을 직업으로 하는 <u>협의의 공무원</u>을 말하며 정치적 공무원이라든가 임시적 공무원은 포함되지 않는 것이다(헌재 1989.12.18. 89헌마32 등)."

2. 동장을 별정직 공무원으로 하는 경우
직업공무원제도는 헌법이 보장되는 제도적 보장 중의 하나임이 분명하므로 입법자는 직업공무원제도에 관하여 '최소한 보장'의 원칙의 한계 안에서 폭넓은 입법형성의 자유를 가진다. 따라서 입법자가 동장의 임용의 방법이나 직무의 특성 등을 고려하여 구 지방공무원법 제2조 제3항 제2호 등에서 <u>동장의 공직상의 신분을 지방공무원법상 신분보장의 적용을 받지 아니하는 별정직공무원의 범주에 넣었다 하여 바로 그 법률조항부분을 위헌이라고 할 수는 없다</u>(헌재 1997.4.24. 95헌바48).

3. 헌법재판소의 태도
헌재는 공무원의 귀책사유 유무를 불문하고 임명권자의 후임자의 임명이라는 처분에 의하여 그 직을 상실케 하는 것은 직업공무원제도에 위반된다(헌재 1989.12.18. 89헌마32)고 하였지만, 지방공무원이 금고 이상의 선고유예를 받고 그 기간 중에 있으면 당연퇴직 한다든지 공무원이 될 수 없도록 하는 것은 직업공무원제도에 위반되지 않는다(헌재 1990.6.25. 89헌마220)고 했으나 최근 판례(헌재 2002.8.29. 2001헌마788)에서 판례를 변경하여 직업공무원제도에 위반되는 것으로 보아 지방공무원법 제31조 제5호 부분은 헌법에 위반된다고 보았다.
또한 금고 이상의 선고유예를 받은 경우에 공무원직에서 당연퇴직 되도록 한 국가공무원법 제33조 제1항 제5호에 대하여 공무담임권의 침해를 인정하였다(헌재 2003.10.30. 2002헌마684).

4. 농촌지도사와 농촌지도관의 정년차별(1997.3.27. 96헌바86)
국가공무원법 제74조 제1항 제2호가 연구 및 특수기술직렬 공무원의 정년을 58세 내지 61세로 규정하고 그 위임에 따라 대통령인 연구직 및 지도직 공무원의 임용 등에 관한 규정 제30조가 농

촌지도관의 정년을 61세로 규정하는 반면 청구인들이 속한 농촌지도사의 정년을 그 보다 낮은 58
세로 규정한 것이 합리적 이유에 의한 차별인지가 문제될 수 있다. 이 사건의 경우 국가공무원법
등이 농촌지도관의 정년을 61세, 농촌지도사의 정년을 58세로 차등을 두어 규정한 것은 일반적으
로 농촌지도관의 직무내용이 정책결정 등 고도의 판단작용임에 비하여 농촌지도사의 직무내용은
단순한 업무집행 또는 업무보조가 대부분이라는 점, 그리고 지도관과 지도사의 구성정원의 차이로
인하여 승진의 기회는 제한될 수밖에 없고 그로인한 부작용 또한 적지 아니하므로 이를 사전에
적절히 해소하여 원활한 인사정책을 유지하기 위해서는 정년연령에 있어서 어느 정도 차등은 불
가피하다는 점 등 여러 사정을 감안한 결과로서 그와 같은 차별은 합리적이고 정당한 것이라 할
것이다. 따라서 국가공무원법 제74조 제1항 제2호는 헌법 제11조 제1항에도 위반되지 아니한다.

5. 형사사건으로 기소된 공무원에 대해 직위를 부여하여서는 아니 된다고 규정한 구 국가공무원법
제73조의2(헌재 1998.5.28. 96헌가12)
입법자가 이 사건 법률로 실현하고자 하는 국민의 공무원에 대한 신뢰유지는 피의사실의 죄질, 경
중 등을 고려하여 임용권자가 직위를 부여하지 아니할 수 있도록 한 임의적 직위해제로도 달성할
수 있으므로 범죄유형, 죄질 등을 전혀 무시하고 형사사건으로 기소된 공무원에 대하여 일률적으
로 직위해제하도록 한 이 사건 법률조항은 공무담임권 침해이고 무죄추정원칙에도 위반된다.

6. 국가공무원법 제65조제2항 등위헌소원(헌재 2012.7.26. 2009헌바298)
헌법재판소는 2012년 7월 26일 교원의 선거운동을 금지하고 있는 구 공직선거법 제60조 제1항
제4호 및 제5호 중 해당부분, 공무원의 투표권유운동 및 기부금모집을 금지하고 있는 국가공무원
법 제65조 제2항 제1호 및 제4호, 교육감선거에 관하여 공직선거법의 시 · 도지사 선거에 관한 규
정을 준용하도록 규정하고 있는 구 지방교육자치에 관한 법률 제22조 제3항, 단체의 이름으로 혹
은 단체와 관련된 자금으로 정치자금을 기부하는 것을 금지하고 이를 위반한 경우 처벌하도록 규
정하고 있는 정치자금법 제31조 제1항, 제2항 중 해당부분 및 제45조 제2항 제5호 중 해당부분은
헌법에 위반되지 아니한다는 결정을 선고하였다.

제10절 정당제도

Ⅰ. 서설

1. 정당국가화 현상

(1) 대중적 민주주의의 정착

시민사회에서 다원사회로의 변화, 의회제 민주주의에서 정당제 민주주의로의 변화

(2) Leibholz의 정당국가론

정당에 대한 국민투표적 민주주의, 의원의 정당대표화

(3) 의회제 민주주의와 정당제 민주주의의 비교

(가) 정당국가적 민주주의 배경과 특징　　오늘날 대다수 국가에서는 정당이 원내에서의 절차와 의결에 앞서 국정에 관한 문제를 결정하고 지도할 뿐만 아니라 원외에서의 정치적 여론형성에 결정적 역할을 하고 있다. 이를 라이프홀쯔는 정당국가적 민주주의라고 한다[홍성방『헌법 Ⅰ』p.72]. 18·19세기의 의회제 민주주의는 주권자인 전체국민에 의해 부여된 의원의 자유위임에 따라 의원을 구속하는 정당에 대해 부정적이었다. 계급 간의 갈등, 사회세력의 분열로 다양한 국민의 경험적 의사를 반영하기 위해 정치적 결사체가 요구되었다. 다양한 세력과 단체가 자신들의 정치적 의사를 실현하기 위한 정치적 단체를 구성하는데 이를 정당이라 한다. 다양한 정치적 의사를 가진 국민이 존재하므로 복수정당이 요구된다. 정당은 정당정책, 정강을 통해 이러한 의사를 대표한다. 선거는 국민이 정당의 정책과 지도자에 대한 신임을 표시하는 계기이다. A정당의 갑이라는 의원은 국민이 A정당의 정책과 지도자를 지지하였기 때문에 선거를 통해 당선이 되었다. 따라서 甲은 A정당의 정책과 의사에 기속된다.

(나) 라이프홀쯔의 양자 특징 비교

구분	의회제 민주주의	정당국가적 민주주의
도입시기	18세기	20세기
국민의 역할	투표에 의해서만 의사를 표시하는 이념적 통일체	정당의 중개를 통해 의사를 계속 표시하는 실질적인 행동통일체
선거의 기능	대표선출로 국가기관 구성	국가기관 구성＋국민투표적 (plebiszitar, plebiscitary) 성격
국회의원의 지위	전체 국민대표	정당대표
대표의 성격	국민대표－대표의 원리	정당대표－자동성 원리
의사	추정적 의사 우선	경험적 의사 반영
위임의 성격	자유위임(무기속위임), 면책특권	정당기속강화, 자유위임의 원칙변질
권력 중심	의회 중심	정당 중심
권력형태	국가권력의 분할	정당 중심으로 국가권력의 통합

2. 정당의 헌법상 지위의 변천(트리펠)

① **적대시 단계:** 미연방헌법(1787)의 아버지들은 정당에 적대적이었다. 이에 미연방헌법에 정당규정을 두지 않았다. 루소의 일반의사론(동일성 또는 자동성원리, 직접민주주의를 주장)이 영향을 주었다.

② **무시 단계:** 의회제도의 초기

③ **승인 또는 합법화 단계:** Weimar헌법은 비례대표제는 도입했으나 정당에 대한 규정은 두지 않았다.

▶ **건국헌법:** 헌법상 정당조항이 없고, 국회법에 정당조항을 두었다.

④ **헌법에의 편입 단계:** 1949년 독일기본법, 1958년 프랑스의 제5공화국 헌법

▶ 우리나라 헌법에서 제2공화국 헌법(헌법상 정당제도 수용), 제3공화국 헌법(철저한 정당국가적 경향)을 나타내었다.

▶ 헌법에 정당조항이 없는 국가: 미국·영국·일본

▶ 헌법에 정당조항을 두고 있는 국가: 독일, 프랑스, 우리나라 등

3. 우리 헌법에서 정당 연혁

① **제1공화국:** 진보당의 강령, 당헌의 위헌성 여부에 대하여 대법원은 위헌성을 부정하였으나 공보실장의 명령에 의해 진보당은 해체되었다.

② **제2공화국(3차 개정헌법):** 정당조항과 위헌정당해산조항을 신설하여 정당의 헌법상의 수용단계에 해당한다.

③ **제3공화국(5차 개정헌법):** 정당국가적 경향이 가장 강했던 헌법으로 무소속의 국회의원과 대통령 출마를 금지하였고, 탈당시 또는 정당 해산시 국회의원의 자격을 상실하도록 규정되어 있었다.

④ **제4공화국(7차 개정헌법):** 정당국가적 경향이 다소 후퇴하여 무소속의 입후보가 허용되었다. 오히려 통일주체국민회의대의원선거에 정당원의 출마가 금지되었다.

⑤ **제5공화국(8차 개정헌법):** 정당국가적 경향이 다소 강화되어 국고보조금조항(제8조 제3항)을 신설하였다.

Ⅱ. 정당의 개념과 법적 성격

1. 정당의 개념

국민의 이익을 위하여 책임 있는 정치적 주장이나 정책을 추진하고 공직선거에 후보자를 추천 또는 지지함으로써, 국민의 정치적 의사형성에 참여함을 목적으로 하는 국민의 자발적 조직(정당법 제2조)이다. 정당은 국가적 차원의 정권획득을 목적으로 한다는 점에서 이익단체와 구별된다.

2. 정당의 법적 성격

(1) 정당의 헌법상 지위

중개적 권력체설이 통설(헌재 1991.3.11. 91헌마21)이다. 우리나라 정당은 헌법에 의하여 구성된 국가기관은 아니다. 다만, 국민의 의사를 국가에 전달하는 헌법적 기능을 하는 중개적 기관이다.

(2) 정당의 법적 성격

민법상 법인격 없는 사단설이 일반적이다. 법원의 판례를 보면 정당을 사법상의 사단으로 본 경우도 있고(신민당총재단 직무집행정지가처분결정, 서울민사지법 1979.9.8. 79카21709), 정치활동을 목적으로 하는 자치적 정치단체(의장직무행사정지가처분결정, 서울민사지법 1987.7.30. 87카30864)로 보는 등 입장이 일정치 않다. 헌법재판소의 판례에 따르면, 정당의 법적 지위는 적어도 그 소유재산의 귀속관계에 있어서는 법인격 없는 사단으로 보아야 하고, 중앙당과 지구당과의 복합적 구조에 비추어 정당의 지구당은 단순한 중앙당의 하부조직이 아니라 어느 정도 독자성을 가진 단체로서 역시 법인격 없는 사단에 해당한다고 보아야 할 것이다(헌재 1993.7.29. 92헌마262).

▶ 헌재는 정당의 헌법소원 심판청구인 능력과 적격을 인정한다.

(3) 정당과 일반결사와의 관계

정당은 광의의 일반결사의 일종이고, 정당조항(제8조)은 일반결사에 관한 규정(제21조)의 특별규정이다.

(4) 헌법 제8조의 제1항 규범적 의미

(가) 정당설립의 허가제 금지   헌법 제8조 제1항에 따르면 정당설립은 자유이므로 국회는 정당설립을 허가제로 하여서는 안된다.

(나) 정당 등록의 의미   정당법 제15조는 "등록신청을 받은 선거관리위원회는 정당이 형식적 요건을 구비하는 한 이를 거부하지 못한다."라고 규정하고 있는데 이는 정당의 내용적 요건은 정당설립의 필요요건이 아님을 명시하고 있다.

(다) 정당가입·설립의 자유   헌법 제8조 제1항은 정당설립의 자유만을 규정하고 있으나 정당설립의 자유만이 아니라 국가의 간섭을 받지 않고 정당에 가입하고 정당으로부터 탈퇴할 자유를 함께 보장한다(헌재 1999.12.23. 99헌마135).

(라) 헌법개정의 제한조항   헌법 제8조의 복수정당제와 정당설립의 자유는 자유민주적 기본질서의 핵심이므로 헌법개정금지 사항이다.

관련판례 헌법 제8조 제2항의 의미(헌재 1999.12.23. 99헌마135)

헌법은 제8조 제2항에서 "정당은 그 목적·조직과 활동이 민주적이어야 하며, 국민의 정치적 의사형성에 참여하는 데 필요한 조직을 가져야 한다"고 규정하고 있다. 이는 곧 입법자가 정당설립과 관련하여 형식적 요건을 설정할 수는 있으나(정당법 제16조), 일정한 내용적 요건을 구비해야만 정당을 설립할 수 있다는 소위 '허가절차'는 헌법적으로 허용되지 아니한다는 것을 뜻한다.

Ⅲ. 정당의 조직

1. 법정 시·도당수(정당법 제17조)

정당은 5 이상의 시·도당을 가져야 한다.

2. 시·도당의 법정 당원수(정당법 제18조)

시·도당은 1천인 이상의 당원을 가져야 한다.

관련판례 정당등록요건의 정당설립의 자유침해 여부(헌재 2006.3.30. 2004헌마246 전원재판부)

지역적 연고에 지나치게 의존하는 정당정치풍토가 우리의 정치현실에서 자주 문제시되고 있다는 점에서 볼 때, 단지 특정지역의 정치적 의사만을 반영하려는 지역정당을 배제하려는 취지가 헌법적 정당성에 어긋난 입법목적이라고 단정하기는 어렵다. 따라서 이 사건 법률조항의 입법목적은 정당한 것이라고 할 것이다. 이 사건 법률조항이 비록 정당으로 등록되기에 필요한 요건으로서 5 개 이상의 시·도당 및 각 시·도당마다 1,000명 이상의 당원을 갖출 것을 요구하고 있기 때문에 국민의 정당설립의 자유에 어느 정도 제한을 가하는 점이 있는 것을 사실이나, 이러한 제한은 "상 당한 기간 또는 계속해서", "상당한 지역에서" 국민의 정치적 의사형성 과정에 참여해야 한다는 헌법상 정당의 개념표지를 구현하기 위한 합리적인 제한이라고 할 것이므로, 그러한 제한은 헌법 적으로 정당화된다고 할 것이다.

3. 당원수(정당법 제6조)

① 중앙당의 창당준비: 200인 이상의 당원(발기인)으로 구성된다.

② 시·도당의 창당준비: 100인 이상의 당원(발기인)으로 구성된다.

4. 정당의 결의

① 서면결의, 대리인에 의한 결의금지: 대의기관의 결의와 소속국회의원의 제명 에 관한 소속국회의원의 결의는 서면이나 대리인에 의하여 의결할 수 없다(정당법 제32조).

② 소속국회의원 제명결의: 정당이 그 소속국회의원을 제명함에는 당헌이 정하 는 절차 외에 그 소속국회의원 전원의 2분의 1 이상의 찬성이 있어야 한다(정당법 제33조). 정당에서 제명된 의원은 정당원의 자격만 상실되고, 의원직을 유지한다.

관련판례 정당법 제3조 등 위헌확인(헌재 2004.12.16. 2004헌마456)
【쟁 점】 지구당을 폐지하는 것이 정당조직의 자유를 침해하는 것인지 여부
【주 문】 청구인들의 심판청구를 모두 기각한다.

1. 지구당의 설립을 금지하는 경우
가. 정당의 핵심적 기능이 국민의 의사형성에 참여하는 것인 까닭에, 정당이 국민들에게 가까이 다가가면 갈수록 그 기능은 원활히 수행될 것이고, 또한 국민들이나 평당원의 의사를 잘 반영하면 할수록 정당조직과 활동의 민주성은 고양될 것이다. 이러한 측면에서 본다면, 지구당이나 당연락소 (이하 원칙적으로 지구당과 당연락소를 포괄하여 '지구당'이라고만 한다)는 정당의 핵심적 기능을 민주적으로 수행하는 데 매우 효과적인 존재라 아니할 수 없다. 그러나 지구당이 없다고 하더라도 정당은 국민의 정치적 의사형성에 참여하여 핵심적 기능과 임무를 수행할 수 있다. 따라서 이 사 건 법률조항들이 지구당의 설립을 금지하더라도 이를 들어 정당의 자유의 본질적 내용을 침해한 다고는 할 수 없다.
나. 소결: 그러므로 이 사건 법률조항들은 청구인들이 가지는 정당의 자유를 과잉되게 침해한다고

5. 당원자격이 없는 자(정당법 제22조 등 참조)

① **헌법상 정당가입이 금지된 자**: 헌법재판소재판관, 중앙선거관리위원회 위원

② **공무원**: 공무원은 당원이 될 수 없으나 대통령, 국무총리, 국무위원, 국회의원, 지방의원, 지방자치단체의장, 국회의원 보좌관·비서관·비서, 국회교섭단체의 정책연구위원, 전임강사 이상의 교수는 당원이 될 수 있다.

③ **교수**: 국공립대학교 교수와 사립학교 교수는 정당원이 될 수 있으나 초·중·고 교사는 정당원이 될 수 없다.

④ **미성년자**: 선거권이 있는 자만 정당가입이 가능하다. 따라서 선거권이 없는 19세 미만의 미성년자는 정당에 가입할 수 없다.

⑤ **외국인**: 외국인은 정당원이 될 수 없다.

관련판례

초·중등교원의 정치활동제한사건(헌재 2004.3.25. 2001헌마710 - 기각)
이 사건 법률조항이 청구인들과 같은 초·중등학교 교원의 정당가입 및 선거운동의 자유를 금지함으로써 정치적 기본권을 제한하는 측면이 있는 것은 사실이나, 감수성과 모방성 그리고 수용성이 왕성한 초·중등학교 학생들에게 교원이 미치는 영향은 매우 크고, 교원의 활동은 근무시간 내외를 불문하고 학생들의 인격 및 기본생활습관 형성 등에 중요한 영향을 끼치는 잠재적 교육과정의 일부분인 점을 고려하고, 교원의 정치활동은 교육수혜자인 학생의 입장에서는 수업권의 침해로 받아들여질 수 있다는 점에서 현 시점에서는 국민의 교육기본권을 더욱 보장함으로써 얻을 수 있는 공익을 우선시해야 할 것이라는 점 등을 종합적으로 감안할 때, 초·중등학교 교육공무원의 정당가입 및 선거운동의 자유를 제한하는 것은 헌법적으로 정당화될 수 있다고 할 것이다.

정당법 제22조 제1항 단서 제1호 등 위헌확인(헌재 2020.4.23. 2018헌마551)
1. 초·중등학교의 교육공무원이 정당의 발기인 및 당원이 될 수 없도록 규정한 정당법(2013.12.30. 법률 제12150호로 개정된 것) 제22조 제1항 단서 제1호 본문 중 국가공무원법 제2조 제2항 제2호의 교육공무원 가운데 초·중등교육법 제19조 제1항의 교원에 관한 부분(이하 '정당법조항'이라 한다) 및 초·중등학교의 교육공무원이 정당의 결성에 관여하거나 이에 가입하는 행위를 금지한 국가공무원법(2008.3.28. 법률 제8996호로 개정된 것) 제65조 제1항 중 '국가공무원법 제2조 제2항 제2호의 교육공무원 가운데 초·중등교육법 제19조 제1항의 교원은 정당의 결성에 관여하거나 이에 가입할 수 없다.' 부분(이하 "국가공무원법조항 중 '정당'에 관한 부분"이라 한다)이 나머지 청구인들의 <u>정당가입의 자유 등을 침해하는지 여부(소극)</u>

2. 초 · 중등학교의 교육공무원이 정치단체의 결성에 관여하거나 이에 가입하는 행위를 금지한 국
가공무원법(2008.3.28. 법률 제8996호로 개정된 것) 제65조 제1항 중 '국가공무원법 제2조 제2항
제2호의 교육공무원 가운데 초 · 중등교육법 제19조 제1항의 교원은 그 밖의 정치단체의 결성에 관
여하거나 이에 가입할 수 없다.' 부분(이하 "국가공무원법조항 중 '그 밖의 정치단체'에 관한 부분"
이라 한다)이 나머지 청구인들의 <u>정치적 표현의 자유 및 결사의 자유를 침해하는지 여부(적극)</u>

Ⅳ. 정당의 권리와 의무

1. 정당의 권리

(1) 정당의 평등

여 · 야의 평등(특히, 야당의 지위보장), 비례적 평등(특히, 선거에서의 기회균등보장)

(2) 경제적 보호

헌법상 보호(제8조 제3항 국고보조금제, 제116조 제2항 선거공영제), 법률상 보호
→ 정치자금에 관한 법률이 있다.

▶ 정당이나 국회의원 및 후보등록을 한 입후보자만을 대상으로 후원회를 통한
정치자금조달을 허용하고, 입후보예정자에 대하여는 이를 금지한 것은 합리적 차
별이다(헌재 1996.4.1. 96헌마86).

(3) 정당의 존립보장

해산제도를 헌법에서 직접 규정(제8조 제4항) → 해산요건을 일반결사에 비하여
엄격하게 규정하고 있다.

2. 정당의 의무

(1) 헌법상 의무

① 정당은 목적 · 조직 · 활동이 민주적이어야 한다(제8조 제2항).
② 정치의사 형성에 필요한 정당을 조직할 의무가 있다(제8조 제2항).
③ 정당은 국가 및 민주적 기본질서를 긍정하여야 한다(제8조 제4항).

(2) 법률상 의무

정당의 당헌·강령의 공개의무(정당법 제28조), 정당 재원의 공개의무(정치자금법 제2조)가 있다.

3. 정치자금의 종류(정치자금법 제3조)

(1) 당비

당원이 부담한다. 정당의 당원은 당해 정당의 타인의 당비를 부담할 수 없고, 타인의 당비를 부담한 자와 타인으로 하여금 자신의 당비를 부담하게 한 자는 당비를 낸 것이 확인된 날로부터 1년간 당원자격이 정지된다. 또한 당비납부의무를 이행하지 아니한 당원에 대한 권리행사제한, 제명 등에 대한 필요한 사항은 당헌으로 정한다(정당법 제31조).

(2) 후원금

후원회는 개인으로 구성한다. 누구든지 하나 또는 둘 이상의 후원회의 회원이 될 수 있으나 기탁금을 기부할 수 없는 자와 정당법상 정당의 당원이 될 수 없는 자연인은 후원회의 회원이 될 수 없다. 법개정으로 법인과 단체는 후원회 회원이 될 수 없다. 후원회는 우편·통신(전화, 인터넷전자결제시스템)에 의한 모금, 중앙선거관리위원회가 제작한 정치자금영수증과의 교환에 의한 모금 또는 신용카드·예금계좌 등에 의한 모금 그 밖에 이 법과 정당법 및 공직선거법에 위반되지 아니하는 방법으로 후원금을 모금할 수 있다. 다만, 집회에 의한 방법으로는 후원금을 모금할 수 없다(정치자금법 제14조).

관련판례

지방자치단체장의 후원회 설립금지(헌재 2001.10.25. 2000헌바5)
지방자치단체의 장은 직무수행상 필요한 자금이 지방자치단체의 예산으로 책정되어 있으므로 후원회설립을 금지했다 하더라도 합리적 이유가 있는 차별이다.

기초단체장 선거후보자 후원회 설치금지(헌재 2006.5.25. 2005헌마1095)
기초자치단체 장과 광역자치단체 장은 주민의 복리에 관한 자치사무의 집행기관이라는 점에서 그 직무의 성격은 본질적으로 다르지 않으나 그 관할구역의 범위와 권한 그리고 정치적 역할의 의미에는 현저한 차이가 있어 선거자금을 비롯한 정치자금의 수요의 측면에서 상당한 차이를 보이고 있으므로, 이러한 차이를 후원회 구성에 반영하여 광역자치단체 장의 후보자와 기초자치단체 장의 후보자를 달리 취급하는 것은 입법의 재량을 현저히 남용하거나 재량의 한계를 현저히 일탈한 것이라고 볼 수 없어 그 차별에 합리적인 이유가 있다.

(3) 기탁금

기명으로 선관위에 기탁한다. 당원이 될 수 없는 공무원과 사립학교 교원을 포함한 개인이 직접 선관위에 기탁해야 한다. 정당에 직접 기탁할 수 없다(정치자금법 제22조).

외국인, 국내·외의 법인 또는 단체는 정치자금을 기부할 수 없다. 누구든지 국내·외의 법인 또는 단체와 관련된 자금으로 정치자금을 기부할 수 없다(정치자금법 제31조).

중앙선거관리위원회는 기탁금의 모금에 직접 소요된 경비를 공제하고 지급 당시 제27조(보조금의 배분)의 규정에 의한 국고보조금 배분율에 따라 기탁금을 배분·지급한다. 기탁자가 정당이나 분배율을 지정하여 기탁하는 지정기탁제가 있었느나 폐지되었다.

정리

기부의 제한(정치자금법 제31조)
1. 외국인, 국내·외의 법인 또는 단체는 정치자금을 기부할 수 없다.
2. 누구든지 국내·외의 법인 또는 단체와 관련된 자금으로 정치자금을 기부할 수 없다.

(4) 국고보조금

(가) 국고보조금의 종류와 금액

(a) 헌법상 규정: 헌법 제8조 제3항은 국고보조를 헌법상 필수적 제도 또는 헌법상 정당의 국고보조를 해야 할 의무를 규정한 것은 아니나 국고보조를 할 수 있는 근거를 설정하고 있다.

국고보조금 제도는 정당의 역할을 수행하는 데 소요되는 정치자금을 마련함에 있어 정치자금의 기부자인 각종 이익집단으로부터 부당한 영향력을 배제하여 정치부패를 방지하고 정당 간의 자금조달의 격차를 줄여 공평한 경쟁을 유도하는 데 입법목적이 있다.

(b) 정치자금법상 국고보조금의 종류와 금액

(aa) 경상보조금: 국가는 정당에 대한 보조금으로 최근 실시한 임기만료에 의한 국회의원선거의 선거권자 총수에 보조금 계상단가를 곱한 금액을 매년 예산에 계상하여야 한다(제25조 제1항).

(bb) 선거보조금: 대통령선거, 임기만료에 의한 국회의원선거 또는 동시지방선거가 실시되는 연도에는 각 선거마다 보조금 계상단가를 추가한 금액을 경상보조금의 기준에 의하여 예산에 계상하여야 한다(제2항).

(cc) 여성추천보조금: 국가는 임기만료에 의한 지역구국회의원선거 및 지역구 시·도의회의원선거 및 지역구자치구·시·군의회의원선거에서 여성후보자를 추천하는 정당에 지급하기 위한 보조금으로 최근 실시한 임기만료에 의한 국회의원선거의 선거권자 총수에 100원을 곱한 금액을 임기만료에 의한 국회의원선거 또는 시·도의회의원선거가 있은 연도의 예산에 계상하여야 한다(제26조).

(dd) 장애인추천보조금: 국가는 임기만료에 의한 지역구 국회의원선거, 지역구 시·도의회의원선거 및 지역구 자치구 시·군의원선거에서 장애인후보자를 추천한 정당에 지급하기 위한 보조금으로 최근 실시한 임기만료에 의한 국회의원선거의 선거권자총수에 20원을 곱한 금액을 임기만료에 의한 국회의원선거, 시·도의원선거 또는 자치구 시·군의회의원선거가 있는 연도의 예산에 계상하여야 한다(제26조의2).

(나) 보조금 배분방법

(a) 일반적 배분방법

전체의 50/100	교섭단체에 균등히 배분
전체의 5/100	교섭단체가 아닌 국회의원 5석 이상의 정당
전체의 2/100	• 국회의원선거 2% 득표정당 • 국회의 의석 1석+후보추천이 허용되는 비례대표, 시·도의원선거, 지역구 시·도의원선거, 시·도지사선거 또는 자치구 시·군의장 선거에서 0.5% 득표정당 • 국회의원선거 미참가+후보추천이 허용되는 비례대표, 시·도의원 선거, 지역구 시·도의원 선거, 시·도지사선거 또는 자치구 시·군의장 선거에서 2% 득표정당
잔여분 중 50/100	국회의원 의석수 비율
잔여분 중 50/100	국회의원 선거 득표율

(b) 선거국고보조금 배분방법: 일반적 배분방식에 따라 배분한다. 다만, 선거 시 지급되는 보조금은 당해 선거에 참여하지 아니한 정당에게는 배분, 지급하지 않는다.

관련판례

정당에 보조금 차등배분에 대한 위헌 여부
정당에 보조금을 배분함에 있어 교섭단체의 구성 여부에 따라 차등을 두는 정치자금에 관한 법률(2004.3.12. 법률 제7191호로 개정되고, 2005.8.4. 법률 제7682호로 전문 개정되기 전의 것) 제18조 제1항 내지 제3항은 정당 간의 경쟁상태를 현저하게 변경시킬 정도로 합리성을 결여한 차별이라고 보기 어렵다(헌재 2006.7.27. 2004헌마655).

정치자금법 제12조 제5호 위헌확인(헌재 1999.11.25. 95헌마154)
헌법재판소는 노동단체가 정당에 정치자금을 기부하는 것을 금지하고 있는 정치자금법 제12조 제5호에 대한 헌법소원사건에서, 이는 노동단체가 '근로조건의 향상'이라는 본연의 과제만을 수행해야 하고, 그 외의 모든 정치적 활동을 해서는 안 된다는 사고에 바탕을 둔 것으로, 헌법상 보장된 정치적 자유의 의미 및 그 행사기능성을 공동화시키며, 특히 사용자단체에게는 정치자금기부를 허용하면서 노동단체에게만 정치자금기부를 금지함은 평등원칙에 위배되는 것으로 위헌이라고 하였다.

정치자금법 제21조 제3항 제2호 위헌확인(헌재 2009.12.29. 2007헌마412)
헌법재판소는 2009년 12월 29일 재판관 전원의 일치된 의견으로 대통령선거경선후보자가 당내경선 과정에서 탈퇴함으로써 후원회를 둘 수 있는 자격을 상실한 때에는 후원회로부터 받은 후원금 전액을 국고에 귀속하도록 하고 있는 정치자금법 제21조 제3항 제2호 중 "대통령선거경선후보자가 후원회를 둘 수 있는 자격을 상실한 때(정당의 공직선거 후보자선출을 위한 당내경선에 참여하여 낙선한 때를 제외한다)" 부분은 정당한 사유 없이 후원금을 선거운동비용으로 사용하는 것을 제한하여 예비후보자의 선거운동의 자유, 선거과정에 탈퇴할 자유 등 선거의 자유를 침해할 뿐만 아니라 당내경선을 거친 예비 후보자에 비하여 그렇지 않은 무소속 후보자 등을 합리적 이유 없이 차별하는 것으로 평등원칙에 반하여 헌법에 위반된다고 선고하였다.

정치자금법 제21조 제3항 제2호 위헌확인(헌재 2009.12.29. 2008헌마141)
헌법재판소는 2009년 12월 29일 재판관 전원의 일치된 의견으로 국회의원예비후보자가 당내경선에 참여하지 않고 정식 후보자 등록을 하지 않음으로써 후원회를 둘 수 있는 자격을 상실한 때에는 후원회로부터 후원받은 후원금 전액을 국고에 귀속하도록 하고 있는 정치자금법 제21조 제3항 제2호 중 "국회의원예비후보자가 후원회를 둘 수 있는 자격을 상실한 때(정당의 공직선거 후보자 선출을 위한 당내경선에 참여하여 당선 또는 낙선한 때를 제외한다)" 부분은 정당한 사유 없이 후원금을 선거운동비용으로 사용하는 것을 제한하여 예비후보자의 선거운동의 자유, 선거과정에 탈퇴할 자유 등 선거의 자유를 침해할 뿐만 아니라 당내경선을 거친 예비후보자에 비하여 그렇지 않은 무소속 후보자 등을 합리적 이유 없이 차별하는 것으로 평등원칙에 반하여 헌법에 위반된다고 선고하였다.

정치자금법상 후원회지정권자 사건(헌재 2019.12.27. 2018헌마301)
헌법재판소는 2019년 12월 27일 특별시장·광역시장·특별자치시장·도지사·특별자치도지사(이하 '광역자치단체장'이라 한다) 선거의 예비후보자를 후원회지정권자에서 제외하고(이하 '광역자치단체장선거의 예비후보자에 관한 부분'이라 한다), 자치구의 지역구의회의원(이하 '자치구의회의원'이라 한다) 선거의 예비후보자를 후원회지정권자에서 제외하고 있는(이하 '자치구의회의원선거의 예비후보자에 관한 부분'이라 한다) 정치자금법 조항에 관한 심판청구사건에서,
1. 광역자치단체장선거의 예비후보자에 관한 부분은 청구인들 평등권을 침해하여 헌법에 위반되지만, 2021. 12. 31.을 시한으로 입법자가 개정할 때까지 이를 계속 적용한다는 결정을 선고하고, [헌법불합치]
2. 자치구의회의원선거의 예비후보자에 관한 부분에 대하여는 재판관들의 의견이 인용의견 5인, 기각의견 4인으로 나뉘어 헌법과 헌법재판소법에서 정한 인용의견을 위한 정족수 6인에 이르지 못하여 기각하였다. [기각]

V. 정당의 해산

1. 자진해산

1) 정당의 해산결의 → 중앙선거관리위원회에 신고 → 등록말소 및 공고를 통하여 한다.

2) 대체정당이 설립가능하고, 잔여재산은 당헌에 따라 처분가능하고 그것이 안 될 때 국고에 귀속한다.

2. 등록취소(정당법 제44조)

(1) 등록취소의 요건

1) 정당의 조직이 그 기준, 즉 법정시·도당수, 시·도당의 법정당원수에 미달한 경우

2) 최근 4년간 국회의원총선거 또는 임기만료에 의한 지방자치단체의 장의 선거나 시·도의회의원의 선거에 참여하지 아니한 때

▶ 국회의원총선거에 참여하여 의석을 얻지 못하고 유효투표총수의 100분의 2 이상을 득표하지 못한 때(단순위헌-헌재 2014.1.28. 2012헌마431)

관련판례 정당법 제41조 제4항 위헌확인(헌재 2014.1.28. 2012헌마431)-정당등록취소 및 등록취소된 정당의 명칭사용금지 사건

헌법재판소는 2014년 1월 28일 재판관 전원 일치 의견으로, 국회의원선거에 참여하여 의석을 얻지 못하고 유효투표총수의 100분의 2 이상을 득표하지 못한 정당에 대해 그 등록을 취소하도록 한 정당법 제44조 제1항 제3호와, 등록취소된 정당의 명칭과 동일한 명칭을 일정 기간 정당의 명칭으로 사용할 수 없도록 한 정당법 제41조 제4항 중 제44조 제1항 제3호에 관한 부분은 헌법에 위반된다는 결정을 선고하였다.

□ 이유의 요지

1) 헌법재판소의 결정으로 정당이 해산된 경우와는 달리, 정당등록취소조항에 의해 정당등록이 취소된 경우에는 대체정당의 설립이 가능하고 일정기간이 경과하면 등록취소된 정당의 명칭을 사용할 수 있다고 하더라도, 정당등록의 취소는 정당의 존속 자체를 박탈하여 모든 형태의 정당활동을 불가능하게 하므로, 그에 대한 입법은 필요최소한의 범위에서 엄격한 기준에 따라 이루어져야 한다. 그런데 일정기간 동안 공직선거에 참여할 기회를 수회 부여하고 그 결과에 따라 등록취소 여부를 결정하는 등 덜 기본권 제한적인 방법을 상정할 수 있고, 정당법에서 법정의 등록요건을 갖추지 못하게 된 정당이나 일정 기간 국회의원선거 등에 참여하지 아니한 정당의 등록을 취소하도록 하는 등 입법목적을 실현할 수 있는 다른 법적 장치도 마련되어 있으므로, 정당등록취소조항은 침해의 최소성 요건을 갖추지 못하였다.

2) 나아가, 위 조항은 어느 정당이 대통령선거나 지방자치선거에서 아무리 좋은 성과를 올리더라도 국회의원선거에서 일정 수준의 지지를 얻는 데 실패하면 등록이 취소될 수밖에 없어 불합리하고, 신생·군소정당으로 하여금 국회의원선거에의 참여 자체를 포기하게 할 우려도 있어 법익의 균형성 요건도 갖추지 못하였다.

3) 따라서 정당등록취소조항은 과잉금지원칙에 위반되어 청구인들의 정당설립의 자유를 침해한다.

4) 정당명칭사용금지조항은 정당등록취소조항을 전제로 하고 있으므로, 같은 이유에서 정당설립의 자유를 침해한다고 할 것이다.

---

(2) 등록취소의 효과

1) 등록취소의 공고. 단, 불복 시 행정심판 등 행정쟁송이 가능하다.

2) 대체정당의 설립 가능, 잔여재산은 당헌에 따라 처분 가능하고 그것이 안될 때 국고에 귀속된다.

3. 강제해산

(1) 실질적 요건

정당의 목적이나 활동이 민주적 기본질서에 위배됨을 그 실질적 요건으로 한다.

(가) 정당

(a) 정당의 개념: 등록을 마친 기성정당을 말하며, 정당조직의 청년부, 당보출판부, 시·도당을 포함한다. 그러나 정당의 방계·위장조직, 대체정당은 제8조 제4항의 정당에 해당하지 않는 일반결사이므로 행정처분으로도 해산이 가능하다.

(b) 창당과정에서 있는 정치결사: 중앙선거관리위원회에 창당준비신고를 하고 결성단계에 있는 정당도 헌법 제8조 제4항의 정당에 해당된다는 견해[권영성 p.195, 김계환 p.233]와 행정처분의 대상이 된다는 견해[김철수 p.162, 홍성방 『헌법 I』 p.81], 정당의 등록은 확인적 성질을 가지므로 정당법상 형식적 요건을 갖추고 있는 정치결사는 헌법 제8조의 정당에 포함된다는 견해가 있다[김선택 p.180, 성낙인 p.164].

(나) 목적과 활동　　　정당의 목적이나 활동이 민주적 기본질서에 위배될 때

(a) 정당의 목적 인식자료: 강령, 기본정책, 당헌, 당수와 당간부의 연설, 당기관지 출판물

(b) 활동: 당수와 당 간부의 활동을 포함하고 평당원의 활동이라도 당명에 의한 것일 경우 정당의 활동으로 간주된다. 그러나 정당의 방침에 반한 평당원의 활동은 정당의 활동으로 간주되지 않는다.

(다) 민주적 기본질서

(a) 헌법 제8조 제4항의 민주적 기본질서의 의미

(aa) 자유민주적 기본질서로 보는 학설: 민주적 기본질서를 자유민주적 기본질서＋사회적 민주질서로 보는 경우에는 자유민주주의를 부정하는 정당과 사회민주

주의를 찬성하지 않는 정당(자유주의적, 보수주의적 정당)이 해산대상이 되어 해산정당의 범위가 지나치게 확대되는 결과를 초래하므로 자유민주적 기본질서로 축소해석해야 한다. 독일기본법은 자유민주적 기본질서라고 명시되어 있다[권영성 p.196, 김계환 p.233]. 이러한 견해는 정당존립의 보장이라는 측면에서 타당한 이론으로 볼 수 있다.

(bb) 자유민주적 기본질서+사회민주적 기본질서로 보는 학설: 사회복지국가원리를 부정하는 정당의 존립을 보장할 이유가 없으므로 제8조 제4항의 민주적 기본질서는 자유민주적 기본질서뿐만 아니라 사회민주적 기본질서도 포함하는 것으로 보아야 한다[김철수 p.172, 윤명선 p.188]. 이러한 견해는 사회국가원리와 사회적 기본권 보장이라는 차원에서 타당한 이론으로 볼 수 있다.

(b) 민주적 기본질서 외 정당의 강제해산사유를 추가할 수 없다: 헌법 제8조 제4항의 위헌정당강제해산조항은 정당의 존립과 활동의 보장이라는 측면에서 위헌정당해산사유를 민주적 기본질서로 한정하고 있는 것으로 해석함이 타당하다. 따라서 국회가 위헌정당해산사유를 추가하는 것은 허용되지 아니한다.

(2) 절차적 요건

(가) 제소 – 정부(국무회의의 심의를 거쳐 대통령이 함): 정부의 제소성격에 대해서 헌법 제8조 제4항이 문언상 제소할 수 있다고 규정하여 정부의 제소 여부는 재량으로 보아야 하고, 정부의 제소의무는 인정될 수 없고, 강제해산보다는 민주적인 공개경쟁을 통해 정당의 지지층을 붕괴시키는 것이 민주주의 보호에 효과적이라는 점을 강조하는 권한이라는 재량설[다수설: 김철수 p.173, 허영 p.815, 김계환 p.234, 강경근 p.163]과 헌법보호차원에서 반드시 제소해야 한다는 의무라는 설[소수설: 권영성 p.197]이 대립한다.

(나) 결정　　헌법재판소(7인 이상이 출석하여 6인 이상이 찬성해야 함)

(다) 통지　　헌법재판소의 해산결정이 있으면 그 결정은 정부, 당해정당의 대표자, 국회, 중앙선관위에 통지한다. 통지를 받은 선관위는 당해정당의 등록을 말소하고, 지체 없이 공고한다.

(라) 집행　　중앙선거관리위원회가 정당법에 따라 집행한다.

(3) 결정의 효력

(가) **창설적 효력**　　　해산선고와 동시에 효력이 발생한다(중앙선관위의 공고 행위는 단순한 선언적·확인적 효력에 불과함).

(나) **가처분 결정**　　　청구인의 신청 또는 직권으로 한다.

(다) **대체정당**(동일·유사한 정당)은 설립이 금지된다. 동일한 정당의 명칭 사용 도 금지된다(중앙선관위에 의한 등록취소로 해산된 정당의 명칭은 사용할 수 있음).

(라) **잔여재산의 국고귀속**(정당법 제41조)

▶ 강제해산의 경우 당헌에 정하는 바에 의하지 않고 바로 국고에 귀속된다.

(마) **소속의원의 자격상실 여부**　　　우리나라 제3공화국 헌법은 소속정당이 해산 된 때 국회의원은 자격을 상실한다고 규정하고 있으나 현재 명문의 규정이 없어 학설이 대립하고 있다. 헌법재판소는 상실한다는 입장이다(헌재 2014.12.19. 2013 헌다1).

(a) **상실한다는 견해**: 정당제 민주주의하에서 유권자는 선거에서 후보자 개인의 인물보다 극 소속하는 정당을 투표의 기준으로 하므로 위헌정당임을 이유로 해산 된 정당에 소속하는 의원들의 자격을 유지하는 것은 정당제 민주주의 원리에도 반 하고 헌법 제8조 제4항 방어적 민주주의 의미에도 반한다[권영성 p.198, 홍성방 『헌법Ⅰ』 p.83, 허영 p.816].

(b) **유지한다는 견해**: 대의제 민주주의하에서 국회의원은 자유위임이고 정당과 는 별도로 정당성을 가지므로 의원직을 유지한다[김철수 p.174].

정당법

제40조【대체정당의 금지】정당이 헌법재판소의 결정으로 해산된 때에는 해산된 정당의 강령(또는 기본정책)과 동일하거나 유사한 것으로 정당을 창당하지 못한다.
제41조【유사명칭 등의 사용금지】② 헌법재판소의 결정에 의하여 해산된 정당의 명칭과 같은 명칭은 정당의 명칭으로 다시 사용하지 못한다.

---

4. 우리나라의 판례

실제로 우리나라에서 정당이 방어적 민주주의에 따른 위헌정당으로 해산이 된 예로, 헌법재판소가 통합진보당을 위헌정당으로 보아 강제해산한 일이 있다. 대법 원과 헌법재판소는 일련의 국가보안법 위반사건에서 자유민주주의를 헌법의 최고

이념으로 규정하면서 이를 수호하기 위한 수단으로서 방어적 민주주의를 인정하고 있다.

관련판례

1. 통합진보당 해산 청구 사건(헌재 2014.12.19. 2013헌다1)

헌법재판소는 2014년 12월 19일 재판관 8(인용) : 1(기각)의 의견으로, 피청구인 통합진보당을 해산하고 그 소속 국회의원은 의원직을 상실한다는 결정을 선고하였다.

피청구인이 북한식 사회주의를 실현한다는 숨은 목적을 가지고 내란을 논의하는 회합을 개최하는 등 활동을 한 것은 헌법상 민주적 기본질서에 위배되고, 이러한 피청구인의 실질적 해악을 끼치는 구체적 위험성을 제거하기 위해서는 정당해산 외에 다른 대안이 없으며, 피청구인에 대한 해산결정은 비례의 원칙에도 어긋나지 않고, 위헌정당의 해산을 명하는 비상상황에서는 국회의원의 국민 대표성은 희생될 수밖에 없으므로 피청구인 소속 국회의원의 의원직 상실은 위헌정당해산 제도의 본질로부터 인정되는 기본적 효력이라고 판단한 것이다.

이에 대하여 정당해산의 요건은 엄격하게 해석하고 적용하여야 하는데, 피청구인에게 은폐된 목적이 있다는 점에 대한 증거가 없고, 피청구인의 강령 등에 나타난 진보적 민주주의 등 피청구인의 목적은 민주적 기본질서에 위배되지 않으며, 경기도당 주최 행사에서 나타난 내란 관련 활동은 민주적 기본질서에 위배되지만 그 활동을 피청구인의 책임으로 귀속시킬 수 없고 그 밖의 피청구인의 활동은 민주적 기본질서에 위배되지 않는다는 재판관 김이수의 반대의견이 있다.

한편, 헌법재판소는 청구인이 신청한 정당 활동 정지 가처분신청은 기각하였다.

ㅇ 피청구인의 목적이나 활동이 민주적 기본질서에 위배되는지 여부

－피청구인이 북한식 사회주의를 실현한다는 숨은 목적을 가지고 내란을 논의하는 회합을 개최하고 비례대표 부정경선 사건이나 중앙위원회 폭력 사건을 일으키는 등 활동을 하여 왔는데 이러한 활동은 유사상황에서 반복될 가능성이 크다. 더구나 피청구인 주도세력의 북한 추종성에 비추어 피청구인의 여러 활동들은 민주적 기본질서에 대해 실질적 해악을 끼칠 구체적 위험성이 발현된 것으로 보인다. 특히 내란 관련 사건에서 피청구인 구성원들이 북한에 동조하여 대한민국의 존립에 위해를 가할 수 있는 방안을 구체적으로 논의한 것은 피청구인의 진정한 목적을 단적으로 드러낸 것으로서 표현의 자유의 한계를 넘어 민주적 기본질서에 대한 구체적 위험성을 배가한 것이다.

－이상을 종합하면, 피청구인의 위와 같은 진정한 목적이나 그에 기초한 활동은 우리 사회의 민주적 기본질서에 대해 실질적 해악을 끼칠 수 있는 구체적 위험성을 초래하였다고 판단되므로, 우리 헌법상 민주적 기본질서에 위배된다.

ㅇ 비례의 원칙에 위배되는지 여부

－정당해산결정으로 민주적 기본질서를 수호함으로써 얻을 수 있는 법익은 정당해산결정으로 초래되는 피청구인의 정당활동 자유의 근본적 제약이나 민주주의에 대한 일부 제한이라는 불이익에 비하여 월등히 크고 중요하다.

－결국, 피청구인에 대한 해산결정은 민주적 기본질서에 가해지는 위험성을 실효적으로 제거하기 위한 부득이한 해법으로서 헌법 제8조 제4항에 따라 정당화되므로 비례의 원칙에 어긋나지 않는다.

ㅇ 정당해산심판제도의 본질적 효력과 의원직 상실 여부

－엄격한 요건 아래 위헌정당으로 판단하여 정당 해산을 명하는 것은 헌법을 수호한다는 방어적 민주주의 관점에서 비롯된 것이므로, 이러한 비상상황에서는 국회의원의 국민 대표성은 부득이 희생될 수밖에 없다.

- 해산되는 위헌정당 소속 국회의원이 의원직을 유지한다면 위헌적인 정치이념을 정치적 의사 형성과정에서 대변하고 이를 실현하려는 활동을 허용함으로써 실질적으로는 그 정당이 계속 존속하는 것과 마찬가지의 결과를 가져오므로, 해산 정당 소속 국회의원의 의원직을 상실시키지 않는 것은 결국 정당해산제도가 가지는 헌법 수호 기능이나 방어적 민주주의 이념과 원리에 어긋나고 정당해산결정의 실효성을 확보할 수 없게 된다.

- 이와 같이 헌법재판소의 해산결정으로 해산되는 정당 소속 국회의원의 의원직 상실은 위헌정당해산 제도의 본질로부터 인정되는 기본적 효력이다.

2. 강제적 정당해산은 헌법상 핵심적인 정치적 기본권인 정당활동의 자유에 대한 근본적 제한이므로, 헌법재판소는 이에 관한 결정을 할 때 헌법 제37조 제2항이 규정하고 있는 비례원칙을 준수해야만 한다(헌재 2014.12.19. 2013헌다1).

3. 헌법재판소의 해산결정으로 해산되는 정당 소속 국회의원의 의원직 상실은 정당해산심판제도의 본질로부터 인정되는 기본적 효력으로 봄이 상당하므로, 이에 관하여 명문의 규정이 있는지 여부는 고려의 대상이 되지 아니하고, 그 국회의원이 지역구에서 당선되었는지, 비례대표로 당선되었는지에 따라 아무런 차이가 없이, 정당해산결정으로 인하여 신분유지의 헌법적인 정당성을 잃으므로 그 의원직은 상실되어야 한다(헌재 2014.12.19. 2013헌다1).

4. 정당해산심판절차에 관하여 민사소송에 관한 법령을 준용하도록 한 헌법재판소법 제40조 제1항은 헌법상 재판을 받을 권리를 침해하지 아니하므로(헌재 2014.2.27. 2014헌마7), 정당해산심판절차에는 헌법재판소법과 헌법재판소 심판규칙, 그리고 헌법재판의 성질에 반하지 않는 한도 내에서 민사소송에 관한 법령이 적용된다(헌재 2014.12.19. 2013헌다1).

5. '의심스러울 때는 자유를 우선시하는(in dubio pro libertate)' 근대입헌주의 원칙은 정당해산심판 절차에서도 여전히 적용되어야 한다(헌재 2014.12.19. 2013헌다1).

제11절 선거제도

I. 선거의 의의

1. 선거의 존재가치

선거는 합의에 의한 정치를 구현하기 위하여 국민의 대표자를 선출하는 것이다. 올바른 대표자를 선출하는 것은 민주정치의 성패를 결정하는 요소가 되며 민의에 의한 정치를 가능하게 하는 것으로, 선거는 주권재민을 실현시킬 수 있는 가장 본질적 수단이 된다. 따라서 선거제도는 참정권에 내포된 의미가 최대한 실현될 수 있는 제도적 장치를 마련해야 됨은 물론이요, 대의민주주의 이념의 실현수단이 되어야지 기관구성의 단순한 기술이 되어서는 안 된다.

선거란 다수의 선거인에 의하여 국가기관의 <u>구성원을 선임하는 행위</u>(합성행위)란 점에서, 선거인단의 구성원이 행하는 개개인의 투표행위와 구별된다.

2. 선거의 종류

(1) 총선거

임기가 끝난 경우 전원을 선거하는 것

(2) 재선거

임기개시 전의 사유로 당선이 무효되어 다시 선거하는 것(⑩ 선거기간 중 부정선거에 대한 당선무효, 임기개시 전 당선자 사망, 선거전부무효판결 결정)

(3) 보궐선거

(가) 개념   임기개시 후의 사유로 결원이 생겨 하는 선거(⑩ 임기개시 후 사망, 사임)

(나) 보궐선거시기와 임기

(a) **대통령선거**: 궐위 사유발생일로부터 60일 이내 실시해야 하므로 잔임기간이 1년 이내라도 실시해야 하며 보궐선거에서 당선된 대통령은 임기를 새로 개시한다.

(b) **비례대표국회의원, 비례대표지방의원**: 비례대표 국회의원 및 비례대표지방의원에 결원이 생긴 때에는 선거구선거관리위원회는 선거당시 정당의 비례대표 국회의원, 지방의회 의원 명부에 기재된 순위에 따라 의석을 승계할 자를 결정한다(법 제200조 제2항).

(c) **지역구 국회의원 선거와 지방자치단체장 선거**: 선거일로부터 임기만료일까지의 기간이 1년 미만일 경우에는 보궐선거를 실시하지 아니할 수 있고, 1년 이상일 경우에는 실시해야 한다. 당선된 자의 임기는 전임자의 잔임기간이다.

(d) **지역구 지방의원 선거**: 지방의회의원 정수의 4분의 1 미만이 궐원된 경우에는 보궐선거를 실시하지 아니할 수 있으나 4분의 1 이상이 궐원된 경우에는 보궐선거를 궐원된 의원 전원에 대하여 실시해야 한다.

Ⅱ. 선거의 기본원리

민주적 선거가 되기 위해서는 모든 선거절차의 과정에서 모두에게 균등한 기회가 보장되며, 직접·비공개하에 자유롭게 선거할 수 있어야 할 것이다. 헌법재판소는 선거의 다섯 가지 근본원칙을 선거인·입후보자와 정당은 물론 선거절차와 선거관리에도 적용되며, 선거법을 제정하고 개정하는 입법자의 입법형성권 행사에도 당연히 준수되어야 할 원리라고 보고 있다.

선거법의 기본원칙은 비록 기본권의 형식으로 규정되어 있지 않더라도 기본권과 유사한 성격을 갖는 주권적 공권을 발생시킨다고 본다.

1. 보통선거

보통선거란 선거인의 사회적 신분이나 재산·지위에 관계없이 모든 사람에게 선거권 및 피선거권을 인정하는 제도로, 제한선거와 반대되는 개념이다. 따라서 여성, 소수민족, 경제적 약자에게도 선거권이 부정되어서는 안 된다.

피선거권에 있어서 과도한 기탁금을 요구하거나, 지나친 추천자의 서명을 요구하는 것도 보통선거에 반하며, 선거권자 또는 피선거권자의 연령을 지나치게 높게 정하는 것도 보통선거에 반할 수 있다.

관련판례

헌재의 태도

헌법재판소는 국회의원 기탁금 1,000만원의 위헌 여부에 관하여, 기탁금의 액수가 고액이어서 재산을 가지지 못하는 국민의 후보등록을 현저히 제한하며, 정당추천후보자와 무소속후보자의 기탁금에 2: 1의 차등을 둔 것은 정당인과 비정당인을 불합리하게 차별하는 것으로 평등보호규정에 위배되며, 유효투표총수의 3분의 1을 얻지 못한 낙선자 등의 기탁금을 국고에 귀속시키게 하는 것은 그 기준이 너무 엄격하여 선거제도의 원리에 반하여, 선거경비(선거경비란 후보자의 등록에서부터 선거운동경비, 개표, 당선확정시까지를 포함하는 당해 선거에 관계되는 그 전부를 말하는 것으로 기탁금도 당연히 포함됨)를 후보자에게 부담시킬 수 없다는 헌법 제116조에 위반된다고 하여 헌법 불합치결정을 하였고, 광역의회의원 기탁금 700만원의 위헌 여부에 관하여도 헌법 불합치결정을 하였고, 기초의회의원 기탁금 200만원과 대통령 기탁금 3억원의 위헌 여부에 관하여는 합헌결정을 하였다.

공직선거법 제56조 제1항 제1호 위헌확인(헌재 2008.11.27. 2007헌마1024) - 헌법불합치

이 사건 조항이 설정한 5억원의 기탁금은 대통령선거에서 후보자난립을 방지하기 위한 입법목적의 달성수단으로서는 개인에게 현저하게 과다한 부담을 초래하며, 이는 고액 재산의 다과에 의하

여 공무담임권 행사기회를 비합리적으로 차별하므로, 입법자에게 허용된 재량의 범위를 넘어선 것이다. 이 사건 조항은 청구인의 <u>공무담임권을 침해한다.</u>

2. 평등선거

평등선거란 선거인의 투표가치가 평등하게 취급되는 제도로, 차등선거의 반대이다.

① 선거자격의 평등은 모든 선거인에게 1표씩 부여할 것을 요구한다(one man, one vote 투표의 수적 평등). 동시에 ② 투표가치의 평등은 투표의 계산에 있어서의 평등으로, 투표의 결과가치의 평등도 함께 요구한다(one man, one value 성과가치의 평등). 선거구인구의 불균형적인 선거구분할, 투표가치가 무시된 의원정수의 배분은 평등선거에 반한다.

3. 직접선거

직접선거란 선거인이 직접 후보자를 뽑는 제도로, 간접선거의 반대이다. 중간선거인을 선출하여 대표자를 선출하는 것은 선거인의 의사를 왜곡하기 때문이다.

특히 비례대표제하에서의 구속명부제가 문제된다. 이는 실질적으로 정당에 의한 간선의 결과가 되기 때문이다.

또한 투표가 끝난 후에 전국구후보의 순위나 사람을 바꾸는 것도 직접선거에 반하는 것이다.

4. 비밀선거

비밀선거란 선거인이 누구에게 투표하였는지를 모르게 하는 제도로, 공개선거의 반대이다. 비밀선거를 보장하기 위하여 무기명투표, 투표의 비밀보장, 투표용지관급제, 투표내용에 관한 진술거부가 보장되고 있다.

추천자의 서명을 요구함으로써 서명자의 투표성향이 공개되어도 비밀선거에 반하지는 않는다.

5. 자유선거(헌법에 명시되어 있지는 않다)

자유선거란 어떠한 압력 없이 자유롭게 투표가 행해지는 제도로, 강제선거의 반대되는 것이다.

Ⅲ. 선거구제의 유형

선거구라 함은 의원선출을 위한 선거절차상의 지역적 단위인 지구(地區)를 말한다. 이는 선거인단을 어떻게 나누느냐의 문제로서, 그 유형에는 소선거구제, 중선거구제, 대선거구제가 있다.

대표제와 선거구제

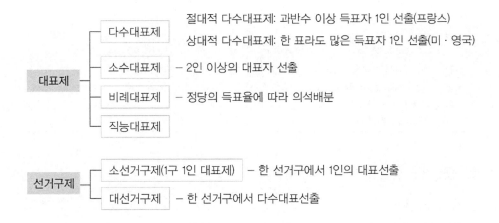

1. 소선거구제

소선거구제란 한 선거구에서 1인을 선출하는 제도를 소선거구제라 하며, 이 경우 선거인은 반드시 1인에게만 투표하고 다수표를 얻은 자를 당선자로 하므로 단기투표제와 다수대표제가 적용된다.

▶ 국회의원지역선거구와 시·도의회의원선거구는 소선거구제를 채택하고 있으며(공선법 제21조 제2항·제26조 제1항), 자치구·시·군의회의원선거구는 중선거구제이다.

관련판례 소선거구 다수대표제 사건(헌재 2016.5.26. 2012헌마374)

소선거구 다수대표제는 다수의 사표가 발생할 수 있다는 문제점이 제기됨에도 불구하고 정치의 책임성과 안정성을 강화하고 인물 검증을 통해 당선자를 선출하는 등 장점을 가지며, 선거의 대표성이나 평등선거의 원칙 측면에서도 다른 선거제도와 비교하여 반드시 열등하다고 단정할 수 없다. 이에 더하여 국회의원선거에서 사표를 줄이기 위해 소선거구 다수대표제를 배제하고 다른 선

> 거제도를 채택할 것까지 요구할 수는 없다. 따라서 심판대상조항이 청구인의 <u>평등권과 선거권을</u> <u>침해한다고 할 수 없다.</u>

소선거구제의 장·단점

장점	단점
① 양대정당제를 확립할 수 있다. ② 정책이 유사한 정당이 형성될 수 있다. ③ 소수당의 진출억제로 안정된 정치상황을 확보할 수 있다. ④ 선거인과 의원 간의 거리감이 좁혀질 수 있다. ⑤ 선거인의 대표선택을 용이하게 할 수 있을 뿐만 아니라, 선거비용이 적게 들고, 선거의 규제가 용이하다. ⑥ 보궐·재선거가 쉽다.	① 사표(死票)가 나올 가능성이 많고, 대정당에 유리하여 평등원칙에 반한다. ② 자의적 선거구분할의 위험성(Gerrymandering)의 위험성이 가장 크다. ③ 지방적 소인물의 당선가능성이 크다. ④ 매수 기타 부정에 의한 부패의 가능성이 크다. ⑤ 의원이 정책입안에 있어 지방적 편견을 가지기 쉽다.

2. 중선거구제(현재 기초의원선거에 도입)

중선거구제란 한 선거구에서 2~4인을 선출하는 선거구제를 뜻한다. 이 제도는 지역구의 과대와 과소에 따르는 모순과 결함을 완화할 수 있는 장점이 있으나, 선거인들이 후보자를 선정하는 데 어려움이 있고 선거비용이 과다하게 소요되는 단점이 있다.

3. 대선거구제

대선거구제란 한 선거구에서 5인 이상을 대표자로 선출하는 선거구제를 말한다. 이 제도는 투표방법을 어떻게 하느냐에 따라 여러 가지 결과를 나타낸다.

대선거구제의 장·단점

장점	단점
① 소수대표가 가능하고 소선거구제에 비하여 사표가 적다. ② 인물선택의 범위가 넓어 국민대표의 적합한 후보자를 선택할 수 있다. ③ 선거의 공정을 기할 수 있다. ④ 선거시의 쟁점은 정당의 강령이나 정책이 되	① 군소정당의 난립으로 정국의 불안정을 초래할 수 있다. ② 선거비용의 지출이 과도하게 소요된다. ③ 유권자가 후보자의 인격이나 식견을 자세히 파악하기 힘들다. ④ 보궐선거나 재선거가 곤란하다.

므로 후보자와 유권자의 수준이 향상될 수 있다.	⑤ 선거인과 후보자 간에 직접적 선택관계가 약화되어 간접선거적 성격을 띠게 된다.

Ⅳ. 대표제의 유형

대표제라 함은 '의원정수의 당선결정방법'을 말하는데, 이를 '대표결정방식 또는 의원정수배분방법'이라고도 한다.

이는 의원정수를 어떻게 결정할 것이냐의 문제로서 그 유형에는 다수대표제, 소수대표제, 비례대표제, 직능대표제 등이 있다.

1. 다수대표제

다수대표제는 한 선거구에서 다수득표를 얻은 자를 당선자로 하는 제도이다. 이 제도는 대체로 소선거구제의 단기투표제와 결부되므로 입후보자가 많은 경우 당선자의 득표수는 총득표수의 몇 분의 1 밖에 안 되기 때문에, 대다수의 표가 사표가 된다.

다수대표제의 장·단점

장점	단점
① 선거인과 대표자 사이에 유대관계형성이 용이하다. ② 의원내각제와 친화적 관계에 있으므로 다수세력의 형성이 용이하다. ③ 다수대표제가 소선거구제와 결합하면 양당제 형성에 기여한다.	① 다수당에 절대 유리하기 때문에 소수세력의 이해관계가 무시되게 된다(유효소수표의 대표관계가 무시됨). ② 자의적 선거구분할의 위험성(Gerrymandering)이 존재한다. ③ 대의정의나 대의평등의 관점에 문제가 있다. ④ 득표수에서는 이기고 의석수에서 지는 불합리한 현상이 초래될 수도 있다.

2. 소수대표제

(1) 개념

소수대표제는 한 선거구에서 2인 이상의 대표자를 선출하는 방법이다. 이는 다수대표제의 결함인 소수의견의 무시를 시정하여 소수파에게도 득표수에 상응하는 수의 의원을 내게 하려는 제도로서 중선거구제·대선거구제를 전제로 한다.

(2) 장·단점

소수당에게도 기회를 보장한다는 장점이 있으나, 절차가 너무 복잡하다는 단점도 있다.

3. 비례대표제

(1) 개념

비례대표제는 다수대표제의 문제점을 시정하고자 등장된 것으로서 각 정당이 얻은 득표수에 비례하여 의석을 배분하는 대표결정방법을 말한다. 이는 사표를 가능한 줄이고 국민의 뜻을 정확하게 의회에 반영시키는 데 그 제도적 의의가 있다.

(2) 내용

비례대표제는 다수대표제보다 늦게 제도화되었으며, 20세기 정당제도의 발달 및 정당국가화 경향에 힘입어 1919년 Weimar헌법에서 표면화되었다.

우리나라에서는 제3공화국헌법(1962년 제5차 개헌헌법)에서 비례대표제가 처음으로 도입된 이래, 현재는 국회의원선거와 지방자치단체의 광역의회의원선거, 기초의회의원선거에서 채택하고 있다.

(3) 비례대표제가 헌법상 필수제도인지 여부

(가) 학설   헌법 제41조 제3항은 비례대표제를 수용하면서 세부적인 내용만을 위임했으므로 필수적이라는 설과 비례대표제 도입 여부 등을 모두 입법자에게 위임했다는 설이 대립하고 있다.

(나) 헌재판례   헌재는 민주주의에서 비례대표제가 당연히 요구되는 것은 아니라고 하였으나 헌법 제41조 제3항의 의미에 대해서는 언급을 회피했다(헌재 2001.7.19. 2000헌마91).

비례대표제의 장·단점

장점	단점
① 사표방지를 통해 선거권의 평등을 보장하고	① 군소정당의 난립을 초래할 위험성이 있다.

대의제 민주주의의 원리에 부합한다. ② 소수에게도 의회진출의 기회를 줌으로써 다양한 국민의 여론을 반영할 수 있으며, 소수자보호의 민주정치원리에도 합치한다. ③ 정당정치의 발전에 기여한다.	② 기술적으로 시행하기 어려운 점이 있다. ③ 선거인과 국회의원 간에 정당이 개입함으로써 어느 정도 직접선거의 원칙에 모순될 수 있는 점이 있다.

(4) 저지조항

(가) **개념** 봉쇄조항이란 비례대표 의석배분에 있어서 일정 미만의 득표나 의석을 얻은 정당을 의석배분에서 배제시키는 조항이다.

(나) **목적** 비례대표제는 소수자 보호에는 유리하나 군소정당을 난립시켜 제1당이 안정의석을 확보하기 힘들게 한다. 이러한 비례대표제의 문제점을 완화시키기 위하여 저지조항이 도입되었다.

(다) **문제점** 봉쇄조항은 군소정당(소수)에게 불리하고 대정당에게 유리하다. 일정 미만의 득표를 한 정당이 의석배분에서 제외됨으로서 국민의 의사를 정확히 반영하지 못하고 왜곡시킬 문제점도 있다.

(라) **의의** 대통령제보다 내각구성에 과반수 의석이 요구되는 의원내각제에서 더 큰 의의를 갖는다.

(마) **봉쇄기준**

(a) **비례대표국회의원의석배분의 저지기준**: 지역구 의석수는 5석, 비례대표 정당 득표율은 3%

(b) **비례대표지방의원 저지기준**: 유효투표총수의 100분의 5

Ⅴ. 우리나라의 선거제도(공직선거법)

공직선거법

제15조【선거권】 ① 18세 이상의 국민은 대통령 및 국회의원의 선거권이 있다. 다만, 지역구국회의원의 선거권은 18세 이상의 국민으로서 제37조 제1항에 따른 선거인명부 작성기준일 현재 다음 각 호의 어느 하나에 해당하는 사람에 한하여 인정된다. 〈개정 2011.11.7., 2014.1.17., 2015.8.13., 2020.1.14.〉

1. 「주민등록법」제6조 제1항 제1호 또는 제2호에 해당하는 사람으로서 해당 국회의
   원지역선거구 안에 주민등록이 되어 있는 사람
2. 「주민등록법」제6조 제1항 제3호에 해당하는 사람으로서 주민등록표에 3개월 이
   상 계속하여 올라 있고 해당 국회의원지역선거구 안에 주민등록이 되어 있는 사람
② 18세 이상으로서 제37조 제1항에 따른 선거인명부작성기준일 현재 다음 각 호의 어느
   하나에 해당하는 사람은 그 구역에서 선거하는 지방자치단체의 의회의원 및 장의 선거
   권이 있다. 〈개정 2009.2.12., 2011.11.7., 2014.1.17., 2015.8.13., 2020.1.14.〉
1. 「주민등록법」제6조 제1항 제1호 또는 제2호에 해당하는 사람으로서 해당 지방자
   치단체의 관할 구역에 주민등록이 되어 있는 사람
2. 「주민등록법」제6조 제1항 제3호에 해당하는 사람으로서 주민등록표에 3개월 이상
   계속하여 올라 있고 해당 지방자치단체의 관할구역에 주민등록이 되어 있는 사람
3. 「출입국관리법」제10조에 따른 영주의 체류자격 취득일 후 3년이 경과한 외국인
   으로서 같은법 제34조에 따라 해당 지방자치단체의 외국인등록대장에 올라 있는
   사람
제16조【피선거권】① 선거일 현재 5년 이상 국내에 거주하고 있는 40세 이상의 국민은
   대통령의 피선거권이 있다. 이 경우 공무로 외국에 파견된 기간과 국내에 주소를 두
   고 일정기간 외국에 체류한 기간은 국내거주기간으로 본다. 〈개정 1997.1.13〉
② 18세 이상의 국민은 국회의원의 피선거권이 있다.
제21조【국회의 의원정수】① 국회의 의원정수는 지역구국회의원 253명과 비례대표국회
   의원 47명을 합하여 300명으로 한다. 〈개정 2020.1.14.〉
② 하나의 국회의원지역선거구(이하 '국회의원지역구'라 한다)에서 선출할 국회의원의 정
   수는 1인으로 한다. 〈개정 2016.3.3.〉
제33조【선거기간】① 선거별 선거기간은 다음 각 호와 같다. 〈개정 2004.3.12〉
1. 대통령선거는 23일
2. 국회의원선거와 지방자치단체의 의회의원 및 장의 선거는 14일
제47조【정당의 후보자추천】① 정당은 선거에 있어 선거구별로 선거할 정수 범위안에서
   그 소속당원을 후보자(이하 '政黨推薦候補者'라 한다)로 추천할 수 있다. 다만, 비례
   대표자치구·시·군의원의 경우에는 그 정수 범위를 초과하여 추천할 수 있다. 〈개
   정 1995.4.1., 2000.2.16., 2005.8.4., 2020.1.14.〉
② 정당이 제1항에 따라 후보자를 추천하는 때에는 민주적인 절차에 따라야 한다.
③ 정당이 비례대표국회의원선거 및 비례대표지방의회의원선거에 후보자를 추천하는 때
   에는 그 후보자 중 100분의 50 이상을 여성으로 추천하되, 그 후보자명부의 순위의
   매 홀수에는 여성을 추천하여야 한다. 〈개정 2005.8.4.〉

④ 정당이 임기만료에 따른 지역구국회의원선거 및 지역구지방의회의원선거에 후보자를 추천하는 때에는 각각 전국지역구총수의 100분의 30 이상을 여성으로 추천하도록 노력하여야 한다. 〈신설 2005.8.4.〉

⑤ 정당이 임기만료에 따른 지역구지방의회의원선거에 후보자를 추천하는 때에는 지역구시·도의원선거 또는 지역구자치구·시·군의원선거 중 어느 하나의 선거에 국회의원지역구(군지역을 제외하며, 자치구의 일부지역이 다른 자치구 또는 군지역과 합하여 하나의 국회의원지역구로 된 경우에는 그 자치구의 일부지역도 제외한다)마다 1명 이상을 여성으로 추천하여야 한다. 〈신설 2010.1.25., 2010.3.12.〉

제56조【기탁금】 ① 후보자등록을 신청하는 자는 등록신청 시에 후보자 1명마다 다음 각 호의 기탁금을 중앙선거관리위원회규칙으로 정하는 바에 따라 관할선거구선거관리위원회에 납부하여야 한다.

이 경우 예비후보자가 해당 선거의 같은 선거구에 후보자등록을 신청하는 때에는 제60조의2 제2항에 따라 납부한 기탁금을 제외한 나머지 금액을 납부하여야 한다. 〈개정 1997.11.14, 2000.2.16, 2001.10.8, 2002.3.7, 2010.1.25., 2012.1.17., 2020.3.25〉

1. 대통령선거는 3억원
2. 국회의원선거는 1천500만원
   2의2. 비례대표 국회의원 선거는 500만원
3. 시·도의회의원선거는 300만원
4. 시·도지사선거는 5천만원
5. 자치구·시·군의 장 선거는 1천만원
6. 자치구·시·군의원선거는 200만원

제57조【기탁금의 반환 등】 ① 선거구선거관리위원회는 다음 각 호의 구분에 따른 해당 금액 중에서 제56조(기탁금) 제3항의 규정에 의하여 기탁금에서 부담하는 비용을 뺀 나머지 금액을 선거일 후 30일 이내에 기탁자에게 반환한다. 이 경우 반환하지 아니하는 기탁금은 국가 또는 지방자치단체에 귀속한다.

1. 대통령선거, 지역구국회의원선거, 지역구지방의회의원선거 및 지방자치단체의 장 선거
   가. 후보자가 당선되거나 사망한 경우와 유효투표 총수의 100분의 15 이상을 득표한 경우에는 기탁금 전액
   나. 후보자가 유효투표 총수의 100분의 10 이상 100분의 15 미만을 득표한 경우에는 기탁금의 100분의 50에 해당하는 금액
   다. 예비후보자가 사망하거나, 당헌·당규에 따라 소속 정당에 후보자로 추천하여

줄 것을 신청하였으나 해당 정당의 추천을 받지 못하여 후보자로 등록하지 않은 경우에는 제60조의2제2항에 따라 납부한 기탁금 전액

2. 비례대표국회의원선거 및 비례대표지방의회의원선거: 당해 후보자명부에 올라 있는 후보자 중 당선인이 있는 때에는 기탁금 전액

제108조【여론조사의 결과공표금지 등】 ① 누구든지 선거일 전 6일부터 선거일의 투표마감시각까지 선거에 관하여 정당에 대한 지지도나 당선인을 예상하게 하는 여론조사(모의투표나 인기투표에 의한 경우를 포함한다. 이하 이 조에서 같다)의 경위와 그 결과를 공표하거나 인용하여 보도할 수 없다. 〈개정 2005.8.4〉

제146조【선거방법】 ① 선거는 기표방법에 의한 투표로 한다.

② 투표는 직접 또는 우편으로 하되, 1인 1표로 한다. 다만 국회의원선거, 시·도의원선거 및 자치구·시·군의원선거에 있어서는 지역구의원선거 및 비례대표의원선거마다 1인 1표로 한다. 〈개정 2005.8.4〉

제189조【비례대표국회의원의석의 배분과 당선인의 결정·공고·통지】 ① 중앙선거관리위원회는 다음 각 호의 어느 하나에 해당하는 정당(이하 이 조에서 '의석할당정당'이라 한다)에 대하여 비례대표국회의원의석을 배분한다. 〈개정 2020.1.14.〉

1. 임기만료에 따른 비례대표국회의원선거에서 전국 유효투표총수의 100분의 3 이상을 득표한 정당

2. 임기만료에 따른 지역구국회의원선거에서 5 이상의 의석을 차지한 정당

③ 제2항의 비례대표국회의원선거 득표비율은 각 의석할당정당의 득표수를 모든 의석할당정당의 득표수의 합계로 나누어 산출한다. 〈개정 2020.1.14.〉

④ 중앙선거관리위원회는 제출된 정당별 비례대표국회의원후보자명부에 기재된 당선인으로 될 순위에 따라 정당에 배분된 비례대표국회의원의 당선인을 결정한다.

⑤ 정당에 배분된 비례대표국회의원의석수가 그 정당이 추천한 비례대표국회의원후보자수를 넘는 때에는 그 넘는 의석은 공석으로 한다.

⑥ 중앙선거관리위원회는 비례대표국회의원선거에 있어서 제198조(천·지변 등으로 인한 재투표)의 규정에 의한 재투표 사유가 발생한 경우에는 그 투표구의 선거인수를 전국선거인수로 나눈 수에 비례대표국회의원 의석정수를 곱하여 얻은 수의 정수(1미만의 단수는 1로 본다)를 비례대표국회의원 의석정수에서 뺀 다음 제1항부터 제4항까지의 규정에 따라 비례대표국회의원의석을 배분하고 당선인을 결정한다. 다만, 재투표결과에 따라 의석할당정당이 추가될 것으로 예상되는 경우에는 추가가 예상되는 정당마다 비례대표국회의원 의석정수의 100분의 3에 해당하는 정수(1미만의 단수는 1로 본다)의 의석을 별도로 빼야 한다. 〈개정 2020.1.14.〉

⑦ 비례대표국회의원의 당선인이 결정된 때에는 중앙선거관리위원회위원장은 그 명단을

공고하고 지체없이 각 정당에 통지하며, 당선인에게 당선증을 교부하여야 한다.

⑧ 제187조(대통령당선인의 결정 · 공고 · 통지) 제4항의 규정은 비례대표국회의원당선인의 결정에 이를 준용한다.

제218조【재외선거관리위원회 설치 · 운영】 ① 중앙선거관리위원회는 대통령선거와 임기만료에 따른 국회의원선거를 실시하는 때마다 선거일 전 180일부터 선거일 후 30일까지 「대한민국재외공관 설치법」 제2조에 따른 공관(같은 법 제3조에 따른 분관 또는 출장소를 포함한다.

이하 이 장에서 "공관"이라 한다)마다 재외선거의 공정한 관리를 위하여 재외선거관리위원회를 설치 · 운영하여야 한다. 다만, 대통령의 궐위(闕位)로 인한 선거 또는 재선거는 그 선거의 실시사유가 확정된 날부터 10일 이내에 재외선거관리위원회를 설치하여야 한다.

제218조의4【국외부재자 신고】 ① 주민등록이 되어 있거나 국내거소신고를 한 사람으로서 다음 각 호의 어느 하나에 해당하여 외국에서 투표하려는 선거권자는 대통령선거와 임기만료에 따른 국회의원선거를 실시하는 때마다 선거일 전 150일부터 선거일 전 60일까지(이하 이 장에서 "국외부재자 신고기간"이라 한다) 서면으로 관할 구 · 시 · 군의 장에게 국외부재자 신고를 하여야 한다. 이 경우 외국에 머물거나 거주하는 사람은 공관을 경유하여 신고하여야 한다.

1. 부재자투표기간 개시일 전 출국하여 선거일 후에 귀국이 예정된 사람

2. 외국에 머물거나 거주하여 선거일까지 귀국하지 아니할 사람

제218조의5【재외선거인 등록신청】 ① 주민등록이 되어 있지 아니하고 국내거소신고도 하지 아니한 사람으로서 외국에서 투표하려는 선거권자는 대통령선거와 임기만료에 따른 비례대표국회의원선거를 실시하는 때마다 선거일 전 150일부터 선거일 전 60일까지(이하 이 장에서 "재외선거인 등록신청기간"이라 한다) 공관을 직접 방문하여 중앙선거관리위원회에 재외선거인 등록신청을 하여야 한다.

제218조의8【재외선거인명부의 작성】 ① 중앙선거관리위원회는 선거일 전 49일부터 선거일 전 40일까지 10일간 재외투표관리관이 송부한 재외선거인 등록신청서에 따라 재외선거인명부를 작성한다.

제218조의9【국외부재자신고인명부의 작성】 ① 구 · 시 · 군의 장은 선거일 전 49일부터 선거일 전 40일까지 10일간(이하 이 장에서 "국외부재자신고인명부 작성기간"이라 한다) 중앙선거관리위원회가 송부한 국외부재자신고서와 해당 구 · 시 · 군의 장이 직접 접수한 국외부재자신고서에 따라 국외부재자신고인명부를 작성한다.

제218조의10【재외선거인명부 등의 열람】 ① 중앙선거관리위원회와 구 · 시 · 군의 장(이하 이 장에서 "명부작성권자"라 한다)은 재외선거인명부 및 국외부재자신고인명부(이

하 "재외선거인명부 등"이라 한다)의 작성기간 만료일의 다음 날부터 5일간(이하 이 장에서 "재외선거인명부 등의 열람기간"이라 한다) 장소를 정하여 재외선거인명부 등을 열람할 수 있도록 하여야 한다. 다만, 재외선거인명부는 인터넷 홈페이지에서의 열람에 한한다.

② 선거권자는 누구든지 재외선거인명부 등의 열람기간 중 자유로이 재외선거인명부 등을 열람할 수 있다.

1. 피선거권의 연령

피선연령은 대통령은 40세, 국회의원은 18세, 지방자치단체장과 의원은 18세이다(공직선거법 제16조).

2. 선거권이 없는 자

공직선거법

제18조【선거권이 없는 자】① 선거일 현재 다음 각 호의 어느 하나에 해당하는 자는 선거권이 없다. 〈개정 2015.8.13〉

1. 금치산선고를 받은 자
2. 1년 이상의 징역 또는 금고의 형의 선고를 받고 그 집행이 종료되지 아니하거나 그 집행을 받지 아니하기로 확정되지 아니한 사람. 다만, 그 형의 집행유예를 선고받고 유예기간 중에 있는 사람은 제외한다.
3. 선거범, 「정치자금법」 제45조(정치자금부정수수죄) 및 제49조(선거비용관련 위반행위에 관한 벌칙)에 규정된 죄를 범한 자 또는 대통령 · 국회의원 · 지방의회의원 · 지방자치단체의 장으로서 그 재임중의 직무와 관련하여 「형법」(「특정범죄가중처벌 등에 관한 법률」 제2조에 의하여 가중처벌되는 경우를 포함한다) 제129조(수뢰, 사전수뢰) 내지 제132조(알선수뢰) · 「특정범죄가중처벌 등에 관한 법률」 제3조(알선수재)에 규정된 죄를 범한 자로서, 100만원 이상의 벌금형의 선고를 받고 그 형이 확정된 후 5년 또는 형의 집행유예의 선고를 받고 그 형이 확정된 후 10년을 경과하지 아니하거나 징역형의 선고를 받고 그 집행을 받지 아니하기로 확정된 후 또는 그 형의 집행이 종료되거나 면제된 후 10년을 경과하지 아니한 자(형이 실효된 자도 포함한다)
4. 법원의 판결 또는 다른 법률에 의하여 선거권이 정지 또는 상실된 자

국민투표법

제9조【투표권이 없는 자】투표일 현재 「공직선거법」 제18조의 규정에 따라 선거권이 없는 자는 투표권이 없다. 〈전문개정 2007.5.17〉

> **관련판례** 선박에 장기 기거하는 선원들의 선거권제한을 규정한 공직선거법 제38조 등 위헌확인
> (헌재 2007.6.28. 2005헌마772)
> 이 사건 법률조항이 대한민국 국외의 구역을 항해하는 선박에서 장기 기거하는 선원들이 선거권을 행사를 할 수 있도록 하는 효과적이고 기술적인 방법이 존재함에도 불구하고, 선거의 공정성이나 선거기술상의 이유만을 들어 선거권 행사를 위한 아무런 법적 장치도 마련하지 않고 있는 것은, 국민들의 선거권 행사를 부인할 만한 '불가피한 예외적인 사유'를 인정할 수 없고, <u>선거권을 침해하는 것이다.</u>

공직선거법

제19조【피선거권이 없는 자】선거일 현재 다음 각 호의 어느 하나에 해당하는 자는 피선거권이 없다. 〈개정 2013.12.30, 2014.2.13〉

1. 제18조(선거권이 없는 자)제1항 제1호·제3호 또는 제4호에 해당하는 자
2. 금고 이상의 형의 선고를 받고 그 형이 실효되지 아니한 자
3. 법원의 판결 또는 다른 법률에 의하여 피선거권이 정지되거나 상실된 자
4. 「국회법」 제166조(국회 회의 방해죄)의 죄를 범한 자로서 다음 각 목의 어느 하나에 해당하는 자(형이 실효된 자를 포함한다)
   가. 500만원 이상의 벌금형의 선고를 받고 그 형이 확정된 후 5년이 경과되지 아니한 자
   나. 형의 집행유예의 선고를 받고 그 형이 확정된 후 10년이 경과되지 아니한 자
   다. 징역형의 선고를 받고 그 집행을 받지 아니하기로 확정된 후 또는 그 형의 집행이 종료되거나 면제된 후 10년이 경과되지 아니한 자
5. 제230조 제6항의 죄를 범한 자로서 벌금형의 선고를 받고 그 형이 확정된 후 10년을 경과하지 아니한 자(형이 실효된 자도 포함한다)

국회의원 피선거권 연령 제25세(헌재 2005.4.28. 2004헌마219)
국회의원 피선거권 연령을 25세로 한 공직선거법 제16조는 대의기관의 전문성 확보, 정신적 능력에 대한 요구 등을 고려할 때 <u>입법형성권의 범위 내</u>의 것이다.

선거사범에 대한 피선거권 제한(헌재 1995.12.28. 95헌마196)
선거범으로서 형벌을 받은 자에 대하여 일정 기간 피선거권을 정지시키는 규정 자체는, 선거의 공정성을 해친 선거사범에 대하여 일정 기간 피선거권의 행사를 정지시킴으로써 선거의 공정성을 확보함과 동시에 본인의 반성을 촉구하기 위한 법적 조치로서, 국민의 기본권인 공무담임권과 평등권을 합리적 이유 없이 자의적으로 제한하는 <u>위헌규정이라고 할 수 없다.</u>

3. 선거일

선거일을 법정화하고 있다. 즉, 임기만료일 전 70일 이후 첫 번째 수요일은 대통령, 50일 이후 첫 번째 수요일은 국회의원, 30일 이후 첫째 수요일은 단체장과 지방의원 등의 선거일이다(공직선거법 제34조).

4. 선거운동기간

선거운동은 이 법이 금지하는 경우 이외의 방법으로 가능하며, 선거운동은 선거기간 개시일부터 선거일 전일까지에 한하여 할 수 있다(공직선거법 제59조).

헌재의 태도

1. 헌법재판소는 선거운동기간을 제한하고 있는 대통령선거법 제34조를 합헌이라고 하였고, 선거의 공정을 해할 우려가 없는 선거권을 가진 일반국민에게까지 선거운동을 금지하고 있는 것은 위헌이라고 하였으며, 선거법의 일부가 위헌이라고 하여 그 조항을 적용하여 실시된 대통령선거 자체의 정당성을 상실하는 것은 아니라고 하였다.

2. 헌법재판소는 후보자기호결정방법을 정하고 있는 공직선거 및 선거부정 방지법 제150조 제3항에 대한 위헌심판사건에서, 후보자기호를 결정함에 있어 다수의석을 가진 정당후보자는 상순위의 기호를 부여받게 되므로, 선거운동기간 개시 전이라도 자신의 기호를 알 수 있어 선거운동에 있어서 무소속후보자에 비하여 유리한 면이 있으나, 정당후보자에게 우선순위의 기호를 부여하는 제도는 정당제도의 존재의의에 비추어 목적이 정당하다 할 것이며, <u>정당·의석을 우선함에 있어서도 국회에 의석을 가진 정당의 후보자, 의석이 없는 정당의 후보자, 무소속후보자의 순으로 하고, 국회에 의석을 가진 정당후보자 사이에는 의석순으로 하며, 의석이 없는 정당후보자 및 무소속후보자 사이의 순위는 정당명 또는 후보자성명의 '가, 나, 다'순 등 합리적 기준에 의하고 있으므로</u> 방

5. 선거별 선거기간

대통령선거는 23일, 국회의원선거와 지방자치단체의 장 선거는 14일, 지방의회 의원선거는 14일이다(공직선거법 제33조).

6. 선거운동을 할 수 없는 자

다음의 자는 선거운동을 할 수 없다. 대한민국 국민이 아닌 자, 미성년자(19세 미만의 자), 선거권이 없는 자, 공무원, 향토예비군 중대장급 이상의 간부, 통·리·반의 장 및 주민자치위원회위원, 바르게살기운동협의회, 새마을운동협의회, 한국자유총연맹 등은 선거운동을 할 수 없다(공직선거법 제60조).

7. 호별방문의 금지

선거운동이나 입당을 권유하기 위하여 호별로 방문할 수 없다(공직선거법 제106조).

8. 여론조사의 결과공표금지

후보자나 정당명의로 된 여론조사를 금지하고 있으며(선거일 전 60일~선거일까지), 여론조사(모의 및 인기투표 포함)의 경위와 그 결과를 공표하거나 인용하여 보도할 수 없도록(선거일 전 6일부터 선거일의 투표마감시각까지) 하고 있다(공직선거법 제108조).

관련판례 헌재의 태도

헌법재판소는 선거일공고일부터 선거일까지에는 선거에 관하여 정당에 대한 지지도나 당선인을 예상하게 하는 여론조사의 경위와 그 결과를 공표하여서는 아니 된다고 규정한 대통령선거법 제65조에 대한 위헌심판사건에서, 여론조사는 간접적이나마 국가정책에 참여할 수 있고, 선거와 관련하여 예비선거의 기능을 수행하고, 무엇보다도 국민으로 하여금 선거에 대하여 높은 관심을 갖도록 하는 구실을 하나, 선거에 관한 여론조사가 공표되면, 투표자로 하여금 승산이 있는 쪽으로 가담하도록 만드는 이른바 밴드왜곤효과(Bandwagon Effect)나 이와 반대로 불리한 편을 동정하여 열세에 놓여 있는 쪽으로 기울게 하는 이른바 열세자효과(Underdog Effect)를 나타낼 수 있는 바, 여론조사는 불공정·부정확하게 행하여지기가 쉽고, 선거의 공정성을 결정적으로 해칠 가능성이 높으므로, 선거일공고일 이후부터는 선거에 관한 <u>여론조사 결과의 공표를 금지하고 있다 하여도 위헌이라고 할 수 없다</u>고 하였다.

9. 벌칙

1) 선거비용의 초과지출의 경우, 징역 또는 100만원 이상의 벌금을 받은 경우, 선거사무장 등의 선거범죄의 경우에도 당선을 무효화시킨다.

2) 징역형 또는 집행유예 후 10년, 100만원 이상의 벌금 후 5년간은 공무담임권을 제한한다.

관련판례

공직선거 및 선거부정방지법 제56조 제1항 제2호 등에 대한 위헌결정(헌재 2001.7.19. 2000헌마91·2000헌마112·2000헌마134 병합)

【주문】
1. 공직선거 및 선거부정방지법 제56조 제1항 제2호, 제57조 제1항 제1호 중 지역구국회의원선거에 관한 부분, 동조 제2항 중 지역구국회의원후보자의 득표수가 동조 제1항 제1호의 득표수에 미달되는 때에는 기탁금을 국가에 귀속하도록 한 부분, 제189조 제1항 내지 제7항은 헌법에 위반된다.
2. 위 같은 법 제146조 제2항 중 "1인 1표로 한다" 부분은 국회의원선거에 있어 지역구국회의원선거와 병행하여 정당명부식 비례대표제를 실시하면서도 별도의 정당투표를 허용하지 않는 범위에서 헌법에 위반된다.

【기탁금조항의 위헌성】
1. 기탁금의 위헌성: 기탁금의 액수는 불성실한 입후보를 차단하는 데에 필요한 최소한으로 정해야 지, 진지한 자세로 입후보하려는 국민의 피선거권을 제한하는 정도여서는 아니 되며, 기탁금 반환 및 국고귀속의 기준 또한 진지한 입후보자의 피선거권을 위축시키지 않도록 필요한 최소한도 내에서 설정되어야 한다. 한편 현행 <u>공선법 제56조 제1항 제2호는 국회의원 후보자등록을 신청하는 후보자로 하여금 2천만원을 기탁금으로 납부하도록</u> 하고 있는데, 이 금액은 평균적인 일반국민의 경제력으로는 피선거권 행사를 위하여 손쉽게 조달할 수 있는 금액이라고 할 수 없다. 결국 공선법은 국회의원선거에 입후보함에 있어 300인 이상 500인 이하의 선거권자의 추천을 받도록 하고 있는바, 불성실한 입후보를 저지할 수 있는 이러한 합리적이고 유효적할 수단에 더하여 이중으로 <u>고액의 기탁금을 요구하는 것은 입후보의 자유에 대한 과잉규제이다.</u>
2. 기탁금 반환 및 국고귀속 조항의 위헌성: 선거는 당락을 결정하여 당선자를 가리기 위한 제도 만은 아니고, 낙선한 후보자라고 하여 결과적으로 '난립후보'라 보아 제재를 가하여서는 안되므로

기탁금 반환의 기준으로 득표율을 사용하고자 한다면 그 기준득표율은 유효투표총수의 미미한 수준에 머물러야 한다. 그런데 공선법 제57조 제1항·제2항은 <u>지역구국회의원선거에 있어 후보자의 득표수가 유효투표총수를 후보자수로 나눈 수 이상이거나 유효투표총수의 100분의 20 이상인 때에 해당하지 않으면 기탁금을 반환하지 아니하고 국고에 귀속시키도록 하고 있다.</u> 이러한 기준은 과도하게 높아 진지한 입후보희망자의 입후보를 가로막고 있으며, 또한 일단 입후보한 자로서 진지하게 당선을 위한 노력을 다한 입후보자에게 선거결과에 따라 <u>부당한 제재를 가하는 것이다.</u>

【비례대표국회의원 의석배분방식 및 1인 1표제의 위헌성】
공선법 제189조 제1항은 위와 같은 이유로 헌법에 위반되며, 공선법 제146조 제2항 중 "1인 1표로 한다" 부분은 국회의원선거에 있어 지역구 국회의원선거와 병행하여 정당명부식 비례대표제를 실시하면서도 별도의 정당투표를 허용하지 않음으로써, 제189조 제1항과 결합하여 위와 같은 위헌의 문제를 일으킨다. 위 공선법조항들의 위와 같은 위헌성으로 인하여 <u>첫째, 유권자인 국민들의 비례대표국회의원 선거권이 침해되고, 둘째, 무소속후보자에 대하여 투표하는 유권자들의 평등권이 침해된다.</u>

헌재의 태도
1. 헌법재판소는 무소속후보자에게만 선거권자의 추천을 받도록 한 것이 정당후보자와의 불합리한 차별이 아니며, 선거운동개시일 전에 정당의 당원교육을 허락하고 있는 것과 정당의 당사에 선전물의 설치를 허용하고 있는 것을 불합리한 차별이라고 할 수 없고, <u>후원회의 설립을 정당, 국회의원, 국회의원입후보등록자에게만 허용하고 국회의원입후보예정자에게는 허락하지 않는 것도 합리적 차별이므로 합헌</u>이라고 보아 청구를 기각하였다.
2. 헌법재판소는 지방자치단체의 피선자격으로 90일간의 거주요건을 규정하고 있는 공선법 제16조 제3항에 대한 위헌심판사건에서, <u>최소한 90일간 주민등록이 되어 있을 것을 피선거권의 요건으로 정한 것은 합헌</u>이라고 하였다.
3. 헌법재판소는 <u>선거운동에 이용할 목적으로 금품을 제공하는 것을 처벌하고 있는 공직선거 및 선거부정 방지법 제230조 제1항 제3호</u>에 대한 위헌심판사건에서, 모든 행위에 대하여 아무런 시기 등의 제한이 없이 처벌토록 규정하고 있는 결과, 죄형법정주의에 위반되지 않는가 하는 의문이 있으나 '선거운동에 이용할 목적'이 있는 경우에 한하여 처벌대상으로 하고 있고 제공대상자도 기관·단체·집회 등 선거의 공정을 해칠 우려가 높은 경우에 한하고 있으므로 합헌이라고 하였다.
4. 헌법재판소는 20세 이상의 국민만 선거권을 행사할 수 있도록 규정하고 있는 공선법 제15조에 대하여 헌법소원을 청구한 사건에서, 헌법은 제24조에서 선거권 연령의 구분을 입법자에게 위임하고 있고, 선거권과 공무담임권의 연령을 어떻게 규정할 것인가는 입법자의 재량에 속하는 것인바, <u>선거권연령을 공무담임권의 연령인 18세와 달리 20세로 규정한 것은 입법부에 주어진 합리적인 재량의 범위를 벗어난 것으로 볼 수 없다</u> 하여 기각하였다.
5. 헌법재판소는 <u>정당 또는 같은 정당의 추천을 받은 후보자들에게만 2 이상의 구·시·군 또는 선거구에 걸쳐 한 장소에서 공동으로 연설회(공동연설회)를 개최할 것을 허용하고 무소속후보자들에게는 이를 허용하지 않는 공선법 제77조 제3항</u>에 대하여 헌법소원심판을 청구한 사건에서, 동일 정당에 의해 추천되는 후보자들은 정견·공약·선거전략 등의 점에서 많은 공통점을 가지고 있을 것이므로 이중지출이나 비용을 절감하기 위함이며, 공통성의 요소를 타정당소속 후보자 간 또는 무소속후보자 간에는 특별한 사정이 없는 한 찾아볼 수 없으므로 합리성이 인정된다고 하여 합헌이라고 하였다.

6. 헌법재판소는 선거범과 다른 죄의 경합범을 선거범으로 간주하도록 한 공직선거 및 선거부정 방지법 제18조 제3항에 대한 위헌심판사건에서, 공정한 선거문화를 정착시킬 목적으로 선거범과 다른 죄와의 경합범을 선거범으로 의제하는 규정을 두었는데, 합리적인 이유와 근거가 있다 할 것으로, 입법부에 주어진 합리적인 재량의 한계를 벗어난 것으로 볼 수도 없다고 하였다.

국회의원 기탁금(헌재 2003.8.21. 2001헌마687)

1. 지역구국회의원선거의 기탁금을 1,500만원으로 정한 것이 청구인들의 공무담임권 등을 침해하는지 여부(소극): 우리나라의 산업별 상용종업원의 월평균임금에 비추어 볼 때도 1,500만원의 기탁금은 다른 재산이 전혀 없는 통상적인 평균임금을 수령하는 도시근로자가 그 임금을 6개월 정도, 금융·보험업에 종사하는 근로자의 경우에는 3개월 정도 저축하면 마련할 수 있는 정도의 금액에 해당하는 것으로 나타나고 있어 과다한 금액의 설정이라고 단정하기도 어렵다.

2. 지역구국회의원선거의 기탁금반환기준을 유효투표총수의 100분의 15 이상으로 정한 것이 청구인들의 공무담임권 등을 침해하는지 여부(소극): 기탁금제도의 대안으로서 유권자추천제도를 실시할 경우에 후보자난립을 방지할 정도에 이르는 유권자의 추천수, 역대 선거에서의 기탁금반환비율의 추이, 기탁금반환제도와 국고귀속제도의 입법취지 등을 감안하며, 유효투표총수를 후보자수로 나눈 수 또는 유효투표총수의 100분의 15 이상으로 정한 기탁금 반환기준은 입법자의 기술적이고 정책적 판단에 근거한 것으로 현저히 불합리하거나 자의적인 기준이라고 할 수 없다.

낙선운동금지(헌재 2001.8.30. 2000헌마121)

낙선운동은 상대후보자를 비방하는데 악용될 우려가 있어 선거의 공정성을 해할 우려가 있으므로 낙선운동을 선거운동으로 규정하여 이를 규제하는 것은 불가피하다. 시민단체가 공직선거법 제53조 제1항 단서 제3호에 의하여 정당의 후보자 추천에 관한 단순한 지지, 반대의 의견개진 및 의사표시를 할 수 있으므로 공직선거 후보자에 대한 객관적 자료를 제공하여 국민의 알 권리를 충족시키고 유권자의 대표자 선택을 도울 수 있는 길을 열어두고 있으므로 정치적 의사표현의 자유를 최소화하고 있다. 또한 표현의 자유에 대한 제한과 선거의 공정이라는 공익 사이의 균형이 유지되고 있으므로 낙선운동을 선거운동에 포함시키고 있는 공직선거법 제58조 제1항은 의사표현의 자유를 침해한 것이라 할 수 없다.

정당, 후보자, 선거사무장, 선거연락소장, 선거운동원 또는 연설원이 아닌 자의 선거운동을 금지한 구 대통령선거법 제36조(헌재 1994.7.29. 93헌가4·6(병합))

전 국민에 대하여 원칙적으로 선거운동을 금지하고 법이 정한 자에 한하여 선거운동을 할 수 있도록 한 이 사건 법률조항은 기본권 제한은 최소한도에 그쳐야 한다는 기본권 제한의 한계원칙에 위배된 것이라고 아니할 수 없다.

국민건강보험공단 상근 임직원의 선거운동을 금지한 공직선거법 제60조 제1항 제9호(헌재 2004.4.29. 2002헌마467)

국민건강보험공단의 직원들은 건강보험 가입자와 그 피부양자에 대한 여러 가지의 개인정보, 즉 세대의 주소지와 성별·연령별 구성, 세대원의 직업 및 재산상태(임금, 부동산 및 자동차의 소유 여부, 사업자등록 여부 등) 등에 대한 구체적 정보를 지득하고 있어 만일 이들에게 직접 선거운동에 참가하도록 허용할 경우 위와 같은 막대한 정보를 유출하여 전국적 규모의 방대한 조직과 함께 선거에 이용할 가능성이 크다 할 것이다. 따라서 국민건강보험공단 상근 직원의 선거운동금지를 통하여 실현하려는 선거의 공정성 확보라는 공익과 제한되는 표현의 자유 사이에 현저한 불균형이 있다고 볼 수 없다. 헌법재판소는 이 사건 법률조항을 합헌으로 본 바 있으나 법개정으로 국민건강보험공단 상근 임직원의 선거운동금지는 폐지되었다.

단체의 선거운동금지

1. 단체의 선거운동을 허용한다면 전체 국민의 이익을 대변해야 할 국회의원이 특정 단체의 이익을 대변하게 될 가능성이 높아 대의제 민주주의와도 어울릴 수 없을 뿐더러 정치활동을 하는 단체의 난립으로 공정한 선거를 해할 우려가 크므로 단체의 선거운동을 금지를 통하여 실현하려는 공익이 제한되려는 기본권의 가치보다 우월하므로 정당을 제외한 모든 단체의 선거운동을 금지한 공직선거법 제87조는 표현의 자유를 침해하는 것은 아니다(헌재 1995.5.25. 95헌마105).
2. 헌법 제33조가 노동조합에 관해서는 일반결사체보다 특별한 보호를 하고 있으므로 노동조합의 선거운동을 허용하면서 다른 단체의 선거운동을 금지한 공직선거법 제87조 단서가 헌법 제33조에 근거하여 노동조합과 일반 결사인 단체에 대하여 그 보호와 규제를 달리하더라도 합리적 차별로 보아야 한다(헌재 1999.11.25. 98헌마41).

선거운동으로서 2인을 초과하여 거리를 행진하는 행위 및 연달아 소리지르는 행위를 금지하는 공직선거 및 선거부정방지법 제105조 제1항 제1호와 제3호가 선거운동의 자유를 침해하는지 여부(헌재 2006.7.27. 2004헌마215)

후보자들 간의 치열한 경쟁이 전개되는 선거의 현실에서 행진과 연호행위를 무제한으로 허용할 경우 선거운동의 부당한 경쟁을 초래하여 후보자들 간의 경제력의 차이에 따른 불균형이 두드러지게 될 뿐만 아니라 무분별한 흑색선전으로 인하여 선거의 평온과 공정이 심각한 위협을 받게 될 것이고, 법이 정한 여타의 금지규정을 회피하는 수단으로까지 이용되는 등 폐해가 발생할 우려가 큰 자명하므로 이에 대한 적절한 제한은 참된 의미의 선거의 자유와 공정을 보장하기 위한 제도적 장치로서의 의미를 가지므로 이 사건 행진 및 연호조항은 헌법에 위반되지 않는다.

선거사무장이 선거법 위반으로 징역형 선고받을 경우 당선무효(대판 1997.7.11. 96도3451)

선거사무장 또는 회계책임자가 기부행위를 한 죄로 징역형을 선고받는 경우에 그 후보자의 당선이 무효로 되는 것은 공직선거 및 선거부정 방지법 제265조의 규정에 의한 것일 뿐이고, 그들에 대하여 징역형을 선고하는 것이 연좌제를 금지한 헌법 위반이라고 할 수는 없다.

공직선거법 제250조 제1항 위헌소원(헌재 2009.3.26. 2007헌바72)

헌법재판소 전원재판부는 2009년 3월 26일 선전문서 기타의 방법으로 후보자에게 유리하도록 후보자의 재산에 관하여 허위의 사실을 공표하거나 공표하게 한 자를 처벌하는 공직선거법 제250조 제1항에 대하여 재판관 전원일치의 의견으로 죄형법정주의의 명확성 원칙에 반하지 아니하여 헌법에 위반되지 아니한다는 결정을 선고하였다.

공직선거법 제26조 제1항 별표2 위헌확인(헌재 2018.6.28. 2014헌마189)

현시점에서 선택 가능한 방안으로 인구편차 상하 33⅓%(인구비례 2 : 1)를 기준으로 하는 방안 또는 인구편차 상하 50%(인구비례 3 : 1)를 기준으로 하는 방안이 고려될 수 있다. 인구편차의 허용기준을 엄격히 하면 행정구역을 분할하거나 기존에 존재하던 선거구를 다른 선거구와 통합하거나 시ㆍ도의원의 총 정수를 증가시키는 등의 방법으로 시ㆍ도의원지역구를 조정하여야 하는데, 이를 위해서는 조정안이 여러 분야에 미치게 될 영향에 대하여 면밀히 검토한 후 부정적인 영향에 대한 대책을 마련하고, 어떠한 조정안을 선택할 것인지에 관하여 사회적 합의를 형성할 필요가 있으므로, 인구편차 상하 60%의 기준에서 곧바로 인구편차 상하 33⅓%의 기준을 채택하는 경우 예기치 않은 어려움에 봉착할 가능성이 매우 큰 점도 고려되어야 한다. 그렇다면 현재의 시점에서 시·도의원지역구 획정과 관련하여 헌법이 허용하는 인구편차의 기준을 인구편차 상하 50%(인구비례 3 : 1)로 변경하는 것이 타당하다.

시·도의원 지역구의 인구편차 허용기준 사건(헌재 2019.2.28. 2018헌마415)
헌법재판소는 2019년 2월 28일 재판관 전원일치 의견으로, 공직선거법 제26조 제1항 [별표 2] 시·도의회의원지역선거구구역표 중 "인천광역시 서구 제3선거구", "경상북도 경주시 제1선거구"부분은 인구편차 상하 50%를 벗어나 청구인들의 선거권과 평등권을 침해하므로, 위 [별표 2] 시·도의회의원지역선거구구역표 중 인천광역시의회의원지역선거구들 부분과 경상북도의회의원지역선거구들 부분에 대하여 위헌선언을 하되, 2021. 12. 31.을 시한으로 개정될 때까지 계속 적용한다는 결정을 선고하였다. [헌법불합치]

공직선거법 제60조 제1항 단서 위헌확인(헌재 2009.3.26. 2006헌마526)
헌법재판소 전원재판부는 2009년 3월 26일 관여 재판관 전원일치된 의견으로 공직선거법 제60조 제1항 제4호 중 '예비후보자의 배우자인 공무원에 대하여 선거운동을 금지하는 부분'에 대한 위헌심판 청구에 대하여 심판청구를 기각한다는 결정을 선고하였다.
공직선거법이 다른 직계가족이 배우자에게 허용된 선거 등을 할 수 있도록 함으로써 그 기본권 제한의 정도를 최소화하고 있으므로 이 사건 법률조항이 청구인의 선거운동의 자유를 침해하는 것이라 할 수 없다는 것이다.

공직선거법 제82조의2 위헌확인(헌재 2009.3.26. 2007헌마1327)
헌법재판소 전원재판부는 2009년 3월 26일 관여 재판관 7(기각): 1(인용)의 의견으로 선거방송 대담토론회 참가기준으로 여론조사 평균지지율 100분의 5를 요구하고 있는 공직선거법 제82조의2 제4항 제1호 및 제3호의 다목이 헌법에 위반되지 않는다고 하여 기각결정을 선고하였다.

공직선거법 제112조 제1항 등 위헌소원(헌재 2009.4.30. 2007헌바29)
헌법재판소 전원재판부는 2009년 4월 30일 공직선거법 제113조, 제257조가 기부행위 제한와 관련하여 규정하고 있는 '연고가 있는 자' 및 '후보자가 되고자 하는 자' 부분이 죄형법정주의의 명확성 원칙에 위배되지 아니하며, 기부행위 제한기간을 폐지하고 상시제한 하도록 한 것이 과잉금지 원칙에 위반하여 행복추구권 등 관련 기본권을 침해하지 아니하므로 헌법에 위반되지 아니한다는 결정을 선고하였다.

공직선거 및 선거부정방지법 제53조 제3항 위헌소원사건(헌재 2003.9.25. 2003헌마106 - 위헌)
【이 사건 조항의 위헌 여부(단체장의 지역구국회의원선거 입후보 시 선거일 전 180일까지 사퇴)】
1. 평등권 침해 여부(적극): 이 사건 규정을 통해 지방자치단체의 장의 사퇴시한을 다른 공무원에 비하여 훨씬 앞당겨야 할 합리적인 이유를 발견하기 어려우므로, 이 사건 조항은 지방자치단체의 장을 합리적 이유 없이 차별하는 것이라 할 것이다.
2. 공무담임권 침해 여부(적극): 먼저, 민주주의에서 선거의 공정성 확보는 국가가 입법을 통하여

추구할 수 있는 정당한 공익이고 지방자치단체장의 직무전념성 확보 역시 기본권 제한입법이 추구할 수 있는 입법목적에 해당하는 것이므로, 이 사건 조항의 입법목적은 정당하다. 또한, 지방자치단체의 장의 사퇴시기를 앞당기면 앞당길수록 선거의 공정을 해칠 위험성이 줄어들 것이라는 입법자의 판단은 수긍할 수 있는 것이므로, 이 사건 조항이 입법목적 달성을 위해 선택한 수단의 적정성은 일응 긍정된다.

그러나 이 사건 조항이 침해최소성과 법익균형성요건을 갖추었다고 볼 수는 없다.

공직선거법 제200조 제2항 단서 위헌확인(헌재 2009.6.25. 2007헌마40)

헌법재판소 전원재판부는 2009년 6월 25일 관여 재판관 8(위헌): 1(합헌)의 의견으로 비례대표지방의회위원에 궐원이 생긴 때에 비례대표지방의회의원후보자명부에 의한 승계원칙의 예외를 규정한 공직선거법 제200조 제2항 단서 중 '비례대표지방의회의원 당선인이 제264조(당선인의 선거범죄로 인한 당선무효)의 규정에 의하여 당선이 무효로 된 때' 부분은 대의제민주주의 원리 및 자기책임의 원리에 부합하지 않는 것으로서 궐원된 위원이 소속한 정당의 비례대표지방의회위원후보자명부상의 차순위후보자의 공무담임권을 침해한다는 이유로 위 법률조항 부분이 헌법에 위반된다고 결정하였다.

▶ 공직선거법(2005.8.4. 법률 제7681호로 개정된 것)

제200조【보궐선거】② 비례대표국회의원 및 비례대표지방의회위원에 궐원이 생긴 때에는 선거구선거관리위원회는 궐원통지를 받은 후 10일 이내에 그 궐원된 의원이 그 선거 당시에 소속한 정당의 비례대표국회의원후보자명부 및 비례대표지방의회의원후보자명부에 기재된 순위에 따라 궐원된 국회의원 및 지방의회의원의 의석을 승계할 자를 결정하여야 한다. 다만, 제264조(당선인의 선거범죄로 인한 당선무효)의 규정에 의하여 당선이 무효로 되거나 그 정당이 해산된 때 또는 임기만료일 전 180일 이내에 궐원이 생긴 때에는 그러하지 아니하다.

공직선거법 제200조 제2항 단서 위헌확인(헌재 2009.6.25. 2008헌마413)

헌법재판소 전원재판부는 2009년 6월 25일 관여 재판관 4(위헌): 3(헌법불합치): 2(합헌)의 의견으로 비례대표국회의원에 궐원이 생긴 때에 비례대표국회의원후보자명부에 의한 승계원칙의 예외를 규정한 공직선거법 제200조 제2항 단서 중 '임기만료일 전 180일 이내에 비례대표국회의원에 궐원이 생긴 때' 부분은 대의제 민주주의 원리에 부합하지 않는 것으로서 궐원된 의원이 소속한 정당의 비례대표국회의원후보자명부상의 차순위 후보자의 공무담임권을 침해하여 헌법에 위반되는 것이지만, 입법자의 입법형성권을 존중하는 차원에서 헌법불합치 결정을 선고하되 2010.12.31을 시한으로 입법자가 개정할 때까지 계속 적용을 명하였다.

공직선거법 제82조의6 제1항 등 위헌확인 등(헌재 2021.1.28. 2018헌마456등)

【판시사항】

1. 인터넷언론사는 선거운동기간 중 당해 홈페이지 게시판 등에 정당·후보자에 대한 지지·반대 등의 정보를 게시하는 경우 실명을 확인받는 기술적 조치를 하도록 정한 공직선거법 조항(이하 '실명확인 조항'이라 한다) 중 "인터넷언론사" 및 "지지·반대" 부분이 명확성원칙에 위배되는지 여부(소극)

2. 위 실명확인 조항을 비롯하여, 행정안전부장관 및 신용정보업자는 실명인증자료를 관리하고 중앙선거관리위원회가 요구하는 경우 지체 없이 그 자료를 제출해야 하며, 실명확인을 위한 기술적 조치를 하지 아니하거나 실명인증의 표시가 없는 정보를 삭제하지 않는 경우 과태료를 부과하도

록 정한 공직선거법 조항(이하 '심판대상조항'이라 한다)이 게시판 등 이용자의 익명표현의 자유 및 개인정보자기결정권과 인터넷언론사의 언론의 자유를 침해하는지 여부(적극)

【결정요지】
1. 공직선거법 및 관련 법령이 구체적으로 '인터넷언론사'의 범위를 정하고 있고, 중앙선거관리위원회가 설치·운영하는 인터넷선거보도심의위원회가 심의대상인 인터넷언론사를 결정하여 공개하는 점 등을 종합하면 '인터넷언론사'는 불명확하다고 볼 수 없으며, '지지·반대'의 사전적 의미와 심판대상조항의 입법목적, 공직선거법 관련 조항의 규율내용을 종합하면, 건전한 상식과 통상적인 법감정을 가진 사람이면 자신의 글이 정당·후보자에 대한 '지지·반대'의 정보를 게시하는 행위인지 충분히 알 수 있으므로, 실명확인 조항 중 '인터넷언론사' 및 '지지·반대' 부분은 명확성 원칙에 반하지 않는다.
2. 심판대상조항은 정치적 의사표현이 가장 긴요한 선거운동기간 중에 인터넷언론사 홈페이지 게시판 등 이용자로 하여금 실명확인을 하도록 강제함으로써 익명표현의 자유와 언론의 자유를 제한하고, 모든 익명표현을 규제함으로써 대다수 국민의 개인성보사기결정권도 광범위하게 제한하고 있다는 점에서 이와 같은 불이익은 선거의 공정성 유지라는 공익보다 결코 과소평가될 수 없다. 그러므로 심판대상조항은 과잉금지원칙에 반하여 인터넷언론사 홈페이지 게시판 등 이용자의 익명표현의 자유와 개인정보자기결정권, 인터넷언론사의 언론의 자유를 침해한다.

공직선거법 제60조의2 제1항 등 위헌확인(헌재 2011.3.31. 2010헌마314)
헌법재판소는 2011년 3월 31일 재판관 전원의 일치된 의견으로 비례대표 시·도의회의원후보자에게 사전선거운동, 선거벽보 및 선거공보 작성, 공개대담·연설을 허용하지 않는 공직선거법 제60조의2 제1항, 제64조 제2항, 제65조 제1항, 제79조 제1항 중 비례대표 시·도의회의원선거에 관한 부분이 청구인들의 선거운동의 자유, 평등권을 침해하지 않아 심판청구를 기각하는 결정을 선고하였다.

공직선거법 제57조 제1항 제1호 등 위헌확인(헌재 2011.6.30. 2010헌마542)
헌법재판소는 2011년 6월 30일 재판관 5(합헌): 3(위헌): 1(일부위헌)의 의견으로 지역구지방의회의원선거에서도 대통령선거나 지역구국회의원선거와 마찬가지로 유효투표총수의 100분의 15이상의 득표를 기탁금 및 선거비용 전액의 반환 또는 보전의 기준으로, 유효투표총수의 100분의 10 이상 100분의 15 미만의 득표를 기탁금 및 선거비용 반액의 반환 또는 보전의 기준으로 규정한 공직선거법 제57조 제1항 제1호 및 제122조의2 제1항 제1호의 '지역구지방의회의원선거' 중 '기초의회의원선거'에 관한 부분의 위헌확인을 구하는 심판청구에 대하여 이를 기각하는 결정을 선고하였다.

공직선거법 제60조의3 제2항 제1호 위헌확인(헌재 2011.8.30. 2010헌마259)
헌법재판소는 2011년 8월 30일 재판관 5(합헌): 3(위헌)의 의견으로, 예비후보자의 선거운동에서 예비후보자 외에 독자적으로 명함을 교부하거나 지지를 호소할 수 있는 주체를 예비후보자의 배우자와 직계존비속으로 제한한 공직선거법 제60조의3 제2항 제1호가 헌법에 위반되지 아니한다는 결정을 선고하였다. 이는, 명함 본래의 기능에 충실한 방법으로 명함교부 및 지지호소라는 선거운동의 자유를 보장하면서도 선거의 조기과열을 예방하고 예비후보자 간의 정치·경제력 차이에 따른 불균등을 방지하고자 예비후보자와 동일시할 수 있는 배우자와 직계존비속으로 그 주체를 제한한 것으로, 달리 선거운동의 자유를 덜 제한하는 합리적 방안을 찾기도 어렵고, 명함교부 또는 지지호소라는 선거운동 자체를 금지한 것은 아니며 예비후보자를 알릴 수 있는 다른 방법이 있는 점 등을 고려하면, 과잉금지원칙에 위배하여 선거운동의 자유를 침해하는 것은 아니고, 위와 같은 입법목적에 비추어 보면 선거운동을 할 배우자나 직계존비속이 없는 예외적인 경우까지 고려하지 않았다고 하여 명백히 재량권의 한계를 벗어난 입법이라고 할 수 없으므로, 평등권을 침해한 것도 아니라는 것이다.

공직선거법 제265조 위헌확인(헌재 2011.9.29. 2010헌마68)

헌법재판소는 2011년 9월 29일 재판관 4(합헌): 4(위헌)의 의견으로, 배우자가 선거범죄로 300만원 이상의 벌금형을 선고받은 때 그 선거구 후보자의 당선을 무효로 하는 공직선거법 제265조에 대하여 합헌결정을 선고하였다. 이 사건 법률조항 중 '해당 선거' 부분이 명확성의 원칙에 위배하지 않음은 물론, 이 사건 법률조항의 입법 목적, 배우자의 실질적 지위와 역할, 우리 선거의 현실, 배우자에 대한 형사재판절차 등을 고려하면, 연좌제 금지원칙 및 자기책임의 원리, 적법절차원칙, 평등원칙을 위배하는 것도 아니며, 과잉금지원칙에 반하여 청구인의 공무담임권을 침해하는 것도 아니라는 것이다.

공직선거법 제155조 제2항 등 위헌확인(헌재 2012.2.23. 2010헌마601)

헌법재판소는 2012년 2월 23일 관여 재판관 전원의 일치된 의견으로 부재자투표소를 관할구·시·군선거관리위원회 사무소 소재지에 설치하도록 규정한 공직선거법 제148조 제1항 전문 중 "당해 사무소 소재지에" 부분에 대한 심판청구를 각하하고, 부재자투표시간을 오전 10시부터 오후 4시까지로 정하고 있는 공직선거법 제155조 제2항 본문 중 "오전 10시에 열고" 부분은 청구인의 기본권을 침해하므로 헌법에 합치되지 아니하나, 2013.6.30.을 시한으로 입법자의 개선입법이 이루어질 때까지 잠정적으로 적용하도록 하기로 하며, 나머지 심판청구를 기각한다는 결정을 선고하였다.

구 공직선거법 제122조의2 제2항 제3호 위헌소원(헌재 2012.2.23. 2010헌바485)

헌법재판소는 2012년 2월 23일 재판관 7(합헌): 1[한정위헌]의 의견으로, 공직선거법에 위반되는 선거운동을 위하여 지출된 비용을 선거비용 보전지급액에서 제외하는 공직선거법 제122조의2 제2항 제3호 중 '이 법에 위반되는 선거운동을 위하여 지출된 비용' 부분이 헌법에 위반되지 않는다는 결정을 선고하였다.
이 사건 법률조항의 내용이 직접적으로 선거공영제의 취지에 반하는 것이라고 할 수 없고, 선거법규를 철저히 지키도록 하기 위하여 그 위반자에게 일정한 불이익을 가하는 것이 필요하다는 입법자의 판단이 정당하지 않다고 할 수 없으며, 위법사유가 있는 당해 선거운동에 지출된 비용만을 보전하지 않는 것은 과도한 기준설정이라고 보기 어려워 선거공영제의 내용을 결정할 입법형성권의 범위를 벗어났다고 볼 수 없다고 판단한 것이다. 또한 해당선거운동비용을 보전받을 것이라는 청구인의 기대는 법률에서 정한 보전요건을 충족하지 못하여 경제적 가치가 있는 구체적인 권리로 되었다고 볼 수 없는 이상, 이를 재산권의 침해라고 할 수도 없고, 이 사건 법률조항의 입법목적에 비추어 볼 때, 청구인을 다른 위반사유를 저지른 사람들과 같게 취급하는 것이 평등권의 침해라고 볼 수도 없다고 판단하였다.

후보자의 명함교부 주체 관련조항 사건(헌재 2016.9.29. 2016헌마287)

후보자의 배우자가 그와 함께 다니는 사람 중에서 지정한 1명도 명함교부를 할 수 있도록 한 공직선거법 제93조 제1항 제1호 중 제60조의3 제2항 제3호 가운데 '후보자의 배우자가 그와 함께 다니는 사람 중에서 지정한 1명' 부분(이하 '3호 관련조항'이라 한다.)이 평등권을 침해하므로 헌법

에 위반된다는 결정을 선고하였다. [위헌]

ㅇ 또한, 3호 관련조항에서 배우자가 아무런 범위의 제한 없이 함께 다닐 수 있는 사람을 지정할 수 있도록 함으로써, 결과적으로 배우자가 있는 후보자는 배우자 없는 후보자에 비하여 선거운동을 할 수 있는 선거운동원 1명을 추가로 지정하는 효과를 누릴 수 있게 되는바, 이는 헌법 제116조 제1항의 선거운동의 기회균등 원칙에도 반한다.

공직선거법 제65조 제4항 위헌확인(헌재 2014.5.29. 2012헌마913) – 점자형 선거공보 사건

헌법재판소는 2014년 5월 29일 후보자가 시각장애선거인을 위한 점자형 선거공보 1종을 책자형 선거공보 면수 이내에서 작성할 수 있도록 한 공직선거법 제65조 제4항 중 대통령선거에 관한 부분이 청구인의 선거권, 평등권을 침해하지 아니한다는 취지의 결정을 선고하였다.

ㅇ 이와 같은 사정을 종합하여 보면, 비록 심판대상조항이 점자형 선거공보의 작성 여부를 후보자의 임의사항으로 규정하고 그 면수를 책자형 선거공보의 면수 이내로 한정하고 있다고 하여, 이와 같은 입법자의 선거제도 형성이 현저하게 불합리하고 불공정하여 시각장애인의 선거권과 평등권을 침해한 것이라고 볼 수 없다.

공직선거법 제18조 제1항 제2호 위헌확인(헌재 2014.1.28. 2012헌마409) – 집행유예자 수형자 선거권제한 사건

헌법재판소는 2014년 1월 28일 집행유예자와 수형자의 선거권을 제한하는 공직선거법 제18조 제1항 제2호와 형법 제43조 제2항 중 '집행유예기간 중인 자'에 관한 부분은 청구인들의 선거권을 침해하고 헌법 제41조 제1항 및 제67조 제1항이 규정한 보통선거원칙에 위반하여 집행유예자와 수형자를 차별취급하는 것이므로 평등의 원칙에도 어긋나 헌법에 위반되며, 위 조항 중 수형자에 관한 부분은 수형자에게 선거권을 부여하는 구체적인 방안은 입법형성의 범위 내에 있다는 점을 고려하여 헌법에 합치되지 아니한다는 결정을 선언하였다.

ㅁ 이유의 요지

ㅇ 범죄자에게 형벌의 내용으로 선거권을 제한하는 경우에도 선거권 제한 여부 및 적용범위의 타당성에 관하여 보통선거원칙에 입각한 선거권 보장과 그 제한의 관점에서 헌법 제37조 제2항에 따라 엄격한 비례심사를 해야 한다.

ㅇ 그런데 심판대상조항은 집행유예자와 수형자에 대하여 전면적·획일적으로 선거권을 제한하고 있다. 심판대상조항의 입법목적에 비추어 보더라도, 구체적인 범죄의 종류나 내용 및 불법성의 정도 등과 관계없이 이와 같이 일률적으로 선거권을 제한하여야 할 필요성이 있다고 보기는 어렵다. 범죄자의 선거권을 제한할 필요가 있다 하더라도 그가 저지른 범죄의 경중을 전혀 고려하지 않고 수형자와 집행유예자 모두의 선거권을 제한하는 것은 침해의 최소성 원칙에 어긋난다.

ㅇ 심판대상조항에 의해 집행유예자와 수형자의 선거권을 제한함으로써 달성하고자 하는 '중대한 범죄자에 대한 제재나 일반 시민의 법치주의에 대한 존중의식 제고' 등의 공익보다 이로 인하여 침해되는 '집행유예자와 수형자 개인의 사익 또는 민주적 선거제도의 공익적 가치'가 더 크다. 그러므로 심판대상조항은 헌법 제37조 제2항에 위반하여 청구인들의 선거권을 침해하고, 헌법 제41조 제1항 및 제67조 제1항이 규정한 보통선거원칙에 위반하여 집행유예자와 수형자를 차별취급하는 것이므로 평등의 원칙에도 어긋난다.

언론인의 선거운동 금지 사건(공직선거법 제60조 제1항 제5호 위헌제청)(헌재 2016.6.30. 2013헌가)

헌법재판소는 2016년 6월 30일 재판관 7 : 2 의견으로, 언론인의 선거운동을 금지하고 위반 시

처벌하도록 규정한 구 공직선거법 제60조 제1항 제5호 중 '제53조 제1항 제8호에 해당하는 자' 부분, 구 공직선거법 제255조 제1항 제2호 가운데 제60조 제1항 제5호 중 '제53조 제1항 제8호에 해당하는 자'부분이 헌법에 위반된다는 결정을 선고하였다. [위헌]

1) 다른 나라의 입법례를 보더라도, 심판대상조항들과 같이 언론인의 선거운동을 전면적으로 제한 하고 위반 시 처벌하는 제도는 찾아보기 어렵다.

2) 언론기관의 공정보도의무를 부과하고, 언론매체를 통한 활동의 측면에서 선거의 공정성을 해할 수 있는 행위에 대하여는 언론매체를 이용한 보도·논평, 언론 내부 구성원에 대한 행위, 외부의 특정후보자에 대한 행위 등 다양한 관점에서 이미 충분히 규제하고 있으므로 <u>침해의 최소성 원칙 에 위반된다.</u>

3) 심판대상조항들은 개인의 기본권을 중대하게 제한하는 것이고, 공익의 확보에 추가적으로 기여 하는 바는 미미하다는 점에서 <u>법익의 균형성을 충족하지 못한다.</u>

4) 심판대상조항들은 <u>선거운동의 자유를 침해한다.</u>

한국철도공사 상근직원 선거운동 금지 사건(헌재 2018.2.22. 2015헌바124)

헌법재판소는 2018년 2월 22일 재판관 7:2의 의견으로, <u>한국철도공사 상근직원에 대하여 선거운동 을 금지하고 이를 처벌하는 것이 헌법에 위반된다는</u> 결정을 선고하였다. 한국철도공사의 상근직원 은 임원과 달리, 특정 개인이나 정당을 위한 선거운동을 한다고 하여 그로 인한 부작용과 폐해가 일반 사기업 직원의 경우보다 크다고 보기 어렵다. 설령 한국철도공사의 상근직원에게 일정 범위 내에서 선거운동을 제한할 필요성이 인정된다 하더라도, 직급에 따른 업무의 내용과 수행하는 개 별 구체적인 직무의 성격에 대한 검토 없이 일률적으로 모든 상근직원에게 선거운동을 전면적으 로 금지하고 이에 위반한 경우 처벌하는 것은 <u>선거운동의 자유를 지나치게 제한</u>하는 것이다.

예비후보자 기탁금 반환조항 위헌확인 사건(헌재 2018.1.25. 2016헌마541)

헌법재판소는 2018년 1월 25일 재판관 전원 일치 의견으로, 지역구국회의원 예비후보자의 기탁금 반환 사유를 예비후보자의 사망, 당내경선 탈락으로 한정하고 있는 공직선거법(2010. 1. 25. 법률 제9974호로 개정된 것) 제57조 제1항 제1호 다목 중 지역구국회의원선거와 관련된 부분은 <u>헌법에 합치되지 아니하고,</u> 위 법률조항은 2019. 6. 30.을 시한으로 개정될 때까지 계속 적용한다는 결정 을 선고하였다. 예비후보자가 본선거의 정당후보자로 등록하려 하였으나 자신의 의사와 관계없이 정당 공천관리위원회의 심사에서 탈락하여 본선거의 후보자로 등록하지 아니한 것은 후보자 등록 을 하지 못할 정도에 이르는 객관적이고 예외적인 사유에 해당한다. 따라서 이러한 사정이 있는 예비후보자가 납부한 기탁금은 반환되어야 함에도 불구하고, 심판대상조항이 예비후보자에게 기탁 금을 반환하지 아니하는 것은 입법형성권의 범위를 벗어난 과도한 제한이라고 할 수 있다.

공직선거 선거운동 시 확성장치 사용에 따른 소음 규제기준 부재 사건(헌재 2019.12.27. 2018헌마 730)

헌법재판소는 2019년 12월 27일 재판관 7 : 2의 의견으로, 전국동시지방선거의 선거운동 과정에서 후보자들이 확성장치를 사용할 수 있도록 허용하면서도 그로 인한 소음의 규제기준을 정하지 아 니한 공직선거법(2010. 1. 25. 법률 제9974호로 개정된 것) 제79조 제3항 제2호 중 '시·도지사 선거' 부분, 같은 항 제3호 및 공직선거법(2005. 8. 4. 법률 제7681호로 개정된 것) 제216조 제1항 은 <u>헌법에 합치되지 아니하고,</u> 위 각 법률조항은 2021. 12. 31.을 시한으로 개정될 때까지 계속 적 용된다는 결정을 선고하였다.

인터넷언론사에 대해 선거일 전 90일부터 선거일까지 후보자 명의의 칼럼 등을 게재하는 보도를 제한하는 '인터넷선거보도 심의기준 등에 관한 규정'조항에 관한 위헌소원 사건(헌재 2019.11.28. 2016헌마90)

헌법재판소는 2019년 11월 28일 인터넷언론사에 대해 선거일 전 90일부터 선거일까지 후보자 명의의 칼럼 등을 게재하는 것을 제한하는 구 '인터넷선거보도 심의기준 등에 관한 규정'(2011. 12. 23. 인터넷선거보도심의위원회 훈령 제9호로 제정되고, 2017. 12. 8. 인터넷선거보도심의위원회 훈령 제10호로 개정되기 전의 것) 제8조 제2항 본문과 그 현행 규정 제8조 제2항이 헌법에 위반된다고 결정하였다.

○ 이 사건 시기제한조항은 선거의 공정성을 해치지 않는 보도까지 광범위하게 제한하고 있다. 반면, 이 사건 시기제한조항의 내용이 인터넷언론의 특성을 고려하지 않고 있어 그로 인해 달성되는 공익의 수준은 그리 높지 않다. 그러므로 이 사건 시기제한조항은 법익의 균형성원칙에도 반한다.

○ 결국 이 사건 시기제한조항은 과잉금지원칙에 반하여 청구인의 표현의 자유를 침해한다.

지방자치단체의 장 선거의 예비후보자에 대한 기탁금 반환 사유에 관한 구 공직선거법 조항에 관한 위헌제청 사건(헌재 2020.9.24. 2018헌가15 – 헌법불합치)

헌법재판소는 2020년 9월 24일 재판관 전원일치 의견으로, 지방자치단체의 장선거의 예비후보자에 대한 기탁금 반환 사유를 제한한 구 공직선거법(2010. 1. 25. 법률 제9974호로 개정되고, 2020. 3. 25. 법률 제17127호로 개정되기 전의 것) 제57조 제1항 중 제1호 다목의 '지방자치단체의 장선거'에 관한 부분은 헌법에 합치되지 아니한다는 결정을 선고하였다.

○ 정당의 추천을 받고자 공천신청을 하였음에도 정당의 후보자로 추천받지 못한 예비후보자가 납부한 기탁금은 반환되어야 하므로, 예비후보자에게 기탁금을 반환하지 아니하는 것은 입법형성권의 범위를 벗어난 과도한 제한이라고 할 수 있으므로 침해최소성에 어긋난다. 심판대상조항은 과잉금지원칙에 반하여 청구인의 재산권을 침해한다.

군의 장의 선거의 예비후보자등록 신청기간을 선거기간개시일 전 60일로 제한하는 공직선거법 조항에 관한 위헌확인 사건(헌재 2020.11.26. 2018헌마260 – 기각)

헌법재판소는 2020년 11월 26일 재판관 전원일치 의견으로, 군의 장의 선거의 예비후보자가 되려는 사람은 그 선거기간개시일 전 60일부터 예비후보자등록 신청을 할 수 있다고 규정한 공직선거법(2010. 1. 25. 법률 제9974호로 개정된 것) 제60조의2 제1항 제4호 중 '군의 장의 선거' 부분이 헌법에 위반되지 않는다는 결정을 선고하였다.

공직선거법상 기부행위금지 및 허위사실공표금지에 관한 사건(헌재 2021.2.25. 2018헌바223 – 합헌)

헌법재판소는 2021년 2월 25일 재판관 전원일치 의견으로, 공직선거의 후보자가 되고자 하는 자가 기부행위를 하는 것을 처벌하도록 정한 공직선거법 제113조 제1항 중 '후보자가 되고자 하는 자'에 관한 부분, 제257조 제1항 제1호 가운데 제113조 제1항 중 '후보자가 되고자 하는 자'에 관한 부분, 후보자가 당선될 목적으로 자신의 행위에 관하여 허위사실을 공표하는 것을 처벌하도록 정한 공직선거법 제250조 제1항 중 '당선될 목적으로 기타의 방법으로 후보자에게 유리하도록 후보자의 행위에 관하여 허위의 사실을 공표한 자'에 관한 부분이 헌법에 위반되지 아니한다는 결정을 선고하였다.

○ 이 사건 기부행위금지 조항

선거의 공정이 훼손되는 경우 후보자 선택에 관한 민의가 왜곡되고 그로 인하여 민주주의 제도

자체가 위협을 받을 수 있는 반면, 앞서 살핀 바와 같이 금지되는 기부행위가 일정 범위로 제한되므로 법익의 균형성 요건 또한 준수하였다. 결국 이 사건 기부행위금지 조항은 과잉금지원칙에 위배되지 않는다.
ㅇ 이 사건 허위사실공표금지 조항
이 사건 허위사실공표금지 조항은 과잉금지원칙에 위배되지 않으므로 선거운동의 자유 내지 정치적 표현의 자유를 침해하지 않는다.

VI. 선거에 관한 소송

1. 선거소청

지방의회의원 및 자치단체장선거에 있어 선거의 효력을 다투는 경우에는 선거인, 정당, 후보자는 14일 이내에 당해 선거관리위원회위원장을 피소청인으로 하여 지역구 시·도의원선거, 자치구·시·군의원선거 및 자치구·시·군의 장 선거에 있어서는 시·도선거관리위원회에, 비례대표시·도의원선거 및 시·도지사선거에 있어서는 중앙선거관리위원회에 소청할 수 있고, 당선의 효력을 다투는 경우에는 정당, 후보자는 14일 이내에 당선인 또는 선거관리위원회위원장을 피소청인으로 하여 지역구 시·도의원선거, 자치구·시·군의원선거 및 자치구·시·군의 장 선거에 있어서는 시·도선거관리위원회에, 비례대표시·도의원선거 및 시·도지사선거에 있어서는 중앙선거관리위원회에 소청할 수 있다(공직선거법 제219조·제223조).

2. 선거소송

선거의 효력을 다투는 경우에는 선거인, 정당, 후보자는 선거구선거관리위원회위원장을 피고로, 대통령선거와 국회의원선거의 경우는 30일 이내에(기타는 10일 이내), 대통령선거, 국회의원선거, 시·도지사선거소송, 시·도의원(비례대표)선거소송은 대법원에(기타 선거소송은 고등법원에) 선거소송을 제기할 수 있다(제222조).

3. 당선소송

당선소송은 당선의 효력을 다투는 것이므로 선거소송과 달리, 선거인에게 원고적격을 인정하지 않는다.
정당, 후보자는 대통령선거의 경우에는 당선인 또는 중앙선거관리위원회위원장 또는 국회의장을 피고로, 국회의원선거의 경우에는 당선인(또는 선거관리위원회위원장)을 피고로 대법원에 소를 제기할 수 있다(제223조).

당선인이 사퇴, 사망한 경우에는 대통령선거의 경우는 법무부장관을, 기타의 경우는 관할고등검찰청 검사장을 피고로 한다.

▶ 대통령, 국회의원, 시·도지사, 시·도의원(비례대표)의 선거(당선)소송은 대법원의 단심이다. 시·군·구의원, 시·군·구의 장, 시·도의원(지역구)의 선거(당선)소송은 고등법원으로 간다(2심제).

4. 선거에 관한 소송

선거에 관한 소송은 사유가 발생한 날로부터 10일 또는 30일(대통령, 국회의원의 경우) 이내에 제소하여야 하며, 관할법원은 제소일로부터 180일 이내에 처리하여야 한다.

선거관리위원회 또는 법원은 선거쟁송에 있어서 선거에 관한 규정에 위반된 사실이 있는 때에도, 선거결과에 영향을 미쳤다고 인정하는 때에 한하여, 선거의 무효 또는 당선의 무효를 결정하거나 판결한다(사정판결)(공직선거법 제224조).

공직선거법

제219조【선거소청】① 지방의회의원 및 지방자치단체의 장의 선거에 있어서 선거의 효력에 관하여 이의가 있는 선거인·정당(후보자를 추천한 정당에 한한다. 이하 이 조에서 같다) 또는 후보자는 선거일부터 14일 이내에 당해 선거구선거관리위원회위원장을 피소청인으로 하여 지역구시·도의원선거, 자치구·시·군의원선거 및 자치구·시·군의 장 선거에 있어서는 시·도선거관리위원회에, 비례대표시·도의원선거 및 시·도지사선거에 있어서는 중앙선거관리위원회에 소청할 수 있다. 〈개정 2002.3.7.〉

제222조【선거소송】① 대통령선거 및 국회의원선거에 있어서 선거의 효력에 관하여 이의가 있는 선거인·정당(후보자를 추천한 정당에 한한다) 또는 후보자는 선거일부터 30일 이내에 당해 선거구선거관리위원회위원장을 피고로 하여 대법원에 소를 제기할 수 있다.

② 지방의회의원 및 지방자치단체의 장의 선거에 있어서 선거의 효력에 관한 제220조의 결정에 불복이 있는 소청인(당선인을 포함한다)은 해당 소청에 대하여 기각 또는 각하 결정이 있는 경우(제220조제1항의 기간 내에 결정하지 아니한 때를 포함한다)에는 해당 선거구선거관리위원회 위원장을, 인용결정이 있는 경우에는 그 인용결정을 한 선거관리위원회 위원장을 피고로 하여 그 결정서를 받은 날(제220조제1항의 기간

내에 결정하지 아니한 때에는 그 기간이 종료된 날)부터 10일 이내에 비례대표시·도
의원선거 및 시·도지사선거에 있어서는 대법원에, 지역구시·도의원선거, 자치구·
시·군의원선거 및 자치구·시·군의 장 선거에 있어서는 그 선거구를 관할하는 고
등법원에 소를 제기할 수 있다. 〈개정 2002.3.7, 2010.1.25〉

제223조【당선소송】① 대통령선거 및 국회의원선거에 있어서 당선의 효력에 이의가 있
는 정당(후보자를 추천한 정당에 한한다) 또는 후보자는 당선인 결정일부터 30일 이
내에 제52조 제1항·제3항 또는 제192조 제1항부터 제3항까지의 사유에 해당함을
이유로 하는 때에는 당선인을, 제187조(대통령당선인의 결정·공고·통지) 제1항·
제2항, 제188조(지역구국회의원당선인의 결정·공고·통지)제1항 내지 제4항, 제189
조(비례대표국회의원의석의 배분과 당선인의 결정·공고·통지) 또는 제194조(당선
인의 재결정과 비례대표국회의원의석 및 비례대표지방의회의원의석의 재배분)제4항
의 규정에 의한 결정의 위법을 이유로 하는 때에는 대통령선거에 있어서는 그 당선인
을 결정한 중앙선거관리위원회위원장 또는 국회의장을, 국회의원선거에 있어서는 당
해 선거구선거관리위원회위원장을 각각 피고로 하여 대법원에 소를 제기할 수 있다.
〈개정 2000.2.16, 2002.3.7, 2005.8.4, 2010.1.25, 2010.3.12〉

② 지방의회의원 및 지방자치단체의 장의 선거에 있어서 당선의 효력에 관한 제220조의
결정에 불복이 있는 소청인 또는 당선인인 피소청인(제219조 제2항 후단에 따라 선
거구선거관리위원회 위원장이 피소청인인 경우에는 당선인을 포함한다)은 해당 소청
에 대하여 기각 또는 각하 결정이 있는 경우(제220조 제1항의 기간 내에 결정하지 아
니한 때를 포함한다)에는 당선인(제219조 제2항 후단을 이유로 하는 때에는 관할선
거구선거관리위원회 위원장을 말한다)을, 인용결정이 있는 경우에는 그 인용결정을
한 선거관리위원회 위원장을 피고로 하여 그 결정서를 받은 날(제220조 제1항의 기
간 내에 결정하지 아니한 때에는 그 기간이 종료된 날)부터 10일 이내에 비례대표
시·도의원선거 및 시·도지사선거에 있어서는 대법원에, 지역구시·도의원선거, 자
치구·시·군의원선거 및 자치구·시·군의 장 선거에 있어서는 그 선거구를 관할하
는 고등법원에 소를 제기할 수 있다. 〈개정 2002.3.7, 2010.1.25.〉

제224조【선거무효의 판결 등】소청이나 소장을 접수한 선거관리위원회 또는 대법원이나
고등법원은 선거쟁송에 있어 선거에 관한 규정에 위반된 사실이 있는 때라도 선거의
결과에 영향을 미쳤다고 인정하는 때에 한하여 선거의 전부나 일부의 무효 또는 당선
의 무효를 결정하거나 판결한다.

제225조【소송 등의 처리】선거에 관한 소청이나 소송은 다른 쟁송에 우선하여 신속히
결정 또는 재판하여야 하며, 소송에 있어서는 수소법원은 소가 제기된 날 부터 180일
이내에 처리하여야 한다.

제12절 지방자치제도

Ⅰ. 서설

1. 지방자치의 의의

지방자치란 일정한 지역을 단위로, 그 지역의 주민이, 그 지역의 사무를, 자신의 책임 하에 자신들이 선출한 기관을 통해 직접 처리하는 것을 말한다(헌재 1996.6.26. 96헌마200).

2. 기능

지방자치제도는 주민의 직접참여 민주주의의 실현, 권력분립의 지방차원에서의 실현, 국민의 기본권신장, 정치적 다원주의 실현의 제도적 장치이다. 따라서 국민주권주의와 자유민주주의의 이념구현에 크게 이바지한다(헌재 1991.3.11. 91헌마21).

Ⅱ. 지방자치의 유형

구분	주민자치	단체자치
성격상의 차이	주민들이 그들 자신의 의사에 따라 그들 자신의 책임하에서 행하는 가치	국가로부터 독자성을 인정받은 단체가 그 단체의 사무를 처리하는 자치
발전시킨 국가	영국	독일·프랑스 등 대륙국가
자치권의 성격	자치권은 자연적·천부적·국가 이전의 권리(고유권설)	자치권은 국가로부터 위임(위임설)
자치의 중점	주민의 권리(지방행정에의 주민참여)를 중시	단체의 권리(자치단체로서의 자치권)를 중시
권한부여의 방법	법률로써 개별적으로 자치권을 부여(개별적 수권주의)	국가가 포괄적·일반적으로 자치권을 부여(포괄적 수권주의)

관할사무	고유사무와 위임사무의 구별이 없음	고유사무와 위임사무를 구별함(고유사무에 대하여 불간섭)
중앙정부의 통제	사법적 통제, 입법적 통제	행정적 통제
자치기구	하나의 기관이 의결과 집행기능을 통합하고 있음(의원내각제형)	의결기관과 집행기관이 분리됨(대통령제형)
지방세 제도	독립세주의	부가세주의

Ⅲ. 본질과 법적 성격

1. 본질

① **자치고유권설**: 지방자치권은 국가성립 이전의 지역주민의 고유한 권리이다.

② **자치위임권설(통설)**: 지방자치권은 국가가 승인하는 한도 내에서 행사할 수 있는 권리이다.

2. 법적 성격

전통적인 견해(제도보장설: 통설)가 지방자치를 국가와 사회를 대립적 이원주의로 보는 전제에서, 행정기능중심으로, 지역개발을 위한 수단으로서의 제도보장적 성격만 강조한 점들을 비판하면서 지방자치에 대한 새로운 이해가 요구된다고 보는 견해(기본권보장설)가 있다.

이 견해에 따르면 국가와 사회는 기능적 상호교우관계에 있다는 전제하에, 정치형성적 기능 중심으로 이해되어야 하며, 제도적 보장의 성격만을 강조하여서는 안된다고 하면서 지방자치를 기본권 실현과 연관시켜서 이해하여야 하며, 기능적 권력통제에 이바지할 수 있도록 국가기능은 자치단체의 기능에 비하면 보충적이어야 한다는 것이 강조되어야 한다.

Ⅳ. 지방자치제의 내용과 한계

1. 내용

① **전권능성의 원칙**: 헌법이나 법률이 국가나 그 밖의 공공단체의 사무로서 유보하고 있는 것이 아니면 지방자치단체는 모든 사무를 처리할 권한이 있다.

② **자기책임성의 원칙**: 지방자치단체는 국가의 개별적 지시나 후견적 감독을 받

지 않고 사무에 대해 처리하고 책임을 진다.

③ **지방자치와 보충의 원리**: 국가의 기능은 지방자치단체의 기능에 대해 '보충적'이어야 하므로, 국가의 기능은 지방자치단체의 기능을 뒷받침해 주는 것으로 그쳐야 하지 지방자치제의 기능을 자신의 기능으로 흡수해서는 안 된다.

2. 한계

① **자치고유권설**

② **자치권위임설(통설)**: 국가의 감독·통제가능(단, 보충성의 원리에 따라서)

Ⅴ. 우리나라의 지방자치제도

1. 연혁

① **건국헌법**: 지방자치제 규정(법률에 위임)

② 1949년 지방자치법 제정. 그러나 6·25전쟁으로 1952년에 최초로 지방의회 구성

③ **제3차 개정(제2공화국 헌법)**: 지방자치제도 시행(시·읍·면장의 직선선출)

④ 5·16 군사정부의 지방의회를 해산했다.

⑤ **제5차 개정(제3공화국 헌법)**: 지방자치의 법률에 위임했다.

⑥ **제7차 개정(제4공화국 헌법)**: 지방의회 구성을 조국의 통일시까지 유예한다.

⑦ **제8차 개정(제5공화국 헌법)**: 지방의회의 구성을 지방자치단체의 재정자립도를 감안하여 순차적으로 하되 그 구성시기는 법률로 정한다.

⑧ **제9차 개정(현행 헌법)**: 지방의회의 유예규정을 폐지하고 1988년 지방자치법 전면개정, 지방의회선거를 실시하였다.

2. 지방자치단체

(1) 개념

일정한 지역을 기초로 하여 국가로부터 자치권을 부여받아 지역적 사무를 그 권한과 책임하에 처리하는 법인격을 가진 지방자치의 주체를 말한다.

(2) 종류

(가) 일반지방자치단체

(a) **상급(광역, 2차적):** 특별시, 광역시, 특별자치시, 도, 특별자치도

(b) **하급(기초, 1차적):** 시, 군, 구

(나) 특별지방자치단체

특정한 목적을 수행하기 위하여 필요한 경우에는 별도의 특별지방자치단체를 설치할 수 있다. 특별지방자치단체의 설치 · 운영에 관하여 필요한 사항은 대통령령으로 정한다(지방자치법 제2조).

(다) 지방자치제도 관련단체

(a) **분쟁조정위원회(법 제166조):** 분쟁의 조정과 조정에 필요한 사항을 심의 · 의결하기 위하여 행정안전부에 지방자치단체 중앙분쟁조정위원회를 두고 시 · 도에 지방자치단체지방조정위원회를 둔다.

(b) **지방자치단체 폐치 · 분합 · 구역(법 제5조)**

(aa) 형식: 명칭과 구역을 바꾸거나 지방자치단체를 폐지하거나 설치하거나 나누거나 합칠 때에는 법률로, 시 · 군 · 자치구의 관할 구역경계변경과 한자명칭의 변경은 대통령령으로 한다.

(bb) 지방의회, 주민투표: 지방자치단체를 폐지하거나 설치하거나 나누거나 합칠 때 또는 그 명칭이나 구역을 변경할 때에는 관계 지방자치단체의 의회의 의견을 들어야 한다.

다만 「주민투표법」 제8조에 따라 주민투표를 한 경우에는 그러하지 아니한다(지방자치법 제5조).

3. 지방자치단체의 권한

제117조【자치권, 자치기관의 종류】① 지방자치단체는 주민의 복리에 관한 사무를 처리하고 재산을 관리하며, 법령의 범위 안에서 자치에 관한 규정을 제정할 수 있다.
② 지방자치단체의 종류는 법률로 정한다.

(1) 자치행정권

(가) 고유사무(자치사무)

지방자치단체의 존립목적이 되고 있는 지방적 복리사

무를 말한다. 이에 관한 국가의 감독은 소극적인 것에 그친다.

(나) 단체위임사무　　 법령에 의하여 국가 또는 상급지방자치단체로부터 위임된 사무로서 이에 관한 국가의 감독은 소극적 감독 외에 합목적성 감독까지 가능하며 소요경비는 국가와 자치단체가 분담한다.

(다) 기관위임사무　　 전국적으로 이해관계가 있는 사무로서 국가 또는 상급자치단체로부터 지방자치단체의 장, 기타 집행기관에 위임된 사무로서, 소요경비는 국가에서 전액부담한다. 합법성·합목적성·예방적 감독도 가능하다.

(2) 자치재정권

지방자치단체가 재산을 관리하며 재산을 형성·유지할 권한을 가진다(조세부과, 사용료, 분담금 징수가능).

(3) 자치입법권

(가) 조례제정권의 범위　　 조례로써 규정할 수 있는 사항의 범위는 고유사무와 단체위임사무이다. 따라서 국가의 전속적 관할에 속하는 국가의 사무에 관한 것은 제외가 된다.

지방자치사무의 종류에 따라 약간의 차이가 있는데 ⓐ 고유사무의 경우 법령의 수권이나 위임이 없더라도 조례제정이 가능하고, ⓑ 단체위임사무의 경우는 법령의 수권이나 위임이 있어야 가능하며, ⓒ 기관위임사무는 원칙적으로 조례규율대상이 아니다. 다만, 기관위임사무에 있어서도 그에 관한 개별법령에서 일정한 사항을 조례로 정하도록 위임하고 있는 경우에는 위와 같은 지방자치단체의 자치조례제정권과 무관하게 이른바 위임조례를 할 수 있다고 하겠으나 이때에도 그 내용을 개별법령에 위임하고 있는 사항에 관한 것으로서 개별법령의 취지에 부합하는 것이라야만 한다(대판 1999.9.17, 99추30).

관련판례

청주시 행정정보 공개 조례안(대판 1992.6.23. 92추17)
청주시의회가 법률의 근거 없이 자치사무에 관한 행정정보 공개 조례안을 재의결하자, 청주시장이 대법원에 제소한 사건에서 <u>대법원은 법률의 근거 없이도 자치사무에 관한 사항에 대한 조례제정은 위법하지 않다</u>는 입장이다.

지방자치단체는 그 내용이 주민의 권리의 제한 또는 의무의 부과에 관한 사항이거나 벌칙에 관한 사항이 아닌 한, 법률의 위임이 없더라도 조례를 제정할 수 있다 할 것인데, 청주시의회에서 의결한 청주시 행정정보 공개 조례안은 행정에 대한 주민의 알 권리의 실현을 그 근본내용으로 하면서도 이로 인한 개인의 권익침해 가능성을 배제하고 있으므로 이를 들어 주민의 권리를 제한하거나 의무를 부과하는 조례라고는 단정할 수 없고, 따라서 그 제정에 있어서 반드시 법률의 개별적 위임이 따로 필요한 것은 아니다. 행정정보 공개 조례안이 국가위임사무가 아닌 자치사무 등에 관한 정보만을 공개대상으로 하고 있다고 풀이되는 이상 반드시 전국적으로 통일된 기준에 따르게 할 것이 아니라 지방자치단체가 각 지역의 특성을 고려하여 자기 고유사무와 관련된 행정정보의 공개사무에 관하여 독자적으로 규율할 수 있다.

조례제정권의 한계(대판 2000.5.30. 99추85)
지방자치법 제15조(현행 제22조), 제9조에 의하면, 지방자치단체가 자치조례를 제정할 수 있는 사항은 지방자치단체의 고유 사무인 자치사무와 개별법령에 의하여 지방자치단체에 위임된 단체위임사무에 한하는 것이고, <u>국가사무나 지방자치단체의 장에게 위임된 기관위임사무는 원칙적으로 자치조례의 제정범위에 속하지 않는다</u> 할 것이나, 다만 기관위임사무에 있어서도 그에 관한 개별법령에서 일정한 사항을 조례로 정하도록 위임하고 있는 경우에는 위임받은 사항에 관하여 개별법령의 취지에 부합하는 범위 내에서 이른바 위임조례를 정할 수 있다.

(나) **조례로 정할 수 있는 사항**　　조례로써 제정해야 할 중요한 사항으로는 주민의 권리·의무에 관한 사항(법률의 위임이 있는 경우), 능력창설적 사항, 특히 지방의회의 의결을 거침으로써 민의를 반영시킬 필요가 있는 사항, 법령에 의하여 조례로써 규정하도록 지정된 사항 등을 예시할 수 있다.

(다) **조례에 의한 기본권제한**　　기본권제한의 형식은 원칙적으로 형식적 의미의 법률에 의하여야 하므로 조례에 의한 지역주민의 기본권제한이 허용되는가가 문제된다.

(a) **법률의 위임범위**: 헌법 제117조 제1항은 '법령의 범위' 안의 규칙제정권을 규정하고 있는데 지방자치법은 제22조 단서에서 조례가 "주민의 권리제한 또는 의무부과에 관한 사항이나 벌칙을 규정할 때에는 법률의 위임이 있어야 한다."고 규정하고 있다. 조례로 주민의 권리·의무에 관한 사항이나 벌칙을 법률의 위임 없이 정할 수 있느냐에 대하여 조례는 실질적으로 법률과 아무런 차이가 없으므로 제정할 수 있다는 견해와 (구) 지방자치법 제15조 단서 조항의 규정에 충실하게 법률의 위임을 요한다는 견해가 대립하고 있다. 후자가 다수설·판례(헌재 1995.4.20. 92헌마264·279 병합)이다.

(b) **법률의 위임 정도**: 이때 위임의 정도에 대하여 법률의 일반적·포괄적 위

임설과 구체적·개별적 위임설이 나뉘고 있다. 헌재는 조례의 제정권자인 지방의회는 선거를 통하여 민주적 정당성을 지니고 있는 주민의 대표기관이고, 헌법이 지방자치단체에 대한 포괄적인 자치권을 보장하고 있는 취지로 볼 때 조례에 대한 법률의 위임은 법규명령에 대한 법률의 위임과 같이 반드시 구체적으로 범위를 정하여 할 필요가 없으며 포괄적인 것으로 족하다고 판시하고 있다(헌재 1995.4.20. 92헌마264·279 병합).

(라) 조례제정권의 한계

(a) **법령우위원칙**: 법률이 일정한 기준과 유형을 제시하고 있는 경우 법률보다 가중된 기준을 추가하여 기본권을 제한하는 조례는 위법하다. 법령이 정하고 있는 동일한 대상을 동일한 목적으로 조례로 규율하는 것은 허용되지 않으나 법령과 동일한 대상을 다른 목적으로 조례를 정하는 것은 허용된다. 법령보다 생활보호의 대상을 확대하는 조례는 생활보호법에 반하지 않으나(대판 1997.4.25. 96추244) 상위법령보다 더 높은 수준의 자동차등록기준을 정하는 것은 상위법령에 반한다(헌재 1995.4.20. 92헌마264).

(b) **광역단체조례우선**: 기초자치단체의 조례는 광역자치단체의 조례를 위반해서는 안 된다.

(마) 조례제정절차와 통제

(a) **조례안의 제안**: 조례안은 지방자치단체의 장이나 조례로 정하는 수 이상의 지방의회의원의 찬성으로 발의한다. 위원회도 소관사항에 대해서는 의결로 조례안을 부의한다. 다만, 지방자치단체의 교육·학예에 관한 사항일 경우에는 교육감이 조례안을 작성하고, 교육위원회의 의결을 거쳐 지방의회에 부의된다.

(b) **지방의회의 의결**: 지방의회는 일반의결정족수의 찬성으로 조례안을 의결한다.

(c) **조례안의 이송**: 조례안이 지방의회에서 의결된 때에는 의장은 의결된 날로부터 5일이내에 그 지방자치단체의 장에게 이를 이송하여야 한다.

(d) **공포와 재의요구**: 지자체장은 이송받은 날로부터 20일 이내에 공포하거나 이의가 있으면 이유를 붙여 지방의회에 환부하고 재의를 요구할 수 있다. 이 경우 일부거부와 수정거부는 할 수 없다. 지방자치법 제192조에 따라 주무부장관 또는 시·도지사는 지자체장에게 재의요구를 지시할 수 있고, 지자체장은 재의요구하여야 한다.

재의요구 지시를 받은 지자체장이 재의를 요구하지 아니한 경우 주무부장관 또는 는 시·도지사는 지방의회의결에 대하여 대법원에 직접 제소할 수 있다. 이는 일종의 추상적 규범통제의 성격을 가진다.

(e) **지방의회의 재의결**: 재의의 요구가 있을 때에는 지방의회는 재의에 붙여 재적의원 과반수의 출석과 출석의원 3분의 2 이상의 찬성으로 전과 같은 의결을 하면 그 조례안은 조례로서 확정된다.

(f) **공포와 제소**: 지방자치단체의 장은 재의결된 조례가 이송된 날로부터 5일 이내에 공포하여야 하고 지방자치단체의 장이 그 기간 내에 공포하지 아니한 경우 지방의회의 의장이 조례를 공포하여야 한다. 다만, 재의결된 조례가 법령에 위반될 경우에는 대법원에 제소할 수 있다.

(g) **지방자치단체의 장, 주무부장관, 시·도지사의 지방의회의 조례의결에 대한 대법원 제소에 의한 통제**

(aa) 지방자치단체의 장의 제소: 지방자치단체의 장은 지방의회의 재의결이 법령에 위반 되는 경우 재의결된 날로부터 20일 이내에 대법원에 제소할 수 있다.

(bb) 주무부장관과 시·도지사의 제소: 지방자치단체의 조례안에 대한 재의결이 법령에 위반되는 경우 주무부장관 또는 시·도지사는 지방자치단체의 장에게 제소를 지시할 수 있고 지방자치단체의 장이 제소지시를 받은 날로부터 7일 이내에 제소하여야 한다.

이 기간 내에 지방자치단체의 장이 제소하지 아니한 경우 주무부장관, 시·도지사는 7일 이내에 직접 대법원에 제소 및 집행정지결정을 신청할 수 있다(지방자치법 제192조).

관련판례

대법원 판례
지방자치법상의 의회대표제하에서 의회의원과 주민은 엄연히 다른 지위를 지니는 것으로서 의원과는 달리 정치적, 법적으로 아무런 책임을 지지 아니하는 <u>주민이 본회의 또는 위원회의 안건 심의 중 안건에 관하여 발언한다는 것은 선거제도를 통한 대표제 원리에 정면으로 위반되는 것으로서 허용될 수 없고</u>, 다만 간접민주제를 보완하기 위하여 의회대표제의 본질을 해하지 않고 의회의 기능수행을 저해하지 아니하는 범위 내에서 주민이 의회의 기능수행에 참여하는 것-예컨대 공청회에서 발언하거나 본 회의, 위원회에서 참고인, 증인, 청원인의 자격으로 발언하는 것-은 허용된다(대판 1993.2.26. 92추109).

호적사무는 기관위임사무가 아니다(대판 1995.3.28. 94다45654)
원심은 호적사무를 기관위임사무로 보았으나 대법원은 호적사무를 기관위임사무로 보지 않았다.

담배자동판매기 설치금지(헌재 1995.4.20. 92헌마264)
1. 조례는 헌법소원의 대상이 된다.
2. 법률에서 조례에 위임하는 경우 포괄적 위임으로 족하다.
3. 조례에 의한 규제가 지역의 여건이나 환경 등 그 특성에 따라 다르게 나타나는 것은 헌법이 지방자치단체의 자치입법권을 인정한 이상 당연히 예상되는 불가피한 결과이므로, 이 사건 심판대상규정으로 인하여 청구인들이 다른 지역의 주민들에 비하여 더한 규제를 받게 되었다 하더라도 이를 두고 헌법 제11조 제1항의 평등권이 침해되었다고 볼 수는 없다.
4. 담배자동판매기 설치를 금지하고 기존의 설치된 담배자동판매기를 3월 내 철거하도록 한 부천시 조례는 청소년의 흡연에 의한 질병발생예방이라는 공익의 가치가 담배판매인의 직업수행의 가치보다 크므로 직업선택의 자유 침해가 아니다.

조례제정권(헌재 1998.4.30. 96헌바62)
지방세법 제9조, 지방세법 제7조 및 제8조의 규정에 의하여 <u>지방자치단체가 과세면제·불균일 과세 또는 일부과세를 하고자 할 때에는 내무부장관의 허가를</u> 얻어 당해 지방자치단체의 조례로써 정하여야 한다.
지방세법 제9조는 지방자치단체의 합리성 없는 과세면제의 남용을 억제하고 지방자치단체 상호간의 균형을 맞추게 함으로써 조세평등주의를 실천함과 아울러 건전한 지방세제를 확립하고 안정된 지방재정 운영에 기여하게 하는 데 그 목적이 있는 것으로 지방자치단체의 조례제정권의 본질적 내용을 침해한다고 볼 수 없으므로 <u>헌법에 위반되지 아니한다.</u>

특정한 행정동 명칭 사용권한 없음(헌재 2009.11.26. 2008헌라4)
지방자치단체와 견련성이 인정되는 명칭이 거래시장에서 상표 등에 해당하여 상표법 또는 부정경쟁방지법 등에 의하여 구체적, 개별적으로 보호될 수 있는지의 여부는 별론으로 하고, 적어도 지방자치단체와 다른 지방자치단체의 관계에서 <u>어느 지방자치단체가 특정한 행정동 명칭을 독점적·배타적으로 사용할 권한이 있다고 볼 수는 없다.</u>

대판 2006.10.12. 2006추38
지방자치단체의 세자녀 이상 세대 양육비 등 지원에 관한 조례안은 지방자치단체 고유의 자치사무중 주민의 복지증진에 관한 사무에 해당되고, 위 조례안에는 주민의 편의 및 복리증진에 관한 내용을 담고 있어 그 제정에 있어서 반드시 법률의 개별적 위임이 따로 필요한 것은 아니다.

(4) 조례에 대한 사법적 통제

(가) 헌법재판소에 의한 통제   주민의 기본권을 침해하는 위헌적인 조례가 제정된 경우 이를 대상으로 헌법소원 심판을 청구하려면, 우선 자치입법인 조례가 헌법소원심판청구의 대상적격성을 갖는 것인지 여부를 검토해 보아야 한다. 생각건대 헌법재판소법 제68조 제1항 소정의 '공권력의 행사'에는 입법작용까지도 포함되며, 조례제정행위는 지방자치단체의 자치입법원의 행사로서 입법작용의 일종이라 할 것이므로, 시가 제정한 조례도 당연히 헌법소원심판청구의 대상이 된다고

할 것이다(헌재 1995.4.20. 92헌마264·279). 그리고 조례의 규정이 주민의 기본권을 침해하는 경우 당해 주민이 조례 자체의 효력을 다툴 수 있는 구제절차는 별도로 존재하지 아니하므로, 헌법소원심판을 청구함에 있어서 보충성의 원칙은 그 적용이 배제되는 것으로 보아야 한다.

그러나 헌법재판소는 위헌법률심판과 헌법재판소법 제68조 제2항의 헌법소원심판에서는 조례를 대상으로 할 수 없다.

(나) **법원에 의한 통제** 조례가 헌법과 법률에 위반되는지 여부가 재판의 전제가 된 경우 법원이 조례의 위헌·위법 여부를 심사할 수 있다. 위헌·위법이라고 결정한 경우 당해사건에 한해 효력이 상실된다. 또한 두밀분교 폐지조례와 같이 행정처분에 해당하는 조례는 행정소송의 대상이 된다.

관련판례 처분적 조례(대판 1996.9.20. 95누8003)

조례는 통상 그 규정내용이 일반적이고 추상적이기 때문에 그 조례 자체의 유무효는 법률상의 쟁송에 해당하지 아니하므로 무효확인을 구하는 소의 대상이 될 수 없는 것이 원칙이지만, 예외적으로 조례가 구체적 집행행위의 개입이 없이도 그 자체로서 직접 국민에 대하여 구체적 효과를 발생하여 특정한 권리의무를 형성케하는 경우에는 행정처분이 된다. 즉, 조례가 집행행위의 개입없이도 그 자체로서 직접 국민이 구체적인 권리의무나 법적 이익에 영향을 미치는 등의 법률상 효과를 발생하는 경우 그 조례는 항고소송의 대상이 되는 행정처분에 해당하고 이러한 조례에 대한 무효확인소송을 제기할 수 있다.

법률과 조례의 유사성

기준	법률	조례
제안	정부, 국회의원 10인 이상	지방자치단체의 장, 조례로 정하는 수 이상의 지방의원
의결	국회의결(재 1/2, 출 1/2 찬성)	지방의회의결(좌동)
이송	정부	단체장
재의요구기간	정부이송 후 15일 이내	이송받은 날로부터 20일 이내
재의결정족수	재적과반수 출석, 출석 2/3 찬성	좌동
의장의 예외적 공포권	○	○
발효	공포일로부터 20일 경과	좌동
추상적 규범통제	×	○(지방자치단체장 또는 상급기관)

자치행정권

구분	고유사무	단체위임사무	기관위임사무
의의	지방자치단체의 고유사무	법령에 의해 위임된 사무	국가 또는 상급 지자체로 부터 기관에 위임된 사무
국가감독 종류	사후의 합법성만 감독(소극적 감독)	사후의 합법성과 합목적성감독	사전·사후감독
경비	지자체 전액 부담	국가와 지자체 분담	국가
국정감사	배제(단, 본회의 의결 시 기초자치단체는 가능)	허용	허용
조례규정 가능성	가능	가능	제외
예	교육, 수도사무	국세징수사무, 예방접종사무, 보건소운영 농촌지도소운영, 생활보호사무	국가적 일반사무(병사, 대통령 및 국회의원 선거, 경찰, 지적사무)

4. 지방의회

제118조【자치단체의 조직·운영】① 지방자치단체에 의회를 둔다.
② 지방의회의 조직·권한·의원선거와 지방자치단체의 장의 선임방법 기타 지방자치단체의 조직과 운영에 관한 사항은 법률로 정한다.

(1) 지방의회의 지위와 구성

지방자치단체에는 주민의 대표기관으로 지방의회를 둔다. 지방의회는 주민이 선출하는 임기 4년의 지방의회의원으로 구성된다. 현재 지방의원도 유급화 되었다(명예직이 아님).

(2) 지방의회의원의 선출

25세 이상의 주민으로서 당해 지역에 60일 이상 거주한 주민은 지방의회의원의 피선거권을 갖는다. 지방의원의 총선거는 임기만료 전 30일 이후 첫째 수요일에 실시한다.

(3) 지방의회의 운영

지방의회의 회의는 정기회와 임시회로 나누어지며, 연간 회의총일수와 정례회 및 임시회의 회기는 당해 지방자치단체의 조례로 정한다(지방자치법 제41조).

(4) 지방의회의 권한

(가) 의결권   조례의 제정과 개폐, 예산의 성립, 지방세 등의 부과 · 징수에 대해 의결권이 있다.

(나) 지방자치단체에 대한 통제권

(a) 감사 및 조사권: 지방의회는 매년 1회 당해 지방자치단체의 사무를 감사할 수 있고, 특정사안에 관하여 조사할 수 있다(재적 3분의 1 이상의 연서). 위임사무 (단체위임과 기관위임) 중 국가사무에 대하여는 국회가, 시 · 도사무에 대하여는 시 · 도의회가 직접 감사하기로 한 사무를 제외하고는 시 · 도의회나 시 · 군 · 구의 회가 각각 감사할 수 있다.

(b) 자치단체장에 대한 출석 · 답변요구권: 지방의회는 자치단체장이나 관계공무 원의 출석 · 답변을 요구할 수 있다.

특별한 사유가 있는 경우에 한하여 장은 관계공무원에게 출석 · 답변하게 할 수 있다.

(다) 자율권   내부조직권, 회기결정, 의회규칙제정권이 있다.

(라) 선출권   의장 · 부의장 선출, 위원회의위원 선출한다.

국회의원과 지방의회의원의 비교

구분	국회의원	지방의회의원
면책 · 불체포 특권	○	×
세비수령권	○	○
공무원인 보좌관	○	×
징계에 대한 법원제소권	× (헌법 제64조 제4항)	○

5. 지방자치단체의 장

(1) 지방자치단체의 장의 지위

지방자치단체의 장은 지방자치단체의 의사를 집행하는 기관으로서 지방자치단체를 대표하는 지위와 국가사무를 수임하여 처리하는 범위 안에서는 국가기관으로서의 지위를 동시에 가진다.

(2) 지방자치단체의 장의 선임

지방자치단체의 장의 선임방법은 법률에 정하며, 법률의 규정에 의할 때 주민들의 보통·평등·직접·비밀선거에 의해서 선출된다. 임기는 4년으로 하며, 계속 재임은 3기에 한한다.

관련판례

지방자치단체의 장의 계속 재임을 3기에 한하도록 한 지방자치법 제87조 제1항(현행 제108조)(헌재 2006.2.23. 2005헌마403)
지방자치단체의 장의 계속 재임을 3기로 제한한 지방자치법 제87조 제1항은 지방자치단체 장들의 공무담임권 및 평등권을 침해하지 않으며, 또한 선거권자의 <u>선거권을 침해하지 않는다.</u>

지방자치법 제111조 제1항 제2호 위헌확인(헌재 2011.4.28. 2010헌마474)
헌법재판소는 2011년 4월 28일 재판관 8:1의 의견으로 <u>지방자치단체의 장이 공소제기된 후 구금상태에 있는 경우 부단체장이 그 권한을 대행하도록 규정한 지방자치법(2007.5.11. 법률 제8423호로 전부개정된 것) 제111조 제1항 제2호가 과잉금지원칙이나 무죄추정의 원칙에 위반되지 않아 지방자치단체장인 청구인에게 보장된 공무담임권을 침해하지 않고 평등권도 침해하지 않으므로 청구인의 심판청구를 기각한다는</u> 결정을 선고하였다.

지방자치법 제111조 제1항 제3호 위헌확인(헌재 2010.9.2. 2010헌마418)
헌법재판소 전원재판부는 2010년 9월 2일 재판관 5(단순위헌):1(헌법 불합치):3(합헌)의 의견으로 <u>지방자치단체의 장이 금고 이상의 형을 선고받고 그 형이 확정되지 아니한 경우 부단체장이 그 권한을 대행하도록 규정한 지방자치법 제111조 제1항 제3호가 무죄추정의 원칙 및 과잉금지의 원칙을 위반하여 자치단체장인 청구인에게 보장된 공무담임권을 침해하고 평등권도 침해하는 법률로서 헌법에 합치되지 아니한다는</u> 결정을 선고하였다.

---

(3) 지방자치단체의 장의 권한

(가) 지방자치단체의 장은 지방자치단체의 대표권, 자치사무의 관리·집행권, 자치사무의 감시·감독권, 소속직원의 임면 및 지휘·감독권, 규칙제정권 및 조례공

포권을 가진다.

(나) 선결처분권　　　지방자치단체 장은 긴급히 처리해야 할 사무, 즉 주민의 생명·재산보호를 위하여 긴급하게 필요한 사항이나 지방의회가 성립되지 않은 경우이거나 지방의회 소집의 시간적 여유가 없을 때 또는 지방의회의 의결이 지체되어 의결되지 않은 때에는 지방의회의 의결 없이 선결처리하고 사후에 지방의회의 승인을 받아야 한다.

선결처분을 행한 후 승인을 얻지 못하면 그때부터 선결처분은 그 효력을 상실한다(지방자치법 제109조).

(다) 지방의회의 의결에 대한 재의요구권　　　지방자치단체의 장은 지방의회의 의결이 월권 또는 법령에 위반하거나 공익을 현저히 해한다고 인정되는 때에는 그 의결사항을 이송받은 날로부터 20일 이내에 이유를 붙여 재의를 요구할 수 있다. 재의결은 재적의원 과반수의 출석과 출석의원 3분의 2 이상의 찬성을 얻은 때에는 그 의결사항이 확정된다.

6. 지방교육자치기구

광역자치단체인 시·도에만 교육자치를 시행하고 있는 바, 의결기관으로 교육위원회를, 집행기관으로 교육감을 둔다. 교육위원회를 시·도의회 내 상임위원회로 전환했다(지방교육 자치에 관한 법률 제4조, 제5조). 교육의원 및 교육감 선거방법을 주민직선제로 변경함(법 제8조, 제22조). 교육감의 임기는 1차에 한하여 중임할 수 있도록 하던 것을 계속재임은 3기에 한하는 것으로 변경함(법 제21조).

> **관련판례** 지방교육자치에 관한 법률 제46조 제3항 위헌확인(헌재 2011.12.29. 2010헌마285)
> 헌법재판소는 2011년 12월 29일 재판관 6(합헌의견) : 2(위헌의견)의 의견으로, 교육감선거운동과정에서 후보자의 당원경력 표시를 금지시키는 지방교육자치에 관한 법률(2010.2.26. 법률 제10046호로 개정된 것) 제46조 제3항이 청구인의 정치적 표현의 자유 등 기본권을 침해하지 아니하므로 헌법에 위반되지 아니한다는 결정을 선고하였다.

7. 지방자치단체에 대한 국가의 통제

(1) 입법적 통제

1) 국회는 법률에 의한 통제가 가능하다.

2) 집행부는 행정입법(대통령령 등)을 통한 통제가 가능하다.

(2) 행정적 통제

(가) 지방자치단체의 장의 권한행사에 대한 통제권

(a) **위법·부당한 명령·처분의 시정·취소권(지방자치법 제188조):** 지방자치단체의 사무에 관한 지방자치단체의 장(제103조 제2항에 따른 사무의 경우에는 지방의회의 의장을 말한다)의 명령이나 처분이 법령에 위반되거나 현저히 부당하여 공익을 해친다고 인정되면 시·도에 대해서는 주무부장관이, 시·군 및 자치구에 대해서는 시·도지사가 기간을 정하여 서면으로 시정할 것을 명하고, 그 기간에 이행하지 아니하면 이를 취소하거나 정지할 수 있다.

(b) **직무이행명령권(지방자치법 제189조):** 지방자치단체의 장이 법령에 따라 그 의무에 속하는 국가위임사무나 시·도위임사무의 관리와 집행을 명백히 게을리하고 있다고 인정되면 시·도에 대해서는 주무부장관이, 시·군 및 자치구에 대해서는 시·도지사가 기간을 정하여 서면으로 이행할 사항을 명령할 수 있다.

(나) 지방의회 의결의 재의요구와 제소권(지방자치법 제192조)

지방의회의 의결이 법령에 위반되거나 공익을 현저히 해친다고 판단되면 시·도에 대해서는 주무부장관이, 시·군 및 자치구에 대해서는 시·도지사가 해당 지방자치단체의 장에게 재의를 요구하게 할 수 있고, 재의 요구 지시를 받은 지방자치단체의 장은 의결사항을 이송받은 날부터 20일 이내에 지방의회에 이유를 붙여 재의를 요구하여야 한다.

> **관련판례** 지방의회재의결이 위법인 경우 전부 효력부인(대판 1992.7.28. 92추31)
> 재의결의 내용전부가 아니라 그 일부만이 위법한 경우에도 대법원은 의결 전부의 효력을 부인할 수밖에 없다. 왜냐하면 의결의 일부에 대한 효력배제는 결과적으로 전체적인 의결의 내용을 변경하는 것에 다름 아니어서 의결기관인 지방의회의 고유권한을 침해하는 것이 될 뿐 아니라, 그 일부만 의효력배제는 자칫 전체적인 의결내용을 지방의회의 당초의 의도와는 다른 내용으로 변질시킬 우려도 있기 때문이다. 또 재의요구가 있는 때에는 재의요구에서 지적한 이의사항이 의결의 일부에 관한 것이라고 하여도 의결전체가 실효되고 재의결만이 의결로서 효력을 발생하는 것이어서 의결의 일부에 대한 재의요구나 수정재의요구가 허용되지 않는 점에 비추어 보아도 더욱 그러하다.

(3) 사법적 통제

지방의원·지방자치단체장의 선거관련소송, 기관소송(대법원에 제기) 등이 있다.

8. 주민의 권리와 의무

(1) 주민의 권리

(가) 선거권과 피선거권

(나) 공공시설이용권

(다) 조례의 제정·개폐청구권
주민은 지방자치단체의 조례를 제정하거나 개정하거나 폐지할 것을 청구할 수 있다. 조례의 제정·개정 또는 폐지 청구의 청구권자·청구대상·청구요건 및 절차 등에 관한 사항은 따로 법률로 정한다(지방자치법 제19조).

(라) 감사청구권
지방자치단체의 18세 이상의 주민으로서 다음의 어느 하나에 해당하는 사람(공직선거법 제18조에 따른 선거권이 없는 사람은 제외한다. 이하 "18세 이상의 주민"이라 한다)은 시·도는 300명, 제198조에 따른 인구 50만 이상 대도시는 200명, 그 밖의 시·군 및 자치구는 150명 이내에서 그 지방자치단체의 조례로 정하는 수 이상의 18세 이상의 주민이 연대 서명하여 그 지방자치단체와 그 장의 권한에 속하는 사무의 처리가 법령에 위반되거나 공익을 현저히 해친다고 인정되면 시·도의 경우에는 주무부장관에게, 시·군 및 자치구의 경우에는 시·도지사에게 감사를 청구할 수 있다(지방자치법 제21조).

(마) 주민투표권
지방자치단체의 장은 주민에게 과도한 부담을 주거나 중대한 영향을 미치는 지방자치단체의 주요 결정사항 등에 대하여 주민투표에 붙일 수 있다(지방자치법 제18조).

헌법재판소는 국민투표권과 달리 주민투표권은 헌법상의 권리가 아닌 법률적 차원의 권리라고 한다. 또한 주민투표권은 헌법이 보장하는 지방자치제도에도 포함되지 않는다고 한다. 따라서 국회는 주민투표법을 제정해야 할 헌법상 의무가 없다 하여 주민투표법 입법부작위는 헌법소원의 대상이 되지 않는다고 한다(헌재 2001.6.28. 2000헌마735).

이후 2004년에 주민투표법이 제정되었고 그 주요한 내용은 아래와 같다.

(a) **주민투표권**: 19세 이상의 주민으로서 제6조 제1항의 규정에 의한 투표인명부작성기준일 현재 그 지방자치단체의 관할구역에 주민등록이 되어 있는 사람 또는 재외동포의 출입국과 법적 지위에 관한 법률 제6조에 따라 국내거소신고가 되어있는 재외국민은 주민투표권이 있다.

19세 이상의 외국인으로서 출입국관리 관계 법령에 따라 대한민국에 계속 거주할 수 있는 자격을 갖춘 외국인으로서 지방자치단체의 조례로 정한 사람은 주민투표권이 있다(주민투표법 제5조).

(b) **주민투표의 대상**: 주민에게 과도한 부담을 주거나 중대한 영향을 미치는 지방자치단체의 주요결정사항으로서 그 지방자치단체의 조례로 정하는 사항은 주민투표에 부칠 수 있다.

그러나 법령에 위반되거나 재판중인 사항, 국가 또는 다른 지방자치단체의 권한 또는 사무에 속하는 사항, 지방자치단체의 예산·회계·계약 및 재산관리에 관한 사항과 지방세·사용료·수수료·분담금 등 각종 공과금의 부과 또는 감면에 관한 사항, 행정기구의 설치·변경에 관한 사항과 공무원의 인사·정원 등 신분과 보수에 관한 사항, 다른 법률에 의하여 주민대표가 직접 의사결정주체로서 참여할 수 있는 공공시설의 설치에 관한 사항(다만, 주민투표법 제9조 제5항의 규정에 의하여 지방의회가 주민투표의 실시를 청구하는 경우에는 그러하지 아니하다), 동일한 사항(그 사항과 취지가 동일한 경우를 포함한다)에 대하여 주민투표가 실시된 후 2년이 경과되지 아니한 사항은 이를 주민투표에 부칠 수 없다(주민투표법 제7조).

(c) **주민투표의 실시요건**: 지방자치단체의 장은 주민 또는 지방의회의 청구에 의하거나 직권에 의하여 주민투표를 실시할 수 있다. 19세 이상 주민 중 제5조 제1항 각 호의 어느 하나에 해당하는 사람은 주민투표청구권자 총수의 20분의 1 이상, 5분의 1 이하의 범위 안에서 지방자치단체의 조례로 정하는 수 이상의 서명으로 그 지방자치단체의 장에게 주민투표의 실시를 청구할 수 있다.

(d) **주민투표결과의 확정**: 주민투표에 부쳐진 사항은 주민투표권자 총수의 3분의 1 이상의 투표와 유효투표수 과반수의 득표로 확정된다. 전체 투표수가 주민투표권자 총수의 3분의 1에 미달되는 때에는 개표를 하지 아니한다. 지방자치단체의 장 및 지방의회는 주민투표 결과 확정된 내용대로 행정·재정상의 필요한 조치를 하여야 한다. 지방자치단체의 장 및 지방의회는 주민투표 결과 확정된 사항에 대하여 2년 이내에는 이를 변경하거나 새로운 결정을 할 수 없다(주민투표법 제24조).

(2) 주민의 의무

법령이 정하는 바에 의하여 그 소속 지방자치단체의 비용을 분담하고 명예직 수락의 의무를 진다(지방자치법 제21조).

국내 거주 재외국민에 대한 주민투표권을 제한한 주민투표법 제5조 위헌확인(헌재 2007.6.28. 2004헌마643)

재외동포법은 재외동포체류자격으로 입국한 외국국적동포에 대해 외국국적동포 국내거소신고를 할 수 있도록 하고, 2년 상한의 체류기간을 초과하여 계속 체류하고자 할 경우 체류기간 연장허가를 받아 계속 거주할 수 있도록 하고 있으며, 동법 시행령은 재외동포체류자격 외의 자격으로 대한민국에 체류하는 외국국적동포의 경우 법무부장관으로부터 재외동포체류자격으로 변경허가를 받은 때에는 국내거소신고를 할 수 있도록 하고 있다. 그런데 법 제5조 제2항의 문언에 의하면, 외국인으로서 출입국관리 관계법령에 의하여 '대한민국에 계속 거주할 수 있는 자격'을 갖춘 자로서 지방자치단체의 조례가 정하는 자에게 주민투표권을 인정하되, 그와 같이 '대한민국에 계속 거주할 수 있는 자격'에 '체류자격변경허가 또는 체류기간연장허가를 통해 계속 거주할 수 있는 경우'도 포함시키고 있다. 결국 '지방자치단체의 조례가 정하기에 따라서는' 외국국적동포의 경우에도 주민투표권이 인정될 수 있다.

따라서 이 사건 법률조항 부분은 주민등록만을 요건으로 주민투표권의 행사 여부가 결정되도록 함으로써 '주민등록을 할 수 없는 국내거주 재외국민'을 '주민등록이 된 국민인 주민'에 비해 차별하고 있고, 더 나아가 '주민투표권이 인정되는 외국인'과 '주민투표권이 인정될 여지가 있는 '외국국적동포'와의 관계에서도 차별을 행하고 있는바, 그와 같은 차별에 아무런 합리적 근거도 인정될 수 없으므로 국내거주 재외국민인 이 사건 청구인들의 헌법상 기본권인 평등권을 침해하는 것으로 위헌이다.

지방자치법

제2조【지방자치단체의 종류】① 지방자치단체는 다음의 두 가지 종류로 구분한다. 〈개정 2011.5.30〉

1. 특별시, 광역시, 특별자치시, 도, 특별자치도
2. 시, 군, 구

② 지방자치단체인 구(이하 "자치구"라 한다)는 특별시와 광역시의 관할구역 안의 구만을 말하며, 자치구의 자치권의 범위는 법령으로 정하는 바에 따라 시·군과 다르게 할 수 있다.

③ 제1항의 지방자치단체 외에 특정한 목적을 수행하기 위하여 필요하면 따로 특별지방자치단체를 설치할 수 있다.

④ 특별지방자치단체의 설치·운영에 관하여 필요한 사항은 대통령령으로 정한다.

제3조【지방자치단체의 법인격과 관할】① 지방자치단체는 법인으로 한다.

② 특별시, 광역시, 특별자치시, 도, 특별자치도(이하 "시·도"라 한다)는 정부의 직할(직할)로 두고, 시는 도의 관할구역 안에, 군은 광역시, 특별자치시나 도의 관할구역 안에 두며, 자치구는 특별시와 광역시, 특별자치시의 관할구역 안에 둔다. 〈개정 2011.5.30〉

③ 특별시·광역시 및 특별자치시가 아닌 인구 50만 이상의 시에는 자치구가 아닌 구를 둘 수 있고, 군에는 읍·면을 두며, 시와 구(자치구를 포함한다)에는 동을, 읍·면에는 리를 둔다. 〈개정 2011.5.30〉

④ 제7조 제2항에 따라 설치된 시에는 도시의 형태를 갖춘 지역에는 동을, 그 밖의 지역에는 읍·면을 두되, 자치구가 아닌 구를 둘 경우에는 그 구에 읍·면·동을 둘 수 있다. [시행일 2012.7.1.]

제18조【주민투표】 ① 지방자치단체의 장은 주민에게 과도한 부담을 주거나 중대한 영향을 미치는 지방자치단체의 주요 결정사항 등에 대하여 주민투표에 부칠 수 있다.

② 주민투표의 대상·발의자·발의요건, 그 밖에 투표절차 등에 관한 사항은 따로 법률로 정한다.

제19조【조례의 제정과 개정·폐지 청구】 ① 주민은 지방자치단체의 조례를 제정하거나 개정하거나 폐지할 것을 청구할 수 있다.

② 조례의 제정·개정 또는 폐지 청구의 청구권자·청구대상·청구요건 및 절차 등에 관한 사항은 따로 법률로 정한다.

제20조【규칙의 제정과 개정·폐지 의견 제출】 ① 주민은 제29조에 따른 규칙(권리·의무와 직접 관련되는 사항으로 한정한다)의 제정, 개정 또는 폐지와 관련된 의견을 해당 지방자치단체의 장에게 제출할 수 있다.

② 법령이나 조례를 위반하거나 법령이나 조례에서 위임한 범위를 벗어나는 사항은 제1항에 따른 의견 제출 대상에서 제외한다.

③ 지방자치단체의 장은 제1항에 따라 제출된 의견에 대하여 의견이 제출된 날부터 30일 이내에 검토 결과를 그 의견을 제출한 주민에게 통보하여야 한다.

④ 제1항에 따른 의견 제출, 제3항에 따른 의견의 검토와 결과 통보의 방법 및 절차는 해당 지방자치단체의 조례로 정한다.

제21조【주민의 감사 청구】 ① 지방자치단체의 18세 이상의 주민으로서 다음 각 호의 어느 하나에 해당하는 사람(「공직선거법」 제18조에 따른 선거권이 없는 사람은 제외한다. 이하 이 조에서 "18세 이상의 주민"이라 한다)은 시·도는 300명, 제198조에 따른 인구 50만 이상 대도시는 200명, 그 밖의 시·군 및 자치구는 150명 이내에서 그 지방자치단체의 조례로 정하는 수 이상의 18세 이상의 주민이 연대 서명하여 그 지방자치단체와 그 장의 권한에 속하는 사무의 처리가 법령에 위반되거나 공익을 현저히 해친다고 인정되면 시·도의 경우에는 주무부장관에게, 시·군 및 자치구의 경우에는 시·도지사에게 감사를 청구할 수 있다.

1. 해당 지방자치단체의 관할 구역에 주민등록이 되어 있는 사람
2. 「출입국관리법」 제10조에 따른 영주(永住)할 수 있는 체류자격 취득일 후 3년이 경과

한 외국인으로서 같은 법 제34조에 따라 해당 지방자치단체의 외국인등록대장에 올라 있는 사람

② 다음 각 호의 사항은 감사 청구의 대상에서 제외한다.

1. 수사나 재판에 관여하게 되는 사항

2. 개인의 사생활을 침해할 우려가 있는 사항

3. 다른 기관에서 감사하였거나 감사 중인 사항. 다만, 다른 기관에서 감사한 사항이라도 새로운 사항이 발견되거나 중요 사항이 감사에서 누락된 경우와 제22조제1항에 따라 주민소송의 대상이 되는 경우에는 그러하지 아니하다.

4. 동일한 사항에 대하여 제22조제2항 각 호의 어느 하나에 해당하는 소송이 진행 중이거나 그 판결이 확정된 사항

③ 제1항에 따른 청구는 사무처리가 있었던 날이나 끝난 날부터 3년이 지나면 제기할 수 없다.

④ 지방자치단체의 18세 이상의 주민이 제1항에 따라 감사를 청구하려면 청구인의 대표자를 선정하여 청구인명부에 적어야 하며, 청구인의 대표자는 감사청구서를 작성하여 주무부장관 또는 시·도지사에게 제출하여야 한다.

⑤ 주무부장관이나 시·도지사는 제1항에 따른 청구를 받으면 청구를 받은 날부터 5일 이내에 그 내용을 공표하여야 하며, 청구를 공표한 날부터 10일간 청구인명부나 그 사본을 공개된 장소에 갖추어 두어 열람할 수 있도록 하여야 한다.

⑥ 청구인명부의 서명에 관하여 이의가 있는 사람은 제5항에 따른 열람기간에 해당 주무부장관이나 시·도지사에게 이의를 신청할 수 있다.

제22조【주민소송】① 제21조제1항에 따라 공금의 지출에 관한 사항, 재산의 취득·관리·처분에 관한 사항, 해당 지방자치단체를 당사자로 하는 매매·임차·도급 계약이나 그 밖의 계약의 체결·이행에 관한 사항 또는 지방세·사용료·수수료·과태료 등 공금의 부과·징수를 게을리한 사항을 감사 청구한 주민은 다음 각 호의 어느 하나에 해당하는 경우에 그 감사 청구한 사항과 관련이 있는 위법한 행위나 업무를 게을리한 사실에 대하여 해당 지방자치단체의 장(해당 사항의 사무처리에 관한 권한을 소속 기관의 장에게 위임한 경우에는 그 소속 기관의 장을 말한다. 이하 이 조에서 같다)을 상대방으로 하여 소송을 제기할 수 있다.

1. 주무부장관이나 시·도지사가 감사 청구를 수리한 날부터 60일(제21조제9항 단서에 따라 감사기간이 연장된 경우에는 연장된 기간이 끝난 날을 말한다)이 지나도 감사를 끝내지 아니한 경우

2. 제21조제9항 및 제10항에 따른 감사 결과 또는 같은 조 제12항에 따른 조치 요구에 불복하는 경우

3. 제21조제12항에 따른 주무부장관이나 시·도지사의 조치 요구를 지방자치단체의 장
   이 이행하지 아니한 경우
4. 제21조제12항에 따른 지방자치단체의 장의 이행 조치에 불복하는 경우
② 제1항에 따라 주민이 제기할 수 있는 소송은 다음 각 호와 같다.
1. 해당 행위를 계속하면 회복하기 어려운 손해를 발생시킬 우려가 있는 경우에는 그 행
   위의 전부나 일부를 중지할 것을 요구하는 소송
2. 행정처분인 해당 행위의 취소 또는 변경을 요구하거나 그 행위의 효력 유무 또는 존
   재 여부의 확인을 요구하는 소송
3. 게을리한 사실의 위법 확인을 요구하는 소송
4. 해당 지방자치단체의 장 및 직원, 지방의회의원, 해당 행위와 관련이 있는 상대방에
   게 손해배상청구 또는 부당이득반환청구를 할 것을 요구하는 소송. 다만, 그 지방자
   치단체의 직원이 「회계관계직원 등의 책임에 관한 법률」 제4조에 따른 변상책임을 져
   야 하는 경우에는 변상명령을 할 것을 요구하는 소송을 말한다.
제25조【주민소환】 ① 주민은 그 지방자치단체의 장 및 지방의회의원(비례대표 지방의회
   의원은 제외한다)을 소환할 권리를 가진다.
② 주민소환의 투표 청구권자·청구요건·절차 및 효력 등에 관한 사항은 따로 법률로
   정한다.
제26조【주민에 대한 정보공개】 ① 지방자치단체는 사무처리의 투명성을 높이기 위하여
   「공공기관의 정보공개에 관한 법률」에서 정하는 바에 따라 지방의회의 의정활동, 집
   행기관의 조직, 재무 등 지방자치에 관한 정보(이하 "지방자치정보"라 한다)를 주민에
   게 공개하여야 한다.
② 행정안전부장관은 주민의 지방자치정보에 대한 접근성을 높이기 위하여 이 법 또는
   다른 법령에 따라 공개된 지방자치정보를 체계적으로 수집하고 주민에게 제공하기 위
   한 정보공개시스템을 구축·운영할 수 있다.
제28조【조례】 ① 지방자치단체는 법령의 범위에서 그 사무에 관하여 조례를 제정할 수
   있다. 다만, 주민의 권리 제한 또는 의무 부과에 관한 사항이나 벌칙을 정할 때에는
   법률의 위임이 있어야 한다.
② 법령에서 조례로 정하도록 위임한 사항은 그 법령의 하위 법령에서 그 위임의 내용과
   범위를 제한하거나 직접 규정할 수 없다.
제29조【규칙】 지방자치단체의 장은 법령 또는 조례의 범위에서 그 권한에 속하는 사무에
   관하여 규칙을 제정할 수 있다.
제30조【조례와 규칙의 입법한계】 시·군 및 자치구의 조례나 규칙은 시·도의 조례나
   규칙을 위반해서는 아니 된다.

제32조【조례와 규칙의 제정 절차 등】 ① 조례안이 지방의회에서 의결되면 지방의회의
  의장은 의결된 날부터 5일 이내에 그 지방자치단체의 장에게 이송하여야 한다.
② 지방자치단체의 장은 제1항의 조례안을 이송받으면 20일 이내에 공포하여야 한다.
③ 지방자치단체의 장은 이송받은 조례안에 대하여 이의가 있으면 제2항의 기간에 이유
  를 붙여 지방의회로 환부(還付)하고, 재의(再議)를 요구할 수 있다. 이 경우 지방자치
  단체의 장은 조례안의 일부에 대하여 또는 조례안을 수정하여 재의를 요구할 수 없다.
④ 지방의회는 제3항에 따라 재의 요구를 받으면 조례안을 재의에 부치고 재적의원 과
  반수의 출석과 출석의원 3분의 2 이상의 찬성으로 전(前)과 같은 의결을 하면 그 조
  례안은 조례로서 확정된다.
⑤ 지방자치단체의 장이 제2항의 기간에 공포하지 아니하거나 재의 요구를 하지 아니하
  더라도 그 조례안은 조례로서 확정된다.
⑥ 지방자치단체의 장은 제4항 또는 제5항에 따라 확정된 조례를 지체 없이 공포하여야
  한다. 이 경우 제5항에 따라 조례가 확정된 후 또는 제4항에 따라 확정된 조례가 지
  방자치단체의 장에게 이송된 후 5일 이내에 지방자치단체의 장이 공포하지 아니하면
  지방의회의 의장이 공포한다.
⑦ 제2항 및 제6항 전단에 따라 지방자치단체의 장이 조례를 공포하였을 때에는 즉시
  해당 지방의회의 의장에게 통지하여야 하며, 제6항 후단에 따라 지방의회의 의장이
  조례를 공포하였을 때에는 그 사실을 즉시 해당 지방자치단체의 장에게 통지하여야
  한다.
⑧ 조례와 규칙은 특별한 규정이 없으면 공포한 날부터 20일이 지나면 효력을 발생한다.
제34조【조례 위반에 대한 과태료】 ① 지방자치단체는 조례를 위반한 행위에 대하여 조
  례로써 1천만원 이하의 과태료를 정할 수 있다.
② 제1항에 따른 과태료는 해당 지방자치단체의 장이나 그 관할 구역의 지방자치단체의
  장이 부과·징수한다.
제76조【의안의 발의】 ① 지방의회에서 의결할 의안은 지방자치단체의 장이나 조례로 정
  하는 수 이상의 지방의회의원의 찬성으로 발의한다.
② 위원회는 그 직무에 속하는 사항에 관하여 의안을 제출할 수 있다.
제85조【청원서의 제출】 ① 지방의회에 청원을 하려는 자는 지방의회의원의 소개를 받아
  청원서를 제출하여야 한다.
제108조【지방자치단체의 장의 임기】 지방자치단체의 장의 임기는 4년으로 하며, 3기 내
  에서만 계속 재임(在任)할 수 있다.
제120조【지방의회의 의결에 대한 재의 요구와 제소】 ① 지방자치단체의 장은 지방의회
  의 의결이 월권이거나 법령에 위반되거나 공익을 현저히 해친다고 인정되면 그 의결

사항을 이송받은 날부터 20일 이내에 이유를 붙여 재의를 요구할 수 있다.

② 제1항의 요구에 대하여 재의한 결과 재적의원 과반수의 출석과 출석의원 3분의 2 이상의 찬성으로 전과 같은 의결을 하면 그 의결사항은 확정된다.

③ 지방자치단체의 장은 제2항에 따라 재의결된 사항이 법령에 위반된다고 인정되면 대법원에 소(訴)를 제기할 수 있다. 이 경우에는 제192조제4항을 준용한다.

제122조【지방자치단체의 장의 선결처분】① 지방자치단체의 장은 지방의회가 지방의회의원이 구속되는 등의 사유로 제73조에 따른 의결정족수에 미달될 때와 지방의회의 의결사항 중 주민의 생명과 재산 보호를 위하여 긴급하게 필요한 사항으로서 지방의회를 소집할 시간적 여유가 없거나 지방의회에서 의결이 지체되어 의결되지 아니할 때에는 선결처분(先決處分)을 할 수 있다.

② 제1항에 따른 선결처분은 지체 없이 지방의회에 보고하여 승인을 받아야 한다.

③ 지방의회에서 제2항의 승인을 받지 못하면 그 선결처분은 그때부터 효력을 상실한다.

제188조【위법·부당한 명령이나 처분의 시정】① 지방자치단체의 사무에 관한 지방자치단체의 장(제103조제2항에 따른 사무의 경우에는 지방의회의 의장을 말한다. 이하 이 조에서 같다)의 명령이나 처분이 법령에 위반되거나 현저히 부당하여 공익을 해친다고 인정되면 시·도에 대해서는 주무부장관이, 시·군 및 자치구에 대해서는 시·도지사가 기간을 정하여 서면으로 시정할 것을 명하고, 그 기간에 이행하지 아니하면 이를 취소하거나 정지할 수 있다.

② 주무부장관은 지방자치단체의 사무에 관한 시장·군수 및 자치구의 구청장의 명령이나 처분이 법령에 위반되거나 현저히 부당하여 공익을 해침에도 불구하고 시·도지사가 제1항에 따른 시정명령을 하지 아니하면 시·도지사에게 기간을 정하여 시정명령을 하도록 명할 수 있다.

③ 주무부장관은 시·도지사가 제2항에 따른 기간에 시정명령을 하지 아니하면 제2항에 따른 기간이 지난 날부터 7일 이내에 직접 시장·군수 및 자치구의 구청장에게 기간을 정하여 서면으로 시정할 것을 명하고, 그 기간에 이행하지 아니하면 주무부장관이 시장·군수 및 자치구의 구청장의 명령이나 처분을 취소하거나 정지할 수 있다.

④ 주무부장관은 시·도지사가 시장·군수 및 자치구의 구청장에게 제1항에 따라 시정명령을 하였으나 이를 이행하지 아니한 데 따른 취소·정지를 하지 아니하는 경우에는 시·도지사에게 기간을 정하여 시장·군수 및 자치구의 구청장의 명령이나 처분을 취소하거나 정지할 것을 명하고, 그 기간에 이행하지 아니하면 주무부장관이 이를 직접 취소하거나 정지할 수 있다.

⑤ 제1항부터 제4항까지의 규정에 따른 자치사무에 관한 명령이나 처분에 대한 주무부장관 또는 시·도지사의 시정명령, 취소 또는 정지는 법령을 위반한 것에 한정한다.

⑥ 지방자치단체의 장은 제1항, 제3항 또는 제4항에 따른 자치사무에 관한 명령이나 처분의 취소 또는 정지에 대하여 이의가 있으면 그 취소처분 또는 정지처분을 통보받은 날부터 15일 이내에 대법원에 소를 제기할 수 있다.

제189조【지방자치단체의 장에 대한 직무이행명령】① 지방자치단체의 장이 법령에 따라 그 의무에 속하는 국가위임사무나 시·도위임사무의 관리와 집행을 명백히 게을리하고 있다고 인정되면 시·도에 대해서는 주무부장관이, 시·군 및 자치구에 대해서는 시·도지사가 기간을 정하여 서면으로 이행할 사항을 명령할 수 있다.

② 주무부장관이나 시·도지사는 해당 지방자치단체의 장이 제1항의 기간에 이행명령을 이행하지 아니하면 그 지방자치단체의 비용부담으로 대집행 또는 행정상·재정상 필요한 조치(이하 이 조에서 "대집행등"이라 한다)를 할 수 있다. 이 경우 행정대집행에 관하여는 「행정대집행법」을 준용한다.

③ 주무부장관은 시장·군수 및 자치구의 구청장이 법령에 따라 그 의무에 속하는 국가위임사무의 관리와 집행을 명백히 게을리하고 있다고 인정됨에도 불구하고 시·도지사가 제1항에 따른 이행명령을 하지 아니하는 경우 시·도지사에게 기간을 정하여 이행명령을 하도록 명할 수 있다.

④ 주무부장관은 시·도지사가 제3항에 따른 기간에 이행명령을 하지 아니하면 제3항에 따른 기간이 지난 날부터 7일 이내에 직접 시장·군수 및 자치구의 구청장에게 기간을 정하여 이행명령을 하고, 그 기간에 이행하지 아니하면 주무부장관이 직접 대집행등을 할 수 있다.

⑤ 주무부장관은 시·도지사가 시장·군수 및 자치구의 구청장에게 제1항에 따라 이행명령을 하였으나 이를 이행하지 아니한 데 따른 대집행등을 하지 아니하는 경우에는 시·도지사에게 기간을 정하여 대집행등을 하도록 명하고, 그 기간에 대집행등을 하지 아니하면 주무부장관이 직접 대집행등을 할 수 있다.

⑥ 지방자치단체의 장은 제1항 또는 제4항에 따른 이행명령에 이의가 있으면 이행명령서를 접수한 날부터 15일 이내에 대법원에 소를 제기할 수 있다. 이 경우 지방자치단체의 장은 이행명령의 집행을 정지하게 하는 집행정지결정을 신청할 수 있다.

제192조【지방의회 의결의 재의와 제소】① 지방의회의 의결이 법령에 위반되거나 공익을 현저히 해친다고 판단되면 시·도에 대해서는 주무부장관이, 시·군 및 자치구에 대해서는 시·도지사가 해당 지방자치단체의 장에게 재의를 요구하게 할 수 있고, 재의 요구 지시를 받은 지방자치단체의 장은 의결사항을 이송받은 날부터 20일 이내에 지방의회에 이유를 붙여 재의를 요구하여야 한다.

② 시·군 및 자치구의회의 의결이 법령에 위반된다고 판단됨에도 불구하고 시·도지사가 제1항에 따라 재의를 요구하게 하지 아니한 경우 주무부장관이 직접 시장·군수

및 자치구의 구청장에게 재의를 요구하게 할 수 있고, 재의 요구 지시를 받은 시장·군수 및 자치구의 구청장은 의결사항을 이송받은 날부터 20일 이내에 지방의회에 이유를 붙여 재의를 요구하여야 한다.

③ 제1항 또는 제2항의 요구에 대하여 재의한 결과 재적의원 과반수의 출석과 출석의원 3분의 2 이상의 찬성으로 전과 같은 의결을 하면 그 의결사항은 확정된다.

④ 지방자치단체의 장은 제3항에 따라 재의결된 사항이 법령에 위반된다고 판단되면 재의결된 날부터 20일 이내에 대법원에 소를 제기할 수 있다. 이 경우 필요하다고 인정되면 그 의결의 집행을 정지하게 하는 집행정지결정을 신청할 수 있다.

⑤ 주무부장관이나 시·도지사는 재의결된 사항이 법령에 위반된다고 판단됨에도 불구하고 해당 지방자치단체의 장이 소를 제기하지 아니하면 시·도에 대해서는 주무부장관이, 시·군 및 자치구에 대해서는 시·도지사(제2항에 따라 주무부장관이 직접 재의 요구 지시를 한 경우에는 주무부장관을 말한다. 이하 이 조에서 같다)가 그 지방자치단체의 장에게 제소를 지시하거나 직접 제소 및 집행정지결정을 신청할 수 있다.

⑥ 제5항에 따른 제소의 지시는 제4항의 기간이 지난 날부터 7일 이내에 하고, 해당 지방자치단체의 장은 제소 지시를 받은 날부터 7일 이내에 제소하여야 한다.

⑦ 주무부장관이나 시·도지사는 제6항의 기간이 지난 날부터 7일 이내에 제5항에 따른 직접 제소 및 집행정지결정을 신청할 수 있다.

⑧ 제1항 또는 제2항에 따라 지방의회의 의결이 법령에 위반된다고 판단되어 주무부장관이나 시·도지사로부터 재의 요구 지시를 받은 해당 지방자치단체의 장이 재의를 요구하지 아니하는 경우(법령에 위반되는 지방의회의 의결사항이 조례안인 경우로서 재의 요구 지시를 받기 전에 그 조례안을 공포한 경우를 포함한다)에는 주무부장관이나 시·도지사는 제1항 또는 제2항에 따른 기간이 지난 날부터 7일 이내에 대법원에 직접 제소 및 집행정지 결정을 신청할 수 있다.

⑨ 제1항 또는 제2항에 따른 지방의회의 의결이나 제3항에 따라 재의결된 사항이 둘 이상의 부처와 관련되거나 주무부장관이 불분명하면 행정안전부장관이 재의 요구 또는 제소를 지시하거나 직접 제소 및 집행정지 결정을 신청할 수 있다.

관련판례

지방자치의 제도적 보장과 자치단체의 폐치분합(경기도 남양주시 등 33개도 농복합형태의 시설 설치 등에 관한 법률에 대한 헌법소원; 헌재 1994.12.29. 94헌마201-합헌)
지방자치단체의 폐치·분합에 관한 것은 지방자치단체의 자치행정권 중 지역고권의 보장문제이나, 대상지역 주민들은 그로 인하여 인간다운 생활공간에서 살 권리, 평등권, 정당한 청문권, 거주이전의 자유, 선거권, 공무담임권, 인간다운 생활을 할 권리, 사회보장·사회복지수급권 및 환경권 등

을 침해받게 될 수도 있다는 점에서 <u>기본권과도 관련이 있어 헌법소원의 대상이 될 수 있다.</u>

지방자치법 제138조 등 위헌소원(헌재 2011.4.28. 2009헌바167)

헌법재판소는 2011년 4월 28일 재판관 전원의 일치된 의견으로 <u>지방자치단체가 부과하는 분담금의 근거규정인 "구 지방자치법 제129조(분담금)</u> 지방자치단체는 그 재산 또는 공공시설의 설치로 인하여 주민의 일부가, 특히 이익을 받는 경우에는 이익을 받는 자로부터 그 이익의 범위 안에서 분담금을 징수할 수 있다"가 헌법에 위반되지 아니한다는 결정을 선고하였다.

주민소환에 관한 법률 제1조 등 위헌확인(헌재 2009.3.26. 2007헌마843 전원재판부)

【판시사항】

1. '주민소환에 관한 법률'(2006.5.24. 법률 제7958호로 제정된 것, 이하 '법'이라 한다) 제7조 제1항 제2호 중 시장에 대한 부분이 주민소환의 청구사유에 관하여 아무런 규정을 두지 아니함으로써 과잉금지원칙을 위반하여 청구인의 공무담임권을 침해하는지 여부(소극)

2. 법 제7조 제1항 제2호 중 시장에 대한 부분이 당해 지방자치단체 주민소환투표청구권자 총수의 100분의 15 이상 주민들만의 서명으로 당해 지방자치단체의 장에 대한 주민소환투표를 청구할 수 있도록 함으로써 과잉금지원칙에 위반하여 청구인의 공무담임권을 침해하는지 여부(소극)

3. 주민소환투표의 청구제한기간을 정함에 있어 "제12조 제1항에 의하여 주민소환투표가 적법하다고 인정하여 수리한 때"를 규정하지 아니한 법 제8조가 이미 적법하게 수리된 주민소환투표청구가 있음에도 불구하고 동일한 사유에 의한 주민소환투표청구를 재차 허용함으로써 청구인의 공무담임권을 침해하는지 여부(소극)

4. 주민소환투표의 청구를 위한 서명요청 활동을 보장하면서 주민소환투표대상자에 대하여는 아무런 반대활동을 보장하지 아니한 법 제9조 제1항이 과잉금지의 원칙에 위반하여 청구인의 공무담임권을 침해하는지 여부(소극)

5. 주민소환투표가 발의되어 공고되었다는 이유만으로 곧바로 주민소환투표대상자의 권한행사를 정지되도록 한 법 제21조 제1항이 과잉금지원칙에 위반하여 청구인의 공무담임권을 침해하거나 평등권을 침해하는지 여부(소극)

6. 주민소환투표권자 총수의 3분의 1 이상의 투표와 유효투표 총수 과반수의 찬성만으로 주민소환이 확정되도록 한 법 제22조 제1항이 과잉금지원칙에 위반하여 청구인의 공무담임권을 침해하거나 평등권을 침해하는지 여부(소극)

【결정요지】

1. 청구사유를 제한하지 않음으로써 주민소환이 남용되어 공직자가 소환될 위험성과 이로 인하여 주민들이 공직자를 통제하고 직접참여를 고양시킬 수 있는 공익을 비교하여 볼 때, 법익의 형량에 있어서도 균형을 이루었으므로, 위 조항이 과잉금지의 원칙을 위반하여 <u>청구인의 공무담임권을 침해하는 것으로 볼 수 없다.</u>

2. 주민소환투표의 구체적인 요건을 설정하는 데 있어 입법자의 재량이 매우 크고, 이 청구요건이 너무 낮아 남용될 위험이 클 정도로 자의적이라고 볼 수 없으며, 법 제7조 제3항과 법 시행령 제2조가 특정 지역 주민의 의사에 따라 청구가 편파적이고 부당하게 이루어질 위험성을 방지하여 주민들의 전체 의사가 어느 정도 고루 반영되도록 하고 있으므로, 이 조항이 과잉금지원칙에 위반하여 <u>청구인의 공무담임권을 침해한다고 볼 수 없다.</u>

3. 주민소환투표의 청구기간을 제한한 것은 선출직 공직자의 임기 초에는 소신에 따라 정책을 추

진할 수 있는 기회를 주어야 하는 점, 임기 종료가 임박한 때에는 소환의 실익이 없는 점을 고려하고, 주민소환투표가 부결되었음에도 반복적으로 주민소환투표를 청구하는 폐해를 방지하려는데 그 입법목적이 있으므로, 주민소환투표에 회부되어 부결되었음에도 불구하고 소정의 기간 내에 반복적으로 소환투표를 청구하는 경우가 아닌 한 제2, 제3의 청구를 할 수 있고 그것을 제한하여야 할 이유도 없다. 따라서 법 제8조가 사실상 동일한 청구사유에 의하여 주민소환투표를 재청구하는 것을 막는 규정을 두지 아니하였다고 하여 이로써 청구인의 <u>공무담임권이 침해된다고 보기 어렵다.</u>

4. 주민소환투표 청구는 일정 수 이상 주민의 서명을 요하므로, 이와 관련한 서명요청은 필수적으로 보장되어야 하는 활동이나 이를 주민소환투표 운동에 속하는 것으로는 보기 어려운 점, 서명요청 활동이 있더라도 실제로 청구요건을 갖추어 주민소환투표 청구가 이루어질 것인지 사전에 알 수 없기 때문에, 주민소환투표 청구가 이루어지기 전 단계에서부터 소환대상 공직자에게 소환반대 활동의 기회를 보장할 필요가 없고, 이를 허용할 경우 행정공백의 상태가 불필요하게 늘어나는 점, 관할 선거관리위원회는 주민소환투표 청구가 이루어진 후 주민소환투표대상자에게 소명할 기회를 제공하고(법 제14조), 주민소환투표가 발의된 이후에는 소환대상자의 반대운동이 가능하여(법 제17조, 제18조), 전체적으로 공정한 반대활동 기회가 보장되고 있는 점 등을 종합적으로 고려하면, 법 제9조 제1항이 과잉금지원칙에 반하여 청구인의 <u>공무담임권을 침해한다고 볼 수 없다.</u>

5. 법 제21조 제1항의 입법목적은 행정의 정상적인 운영과 공정한 선거관리라는 정당한 공익을 달성하려는 데 있고, 주민소환투표가 공고된 날로부터 그 결과가 공표될 때까지 주민소환투표 대상자의 권한행사를 정지하는 것은 위 입법목적을 달성하기 위한 상당한 수단이 되는 점, 위 기간 동안 권한행사를 일시 정지한다 하더라도 이로써 공무담임권의 본질적인 내용이 침해된다고 보기 어려운 점, 권한행사의 정지기간은 통상 20일 내지 30일의 비교적 단기간에 지나지 아니하므로, 이 조항이 달성하려는 공익과 이로 인하여 제한되는 주민소환투표 대상자의 공무담임권이 현저한 불균형 관계에 있지 않은 점 등을 고려하면, 위 조항이 과잉금지의 원칙에 반하여 과도하게 <u>공무담임권을 제한하는 것으로 볼 수 없다.</u>

6. 주민소환투표권자 총수의 3분의 1 이상의 투표와 유효투표총수 과반수의 찬성으로 주민소환이 확정되도록 한 법 제22조 제1항이 객관적으로 볼 때 그 요건이 너무 낮아 주민소환이 아주 쉽게 이루어질 수 있는 정도라고 보기 어려운 점, 일반선거와 달리 주민소환투표에 최소한 3분의 1 이상의 투표율을 요구하여 상대적으로 엄격한 요건을 설정하고 있는 점, 요즘 지방선거의 투표율이 저조하고, 주민소환투표가 평일에, 다른 선거 등과 연계되지 아니한 채 독자적으로 실시될 가능성이 많은 점 등을 감안해 볼 때 위 요건이 너무 낮다고 볼 수 없고, 근본적으로 이는 입법재량 사항에 속하므로, 이 조항이 과잉금지원칙을 위반하여 청구인의 <u>공무담임권을 침해한다고 볼 수 없다.</u>

주민소환에 관한 법률 제10조 제4항 위헌소원(헌재 2011.12.29. 2010헌바368)
헌법재판소는 2011년 12월 29일 관여 재판관 전원일치의 의견으로, <u>주민소환투표청구를 위한 서명요청 활동을 '소환청구인서명부를 제시' 하거나 '구두로 주민소환투표의 취지나 이유를 설명하는'</u> 경우로만 엄격히 제한하고 이에 위반할 경우 형사처벌하고 있는 주민소환에 관한 법률(2006.5.24. 법률 제7958호로 제정된 것) 제32조 제1호 중 제10조 제4항에 관한 부분이, 명확성원칙에 반하지 아니하고, 과잉금지원칙에 위배되어 표현의 자유를 침해하지도 않으므로, 헌법에 위반되지 아니한다는 결정을 선고하였다.

제2편
기본권론

제1장 기본권 총론
제2장 인간의 존엄과 평등
제3장 자유권적 기본권
제4장 사회적·경제적 자유
제5장 정신적 자유
제6장 정치적 기본권(참정권)
제7장 청구권적 기본권
제8장 생존권(사회적 기본권)
제9장 국민의 기본의무

제1장 기본권 총론

기본권의 연혁/기본권의 법적 성격/기본권보장과 제도적 보장/
기본권의 주체/기본권의 효력/기본권의 제한/기본권의 침해와 구제

제1절 기본권의 연혁

Ⅰ. 영국의 발전사

① 1215년 대헌장(Magna Carta): 귀족의 기득권을 재확인하였다.

② 1628년 권리청원: 과세에 대한 의회승인권을 인정한다.

③ 1647년 인민협정: 종교의 자유, 언론·출판의 자유를 인정한다.

④ 1679년 인신보호법: 구속적부심사를 제도화하였다.

⑤ 1689년 권리장전: 의회주권의 확립, 청원권, 신체의 자유 등을 보장하고, 의회 동의 없는 조세부과를 금지한다.

▶ 영국에서의 인권은 미국·프랑스에서의 천부적 자연권에 기원한 것이 아니라 기존의 자유와 권리의 재확인일 뿐이다.

Ⅱ. 미국의 발전사

① 1776년 6월 버지니아권리장전: 생명·자유·재산·행복추구권(최초), 저항권, 신체의 자유, 언론·출판의 자유, 종교·신앙의 자유 등을 규정하였다.

② 1776년 7월 독립선언: 생명·자유·행복추구권(자연권적 기초부여)이 규정되었다.

③ 1787년 미연방헌법: 전문 7개 조문으로 이루어졌다(기본권은 규정되지 않았다).

④ 1791년 수정헌법: 10개조의 인권조항규정을 규정하였다(비로소 처음 기본권이 규정되었다).

Ⅲ. 프랑스의 발전사

① 1789년 인간과 시민의 권리선언

1) 인간의 불가침·불가양의 신성한 자연권에 기초한 권리를 선언하였다.

2) 자유·재산·안전 및 저항권을 선언하였다(그러나 생명권, 행복추구권은 규정되지 않았다).

② 1791년 헌법: 1789년 인권선언을 헌법에 수용하였고, 세계 최초로 국민의 의무를 규정하였다.

③ 1958년 제5공헌법: 1789년 인권선언을 전문에서 전체적으로 수용하였다.

▶ 프랑스에서의 인권은 구체제에 대한 투쟁의 산물로서 인간의 불가침적 신성한 자연법사상에 기초한다.

Ⅳ. 독일의 발전사

① 1848년 프랑크푸르트헌법: 형사보상청구권, 학문의 자유를 규정하였다.

② 1871년 비스마르크헌법: 입법사항과 관련 기본권 보장을 포괄적으로 규정하였다.

③ 1919년 바이마르헌법: 전통적인 자유권 외에 세계 최초로 사회적 기본권을 규정하였다.

④ 1949년 서독기본법(Bonn기본법): 인권 보장의 확립, 사회적 기본권을 삭제하였다(원리로 규정하는 방식을 택함).

제2절 기본권의 법적 성격

Ⅰ. 주관적 공권성

기본권을 국가권력의 자제에 의한 반사적 이익에 불과하다는 반사적 이익설이 있으나 주관적 공권설이 통설이다. 주관적 공권이란 개인이 국가를 상대로 자신의 자유와 권리를 위해 국가의 작위와 부작위를 요구할 수 있다는 것을 말한다.

Ⅱ. 자연권성

1. 실정권설

자연법사상에 기초한 기본권도 실정헌법에 규정된 이상 실정권이고, 기본권은 실정법을 전제로 한 개념으로서 전 국가적인 자유와 국가 내적인 자유권은 구별된다(憲法先存說).

2. 자연권설(다수설)

기본권은 실정법에 의하여 보장되는 것이 아니라 인간의 권리이기 때문에 기본권은 자연권으로 보아야 한다(基本權先存說).

Ⅲ. 이중적 성격(양면성)

1. 의의

기본권의 이중적 성격이란 기본권이 주관적 공권인 동시에 객관적 가치질서로서의 성격을 가지는 것을 의미한다.

2. 독일의 경우

슈미트는 기본권의 주관적 공권성을 강조하여 제도적 보장을 기본권과 구별하였으나, 통합주의 헌법관에서는 기본권의 이중성을 강조한다. 다만, 통합주의 헌법관에서도 주장자에 따라 객관적 질서성을 강조하느냐(스멘트), 객관적 질서성과 더불어 주관적 공권성을 강조하느냐(헤세)의 차이가 있다.

3. 우리나라의 경우

(1) 긍정설(다수설)

기본권은 주관적 공권인 동시에 객관적 가치질서로서의 성격을 가진다고 봄으로서 기본권의 이중적 성격을 긍정한다.

(2) 부정설[김]

독일기본법 제1조 제2항과 같은 규정이 없는 우리나라에서는 기본권이 헌법에 규정됨으로써 비로소 객관적 질서로서의 성격을 가지는 것이며, 기본권 자체가 당연히 객관적 질서의 성격을 가지는 것이 아니다.

4. 주관적 공권성과 객관적 가치질서의 관계

기본권의 이중적 성격(주관적 공권과 객관적 가치질서)은 서로 모순·대립하는 것이 아니라 기능적 보완관계를 이룬다. 즉, 개인의 주관적 공권의 행사를 통해 객관적 질서를 형성하는 관계에 있으므로 기본권의 임의적인 포기를 허용하지 않는다.

5. 기본권의 양면성의 의미

(1) 공동체 질서형성을 위한 기본원칙으로서의 기본권

통합주의에 따르면 기본권도 사회구성원이 합의한 공감대적 가치로서 공동체 질서의 원칙이다.

(2) 기본권의 대사인적 효력

기본권 충돌은 기본권의 객관적 질서성이 인정되어 대사인적 효력이 인정됨으로서 이론적으로 확립되게 된다.

(3) 국가의 기본권 보호의무

국가는 타인의 기본권 침해행위로부터 개인을 보호할 적극적인 보호의무를 지게 된다.

(4) 기본권 포기 불가

기본권의 객관적 질서로서의 성격 때문에 기본권 주체가 임의로 기본권을 포기할 수 없게 된다.

(5) 내재적 한계이론

기본권이 사회구성원이 합의한 공동체의 가치질서라면 기본권은 타인의 권리와 공동체의 기본질서를 침해하지 않는 범위 내에서 행사해야 한다는 내재적 한계가 인정된다.

> **관련판례**
>
> 직업의 자유는 자유민주적 헌법질서 내에서 개성신장의 수단으로서 주관적 공권일 뿐만 아니라, 객관적 가치질서로서의 기능도 갖는다(헌재 1990.10.15. 89헌마178; 헌재 1995.6.29. 93헌바45).

제3절 기본권보장과 제도적 보장

I. 제도적 보장의 의의 및 연혁

1. 의의

제도보장이란 국가 자체의 존립에 기초가 되는 객관적 제도(例 직업공무원제 등)를 헌법에 규정함으로써 당해 제도의 본질을 보장하려는 것으로서 입법에 의한 폐지나 본질의 훼손으로부터 이를 보장하고 유지하기 위한 헌법적 보장이다[김].

2. 연혁

바이마르헌법의 재산권규정과 관련하여 볼프에 의해 주창되고 슈미트에 의해 체계화된 이론이다. 슈미트는 공법상 제도 또는 전통적 사법제도의 헌법상 보장을 자유권으로서의 기본권과 구별하였으나, 오늘날의 제도 보장은 제도 보장과 기본권이 결합되는 경우가 있다거나 또는 기본권 자체에 객관적 질서의 근본요소가 있다는 기본권의 이중성(특히 객관적 질서)을 긍정하는 이론으로 발전되었다(헤세).

II. 법적 성격

1. 보장의 대상

역사적으로 형성된 기존의 객관적 제도 그 자체(사유재산제·직업공무원제 등)에 한하고 헌법규정에 의하여 비로소 형성된 제도(대통령제·의원내각제)는 대상이 아니다. 제도적 보장은 특정 제도의 본질·핵심의 침해를 금지하려는 것이므로 동일성을 유지하는 범위에서 부분적으로 변경하는 것은 가능하다.

2. 보장의 정도

제도적 보장은 그 본질적 내용을 침해하지 않는 범위 안에서 입법자에게 제도의 구체적 내용과 형태의 형성권을 폭넓게 인정한다는 의미에서 최소한 보장의 원칙이 적용된다.

3. 보장의 효과

제도적 보장은 모든 국가권력을 구속, 즉 행정권·사법권은 물론 입법권까지도 구속하지만 헌법개정권력은 구속하지 못한다. 즉, 헌법개정의 대상이 된다. 방침적 규정이 아닌 직접적 효력을 갖는 재판규범의 성격을 갖는다. 다만, 제도보장의 침해를 이유로 개인이 헌법소원을 제기할 수는 없다.

▶ 기본권은 주관적 권리이므로 침해된 경우 소권이 인정되지만 제도적 보장은 객관적 질서이므로 침해된 경우에도 소권이 인정되지 않는다. (○)

Ⅲ. 기본권보장과의 관계

1. 엄격히 구별하는 견해(슈미트)

슈미트의 자유권(기본권)과 제도적 보장의 구별

구분	자유권	제도적 보장
성질	전 국가적	국가 내적
헌법개정권력구속	○	×
배분의 원리 적용	○	×
보장되는 대상	개인의 권리와 자유	제도
보장 정도	최대의 보장	최소의 보장
침해시 헌법소원청구	○	×
재판규범의 원용 여부	○	○

2. 구별지양론 또는 융합론

헤세의 양면성이론은 기본권을 바로 제도로 보는 것은 아니나 헌법에 의해 형성되는 질서 속에 기본권과 제도 보장이 융합되어 있으므로 양자를 엄격히 구별하는 것은 지양되어야 한다.

3. 동일론

헤벌레의 제도적 기본권론은 기본권을 제도를 통하여 실현되고 제도일 수밖에 없다고 보므로 제도적 보장과 기본권은 동일시된다.

Ⅳ. 제도적 보장과 기본권의 관계

제도적 보장은 기본권을 보충·강화하는 기능을 하므로 제도적 보장과 기본권은 <u>보충적 내지 중복적</u>으로 보장될 수 있다.

관련판례 제도적 보장과 기본권보장

제도적 보장은 객관적 제도를 헌법에 규정하여 당해 제도의 본질을 유지하려는 것으로서 헌법제정권자가 특히 중요하고도 가치가 있다고 인정되고 헌법적으로도 보장할 필요가 있다고 생각하는 국가제도를 헌법에 규정함으로써 장래의 법발전, 법형성의 방침과 범주를 미리 규율하려는 데 있다. 이러한 제도적 보장은 주관적 권리가 아닌 객관적 범규범이라는 점에서 기본권과 구별되기는 하지만 헌법에 의하여 일정한 제도가 보장되면 입법자는 그 제도를 설정하고 유지할 입법의무를 지게 될 뿐만 아니라 헌법에 규정되어 있기 때문에 법률로써 이를 폐지할 수 없고, 비록 내용을 제한하더라도 그 본질적 내용을 침해할 수 없다. 그러나 <u>기본권 보장은 '최대한 보장의 원칙'이 적용됨에 반하여, 제도적 보장은 그 본질적 내용을 침해하지 아니하는 범위 안에서 입법자에게 제도의 구체적 내용과 형태의 형성권을 폭넓게 인정한다는 의미에서 '최소한 보장의 원칙'이 적용될 뿐이다</u>(헌재 1997.4.24. 95헌바48).

Ⅴ. 우리 헌법상 제도적 보장

① 직업공무원제도의 보장(제7조 제2항)

② 복수정당제의 보장(제8조 제1항)

③ 언론·출판·집회·결사의 자유(제21조): 신문·방송제도

④ 재산권의 보장(제23조 제1항): 사유재산제도

⑤ 교육의 자주성·전문성·정치적 중립성, 대학의 자율성 보장(제31조 제4항):

교육제도

⑥ 혼인과 가족제도의 보장(제36조 제1항 반대견해 有)

⑦ 지방자치제의 보장(제117조 제1항)

Ⅵ. 헌재의 태도

1. 의무교육제도

의무교육제도는 교육의 자주성·전문성·정치적 중립성 등을 지도원리로 하여
국민의 교육을 받을 권리를 뒷받침하기 위한 헌법상의 교육기본권에 부수하는 제
도적 보장이다(헌재 1991.2.11. 90헌가27).

2. 대학의 자율성

헌재는 서울대 입시요강에서 대학의 자율성은 대학에게 부여된 헌법상의 기본
권이라고 하여 대학의 자율성을 제도 보장이 아니라 대학의 기본권으로 본다(헌재
1992.10.1. 92헌마68·67 병합).

3. 직업공무원제도

직업공무원제도는 헌법이 보장하고 있는 제도적 보장 중의 하나임이 분명하므
로 입법자는 직업공무원제도에 관하여 '최소한 보장'의 원칙의 한계 내에서 폭넓은
입법형성의 자유를 갖는다. 따라서 입법자가 법률조항에서 동장의 임명방법이나
직무의 특성 등을 고려하여 동장의 공직상의 지위를 지방공무원법상 신분보장의
적용을 받지 않는 별정직 공무원의 범주에 넣었다 하여 바로 위헌이라 할 수 없다
(헌재 1997.4.24. 95헌바48).

제4절 기본권의 주체

Ⅰ. 국민

1. 일반국민

(1) 의의

국민이란 대한민국 국적을 지닌 개개의 자연인(제2조 제1항)을 말한다.

(2) 기본권 보유능력과 기본권 행사능력

기본권의 주체가 될 수 있는 기본권 보유(향유)능력과 기본권을 행사할 수 있는 기본권 행사(행위)능력은 일반적으로 일치하나 기본권 행사의 요건을 특히 규정한 경우(선거권, 공무담임권 등)에는 양자가 일치하지 않는다.

(3) 민법상의 권리·행위능력과의 관계

헌법상 기본권 보유·행사능력과 민법상 권리·행위능력이 반드시 일치하는 것은 아니고, 헌법과 민법의 법목적상의 차이로 권리능력이 없는 사단의 기본권 보유능력과 미성년자의 기본권 행사능력이 인정된다.

2. 특별권력관계에 있는 국민

(1) 의의

특별한 행정목적(교육·국방의무 등)을 달성하기 위하여 포괄적인 지배·복종관계를 설정하는 공법상의 특수한 법률관계를 의미한다.

(2) 기본권 제한의 변화

과거에는 특별권력관계에 있는 국민(공무원·군인·군무원 등)에 대하여 그들의 기본권을 법률의 근거 없이 제한할 수 있다고 보았으나, 현대에서는 법치주의가 특별권력관계에 있는 자에게도 미치므로 특정한 행정목적의 달성을 위해 공무원의 권리제한은 불가피하나 반드시 법률의 근거가 있어야 하며 그 본질적 내용은 침해할 수 없다. 고전적 '특별관계이론'에 따른다고 해도 특별권력관계는 '기본권 제한'의 문제이지 '기본권 주체'의 문제는 아니다[허].

(3) 제한이 가능한 경우

(가) 헌법상 제한　　　　정치적 중립(제7조 제2항), 이중배상금지(제29조 제2항), 노동3권(제33조 제2항)

(나) 법률상 제한　　　　직업의 자유, 거주 이전의 자유, 표현의 자유 등이 있다.

(4) 제한이 불가능한 경우

절대적 자유(양심의 자유, 신앙의 자유 등)이다.

Ⅱ. 외국인

1. 의의

외국인이란 한 국가를 중심으로 그 국가의 국적을 가지지 않는 자를 말하는데, 외국의 국적을 가진 자뿐만 아니라 무국적자도 포함된다.

외국법인은 외국의 자연인에 준하여 보되 외국인이자 법인이라는 이중심사를 거쳐야 할 것이다.

2. 외국인의 법적 지위

인권 최소수준보호원칙을 따르더라도 외국인에게는 일반적으로 입국 및 체류의 자유가 인정되지 아니한다.

3. 외국인의 기본권 주체성

외국인은 외국 국적자뿐만 아니라 무국적자를 포함하는 개념이고, 기본권 주체로서 외국인은 국내에 거주하는 자이다.

헌재 판례: 일본인이 평등권과 재판절차진술권을 침해당하였다고 하여 헌법소원심판(불기소처분 취소)을 청구하였는데, 헌재는 헌법소원의 적법요건을 검토하지 아니하고 본안판단을 한 바 있다(헌재 1994.12.29, 94헌마205). 즉, <u>일정한 경우에</u>

외국인에 대해서도 기본권 주체를 긍정했다고 볼 수 있다.

4. 외국인의 기본권의 범위

(1) 인간으로서의 존엄과 행복추구권

인정한다.

(2) 평등권

정치적, 재산권 보장의 평등권은 제한된다.

(가) 제한적 긍정설[권, 김] 상호주의원칙에 따라 일정한 범위 안에서 인정한다.

(나) 상황적 제한설[허] 원칙적 주체 인정, 구체적 상황하에서는 제한이 가능하다.

(3) 자유권적 기본권

(가) 전통적 자유권 원칙적 보장. 다만, 거주 이전의 자유와 언론·출판·집회·결사의 자유, 그리고 입국의 자유는 제한이 가능하다. 입국을 허가한 외국인에게는 출국의 자유가 보장된다.

(나) 망명권 대법원 판례에 따르면 "정치적 피난민에 대한 보호는 소수의 국가가 국내법상으로 보장하고 있을 뿐 우리나라는 이를 보장하는 국내법규가 없으며, 개개의 조약을 떠나서 일반국제법상 보장이 확립된 것도 아니다"(대판 1984.5.22. 84도39; 중국 민항기탈취사건).

또한 망명자비호권은 외국인의 권리가 아니고 비호를 부여하는 국가의 권리이며 아직 일반국제법상의 국가의무로 인정되지는 않고 있다.

(4) 경제적 기본권

상당한 제한기능. 다만, 소비자의 권리는 인정하려 한다.

(5) 정치적 기본권

선거권, 피선거권, 공무담임권 등은 인정되지 않는다.

(6) 청구권적 기본권

청원권, 재판청구권·형사보상청구권은 인정한다.

▶ 상호(보증)주의: 국가배상청구권, 범죄피해자구조청구권은 상호보증주의가 적용된다.

(7) 사회적 기본권

인간다운 생활을 할 권리, 근로의 권리, 무상교육을 받을 권리 등은 원칙적으로 인정되지 않으나 노동3권, 환경권, 보건권은 제한적으로 인정된다.

> **관련판례**
>
> 불법체류 중인 외국인들이라 하더라도, 불법체류라는 것은 관련 법령에 의하여 체류자격이 인정되지 않는다는 것일 뿐이므로, '인간의 권리'로서 외국인에게도 주체성이 인정되는 일정한 기본권에 관하여 불법체류 여부에 따라 그 인정 여부가 달라지는 것은 아니다. 청구인들이 침해받았다고 주장하고 있는 신체의 자유, 주거의 자유, 변호인의 조력을 받을 권리, 재판청구권 등은 성질상 인간의 권리에 해당한다고 볼 수 있으므로, 위 기본권들에 관하여는 청구인들의 기본권 주체성이 인정된다(헌재 2012.8.23. 2008헌마430).

Ⅲ. 법인

1. 의의

자연인 외의 자로서 법에 의하여 인격이 부여된 자를 말한다. 입법례로는 독일 기본법 제19조 "기본권은 그 성질이 허용하는 한 법인에도 적용된다."고 규정하고 있다.

2. 법인의 기본권 주체성

헌법재판소는 사단법인인 한국영화인협회와 신문편집인협회, 노동조합, 상공회의소, 자동차매매사업조합의 기본권 주체성을 인정한 바 있다. 또한 사법상 법인이 아닌 사단인 정당과 법인이 아닌 재단인 대한예수교장로회 신학연구원의 기본권 주체성을 인정한 바 있어 사법상 법인이 아닌 단체도 기본권 주체가 될 수 있다는 입장이다. 사법상 법인격 여부와 관계없이 사회생활을 영위하는 단체라면 일정한 요건하에 기본권 주체성을 인정하고 있다. 즉, 법인이 아닌 사단·재단도 대표자의 정함이 있고, 독립된 사회 조직체로서 활동하는 단체라면 기본권 주체가 될 수 있다. 따라서 기본권 주체가 되는 법인인지 여부는 사법상 법인 여부를 기준으로 하지는 않는다.

다만, 독립적인 단체가 아닌 영화인협회 감독위원회와 같은 분과위원회는 기본권의 주체가 될 수 없다.

관련판례

사단법인 한국영화인협회 감독위원회(헌재 1991.6.3. 90헌마56)
1. 자연인에게 적용되는 기본권 규정이라도 언론 · 출판의 자유, 재판권의 보장 등과 같이 성질상 누릴 수 있는 기본권은 당연히 법인에게도 적용된다.
2. 법인도 사단법인, 재단법인 또는 영리법인 · 비영리법인을 가리지 않고 헌법상 보장된 기본권이 침해되었음을 이유로 헌법소원을 청구할 수 있다.
3. 법인 아닌 사단 · 재단도 대표자의 정함이 있고 독립된 사회조직체로서 활동할 때에는 성질상 법인이 누릴 수 있는 기본권을 침해당하게 되면 그 이름으로 헌법소원심판을 청구할 수 있다.
4. 한국영화인협회 감독위원회는 영화인협회와 독립된 별개의 단체가 아니라 영화인 협회의 내부에 설치된 8개의 분과위원회 가운데 하나에 지나지 아니하므로 헌법소원심판청구권이 없다. → 한국영화인협회 감독위원회는 기본권의 주체가 될 수 없다.
5. 단체의 구성원이 기본권을 침해당한 경우 단체가 구성원의 권리구제를 위해 헌법소원을 청구하는 것은 원칙적으로 허용될 수 없다.

대한예수교장로회 신학연구원(헌재 2000.3.30. 99헌바14)
청구인의 당사자 능력은 당해사건 이전에 있었던 폐쇄명령처분취소소송의 상고심에서 청구인(대한예수교장로회 신학연구원)은 장로회 총회의 단순한 내부기구가 아니라 그와는 별개의 비법인재단에 해당된다고 하여 이를 인정한 바 있고, 이 사건 위헌제청신청사건에서도 이를 따르고 있으므로 헌법소원에 있어서도 달리 볼만한 사정이 없어 헌법소원심판상의 당사자 능력을 갖추었다고 볼 것이다.

---

3. 공법인의 기본권 주체성

헌법재판소는 서울대학교와 세무대학교의 기본권 주체성을 인정하였으나 국회상임위원회인 노동위원회, 지방자치단체, 직장의료보험조합, 농지개량조합의 기본권 주체성은 부정하였다. 또한 국회의원, 교육위원회 위원, 서울시의회, 지방자치단체의 장 등 공법인의 기본권 주체성을 인정하지 않은 바 있다. 그러나 헌법소원 청구인이 지방자치단체의 장이라도 언론의 자유는 일반국민으로서 누릴 수 있다. 물론 지방자치단체장의 지위에서는 기본권의 주체가 될 수 없다(헌재 1999.5.27. 98헌마214). 국회의원으로서 가지는 법률안 심의권 · 표결권 · 상임위원이 될 권리는 국가기관으로서 가지는 권한이므로 기본권이 아니다.

개인의 지위를 겸하는 국가기관이 기본권의 주체로서 헌법소원을 제기할 적격이 있는지, 즉 기본권 주체성이 문제된다. <u>원칙적으로 국가기관은 기본권의 수범자로서 국민의 기본권을 보호할 의무를 지고 있으므로 헌법소원을 제기할 수 없으나, 언제나 그러한 것은 아니고, 심판대상 조항이나 공권력 작용이 공적 과제를 수행하는 주체의 권한 내지 직무영역을 제약하는 성격이 강한 경우에는 기본권 주체성이 부인되나, 일반 국민으로서 국가에 대하여 가지는 헌법상의 기본권을 제약하는 성격이 강한 경우에는 기본권 주체성을 인정할 수 있다.</u>

이러한 기준을 전제로 하여 보면, 이 사건에서 문제된 청구인의 발언내용은 사적 성격이 강한 것도 있고, 직무 부문과 사적 부문이 경합하는 것도 있어 순전히 대통령의 권한이나 직무에만 관련된 것으로 단정하기 어렵다.

따라서 이 사건 조치로 대통령 개인으로서의 표현의 자유가 제한되었을 가능성이 있으므로 기본권 주체성을 인정할 수 있다(헌재 2008.1.17. 2007헌마700).

4. 유형별 고찰 (헌재 판례 중심으로)

(1) 사법상의 법인

자연인에게 적용되는 기본권 규정이라도 성질상 법인(사단법인·재단법인·영리법인·비영리법인 불문)이 누릴 수 있는 기본권은 당연히 법인에게도 적용된다. 따라서 사단법인 한국영화인협회는 기본권의 주체가 된다. 그러나 한국영화인협회 감독위원회는 내부의 분과위원회에 지나지 않으며, 달리 단체로서 실체를 갖추어 당사자 능력이 인정되는 법인 아닌 사단으로 볼 수 없다고 한다(헌재 1991.6.3. 90헌마56).

(2) 공법상의 법인

(가) 원칙적 부인

(a) **국회노동위원회**: 국가나 국가기관 또는 국가조직의 일부나 공법인은 기본권의 수범자(Adressat)이지 기본권의 주체로서 그 소지자(Träger)가 아니고 오히려 국민의 기본권을 보호 내지 실현해야 할 '책임'과 '의무'를 지니고 있는 지위에 있을 뿐이므로 국가기관인 국회의 일부 조직인 국회의 노동위원회는 기본권의 주체가 될 수 없고, 따라서 헌법소원심판을 제기할 수 있는 적격이 없다(헌재 1994.12.29. 헌

마120).

(b) **지방자치단체**: 기본권의 보장에 관한 각 헌법규정의 해석상 국민(또는 국민과 유사한 지위에 있는 외국인과 사법인)만이 기본권의 주체라 할 것이고, 국가나 국가기관 또는 국가조직의 일부나 공법인은 기본권의 '수범자'이지 기본권 주체로서 그 '소지자'가 아니고 오히려 국민의 기본권을 보호 내지 실현해야 할 지위에 있을 뿐이므로 공법인인 지방자치단체의 의결기간인 지방의회는 기본권의 주체가 될 수 없고, 따라서 헌법소원을 제기할 수 있는 적격이 없다(헌재 1998.3.26. 96헌마345).

(나) **예외적 인정**   대학의 학문의 자유와 같이 기본권에 의하여 보호될 생활영역에 속하는 법인체들에 있어서는 특정한 기본권은 인정된다고 할 것이다. 헌재는 "서울대학교는 학문의 자유와 대학의 자율권이라는 기본권의 주체로서 청구인들과는 기본권 주체와 공권력 주체의 관계뿐만 아니라 기본권 주체 상호 간의 관계이기도 하다"라고 판시하였다(헌재 1992.10.1. 91헌마68 등 병합). 국가와 지방자치단체는 제한된 범위 내에서 스스로 기본권의 주체가 되는 경우에도 그들이 가지는 통합기능적 책임 때문에 절대로 사인(私人)을 상대로 그 효력을 주장할 수는 없고 공법인 대 공법인의 관계에만 그 효력이 국한된다고 보아야 할 것이다.

(3) 정당

정당은 단순한 시민도 아니고 국가기관도 아니나 국민과 국가 간의 정치적 의사형성의 중개적 기관으로서 지위를 갖는 헌법제도와 결사의 혼성체로서 선거에 있어서의 평등권(헌재 1996.3.28. 96헌마9 등 병합: 정당의 기회균등권)이나 언론·출판·결사의 자유와 재판청구권 등이 인정된다.

1) 지방의회의원선거법 제36조 제1항의 헌법불합치결정에서 민중당은 시·도의회의원 선거에 있어서 직접적인 이해관계를 갖고 있다고 보아 헌법소원의 청구인적격을 인정한 바 있다(헌재 1991.3.11. 91헌마21).

2) 국회의원선거법 제55조의3에 대한 조건부위헌결정에서도 권리능력 없는 사단인 정당에게 기본권의 주체성을 인정한 바 있다(헌재 1992.3.13. 92헌마37·39).

3) 정당이나 그 지구당은 적어도 그 소유재산의 귀속관계에 있어서는 '법인격 없는 사단'으로 보아야 하므로 …… 이 사건 심판청구 중 재물손괴죄 부분에 관하여 청구인적격을 갖추었다(헌재 1993.7.29. 92헌마262).

(4) 초기 배아

헌재는 2010년 판례에서 초기배아의 기본권 주체를 부정하는 입장이며, 배아생성자의 배아에 대한 결정권은 인정했다.

관련판례 생명윤리 및 안전에 관한 법률 제13조 제1항 등 위헌확인(제16조, 제17조, 제18조, 제19조, 제20조, 제22조, 제23조 및 부칙 제2항, 제3항)(헌재 2010.5.27. 2005헌마346)

헌법재판소는 2010년 5월 27일 관여 재판관 전원의 일치된 의견으로, 청구인인 초기배아들의 심판청구는 청구인적격이 없어 부적법하고, 배아생성자인 청구인들의 심판청구 중 잔여배아에 대해 5년의 보존기간을 정하고 이후 폐기하도록 한 생명윤리법 제16조 제1항, 제2항 부분은 헌법에 위반되지 아니한다는 결정을 선고하였다.

【결정의 의의】
1. 이 사건은 배아생성자 등 뿐만 아니라 배아가 직접 헌법소원을 청구한 사건이라는 점에서 특색이 있음. 또한 이 사건은 생명공학의 발전과 더불어 제정된 생명윤리와 관련된 법에 대해 최초의 헌법적 평가를 내린 점에서 의의가 있음.
2. 이 사건 결정에서 헌법재판소는 수정된 후 원시선이 나타나기 전의 수정란 상태의 초기배아에 대해서는 기본권 주체성을 부정하였는데, 이는 이 시기의 초기배아는 '인간'에 해당하지 않음을 밝힌 것으로 볼 수 있음.
3. 다만, 이 사건 결정에서 헌법재판소는 배아생성자의 배아에 대한 결정권을 인정하였고, 배아관리 및 연구에서 배아에 대한 충실한 보호를 도모할 것을 언급하면서 배아관리 및 연구에 있어 헌법적 가치질서가 준수되어야 함을 확인하고 있음.

제5절 기본권의 효력

Ⅰ. 기본권의 대국가적 효력

기본권은 직접적으로 모든 국가권력을 구속하는 직접적 효력을 가지고 있는데, 이를 기본권의 대국가적 효력 또는 수직적 효력이라 한다.

국가권력에 의한 기본권의 위헌적 침해는 불법행위로 되어 무효이거나 그로 인한 손해배상책임 등을 낳는다.

Ⅱ. 기본권의 대사인적 효력

1. 기본권의 대사인적 효력인정의 배경과 개념

(1) 배경

18세기, 19세기에는 공법과 사법의 구별을 전제로 공법영역에 적용되는 기본권은 공권의 성격을 갖는 반면, 사법영역에서는 사적 자치원칙이 적용된다는 생각에 기초하여 기본권의 사법영역에서의 효력을 인정하지 아니하였다. 그러나 사인 상호 간에도 사회적 강자와 약자가 뚜렷이 구별됨으로써 대등하지 않다는 것이 밝혀지고 사회적 강자와 거대단체에 의해 사회적 약자의 기본권이 침해되어 사회적 갈등이 첨예화됨으로써 기본권의 대사인적 효력이 인정되게 된다. 미국에서는 흑백 간의 차별문제가 발생하여 인종차별을 해결하기 위하여 기본권을 사인 간에 적용시키려는 미국 판례이론이 나타났고, 미국의 판례이론을 참고한 독일의 헌법이론은 기본권이 사법질서를 형성하는 기준이기도 하다는 것을 내세워 사인의 행위를 국가의 행위로 의제함 없이 기본권의 대사인적 효력을 인정하게 된다. 또한 사회국가원리와 사회적 법치국가원리가 확립됨에 따라 사회적 강자에 의한 위법한 기본권 침해로부터 국가는 사인의 기본권을 보호할 법적 의무를 지게 된다. 국가의 기본권 보호의무 이행으로 사회적 약자의 기본권은 사회적 강자에게 미치게 됨으로써 기본권의 대사인적 효력은 실현되게 된다.

(2) 개념

기본권의 대사인적 효력의 문제는 기본권은 사법상의 거래에도 적용되는가, 적용된다면 그 범위는 어디까지일 것인가 하는 문제는 사법관계에 효력을 확장시키는 문제이다. 이를 기본권의 수평적 효력이라고도 한다.

2. 독일에서의 기본권의 대사인적 효력의 학설대립

(1) 직접적 효력설

(가) 주장자   니퍼다이, 독일연방노동법원

(나) 개념   기본권은 직접 사인 상호간의 법률관계에도 적용된다는 것이 직접적 사인효력설이다.

(다) 직접효력설의 문제점

1) 직접효력설은 공사법의 이원적 구별체계를 파괴시킨다.

2) 헤세는 직접효력설이 사적 자치를 지나치게 제한하여 민법 자체를 폐지하는 결과로 이어질 것이라고 비판을 한다.

(2) 간접적 효력설

(가) 주장자　　헤세, 마운쯔, 독일연방헌법재판소

(나) 이론적 배경　　　직접효력설은 사법의 독자성을 무시했다는 비판을 받았다. 이에 간접효력설은 헌법의 최고규범성보다는 사법의 독자성에 더 큰 비중을 두고 사인 상호간의 법률관계에 적용되는 것은 일차적으로 사법이고, 헌법상 기본권은 사법의 일반원칙을 매개로 하여 간접적으로 적용되는 것이 바람직하다는 입장이다.

(다) 개념　　　사인 간의 사적인 법률관계를 규율하는 것은 사법이므로 기본권은 사법의 일반원칙(공서양속원칙, 신의성실원칙, 권리남용금지원칙)이라는 매개물을 통해 간접적으로 사인 상호 간에 적용된다는 것이 간접적 사인효력설이다.

3. 우리나라 현행 헌법과 사인 간의 기본권 효력

(1) 학설과 판례

판례와 일반적인 학설은 기본권은 원칙적으로 사인 간의 간접 적용된다는 간접효력설을 취하고 있다. 그러나 주의할 것은 독일 헌법재판소 판례와 우리 판례와 다수설에 따르더라도 사인 간에 직접 적용되는 기본권과 사인 간에 적용될 수 없는 기본권은 인정된다는 점이다.

Ⅲ. 기본권의 갈등

1. 갈등의 의의

기본권의 갈등은 복수의 기본권 주체가 서로 대립되는 기본권의 적용을 주장하는 경우(기본권의 충돌)와 단일의 기본권 주체가 동시에 여러 기본권의 적용을 주장하는 경우(기본권의 경합)을 포괄하는 개념이다.

기본권의 경합(경쟁)과 충돌(상충)의 비교

구분	기본권의 경합(경쟁)	기본권의 충돌(상충)
의의	동일한 기본권의 주체가 일정한 사안에 관해 상이한 복수의 기본권의 주장	별개의 기본권의 주체가 상충하는 이해관계로 복수 또는 동일한 기본권의 효력 주장

예	학술집회에 참여한 사람이 학문의 자유와 집회의 자유를 함께 주장하는 경우	언론의 자유와 사생활의 비밀 간의 상충, 산림소유자의 재산권과 등산객의 휴식권
기본권의 주체	단수	복수
기본권의 수	복수	단수 또는 복수
기본권의 침해주체	국가	私人
기본권의 효력	대국가적 효력	대사인적 효력과 대국가적 효력
해결방법	최강효력설, 최약효력설	법익형량, 규범조화적 해석, 규범영역 분석이론, 수인한도론

2. 기본권의 경합(경쟁)

(1) 의의

단일의 기본권 주체가 국가에 대하여 동시에 여러 기본권의 적용을 주장하는 경우를 말한다.

(2) 유형

집회에 참석하려는 사람을 체포한 경우의 집회의 자유와 신체의 자유, 제작 중인 예술품을 강제 철거한 경우의 재산권과 예술의 자유, 정치단체에 가입했다는 이유로 교사를 파면한 경우의 결사의 자유와 직업수행의 자유 및 수업권, 성직자의 설교(직업음악가의 연주회)를 방해한 경우의 종교의 자유(예술의 자유)와 직업수행의 자유 등이 있다.

(3) 기본권 경합의 해결이론

(가) 기본권 경합의 원칙 기본권이 경쟁하게 되면 보통은 상호보완 또는 상승작용에 의하여 기본권의 효력이 강화된다. 그러나 경합하는 기본권의 성질상 상호보완관계가 성립하지 않으면 기본권의 효력이 강화되지 않을 수도 있다(Rüfner).

(나) 일반적 기본권과 특별기본권이 경합하는 경우   일반적 기본권과 특별기본권이 경합하는 경우 특별기본권의 침해 여부를 심사하면 된다.

(다) 제한 정도가 다른 기본권들이 경합하는 경우　경합하는 기본권 중에 제한가능성과 제한 정도가 가장 작은, 즉 가장 강한 기본권을 우선 적용하려는 최강효력설과 제한의 가능성과 제한 정도가 제일 큰 가장 약한 기본권을 우선시하는 최약효력설이 있는데, 최강효력설이 다수설이다.

(a) **최약효력설**: 기본권은 헌법상 제한의 정도가 가장 큰, 즉 가장 약한 기본권의 효력만큼 기본권의 효력이 나타난다고 한다(기본권의 최대보장이라는 헌법정신에 역행).

(b) **최강효력설(다수설)**: 제한 정도가 제일 작은 가장 강한 기본권의 효력을 인정하는 견해로서 특정 사안과 가장 직접적 관계가 있는 기본권을 중심으로 최강효력설에 따라 기본권 효력이 강화되는 방향으로 해결되어야 한다.

(라) 판례 경향　초기 판례는 경합관계에 있는 기본권을 전부 적용해 오다가 최근 판례에서는 특별 기본권 우선원칙, 직접 관련된 기본권 우선적용원칙, 최강효력설 등을 적용하여 경합문제를 해결하고 있다.

3. 기본권의 충돌

(1) 의의

복수의 기본권 주체가 서로 충돌하는 권익을 실현하기 위하여 국가에 대해 각기 대립되는 기본권의 적용을 주장하는 경우를 말한다. 대립되는 기본권이란 반드시 상이한 기본권이어야만 하는 것은 아니며 동일한 기본권을 각각 대립적으로 주장하는 경우에도 포함된다.

(2) 기본권의 충돌의 해결이론

(가) 법익형량의 원칙(이익형량의 원칙)

(a) **개념**: 법익형량의 원칙이란 복수의 기본권이 충돌하는 경우 그 효력의 우열

을 결정하기 위해 기본권들의 법익을 비교하여 법익이 더 큰 기본권을 우선시하는 원칙이다.

(b) **법익형량의 원칙의 전제**: 기본권은 타인의 기본권을 침해하지 않는 범위 내에서 법적인 보호를 받을 수 있다는 인식이 전제되어야 하고, 기본권 상호 간에 일정한 위계질서가 있다는 가설이 전제되어야 한다[허영 『헌법이론과 헌법』 p.470].

(c) **법익형량의 기준**: 충돌하는 기본권 간의 우열이 있는 경우 상위 기본권 우선원칙이 적용되는데, 인간의 존엄성 우선의 원칙, 생명권 우선의 원칙이 있다. 동위기본권 상충시에는 인격권 우선의 원칙, 자유권 우선의 원칙이 있다.

(d) **법익형량의 한계**: 하나의 기본권만을 우선시하여 다른 기본권의 효력을 완전히 무시하는 데 문제점이 있다[허영 『헌법이론과 헌법』 pp.409~413, 계희열 中 p.107].

관련판례

이익형량원칙을 적용한 판례 – 흡연금지사건(헌재 2004.8.26. 2003헌마457)
위와 같이 흡연자들의 흡연권이 인정되듯이 비흡연자들에게도 흡연을 하지 아니할 권리 내지 흡연으로부터 자유로울 권리가 인정된다. 혐연권은 흡연권과 마찬가지로 헌법 제17조, 헌법 제10조에서 그 헌법적 근거를 찾을 수 있다. 나아가 흡연이 흡연자는 물론 간접흡연에 노출되는 비흡연자들의 건강과 생명도 위협한다는 면에서 혐연권은 헌법이 보장하는 건강권과 생명권에 기하여서도 인정된다. 흡연자가 비흡연자에게 아무런 영향을 미치지 않는 방법으로 흡연을 하는 경우에는 기본권의 충돌이 일어나지 않는다. 그러나 흡연자와 비흡연자가 함께 생활하는 공간에서의 흡연행위는 필연적으로 흡연자의 기본권과 비흡연자의 기본권이 충돌하는 상황이 초래된다. 그런데 흡연권은 위와 같이 사생활의 자유를 실질적 핵으로 하는 것이고, 혐연권은 사생활의 자유뿐만 아니라 생명권에까지 연결되는 것이므로 혐연권이 흡연권보다 상위의 기본권이라 할 수 있다. 이처럼 상하의 위계질서가 있는 기본권끼리 충돌하는 경우에는 상위 기본권 우선의 원칙에 따라 하위기본권이 제한될 수 있으므로, 결국 흡연권은 혐연권을 침해하지 않는 한에서 인정되어야 한다.

이익형량(대판 1988.10.11. 85다카29)
우리 대법원 판례 중에도 법익형량에 따라 기본권의 충돌을 해결한 것이 있다. 인격권으로서 개인의 명예의 보호와 표현의 자유의 보장이라는 두 법익이 충돌하였을 때 그 조정을 어떻게 할 것인지는 구체적인 경우에 사회적인 여러 가지 이익을 비교하여 표현의 자유로 얻어지는 이익·가치와 인격권의 보호에 의하여 달성되는 가치를 형량하여 그 규제의 폭과 방법을 정해야 할 것이다.

교과서검인정제도(헌재 1992.11.12. 89헌마88)
교사의 수업권과 학생의 수학권이 충돌한 경우 수업권을 내세워 수학권을 침해할 수 없다.

(나) 규범조화적 해석(형평성의 원칙)

(a) 개념: 규범조화적 해석이란 상충하는 기본권 모두가 최대한으로 그 기능과 효력을 나타낼 수 있는 조화의 방법을 찾으려는 해결원칙이다.

(b) 규범조화적 해석의 방법

(aa) 과잉금지의 원칙 또는 공평한 제한의 원칙: 과잉금지의 원칙이란 상충하는 기본권 모두에 일정한 제약을 가하여 기본권 모두의 효력을 양립시키되 기본권에 대한 제약은 최소한에 그쳐야 한다는 원칙이다.

(bb) 대안식 해결방법: 대안을 도출하여 상충하는 기본권 모두를 만족시키는 방법이다.

1) 병역의 의무와 양심상의 이유로 집총거부권 간의 상충 시 민간 역무라는 대안을 제시하는 해결방법이다. 물론 병역의무와 양심의 자유는 기본권 충돌이 아니라 부진정 충돌이다.

2) 자녀의 생명을 구하기 위한 방법은 수혈뿐인데 종교상의 이유로 수혈을 금지하여 종교의 자유와 생명권이 충돌하는 경우 후견법원이나 친족회의 동의를 얻어 수술

(cc) 최후수단의 억제성: 불리한 기본권이라고 하더라도 그 기본권을 버리는 것보다는 가능한 보호해야 한다는 원칙이다(예 종교상의 확신으로 치료를 요청하지 않아 배우자를 사망케 한 사건에서 독일 헌법재판소는 형법상의 형벌을 가하는 것은 종교의 자유의 파급효과를 인식하지 못한 위헌적 처사라고 판시했다).

관련판례

정정보도청구사건(헌재 1991.8.16. 89헌마165)
정기간행물의등록에관한법률 제16조 제3항, 제19조 제3항의 위헌 여부에 관한 헌법소원사건에서 헌법재판소는 피해자의 반론권과 보도기관의 언론의 자유가 상충하는 경우 동법 제16조는 기본권 상충에 관한 규범조화적 해석방법에 따른 과잉금지의 원칙에 위배되지 아니한다.

민법 제406조 제1항 위헌소원(헌재 2007.10.25. 2005헌바96)
이 사건 법률조항은 채권자에게 채권의 실효성을 확보를 위한 수단으로서 채권자취소권을 인정함으로써, 채권자의 재산권과 채무자와 수익자의 일반적 행동의 자유 내지 계약의 자유 및 수익자의 재산권이 서로 충돌하게 되는바, 위와 같은 채권자와 채무자 및 수익자의 기본권들이 충돌하는 경우에 기본권의 서열이나 법익의 형량을 통하여 어느 한 쪽의 기본권을 우선시키고 다른 쪽의 기본권을 후퇴시킬 수는 없다고 할 것이다. 사적 자치의 원칙은 헌법 제10조의 행복추구권 속에 함

축된 일반적 행동자유권에서 파생된 것으로서 헌법 제119조 제1항의 자유시장경제질서의 기초이자, 우리 헌법상의 원리이고, 계약자유의 원칙은 사적 자치권의 기본원칙으로서 이러한 사적 자치의 원칙이 법률행위의 영역에서 나타난 것이므로, 채권자의 재산권과 채무자 및 수익자의 일반적 행동의 자유권 중 어느 하나를 상위기본권이라고 할 수는 없을 것이고, 채권자의 재산권과 수익자의 재산권 사이에서도 어느 쪽이 우월하다고 할 수는 없을 것이기 때문이다.

따라서 이러한 경우에는 헌법의 통일성을 유지하기 위하여 상충하는 기본권 모두가 최대한으로 그 기능과 효력을 발휘할 수 있도록 <u>조화로운 방법을 모색하되(규범조화적 해석)</u>, 법익형량의 원리, 입법에 의한 선택적 재량 등을 종합적으로 참작하여 심사하여야 할 것이다.

제6절 기본권의 제한

I. 기본권 제한의 유형

1. 헌법유보(헌법 직접적 제한)

헌법유보란 헌법이 직접 기본권 제한을 명시적으로 규정함으로써 기본권을 제한할 수 있는 경우이다. 이는 입법권자에 대한 방어적 의미, 즉 입법권자에게 입법에 있어서의 재량권의 한계와 기본권 남용에 대한 경고적 기능을 한다.

(1) 일반적 헌법유보

우리 헌법에는 그 예가 없다.

(2) 개별적 헌법유보

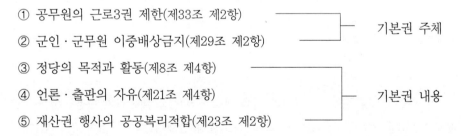

① 공무원의 근로3권 제한(제33조 제2항)
② 군인·군무원 이중배상금지(제29조 제2항) ─ 기본권 주체
③ 정당의 목적과 활동(제8조 제4항)
④ 언론·출판의 자유(제21조 제4항) ─ 기본권 내용
⑤ 재산권 행사의 공공복리적합(제23조 제2항)

(3) 기본권의 헌법적 한계(헌법유보)의 기능과 효과

헌법제정권자가 스스로 기본권 제한을 명시함으로써 입법권자가 기본권 제한에서 갖는 재량권을 축소시키는 기능을 한다.

2. 법률유보(헌법 간접적 제한)

법률유보란 국민의 기본권을 제한하고자 할 때 입법권자가 제정한 법률의 형식을 요구하는 것으로 국민의 기본권을 제한하는 가장 원칙적 방법이다.

(1) 종류

(가) 일반적 법률유보　헌재는 헌법 제37조 제2항이 기본권 제한 입법의 수권규정인 동시에 기본권 제한 입법의 한계규정이기 때문에 입법부도수권의 범위를 넘어서 자의적인 입법을 할 수 있는 것은 아니라고 판시하였다(헌재 1989.12.22. 88헌가13).

일반적 법률유보

구분	내용
제한대상	헌법상의 모든 권리(통설). 그러나 절대적 자유, 즉 인간의 내심의 자유는 제한할 수 없음
제한기준 (목적)	① 국가안전보장(제7차 개정헌법에서 규정) ② 질서유지(국가안전보장을 제외한 사회적 안녕질서) ③ 공공복리 - 적극목적
제한형식	① 법률: 형식적 의미의 법률 ② 요건: 일반적·추상적 ③ 조약이나 일반적으로 승인된 국제법규도 가능
제한정도	① 필요성: 보충성의 원칙, 비례성의 원칙, 이중기준의 원칙(정신적 자유는 경제적 자유보다 우월) ② 과잉금지의 원칙: 목적정당성, 방법적정성, 피해최소성, 법익균형성
제한한계	① 권리의 본질적 내용의 침해금지(기본권의 핵) ② 제3차 제2공화국에서 도입, 제7차 제4공화국 때 삭제, 제8차 제5공화국 때 부활

(나) 개별적 법률유보　신체의 자유(제12조 제1항), 재산권의 수용·사용·제한(제23조 제3항), 주요 방위산업체 종사 근로자의 단체행동권 제한(제33조 제3항) 등이 있다.

(2) 기본권 제한입법의 목적상 한계

(가) 국가안전보장

(a) **국가안전보장의 개념**: 국가안전보장이란 외부로부터 국가의 독립, 영토의 보전, 헌법에 의한 설치된 국가기관의 유지를 뜻한다.

(b) **국가안전보장을 위해 기본권을 제한하는 법률**: 형법, 국가보안법, 국가기밀보호법

(c) **연혁**: 국가안전보장은 제7차 개정헌법 때 규정되었지만 그 이전에도 국가의 존립과 안전 등은 질서유지개념에 속한다고 보아 기본권 제한의 목적으로 사용되었다[강태수 「앞의 글」 p.134].

(나) 질서유지

(a) **질서유지의 개념**: 협의의 개념으로는 공공의 안녕질서를 의미하며, 광의의 개념으로는 헌법의 기본질서유지 이외의 타인의 권리유지, 도덕질서유지, 사회공공질서유지가 포함되는 개념이다.

국가안전보장은 외부로부터의 국가의 존립과 안전 그리고 이와 관련된 내부적 안전과 존립보장이라면, 질서유지는 내부에 있어서의 국가의 존립과 안전을 의미한다[홍성방 『헌법 I』 p.303, 계희열 中 p.120].

(b) **질서유지를 위해 기본권을 제한하는 법률**: 형법, 경찰법, 집회 및 시위에 관한 법률, 경찰관 직무집행법, 도로교통법, 경범죄 처벌법이 있다.

(다) 공공복리

(a) **개념**: 공공복리란 국가구성원 전체를 위한 행복과 이익이다. 공공복리는 개인과 대립되는 것이 아니라 개인을 포함한 국민의 전체적인 복리를 뜻한다.

(b) **공공복리를 위해 기본권을 제한한 법률**: 소비자보호법, 국토이용관리법, 학원법, 토지수용법, 산림법 등이 있다.

(라) **기본권 목적상 한계 간의 관계**　　　질서유지가 시민적 법치국가에서의 자유권의 제한목적을 의미한다면, 공공복리는 사회적 법치국가에서의 기본권의 제한목적을 의미한다.

또한 국가안전보장과 질서유지가 소극적 목적이라면, 공공복리는 적극적 목적이다. 기본권은 최대한 보장원칙과 최소제한원칙이므로 기본권 제한 목적은 적극적으로 해석되어서는 안 되고 소극적으로 해석되어야 한다.

(마) **헌법재판소 판례**　　충효정신을 기반으로 한 농경 중심의 가부장적, 신분

적 계급사회 유지는 혼인에 관한 국민의 자유와 권리를 제한할 사회질서나 공공복리에 해당될 수 없다(헌재 1997.7.16. 95헌가6).

(3) 기본권 제한 입법의 방법상 한계(과잉금지원칙)

국가의 권력은 무제한적으로 행사되어서는 아니 되고, 이는 반드시 정당한 목적을 위하여 그리고 또한 이러한 목적을 달성하기 위하여 필요한 범위 내에서만 행사되어야 한다는 의미로 이해되고 있다. 따라서 과잉금지원칙은 기본권 제한에 있어서 국가작용의 한계를 명시하는 원칙이다. 우리 헌법재판소는 제37조 제2항과 법치국가원리로부터 과잉금지원칙을 도출하고 있다.

(가) 목적의 정당성　　기본권 제한 입법목적이 헌법상 그 정당성이 인정되어야 한다는 원칙이다.

(나) 방법(수단)의 적정성 방법이라는 기본권 제한조치를 뜻하며 방법의 적정성이란 기본권 제한 입법의 목적을 달성하기 위한 수단을 선택함에 있어 필요하고도 효과적인 수단을 선택해야 한다는 뜻이다.

(다) 피해(침해)의 최소성 피해의 최소성 원칙은 기본권을 적게 제한하는 방법을 통해 목적을 달성해야 한다는 원칙이다. 피해의 최소성 원칙은 목적 달성에 적합한 수단 중에서 기본권 침해를 최소화하는 수단을 선택해야 한다는 원칙이므로 피해의 최소성원칙이 충족된 수단이라면 방법의 적정성은 당연히 인정되나 방법의 적정성이 인정된다 하여 피해의 최소성원칙을 준수했다고 할 수는 없다.

(라) 법익의 균형성(좁은 의미의 비례원칙)

(a) 의의: 입법자가 기본권 제한을 통해 실현하려는 공익과 제한되는 기본권의 법익 간에 균형이 이루어져야 한다는 원칙이다. 즉, 공익이 사익(기본권)보다 커야 하지 사익이 커서는 안 된다는 원칙이다.

(b) 침해 정도와의 관계: 기본권 침해의 정도가 강한 경우에는 입법자가 추구하는 공익이 강해야 그 기본권 제한 입법은 정당화된다.

(c) 제한되는 기본권과의 관계: 제한되는 기본권의 가치가 큰 경우에는 기본권 제한을 통해 실현하려는 공익이 커야만 그 제한입법은 정당화된다.

(4) 기본권의 본질적 내용침해금지

본질적 내용침해금지원칙은 법률에 의해 기본권을 제한하더라도 기본권의 본질적 내용을 법률로 침해해서는 안 된다는 원칙이다. 기본권의 본질적 내용이 무엇이냐에 대해 학설이 갈리는데, 상대설은 본질적 내용을 고정적인 것이 아니라 가변적인 것으로 보는 것으로 본질적 내용의 상대화를 인정하는 입장을 말하고, 절대설은 모든 기본권은 절대적으로 침해할 수 없는 핵심영역이 있고 침해할 수 없는 한계가 본질적 내용이다. 이 침해할 수 없는 내용을 인간의 존엄성으로 보는 견해가 있고 기본권이 공권력에 의한 제한으로 그 핵심영역이 손상되거나 그 실체의 온전성을 상실하는 경우 본질적 내용이 침해되었다고 보는 핵심영역설이 있다. 우리나라는 절대설이 다수설이나 절대설 중 인간의 존엄성설을 취하는 입장과 핵심영역설을 취하는 입장이 있다. 헌법재판소 판례는 일관성이 없으나 절대설에 가까운 판례가 많다고 할 수 있다. 다만, 사형제도에 대한 헌재 판례는 비례원칙을 적용하여 생명권의 본질인 생명의 유지를 박탈할 수 있다고 보았으므로 상대설에 가까운 판례이다.

3. 내재적 한계

(1) 의의

헌법과 법률에 의한 기본권 제한과는 관계없이 기본권에 본질적으로 내포되어 있는 한계를 말한다. 이는 헌법 이론적으로 기본권의 제약을 정당화시키는 기본권 자체의 불문의 한계에 관한 문제이다.

(2) 기본권 제한과의 구별

내재적 한계는 기본권에 대한 불가피한 제한을 정당화시키려는 논리형식으로, 기본권 제한 가능성을 전제로 하는 헌법해석적 기본권 제한의 문제와는 구별된다.

(3) 우리나라 기본권의 내재적 한계이론

(가) 긍정설   타인과 접촉을 전제로 하는 사회 공동생활에서의 모든 기본권 (순수한 내심의 작용을 제외한)은 당연히 그 내재적 한계를 갖는다.

(나) 부정설(다수설)　　우리 헌법은 제37조 제2항에서 일반적 법률유보를 두고 있기 때문에 독일의 경우와 같이 절대적 기본권은 인정될 여지가 없어 기본권의 내재적 한계이론이 적용될 여지가 거의 없고 내재적 한계를 일반화시킬 때는 기본권의 본질적 내용의 침해금지조항을 공허하게 만들 우려가 있다.

(다) 헌재의 견해(긍정설) 개인의 성적 자기결정권도 국가적·사회적 공동생활의 테두리 안에서 타인의 권리·공중도덕·사회윤리·공공복리 등에 의한 내재적 한계가 있는 것이며 절대적으로 보장되는 것이 아니다(헌재 1990.9.10, 89헌마82).

Ⅱ. 기본권의 법률유보

1. 기본권 제한적 법률유보(자유권)

본래적 의미의 법률유보로서 일반적 법률유보와 개별적 법률유보가 있다.

2. 기본권 구체화적 내지 형성적 법률유보(생존권)

기본권이 법률에 의하여 내용이 형성되거나 행사절차가 구체적으로 확정되는 법률유보이다.

제7절　기본권의 침해와 구제

Ⅰ. 입법기관에 의한 침해와 구제

1. 입법에 의한 기본권 침해와 구제

입법기관은 기본권을 침해하는 법률을 제정함으로써 기본권을 침해할 수 있다.

2. 입법부작위에 의한 기본권 침해와 구제(헌법소원 참조)

(1) 침해의 종류

(가) 진정입법부작위에 의한 기본권 침해　　입법에 관한 헌법상 수권위임이 있었음에도 입법기관이 입법을 하지 않아 기본권을 침해한 경우에 대한 구제방법이다. 자유권의 실현을 위해서는 원칙적으로 국가의 작위의무를 요하지 않으므로 자유권에서는 입법부작위로 인한 기본권 침해 문제가 거의 발생하지 않고 기본권 실

현을 위해 작위의무가 있는 적극적 권리인 사회적 기본권이나 청구권에서 주로 문제가 된다.

(나) 부진정입법부작위(입법개선의무위반)에 의한 기본권 침해　입법은　하였는데 기본권 보장을 위한 법규정의 내용, 범위, 절차 등이 불완전 또는 불공정하여 그로 인해 기본권을 침해한 경우이다.

(2) 구제방법

(가) 진정입법부작위에 의한 기본권 침해에 대한 구제방법　　청원권, 헌법소원 심판청구

(나) 부진정입법부작위에 의한 기본권 침해에 대한 구제방법

1) 청원권

2) 헌법재판소는 부진정입법부작위에 대한 헌법소원을 인정하지 않고 있다. 기본권 보장을 위한 법규정이 불완전한 경우 그 불완전한 법규 자체를 대상으로 하여 그것이 헌법위반이라는 적극적인 헌법소원을 함은 별론으로 하고 입법부작위를 헌법소원의 대상으로 삼을 수 없다(헌재 1996.6.13. 93헌마276).

Ⅱ. 행정기관에 의한 침해와 구제

1. 집행기관에 의한 기본권 침해유형

위헌적 법령의 집행에 의한 기본권 침해, 잘못된 법령의 해석에 의한 기본권 침해, 적극적 행정행위에 의한 기본권 침해, 행정부작위에 의한 기본권 침해 등이 있다.

2. 집행기관에 의한 기본권 침해시 구제방법

침해기관에 따른 구제방법

구분	행정기관	법원	입법부	헌법재판소
구제 방법	• 청원 • 행정심판 • 형사보상제도 • 행정상의 손해배상제도	• 행정소송 • 명령·규칙심사제도 • 형사보상청구권	• 법률개정에　의한 구제 • 청원처리 • 탄핵소추의결	• 헌법소원심판 • 탄핵심판

Ⅲ. 사법기관에 의한 침해와 구제

① 침해: 오판, 재판의 지연 등이 문제된다.

② 구제: 상소, 재심, 비상상고, 형사보상청구권, 피해자진술권이 있다.

▶ 재판에 대한 헌법소원: ㉠ 원칙: 불가, ㉡ 예외: 헌법소원의 대상가능

Ⅳ. 사인에 의한 기본권의 침해와 구제

사인에 의한 인신에 대한 불법감금, 재판권에 대한 침해시 검찰·경찰 등에 불법행위의 배제를 청구할 수 있다. 또한 사인에 의한 침해시 민법상 손해배상청구 등을 할 수 있다.

Ⅴ. 기본권보호의 최후수단으로는 저항권을 들 수 있다.

Ⅵ. 국가인권위원회법

1. 적용범위

대한민국 국민과 대한민국 영역 안에 있는 외국인이다(국가인권위원회법 제4조).

2. 위원회 구성

위원은 국회선출 4인, 대통령이 지명하는 4인, 대법원장이 지명하는 3인을 대통령이 임명한다. 위원회는 위원장 1인과 3인의 상임위원을 포함한 11인의 인권위원으로 구성하며, 정당에 가입할 수 없다. 위원장은 위원 중에서 대통령이 임명한다. 위원 중 4인 이상은 여성으로 임명한다. 위원장은 위원회를 대표하며 위원회의 업무를 통할한다. 위원장이 부득이한 사유로 직무를 수행할 수 없는 때에는 위원장이 미리 지명한 상임위원이 그 직무를 대행한다. 위원장 및 위원의 임기는 3년으로 하고, 1차에 한하여 연임할 수 있다. 위원은 금고 이상의 형의 선고에 의하지 아니하고는 그 의사에 반하여 면직되지 아니한다(동법 제5조, 제6조, 제7조, 제8조, 제10조).

3. 업무와 권한

(1) 업무

국가인권위원회법

제19조【업무】위원회는 다음 각 호의 업무를 수행한다.
  1. 인권에 관한 법령(입법과정 중에 있는 법령안을 포함한다)·제도·정책·관행의 조사와 연구 및 그 개선이 필요한 사항에 관한 권고 또는 의견의 표명
  2. 인권침해행위에 대한 조사와 구제
  3. 차별행위에 대한 조사와 구제
  4. 인권상황에 대한 실태조사
  5. 인권에 관한 교육 및 홍보
  6. 인권침해의 유형·판단기준 및 그 예방조치 등에 관한 지침의 제시 및 권고
  7. 국제인권조약에의 가입 및 그 조약의 이행에 관한 연구와 권고 또는 의견의 표명
  8. 인권의 옹호와 신장을 위하여 활동하는 단체 및 개인과의 협력
  9. 인권과 관련된 국제기구 및 외국의 인권기구와의 교류·협력
  10. 그 밖에 인권의 보장과 향상을 위하여 필요하다고 인정하는 사항

(2) 법원 및 헌법재판소에 대한 의견 제출(동법 제28조)

위원회는 재판이 계속 중인 경우 법원 또는 헌법재판소의 요청이 있거나 필요하다고 인정하는 경우 의견을 제출할 수 있다.

4. 인권침해의 조사와 구제

(1) 위원회의 조사대상(동법 제30조)

(가) 진정에 의한 조사

(a) **진정할 수 있는 자**: 인권을 침해당한 자뿐 아니라 그 사실을 알고 있는 사람이나 단체는 위원회에 진정할 수 있다.

(b) **국가나 공공단체에 의해 침해된 인권**: 국가기관, 지방자치단체 또는 구금·보호시설의 업무수행과 관련하여 헌법 제10조 내지 제22조에 보장된 인권을 침해당한 경우 진정할 수 있다. 따라서 참정권, 청구권, 사회적 기본권 침해를 이유로

진정할 수 없다. 또한 국회의 입법 및 법원·헌법재판소의 재판에 의한 인권 침해의 경우에는 진정할 수 없다.

(c) 단체·사인에 의한 평등권 침해: 법인·단체·사인에 의하여 평등권 침해의 차별행위를 당한 경우 진정할 수 있다.

(나) 직권에 의한 조사　위원회는 진정이 없는 경우에도 인권 침해가 있다고 믿을 만한 상당한 근거가 있고 그 내용이 중대하다고 인정될 때에는 직권으로 조사할 수 있다.

(2) 구제조치 등 권고(동법 제44조)

진정을 조사한 결과 인권 침해가 일어났다고 판단하는 때에는 구제조치 등을 권고할 수 있다.

(3) 고발 및 징계권고(동법 제45조)

진정조사결과 형사처벌이 필요하다고 인정할 때에는 검찰총장에게 고발하거나 피고발인이 군인·군무원인 경우 각군 참모총장과 국방부장관에게 고발할 수 있다. 조사결과 피진정인과 인권 침해에 책임이 있는 자에 대한 징계를 소속기관 등의 장에게 권고할 수 있다.

(4) 조사와 조정 등의 비공개(동법 제49조)

위원회의 진정에 대한 조사·조정·심의는 비공개로 한다. 다만, 위원회의 의결이 있는 때에는 공개할 수 있다. 조사 및 조정의 처리결과는 공개한다(동법 제50조).

관련판례

인권위원회 위원은 퇴직 후 2년간 교육공무원이 아닌 공무원으로 임명되거나 선거에 입후보할 수 없도록 한 국가인권위원회법 제11조(헌재 2004.1.29. 2002헌마788)
이 사건 법률은 인권위원회 위원의 직무수행의 독립성, 공정성을 확보함을 목적으로 한다. 이 사건 법률조항은 퇴직 인권위원이 취임하고자 하는 공직이 인권보장업무와 무관한 직종까지도 공직에 취임할 수 없도록 하였으므로 최소성원칙에 위반되어 공무담임권을 침해한다.

법원의 재판을 진정대상에서 제외한 국가인권위원회법 제30조(헌재 2004.8.26. 2002헌마302)
법원의 재판을 인권위원회가 진정대상으로 삼는다면 법적 분쟁이 무한정 반복되고 지연될 가능성

이 크므로 이를 진정의 대상에서 제외한 것은 헌법에 위반되지 않는다.

제2장 인간의 존엄과 평등

인간의 존엄과 행복추구권/평등권

제1절 인간의 존엄과 행복추구권

Ⅰ. 인간의 존엄과 가치

1. 의의

인간의 존엄이란 인간의 본질로 간주되고 있는 인격의 내용을 말하고(Maunz), 인간의 가치란 이러한 인간에 대한 총체적인 평가를 의미한다.

▶ 우리나라는 5차 개헌시 규정을 신설(Bonn기본법의 영향)하였다.

2. 법적 성격

(1) 최고규범성

기본권 규정의 해석기준, 기본권 제한의 한계, 헌법개정의 한계

(2) 최고의 헌법적 원리(기본권성 인정 여부)

(가) 헌법적 원리설   기본권성 부정, 객관적 헌법원리의 규범화
(나) 기본권성 긍정설   주기본권을 보장하는 것으로 개별적·구체적 권리로 봄
(다) 헌재의 태도   최고원리인 동시에 기본권성 긍정(헌재 1989.10.27. 89헌마56)

3. 주체

외국인은 인간으로서 존엄성을 가지므로 인간의 존엄과 가치조항의 주체가 된다. 다만, 법인은 인간으로서의 존엄성이 인정될 수 없으므로 존엄성의 주체가 될

수 없다. 그러나 헌법재판소는 법인이 인간의 존엄과 가치로부터 도출되는 인격권
의 주체가 된다고 인정하여 비판을 받고 있다.

관련판례

법인격이 있는 사법상의 사단이나 재단은 성질상 기본권주체가 될 수 있는 범위에서 청구인능력
을 가진다. 그런데 헌법 제10조의 인간으로서의 존엄과 가치, 행복을 추구할 권리는 그 성질상 자
연인에게 인정되는 기본권이라고 할 것이다(헌재 2006.12.28. 2004헌바67).

---

4. 내용

생명권, 일반적 인격권(명예권, 성명권, 초상권), 알 권리(볼 권리, 읽을 권리, 들
을 권리) 등이 이에 속한다.

관련판례

헌재 판례의 인간의 존엄과 가치

헌법재판소는 인간으로서의 존엄과 가치를 인격권이라고 부르면서 인간의 존엄·가치·행복추구권
에는 개인의 자기운명결정권이 전제되는 것이고, 이 자기운명결정권에는 성행위 여부 등을 결정할
수 있는 성적 자기결정권이 포함되어 있다(헌재 89헌마82). 인간의 존엄과 가치에서 일반적 인격
권 등이 유래한다(헌재 89헌마65)고 봄으로서 인간의 존엄과 가치의 기본권성을 인정하고 있다.

경찰서 유치장 내 관리행위에 대한 헌법소원(헌재 2001.7.19. 2000헌마546 - 인용)

유치장 내 화장실은 도주와 자해 등을 막기 위해 내부관찰이 가능한 화장실 설치 및 구조가 필요
하지만, 지나치게 열악한 환경의 화장실 사용을 강요하는 것은 구금목적의 합리적 범위를 벗어나
인간의 존엄성과 행복추구권을 침해하는 것이다.

학원의 설립·운영에 관한 법률 제6조에 대한 위헌소원(헌재 2001.2.22. 99헌바93 - 합헌)

학원의 등록제도는 국민의 교육을 받을 권리를 실질적으로 보장하기 위하여 교육제도와 시설을
일정한 수준으로 유지시키고 이를 위하여 국가가 적절한 지도·감독을 하기 위한 목적을 지닌 제
도라고 할 수 있으므로 공공복리를 위한 입법목적을 가지고 있는 것이고, 학원의 등록제도는 위와
같은 입법목적을 달성하기 위한 효과적인 방법이라고 할 수 있다. 그러므로 이 사건 법률조항들이
헌법에 위배하여 국민의 행복추구권, 직업선택의 자유를 침해한다고 볼 수 없다.

운동화착용불허행위는 시설 바깥으로의 외출이라는 기회를 이용한 도주를 예방하기 위한 것으로서
그 목적이 정당하고, 위와 같은 목정을 달성하기 위한 적합한 수단이라 할 것이다. 또한 신발의
종류를 제한하는 것에 불과하여 법익침해의 최소성과 균형성도 갖추었다 할 것이므로, 이 사건 운
동화착용불허행위가 기본권제한에 있어서의 과잉금지원칙에 반하여 청구인의 인격권과 행복추구권
을 침해하였다고 볼 수 없다(헌재 2011.2.24. 2009헌마209).

민법 제864조에 대한 위헌소원(헌재 2001.5.31. 98헌바9 - 합헌)
인지청구의 소의 제소기간을 부 또는 모의 사망을 안 날로부터 1년 내로 규정한 것은 과잉금지의 원칙에 위배되지 아니하므로 인지청구를 하고자 하는 국민의 인간으로서의 존엄과 가치, 그리고 행복을 추구하는 기본권을 침해하는 것은 아니다.

계구사용행위 위헌확인(헌재 2003.12.18. 2001헌마163 - 위헌)
피청구인이 수용시설의 안전과 질서유지를 책임지는 교도소의 소장으로서 청구인의 도주 및 자살, 자해 등을 막기 위하여 수갑 등의 계구를 사용한 목적은 정당하고, 이 사건 계구사용행위를 이를 위한 적합한 수단이었다고 볼 수 있다. 그러나 그로 인하여 청구인은 신체적, 정신적으로 건강에 해를 입었을 가능성이 높고 인간으로서 최소한의 품위유지조차 어려운 생활을 장기간 강요당했으며, 청구인에게 도주의 경력이나 정신적 불안과 갈등으로 인하여 자살, 자해의 위험이 있었다 하나 그러한 전력과 성향이 1년 이상의 교도소 수용기간 동안 상시적으로 양팔을 몸통에 완전히 고정시켜 둘 정도의 계구사용을 정당화할 만큼 분명하고 구체적인 사유가 된다고 할 수 없다. 게다가 적어도 기본적인 생리현상을 해결할 수 있도록 일시적으로 계구를 해제하거나 그 사용을 완화하는 조치가 불가능하였다고 볼 수도 없다. 따라서 이 사건 계구사용행위는 기본권 제한의 한계를 넘어 필요 이상으로 장기간, 그리고 과도하게 청구인의 신체 거동의 자유를 제한하고 최소한의 인간적인 생활을 불가능하도록 하여 청구인의 신체의 자유를 침해하고, 나아가 인간의 존엄성을 침해한 것으로 판단된다.

청소년 성매수자 신상공개(헌재 2003.6.26. 2002헌가14)
1. 청소년 성매수자에 대한 신상공개는 수치형이나 명예형에 해당한다고 볼 수 없어 형벌권 실행으로서의 과벌이 아니므로 청소년 성매수자에 대한 신상공개를 규정한 청소년의 성보호에 관한 법률 제20조는 이중처벌금지원칙에 위반되지 않는다.
2. 청소년 성매수 범죄자들은 일반인에 비해서 인격권과 사생활의 비밀의 자유를 넓게 제한받을 여지가 있다. 이 사건 법률이 인격권과 사생활의 비밀의 자유 제한정도가 청소년의 성보호라는 공익적 가치보다 크다고 할 수 없으므로 과잉금지원칙에 위반되지 않는다.

교도관이 마약류 사범에게 검사의 취지와 방법을 설명하고 반입금지품을 제출하도록 안내한 후 외부와 차단된 검사실에서 같은 성별의 교도관 앞에 돌아서서 하의속옷을 내린 채 상체를 숙이고 양손으로 둔부를 벌려 항문을 보이는 방법으로 실시한 정밀 신체검사가 마약류 사범인 청구인의 기본권을 침해하였는지 여부(소극)(헌재 2006.6.29. 2004헌마826)
교도관이 마약류 사범에게 실시한 정밀 신체검사는 수용자에 대한 생명·신체에 대한 위해를 방지하고 구치소 내의 안전과 질서를 유지하기 위한 것이고(목적의 상당성), 청구인은 메스암페타민(일명 필로폰)을 음용한 전과가 있고 이번에 수감된 사유도 마약류 음용이며, 마약류 등이 항문에 은닉될 경우 촉수검사, 속옷을 벗고 가운을 입은 채 쪼그려 앉았다 서기를 반복하는 방법 등에 의하여 은닉물을 찾아내기 어려우며(수단의 적절성), 다른 사람이 볼 수 없는 차단막이 쳐진 공간에서 같은 성별의 교도관과 1대1의 상황에서 짧은 시간 내에 손가락이나 도구를 사용하지 않고 시각적으로 항문의 내부를 보이게 한 후 검사를 마쳤고, 그 검사 전에는 검사를 하는 취지와 방법 등을 설명하면서 미리 소지한 반입금지품을 자진 제출하도록 하였으며(최소 침해성), 청구인이 수인하여야 할 수치심에 비하여 반입금지품을 차단함으로써 얻을 수 있는 수용자들의 생명과 신체의 안전, 구치소 내의 질서유지 등의 공익이 보다 크므로(법익균형성), 과잉금지의 원칙에 위배되었다고 할 수 없다.

태아의 성별고지금지(헌재 2008.7.31. 2004헌마1010 등)

태아의 성별에 대하여 이를 고지하는 것을 금지하는 것이 부모의 태아성별정보에 대한 접근을 방해받지 않을 권리를 침해하는지 여부

헌법 제10조로부터 도출되는 일반적 인격권에는 각 개인이 그 삶을 사적으로 형성할 수 있는 자율영역에 대한 보장이 포함되어 있음을 감안할 때, 장래 가족의 구성원이 될 태아의 성별정보에 대한 접근을 국가로부터 방해받지 않을 부모의 권리는 일반적 인격권에 의하여 보호된다고 보아야 할 것인바, 이 사건 규정은 일반적 인격권으로부터 나오는 부모의 태아 성별정보에 대한 접근을 방해받지 않을 권리를 제한하고 있다고 할 것이다.

이 사건 규정의 태아 성별고지금지는 낙태, 특히 성별을 이유로 한 낙태를 방지함으로써 성비의 불균형을 해소하고 태아의 생명권을 보호하기 위해 입법된 것이다. 그런데 성별을 이유로 하는 낙태가 임신기간의 전 기간에 걸쳐 이루어질 것이라는 전제하에, 이 사건 규정이 낙태가 사실상 불가능하게 되는 임신 후반기에 이르러서도 태아에 대한 성별정보를 태아의 부모에게 알려주지 못하게 하는 것은 최소침해성원칙을 위반하는 것이고, …… 헌법에 위반된다 할 것이다.

민법 제781조 제1항의 부성주의의 강제(헌재 2005.12.22. 2003헌가5 등)

이 사건 법률조항이 부성주의를 규정한 것 자체는 헌법에 위반된다고 할 수 없으나 가족관계의 변동 등으로 구체적인 상황 하에서는 부성의 사용을 강요하는 것이 개인의 가족생활에 대한 심각한 불이익을 초래하는 것으로 인정될 수 있는 경우에도 부성주의에 대한 예외를 규정하지 않고 있는 것은 인격권을 침해하고 개인의 존엄과 양성의 평등에 반하는 것이어서 헌법 제10조, 제36조 제1항에 위반된다.

경찰서유치장에서의 신체과잉수색(헌재 2002.7.18. 2000헌마327)

청구인들의 옷을 전부 벗긴 상태에서 청구인들에 대하여 실시한 이 사건 신체수색은 그 수단과 방법에 있어서 필요 최소한의 범위를 명백하게 벗어난 조치로서 이로 말미암아 청구인들에게 심한 모욕감과 수치심만을 안겨주었다고 인정하기에 충분하다. …… 이 사건 신체수색은 그 수단과 방법에 있어서 필요한 최소한도의 범위를 벗어나 헌법 제10조 및 제12조에 의하여 보장되는 청구인들의 인격권 및 신체의 자유를 침해한 것이어서 마땅히 취소되어야 할 것이다.

대한민국과 일본국 간의 재산 및 청구권에 관한 문제의 해결과 경제협력에 관한 협정 제3조 부작위 위헌확인(헌재 2011.8.30. 2006헌마788)

헌법재판소는 2011년 8월 30일 재판관 6(위헌): 3(각하)의 의견으로, 청구인들이 일본국에 대하여 가지는 일본군위안부로서의 배상청구권이 '대한민국과 일본국 간의 재산 및 청구권에 관한 문제의 해결과 경제협력에 관한 협정'(이하 '이 사건 협정') 제2조 제1항에 의하여 소멸되었는지 여부에 관한 한·일 양국 간 해석상 분쟁을 위 협정 제3조가 정한 절차에 따라 해결하지 아니하고 있는 피청구인의 부작위는 위헌임을 확인한다는 결정을 선고하였다.

우리 헌법 제10조, 제2조 제2항 및 전문과 이 사건 협정 제3조의 문언에 비추어 볼 때, 피청구인이 위 제3조에 따라 분쟁해결의 절차로 나아갈 의무는 헌법에서 유래하는 작위의무로서 그것이 법령에 구체적으로 규정되어 있는 경우라고 할 것이고, 청구인들의 재산권 및 인간으로서의 존엄과 가치라는 기본권의 중대한 침해가능성, 구제의 절박성과 가능성 등을 고려할 때, 피청구인에게 이러한 작위의무를 이행하지 않을 재량이 있다고 할 수 없으며, 현재까지 피청구인이 분쟁해결절차의 이행이라는 위 작위의무를 충실히 이행하였다고 볼 수 없으므로, 결국 피청구인의 이러한 보

Ⅱ. 행복추구권

1. 연혁

Virginia 권리장전(제1조)에서 기원하였으며, 미국독립선언(1776), 일본헌법(1947) 등에 영향을 미쳤고, 우리나라는 제8차 제5공화국 헌법에서 신설(미국헌법의 영향)되었다.

2. 법적 성격

(1) 독자적 기본권성 인정 여부

(가) 일반원리설(독자적 기본권성 부인)이 있다.

(나) 주관적 공권설(독자적 기본권성 인정: 다수설)이 있다.

(다) 헌법재판소의 견해 무혐의자에 대한 군검찰관의 기소유예처분을 평등권, 재판을 받을 권리, 그리고 행복추구권을 침해한 것으로 보아 행복추구권을 구체적 권리(독자적 기본권성 인정)의 하나로 파악하고 있다(헌재 1989.10.27. 89헌마56).

(2) 절대적 기본권 여부

인간의 존엄과 가치는 절대적 기본권이나 행복추구권은 국가안전보장, 질서유지 또는 공공복리에 의해 제한될 수 있는 것이므로(헌재 1996.2.29. 94헌마13) 절대적 기본권으로 볼 수 없다고 한다.

(3) 헌법 제10조의 행복추구권은 국민이 행복을 추구하기 위하여 필요한 급부를 국가에게 적극적으로 요구할 수 있는 것을 내용으로 하는 것이 아니라, 국민이 행복을 추구하기 위한 활동을 국가권력의 간섭 없이 자유롭게 할 수 있다는 포괄적인 의미의 자유권으로서의 성격을 가지는 것이다(헌재 1995.7.21. 93헌가14).

3. 주체

헌법재판소는 노동단체의 정치자금제공을 금지한 정치자금법 제12조 5호에 대한 헌법소원심판(헌재 1999.11.25. 95헌마154)에서 노동단체는 심판대상에 의해 결사의 자유, 표현의 자유, 일반적인 행동의 자유권 및 개성의 자유로운 발현권을 바탕으로 하는 행복추구권이 침해되었다고 하였으므로 법인의 행복추구권 주체성을 인정한 바 있다.

4. 내용(헌재 판례 중심으로)

(1) 일반적 행동의 자유권

일반적 행동자유권은 국민이 행복을 추구하기 위하여 적극적으로 자유롭게 행동할 수 있는 것과 소극적으로 행동하지 않을 자유, 즉 부작위의 자유도 포함한다. 계약의 자유, 하기 싫은 일을 강요당하지 아니할 권리, 기부금품모집행위, 결혼식 하객에게 주류와 음식물을 접대하는 행위, 18세 미만자의 당구장 출입, 좌석 안전띠를 매지 않을 자유, 미결 수용자의 접견교통권 등을 들 수 있다.

관련판례

1. 행복추구권의 일반적 행동의 자유(헌재 2003.10.30. 2002헌마518)
일반적 행동자유권은 모든 행위를 할 자유와 행위를 하지 아니할 자유로 가치 있는 행동만 그 보호영역으로 하는 것은 아닌 것으로, 그 보호영역에는 개인의 생활방식과 취미에 관한 사항도 포함되며, 여기에는 위험한 스포츠를 즐길 권리와 같은 위험한 생활방식으로 살아갈 권리도 포함된다. 따라서 좌석 안전띠를 매지 않을 자유는 헌법 제10조의 행복추구권에서 나오는 일반적 행동자유권의 보호영역에 속한다. 이 사건 심판대상조항들은 운전할 때 좌석 안전띠를 매야 할 의무를 지우고, 이에 위반했을 때 범칙금을 부과하고 있으므로 청구인의 일반적 행동의 자유에 대한 제한이 존재한다.

2. 지역 방언을 자신의 언어로 선택하여 공적 또는 사적인 의사소통과 교육의 수단으로 사용하는 것은 행복추구권에서 파생되는 일반적 행동의 자유 내지 개성의 자유로운 발현의 한 내용이 된다 할 것이다. 그러나 공공기관의 공문서를 표준어 규정에 맞추어 작성하도록 하는 구 국어기본법 제14조 제1항 및 초·중등교육법상 교과용 도서를 편찬하거나 검정 또는 인정하는 경우 표준어 규정을 준수하도록 하고 있는 제18조 규정은 행복추구권을 침해하지는 않는다(헌재 2009.5.28. 2006헌마618).

3. 도로 외의 곳 음주운전 사건(헌재 2016.2.25. 2015헌가11)
헌법재판소는 2016년 2월 25일 재판관 7:2의 의견으로, 음주운전에 도로 외의 곳에서 운전하는

---

(2) 개성의 자유로운 발현권

헌법재판소는 종래 일부판례에서 헌법 제10조 전문의 행복추구권규정으로부터 일반적 행동자유권과 그와는 구별되는 개성의 자유로운 발현권이 도출되는 것으로 보고 있다(헌재 1990.1.15. 89헌가103).

(3) 인간의 존엄과 가치와 결합한 행복추구권의 내용으로서 자기결정권

자기결정권은 헌법 제10조의 '인간의 존엄과 가치와 행복추구권'에서 도출되는 권리이다.

주요 내용에 대하여 헌법재판소는 인간의 존엄과 가치로부터 일반적 인격권을 도출하고 일반적 인격권과 행복추구권으로부터 자기운명결정권, 성적자기결정권(간통죄사건; 헌재 1990.9.10. 89헌마32), 자기생활영역의 자율형성권(친생부인의소사건; 헌재 1997.3.27. 95헌가14), 혼인의 자유(동성동본혼인금지사건; 헌재 1998.8.27. 96헌가22)를 도출한 바가 있다.

관련판례

헌재가 행복추구권에서 파생된 것으로 본 것
1. 일반적인 행동자유권(→ 계약의 자유)
2. 개성의 자유로운 발현권
3. 자기운명결정권(→ 성적 자기결정권)
4. 인간다운 생활공간에서 살 권리(헌재 1994.12.9. 94헌마201)

---

5. 하기 싫은 일을 강요당하지 아니할 권리(헌재 1997.3.27. 96헌가11)
6. 기부금품의 모집행위(헌재 1998.5.28. 96헌가5)
7. 하객들에게 주류와 음식물을 접대하는 행위(헌재 1998.10.15. 98헌마168)
8. 마시고 싶은 물을 자유롭게 선택할 권리(헌재 1998.12.24. 98헌가1)
9. 사적 자치권(헌재 1998.8.27. 96헌가22)
10. 일반적 행동의 자유 → 미결수용자의 접견교통권(헌재 2003.11.27. 2002헌마93)
11. 가치 있는 행동+가치 없는 생활방식, 취미·위험한 스포츠를 즐길 권리와 같은 위험한 생활방식으로 살아갈 권리
12. 좌석 안전띠를 매지 않고 운전할 자유(헌재 2003.10.30. 2002헌마518)
13. 미결수용자의 접견교통권
14. 행복추구권에서 파생되는 자기결정권은 소비자는 물품 및 용역의 구입·사용에 있어서 거래의 상대방, 구입장소, 가격 등을 자유로이 선택할 권리를 뜻한다(헌재 1996.12.26. 96헌가18).
15. 일시·무상으로 과외하는 행위 또는 일시·무상으로 하는 의료행위, 다만 영리를 목적으로 하는 한방의료행위는 일반적 행동의 자유가 아니라 직업선택의 자유문제이다. 따라서 영리를 목적으로 한의사가 아닌 자가 한방의료행위를 업으로 한 경우 처벌하는 보건범죄 단속에 관한 특별조치법 제5조는 일반적 행동의 자유와는 무관하고 주관적 사유에 의한 직업선택의 자유문제일 뿐이다(헌재 2005.11.24. 2003헌바95).
16. 흡연행위
17. 개인이 대마를 자유롭게 수수하고 흡연할 자유(헌재 2005.11.24. 2005헌바46)
▶ 대법원은 먹고 싶은 음식이나 음료를 선택할 수 있는 권리, 만나고 싶은 사람을 만날 권리, 오락적인 도박행위들을 행복추구권의 내용이라 한다.

형법 제304조 위헌소원(헌재 2009.11.26. 2008헌바58, 2009헌바191(병합))
【판시사항】
형법 제304조 중 "혼인을 빙자하여 음행의 상습없는 부녀를 기망하여 간음한 자" 부분이 헌법 제37조 제2항의 과잉금지원칙을 위반하여 남성의 성적자기결정권 및 사생활의 비밀과 자유를 침해하는지 여부(적극)

【결정요지】
이 사건 법률조항은 개인의 내밀한 성생활의 영역을 형사처벌의 대상으로 삼음으로써 남성의 성적자기결정권과 사생활의 비밀과 자유라는 기본권을 지나치게 제한하는 것인 반면, 이로 인하여 추구되는 공익은 오늘날 보호의 실효성이 현격히 저하된 음행의 상습없는 부녀들만의 '성행위 동기의 착오의 보호'로서 그것이 침해되는 기본권보다 중대하다고는 볼 수 없으므로, 법익의 균형성도 상실하였다.
결국 이 사건 법률조항은 목적의 정당성, 수단의 적절성 및 피해최소성을 갖추지 못하였고 법익의 균형성도 이루지 못하였으므로, 헌법 제37조 제2항의 과잉금지원칙을 위반하여 남성의 성적자기결정권 및 사생활의 비밀과 자유를 과잉제한하는 것으로 헌법에 위반된다.

성매매처벌법 사건(헌재 2016.3.31. 2013헌가2)
헌법재판소는 2016년 3월 31일 재판관 6:3의 의견으로, 성매매를 한 자를 형사처벌하도록 규정한 '성매매알선 등 행위의 처벌에 관한 법률' 제21조 제1항이 헌법에 위반되지 않는다는 결정을

선고하였다(합헌).
1) 자신의 성뿐만 아니라 타인의 성을 고귀한 것으로 여기고 이를 수단화하지 않는 것은, 모든 인간의 존엄과 평등이 전제된 공동체의 발전을 위한 기본전제가 되는 가치관이다. 따라서 성매매행위에 대하여 국가가 적극 개입함으로써 지켜내고자 하는 사회 전반의 건전한 성풍속과 성도덕이라는 공익적 가치는, 개인의 성적 자기결정권 등과 같은 기본권 제한의 정도에 비해 결코 작다고볼 수 없으므로, 성매매처벌법 제21조 제1항은 법익균형성에도 위반되지 않는다.
2) 불특정인을 상대로 한 성매매와 특정인을 상대로 한 성매매는, 건전한 성풍속 및 성도덕에 미치는 영향, 제3자의 착취 문제 등에 있어 다르다고 할 것이므로, 불특정인에 대한 성매매만을 금지대상으로 규정하고 있는 것이 평등권을 침해한다고 볼 수도 없다.

생수판매금지고시(대판 1994.3.8. 92누1728)
생수의 국내 시판을 불허하는 보사부고시는 헌법상 보장된 직업의 자유와 행복추구권 그리고 환경권을 침해하는 것이므로 무효라고 판시하였다.

6. 다른 기본권과의 관계

어떤 자유와 권리에 대한 헌법적 근거에 대한 의문이 있을시 행복추구권을 우선적으로 적용해야 한다는 우선적 보장설, 다른 기본권과 행복추구권을 경합적으로 보장해야 한다는 보장경합설, 직접 적용할 기본권 조항이 없는 경우에만 행복추구권을 보충적으로 적용해야 한다는 보충적 보장설이 있는데, 개별적 기본권의 공동화방지와 행복추구권에의 안일한 도피방지를 위해 보충적 보장설이 타당하다 [권영성 p.364, 김선택『헌법논총 9집』p.32]. 헌법재판소의 초기 판례는 경합적 보장설에 가까운 입장이었으나 최근에는 보충적 보장설에 가까운 입장이다.

관련판례

교원공무원의 정년위원 확인(헌재 2000.12.14. 99헌마112)
행복추구권은 다른 기본권에 대한 보충적 기본권으로서의 성격을 지니므로 공무담임권이라는 우선적으로 적용되는 기본권이 존재하여(청구인들이 주장하는 불행이란 결국 교원직 상실에서 연유하는 것에 불과하다) 그 침해 여부를 판단하는 이상, 행복추구권 침해 여부를 독자적으로 판단할 필요가 없다.

요양기관 강제지정제(헌재 2002.10.31. 99헌바76, 2000헌마505)
직업의 자유와 같은 개별 기본권이 적용되는 경우에는 일반적 행동의 자유는 제한되는 기본권으로서 고려되지 아니한다.

행복추구권을 침해한 것으로 본 헌법재판소 판례

1. 군검찰의 무혐의 피의자에 대한 기소유예처분(헌재 1989.10.27. 89헌마56)

병장으로 근무하던 청구인이 선착순 구보라는 정당하지 않은 명령에 대해 복종하지 않았다는 이유로 항명죄로 입건되어 군검찰이 기소유예를 처분하자 이에 대해 피의자가 헌법소원을 청구한 사건에서 헌법재판소는 이 사건 얼차례명령은 정당하지 아니한 명령이므로 항명죄가 성립하지 않음에도 불구하고 군검찰이 항명죄가 성립한다고 보고 기소유예를 처분한 것은 청구인의 평등권과 행복추구권을 침해한다고 보았다.

2. 4층 이상의 모든 건물을 화재보험에 강제 가입하도록 한 화재로 인한 재해보상과 보험가입에 관한 법률 제5조 제1항(헌재 1991.6.3. 89헌마204)

1. 계약자유의 원칙도 여기의 일반적 행동자유권으로부터 파생되는 것이라 할 것이며, 이는 헌법 제119조 제1항의 개인의 경제상의 자유의 일종이기도 하다.

2. 이 사건 법률조항은 건물의 화재로 인한 일반피해자의 구제를 그 목적으로 한다. 이 사건 법률조항에 따르면 4층 이상의 건물로서만 규정하고 있을 뿐 입주가구수나 인원 등의 표준을 세워 그 규모를 한정하고 있지 않는 바, 화재가 발생하여도 대량 재해의 염려가 없는 소규모의 하잘 것 없는 4층 건물이라도 보험가입이 강제된다. 따라서 필요 이상으로 계약의 자유를 제한하는 법률이므로 과잉금지원칙에 위반된다.

3. 18세 미만의 당구장 출입을 금지한 체육시설의 설치·이용에 관한 법률 시행규칙 제5조(헌재 1993.5.13. 92헌마80)

1) 당구장 경영자의 직업선택의 자유, 평등권 침해: 당구는 올림픽에서 정식 경기종목으로 채택되어 있었던 사정 등을 감안하면 당구는 운동임이 분명하므로 당구장출입에 연령제한을 둔 것은 합리적 이유가 없으므로 당구장 영업자에게 18세 미만 출입자 금지 표시의무를 부과한 것은 평등권, 직업선택의 자유 침해이다.

2) 18세 미만자의 행복추구권 침해: 어떤 소년이 운동선수로 대성할 수 있는 재질을 가지고 출생하였고, 그 중에서도 당구에 선천적으로 비상한 소질이 있어 그 방면에서 자신의 능력을 발휘해 보고자 하는 경우 당구 자체에 청소년이 금기시해야 할 요소가 있는 것으로는 보여지지 않기 때문에 소년의 행복추구권 침해이다.

4. 친생부인의 소 제척기간을 출생을 안 날로부터 1년 이내로 한 민법 제847조(헌재 1997.3.27. 95헌가14)

5. 동성동본혼인을 금지한 민법 제809조(헌재 1997.7.16. 95헌가6)

1) 민법 제809조 제1항은 헌법에 합치되지 아니한다. 위 법률조항은 입법자가 1998. 12.31.까지 개정하지 아니하면 1999.1.1. 그 효력을 상실한다. 법원 기타 국가기관 및 지방자치단체는 입법자가 개정할 때까지 위 법률조항의 적용을 중지하여야 한다.

2) 혼인의 자유는 헌법 제10조의 인간의 존엄과 가치와 행복추구권에서도 도출되는 성적 자기결정권과 헌법 제36조의 혼인가족제도에서 도출되는 권리이다.

3) 동성동본혼인금지는 가부장적 신분제도 유지를 목적으로 한 제도이고, 이는 헌법 제37조 제2항의 사회질서나 공공복리에 해당하지 않으므로 헌법에 위반된다.

4) 5인의 단순위헌, 2인의 헌법불합치, 2인의 합헌으로 헌법 불합치결정이 나왔다.

6. 가정의례의 참뜻에 비추어 합리적 범위를 벗어난 경조기간 중 주류 및 음식물 접대를 금지한 가정의례에 관한 법률 제4조(헌재 1998.10.15. 95헌마168)

죄형법정주의의 명확성원칙은 법률이 처벌하고자 하는 행위가 무엇이며 그에 대한 형벌이 어떠한 것인지를 누구나 예견할 수 있고, 그에 따라 자신의 행위를 결정할 수 있게끔 구성요건을 명확하게 규정할 것을 요구한다. 하객들에 대한 음식접대에 있어서 '가정의례의 참뜻'이란 개념은 결혼식 혹은 회갑연의 하객들에게 어떻게 음식이 접대되는 것이 그 참뜻에 맞는 것인지는 종래 우리 관습상 혼례식의 성격 등을 볼 때 쉽게 예상되기 어렵고, 또한 '합리적인 범위 안'이란 개념도 가정의례 자체가 우리나라의 관습 내지 풍속에 속하고, 성격상 서구적 의미의 '합리성'과 친숙할 수 있는 것도 아니며, 또한 양과 질과 가격에 있어 편차가 많고 접대받을 사람의 범위가 다양하므로 "주류 및 음식물을 어떻게 어느만큼 접대하는 것이 합리적인 범위인지를 일반국민이 판단하기란 어려울 뿐 아니라 그 대강을 예측하기도 어렵다.
이 사건 규정은 결국 죄형법정주의의 명확성 원칙을 위배하여 청구인의 일반적 행동자유권을 침해하였다.

7. 미결수용자에게 구치소 밖에서 재판·수사과정에서 사복을 입게 하지 아니한 행위(헌재 1999.5.29. 97헌마137, 98헌마5)

1) 구치소 안에서 사복을 입지 못하도록 한 것은 금지된 물품의 반입금지, 사회적 신분이나 빈부의 차이로 인한 수용자 간의 위화감 발생방지를 위하여 적절한 것이며, 구치소 안에서 재소자용 의류를 입더라도 일반인의 눈에 띄지 않고 수사 또는 재판에서 변해·방어권행사하는데 지장을 주는 것이 아니므로 인격권 침해로 볼 수 없다.
2) 미결수용자가 수사 또는 재판을 받기 위해서 구치소 밖으로 나올 때 사복을 입지 못하도록 한 것은 심리적 위축으로 변해 방어의 권리행사에 큰 지장을 주며, 미결수용자의 도주방지는 계구의 사용이나 계호인력을 늘리는 수단에 의할 것이므로 수사 또는 재판과정에서 사복을 입지 못하게 한 것은 정당화될 수 없다. 따라서 기본권 침해(무죄추정원칙 위반, 인격권, 행복추구권, 공정한 재판을 받을 권리 침해)이다.

8. 사업자단체가 구성사업자의 사업내용 또는 활동을 부당하게 제한하는 행위인 사업자단체의 금지행위에 위반 시 공정거래위원회가 공정거래 위반사실의 공표를 명할 수 있도록 한 공정거래법 제27조(헌재 2002.1.31. 2001헌바43)

1) 이 사건 법률조항은 인격형성과는 관계없는 것이므로 양심의 자유 침해문제가 발생하지 아니한다.
2) 확정판결 전에 법위반사실을 공정거래위원회가 부과하도록 하는 이 사건 법률은 법 위반사실의 공표 후 만약 법원이 법 위반이 아니라는 무죄판결을 선고하는 경우 법 위반사실의 공표를 통하여 실현하려는 구성사업자와 일반 공중의 보호라는 공익의 전무한 것이 되므로 법익균형성 원칙에 위반되어 일반적 행동의 자유권과 명예권 침해이다.

9. 미결수용자의 면회횟수를 주 2회로 제한한 군행형법 시행령 제43조(헌재 2003.11.27. 2002헌마193)

1) 미결수용자가 가족 등과 접견할 권리는 헌법 제10조의 인간의 존엄과 가치 및 행복추구권에서 보호된다.

2) 이 사건 시행령 규정이 미결수용자의 면회횟수를 매주 2회로 제한하고 있는 것은 행형법에 근거가 없이 접견교통권을 제한하는 것이므로 헌법 제37조 제2항 및 제75조에 위반된 기본권 제한으로써 <u>접견교통권 침해이다.</u>

10. 자도소주구입강제제도, 탁주공급지역 제한
자도소주구입강제명령제도는 소비자의 자기결정권 침해이나(1996.12.26. 96헌가18), 탁주의 공급구역을 탁주제조장이 소재하는 시·군의 행정구역으로 제한하고 있는 주세법 제5조는 5인의 소비자결정권 침해라는 주장이 있었으나 4인이 합헌으로 보아 합헌결정이 나왔다(헌재 1999.7.22. 98헌가5).

11. 서울특별시 서울광장 통행 저지행위 위헌확인(헌재 2011.6.30. 2009헌마406)
헌법재판소는 2011년 6월 30일 재판관 7[인용, 보충의견 포함]: 2[기각]의 의견으로, 경찰청장이 서울광장을 차벽으로 둘러싸 청구인들이 2009.6.3. 서울광장에 출입하려는 것을 제지한 행위가 청구인들의 <u>일반적 행동자유권을 침해한 것으로서 위헌임을 확인한다는</u> 결정을 선고하였다.
불법·폭력 집회나 시위가 개최될 가능성이 있다고 하더라도 이를 방지하기 위한 조치는 개별적·구체적인 상황에 따라 필요최소한의 범위에서 행해져야 하는 것인바, 서울광장에서의 일체의 집회는 물론 일반인의 통행까지 막은 것은 당시 상황에 비추어 볼 때, 필요한 최소한의 조치였다고 보기 어렵고, 가사 그 필요성이 있더라도 몇 군데 통로를 개설하거나 또는 집회의 가능성이 적거나 출근 등의 왕래가 빈번한 시간대에는 통행을 허용하는 등 덜 침해적인 수단을 취할 수 있었음에도 모든 시민의 통행을 전면적으로 통제한 것은 침해를 최소화한 수단이라고 할 수 없으므로 <u>과잉금지원칙을 위반하여 기본권을 침해하였다고 판단한 것이다.</u>

관련판례 행복추구권 침해가 아닌 것으로 본 헌법재판소 판례
1. 전투경찰에게 시위진압을 명하는 것(헌재 1995.12.28. 91헌마80)
1) 헌법상 국방의 의무에는 향토예비군설치법, 민방위기본법, 비상대비자원관리법, 병역법 등에 의한 간접적인 병력형성의무 및 병력형성 이후 군작전명령에 복종하고 협력하여야 할 의무도 포함한다.
2) 다수 재판관(기각의견): 국방의무 중 간접적인 병력형성의무는 전투경찰순경으로 근무하는 것도 포함하므로 현역병으로 입영한 자를 전투경찰순경으로 전임시킬 수 있도록 한 것은 행복추구권 및 양심의 자유를 침해한 것으로 볼 수 없다. 또한 전투경찰대의 임무에는 대간첩작전의 수행뿐 아니라 치안업무의 보조도 포함하고 있으므로 전투경찰대원에게 시위진압을 명령한 것은 넓은 의미의 국방의무를 수행하기 위하여 경찰공무원의 신분을 가지게 된 청구인의 행복추구권 및 양심의 자유를 침해했다고 볼 수 없다. 또한 이 사건 진압명령도 그와 마찬가지로 병역의무의 이행을 위하여 발하여지는 명령에 불과한 것이지 병역의무의 이행을 원인으로 하여 행하여진 불이익한 처우라고 볼 수 없으므로 헌법 제39조 제2항에 위반된다고 할 수 없다.

2. 국산영화를 의무로 상영하도록 한 영화법 제26조(헌재 1995.7.21. 94헌마125)
국산영화의무상영제로 말미암아 가해지는 직업선택의 자유에 대한 제한은 국산영화의 존립과 진흥의 발판을 확보하여 장래의 발전을 도모하려는 입법목적의 달성을 위한 필요한 최소한도의 제한이라 아니할 수 없다. 따라서 이러한 제한으로 인하여 입게 되는 손해는 그 대가로서 기대되는 민족공동체 전체의 이익과 합리적인 비례의 관계에 있다고 할 수 있어 과잉금지의 원칙에 반한다고

는 볼 수 없다.

3. 부모 사망 시 사망을 안 날로부터 1년 이내 검사를 상대로 인지청구의 소를 제기할 수 있도록 한 민법 제864조(헌재 2001.5.31. 98헌바9)
혼인 외 출생자는 생부 또는 생모가 살아있는 동안에는 제소기간의 제한 없이 인지청구의 소를 제기할 수 있고, 사망사실을 안 날로부터 1년 이내에 부모와 사이에 친자관계가 존재함을 아는 것은 그리 어렵지 않으므로 이 사건 법률조항은 혼인 외 출생자의 행복추구권 침해라고 볼 수 없다.

4. 소유권 이전등기의무부과(헌재 1998.5.28. 96헌바83)
부동산을 양수한 자는 소유권이전등기를 할 것인지 여부를 스스로 결정할 자유가 있고, 이러한 자유는 행복추구권에서 도출되는 일반적 행동의 자유권에 포함된다. 소유권이전등기신청을 의무화하고 그 위반에 대하여 과태료를 부과하도록 한 부동산등기특별조치법 제11조 제1항은 부동산투기를 억제하기 위한 불가피한 입법조치로써 과잉금지원칙에 어긋난다고 볼 수 없다.

5. 음주측정의무부과(헌재 1997.3.27. 96헌가11)
음주측정의무를 부과하는 도로교통법 제107조의2 이 사건 법률조항에 의하여 일반적 행동의 자유가 제한될 수 있으나, 그 입법목적의 중대성, 음주측정의 불가피성, 국민에게 부과되는 부담의 정도, 처벌의 요건과 정도에 비추어 헌법 제37조 제2항의 과잉금지의 원칙에 어긋나는 것으로 볼 수 없다.

6. 음주측정 거부자에 대한 면허를 취소하도록 한 도로교통법 제78조(헌재 2004.12.16. 2003헌바87)
음주운전으로 야기되는 교통사고로 인한 피해방지의 공익이 행복추구권의 가치보다 더 크다고 할 것이므로 행복추구권 침해라고 볼 수 없다.

7. 교통사고로 구호조치와 신고를 하지 아니한 경우 필요적 운전면허를 취소하도록 한 도로교통법 제78조(헌재 2002.4.25. 2001헌가19 · 20)
이 사건 법률조항은 교통사고가 야기된 후 생명 · 신체에 대한 위험을 경감하기 위한 것으로 그 공익이 제한되는 기본권의 가치보다 크므로 행복추구권 침해가 아니다.

8. 자동차운전자에게 좌석 안전띠를 매도록 하고 위반시 범칙금을 납부하도록 통고할 수 있도록 한 도로교통법 제48조의2 제1항과 동법 제118조(헌재 2003.10.30. 2002헌마518)
1) 운전 중 좌석 안전띠를 착용하지 아니할 자유는 사생활의 자유와 양심의 자유에서 보호되는 것이 아니므로 이 사건 법률은 양심의 자유, 사생활의 자유를 제한하지 아니한다.
2) 좌석 안전띠를 착용하지 아니할 자유는 일반적 행동의 자유로서 보호되므로 이 사건 법률은 일반적 행동의 자유 제한이나 교통사고로부터 국민의 생명, 신체에 대한 위험과 장애를 방지하려는 공익이 좌석 안전띠를 매지 않으려는 사익보다 크므로 행복추구권 침해라고 할 수 없다.

9. 공중시설에서 흡연을 금지한 국민건강증진법 시행규칙 제7조(헌재 2004.8.26. 2003헌마457)
1) 혐연권의 헌법상 근거: 혐연권은 헌법 제10조, 제17조뿐 아니라 흡연이 비흡연자의 건강한 생명도 위협한다는 점에서 생명권도 그 근거가 된다.
2) 흡연권은 사생활의 자유를 실질적 핵으로 하고, 혐연권의 사생활의 자유뿐 아니라 생명권까지

연결되는 것이므로 혐연권이 흡연권보다 상위의 기본권이다. 상하 위계질서가 있는 기본권끼리 충돌하는 경우 상위 기본권 우선원칙에 따라 하위 기본권이 제한될 수 있으므로 흡연권은 혐연권을 침해하지 않는 범위 내에서 인정되어야 한다.
3) 이 사건 규칙은 국민의 건강과 생명을 보호하기 위한 것으로 그 공익이 제한되는 사익인 흡연권보다 크므로 과잉금지원칙에 위반되지 아니한다.

10. 퇴직한 날로부터 14일 이내 사용자가 퇴직금 등을 지급하도록 한 근로기준법 제36조(헌재 2005.9.29. 2002헌바11)
사용자와 근로자 사이의 근로관계가 종료된 후에 퇴직금을 신속하게 지급하도록 하여 퇴직근로자 및 그 가족의 생활안정을 보호하는 것으로 그 공익적 요청이 사용자의 계약의 자유보다 더 우선시 되어야 하므로 과잉금지원칙에 위반되지 아니한다.

11. 임금은 매월 1회 이상 일정한 기일을 정하여 지급하여야 한다고 규정한 근로기준법 제42조(헌재 2005.9.29. 2002헌바11)
임금지급을 확보함으로써 근로자의 생활을 보장하고자 하는 공익적 요청이 사용자의 계약의 자유보다 우선해야 하므로 이 사건 법률조항은 과잉금지원칙에 위반되지 아니한다.

12. 대마 흡연을 금지한 마약류관리에 관한 법률 제61조(헌재 2005.11.24. 2005헌바46)
개인이 대마를 자유롭게 수수하고 흡연할 자유는 헌법 제10조의 행복추구권에서 나오는 일반적 행동의 자유권의 보호영역에 속한다. 이 사건 법률은 행복추구권을 제한하고 있으나 대마사용으로 인한 국민건강의 악영향 방지와 범죄발생을 예방이라는 공익이 흡연의 자유보다 크다고 할 것이어서 과잉금지원칙에 위반되지 아니한다.

13. 국가양로시설에 입소한 국가유공자에 대한 부가연금의 지급을 정지한 국가유공자예우법 제20조(헌재 2000.6.1. 98헌마216)
행복추구권은 급부를 국가에게 적극적으로 요구할 수 있는 권리가 아니라 국가의 간섭없이 행복을 추구하기 위한 활동을 자유롭게 할 수 있다는 자유권의 성질을 가지는데, 이 사건 규정은 보상금 수급권에 대한 지급 정지를 규정하고 있는 것으로 자유권이나 자유권의 제한영역에 대한 규정이 아니므로 행복추구권 침해라고 할 수 없다.

14. 먹는 샘물 판매가액의 100분의 20의 범위 안에서 수질개선부담금을 부과·징수할 수 있도록 한 구 먹는물관리법 제28조 제1항(헌재 1998.12.24. 98헌가1)
구 먹는물관리법 제28조 제1항은 국민에게 먹는 샘물에 대한 원칙적 선택권을 인정하는 가운데 수질개선부담금을 부과함으로써 가격전가를 통하여 먹는 샘물의 소비자에게 경제적 부담을 가하는 것에 그치고 있는데 그 부담의 정도가 지나치지 아니하며, 더욱이 먹는 샘물을 마시는 사람은 유한한 환경재화인 지하수를 소비하는 사람이므로 이들에 대하여 환경보전에 대한 비용을 부담하게 할 수도 있는 것이므로 동 법률조항으로 인하여 국민이 마시고 싶은 물을 자유롭게 선택할 권리를 빼앗겨 행복추구권을 침해받는다고 할 수 없다.

15. 민간투자사업에 유료도로를 포함시키고 유료도로의 사용료 징수를 할 수 있도록 한 민간투자법 제3조, 제25조(헌재 2005.12.22. 2004헌바64)

청구인들은 인천국제공항도로를 사용하도록 강제된 것이 아니고, 청구인들의 선택에 따라 이용할 수 있으므로 이 사건 심판대상은 일반적 행동자유권 제한으로 볼 수 없다.

16. 3회 음주운전 시 운전면허 취소(헌재 2006.5.25. 2005헌바91)

도로교통법 제78조 제1항 단서 제14호 중 '제41조 제1항의 규정을 2회 이상 위반한 사람이 다시 제41조 제1항의 규정을 위반하여 운전면허 정지사유에 해당된 때'부분이 직업의 자유 내지 일반적 행동의 자유를 침해하는지 여부(소극)

음주운전으로 인하여 개인과 사회 그리고 국가가 입는 엄청난 피해를 방지하여야 할 공익적 중대성은 아무리 강조하여도 결코 지나치다고 할 수 없고, 이 사건 법률조항에 해당하여 운전면허를 필요적으로 취소당함으로써 입는 개인적 불이익 내지 그로부터 파생되는 여타의 간접적 피해의 정도는 이러한 공익의 중대함에 결코 미치지 못하므로 이 사건 법률조항은 과잉금지의 원칙에 반하여 직업의 자유 내지 일반적 행동의 자유를 침해하지 아니한다.

17. 도로교통법 제58조 위헌확인(헌재 2007.1.17. 2005헌마1111, 2006헌마18)

【심판대상】 구 도로교통법 제58조(통행 등의 금지) 보행자 또는 자동차(이륜자동차는 긴급자동차에 한한다) 외의 차마는 고속도로 또는 자동차전용도로를 통행하거나 횡단하여서는 아니 된다.

이륜차에 대하여 고속도로 등의 통행을 전면적으로 금지하더라도 그로 인한 기본권 침해의 정도는 경미하여 이 사건 법률조항이 도모하고자 하는 공익에 비하여 중대하다고 보기 어렵다. 따라서 이 사건 법률조항은 청구인의 고속도로 등 통행의 자유(일반적 행동의 자유)를 헌법 제37조 제2항에 반하여 과도하게 제한한다고 볼 수 없다.

18. 국민건강증진법 제9조 제4항 제23호 위헌확인(헌재 2014.9.25. 2013헌마411)

헌법재판소는 2014년 9월 25일 지방자치단체는 조례로 관할 구역 안의 일정한 장소를 금연구역으로 지정할 수 있다고 규정한 국민건강증진법 제9조 제5항에 대한 심판청구는 부적법하고, 공중이용시설의 소유자 등은 해당 시설 전체를 금연구역으로 지정하여야 한다고 규정한 같은 법 제9조 제4항은 헌법에 위반되지 않는다는 결정을 선고하였다.

19. 청소년보호법 제23조의3 등 위헌확인(헌재 2014.4.24. 2011헌마659) – 심야시간대 청소년의 인터넷게임 이용금지 강제적 셧다운제 사건

헌법재판소는 2014년 4월 24일 16세 미만 청소년에게 오전 0시부터 오전 6시까지 인터넷게임의 제공을 금지하는 이른바 '강제적 셧다운제'를 정한 청소년보호법 조항의 위헌 여부에 관한 헌법소원에 대하여, 처벌조항에 대한 심판청구 부분은 기본권 침해의 직접성이 인정되지 않아 부적법하고, 금지조항에 대한 심판청구 부분은 청소년의 인터넷게임 이용률 및 중독성이 강한 인터넷게임의 특징을 고려할 때, 청소년의 건전한 성장과 인터넷게임 중독을 예방하기 위하여 16세 미만 청소년에 한하여 심야시간대만 그 제공을 금지하는 것이 청소년의 일반적 행동자유권, 부모의 자녀교육권 및 인터넷게임 제공자의 직업수행의 자유에 대한 과도한 제한이라고 보기는 어려우므로 헌법에 위반되지 않는다는 이유로 기각 결정하였다.

20. 친생부인의 소의 제척기간을 규정한 민법(2005.3.31. 법률 제7427호로 개정된 것) 제847조 제1항 중 '부(夫)가 그 사유가 있음을 안 날부터 2년 내' 부분은 친생부인의 소의 제척기간에 관한 입법재량의 한계를 일탈하지 않은 것으로서 헌법에 위반되지 아니한다(헌재 2015.3.26. 2012헌바357).

Ⅲ. 국가의 기본권보장의무(제10조 제2문 후단)

1. 의의

기본권 보호의무란 기본권에 의하여 보호되는 기본권적 법익을 사인인 제3자의 위법적 제약으로부터 보호하여야 할 국가의 의무를 말한다.

기본권 보호의무에 있어서는 국가는 기본권 침해자가 아니라 사인의 기본권적 법익에 대한 위해를 막아주는 지위를 가진다.

2. 의무의 내용

(1) 기본권보장의 의무

1) 기본적 인권을 최대한 실정법화할 의무가 있다.
2) 기본권에 대한 소극적 침해금지의무가 있다.
3) 사회적 세력·사인(私人)에 의한 기본권 침해로부터 보호해야 할 의무가 있다.

(2) 국가의 소극적 침해금지의무

1) 불가침의 기본적 인권을 침해하는 법률제정금지
2) 집행부도 이를 침해하는 행정행위 불가
3) 법원도 이를 침해하는 재판을 할 수 없다.

(3) 입법자의 보호의무이행에 대한 헌법재판소의 통제

국가, 특히 입법자는 보호의무의 이행과 관련하여 광범위한 형성의 자유를 가지나, 그 보호의무의 이행의 정도와 관련하여 헌법이 요구하는 최저한의 보호수준을 하회하여서는 아니 된다는 의미에서 과소보호금지의 원칙을 준수하여야 한다. 즉, 보호의무의 이행과 관련하여 국가는 최적의 보호를 제공할 의무를 지지만, 그 이행여부의 통제에 있어서 헌법재판소는 필요한 보호의 하한을 통제함에 그친다.

국가가 국민의 생명·신체의 안전을 보호할 의무를 진다하더라도 국가의 보호의무를 입법자 또는 그로부터 위임받은 집행자가 어떻게 실현하여야 할 것인가 하는 문제는 원칙적으로 권력분립과 민주주의의 원칙에 따라 국민에 의하여 직접 민주적 정당성을 부여받고 자신의 결정에 대하여 정치적 책임을 지는 입법자의 책임 범위에 속하므로, 헌법재판소는 단지 제한적으로만 입법자 또는 그로부터 위임받은 집행자에 의한 보호의무의 이행을 심사할 수 있는 것이다.

따라서 국가가 국민의 생명·신체의 안전에 대한 보호의무를 다하지 않았는지 여부를 헌법재판소가 심사할 때에는 국가가 이를 보호하기 위하여 적어도 적절하고 효율적인 최소한의 보호조치를 취하였는가 하는 이른바 '과소보호 금지원칙'의 위반 여부를 기준으로 삼아, 국민의 생명·신체의 안전을 보호하기 위한 조치가 필요한 상황인데도 국가가 아무런 보호조치를 취하지 않았든지 아니면 취한 조치가 법익을 보호하기에 전적으로 부적합하거나 매우 불충분한 것임이 명백한 경우에 한하여 국가의 보호의무의 위반을 확인하여야 하는 것이다(헌재 1997.1.16. 90헌마110 등).

▶ 기본권 제한시에는 과잉금지원칙이 적용되고, 기본권 보호의무에는 국가가 국민의 법익보호를 위하여 적어도 적절하고 효율적인 최소한의 보호조치를 취했는가를 기준으로(과소보호금지원칙) 심사한다.

관련판례

1. 헌법재판소는 특가법 제5조의3에 대한 헌법소원사건에서 치사하고 도주한 경우와 도주 후 사망하게 한 경우는 과실치사와 사체유기 그리고 과실치상과 유기치사의 실체적 경합에 불과한 것인데도 살인죄보다 법정형을 높게 규정한 것은 국가권력(입법권)이 인명을 경시한 것으로 헌법 제10조 후단의 기본권 존중에 관한 국가의무에 위반된다고 위헌결정을 하였다(헌재 1992.4.28. 90헌바24).

2. 헌법재판소는 불명확한 제소기간은 재판청구권을 침해한 것이며, 헌법에서 확보된 기본권이 불명확한 내용의 입법으로 잃게 될 우려가 있다면 국가의 기본권보장의무의 현저한 소홀이라 한 것이라는 결정을 하였다(헌재 1992.7.23. 90헌바2).

3. 국가의 신체와 생명에 대한 보호의무는 교통과실범의 경우 발생한 침해에 대한 사후처벌뿐 아니라, 무엇보다도 우선적으로 운전면허취득에 관한 법규 등 전반적인 교통관련법규의 정비, 운전자와 일반국민에 대한 지속적인 계몽과 교육, 교통안전에 관한 시설의 유지 및 확충, 교통사고 피해자에 대한 보상제도 등 여러 가지 사전적·사후적 조치를 함께 취함으로써 이행된다 할 것이므로, 형벌은 국가가 취할 수 있는 유효적절한 수많은 수단 중의 하나일 뿐이지, 결코 형벌까지 동원해야만 보호법익을 유효적절하게 보호할 수 있다는 의미의 최종적인 유일한 수단이 될 수는 없다 할 것이다. 따라서 이 사건 법률조항은 국가의 기본권보호의무의 위반 여부에 관한 심사기준인 과소보호금지의 원칙에 위반한 것이라고 볼 수 없다(헌재 2009.2.26. 2005헌마764 등).

4. 생명의 연속적 발전과정에 대해 동일한 생명이라는 이유만으로 언제나 동일한 법적 효과를 부

여하여야 하는 것은 아니다. 동일한 생명이라 할지라도 법질서가 생명의 발전과정을 일정한 단계들로 구분하고 그 각 단계에 상이한 법적 효과를 부여하는 것이 불가능하지 않다. 이 사건 법률조항들의 경우에도 '살아서 출생한 태아'와는 달리 '살아서 출생하지 못한 태아'에 대해서는 손해배상청구권을 부정함으로써 후자에게 불리한 결과를 초래하고 있으나 이러한 결과는 사법(私法)관계에서 요구되는 법적 안정성의 요청이라는 법치국가이념에 의한 것으로 헌법적으로 정당화된다 할 것이므로, 그와 같은 차별적 입법조치가 있다는 이유만으로 곧 국가가 기본권 보호를 위해 필요한 최소한의 입법적 조치를 다하지 않아 그로써 위헌적인 입법적 불비나 불완전한 입법상태가 초래된 것이라고 볼 수 없다. <u>그렇다면 이 사건 법률조항들이 권리능력의 존재 여부를 출생 시를 기준으로 확정하고 태아에 대해서는 살아서 출생할 것을 조건으로 손해배상청구권을 인정한다 할지라도 이러한 입법적 태도가 입법형성권의 한계를 명백히 일탈한 것으로 보기는 어려우므로 이 사건 법률조항들이 국가의 생명권 보호의무를 위반한 것이라 볼 수 없다</u>(헌재 2008.7.31. 2004헌바81).

관련판례 미국산 쇠고기 및 쇠고기 제품 수입위생조건 위헌확인(헌재 2008.12.26. 2008헌마419)
1. 이 사건 고시가 청구인들의 생명·신체의 안전을 보호할 국가의 의무를 명백히 위반하였는지 여부(소극)
이 사건 고시가 개정 전 고시에 비하여 완화된 수입위생조건을 정한 측면이 있다 하더라도, 미국산 쇠고기의 수입과 관련한 위험상황 등과 관련하여 개정 전 고시 이후에 달라진 여러 요인들을 고려하고 지금까지의 관련 과학기술 지식과 OIE 국제기준 등에 근거하여 보호조치를 취한 것이라면, 이 사건 고시상의 보호조치가 체감적으로 완벽한 것은 아니라 할지라도, 위 기준과 그 내용에 비추어 쇠고기 소비자인 국민의 생명·신체의 안전을 보호하기에 전적으로 부적합하거나 매우 부족하여 그 보호의무를 명백히 위반한 것이라고 단정하기는 어렵다 할 것이다.

2. 이 사건 고시가 헌법 제6조 제1항 및 제60조 제1항 등을 위배하였는지 여부(소극)
청구인들은 검역주권 위반, 헌법 제6조 제1항 및 제60조 제1항 위반, 법률유보 위반, 적법절차원칙 위반, 명확성원칙 위반을 주장하나, 이 사건 고시가 청구인들의 헌법상 보장된 기본권을 침해한다고 볼 수 없다.

Ⅳ. 생명권

1. 생명의 개념

생명이라 함은 비생명적인 것 또는 사(死)에 반대되는 인간의 인격적·육체적 존재형태, 즉 생존을 의미한다. 생존의 의미는 자연적 인식방법으로 보아야 하며 법적·사회적 평가는 허용되지 아니한다. 다만, 타인의 생명을 부정하거나 둘 이상의 생명이 양립할 수 없는 경우에는 예외적으로 사회적·법적 평가가 허용될 수 있다.

2. 생명권의 헌법적 근거

① 미국: 버지니아권리장전, 미국독립선언에 나온다.

② 독일: 명문의 근거가 있다(제102조).

③ 우리나라: 명문의 근거가 없으나 통설·판례는 인정된다.

3. 생명권의 법적 성질

① **대국가적 방어권**: 국가적 침해로부터의 방어권을 뜻한다.

② **보호청구권**: 제3자의 침해로부터 국가에의 생명보호요청이 가능하다.

▶ 헌재는 생명권도 타인의 생명이나 공공의 이익을 위해서 헌법 제37조 제2항에 의한 일반적 법률유보의 대상이 된다고 판시하였다(헌재 96헌바1).

4. 생명권의 주체

인간의 권리이며 내·외국인을 불문한다. 태아의 생명권 인정 여부가 문제되나 통설·판례는 인정한다.

관련판례

1. 인간의 생명은 고귀하고, 이 세상에서 무엇과도 바꿀 수 없는 존엄한 인간 존재의 근원이다. 이러한 생명에 대한 권리, 즉 생명권은 비록 헌법에 명문의 규정이 없다 하더라도 인간의 생존본능과 존재목적에 바탕을 둔 선험적이고 자연법적인 권리로서 헌법에 규정된 모든 기본권의 전제로서 기능하는 기본권 중의 기본권이다. 모든 인간은 헌법상 생명권의 주체가 되며, 형성 중의 생명인 태아에게도 생명에 대한 권리가 인정되어야 한다. 따라서 <u>태아도 헌법상 생명권의 주체가 되며, 국가는 헌법 제10조에 따라 태아의 생명을 보호할 의무가 있다</u>(헌재 2008.7.31. 2004헌바81).

2. 태아가 비록 그 생명의 유지를 위하여 모(母)에게 의존해야 하지만, 그 자체로 모(母)와 별개의 생명체이고 특별한 사정이 없는 한 인간으로 성장할 가능성이 크므로 태아에게도 생명권이 인정되어야 하며, 태아가 독자적 생존능력을 갖추었는지 여부를 그에 대한 낙태 허용의 판단 기준으로 삼을 수는 없다(헌재 2012.8.23. 2010헌바402).

---

5. 생명권의 내용

(1) 대국가적 방어권

생명권은 우선 국가가 개인의 생명을 침해하는 경우 이를 배제할 것을 요구할 수 있는 대국가적 방어권의 내용을 갖는다. 따라서 국가가 개인의 생명을 완전히 침탈하거나 단축시키는 것은 허용되지 않는다. 여기에서 사형제도의 위헌성 여부가 문제된다.

(2) 국가의 보호의무

국가는 사인인 제3자에 의한 생명권 침해로부터 이를 보호하여야 할 의무를 진다. 이러한 국가의 보호의무는 기본권의 객관적 가치질서성에서 도출된다.

(3) 보호청구권

생명권은 또한 제3자에 의한 생명권의 침해로부터 보호해 줄 것을 국가에 청구할 수 있는 보호청구권으로서의 내용도 가진다.

6. 생명권의 제한

(1) 과잉금지의 원칙

앞에서 본 바와 같이 생명권은 절대적 기본권이 아니기 때문에 헌법 제37조 제2항의 일반적 법률유보에 의하여 제한이 가능하다. 그러나 헌법재판소의 판시에 따를 경우 "정당한 이유 없이 타인의 생명을 부정하거나 그에 못지아니한 중대한 공공이익을 침해한 경우에" 한하여야만 비례의 원칙에 따라 법률에 의하여 제한할 수 있다.

(2) 헌재 판례

형법 제250조 사형제도(헌재 1996.11.28. 95헌바1)

(가) 생명권의 성질   생명에 대한 권리는 비록 헌법에 명문의 규정이 없다 하더라도 인간의 생존본능과 존재목적에 바탕을 둔 선험적이고 자연적인 권리로서, 헌법에 규정된 모든 기본권의 전제로서 기능하는 기본권 중의 기본권이라 할 것이다.

(나) 생명권의 제한   정당한 이유 없이 타인의 생명을 부정하거나 그에 못지아니한 중대한 공공이익을 침해한 경우에 국법은 그 중에서 타인의 생명이나 공공의 이익을 우선하여 보호할 것인가의 규준을 제시하지 않을 수 없게 되고, 이러

한 경우에는 비록 생명이 이념적으로 절대적 가치를 지닌 것이라 하더라도 생명에 대한 법적 평가가 예외적으로 허용될 수 있다고 할 것이므로 생명권 역시 헌법 제37조 제2항에 의한 일반적 법률유보의 대상이 될 수밖에 없다 할 것이다.

(다) 사형제도의 합헌성 우리 헌법은 사형에 대하여 정면으로 이를 허용하거나 부정하는 명시적인 규정을 두고 있지 아니하지만, 헌법 제12조 제1항이 "모든 국민은 …… 법률과 적법절차에 의하지 아니하고는 처벌·보안처분 또는 강제노역을 받지 아니한다."고 규정하는 한편, 헌법 제110조 제4항이 "비상계엄하의 군사재판은 …… 법률이 정하는 경우에 한하여 단심으로 할 수 있다. 다만, 사형을 선고한 경우에는 그러하지 아니하다."고 규정함으로써 문언의 해석상으로는 간접적이나마 법률에 의하여 사형이 형벌로서 정해지고 또 적용될 수 있음을 인정하고 있는 것으로 보인다. 인간의 생명을 부정하는 등의 범죄행위에 대한 불법적 효과로서 지극히 한정적인 경우에만 부과되는 사형은 죽음에 대한 인간의 본능적인 공포심과 범죄에 대한 응보욕구가 서로 맞물려 고안된 '필요악'으로서 불가피하게 선택된 것이며, 지금도 여전히 제 기능을 하고 있다는 점에서 정당화될 수 있으므로 사형은 이러한 측면에서 헌법상의 비례의 원칙에 반하지 아니한다 할 것이고, 적어도 우리의 현행 헌법이 스스로 예상하고 있는 형벌의 한 종류이기도 하므로 아직은 우리의 헌법질서에 반하는 것이라고는 판단되지 않는다.

(3) 대법원 판례

인도적 종교적 견지에서 존귀한 생명을 빼앗아 가는 사형이 피해야 할 것임에는 이론이 있을 수 없을 것이나, 한편으로는 범죄로 인하여 침해되는 또 다른 존귀한 생명을 외면할 수 없고, 또 사회공공의 안녕과 질서를 위하여 생명형의 존치를 이해하지 못할 바가 아니며, 이것은 바로 그 나라의 실정법에 나타나는 국민의 총의라고 파악될 것이다(대판 1983.3.8. 82도3248).

헌법 제12조 제1항에 의하면 형사처벌에 관한 규정이 법률에 위임되어 있을 뿐 그 처벌의 종류를 제한하지 않고 있으며, 현재 우리나라의 실정과 국민의 도덕적 감정 등을 고려하여 국가의 형사정책으로 질서유지와 공공복리를 위하여 형법 등에 사형이라는 처벌의 종류를 규정하였다 하여 이것이 헌법에 위반된다고 할 수 없다(대판 1991.2.26. 90도2906).

사형제도에 대한 합헌설·위헌설의 차이점

구분	합헌설	위헌설
생명권이 법률유보의 대상이 되는지 여부	적극	소극
헌법 제110조 제4항의 단서가 사형제도의 근거인지 여부	적극	소극
사형과 무기징역	사형은 무기징역보다 효과적이다.	사형이 무기징역보다 살인죄 감소에서 더 효과적이라고 볼 수 없다.
본질적 내용에 대한 학설	상대설	절대설
과잉금지원칙과 본질적 내용침해 금지원칙에 반하는지 여부	소극	적극

(4) 태아의 생명권과 임신중절(낙태)

우리나라에서는 헌법재판소가 헌법의 자기낙태죄(제269조 제1항), 의사낙태죄(제270조 제1항)에 대하여 헌법불합치 결정을 하였다. 모자보건법에는 낙태가 허용되는 예외사유 5가지를 규정하고 있다.

관련판례 낙태죄 사건(형법 제269조 제1항 등 위헌소원)(헌재 2019.4.11. 2017헌바127)

헌법재판소는 2019년 4월 11일 재판관 4(헌법불합치) : 3(단순위헌) : 2(합헌)의 의견으로, 임신한 여성의 자기낙태를 처벌하는 형법 제269조 제1항, 의사가 임신한 여성의 촉탁 또는 승낙을 받아 낙태하게 한 경우를 처벌하는 형법 제270조 제1항 중 '의사'에 관한 부분은 모두 헌법에 합치되지 아니하며, 위 조항들은 2020. 12. 31.을 시한으로 입법자가 개정할 때까지 계속 적용된다는 결정을 선고하였다. [헌법불합치]

ㅁ 재판관 유남석, 재판관 서기석, 재판관 이선애, 재판관 이영진의 헌법불합치 의견
1. 자기낙태죄 조항에 대한 판단
ㅇ 이러한 점들을 고려하면, 태아가 모체를 떠난 상태에서 독자적으로 생존할 수 있는 시점인 임신 22주 내외에 도달하기 전이면서 동시에 임신 유지와 출산 여부에 관한 자기결정권을 행사하기에 충분한 시간이 보장되는 시기(이하 착상 시부터 이 시기까지를 '결정가능기간'이라 한다)까지의 낙태에 대해서는 국가가 생명보호의 수단 및 정도를 달리 정할 수 있다고 봄이 타당하다.
ㅇ 임신한 여성의 안위는 태아의 안위와 깊은 관계가 있고, 태아의 생명 보호를 위해 임신한 여성의 협력이 필요하다는 점을 고려하면, 태아의 생명을 보호한다는 언명은 임신한 여성의 신체적·사회적 보호를 포함할 때 실질적인 의미를 가질 수 있다. 원치 않는 임신을 예방하고 낙태를 감소

시킬 수 있는 사회적·제도적 여건을 마련하는 등 사전적·사후적 조치를 종합적으로 투입하는 것이 태아의 생명 보호를 위한 실효성 있는 수단이 될 수 있다.

○ 낙태갈등 상황에서 형벌의 위하가 임신한 여성의 임신종결 여부 결정에 미치는 영향이 제한적이라는 사정과 실제로 형사처벌되는 사례도 매우 드물다는 현실에 비추어 보면, 자기낙태죄 조항이 낙태갈등 상황에서 태아의 생명 보호를 실효적으로 하지 못하고 있다고 볼 수 있다.

○ 모자보건법이 정한 일정한 예외에 해당하지 않으면 모든 낙태가 전면적·일률적으로 범죄행위로 규율됨으로 인하여 낙태에 관한 상담이나 교육이 불가능하고, 낙태에 대한 정확한 정보가 충분히 제공될 수 없다. 낙태 수술과정에서 의료 사고나 후유증 등이 발생해도 법적 구제를 받기가 어려우며, 비싼 수술비를 감당하여야 하므로 미성년자나 저소득층 여성들이 적절한 시기에 수술을 받기 쉽지 않다. 또한 자기낙태죄 조항은 헤어진 상대 남성의 복수나 괴롭힘의 수단, 가사·민사 분쟁의 압박수단 등으로 악용되기도 한다.

○ 모자보건법상의 정당화사유에는 다양하고 광범위한 사회적·경제적 사유에 의한 낙태갈등 상황이 전혀 포섭되지 않는다. 예컨대, 학업이나 직장생활 등 사회활동에 지장이 있을 것에 대한 우려, 소득이 충분하지 않거나 불안정한 경우, 자녀가 이미 있어서 더 이상의 자녀를 김당할 여력이 되지 않는 경우, 부부가 모두 소득활동을 해야 하는 상황이어서 어느 일방이 양육을 위하여 휴직하기 어려운 경우, 상대 남성과 교제를 지속할 생각이 없거나 결혼 계획이 없는 경우, 상대 남성이 출산을 반대하고 낙태를 종용하거나 명시적으로 육아에 대한 책임을 거부하는 경우, 다른 여성과 혼인 중인 상대 남성과의 사이에 아이를 임신한 경우, 혼인이 사실상 파탄에 이른 상태에서 배우자의 아이를 임신했음을 알게 된 경우, 아이를 임신한 후 상대 남성과 헤어진 경우, 결혼하지 않은 미성년자가 원치 않은 임신을 한 경우 등이 이에 해당할 수 있다.

○ 자기낙태죄 조항으로 인해 임신한 여성은 임신 유지로 인한 신체적·심리적 부담, 출산과정에 수반되는 신체적 고통·위험을 감내하도록 강제당할 뿐 아니라 이에 더하여 다양하고 광범위한 사회적·경제적 고통까지도 겪을 것을 강제당하는 결과에 이르게 된다.

○ 자기낙태죄 조항은 모자보건법에서 정한 사유에 해당하지 않는다면 결정가능기간 중에 다양하고 광범위한 사회적·경제적 사유를 이유로 낙태갈등 상황을 겪고 있는 경우까지도 예외 없이 전면적·일률적으로 임신의 유지 및 출산을 강제하고, 이를 위반한 경우 형사처벌하고 있다.

○ 따라서, 자기낙태죄 조항은 입법목적을 달성하기 위하여 필요한 최소한의 정도를 넘어 임신한 여성의 자기결정권을 제한하고 있어 침해의 최소성을 갖추지 못하였고, 태아의 생명 보호라는 공익에 대하여만 일방적이고 절대적인 우위를 부여함으로써 법익균형성의 원칙도 위반하였다고 할 것이므로, 과잉금지원칙을 위반하여 임신한 여성의 자기결정권을 침해하는 위헌적인 규정이다.

2. 의사낙태죄 조항에 대한 판단
○ 자기낙태죄 조항은 모자보건법에서 정한 사유에 해당하지 않는다면, 결정가능기간 중에 다양하고 광범위한 사회적·경제적 사유로 인하여 낙태갈등 상황을 겪고 있는 경우까지도 예외 없이 임신한 여성에게 임신의 유지 및 출산을 강제하고, 이를 위반한 경우 형사처벌한다는 점에서 위헌이므로, 동일한 목표를 실현하기 위하여 임신한 여성의 촉탁 또는 승낙을 받아 낙태하게 한 의사를 처벌하는 의사낙태죄 조항도 같은 이유에서 위헌이라고 보아야 한다.

(5) 안락사

안락사는 사회적 생존할 가치가 없는 자에 대한 인위적인 생명단절행위인 도태적 안락사, 적극적으로 생명을 단축하는 적극적 안락사와 생명연장조치를 취하지 않음으로써 생명을 단축하는 소극적 안락사가 있다. 소극적 안락사는 일정한 요건 하에서 허용될 수 있다는 견해가 유력하며, 적극적 안락사는 촉탁승낙에 의한 살인죄에 해당한다는 것이 대법원과 다수견해이다. 그러나 최근에는 적극적 안락사도 회생 가능성 없는 환자가 명백히 의사를 표시한 경우에 엄격한 요건하에 허용되어야 한다는 견해가 있다. 최근에 소극적 안락사(=존엄사)를 인정하는 대법원 판례가 나왔다.

관련판례

1. 대법원 판결요지(대판 2009.5.21. 2009다17417 전합, 다수의견)
환자가 의식의 회복가능성이 없고 생명과 관련된 중요한 생체기능의 상실을 회복할 수 없으며 환자의 신체 상태에 비추어 짧은 시간 내에 사망에 이를 수 있음이 명백한 경우에는 환자가 회복불가능한 사망의 단계에 들어선 것으로 볼 수 있고, 위와 같은 환자의 경우 환자의 의사결정을 존중하여 연명치료를 중단하더라도 환자의 인간으로서의 존엄과 가치 및 행복추구권을 보호하는 것이 사회 상규에 부합되고 헌법정신에도 어긋나지 아니한다. 이러한 환자의 의사결정은 사전의료지시에 의하여 이루어질 수도 있고 환자의 추정적 의사를 인정하는 것도 가능하다. 환자의 의사를 추정함에 있어서는 확인할 수 있는 객관적인 자료가 있는 경우에는 반드시 이를 참고하여야 하고, 환자가 평소 일상생활을 통하여 가족, 친구 등에 대하여 한 의사표현, 타인에 대한 치료를 보고 환자가 보인 반응 등을 환자의 나이, 치료의 부작용, 환자가 고통을 겪을 가능성 등 <u>객관적인 사정과 종합하여 환자가 현재의 신체 상태에서 의학적으로 충분한 정보를 제공받는 경우 연명치료중단을 선택하였을 것이라고 인정되는 경우라야 그 의사를 추정할 수 있다.</u> 연명치료를 중단하기 위하여 반드시 법원에 소송을 제기하여야 하는 것은 아니지만, 전문의사 등으로 구성된 위원회의 판단을 거치는 것이 바람직하다.

2. 연명치료 중단, 즉 생명단축에 관한 자기결정은 '생명권 보호'의 헌법적 가치와 충돌한다(헌재 2009.11.26. 2008헌마385).

3. 생명윤리 및 안전에 관한 법률 제13조 제1항 등(헌재 2010.5.27. 2005헌마346)
【판시사항】
가. 초기배아의 기본권 주체성 여부(소극)
나. 배아연구와 관련된 직업에 종사하는 청구인의 헌법소원 심판청구에 대해 기본권 침해가능성 또는 자기관련성을 인정할 수 있는지 여부(소극)
다. 배아생성자가 배아의 관리 또는 처분에 대해 갖는 기본권과 그 제한의 필요성
라. 잔여배아를 5년간 보존하고 이후 폐기하도록 한 생명윤리법 제16조 제1항, 제2항이 배아생성자의 배아에 대한 결정권을 침해하는지 여부(소극)

【결정요지】
가. 출생 전 형성 중의 생명에 대해서 헌법적 보호의 필요성이 크고 일정한 경우 그 기본권 주체

성이 긍정된다고 하더라도, 어느 시점부터 기본권 주체성이 인정되는지, 또 어떤 기본권에 대해 기본권 주체성이 인정되는지는 생명의 근원에 대한 생물학적 인식을 비롯한 자연과학·기술 발전의 성과와 그에 터 잡은 헌법의 해석으로부터 도출되는 규범적 요청을 고려하여 판단하여야 할 것이다. 초기배아는 수정이 된 배아라는 점에서 형성 중인 생명의 첫걸음을 떼었다고 볼 여지가 있기는 하나 아직 모체에 착상되거나 원시선이 나타나지 않은 이상 현재의 자연과학적 인식 수준에서 독립된 인간과 배아 간의 개체적 연속성을 확정하기 어렵다고 봄이 일반적이라는 점, 배아의 경우 현재의 과학기술 수준에서 모태 속에서 수용될 때 비로소 독립적인 인간으로의 성장가능성을 기대할 수 있다는 점, 수정 후 착상 전의 배아가 인간으로 인식된다거나 그와 같이 취급하여야 할 필요성이 있다는 사회적 승인이 존재한다고 보기 어려운 점 등을 종합적으로 고려할 때, <u>기본권 주체성을 인정하기 어렵다.</u>

나. 법학자, 윤리학자, 철학자, 의사 등의 직업인으로 이루어진 청구인들의 청구는 청구인들이 이 사건 심판대상 조항으로 인해 불편을 겪는다고 하더라도 사실적·간접적 불이익에 불과한 것이고, 청구인들에 대한 <u>기본권침해의 가능성 및 자기관련성을 인정하기 어렵다.</u>

다. 배아생성자는 배아에 대해 자신의 유전자정보가 담긴 신체의 일부를 제공하고, 또 배아가 모체에 성공적으로 착상하여 인간으로 출생할 경우 생물학적 부모로서의 지위를 갖게 되므로, 배아의 관리 또는 처분에 대한 결정권을 가진다. 이러한 배아생성자의 배아에 대한 결정권은 헌법상 명문으로 규정되어 있지는 아니하지만, 헌법 제10조로부터 도출되는 일반적 인격권의 한 유형으로서의 헌법상 권리라 할 것이다. 다만, 배아의 경우 형성 중에 있는 생명이라는 독특한 지위로 인해 국가에 의한 적극적인 보호가 요구된다는 점, 배아의 관리·처분에는 공공복리 및 사회 윤리적 차원의 평가가 필연적으로 수반되지 않을 수 없다는 점에서도 그 제한의 필요성은 크다고 할 것이다. 그러므로 <u>배아생성자의 배아에 대한 자기결정권은 자기결정이라는 인격권적 측면에도 불구하고 배아의 법적 보호라는 헌법적 가치에 명백히 배치될 경우에는 그 제한의 필요성이 상대적으로 큰 기본권이라 할 수 있다.</u>

라. 이 사건 심판대상조항이 배아에 대한 5년의 보존기간 및 보존기간 경과 후 폐기의무를 규정한 것은 그 입법목적의 정당성과 방법의 적절성이 인정되며, 입법목적을 실현하면서 기본권을 덜 침해하는 수단이 명백히 존재한다고 할 수 없는 점, 5년 동안의 보존기간이 임신을 원하는 사람들에게 배아를 이용할 기회를 부여하기에 명백히 불합리한 기간이라고 볼 수 없는 점, 배아 수의 지나친 증가와 그로 인한 사회적 비용의 증가 및 부적절한 연구목적의 이용가능성을 방지하여야 할 공익적 필요성의 정도가 배아생성자의 자기결정권이 제한됨으로 인한 불이익의 정도에 비해 작다고 볼 수 없는 점 등을 고려하면, 이 사건 <u>심판대상조항이 피해의 최소성에 반하거나 법익의 균형성을 잃었다고 보기 어렵다.</u>

V. 인격권

1. 인격권의 의의

인격권이란 일반적으로 자신과 분리할 수 없는 인격권 이익의 향유를 내용으로 하는 권리 내지 인격의 자유로운 발현에 관한 권리로서 인격을 형성·유지하고 보호받을 수 있는 권리를 말한다(일반적 인격권). 헌재는 제10조의 인간의 존엄과 가치를 인격권이라고 부르기도 한다(헌재 89헌마82).

2. 인격권의 성질

전 국가적 자연권, 일신전속적 권리이다.

3. 인격권의 주체

인간의 권리이므로 외국인도 가능, 사죄광고 판례에서 법인의 인격권 주체를 헌재 판례는 긍정했다(헌재 1991.4.1. 89헌마160).

법인도 법인의 목적과 사회적 기능에 비추어 볼 때 그 성질에 반하지 않는 범위 내에서 인격권의 한 내용인 사회적 신용이나 명예 등의 주체가 될 수 있고 법인이 이러한 사회적 신용이나 명예 유지 내지 법인격의 자유로운 발현을 위하여 의사결정이나 행동을 어떻게 할 것인지를 자율적으로 결정하는 것도 법인의 인격권의 한 내용을 이룬다(헌재 2012.8.23. 2009헌가27).

4. 인격권의 근거

1) 제10조 인간의 존엄과 가치, 행복추구권설이 있다.

2) 제10조, 제17조, 제37조 제1항설 등이 있다.

▶ 헌재는 개인의 일반적 인격권이 인간의 존엄성에서 유래한다고 본다(헌재 1990.9.10. 89헌마165).

5. 인격권의 내용

인격권에는 명예권, 성명권, 초상권, 알 권리, 읽을 권리, 들을 권리, 정정보도청구권(헌재 1990.9.10. 89헌마165) 등이 있다.

(1) 명예권

모든 국민은 사회적 명예를 침해당하지 않을 권리를 가지며, 명예에 대한 침해는 형사상 범죄를 구성하게 된다. 대법원은 "제307조 제1항의 행위가 진실한 사실로서 오로지 공공의 이익에 관한 때에는 처벌하지 아니한다".고 규정하고 있는 형법 제310조는 인격권으로서의 개인의 명예의 보호와 헌법 제21조에 의한 정당한 표현의 자유의 보장이라는 상충되는 두 법익의 조화를 꾀한 것이다(대판 1993.6.22. 92도3160)고 하였다.

(2) 성명권

모든 국민은 성명권을 가지는데, 타인에 의하여 개인의 성명권이 남용된 경우에는 성명권의 침해로서, 이는 인격권의 침해가 된다.

헌법재판소는 성명은 개인의 정체성과 개별성을 나타내는 인격의 상징으로서 개인이 사회 속에서 자신의 생활영역을 형성하고 발현하는 기초가 되는 것이라 할 것이므로 자유로운 성의 사용 역시 헌법상 인격권으로부터 보호된다고 할 수 있다 (헌재 2005.12.22. 2003헌가5 등).

관련판례

지방선거에서의 후보자 기호배정(헌재 2007.10.4. 2006헌마364 등)
지방선거에서 통일된 기호를 부여받는 정당이 같은 선거구에 2인 이상의 후보자를 추천하는 경우 후보자 성명의 가나다순 기준으로 기호를 배정하도록 하는 공직선거법 제150조 제5항 후문이 성명권을 침해하는지 여부
청구인들은 이 사건 조항이 무조건 성(姓)의 가나다순에 의하여 후보자 기호를 결정하도록 규정하는 것은 인격권의 일종인 성명권을 침해한다고 주장하나, 이 사건 조항은 후보자성명의 가나다순에 따라 기호배정을 하고 있는 것일 뿐 후보자의 성명을 간섭하거나 박탈하는 내용이 아니어서 성명권과는 직접 관련이 없다 할 것이므로, 성명권을 제한하는 것이라고 볼 수도 없다.

개명과 인격권(대결 2005.11.16. 2005스26)
개명으로 인하여 사회적 폐단이나 부작용이 발생할 수 있다는 점을 지나치게 강조하여 개명을 엄격하게 제한할 경우 헌법상의 개인의 인격권과 행복추구권을 침해하는 결과를 초래할 우려가 있는 점 등을 종합하여 보면, 개명을 허가할 만한 상당한 이유가 있다고 인정되고, 범죄를 기도 또는 은폐하거나 법령에 따른 각종 제한을 회피하려는 불순한 의도나 목적이 개입되어 있는 등 개명신청권의 남용으로 볼 수 있는 경우가 아니라면, 원칙적으로 개명을 허가함이 상당하다고 할 것이다. … 개명 신청인이 신용불량자로 등록되어 있더라도 법령상의 제한을 회피하기 위한 목적에서 개명신청을 하였다거나 다른 불순한 의도나 목적이 개입되어 있는 등 개명신청권의 남용에 해당한다고 볼 만한 사정도 찾아볼 수 없어 이를 이유로 개명을 불허할 수 없다.

수용자 신체검사 위헌확인(헌재 2011.5.26. 2010헌마7750)
헌법재판소는 2011년 5월 26일 관여 재판관 전원의 일치된 의견으로 교정시설에 수용자를 수용할 때마다 알몸상태의 수용자를 전자영상검사기로 수용자의 항문부위를 관찰하는 신체검사가 교정시설의 안전과 질서유지를 위하여 필요한 최소한도의 검사로서 과잉금지의 원칙에 위배되지 않는다는 이유로 청구를 기각하였다.

이 사건 신체검사는 필요한 최소한도를 벗어나 과잉금지원칙에 위배되어 청구인의 인격권 내지 신체의 자유를 침해한다고 볼 수 없다.

민법 제810조 등 위헌소원(헌재 2014.7.24. 2011헌바275) - 중혼 취소청구권의 소멸에 관한 부진 정입법부작위 위헌소원 사건
헌법재판소는 2014년 7월 24일 재판관 전원의 일치된 의견으로, 중혼을 혼인취소의 사유로 정하면서 그 취소청구권의 제척기간 또는 소멸사유를 규정하지 않은 민법 제816조 제1호 중 "제810조의 규정에 위반한 때" 부분이 입법재량의 한계를 일탈하여 후혼배우자의 인격권 및 행복추구권을 침해하지 않는다.
ㅇ 심판대상조항은 중혼을 혼인취소사유로 정하고 있는데, 취소할 수 있는 혼인은 판결에 의해 취소되면 그 때부터 비로소 혼인관계가 해소되는 것이므로, 중혼이라 하더라도 취소 판결 확정 전까지는 유효한 법률혼으로 보호된다.
ㅇ 그렇다면 심판대상조항이 중혼을 혼인취소사유로 규정함으로써 이미 후혼배우자의 인격권 및 행복추구권을 어느 정도 보호하고 있는 것이며, 이에 더하여 중혼 취소청구권의 소멸에 관하여 아무런 규정을 두지 않았다 하더라도 그것이 현저히 불합리하여 입법재량의 범위를 일탈하였다고 보기 어렵다. 따라서 심판대상조항은 후혼배우자의 인격권 및 행복추구권을 침해하지 아니한다.

(3) 초상권

모든 국민은 초상권을 가지는데, 대법원은 "사람은 누구나 자신의 얼굴 기타 사회통념상 특정인임을 식별할 수 있는 신체적 특징에 관하여 함부로 촬영 또는 그림묘사되거나 공표되지 아니하며 영리적으로 이용당하지 않을 권리를 가지는데, 이렇게 초상권은 우리 헌법 제10조 제1문에 의하여 헌법적으로 보장되는 권리이다"(대판 2006.10.13. 2004다16280)라고 하였다.

따라서 당사자의 동의 없이 신문·잡지·선전팜플렛·영화·TV 등이 초상사진을 게재하는 것은 인격권의 침해가 된다.

관련판례 초상권의 침해(대판 2006.10.13. 2004다16280)
보험회사를 상대로 손해배상청구소송을 제기한 교통사고 피해자들의 장해 정도에 관한 증거자료를 수집할 목적으로 보험회사 직원이 피해자들의 일상생활을 촬영한 행위가 초상권을 침해하는지 여부
1. 초상권 및 사생활의 비밀과 자유에 대한 부당한 침해는 불법행위를 구성하는데, 위 침해는 그것이 공개된 장소에서 이루어졌다거나 민사소송의 증거를 수집할 목적으로 이루어졌다는 사유만으로 정당화되지 아니한다.
2. 초상권이나 사생활의 비밀과 자유를 침해하는 행위를 둘러싸고 서로 다른 두 방향의 이익이 충돌하는 경우에는 구체적 사안에서의 사정을 종합적으로 고려한 이익형량을 통하여 침해행위의 최종적인 위법성이 가려지는 바, 이러한 이익형량과정에서, 첫째 침해행위의 영역에 속하는 고려요소

로는 침해행위로 달성하려는 이익의 내용 및 그 중대성, 침해행위의 필요성과 효과성, 침해행위의 보충성과 긴급성, 침해방법의 상당성 등이 있고, 둘째 피해이익의 영역에 속하는 고려요소로는 피해법익의 내용과 중대성 및 침해행위로 인하여 피해자가 입는 피해의 정도, 피해이익의 보호가치 등이 있다.

3. 보험회사를 상대로 손해배상청구소송을 제기한 교통사고 피해자들의 장해 정도에 관한 증거자료를 수집할 목적으로 보험회사 직원이 피해자들의 <u>일상생활을 촬영한 행위는 초상권 및 사생활의 비밀과 자유를 침해하는 불법행위에 해당한다.</u>

6. 인격권의 효력

대국가적 효력 + 제3자적 효력이 인정된다.

7. 인격권의 한계와 제한

언론출판의 자유와의 상충관계가 문제될 수 있고, 사죄광고(헌재 89헌마160) 판례와 국가에 의한 개인정보의 수집 등에서 문제가 된다.

Ⅵ. 평화적 생존권

헌재는 2006년 판례에서 '평화적 생존권'이란 헌법 제10조와 제37조 제1항으로부터 도출 되는 것으로 '침략전쟁에 강제되지 않고 평화적 생존을 할 수 있도록 국가에 요청할 수 있는 권리'로 인정해 오다가 2009년 판례에서 판례를 변경하여 부정하는 입장을 견지하고 있다.

관련판례

대한민국과 미합중국 간의 미합중국군대의 서울지역으로부터의 이전에 관한 협정 등(헌재 2006.2.23. 2005헌마268)

【판시사항】

1. 미군기지의 이전이 헌법상 자기결정권의 보호범위에 포함되는지 여부(소극)

2. '대한민국과 미합중국 간의 미합중국 군대의 서울지역으로부터의 이전에 관한 협정'과 '대한민국과 미합중국 간의 미합중국 군대의 서울지역으로부터의 이전에 관한 협정의 이행을 위한 합의권고에 관한 합의서' 및 '2002년 3월 29일 서명된 대한민국과 미합중국 간의 연합토지관리계획협정에 관한 개정협정'(이하 이들을 '이 사건 조약들'이라 한다)이 평화적 생존권의 침해가능성이 있는지 여부(소극)

【결정요지】

---

1. 미군기지의 이전은 공공정책의 결정 내지 시행에 해당하는 것으로서 인근 지역에 거주하는 사람들의 삶을 결정함에 있어서 사회적 영향을 미치게 되나, 개인의 인격이나 운명에 관한 사항은 아니며 각자의 개성에 따른 개인적 선택에 직접적인 제한을 가하는 것이 아니다. 따라서 그와 같은 사항은 헌법상 자기결정권의 보호범위에 포함된다고 볼 수 없다.

2. 청구인들은 이 사건 조약들에 따른 미군부대의 이전은 주한미군을 방어적 군사력에서 공세적 군사력으로 변경하기 위한 것이고, 따라서 이는 행복추구권으로부터 인정되는 평화적 생존권, 즉 각 개인이 무력충돌과 살상에 휘말리지 않고 평화로운 삶을 누릴 권리를 침해하는 것이라고 주장한다.

오늘날 전쟁과 테러 혹은 무력행위로부터 자유로워야 하는 것은 인간의 존엄과 가치를 실현하고 행복을 추구하기 위한 기본 전제가 되는 것이므로 <u>헌법 제10조와 제37조 제1항으로부터 평화적 생존권이라는 이름으로 이를 보호하는 것이 필요하며, 그 기본 내용은 침략전쟁에 강제되지 않고 평화적 생존을 할 수 있도록 국가에 요청할 수 있는 권리라고 볼 수 있다.</u> 그런데 이 사건 조약들은 미군기지의 이전을 위한 것이고, 그 내용만으로는 장차 우리나라가 침략적 전쟁에 휩싸이게 된다는 것을 인정하기 곤란하므로 <u>이 사건에서 평화적 생존권의 침해가능성이 있다고 할 수 없다.</u>

2007년 전시증원연습 등(헌재 2009.5.28. 2007헌마369)

【판시사항】

1. 피청구인 대통령이 한미연합 군사훈련의 일종인 2007년 전시증원연습(이하 '이 사건 연습'이라 한다)을 하기로 한 결정(이하 '이 사건 연습결정'이라 한다)이 통치행위에 해당하는지 여부(소극)

2. 평화적 생존권이 헌법상 보장된 기본권인지 여부(소극)

3. 평화적 생존권을 헌법상 보장된 기본권으로 인정하였던 판례를 변경한 사례

【결정요지】

1. 한미연합 군사훈련은 1978. 한미연합사령부의 창설 및 1979.2.15. 한미연합연습 양해각서의 체결 이후 연례적으로 실시되어 왔고, 특히 이 사건 연습은 대표적인 한미연합 군사훈련으로서, 피청구인이 2007.3.경에 한 이 사건 연습결정이 새삼 국방에 관련되는 고도의 정치적 결단에 해당하여 사법심사를 자제하여야 하는 통치행위에 해당한다고 보기 어렵다.

2. 청구인들이 평화적 생존권이란 이름으로 주장하고 있는 평화란 헌법의 이념 내지 목적으로서 추상적인 개념에 지나지 아니하고, <u>평화적 생존권은 이를 헌법에 열거되지 아니한 기본권으로서 특별히 새롭게 인정할 필요성이 있다거나 그 권리내용이 비교적 명확하여 구체적 권리로서의 실질에 부합한다고 보기 어려워 헌법상 보장된 기본권이라고 할 수 없다.</u>

3. 종전에 헌법재판소가 이 결정과 견해를 달리하여 '평화적 생존권을 헌법 제10조와 제37조 제1항에 의하여 인정된 기본권으로서 침략전쟁에 강제되지 않고 평화적 생존을 할 수 있도록 국가에 요청할 수 있는 권리'라고 판시한 2006.2.23, 2005헌마268 결정은 <u>이 결정과 저촉되는 범위 내에서 이를 변경한다.</u>

제2절 평등권

Ⅰ. 의의

1. 헌법규정

헌법 제11조에서 국민의 법 앞에 평등을 선언, 헌법전문이나 생존권, 경제질서 등에서 실질적 평등의 구현을 나타내고 있다.

2. 연혁과 입법례

그리스정의사상과 중세의 '신 앞의 평등'에서 연원, 법 앞의 만인의 평등사상은 근대 자연법사상과 민주주의 원리에 의해 확립된 후 버지니아권리장전에서 최초로 성문화되고 Weimar헌법에서 현대적 의미의 실질적 평등이 확립되었다.

Ⅱ. 법적 성격

① 객관적 법원리설: 일반적 평등의 원칙과 개별적 평등권으로 구별한다.

② 주관적 공권설: 주평등권과 개별적 평등권으로 구분한다.

③ 헌재: 기본권 보장의 최고원리이자 기본권 중의 기본권이다(헌재 88헌가15).

▶ 인간의 존엄권은 기본권의 이념적 기초이고, 평등권은 방법적 기초이다[허영].

Ⅲ. 주체와 효력

(1) 국민

자연인, 법인이 이에 해당한다.

(2) 외국인

(가) 제한적 긍정설   제한적으로 평등권 주체성을 긍정한다.

(나) 상황적 제한설   원칙적 긍정. 다만, 평등권의 내용과 의미에 관한 구체적인 해석을 통해 상황에 따라 제한가능하다.

Ⅳ. 내용

1. 법 앞의 평등의 의미

(1) 법의 의미

국회에서 제정한 형식적 의미의 법률과 명령·규칙·조례 등 성문법과 관습법 등과 같은 불문법(국제조약·국제법) 등 모든 법을 의미한다.

(2) 법 앞에의 의미

'법 앞에'란 행정과 사법만을 의미하는가, 입법까지도 포함하는가에 따라 입법비구속설(법적용평등설)과 입법구속설(법내용평등설)이 대립한다. 통설과 판례는 법내용의 평등을 의미하고 입법까지도 구속한다고 한다.

▶ 헌재 → 법적용의 평등 + 법내용(입법상)의 평등(헌재 89헌가37·96 병합)

(3) 법 앞에 평등의 의미

(가) 절대적 평등설과 상대적 평등설(통설·판례)이 대립한다.

(나) **평등의 판단기준**   독일 → 자의의 금지, 미국 → 합리성 있는 차별, 즉 합리적 근거가 없는 차별은 자의적 차별이고, 자의적 차별은 평등이념인 정의에 반한다(자의금지=평등이념=정의).

(다) **생활영역에 따라 평등 의미의 변용**   정치적 영역에서는 보다 절대적 평등이, 사회적·경제적 영역에서는 보다 상대적 평등이 중시된다.

(라) **완화된 심사척도와 엄격한 심사척도**   헌법재판소는 헌법에서 특별히 평등을 요구하고 있는 경우(차별의 근거로 삼아서는 아니 되는 기분을 제시하거나 차별을 금지하는 특별한 영역을 제시하고 있는 경우)나 차별적 취급으로 기본권에 대한 중대한 제한을 초래하게 되는 경우에는 엄격한 심사척도가 적용되어야 한다고 한다. 엄격한 심사란 자의금지원칙에 따른 심사(합리적 유무를 심사하는 것)에 그치지 아니하고 비례성원칙에 따른 심사(차별취급의 목적과 수단 간에 엄격한 비례관계가 성립하는가를 기준으로 하는 심사)를 의미한다. 이와 같은 헌재결정은 일률적으로 엄격한 심사요건을 충족하여야 하는 것으로 보는 견해를 보완한 것으로서 타당하다고 본다. 엄격한 심사인 경우에는 합리적 차별인가의 여부판단은 차별취급이 정당한

목적을 추구하고 있는지, 정당한 목적을 추구하더라도 헌법이 허용하고 있는 정당한 사유에 의한 차별취급인지, 차별취급이 목적달성에 적합하고 반드시 필요한 것인가를 검토하여야 한다. 우리 헌법재판소도 제대군인가산점과 관련된 판례에서 이 기준을 원용하여 심판한 예가 있다.

관련판례

헌법 제11조 제1항 후문 "누구든지 성별·종교 또는 사회적 신분에 의하여 정치적·경제적·사회적·문화적 생활의 모든 영역에 있어서 차별을 받지 아니한다."고 규정하고 있는데 이는 불합리한 차별의 금지에 초점이 있고, <u>예시한 사유가 있는 경우에 절대적으로 차별을 금지할 것을 요구함으로써 입법자에게 인정되는 입법형성권을 제한하는 것은 아니다</u>(헌재 2010.11.25. 2006헌마328).

---

2. 평등원칙과 심사기준

(1) 합리적 차별

평등의 의미에 대해 절대적 평등설과 합리적 근거 또는 정당한 이유가 있는 한 차별 내지 불평등은 허용된다는 상대적 평등설이 있으나 후자가 통설이다. 차별이 정당한지를 심사하는 기준은 독일의 자의금지원칙이고, 영미는 합리성 심사기준이다.

관련판례

군필가산점사건(헌재 1999.12.23. 98헌마363)
제대군인에게 공무원채용시험시 가산점을 부여하는 것에 대하여 헌법재판소는 우선 이러한 가산점 부여는 헌법상 근거 없는 입법정책에 불과하다고 보고, 우리 헌법은 제32조 제4항에서 근로 내지 고용영역에 있어서 특별히 남녀평등을 요구하고 있을 뿐만 아니라 이 제도시행으로 인하여 여성, 장애인 등의 공무담임권에 중대한 제약을 초래한다고 하여 <u>비례의 원칙을 적용하여 평등권 침해 여부를 판단한다.</u> 그 결과 제대군인의 가산점제도는 제대군인의 사회복귀를 지원한다는 측면에서 그 차별목적이 정당하지만, 제대군인가산점제도가 양적으로 수많은 여성들의 공무담임권을 제약할 뿐만 아니라 공무원채용시험의 합격 여부에 미치는 효과가 너무나 크다는 점 등 차별로 인한 불평등의 효과가 극심하여 차별의 비례성을 상실하여 <u>평등권을 침해한다</u>고 보고 있다.

국가유공자 등 예우 및 지원에 관한 법률 제34조 제1항 위헌확인(헌재 2006.2.23. 2004헌마675 등 - 헌법불합치)
1. 이 사건 조항의 경우 명시적인 헌법적 근거 없이 국가유공자의 가족들에게 만점의 10%라는 높은 가산점을 부여하고 있는 바, 그러한 가산점부여대상자의 광범위성과 가산점 10%의 심각한 영향력과 차별효과를 고려할 때 그러한 입법정책만으로 헌법상의 공정경쟁의 원리와 기회균등의 원칙을 훼손하는 것은 부적절하며, 국가유공자의 가족의 공직취업기회를 위하여 매년 수많은 젊은이들에게 불합격이라는 심각한 불이익을 받게 하는 것은 정당화될 수 없다. 이 사건 조항의 차별로 인한 불평등효과는 입법목적과 달성수단 간의 비례성을 현저히 초과하는 것이다. 따라서 이 사건

조항은 입법목적과 수단 간에 비례성을 구비하지 못하였으므로 청구인들과 같은 일반 공직시험 응시자의 평등권을 침해한다.

2. 공무담임권의 침해 여부: 이 사건 조항이 공무담임권의 행사에 있어서 일반 응시자들을 차별하는 것이 평등권을 침해하는 것이라면, 같은 이유에서 이 사건 조항은 일반 공직시험 응시자의 공무담임권을 침해하는 것이다.

3. 종전 결정의 변경범위: 이 사건 조항이 일반 응시자의 공무담임권과 평등권을 침해한다는 판단과는 달리, 국가기관이 채용시험에서 국가유공자의 가족에게 10%의 가산점을 부여하는 규정이 기본권을 침해하지 아니한다고 판시한 종전 결정(헌재 2001.2.22. 2000헌마25)은 이 결정의 견해와 저촉되는 한도 내에서 이를 변경한다.

4. 헌법 불합치 결정: 이 사건 조항의 위헌성의 제거는 입법부가 행하여야 할 것이므로 이 사건 조항에 대하여는 헌법불합치결정을 하기로 한다. 한편 입법자가 이 사건 조항을 개정할 때까지 가산점 수혜대상자가 겪을 법적 혼란을 방지할 필요가 있으므로, 그때까지 이 사건 조항의 잠정적용을 명한다. 입법자는 되도록 빠른 시일 내에, 늦어도 2007.6.30까지 대체입법을 마련함으로써 이 사건 조항의 위헌적인 상태를 제거하여야 할 것이며, 그 때까지 대체입법이 마련되지 않는다면 2007.7.1부터 이 사건 조항은 효력을 잃는다.

(2) 평등원칙의 심사척도

(가) 자의금지원칙

(a) 의의: 입법자에게 광범위한 형성의 자유가 인정되는 영역에 적용되는 심사기준이다. 자의금지원칙에 따르면 차별취급이 외관적으로 명백히 자의적인 경우에 한해 자의금지원칙에 위반된다. 따라서 자의금지원칙은 너무 완화된 심사여서 헌법 제11조의 평등원칙의 입법자에 대한 구속력을 약화시켰다는 비판이 제기되었다.

(b) 헌법재판소 판례(헌재 2002.11.28. 2002헌바45)

(aa) 심사기준의 선택: 평등원칙의 위반 여부에 관한 심사기준은 입법자에게 인정되는 입법형성권의 범위에 따라서 달라지게 되는데, 위에서 본 바와 같이 국방의무를 부담하는 국민들 중에서 구체적인 징집대상자를 선정하는 사항은 우리 헌법상 입법자에게 매우 광범위한 입법형성권이 부여된 영역이다. 따라서 이 사건 법률조항의 평등원칙 위반 여부에 관하여는 그 차별에 관하여 현저한 불합리성이 있는지 여부, 즉 입법자의 자의성이 있는지 여부만을 심사하면 족하다.

(bb) 심사요건: 일반적으로 자의금지원칙에 관한 심사요건은 ㉠ 본질적으로 동일한 것을 다르게 취급하고 있는지에 관련된 차별취급의 존재 여부와 ㉡ 이러한 차별취급이 존재한다면 이를 자의적인 것으로 볼 수 있는지 여부라고 할 수 있다. 한편 ㉠의 요건에 관련하여 두 개의 비교집단이 본질적으로 동일한가의 판단은 일

반적으로 당해 법규정의 의미와 목적에 달려 있고, ⓛ의 요건에 관련하여 차별취급의 자의성은 합리적인 이유가 결여된 것을 의미하므로 차별대우를 정당화하는 객관적이고 합리적인 이유가 존재한다면 차별대우는 자의적인 것이 아니게 된다.

(나) 비례원칙

(a) 비례원칙의 도입배경: 자의금지원칙을 평등원칙의 심사기준으로 하다 보면 지나치게 입법자의 재량을 넓게 확보해주고 형식적 심사만을 하게 되었다는 비판이 제기됨으로써 독일 헌법재판소는 비례원칙을 도입하게 된다.

(b) 헌법재판소 판례

(aa) 초기 판례: 초기 판례는 비례원칙의 본질에 해당하는 법익균형에 따른 심사를 하지 않았다. 따라서 자의금지원칙에 따른 심사를 하였다.

(bb) 제대군인가산점제도 사건: 제대군인가산점제도부터는 본격적인 비례원칙 심사를 하고 있다. 그러나 자의금지원칙이 여전히 일반적 심사기준이고 비례원칙을 보완적 심사기준으로 하고 있다.

(cc) 비례원칙 적용: 제대군인가산점사건에서 첫째, 헌법에서 특별히 평등을 요구하고 있는 경우, 즉 헌법이 차별의 근거로 삼아서는 아니 되는 기준 또는 차별을 금지하고 있는 영역을 제시하고 있음에도 그러한 기준을 근거로 한 차별이나 그러한 영역에서의 차별의 경우, 둘째, 차별적 취급으로 인하여 관련 기본권에 대한 중대한 제한을 초래하게 되는 경우(1999.12.23, 98헌마363)에 비례원칙을 적용한다고 하였다.

자의금지	비례심사
완화된 심사	엄격한 심사
입법형성의 자유가 넓은 영역에서 적용	입법형성의 자유가 좁은 영역에서 적용
초기 헌법재판소 판례부터 심사기준	제대군인가산점제도 사건에서부터 본격적으로 도입
일반적 심사기준	차별금지영역에서 차별 또는 차별로 인해 기본권 제한이 발생한 경우

3. 차별금지사유(제11조 제1항)

(1) 성별에 의한 차별금지

1) 남녀평등을 의미, 여자의 근로·고용·임금·근로조건에서 여성차별금지(제

32조 제4항)

  2) 합리적·생리적 차이에 의한 차별은 인정된다[⑩ 생리휴가 주체(여), 병역의무 주체(남)].

  3) 성전환자도 강간죄의 객체인 '부녀'에 해당한다(대판 2009.9.10. 2009도3580).

평등권 침해인 것	평등권 침해가 아닌 것
• 혼인시 퇴직을 전제로 고용하는 것 • 주택융자에 있어 남녀차별 • 교육, 승진, 배치에 있어 남녀차별 • 모집채용시 용모, 키, 체중 등 신체조건이나 미혼조건 등을 제시·요구하는 것 • 동일 근로에 대한 남녀 임금차별	• 남자에게만 병역의무를 부과하는 것 • 여자에게만 유급 생리휴가를 주는 것 • 모성을 적극적으로 보호하는 것 • 초등학교의 남교사임용할당제

관련판례 병역법 제3조 제1항 등 위헌확인(헌재 2011.6.30. 2010헌마460)

헌법재판소는 2011년 6월 30일 재판관 전원 일치의 의견으로, 대한민국 국민인 남자는 18세부터 제1국민역에 편입되도록 한 구 병역법 제8조 제1항의 위헌확인을 구하는 심판청구를 각하하고, 재판관 7[기각] : 1[위헌] : 1[각하]의 의견으로, 대한민국 국민인 남자에 한정하여 병역의무를 부과하는 구 병역법 제3조 제1항 전문의 위헌확인을 구하는 심판청구를 기각하는 결정을 선고하였다.
구 병역법 제3조 제1항 전문이 남녀 간의 신체적 특징의 차이에 기초하여 최적의 전투력 확보를 위하여 남자만을 징병검사의 대상이 되는 병역의무자로 정한 것이 현저히 자의적이라고 보기 어렵고, 보충역이나 제2국민역 등도 국가비상사태에 병력동원 내지 근로소집의 대상이 되는 병력자원이라는 점에서 신체적 능력과 무관하다고 보기 어려운 점 등에 비추어 위 조항이 자의금지원칙에 위배하여 평등권을 침해한 것이라고 볼 수 없다는 것이다.

---

(2) 종교에 의한 차별금지

특정 종교 또는 신앙의 유무에 의한 차별금지된다.

(3) 사회적 신분에 의한 차별금지

(가) 의의　　　사회적 신분이란 사람이 사회에 있어서 장기적으로 차지하고 있는 지위로서 선천적 신분과 후천적 신분을 포함한다(⑩ 귀화인, 전과자, 파산자, 사용인, 노동자, 공무원, 부자, 빈자).

(나) 존속살인죄의 가중처벌규정의 위헌성 여부　　　존속·비속도 사회적 신분이므로 존속살인죄를 가중처벌하는 것은 사회적 신분에 의한 차별이 아닌가 문제된다. 우리나라의 다수설은 '비속의 패륜성'에 대한 제재로 보아 합헌으로 보는 것

이 다수설이다.

4. 차별금지의 영역 – 인간의 모든 생활영역

(1) 정치적 영역

선거권, 피선거권, 국민투표권, 공무담임권 등에 있어서의 평등을 뜻한다.

헌법재판소는 공선법 제55조의3에 대한 헌법소원사건에서 정당후보자에게 정당
연설회를 허용하고 2종의 소형 인쇄물을 더 배부할 수 있도록 한 것을 평등권 위
반이라고 하였다(헌재 1992.3.13. 92헌마37).

(2) 경제적 영역

고용, 임금, 담세율 등에서의 차별금지를 뜻한다.

1) 헌법재판소는 국가에 대한 재산청구소송에서 가집행선고를 금하고 있는 소송
촉진 등에 관한 특례법 제6조에 대한 위헌심판사건에서 국가의 개인에 대한 재산
청구소송에서는 가집행선고를 허락하면서 개인의 국가에 대한 재산청구소송에서만
가집행선고를 금하는 것은 국가를 합리적 이유 없이 우대하는 것이므로 위헌이라
고 하였다(헌재 1989.1. 25. 88헌가1).

2) 헌법재판소는 잡종재산에 대하여까지 시효취득을 금지하고 있는 국유재산법
제5조 제2항을 다툰 사건에서 사권을 규율하는 법률관계에 있어서는 그가 누구냐
에 따라 차별대우가 있어서는 아니되며, 비록 국가라 할지라도 국고작용으로 인한
민사관계에 있어서는 사경제적 주체로서 사인과 대등하게 다루어져야 한다는 헌법
의 기본원리에 반한다고 하였다(헌재 1991.5.13. 89헌마97).

3) 헌법재판소는 국가에 대하여 인지첨부를 면제하고 있는 인지첨부 및 공탁제
공에 관한 특례법 제2조를 합헌이라고 하였고, 상소시 두 배, 세 배의 인지를 인
상하고 있는 것을 자력이 부족한 자에 대한 차별이 아니라 하여 합헌이라고 하였
다(헌재 1994.2.24. 91헌가3).

(3) 사회적 영역 – 거주, 여행, 공공시설 이용 등에서의 차별금지, 적서자의
차별 및 남녀의 차별금지

1) 헌법재판소는 변호사법 제10조 제2항에 대한 위헌심판사건에서 재직기간이

짧은 변호사의 개업지를 제한하는 것은 재직기간에 따른 차별로 위헌이라고 하였다(헌재 1989.11.20. 89헌가102).

2) 헌법재판소는 1980년 해직공무원의 보상 등에 관한 특별조치법 제4조에 대한 헌법소원사건에서 특별채용의 대상을 6급 이하의 공무원에게만 허용하는 것을 합헌이라고 하였다(헌재 1993.5.13. 90헌바22).

(4) 문화적 영역 – 교육·문화·공보 등에서의 평등

헌법재판소는 교육공무원법 제11조 제1항에 대한 헌법소원사건에서 교사신규채용시 국·공립교육대학 및 사범대학 졸업자에게 우선권을 주도록 한 것은 출신학교에 따른 차별로 위헌이라고 하였다(헌재 1990.10.8., 89헌마89).

5. 평등권의 유형에 관한 학설의 대립

헌법 제11조 제1항 제2문에서 "누구든지 성별 …… 생활의 모든 영역에 있어서 차별을 받지 아니한다."라고 하여 차별금지의 사유와 영역을 동시에 규정하였는데, 이것이 한정적인가 예시적인가가 대립하나 예시설이 통설이다.

V. 우리 헌법상 개별적 평등조항

일반적으로 평등권조항(제11조)을 두고 그 밖의 헌법조항에서도 평등에 관한 규정을 찾아볼 수 있다(전문 제36조, 제31조 제1항, 제41조 제1항, 제67조 제1항, 제119조 제2항, 제123조 제2항).

① 평등권(제11조 제1항)에 위배된 대표적 헌재 판례는

㉠ 변호사 개업지 제한 위헌(헌재 1989.11.20. 89헌가102)

㉡ 연체대출금 경락항고 공탁규정 위헌(헌재 1989.5.24. 89헌가37)

㉢ 국가상대 가집행금지 위헌(헌재 1989.1.25. 88헌가7)

㉣ 국·공립 사범대학 우선임용 위헌(헌재 1990.10.8) 등이 있다.

② 사회적 특수계급제도 금지된다(제11조 제2항).

③ 영전일대원칙(제11조 제3항)을 나타내고 있다.

④ 혼인과 가족제도(제36조): 양성의 평등을 기초로 성립되고

⑤ 교육을 받을 권리(제31조 제1항): 능력에 따라 균등하게 교육을 받을 권리

⑥ 선거권(제41조 제1항, 제67조 제1항): 국민의 보통·평등·직접·비밀선거에 의하여

⑦ 경제질서(제119조 제2항, 제123조 제2항): 균형 있는 국민경제의 성장, 지역 간의 균형 있는 발전을

VI. 평등의 원칙에 대한 예외

1. 헌법상의 예외

① 정당의 특권 – 강제해산, 국고보조(제8조): 일반결사는 헌법 제21조가 적용되는 데 비하여 정당은 제8조가 적용된다.

② 군사법원 – 군사재판을 관할(제110조): 일반법원에 비하여 군사법원은 헌법 제110조가 적용된다.

③ 대통령·국회의원의 특권: 대통령의 형사상 특권(제84조), 국회의원의 불체포특권, 면책특권(제44조, 제45조)이 인정된다.

④ 공무원의 노동3권 제한, 방위산업체 근로자의 단체행동권 제한(제33조 제2항, 제3항): 헌법 제33조 제1항에 비교하여

⑤ 군인·군무원·경찰 등의 국가배상청구권의 제한(제29조 제2항): 헌법 제29조 제1항에 비교하여

⑥ 현역 군인의 국무총리 임명 제한(제86조 제3항), 현역 군인의 국무위원 임명 제한(제87조 제4항) 조항이 있다.

⑦ 국가유공자 등의 유가족의 우선취업기회 보장(제32조 제6항) 조항이 있다.

2. 법률상의 예외

공무원·군인 등 정치활동의 제한, 주거지의 제한, 전과자 등 공무담임권의 제한 등이 있다.

관련판례 평등권 침해인 것

국유재산의 시효취득을 금지한 국유재산법 제5조 제2항(헌재 1991.5.13. 89헌가97)
1. 이 사건 법률을 국유재산 중 잡종재산에 대하여 적용하는 것은 헌법에 위반된다.

---

2. 잡종재산은 행정재산, 보존재산과 달리 사적거래의 대상이 되어 사법의 적용을 받게 될 것이며, 잡종재산의 처분과 보존행위는 국가가 공권력의 주체로써 처분행위를 하는 행정처분이 아니라 사경제적인 법인의 주체로써 하는 사법상의 법률행위이다.

3. 이 사건 법률조항이 잡종재산에 대하여까지 시효취득의 대상이 되지 아니한다고 규정한 것은 비록 국가라 할지라도 인사관계에 있어서는 사경제의 주체로써 사인과 대등하게 다루어져야 한다는 헌법의 기본원리에 반하고 국가만을 우대하여 국민을 합리적 근거 없이 차별대우하는 것이므로 평등권을 침해한다.

금융기관이 경매신청인인 경우 항고시 경락대금의 10분의 5를 공탁토록 한 금융기관의 연체금에 관한 특별조치법 제5조의2(헌재 1989.5.24. 89헌가37)

경매절차에 있어서 항고하려는 자는 경락대금의 2/10에 해당하는 금액을 공탁하도록 되어 있으나 유독 경매신청인이 금융기관이라는 사유만으로 경락허가결정에 대하여 항고를 하고자 하는 자에게 다액의 담보공탁(경락대금의 5/10)을 하도록 항고권을 제한한 위 법률의 조항은 합리적 근거 없이 금융기관에게 차별적으로 우월한 지위를 부여하여 경락허가결정에 대한 항고를 하고자 하는 자에게 과다한 경제적 부담을 지게 함으로써 특히 자력이 없는 항고권자에게 부당하게 재판청구권인 항고권을 제한하는 것이라고 볼 것이다.

국가에 대한 가집행금지(헌재 1989.1.25. 88헌가7)

1. 심판대상: 소송촉진 등에 관한 특례법 제6조 재산권의 청구에 관한 판결은 상당한 이유가 없는 한 당사자의 신청유무를 불문하고 가집행할 수 있음을 선고하여야 한다. 다만, 국가를 상대로 하는 재산권의 청구에 관하여는 가집행의 선고를 할 수 없다.

2. 국가가 원고가 되어 얻은 승소판결은 경우에는 반드시 가집행의 선고를 하여야 하나 국민이 국가를 상대로 한 소송에서 얻어낸 승소판결의 경우에는 가집행을 할 수 없도록 한 것은 국가가 국민과 대등한 사경제적 주체로서 활동하는 경우에까지 국가를 우대하는 것으로서 이를 정당화할 합리적 이유가 존재하지 않는다.

과점주주에게 일률적으로 제2차 납세의무를 부과하는 국세기본법 제39조(헌재 1997.6.26. 93헌바49)

1. 구 국세기본법 제39조 제2호 중 주주에 관한 부분은 '법인의 경영을 사실상 지배하는 자' 또는 '당해 법인의 발행주식 총액의 100분의 51 이상의 주식에 관한 권리를 실질적으로 행사하는 자' 이외의 과점주주에 대하여 제2차 납세의무를 부담하게 하는 범위 내에서 헌법에 위반된다.

2. 과점주주의 주식에 대한 실질적인 권리행사 여부와 법인의 경영에 대한 사실상의 지배 여부 등을 고려함 없이 과점주주 전원을 제2차 납세의무자로 하는 이 사건 법률은 평등권과 재산권 침해이다.

제대군인에 대한 공무원시험 가산점을 부여하는 제대 군인지원에 관한 법률 제8조 및 동 시행령 제9조(헌재 1999.12.23. 98헌마363)

1. 헌법 제39조 제1항 국방의 의무는 특별한 희생이 아니고 일반적 희생이다.

2. 헌법 제39조 제2항의 병역의무 이행으로 인한 불이익 처우금지에서 불이익은 법적 불이익만을 포함할 뿐 사실상·경제상의 불이익은 포함하지 않는다.

3. 헌법 제39조 제2항과 헌법 제32조 제6항은 제대군인가산점제도의 근거가 아니다.

4. 평등위반 여부를 심사함에 있어 엄격한 심사척도에 의할 것인지, 완화된 심사척도에 의할 것인

지는 입법자에게 인정되는 입법형성권의 정도에 따라 달라지게 될 것이다. 헌법이 스스로 차별의 근거로 삼아서는 아니 되는 기준을 제기하거나 차별을 특히 금지하고 있는 영역을 제기하고 있다면 그러한 기준을 근거로 한 차별이나 그러한 영역에서의 차별에 대하여 엄격하게 심사하는 것이 정당화된다. 다음으로 차별적 취급으로 인하여 관련 기본권에 대한 중대한 제한을 초래하게 된다면 입법형성권은 축소되어 보다 엄격한 심사척도가 적용되어야 할 것이다. 헌법 제32조 제4항의 여자 근로의 차별을 금지하고 있는데, 제대군인가산점제도는 여성의 근로영역에서의 차별이고 헌법 제25조의 공무담임권의 중대한 제약을 초래하는 것이므로 이 두 경우 모두에 해당한다.
5. 가산점 제도의 목적은 제대군인의 사회복귀를 지원하는 것으로 정당하나, 공직수행능력과 합리적 관련성을 인정할 수 없는 성별을 기준으로 한 제대군인가산점제도는 차별취급의 적합성을 상실한 것이다. 또한 제대군인가산점제도가 추구하는 공익은 헌법적 법익이 아니라 입법정책적 법익에 불과하나, 이로 인해서 침해되는 것은 고용상의 남녀평등, 장애인에 대한 차별금지라는 헌법적 가치이므로 법익균형성을 상실한 제도이므로 평등권 침해이고 공무담임권 침해이다.

국가유공자 가족의 가산점제도(헌재 2006.2.23. 2004헌마675 · 981, 1022(병합))
1. 국가유공자 가족의 가산점제도의 법적 근거: 종전의 결정에서 헌법 제32조 제6항의 국가유공자 · 상이군경 및 전몰군경의 유가족은 법률이 정하는 바에 의하여 우선적으로 근로의 기회를 부여받는다"는 규정을 넓게 해석하여 이 조항이 국가유공자 가족 수의 증가 등을 고려하여 위 조항을 엄격히 해석하여 국가유공자, 상이군경 그리고 전몰군경 유가족으로 봄이 상당하다. 국가유공자 가족 등으로 보호대상을 확대하는 것은 법률적 차원의 입법정책에 해당하며 헌법적 근거를 갖는 것은 아니다.
2. 평등원칙 심사기준: 종전 결정에서는 국가유공자 가족의 가산점제도가 헌법 제32조 제6항에 근거를 두고 있다고 하여 완화된 비례원칙을 적용하였으나 국가유공자 가족의 경우는 헌법 제32조 제6항이 가산점제도의 근거라고 볼 수 없으므로 그러한 완화된 심사는 부적절하다.
3. 국가유공자 가족에 대한 가산점 10% 부여는 목적은 정당하나 헌법상 직접적 근거가 없고, 공무담임권에 대한 차별효과가 중대한 점을 고려하면 비례성을 인정할 수 없으므로 평등권과 공무담임권 침해이다.
4. 이 사건 조항의 위헌성은 국가유공자 등과 그 가족에 대한 가산점제도가 입법정책상 전혀 허용될 수 없다는 것이 아니고 차별의 효과가 지나치다는 점에 기인하므로 가산점 수치와 수의 대상자범위를 조정하는 방법으로 위헌성을 치유할 수 있으므로 헌법 불합치 결정을 하고 법적용대상자의 법적 혼란을 방지하기 위하여 2007년 6월 30일까지 잠정적용을 명한다.
상소제기 전 기간의 본형불산입 → 헌법 불합치, 잠정적 적용허용(2000.7.20. 99헌가7)
1. 미결구금은 수사, 재판, 형의 집행을 원활하게 진행하기 위하여 피의자, 피고인을 일정기간 구금하여 자유를 박탈케 하는 재판확정 전의 잠정처분이며, 형의 집행은 아니므로 성질상 그 기간을 형기에 당연히 산입해야 하는 것은 아니다.
2. 검사 상소제기일로부터 미결구금일수를 본형에 불산입하도록 한 형사소송법 제482조는 검사가 상고하기 전의 구금일수에 대해서는 산입할 근거가 없어 검사가 상소를 언제 제기하느냐에 따라서 법원이 선고한 형에 변경을 가져오게 되므로 피고인의 신체의 자유를 침해하게 되고, 검사가 상소를 제기한 시점에 따라 형이 달라지므로 평등원칙에도 위반된다.

전통 사찰 부동산을 대여 · 양도 · 담보 제공할 경우 문화체육부장관의 허가를 받도록 하면서 공용수용으로 인한 소유권 변동에 대해서는 허가 등의 규제를 하지 아니한 전통사찰보존법 제6조 →

헌법불합치 잠정적용허용(헌재 2003.1.30. 2001헌바64)
이 사건 법률조항은 사찰경내지의 소유권 변동으로 인한 전통 사찰의 훼손을 방지하기 위함이다. 전통 사찰의 훼손이 국가기관에서 이루어지는 것인지 여부와 사인에 의해서 이루어지는 여부는 본질적인 문제가 아니므로 전통 사찰의 주지가 부동산에 대여·양도·담보 제공할 경우 문화체육부장관의 허가를 받도록 하면서 국가기관에 의한 사찰부동산의 소유권 변동을 야기하는 공용수용에 대해서는 아무런 규제를 하지 아니하는 것은 평등원칙에 위반된다.

단순 마약판매업자에 대하여 사형·무기·10년 이상의 징역에 처하도록 한 특가법 제11조(헌재 2003.11.27. 2002헌바24)
마약의 매수가 영리적 매수인지 단순 매수인지를 구별하지 않고 단순마약 매수행위자에 대해서도 영리범과 동일하게 가중 처벌하도록 한 이 사건 법률조항은 국가형벌권의 지나친 남용이고 법관의 양형결정권 침해이다. 또한 향정신성 의약품을 매매·알선 등을 한 자에 대해서는 10년 이하의 징역 또는 1억원 이하의 벌금에 처하도록 하는 반면, 마약사범에 대해서만 10년 이상의 징역에 처하도록 한 이 사건 법률조항은 향정사범에 비하여 마약사범만을 가중처벌 해야 할 합리적 근거를 찾아보기 어려우므로 평등원칙에 위반된다.

재직기간의 장단에 따라 변호사 개업지 제한을 하고 있는 변호사법 제10조 제2항(헌재 1989.11.20. 89헌가102)
15년 이상 근무한 판사·검사·군법무관 등에 대해서는 개업지 제한을 하지 않고 15년 미만 근무한 판사 등에 대해서 개업지 제한을 두고 있는 것은 합리적 이유가 없는 차별이다.

국·공립 사범대학 졸업자의 우선 채용하도록 한 교육공무원법 제11조 제1항(헌재 1990.10.8. 89헌마89)
국·공립의 사범대학과 사립의 사범대학 사이에는 설립주체가 다르다는 점 이외에는 입학에서부터 졸업에 이르기까지의 교육과정 등 교육에 필요한 제반사항(교육목표, 입학자격, 선발방법, 수업연한, 동일한 교과, 동일한 교원검정과정)에 있어서 아무런 차이점을 발견할 수 없으므로 국·공립 사범대학을 졸업한 교사자격자와 사립 사범대학을 졸업한 교사자격자 사이에는 개인차를 제외하고서는 교원자격의 본질적 요소에 아무런 차이가 없다고 보아야 할 것이다. 따라서 이 사건 법률은 합리적 이유가 없으므로 평등권 침해이다.

독립유공자 예우에 관한 법률 제12조 제2항 등(헌재 2013.10.24. 2011헌마724)
독립유공자들의 유족 중 나이가 많은 자에게 보상금 지급의 우선순위를 주는 것은 합리적인 이유 없이 상대적으로 나이가 적은 손자녀인 청구인을 차별하여 평등권을 침해한다.

재외국민 영유아 보육료·양육수당 지원 배제 사건(헌재 2018.1.25. 2015헌마1047)
헌법재판소는 2018년 1월 25일 재판관 전원 일치 의견으로, 대한민국 국적을 가지고 있는 영유아 중에서도 재외국민인 영유아를 보육료·양육수당 지원대상에서 제외하는 보건복지부지침이 국내에 거주하면서 재외국민인 영유아를 양육하는 부모인 청구인들의 평등권을 침해하므로 헌법에 위반된다는 결정을 선고하였다.

자사고를 후기학교로 규정하고, 자사고 지원자에게 평준화지역 후기학교 중복지원을 금지한 초·

중등교육법 시행령 사건(헌재 2019.4.11. 2018헌마221)

헌법재판소는 2019년 4월 11일 재판관 전원일치의 의견으로 자사고 지원자에게 평준화지역 후기학교의 중복지원을 금지한 초·중등교육법 시행령 제81조 제5항 중 "제91조의3에 따른 자율형 사립고등학교는 제외한다" 부분은 청구인 학생 및 학부모의 평등권을 침해하여 헌법에 위반된다.

피해자가 처벌불원 의사를 밝힌 이후 다시 처벌을 희망한 폭행 사건(헌재 2020.7.16. 2019헌마 1120 – 인용)

헌법재판소는 2020년 7월 16일 재판관 전원일치 의견으로, 반의사불벌죄에서 처벌을 원하지 않는다는 피해자의 의사가 명백하고 믿을 수 있는 방법으로 표현된 이상 피해자가 다시 처벌을 희망하더라도 이미 이루어진 처벌불원의 의사표시의 효력에는 아무런 영향이 없음에도 불구하고, 피청구인이 청구인에게 공소권없음 처분을 하지 않고 폭행 피의사실이 인정됨을 전제로 한 기소유예처분을 한 것은 자의적인 검찰권 행사로서 청구인의 평등권과 행복추구권을 침해한다는 취지로 청구인의 심판청구를 인용하는 결정을 선고하였다.

관련판례 평등권 침해가 아닌 것

국가에 대한 인지첩부의무를 면제한 인지첩부 및 공탁제공에 관한 특례법 제2조(헌재 1994.2.24. 91헌가3)

국가에서 소송·상소할 때 일반국민과 똑같이 수수료로서 민사소송등인지법 소정의 인지를 첩부하게 한다고 하여도 첩부할 인지구입대금은 국고(법무부 예산)에서 나오는 돈으로 구입하고, 인지구입대금은 다시 그대로 국고에 납입되므로 국가가 국가에게 수수료를 납부하는 것이 될 뿐이고 국고에 증감이 없다. 또한 인지첩부는 소송절차에 관한 것이고 실체적인 소송내용에 관계가 없으므로 인지첩부를 국가가 면제받는다고 하여도 실체적인 재판의 승패에 영향을 주는 것이 아니어서 상대방 당사자의 헌법상 보장된 재산권을 침해하거나 그 밖의 어떤 손해가 생기게 하는 것도 아니므로 국가에게 인지첩부의무를 면제한다 하여도 국가를 합리적 근거 없이 우월하게 대우하는 것이라고 할 수 없다.

누범의 형은 그 죄의 정한 형의 장기의 2배까지 가중하도록 한 누범가중처벌규정인 형법 제35조 (헌재 1995.2.23. 93헌바43; 헌재 1995.3.28. 93헌바59)

사회적 신분이란 사회에서 장기간 점하는 지위로서 일정한 사회적 평가를 수반하는 것을 의미한다 할 것이므로 전과자도 사회적 신분에 해당된다고 할 것이며, 누범을 가중처벌하는 것이 전과자라는 사회적 신분을 이유로 차별대우를 하는 것이 되어 헌법상의 평등의 원칙에 위배되는 것이 아닌가 하는 의문이 생길 수 있다. 그러나 누범을 가중처벌하는 것은 전범에 대한 형벌의 경고적 기능을 무시하고 다시 범죄를 저질렀다는 점에서 비난가능성이 많고, 누범이 증가하고 있다는 현실에서 사회방위, 범죄의 특별예방 및 일반예방이라는 형벌목적에 비추어 보아 형법 제35조가 누범에 대하여 형을 가중한다고 해서 그것이 인간의 존엄성 존중이라는 헌법의 이념에 반하는 것도 아니며, 누범을 가중하여 처벌하는 것은 사회방위, 범죄의 특별예방 및 일반예방, 더 나아가 사회의 질서유지의 목적을 달성하기 위한 하나의 적정한 수단이기도 하는 것이므로 이는 합리적 근거 있는 차별이어서 헌법상의 평등의 원칙에 위배되지 아니한다고 할 것이다.

먹는 샘물 판매가액의 100분의 20의 범위 안에서 수질개선부담금을 징수하도록 한 구 먹는물관리법 제28조 제1항(헌재 1998.12.24. 98헌가1)

주류·청량음료 제조업자 등 지하수를 사용하는 다른 경우와 달리 먹는 샘물 제조업자에 대해서만 수질개선부담금을 부과하는 것은 먹는 샘물이 수돗물과 마찬가지로 음용수로 사용된다는 점에서 수돗물과 대체적·경쟁적 관계에 있어서 그 음용이 보편화되면 그만큼 국가가 추진하는 수돗물 수질개선정책이 위축되는 관계에 있는 점, 먹는 샘물의 이용이 일반화될 경우 먹는 샘물용 지하수 개발 및 취수가 기하급수적으로 증가되어 그만큼 지하수자원의 고갈 및 오염의 우려가 높아진다는 점 등 여러 가지 사정을 종합적으로 고려할 때 합리적 이유가 있다고 할 것이어서 평등원칙에 위배되지 아니한다.

직장의료보험과 지역의료보험 재정을 통합하는 국민건강보험법 제33조 등(헌재 2000.6.29. 99헌마289)

직장가입자인 임금노동자들은 100% 소득이 노출되는 반면, 지역가입자들은 소득이 100% 파악되고 있지 아니하므로 직장가입자는 순수 소득을 기준으로 하고, 지역가입자는 순수 소득이 아니라 직업, 주택가액, 차량가액 등에 따른 추정소득을 기준으로 하여 의료보험을 부과하는 이원적 부과체계이므로 평등원칙에 위반되지 아니한다.

국가공무원 7급 시험에서 기능사자격증에는 가산점을 주지 않고 기사등급 이상의 자격증에는 가산점을 주도록 한 공무원 임용 및 시험 시행규칙 제12조의3 중 별표 10 및 별표 11(헌재 2003.9.25. 2003헌마30)

이 사건 법률조항은 7급 공무원업무의 전문성을 감안한 공익적 판단에 의한 것으로 볼 수 있으므로 비례원칙에 위반된다고 할 수 없다.

경락허가결정에 대한 항고시 경락대금의 10분의 1을 공탁하도록 한 민소법 제642조(헌재 1996.4.25. 92헌바30)

경락허가결정에 대한 채무자와 소유자에 의한 항고로 인한 경매절차진행의 지연과 채권자의 권리행사의 방해의 폐단을 방지하기 위해 경락대금의 10분의 1을 공탁하도록 한 것은 적정한 것으로 평등권을 침해하였다고는 볼 수 없다.

1가구 2대 차량 이상 소유자에 대해 세율을 100분의 20으로 하여 중과세하는 지방세법 제112조 제5항(1998.5.29. 95헌바18)

법인이 아닌 개인이 1가구당 1대를 초과하여 비영업용 승용차를 취득할 경우 취득세와 등록세를 중과하도록 한 지방세법 제112조 제5항 및 제132조 제3항은 대도시의 교통난, 주차난 해소와 에너지절약대책의 일환으로 개인의 불필요한 비영업용 승용차의 과다 보유를 억제하기 위한 규정으로서 법인은 2인 이상의 자연인으로 구성된 조직체이므로 이를 몇 대나 보유할 것이 기대되는지 예상키 어려운 점이 있어 법인 아닌 개인을 대상으로 한 것이고, 또 일반적으로 승용차를 많이 보유하고 있는 가정일수록 수입도 많다고 추정할 수 있으므로 담세능력에 상응한 공평과세의 원칙에 따른 법률조항이라 할 것이어서 평등의 원칙에 위배된다고 볼 수 없다.

초·중등학교 교원의 교육위원직 겸직을 제한한 지방교육자치에 관한 법률 제9조 제1항(헌재 1999.7.29. 91헌마69)

초·중등교사에 대하여 교육위원직의 겸직을 금지하는 것은 교육위원들이 최소 10일에서 최대 40

일에 이르는 정기회·임시회에 참석해야 하므로 수업과 학생지도를 수행해야 하는 초·중·고 교원의 직을 겸하는 것은 사실상 불가능하다 할 것이므로 합리적인 제한이라고 볼 수 있다. 반면, 대학교수도 학생을 교육하기는 하나 주된 직무는 연구이므로 매일 매일 학생을 지도하는 초·중등학교교원에 비하여 상대적으로 많은 학문연구와 사회활동의 자유가 인정될 것이다. 따라서 대학교수는 교육위원직을 겸하더라도 교원의 경우와 같이 직무에 전념하기 힘들다고 단정할 수는 없으며, 초·중등학교 교원에 대해서는 교육위원직 겸직을 금지하면서 대학교원에게는 겸직을 허용한다 하더라도 이는 양자간 직무의 본질이나 내용 그리고 근무태양이 다른 점을 고려할 때 합리적인 차별이라고 할 것이다.

독립유공자나 그 유족에게 국가보은적 견지에서 서훈의 등급에 따라 부가연금을 차등 지급하는 것(헌재 1997.6.26. 94헌마52)

연금 중 부가연금은 특히 국가보은적 성격이 강한 것이라고 한다면, 독립유공자 본인에 대한 부가연금 지급에 있어 공헌과 희생의 정도에 따라 차등을 두는 것은 바로 이 법이 내세우는 보상의 원칙에 부합하는 것일 뿐만 아니라 실질적 평등을 구현한 것으로서 합리적인 이유가 있으며, 독립유공자 본인에 대한 부가연금 지급에 있어 공헌과 희생의 정도에 따라 차등을 두는 것이 합리적인 것이라면 유족에 대한 부가연금 지급에 있어서도 독립유공자 본인의 서훈등급에 따라 차등을 두는 것은 합리적인 것이다.

한약업사의 영업지 제한(헌재 1991.9.16. 89헌마231)

현행 약사법 체계상 한약업사의 지위는 약사가 없는 제한된 지역에서 약사업무의 일부를 수행하는 보충적인 직종에 속하는 것으로 보여지고, 이와는 달리 의약품 가운데에서 한약만을 독자적으로 분류하여 그 조제·판매권을 한약사에게 전속적, 배타적으로 부여하고 있는 규정은 찾아볼 수 없으므로 한약업사가 영업지 제한의 규제를 받는 것이 그의 거주 이전의 자유 또는 직업선택의 자유를 제한하는 것이거나 평등의 원칙에 위배된다고 할 수 없다.

제3자 개입금지(헌재 1990.1.15. 89헌가103)

1. 동조항의 합헌성: 노동자뿐 아니라 사용자 측도 위 규정이 적용되므로 양자를 차별한 것이 아니다.
2. 반대의견: 제3자 개입금지조항의 입법취지가 노사 간의 문제를 제3자의 개입 없이 당사자 간에 자율적으로 해결하게 하고 생산질서와 산업평화를 유지하게 하고자 함에 있다고 하나, 실제에 있어 사용자 측은 제3자 개입금지조항으로 말미암아 총연합단체인 노동조합 또는 당해 노동조합이 가입한 산업별 연합단체인 노동조합의 도움을 받는 것을 제외하고는 근로자 상호 간의 연대는 말할 것도 없고 타인의 조언은 물론 심지어 변호사나 공인노무사 등 전문가의 조력이나 지원마저도 받을 수 없게 되어 노사 간에 대등한 입장에서의 노동계약은 기대할 수 없게 되므로 제3자 개입금지나 그에 위반한 자에 대한 처벌규정은 모든 국민의 평등권을 규정한 헌법 제11조 제1항에도 위반된다.

거주지 중심의 학군제도(헌재 1995.2.23. 91헌마204)

거주지를 기준으로 중·고등학교의 입학을 제한하는 교육법 시행령 제71조 및 제112조의6 등의 규정은 그 입법목적 및 입법수단이 정당하고, 이 규정이 적용되는 학교에 자녀를 입학시키고자 하는 학부모는 당해 학교에 지원하는 학생수가 정원을 초과하지 아니하는 한 거주지를 이전함으로써 원하는 학교에 자녀를 입학시킬 수 있으므로 합리적인 이유 없이 차별한 것이라고 할 수 없다.

주택조합의 구성원자격을 무주택자로 한정한 것(헌재 1997.5.29. 94헌바5)
주택조합 중 지역조합과 직장조합의 조합원자격을 무주택자로 한정하고 있는 주택건설촉진법 제3조 제9호는 무주택자에게만 조합원의 자격을 주어 그들의 주거생활의 안정을 통하여 인간다운 생활을 보장하기 위한 것이다. 따라서 지역조합 및 직장조합의 조합원자격에서 유주택자를 배제한 것은 헌법의 평등이념에 반하지 아니한다.

공무원과 마찬가지로 금융기관 임직원의 수재 등의 죄에 적용하는 특정경제범죄 가중처벌 등에 관한 법률 제5조(헌재 2001.3.21. 99헌바72, 2000헌바12)
이 사건 법률조항들이 '금융기관' 임·직원의 직무와 관련한 수재행위에 대하여, 또는 이들에 대한 증재행위에 대하여 일반사인의 경우와는 달리 처벌한다고 하더라도 이는 합리적 근거가 있는 차별이므로 헌법상 평등의 원칙을 위반한 것이라 할 수 없다.

정부관리 기업체 간부직원을 공무원으로 의제하여 형법상 공무원에 해당하는 뇌물죄로 처벌하는 특가법 제4조 제1항 및 제2항(헌재 2002.11.28. 2000헌바75)
정부관리 기업체의 간부직원이 직무와 관련하여 금품 등을 수수·요구·약속하는 것을 방치하면 설사 부정한 청탁이나 배임행위가 없다고 하더라도 이들과 금품 등을 제공하는 자간에 유착관계가 형성되고 사적 이해관계가 개입된 나머지 불공정하거나 불법적인 업무처리를 초래할 위험성을 배제할 수 없으며, 그 결과 사업목적이 왜곡되고 정부관리 기업체의 부실화를 가져와 국가재정을 좀먹고 궁극적으로 국가경제를 파탄에 이르게 할 수도 있다. 입법자가 비록 정부관리 기업체 간부직원이 공무원이 아니라 할지라도 공무원에 버금가는 정도의 청렴성을 요구하고, 이들이 직무와 관련하여 수뢰행위를 하였을 경우 별도의 배임행위가 있는지를 불문하고 형벌을 과하여 그 업무의 불가매수성을 확보하더라도 거기에는 합리적 근거가 있는 것이므로 헌법 제11조에 규정된 평등원칙에 위반된다고 볼 수 없다.

지방공사의 직원을 형법의 수뢰죄 적용에 있어서 공무원으로 의제한 것
도시재개발조합의 임원을 형법상 뇌물죄의 적용에 있어 공무원으로 의제하는 것(헌재 1997.4.26. 96헌가3)
재개발사업의 정상적인 운영과 조합업무의 공정성을 보장하기 위하여 재개발조합의 임원에게는 공무원에게 버금가는 고도의 청렴성과 업무의 불가매수성을 요구하고 있으므로 도시재개발법 제61조(구법 제69조)는 이른바 실질적인 평등의 이념에 부합한다.

징집면제연령 36세로 상향조정(헌재 2002.11.28. 2002헌바45)
의무, 법무, 군종사관후보생의 병적에서 제적된 사람의 징집면제연령을 36세로 규정한 병역법 제71조와 해외체재를 이유로 병역연기를 한 자의 징집면제연령을 36세로 규정한 병역법 제71조는 병력자원 확보를 통한 군전투력유지라는 공익적 관점에서 합리적 이유가 있는 차별에 해당한다.

연합뉴스사를 국가기관 뉴스통신사로 지정하고 이에 대한 재정지원을 규정한 뉴스통신진흥에 관한 법률 제10조(헌재 2005.6.30. 2003헌마841)
다른 뉴스통신사와 그 기능과 역할 및 업무의 영역 측면에서 비교할 수 없을 정도로 큰 차이가 있는 것을 비롯하여 전문뉴스제작인력의 수 등 인력구조의 면이나 매출액 등 물적 측면에서도 뚜렷한 차이가 존재하는 연합뉴스사를 국가기관 뉴스통신사로 지정하고 이에 대하여 재정지원 등 여러 가지 혜택을 부여한 심판대상조항에는 수긍할 만한 합리적인 이유가 있다고 할 것이므로, 이를 두고 평등원칙에 어긋나는 자의적 차별이라고 하기는 어렵다.

정부출연연구기관 직원의 공무원으로 의제(헌재 2006.11.30. 2004헌바86, 2005헌바77)
이 사건 법률조항이 공공성이 강한 주요 업무에 종사하는 임원 및 일정한 범위의 직원에 의제범위를 한정하고 있는 점, 그리고 정부출연연구기관 직원의 직무 관련 금품수수행위로 인한 사회적, 경제적 손실의 심각성과 회복의 어려움 등을 고려한다면 정부출연연기관 직원의 금품수수 관련 행위를 형법 제129조 등에서 규정한 뇌물죄에 의하여 처벌한다 하더라도 이를 가리켜 지나치게 가혹하여 위 입법목적 달성에 필요한 정도를 넘는 과잉처벌에 해당한다고는 할 수 없다.

태평양전쟁 전후 국외 강제동원희생자 등 지원에 관한 법률 제2조 등 위헌확인(헌재 2011.2.24. 2009헌마94)
헌법재판소는 2011년 2월 24일 재판관 6 : 3의 의견으로 구 '태평양전쟁 전후 국외 강제동원희생자 등 지원에 관한 법률'이 '국외' 강제동원자만을 의료지원금의 지원대상으로 하는 것이 헌법상 평등권을 침해하지 않는다는 결정을 선고하였다.

구 태평양전쟁 전후 국외 강제동원희생자 등 지원에 관한 법률 제2조 제1호 나목(헌재 2012.7.26. 2011헌바352)
태평양전쟁 전후 강제동원된 자들 중 국내 강제동원자들을 제외하고 국외 강제동원자들에 대해서만 위로금을 지급하는 것은 국가가 국가의 재정부담능력 등을 고려하여 일반적으로 강제동원으로 인한 정신적 고통이 더욱 크다고 볼 수 있는 국외 강제동원자 집단을 우선적으로 처우하는 것이 객관적으로 정의와 형평에 반한다거나 자의적인 차별이라고 보기는 어렵다.

일제강점하 반민족행위 진상규명에 관한 특별법 제2조 제7호 등 위헌소원(헌재 2011.3.31. 2008 헌바11)
헌법재판소는 2011년 3월 31일 재판관 7(합헌) : 1(위헌)의 의견으로 한일합병의 공으로 작위를 받거나 이를 계승한 행위 및 일본제국주의의 식민통치와 침략전쟁에 협력하여 포상 또는 훈공을 받은 자로서 일본제국주의에 현저히 협력한 행위를 친일반민족행위의 하나로 정의한 '일제강점하 반민족행위 진상규명에 관한 특별법' 제2조 제7호, 제19호가 헌법에 위반되지 아니한다는 결정을 선고하였다. 위 법률조항들이 인격권을 제한하는 측면은 있으나, 역사의 진실과 민족의 정통성을 확인하기 위하여 우리 사회의 민주적 숙의과정 및 공론적 토대로부터 성립되었다는 점, 위 법률조항들에서는 단순히 일제로부터 작위를 받거나 포상 또는 훈공을 받은 행위가 아니라 '한일합병의 공으로' 작위를 받거나, '일제에 현저히 협력한 행위'를 친일반민족행위로 규정함으로써 입법자가 친일반민족행위를 정의함에 있어 세심한 주의를 기울였음을 알 수 있는 점, 위 법에서는 조사대상자 등의 불이익을 최소화하기 위한 장치가 마련되어 있으며, 친일반민족행위에 대한 진상규명 외에 조사대상자나 그 후손 등에 대한 불이익처우를 규정하고 있지 않은 점 등에 비추어 보면 과잉금지원칙에 위배하여 인격권을 침해한다고 할 수 없고, 헌법 제11조 제2항 및 제3항, 제13조 제2항 및 제3항에도 위배되지 않는다는 것이다.

구 독립유공자 예우에 관한 법률 제12조 제2항 위헌확인(헌재 2011.4.28. 2009헌마610)

헌법재판소는 2011년 4월 28일 재판관 전원의 일치된 의견으로 독립유공자의 유족에 대한 보상금 지급을 규정하면서, 손자녀의 경우에는 독립유공자가 1945년 8월 14일 이전에 사망한 경우에만 보상금을 지급받을 수 있도록 규정한 '독립유공자예우에 관한 법률' 제12조 제2항 단서 중 "1945년 8월 14일 이전에 사망한" 부분이 평등권과 행복추구권에 위반되지 않는다는 결정을 선고하였다.

농업협동조합법 제50조 제5항 제2호 등 위헌소원(헌재 2011.4.28. 2010헌바339)

헌법재판소는 2011년 4월 28일 관여 재판관 전원의 일치된 의견으로 조합장선거에서 농협 임·직원이 선거운동의 기획에 참여하거나 그 기획의 실시에 관여하는 행위(선거기획행위)를 금지하고, 이를 위반하면 처벌하는 농업협동조합법 제50조 제5항 제2호 및 제172조 제1항 제2호 중 '제50조 제5항 제2호' 부분이 평등원칙 및 명확성 원칙에 반하지 아니하여 헌법에 위반되지 않는다는 결정을 선고하였다. 헌법재판소는 공무원 등이 선거기획행위를 한 경우에는 공직선거법에 의하여, 농협 임·직원이 농협 조합장선거에서 선거기획행위를 한 경우는 이 사건 법률조항에 의하여 처벌받게 되므로, 농협 임·직원이 공직선거법의 적용을 받는 선거기획행위자에 비하여 형사상 불리하게 차별받는다고 할 수 없고, 이 사건 법률조항의 문언상, 선거기획행위가 '선거운동'의 개념에 포함되는지 여부에 관계없이 조합의 임·직원이 조합장선거에서 선거기획행위를 하는 것이 금지되고, 만일 이를 위반하였을 경우 형사처벌된다는 점이 명백하므로 수범자가 처벌받는 행위를 예측할 수 없거나 수사 및 재판기관에 의하여 자의적으로 해석·적용될 우려가 없다고 판단하였다.

군형법 제92조 위헌제청(헌재 2011.3.31. 2008헌가21)

헌법재판소는 2011년 3월 31일 계간 기타 추행한 자를 1년 이하의 징역에 처하도록 규정한 구 군형법(1962.1.20. 법률 제1003호로 제정되고, 2009.11.2. 법률 제9820호로 개정되기 전의 것) 제92조 중 "기타 추행"에 관한 부분이 헌법에 위반되지 아니한다는 결정을 선고하였다. "기타 추행"이란 계간에 이르지 아니한 동성애 성행위 등 객관적으로 일반인에게 혐오감을 일으키게 하고, 선량한 성적 도덕관념에 반하는 성적만족행위로서, 군이라는 공동사회의 건전한 생활과 군기를 침해하는 것을 의미한다고 할 것이고, 이에 해당하는지 여부는 법원이 제반 사정을 종합적으로 고려하여 신중히 결정되어야 할 것이므로, 건전한 상식과 통상적인 법감정을 가진 군형법 피적용자로서는 어떠한 행위가 구성요건에 해당되는지를 충분히 파악할 수 있고, '계간'은 '추행'이 무엇인지를 해석할 수 있는 판단지침이 되며, 대법원 판결 등에 의하여 구체적이고 종합적인 해석기준이 제시되고 있는 이상, 위 조항은 죄형법정주의 명확성원칙에 위배되지 아니한다는 것이며, 나아가 위 조항은 입법목적의 정당성, 수단의 적정성, 피해최소성 및 법익균형성을 충족하므로 과잉금지원칙에 위반되지 아니하고, 군대의 특수성에 비추어 볼 때 동성 간의 성적행위만을 금지하고 이를 위반한 경우 형사처벌한다고 볼 경우에도 그러한 차별에 합리적인 이유가 있으므로 동성애자의 평등권을 침해한다고 볼 수 없다는 점을 합헌의 근거로 하였다.

형사소송법 제224조 등 위헌소원(헌재 2011.2.24. 2008헌바56)

헌법재판소는 2011년 2월 24일 재판관 4인의 의견으로 형사소송법(1954.9.23. 법률 제341호로 제정된 것) "제224조(고소의 제한) 자기 또는 배우자의 직계존속을 고소하지 못한다"는 청구인의 평등권을 침해하지 않아 헌법에 위반되지 않는다는 결정을 선고하였다.

형사소송법 제232조 제1항 위헌소원(헌재 2011.2.24. 2008헌바40)

헌법재판소는 2011년 2월 24일 재판관 7(합헌) : 2(위헌)의 의견으로 친고죄에 있어서 고소취소가 가능한 시기를 제1심 판결선고 전까지로 제한한 형사소송법 제232조 제1항이 헌법에 위반되지 아니한다는 결정을 선고하였다. 친고죄의 고소취소와 관련된 문제는 입법정책의 문제이고, 위 법률조항은 고소인과 피고소인 사이에 자율적인 화해가 이루어질 수 있도록 하는 동시에 국가형벌권의 행사가 전적으로 고소인의 의사에 의해 좌우되는 것 또한 방지하는 역할을 하며, 제1심 판결선고 전까지의 기간이 부당하게 짧은 기간이라고 하기도 어려운 점 등에 비추어 볼 때 위 조항은 평등권에 위반되지 않는다.

산업재해보상보험법 제43조 제1항 제2호 위헌확인(헌재 2011.6.30. 2008헌마595)

헌법재판소는 2011년 6월 30일 재판관 전원의 일치된 의견으로 종합전문요양기관은 당연히 산재보험의료기관으로 되도록 규정한 구 산업재해보상보험법 제43조 제1항 제2호가 청구인들의 직업수행의 자유와 평등권을 침해하지 않는다는 결정을 선고하였다.

주민등록법 제6조 제2항 위헌확인(헌재 2011.6.30. 2009헌마59)

헌법재판소는 2011년 6월 30일 재판관 전원의 일치된 의견으로 영내 기거하는 현역병의 주민등록을 그가 속한 세대의 거주지에서 하도록 한 주민등록법 제6조 제2항은 청구인들의 거주이전의 자유, 선거권, 평등권 등을 침해하지 않아 헌법에 위반되지 않는다는 결정을 선고하였다.

병역법 제3조 제1항 등 위헌확인(헌재 2011.6.30. 2010헌마460)

헌법재판소는 2011년 6월 30일 재판관 전원 일치의 의견으로, 대한민국 국민인 남자는 18세부터 제1국민역에 편입되도록 한 구 병역법 제8조 제1항의 위헌확인을 구하는 심판청구를 각하하고, 재판관 7[기각]: 1[위헌]: 1[각하]의 의견으로, 대한민국 국민인 남자에 한정하여 병역의무를 부과하는 구 병역법 제3조 제1항 전문의 위헌확인을 구하는 심판청구를 기각하는 결정을 선고하였다.

구 병역법 제3조 제1항 전문이 남녀 간의 신체적 특징의 차이에 기초하여 최적의 전투력 확보를 위하여 남자만을 징병검사의 대상이 되는 병역의무자로 정한 것이 현저히 자의적이라고 보기 어렵고, 보충역이나 제2국민역 등도 국가비상사태에 병력동원 내지 근로소집의 대상이 되는 병력자원이라는 점에서 신체적 능력과 무관하다고 보기 어려운 점 등에 비추어 위 조항이 자의금지원칙에 위배하여 평등권을 침해한 것이라고 볼 수 없다는 것이다.

청년고용촉진특별법 제5조 제1항 등 위헌확인(헌재 2014.8.28. 2013헌마553) - 청년고용할당제 사건

헌법재판소는 2014년 8월 28일(목) 재판관 4(합헌): 5(위헌)의 의견으로, 공공기관 및 공기업으로 하여금 매년 정원의 3% 이상씩 청년 미취업자를 채용하도록 한 청년고용촉진특별법 제5조 제1항 및 동법 시행령 제2조 단서가 헌법에 위반되지 아니한다는 결정을 선고하였다. 위 결정은 위헌 의견이 다수이나 헌법재판소법상 위헌결정 정족수(6인)에 미달하여 합헌 결정된 것이다.

○ 청년할당제가 추구하는 청년실업해소를 통한 지속적인 경제성장과 사회 안정은 매우 중요한 공익이며 청년할당제는 위와 같은 공익을 달성하는데 기여하는 반면, 35세 이상 지원자들이 공공기관 취업기회에서 청년할당제 시행 때문에 새로이 불이익을 받을 가능성은 현실적으로 크다고 볼 수 없어 법익 균형성 원칙에도 위반된다고 볼 수 없다. 이 사건 청년할당제도는 청구인들의 평등권, 공공기관 취업의 자유를 침해하여 헌법에 위반된다고 볼 수 없다.

구 지방공무원법 제58조 제1항 등 위헌소원(헌재 2014.8.28. 2011헌바50) - 지방공무원의 집단행위 금지 사건

헌법재판소는 2014년 8월 28일 재판관 7 : 2의 의견으로 지방공무원의 집단행위를 금지하고 있는 구 지방공무원법(2010.3.22 법률 제10147호로 개정되기 전의 것) 제82조 중 제58조 제1항의 '공무 외의 일을 위한 집단 행위' 부분이 헌법에 위반되지 않는다는 결정을 선고하였다.

공직선거법 제60조의3 제2항 제1호(헌재 2011.8.30. 2010헌마259 등)

이 사건 법률조항에서 예비후보자의 정치력, 경제력과는 무관하게 존재가능하고 예비후보자와 동 일시할 수 있는 배우자나 직계존·비속에 한정하여 명함을 교부하거나 지지를 호소할 수 있도록 한 것에는 합리적 이유가 있다.

변호사시험 시험장 선정행위(헌재 2013.9.26. 2011헌마782 등)

변호사시험의 시험장으로 서울 소재 4개 대학교를 선정한 것은 서울 응시자에 비하여 지방 응시 자를 자의적으로 차별하여 지방 응시자인 청구인들의 평등권을 침해하는 것이 아니다.

헌재 2015.3.26. 2013헌바186

지방공무원이 면직처분에 대해 불복할 경우 행정소송 제기에 앞서 반드시 소청심사를 거치도록 규정한 것은 행정심판의 특수성 등에 기인한 것이고, 지방공무원에 대하여 합리성을 결여한 자의 적인 차별을 하고 있다고 볼 수 없어 평등원칙에 위반되지 않는다.

헌재 2015.3.26. 2013헌마131

금고 이상의 실형을 선고받고 그 집행이 끝나거나 집행이 면제된 날로부터 3년이 지나지 아니한 사람은 행정사가 될 수 없다고 규정한 것은 행정사의 업무 특성을 고려하여, 그 결격사유를 금고 이상의 실형을 선고받더라도 자격취득은 가능하지만 사무소 개설등록만 할 수 없는 공인중개사나, 업무와 관련한 불법행위로 등록취소가 되지 않는 한 자격 취득 자체에는 특별한 제한을 두지 않 는 국가기술자격 소지자와 같이 상대적으로 낮은 수준의 공정성 및 신뢰성을 요구하는 다른 국가 자격 직역에 비해 다소 엄격하게 규정하고 있는 것으로 합리적인 이유가 있는 것이므로, 청구인의 평등권을 침해하지 아니한다.

헌재 2014.8.28. 2013헌바119

사실혼 배우자에게 상속권을 인정하지 않는 민법(1990.1.13. 법률 제4199호로 개정된 것) 제1003조 제1항 중 '배우자' 부분이 상속권에 관하여 사실혼 배우자와 법률혼 배우자를 차별하고 있다고 하 더라도, 그러한 취급에는 수긍할 만한 합리적인 이유가 있으므로 이를 두고 자의적인 차별로서 사 실혼 배우자의 평등권을 침해한다고 보기는 어렵다.

헌재 2014.8.28. 2011헌마26 등

디엔에이감식시료 채취대상범죄로 징역이나 금고 이상의 실형을 선고받아 그 형이 확정된 자 중 에서 「디엔에이신원확인정보의 이용 및 보호에 관한 법률」 시행 당시에 수용 중인 자에 대하여만 위 법률을 소급적용하도록 하는 부칙조항은 디엔에이감식시료 채취대상 범죄는 범행의 방법 및 수단의 위험성으로 인하여 가중처벌되거나, 통계적으로 향후 재범할 가능성이 높은 범죄로서 디엔 에이감식시료 채취 대상자 군으로 삼은 것에 합리적 이유가 있다. 따라서 이 사건 채취조항들은

채취대상 범죄를 저지른 자들의 평등권을 침해하지 아니한다.

헌재 2015.5.28. 2013헌가7
공인중개사가 「공인중개사의 업무 및 부동산 거래신고에 관한 법률」 위반으로 벌금형을 선고받으면 등록관청으로 하여금 중개사무소 개설등록을 필요적으로 취소하도록 하는 것은 공인중개사법 위반행위에 대한 제재의 실효성을 높이고 공인중개사가 부동산거래시장에서 수행하는 업무의 공정성 및 이에 대한 국민의 신뢰를 확보하기 위하여 심판대상조항이 다른 자격제도보다 가중된 요건을 규정하였다고 하더라도, 그것이 입법재량을 일탈한 자의적인 차별취급이라고 보기는 어렵다. 따라서 심판대상조항은 평등권을 침해하지 아니한다.

정신성적 장애인인에 대한 치료감호기간 사건(헌재 2017.4.27. 2016헌바452)
약물·알코올 중독자에 대한 치료감호기간의 상한을 2년으로 정하고 있는 것과 달리, 치료감호기간 조항은 정신성적 장애인에 대한 치료감호기간의 상한을 15년으로 정하고 있어 정신성적 장애인을 약물·알코올 중독자와 달리 취급하고 있다. 약물·알코올 등의 남용·중독은 중독현상을 치료할 수 있는 치료법이 있는 질환으로 비교적 단기간의 집중적인 치료를 통하여 극복될 수 있는 반면, 정신성적 장애는 뇌 기능 손상의 정도나 원인·증상 등에 따라 치료방법이나 치료기간이 다양할 수밖에 없고, 왜곡된 성 인식을 개선하기 위한 근본적인 치료가 필요하다. 이처럼 마약·알코올 중독자와 정신성적 장애인은 그 증상이나, 치료방법, 치료에 필요한 기간 등에서 많은 차이가 있으므로, 치료감호기간 조항이 정신성적 장애인을 약물·알코올 중독자와 달리 취급하는 것에는 합리적인 이유가 있다. 따라서 치료감호기간 조항이 청구인 평등권을 침해한다고 볼 수 없다.

65세 미만 노인성 질병이 있는 사람의 장애인활동지원급여 신청 제한 사건(헌재 2020.12.23. 2017헌가22 – 헌법불합치)
헌법재판소는 2020년 12월 23일 재판관 전원일치 의견으로, 활동지원급여 신청자격을 제한하는 '장애인활동 지원에 관한 법률'(2011.1.4. 법률 제10426호로 제정된 것) 제5조 제2호 본문 중 '노인장기요양보험법 제2조 제1호에 따른 노인 등' 가운데 '65세 미만의 자로서 치매·뇌혈관성질환 등 대통령령으로 정하는 노인성 질병을 가진 자'에 관한 부분은 헌법에 합치되지 아니한다는 결정을 선고하였다.
○ 이를 종합하면, 심판대상조항이 65세 미만의 혼자서 일상생활과 사회생활을 하기 어려운 장애인 가운데 치매·뇌혈관성질환 등 노인장기요양보험법 시행령에서 규정한 노인성 질병을 가진 사람을 일률적으로 활동지원급여 신청자격자에서 제외하는 것은 불합리한 차별로서 평등원칙에 위배하여 헌법에 위반된다.

6·25전몰군경자녀수당 수급권자 1인 한정 및 연장자 우선 사건(헌재 2021.3.25. 2018헌가6 – 헌법불합치)
헌법재판소는 2021년 3월 25일 재판관 전원일치 의견으로, 6·25전몰군경자녀에게 6·25전몰군경자녀수당을 지급하면서 그 수급권자를 6·25전몰군경자녀 중 1명에 한정하고, 그 1명도 나이가 많은 자를 우선하도록 정한 ① 구 '국가유공자 등 예우 및 지원에 관한 법률' 제16조의3 제1항 본문 중 '자녀 중 1명'에 한정하여 6·25전몰군경자녀수당을 지급하도록 한 부분 및 '제13조 제2항 제1호에 따른 선순위인 사람' 부분 가운데 '나이가 많은' 자녀에게 6·25전몰군경자녀수당을 지급하도록 한 부분, ② '국가유공자 등 예우 및 지원에 관한 법률'(2019. 11. 26. 법률 제16659호로 개정된 것) 제16조의3 제1항 본문 중 '자녀 중 1명'에 한정하여 6 · 25전몰군경자녀수당을 지급하도록 한 부분 및 '제13조 제2항 제3호에 따른 선순위인 사람' 부분 가운데 '나이가 많은' 자녀에게 6 · 25전몰군경자녀수당을 지급하도록 한 부분은 헌법에 합치되지 아니한다는 결정을 선고하였다.
ㅇ 위와 같은 사정을 종합하면, 이 사건 법률조항이 6 · 25전몰군경자녀 중 나이가 많은 자를 이 사건 수당의 선순위 수급권자로 정하는 것은 이 사건 수당이 가지는 사회보장적 성격에 부합하지 아니하고, 나이가 많다는 우연한 사정을 기준으로 이 사건 수당의 지급순위를 정하는 것으로 합리적인 이유가 있다고 볼 수 없다. 그렇다면, 이 사건 법률조항은 나이가 적은 6 · 25전몰군경자녀의 평등권을 침해하여 헌법에 위반된다.

정리 잠정적 우대조치(Affirmative Action)

1. 잠정적 우대조치의 개념: 잠정적 우대조치는 종래에 사회로부터 차별을 받아온 일정집단에 대해 그러한 차별로 인한 불이익을 보상해 주기 위하여 그 집단의 구성원이라는 것을 이유로 취업이나 학교입학, 기타 사회적 이익을 직접 또는 간접으로 부여하는 정부의 정책을 말한다. 이는 소수집단에 대한 평등보호의 문제는 단순히 현재의 법의 평등한 보호만으로는 실질적 평등의 실현이 이루어지지 않는다는 점에서 과거의 불이익한 지위를 보상해 줌으로써 사실상 평등한 지위를 보장하려는 것이다(헌재).
2. 잠정적 우대조치의 특성: 이러한 정책이 개인의 자격이나 실적에 의해서라기보다 어떤 집단의 일원이라는 것을 근거로 혜택을 주는 것이라는 점. 성 · 인종 등과 관계없이 개인의 평등한 처우를 보장하는 ① 절차에 대해서가 아니라 절차의 결과에, ② 개인보다는 집단개념에, 그리고 ③ 기회평등보다는 결과의 평등을 추구하는 정책이다. 또한 잠정적 우대조치는 항구적 정책이 아니라 여성 · 소수인종이 사실상 평등한 보호를 받게 되어 구제목적을 달성하게 되면 종료하는 ④ 잠정적 조치를 의미한다.

제3장 자유권적 기본권

자유권적 기본권의 의의/신체의 자유

제1절 자유권적 기본권의 의의

Ⅰ. 자유권의 개념

국민이 그의 자유영역에 대하여 국가권력의 간섭 내지 침해를 받지 아니할 소극적 · 방어적 공권을 뜻한다.

Ⅱ. 법적 성격

① 소극적 · 방어적 공권의 성격을 갖는다.

② 인간의 권리이다.

③ 직접적 효력을 가지는 권리이다.

Ⅲ. 분류

① 신체의 자유(제12조, 제13조)

② 사회적 · 경제적 자유: 거주 이전의 자유(제14조), 직업선택의 자유(제15조), 주거의 자유(제16조), 사생활의 비밀과 자유(제17조), 통신의 자유(제18조), 재산권 행사의 자유(제23조)

③ 정신적 자유: 양심의 자유(제19조), 종교의 자유(제20조), 표현의 자유(제21조), 학문과 예술의 자유(제22조)

제2절 신체의 자유

구분	실체적 보장	절차적 보장
연혁	대륙법계	영미법계
의의	법치주의, 즉 죄형법정주의와 법률유보 등 실체적 측면의 보장	법의 지배원리, 즉 적법절차 등 절차적 측면에서 보장
내용	① 처벌 등 법률주의 ② 죄형법정주의 ③ 무죄추정의 원칙 ④ 연좌제금지 ⑤ 일사부재리의 원칙	① 적법절차 ② 진술거부권 ③ 영장주의 ④ 고지 · 통지제도 ⑤ 체포구속적부심사제도 ⑥ 자백의 증거능력 및 증명력제한 ⑦ 형사피해자 재판절차진술권 등

Ⅰ. 적법절차의 원리(제12조 제1항)

1. 헌법규정

제12조 제1항 누구든지 …… 법률과 적법한 절차에 의하지 아니하고는 처벌 · 보안처분 또는 강제노역을 받지 아니한다.

같은 조 제3항 체포, 구속, 압수 또는 수색을 할 때에는 적법한 절차에 따라 검사의 신청에 의하여 법관이 발부한 영장을 제시해야 한다.

2. 연혁

1215년 마그나카르타(자연적 정의의 법리를 규범화)에 기원, 1628년 권리청원, 미연방헌법수정 제5조에서 입법화된 것으로 영 · 미법상 제도에서 유래하였으며, 영국에서는 이른바 자연적 정의라는 개념을 같은 의미로 사용한다(우리나라: 제9차 개헌 시 신설).

▶ 일본에는 있으나, 독일에는 명문의 규정이 없다.

3. 미국 판례의 변화경향(우리나라 판례도 이러한 방향)

① 형식적 · 절차적 적법성만의 보장원리에서 실체적 적법성까지의 보장원리로,

② 형사절차적 적법성의 보장원리에서 입법 · 사법 · 행정절차까지 포괄하는 경향

으로,

    ③ 연방차원의 헌법원리에서 각 주(州)의 국가권력도 구속하는 방향으로,

    ④ 자유주의적 인권사상의 보호원리에서 사회국가적 사회정의 실현원리로,

    ⑤ 신체의 자유보장에서 모든 기본권의 보장으로 확대되었다.

4. 적법절차의 내용

'적'이란 절차의 적법성뿐만 아니라 절차의 적정성, 정의에의 합치성을 요구하는 것이고, '법'이란 형식적 의미의 법률뿐만 아니라 실질적 의미의 법률도 포함하며, '절차'란 권리의 실질적 내용을 실현하기 위한 수단으로서 특히 집행절차에서 고지·청문·변명 등 방어기회의 제공절차를 말한다. 헌재는 적법절차를 절차의 적법성뿐만 아니라 절차의 적정성까지 보장하는 것을 말한다(헌재 1993.7.29. 90헌바35).

5. 적법절차조항의 적용범위

(1) 형사절차

적법절차의 원리는 형사소추·형사재판절차에서 특별히 존중되어야 하므로 헌법 제12조 제1항 제2문 후단에서 총칙적 규정을 두고 제12조 제2항 이하에서는 개별적 적법절차조항을 두고 있다. 헌재도 보석허가결정에 대한 검사의 즉시항고기간 (3일) 동안 정지되나, 즉시항고에 대한 재판이 있을 때까지 그 집행이 무조건 정지된 채 구속상태가 계속된다는 것은 보석에 관한 검사의 의견을 법원의 판단보다 우선시킨 것으로서 적법절차원리에 반한다고 판시한 바 있다(헌재 1993.12.23. 93헌가2).

(2) 행정절차

처벌이란 형사상의 처벌뿐만 아니라 본인의 불이익이 되는 일체의 제재를 의미하고 오늘날 행정국가화의 경향으로 행정권에 의해 국민의 자유와 권리가 침해될 위험성이 증가되고 있으므로 행정절차에도 적용된다고 본다(다수설). 헌재도 변호사법 제15조의 위헌결정에서 법무부장관의 업무정지처분에 관하여 적법절차의 원칙을 위배했다고 판시한 바 있다(헌재 1990.11.19. 90헌가48).

(3) 입법절차

법치주의의 원리상 모든 국가기관은 헌법과 법률에 의하여 기속을 받은 것이므로 국회의 자율권도 헌법이나 법률을 위반하지 않는 범위 내에서 허용되어야 하고 따라서 국회의 의사절차나 입법절차에 헌법이나 법률의 규정을 명백히 위반한 흠이 있는 경우에도 국회가 자율권을 가진다고는 할 수 없다(헌재 1997.7.16. 96헌라2).

(4) 보안처분

사회보호법 제5조 제1항은 법관의 판단재량을 박탈한 것으로서 헌법 제12조 제1항 후문에 정한 적법절차와 헌법 제37조 제2항, 나아가 헌법 제27조 제1항의 재판을 받을 권리를 침해하는 위헌법률이라고 결정하였다(헌재 1989.7.14. 88헌가5 등 병합).

6. 헌재 판례

관련판례

적법절차의 원리

1. 헌법 제12조 제1항 후문과 제3항은 …… 1987년 10월 29일 제9차 개정한 현행 헌법에서 처음으로 영미법계 국가에서 국민의 인권을 보장하기 위한 기본원리의 하나로 발달되어 온 적법절차의 원리를 도입하여 명문화한 것이며 …… 역사적으로 볼 때 영국의 마그나카르타(대헌장) 제39조, 1335년의 에드워드 3세 제정법률, 1628년 권리청원 제4조를 거쳐 1791년의 수정헌법 제5조 제3문과 1868년의 수정헌법 제14조에 명문화되어 …… 오늘날에는 독일 등 대륙법계의 국가에도 적용되는 일반적 법치국가원리 또는 기본권 제한의 법률유보원리로 정립되었다.

2. 헌법 제12조 제1항 및 제3항의 적법절차원리는 …… 그 대상을 한정적으로 열거하고 있는 것이 아니라 그 적용대상을 예시한 것에 불과하다고 해석하는 것이 우리의 통설적 견해이다.

3. 헌법재판소 판례에서도 …… 형사소송절차에 국한하지 않고 모든 국가작용, 특히 입법작용 전반에 대하여 문제된 법률의 실체적 내용이 합리성과 정당성을 갖추고 있는지 여부를 판단하는 기준으로 적용되고 있음을 보여주고 있다(헌재 1989.9.8. 88헌가6; 1990.11.19. 90헌가48 등).

헌재 1989.7.14. 88헌가5·8

헌법재판소는 필요적 보호감호처분은 감호기간을 정할 수 있는 재량을 법원에게 주고 있지 않으므로 위헌이라고 하였으나, 보호감호의 기간을 7년으로 고정시킨 것은 재범의 위험성의 소멸시기를 예측하는 것은 불가능한 것이므로 보안처분은 본질상 집행단계에서 그 기간이 확정되는 부정기적 성격을 지닐 수밖에 없으므로 규정형식상 7년의 정기보호감호의 형식으로 되어 있다 하더라도 보호감호의 집행상의 상한을 정한 것으로 해석할 수밖에 없고, 이렇게 이해할 경우 적법절차에

위반된다고 할 수 없다고 하였다.

헌재 1997.3.27. 96헌가11
헌법재판소는 음주측정불응자에 대하여 주취운전자와 동일하게 처벌하도록 하고 있는 도로교통법 제41조 제2항의 위헌심판사건에서 우리나라의 음주문화, 측정방법의 편의성 및 정확성, 측정방법에 관한 국민의 정서 등 여러 가지 요소들을 고려한 것으로서 추구하는 목적의 중대성(음주운전규제의 절실성), 음주측정의 불가피성(주취운전에 대한 증거확보의 유일한 방법), 국민에게 부과되는 부담의 정도(경미한 부담, 간편한 실시), 처벌의 요건과 처벌의 정도에 비추어 적법절차가 요청하는 합리성과 정당성을 갖추고 있다고 판단된다.

헌재 1997.5.29. 96헌가17
헌법재판소는 관세법 제215조의 '압수물품의 국고귀속'도 그 내용의 실질은 몰수형을 집행하는 것과 같은 효과를 생기게 하므로 헌법 제12조 제1항의 '처벌'에 해당한다고 보아야 할 것이므로, 압수물건의 국고귀속의 경우에도 적법절차의 원칙에 따라야 마땅한데, 재판이나 청문의 절차도 밟지 아니하고 압수한 물건에 대한 피의자의 재산권을 박탈하여 국고귀속시킴으로써 그 실질은 몰수형을 집행한 것과 같은 효과를 발생하게 하는 내용의 법률규정이므로 적법절차의 원칙에 위배된다.

금치처분받은 수용자에 대한 집필금지사건(행형법 시행령 제145조 제2항 등 위헌확인; 헌재 2005.2.24. 2003헌마289 전원재판부 – 위헌·각하)
【주문】
행형법 시행령(2000.3.28. 대통령령 제16759호로 개정된 것) 제145조 제2항 본문 중 '집필' 부분은 헌법에 위반된다.

【판시사항】
1. 행형법상 징벌의 일종인 금치처분을 받은 자에 대하여 금치기간 중 집필을 전면 금지한 행형법 시행령 제145조 제2항 본문 중 '집필' 부분이 법률유보의 원칙에 위반되는지 여부(적극)
2. 위 행형법 시행령 제145조 제2항 본문 중 '집필' 부분이 과잉금지의 원칙에 위반되는지 여부(적극)

검사조사실에서의 수갑 및 포승사용사건(계호근무준칙 제298조 등 위헌확인; 헌재 2005.5.26. 2004헌마49 전원재판부 – 위헌·위헌확인)
【주문】
1. 계호근무준칙(2000.3.29. 법무부 훈령 제422호로 개정된 것) 제298조 제1호·제2호는 헌법에 위반된다.
2. 2003.10.24.경부터 같은 해 11.6.까지 사이에 수회에 걸쳐 청구인이 서울지방검찰청 검사조사실에서 피의자 신문을 받는 동안 수갑과 포승으로 계속 청구인의 신체를 결박해 둔 피청구인 산하 교도관의 행위는 청구인의 신체의 자유를 침해한 것으로서 위헌임을 확인한다.

【판시사항】
1. 검사조사실에서의 계구사용을 원칙으로 정한 위 계호근무준칙조항과 도주, 폭행, 소요, 자해 등의 위험이 구체적으로 드러나거나 예견되지 않음에도 여러 날 장시간 피의자 신문을 하면서 계구로 피의자를 속박한 행위가 신체의 자유를 침해하는지 여부(적극)

CCTV 설치에 의한 감시행위(헌재 2008.5.29. 2005헌마137)

이 사건 CCTV 설치행위는 행형법 및 교도관직무규칙 등에 규정된 교도관의 계호활동 중 육안에 의한 시선계호를 CCTV 장비에 의한 신선계호로 대체한 것에 불과하므로, 이 사건 CCTV 설치행위에 대한 특별한 법적 근거가 없더라도 일반적인 계호활동을 허용하는 법률규정에 의하여 허용된다고 보아야 한다.

한편 CCTV에 의하여 감시되는 엄중격리대상자에 대하여 지속적이고 부단한 감시가 필요하고 자살·자해나 흉기 제작 등의 위험성 등을 고려하면, 제반사정을 종합하여 볼 때 기본권 제한의 최소성 요건이나 법익균형성의 요건도 충족하고 있다.

범죄인 인도심사 및 그 청구와 관련된 사건은 서울고등검찰청과 서울고등법원의 전속 관할로 한 범죄인인도법 제3조(헌재 2003.1.30. 2001헌바95)

1. 범죄인 인도절차는 형사절차도 민사절차도 아닌 범죄인인도법에 의하여 인정된 특별한 절차이므로 이 사건 법률조항은 적법절차원칙에 위반되지 아니한다.

2. 범죄인 인도 여부에 관한 법원의 결정은 형사처벌로 볼 수 없으므로 이 사건 법률조항은 재판청구권 침해가 아니다.

인신보호법 제2조 제1항 위헌확인(헌재 2014.8.28. 2012헌마686)-출입국관리법에 따라 보호된 자의 구제청구 사건

헌법재판소는 2014년 8월 28일, 인신보호법에 따른 구제청구를 할 수 있는 피수용자의 범위에서 출입국관리법에 따라 보호된 자를 제외하고 있는 인신보호법 제2조 제1항 단서 중 "출입국관리법」에 따라 보호된 자는 제외한다" 부분의 위헌확인을 구하는 헌법소원에 대하여, 출입국관리법에 따라 보호된 청구인들이 행정소송이나 그 집행의 정지를 구하는 집행정지신청을 통해 보호 자체의 적법 여부를 다툴 수 있고, 출입국관리법이 여러 가지 사전적 절차규정 및 사후적 구제절차를 마련하여 행정소송 절차를 통한 구제가 가지는 한계를 보완하고 있는 이상 위 조항은 헌법 제12조 제6항에 반하여 청구인들의 신체의 자유를 제한하지 아니하며, 출입국관리법상 보호가 신체의 자유 제한 자체를 목적으로 하는 행정절차나 행정상의 인신구속과는 목적이나 성질이 다르다는 점을 고려하여 출입국관리법상 보호된 자를 제외한 데에는 합리적 이유가 있으므로 위 조항은 청구인들의 평등권을 침해하는 것도 아니라는 이유로 기각 결정하였다.

금치처분 받은 수용자에 대한 처우제한 사건(헌재 2016.5.26. 2014헌마45)

금치기간 중 실외운동을 제한하도록 한 형집행법 제112조 제3항 중 제108조 제13호에 관한 부분은 기본권을 침해하여 헌법에 위반된다는 결정을 선고하였다.

위 조항은 예외적으로 실외운동을 허용하는 경우에도, 실외운동의 기회가 부여되어야 하는 최저기준을 법령에서 명시하고 있지 않으므로, 침해의 최소성 원칙에 위배된다. 위 조항은 수용자의 정신적·신체적 건강에 필요 이상의 불이익을 가하고 있고, 이는 공익에 비하여 큰 것이므로 위 조항은 법익의 균형성 요건도 갖추지 못하였다. 따라서 위 조항은 청구인의 신체의 자유를 침해한다.

군인사법 제57조 제2항 제2호 위헌소원(영창사건)(헌재 2020.9.24. 2017헌바157-위헌)

헌법재판소는 2020년 9월 24일 재판관 7 : 2의 의견으로, 병에 대한 징계처분으로 일정기간 부대나 함정 내의 영창, 그 밖의 구금장소에 감금하는 영창처분이 가능하도록 규정한 구 군인사법 제57조 제2항 중 '영창'에 관한 부분이 헌법에 위반된다는 결정을 선고하였다.

○ 헌법 제12조 제1항 전문은 신체의 자유를 천명하는데, 이는 가장 기본적인 최소한의 자유로서 모든 기본권 보장의 전제가 되므로, 신체의 자유는 최대한 보장되어야 한다. 그런데 심판대상조항에 의한 영창처분은 공무원의 신분적 이익을 박탈하는 것을 그 내용으로 하는 징계처분임에도 불구하고 신분상 불이익 외에 신체의 자유 박탈까지 그 내용으로 삼고 있는바, 징계의 한계를 초과한 것이다.

특히, 심판대상조항에 의한 영창처분은 그 실질이 구류형의 집행과 유사하게 운영되므로 극히 제한된 범위에서 형사상 절차에 준하는 방식으로 이루어져야 한다. 그러나 영창처분이 가능한 징계사유는 지나치게 포괄적이고, 그 기준이 불명확하여 영창처분의 보충성이 담보되고 있지 아니한바, 이를 두고 최소한의 범위에서 제한적으로만 활용되는 제도라고 볼 수 없다.

헌재 2014.8.28. 2012헌바433
범칙금 통고처분을 받고도 납부기간 이내에 범칙금을 납부하지 아니한 사람에 대하여 행정청에 대한 이의제기나 의견진술 등의 기회를 주지 않고 경찰서장이 곧바로 즉결심판을 청구하도록 하는 것은 적법절차의 원칙에 위배되지 않는다.

헌재 2012.12.27. 2011헌마351
사법경찰관이 위험발생의 염려가 없음에도 불구하고 사건 종결 전에 압수물을 폐기한 행위는 적법절차의 원칙에 반한다.

헌재 2004.9.23. 2002헌가17 등
범죄의 피의자로 입건된 사람들로 하여금 경찰공무원이나 검사의 신문을 받으면서 자신의 신원을 밝히지 않고 지문채취에 불응하는 경우 벌금, 과료, 구류의 형사처벌을 받도록 하는 것은 적법절차 원칙에 위반되지 않는다.

헌재 2016.3.31. 2013헌바190
영창제도를 규정하고 있는 구 전투경찰대 설치법 제5조는 헌법에서 요구하는 수준의 절차적 보장 기준을 충족하지 못했다고 볼 수 없으므로 헌법 제12조 제1항의 적법절차원칙에 위배되지 아니한다.

Ⅱ. 진술거부권 및 고문을 받지 아니할 권리(제12조 제2항)

1. 의의

진술거부권이란 피고인 또는 피의자가 공판절차 또는 수사절차에서 법원 또는 수사기관의 심문에 대하여 진술을 거부할 수 있는 권리를 말한다. 수사기관인 검사 또는 사법경찰관은 진술을 들을 때에는 미리 피의자에 대하여 진술을 거부할 수 있음을 알려야 한다(형사소송법 제200조). 16세기 후반 영국에서 보통법상 권리로 확립되어 미연방헌법(수정 제5조) 자기부죄금지의 특권으로 발전하였다.

2. 진술거부권의 주체

피고인, 피의자의 권리이다. 증인의 권리는 아니다. 법인의 경우에는 인정 안되고 법인대표자에게 인정되는 권리이며, 외국인도 피의자, 피고인인 경우에 인정된다.

3. 진술거부권의 내용

(1) 진술을 강요당하지 않을 권리

직접적 강요인 고문이나 간접적 강요의 형태인 법률에 의한 진술을 강요당하지 않을 권리이다.

(2) 진술을 하지 않을 권리가 보장된다.

4. 진술거부권의 적용범위

(1) 모든 공권력 절차에 관한 진술

구두진술·서면진술을 포함하며, 형사·행정·국회조사절차(헌재 1997.3.27, 96헌가11) 등에서도 보장한다.

(2) 자기에게 불이익한 경우에 한정

제3자에게 불이익이 있는 경우에는 원칙적으로 부정이 된다.

(3) 형사상 불이익한 경우에 한정

민사상·행정상 불이익한 경우에는 인정되지 않으며, 유죄판결의 기초가 될 사실과 양형에 있어서 불리하게 될 사실의 진술을 강요당하지 않을 권리이다.

5. 판례

6. 고문을 받지 아니할 권리

고문에 의한 자백은 증거능력이 없다. 고문을 한 공무원은 형법상의 권리남용죄로 처벌되고 피해자는 국가배상을 청구할 수 있다.

Ⅲ. 영장제도(제12조 제3항)

1. 의의

영장제도란 사람을 체포·구속하는 데는 원칙적으로 수사기관의 임의가 아닌 제3자적인 법관이 발부한 영장에 의하도록 하는 것이다.

영장에는 체포영장, 구속영장, 압수·수색영장이 있다. 영장에는 체포·구속할 대상, 압수의 목적물 또는 수색의 장소 등이 구체적으로 명시되어야 하며, 구체적 사항이 명시되지 않은 이른바 일반영장은 금지된다. 그리고 형사소송법은 구속전 피의자심문제도(영장실질심사제도)를 규정하고 있는데, 체포된 피의자에 대하여 구속영장을 청구받은 판사로 하여금 피의자 등의 신청이 있을 때에 피의자를 심문할 수 있도록 하여 구속에 신중을 기하고 있다.

다만, 피의자 등의 신청이 없어도 영장실질심사를 할 수 있다(2007년 형사소송법 개정).

2. 영장의 법적 성격

(1) 허가장설

강제처분의 권한 행사를 허가한 것으로 보며, 검사의 신청에 의한 발부의 경우에 영장의 성격을 뜻한다.

(2) 명령장설

수사기관에 강제처분을 명령한 것으로 보며, 법원이 직권으로 발부한 경우의 영장의 성격을 뜻한다.

3. 내용

(1) 사전영장주의의 원칙

수사기관이 형사절차에 따라 체포, 구속, 압수, 수색 등의 강제처분을 함에 있어 검사의 신청에 의하여 법관이 발부한 영장을 사전에 제시하여야 한다는 원칙을 말한다.

(2) 발부절차

검사의 신청과 법관이 발부에 의한다.

> **관련판례** 형사소송법 제70조 제1항 및 제73조의 법원의 직권에 의한 구속
>
> 헌법 제12조 제3항이 영장의 발부에 관하여 "검사의 신청"에 의할 것을 규정한 취지는 모든 영장의 발부에 검사의 신청이 필요하다는 데 있는 것이 아니라 수사단계에서 영장의 발부를 신청할 수 있는 자를 검사로 한정함으로써 검사 아닌 다른 수사기관의 영장신청에서 오는 인권유린의 폐해를 방지하고자 함에 있으므로 공정한 판단단계에서 법원이 직권에 의하여 구속영장을 발부할 수 있음을 규정한 구 형사소송법 제70조 제항 및 제73조의 직권구속 및 영장발부의 부분은 헌법 제12조 제3항에 위반되지 아니한다(헌재 1997.3.27. 96헌바28 · 31 · 32 병합).

4. 사전영장주의의 예외

(1) 현행범과 준현행범

현행범인과 준현행범인은 영장 없이 체포하고 사후에 영장을 발부받으면 된다. 긴급체포는 검사·사법경찰관이 할 수 있으나 현행범인과 준현행범인은 누구든지 체포할 수 있다.

(2) 긴급체포의 경우

검사 또는 사법경찰관은 피의자가 사형, 무기 또는 3년 이상의 징역형이나 금고에 해당되는 죄를 범하고 도피 또는 증거인멸이 있는 자는 영장 없이 체포할 수 있다. 그러나 체포 후 48시간 이내에 구속영장을 청구하지 아니하면 석방하여야 한다.

(3) 비상계엄

헌법 제77조 제3항의 비상계엄하에서 영장제도에 대한 특별한 조치는 영장주의의 배제가 아니라 사후영장제도를 도입할 수 있다는 의미이다. 제1공화국 헌법위원회는 비상계엄하에서도 영장주의가 배제될 수 없으므로 검사가 영장을 발부하는 것은 허용되지 않는다고 한 바 있다.

5. 행정절차(사전영장주의가 행정상 즉시 강제의 경우에도 적용되는가?)

행정상의 즉시강제(임검, 위험방지를 위한 출입 등)는 순수히 행정목적 달성을 위한 것이기 때문에 영장제도가 적용될 여지가 없는 것이지만 그것이 형사소추와 관련이 있을 때에는 영장을 발부받아야 한다(절충설―다수설). 그러나 헌재 판례에 따르면 영장주의가 행정상 즉시강제에도 적용되는지에 관하여는 논란이 있으나, 행정상 즉시강제는 상대방의 임의이행을 기다릴 시간적 여유가 없을 때 하명 없이 바로 실력을 행사하는 것으로서 그 본질상 급박성을 요건으로 하고 있어 법관의 영장을 기다려서는 그 목적을 달성할 수 없다고 할 것이므로 원칙적으로 영장주의가 적용되지 않는다고 보아야 할 것이다(헌재 2002.10.31. 2002헌가12).

6. 헌재 판례

형사소송법 제331조 단서조항의 위헌성

헌법 제12조 제3항 본문은 동조 제1항과 함께 적법절차원리의 일반조항에 해당하는 것으로서 형사절차상의 영역에 한정되지 않고 입법, 행정 등 국가의 모든 공권력의 작용에는 절차상의 적법성뿐만 아니라 법률의 실체적 내용도 합리성과 정당성을 갖추어야 한다는 적법절차의 원칙을 헌법의 기본원리로 명시하고 있는 것이므로 헌법 제12조 제3항에 규정된 영장주의는 구속의 개시시점에 한하지 않고 구속영장의 효력을 계속 유지할 것인지, 아니면 취소 또는 실효시킬 것인지 여부도 사법권 독립의 원칙에 의거하여 신분이 보장되고 있는 법관의 판단에 의하여 결정되어야 한다는 것을 의미한다. 따라서 형사소송법 제331조 단서규정과 같이 구속영장의 실효 여부를 검사의 의견에 좌우되도록 하는 것은 헌법상의 적법절차의 원리에 위배된다. → 형사소송법 제331조 단서에 대한 위헌심판(헌재 1992.12.24. 92헌가8)

등급분류를 받지 아니한 음반 · 비디오 · 게임물을 문화부장관, 시 · 도지사, 시장 · 군수 · 구청장이 관계공무원으로 하여금 수거 · 폐기할 수 있도록 한 구 음반법 제24조(헌재 2002.10.31. 2000헌가12)

1. 행정상 즉시 강제에는 원칙적으로 영장주의가 적용되지 아니하므로 이 사건 법률조항은 영장주의에 위배되지 아니한다.
2. 게임물의 등급분류제를 확보함으로써 얻을 수 있는 이익인 건전한 사회기풍의 확보라는 공익이 크므로 재산권을 침해했다고 할 수 없다.

무죄의 선고를 받은 피고인의 강제연행(헌재 1997.12.24. 95헌마247)

무죄 등 판결을 받은 피고인은 법정에서 즉시 석방되어야 하는 것으로, 교도관이 석방절차를 밟는다는 이유로 법정에 있는 피고인을 그의 의사에 반하여 교도소로 다시 연행하는 것은 어떠한 이유를 내세운다고 할지라도 헌법상의 정당성을 갖는다고 볼 수 없는 것이다.

음주측정의무부과(헌재 1997.3.27. 96헌가11)

당사자의 협력이 궁극적으로 불가피한 측정방법을 두고 강제처분이라고 할 수 없을 것이다(호흡측정을 강제로 채취할 수 있는 물리적 · 기계적 방법이 기술적으로 불가능하다고 단정할 수는 없겠으나, 적어도 인간의 존엄성을 훼손하지 아니하는 적법한 보편적 방법으로는 불가능하다고 보아야할 것이다). 이와 같이 이 사건 음주측정을 두고 영장을 필요로 하는 강제처분이라 할 수 없는 이상 이 사건 법률조항은 헌법 제12조 제3항의 영장주의에 위배되지 아니한다.

피의자가 경찰공무원이나 검사의 심문을 받는 경우 신원과 지문채취에 불응하는 경우 형사처벌할 수 있도록 한 경범죄처벌법 제1조 제42호(헌재 2004.9.23. 2002헌가17.18)

지문채취는 강제처분이 아니므로 영장주의가 적용되지 않는다. 따라서 영장주의에 위반되지 아니한다.

소변채취강제(헌재 2006.7.27. 2005헌마277)

1. 교도소 수형자에게 소변을 받아 제출하게 한 것은 형을 집행하는 우월적인 지위에서 외부와 격

리된 채 형의 집행에 관한 지시, 명령을 복종하여야 할 관계에 있는 자에게 행해진 것으로서 그 목적 또한 교도소 내의 안전과 질서유지를 위하여 실시하였고 일방적으로 강제하는 측면이 존재하며, 응하지 않을 경우 직접적인 징벌 등의 제재는 없다고 하여도 불리한 처우를 받을 수 있다는 심리적 압박이 존재하리라는 것을 충분히 예상할 수 있는 점에 비추어 권력적 사실행위로서 헌법재판소법 제68조 제1항의 공권력의 행사에 해당한다.

2. 헌법 제12조 제3항의 영장주의는 법관이 발부한 영장에 의하지 아니하고는 수사에 필요한 강제처분을 하지 못한다는 원칙으로 소변을 받아 제출하도록 한 것은 <u>교도소의 안전과 질서유지를 위한 것으로 수사에 필요한 처분이 아닐 뿐만 아니라 검사대상자들의 협력이 필수적이어서 강제처분이라고 할 수 없어 영장주의의 원칙이 적용되지 않는다.</u>

한나라당 대통령후보 이명박의 주가조작 등 범죄혐의의 진상규명을 위한 특별검사의 임명 등에 관한 법률 위헌확인(헌재 2008.1.10. 2007헌마1468)
특별검사가 참고인에게 지정된 장소까지 동행할 것을 명령할 수 있게 하고 참고인이 정당한 이유 없이 위 농행명령을 거부한 경우 천만원 이하의 벌금형에 처하도록 규정한 이 사건 법률 제6조 제6항 · 제7항, 제18조 제2항(이하 '이 사건 동행명령조항'이라 한다)이 <u>영장주의 또는 과잉금지원칙에 위배하여 청구인들의 평등권과 신체의 자유를 침해한다고 보았다.</u>

경상북도의회에서의 증언 · 감정 등에 관한 조례(안)무효확인 청구의 소(대판 1995.6.30. 93추83)
지방의회에서의 사무감사 · 조사를 위한 증인의 동행명령장제도도 증인의 신체의 자유를 억압하여 일정 장소로 인치하는 것으로서 헌법 제12조 제3항의 "체포 또는 구속"에 준하는 사태로 보아야 하고, 거기에 현행범 체포와 같이 사후에 영장을 발부받지 아니하면 목적을 달성할 수 없는 긴박성이 있다고 인정할 수는 없으므로, 헌법 제12조 제3항에 의하여 법관이 발부한 영장의 제시가 있어야 함에도 불구하고 동행명령장을 법관이 아닌 <u>지방의회 의장이 발부하고 이에 기하여 증인의 신체의 자유를 침해하여 증인을 일정 장소에 인치하도록 규정된 조례안은 영장주의원칙을 규정한 헌법 제12조 제3항에 위반된 것이다.</u>

압수영장의 집행에 있어 필요한 처분(대판 2012.11.15. 2011도15258)
수사기관이 범죄 증거를 수집할 목적으로 피의자의 동의 없이 피의자의 혈액을 취득 · 보관하는 행위는 법원으로부터 감정처분허가장을 받아 형사소송법 제221조의4 제1항, 제173조 제1항에 의한 <u>'감정에 필요한 처분'으로도 할 수 있지만, 형사소송법 제219조, 제106조 제1항에 정한 압수의 방법으로도 할 수 있고</u>, 압수의 방법에 의하는 경우 혈액의 취득을 위하여 피의자의 신체로부터 혈액을 채취하는 행위는 혈액의 압수를 위한 것으로서 형사소송법 제219조, 제120조 제1항에 정한 <u>'압수영장의 집행에 있어 필요한 처분'에 해당한다.</u>

'체포영장 집행시 별도 영장 없이 타인의 주거 등을 수색할 수 있도록 한 형사소송법 조항 위헌소원 및 위헌제청 사건'(헌재 2018.4.26. 2015헌바370)
헌법재판소 전원재판부는 2018년 4월 26일 재판관 전원 일치 의견으로 체포영장을 집행하는 경우 필요한 때에는 타인의 주거 등 내에서 피의자 수색을 할 수 있도록 한 형사소송법(1995. 12. 29. 법률 제5054호로 개정된 것) 제216조 제1항 제1호 중 제200조의2에 관한 부분이 헌법에 합치되지 않는다는 결정을 선고하였다.
심판대상조항은 체포영장을 발부받아 피의자를 체포하는 경우에 '필요한 때'에는 영장 없이 타인의 주거 등 내에서 피의자 수사를 할 수 있다고 규정함으로써, 별도로 영장을 발부받기 어려운 긴급한 사정이 있는지 여부를 구별하지 아니하고 피의자가 소재할 개연성이 있으면 영장 없이 타인의 주거 등을 수색할 수 있도록 허용하고 있다. 이는 체포영장이 발부된 피의자가 타인의 주거 등에 소재할 개연성은 인정되나, 수색에 앞서 영장을 발부받기 어려운 긴급한 사정이 인정되지 않는 경우에도 영장 없이 피의자 수색을 할 수 있다는 것이므로, 위에서 본 헌법 제16조의 영장주의 예외 요건을 벗어난다.

형사소송법

제200조의3【긴급체포】① 검사 또는 사법경찰관은 피의자가 사형·무기 또는 장기 3년 이상의 징역이나 금고에 해당하는 죄를 범하였다고 의심할 만한 상당한 이유가 있고, 다음 각 호의 어느 하나에 해당하는 사유가 있는 경우에 긴급을 요하여 지방법원판사의 체포영장을 받을 수 없는 때에는 그 사유를 알리고 영장없이 피의자를 체포할 수 있다. 이 경우 긴급을 요한다 함은 피의자를 우연히 발견한 경우 등과 같이 체포영장을 받을 시간적 여유가 없는 때를 말한다.
  1. 피의자가 증거를 인멸할 염려가 있는 때
  2. 피의자가 도망하거나 도망할 우려가 있는 때
제200조의4【긴급체포와 영장청구기간】① 검사 또는 사법경찰관이 제200조의3의 규정에 의하여 피의자를 체포한 경우 피의자를 구속하고자 할 때에는 지체 없이 검사는 관할지방법원판사에게 구속영장을 청구하여야 하고, 사법경찰관은 검사에게 신청하여 검사의 청구로 관할지방법원판사에게 구속영장을 청구하여야 한다. 이 경우 구속영장은 피의자를 체포한 때부터 48시간 이내에 청구하여야 하며, 제200조의3 제3항에 따른 긴급체포서를 첨부하여야 한다.
제212조【현행범인의 체포】현행범인은 누구든지 영장없이 체포할 수 있다.
제213조의2【준용규정】제87조, 제89조, 제90조, 제200조의2 제5항 및 제200조의5의 규정은 검사 또는 사법경찰관리가 현행범인을 체포하거나 현행범인을 인도받은 경우에 이를 준용한다.
제214조【경미사건과 현행범인의 체포】다액 50만원 이하의 벌금, 구류 또는 과료에 해당하는 죄의 현행범인에 대하여는 범인의 주거가 분명하지 아니한 때에 한하여 제212조 내지 제213조의 규정을 적용한다.

Ⅳ. 변호인의 조력을 받을 권리(제12조 제4항)

1. 의의

무죄추정을 받는 피의자·피고인에 대하여 신체구속의 상황에서 발생하는 갖가지 폐해를 제거하고 구속이 악용되지 않도록 하기 위하여 인정된 권리를 말한다.

2. 내용

(1) 변호인선임권

(2) 변호인접견교통권

변호인의 조력을 받을 권리의 실질적 보장을 말한다.

(가) 주체   구속당한 피의자·피고인에만 한정된다.

(나) 제한   변호인과의 접견교통권은 변호인의 조력을 받을 권리의 필수적 내용이다.

3. 국선변호인의 조력을 받을 권리

(1) 국선변호인

형사피고인의 이익을 위하여 법원이 직권으로 선임하는 변호인을 말한다.

(2) 주체

원칙적으로 형사피고인의 권리이므로 형사피의자는 국선변호인의 조력을 받을 권리를 누릴 수는 없으나, 체포·구속적부심사에는 변호인의 참여가 요구됨으로 예외적으로 누릴 수는 있다.

(3) 사유

(가) 피고인(형사소송법 제33조)   미성년자, 70세 이상인 자, 농아자, 심신장애의 의심이 있는 자, 빈곤 기타의 사유로 변호인을 선임할 수 없는 자(이 경우는 피고인의 청구가 있는 때에 한함)

(나) 사형·무기 또는 단기 3년 이상의 징역이나 금고에 해당하는 사건에서 변호인이 없는 때(형사소송법 제282조, 제283조)

(다) 체포·구속적부심사에 있어 구속된 피의자에게 변호인이 없는 때(형사소송법 제214조의2 제10항)

4. 변호인의 조력을 받을 권리(헌재 판례)

(1) 의의 및 본질적 내용

헌법재판소가 91헌마111 결정에서 미결수용자와 변호인과의 접견에 대해 어떠한 명분으로도 제한할 수 없다고 한 것은 구속된 자와 변호인 간의 접견이 실제로 이루어지는 경우에 있어서의 '자유로운 접견', 즉 '대화내용에 대하여 비밀이 완전히 보장되고 어떠한 제한, 영향, 압력 또는 부당한 간섭 없이 자유롭게 대화할 수 있는 접견'을 제한할 수 없다는 것이지, 변호인과의 접견 자체에 대해 아무런 제한도 가할 수 없다는 것을 의미하는 것이 아니므로 미결수용자의 변호인 접견권 역시 국가안전보장·질서유지 또는 공공복리를 위해 필요한 경우에는 법률로써 제한될 수 있음은 당연하다(헌재 2011.5.26. 2009헌마341).

(2) 변호인의 권리인가의 여부

헌법상 변호인과의 접견교통권은 체포 또는 구속을 당한 피의자·피고인 자신에만 한정되는 신체적 자유에 관한 기본권이고, 변호인 자신의 구속된 피의자·피고인과의 접견교통권은 헌법상 권리라고 말할 수 없으며, 단지 형사소송법 제34조에 의하여 비로소 보장되는 권리임에 그친다(헌재 1991.7.8. 89헌마181).

(3) 적용례

(가) 서신교환의 보호 여부   헌법 제12조 제4항 본문은 신체구속을 당한 사람에 대하여 변호인의 조력을 받을 권리를 규정하고 있는 바, 이를 위하여서는 신체구속을 당한 사람에게 변호인과 사이의 충분한 교통접견을 허용함은 물론 교통내용에 대하여 비밀이 보장되고 부당한 간섭이 없어야 하는 것이며, 이러한 취지는 접견의 경우뿐만이 아니라 변호인과 미결수용자 사이의 서신에도 적용되어 그 비밀이 보장되어야 할 것이다. 다만, 미결수용자와 변호인 사이의 서신으로서

그 비밀을 보장하기 위해서는 첫째, 교도소 측에서 상대방이 변호인이라는 사실을 확인할 수 있어야 하고, 둘째, 서신을 통하여 마약 등 소지금지품의 반입을 도모한다든가 그 내용에 도주·증거인멸·수용시설의 규율과 질서의 파괴·기타 형벌법규에 저촉되는 내용이 기재되어 있다고 의심할 만한 합리적인 이유가 있는 경우가 아니어야 한다(헌재 1995.7.21. 92헌마144).

(나) 검사의 수사기록 등사신청거부   변호인의 조력을 받을 권리는 변호인과의 자유로운 접견교통권에 그치지 아니하고 더 나아가 변호인을 통하여 수사서류를 포함한 소송관계서류를 열람·등사하고 이에 대한 검토결과를 토대로 공격과 방어의 준비를 할 수 있는 권리도 포함된다고 보아야 할 것이므로 변호인의 수사기록 열람·등사에 대한 지나친 제한은 결국 피고인에게 보장된 신속·공정한 재판을 받을 권리 및 변호인이 조력을 받을 권리를 침해하는 것이다. → 등사신청거부 처분취소(헌재 1997.11.27. 94헌마60)

관련판례

변호인 접견방해
1. 수사기관이 변호인의 접견을 방해하고자 변호인이 헌법소원심판을 청구한 사건에서 헌법재판소는 변호인의 피의자와의 접견교통권은 헌법상의 권리가 아니므로 자기관련성이 인정될 수 없다 하여 각하결정을 하였다(헌재 1991.7.8. 89헌마81).
2. 수사기관이 변호인 접견을 방해하자 피의자가 헌법소원심판을 청구한 사건(헌재 2004.9.23. 2000헌마138)
가. 변호인의 조력을 받을 권리는 수사개시부터 판결확정시까지 존속하는 권리이다.
나. 형사피고인의 국선변호인의 조력을 받을 권리는 사적권리일 뿐 아니라 일정한 경우에는 공적 의무에 해당한다.
다. 피의자 피고인이 변호인과의 접견을 통해 상담하고 조언을 구할 권리는 구체적 입법 형성없이 헌법상의 변호인의 조력을 받을 권리로부터 직접 도출된다.
라. 피청구인이 2000.2.16. 청구인들에 대한 피의자 신문시 변호인들이 참여하여 조력할 수 있도록 해달라는 청구인들의 요청을 거부한 행위는 청구인들의 변호인의 조력을 받을 권리를 침해한 것으로서 위헌임을 확인한다.

재소자와 변호사와의 서신을 교도소장이 검열한 행위(헌재 1998.8.27. 96헌마398)
1. 서신발송의뢰거부행위: 보충성원칙 적용되어 각하결정
2. 서신검열행위: 보충성원칙 예외
3. 수형자와 변호사와의 서신검열
가. 통신의 자유는 제한하였으나 과잉금지원칙에 위반되지 않아 침해는 아니다.
나. 변호인의 조력을 받을 권리: <u>수형자는 원칙적으로 주체가 되지 아니하므로(재심절차가 있는 경우에 예외적으로나마 주체가 된다)</u> 서신교환행위는 변호인 조력을 받을 권리에서 보호되지 아니하

므로 서신검열행위는 변호인의 조력을 받을 권리 제한이 아니어서 침해가 아니다.

공소제기된 수사기록의 비공개

1. 공소제기된 수시기록에 대한 열람 · 등사를 거부한 검사의 행위는 피의자 피고인의 변호인의 조력을 받을 권리와 공정한 재판을 받을 권리 침해이다(헌재 1997.11.27. 94헌마60).
2. 수사기록 중 고소장과 피의자신문조서의 열람 · 등사청구에 대한 경찰서장의 비공개 결정은 변호인의 변호권과 알 권리 침해이다(헌재 2003.3.27. 2000헌마474).

수형자와 변호사의 접견횟수 제한(헌재 2004.12.16. 2002헌마478)

수형자는 변호인의 조력을 받을 권리의 주체가 되지 아니하므로 이 사건 접견제한은 변호인의 조력을 받을 권리 제한이 아니라 헌법 제27조의 재판청구권의 내용으로써 변호사의 도움을 받을 권리의 제한이다. <u>변호사와의 접견을 일반접견에 포함시켜 월 4회의 횟수제한을 받도록 한 것은 수형자의 재판청구권의 침해가 아니다.</u>

피구속자를 조력할 변호인의 권리(헌재 2003.3.27. 2000헌마474)

헌법 제12조 제4항은 "누구든지 체포 또는 구속을 당한 때에는 즉시 변호인의 조력을 받을 권리를 가진다"라고 규정함으로써 변호인의 조력을 받을 권리를 헌법상의 기본권으로 격상하여 이를 특별히 보호하고 있거니와 변호인의 "조력을 받을" 피구속자의 권리는 피구속자를 "조력할" 변호인의 권리가 보장되지 않으면 유명무실하게 된다. 그러므로 피구속자를 조력할 변호인의 권리 중 그것이 보장되지 않으면 피구속자가 변호인으로부터 조력을 받는다는 것이 유명무실하게 되는 핵심적인 부분은, <u>"조력을 받을 피구속자의 기본권"과 표리의 관계에 있기 때문에 이러한 핵심부분에 관한 변호인의 조력할 권리 역시 헌법상의 기본권으로서 보호되어야 한다.</u>

대결 2012.2.16. 2009모1044 전합

헌법상 보장되는 '변호인의 조력을 받을 권리'는 변호인의 '충분한 조력'을 받을 권리를 의미하므로, 일정한 경우 <u>피고인에게 국선변호인의 조력을 받을 권리를 보장하여야 할 국가의 의무에는 형사소송절차에서 단순히 국선변호인을 선정하여 주는 데 그치지 않고 한 걸음 더 나아가 피고인이 국선변호인의 실질적인 조력을 받을 수 있도록 필요한 업무 감독과 절차적 조치를 취할 책무까지 포함된다</u>고 할 것이다. 피고인을 위하여 선정된 국선변호인이 법정기간 내에 항소이유서를 제출하지 아니하면 이는 피고인을 위하여 요구되는 충분한 조력을 제공하지 아니한 것으로 보아야 하고, 이런 경우에 피고인에게 책임을 돌릴 만한 아무런 사유가 없는데도 항소법원이 형사소송법 제361조의4 제1항 본문에 따라 피고인의 항소를 기각한다면, 이는 피고인에게 <u>국선변호인으로부터 충분한 조력을 받을 권리를 보장하고 이를 위한 국가의 의무를 규정하고 있는 헌법의 취지에 반하는 조치이다.</u>

열람 · 등사 거부처분취소(헌재 2010.6.24. 2009헌마257)

피고인의 신속 · 공정한 재판을 받을 권리 및 변호인의 조력을 받을 권리는 헌법이 보장하고 있는 기본권이고, 변호인의 수사서류 열람 · 등사권은 피고인의 신속 · 공정한 재판을 받을 권리 및 변호인의 조력을 받을 권리라는 헌법상 기본권의 중요한 내용이자 구성요소이며 이를 실현하는 구체적인 수단이 된다. 따라서 <u>변호인의 수사서류 열람 · 등사를 제한함으로 인하여 결과적으로 피고인의 신속 · 공정한 재판을 받을 권리 또는 변호인의 충분한 조력을 받을 권리가 침해된다면 이는</u>

헌법에 위반되는 것이다.

형사소송법 제266조의4 제5항은 검사가 수사서류의 열람·등사에 관한 법원의 허용 결정을 지체 없이 이행하지 아니하는 때에는 해당 증인 및 서류 등에 대한 증거신청을 할 수 없도록 규정하고 있다. 그런데 이는 검사가 그와 같은 불이익을 감수하기만 하면 법원의 열람·등사 결정을 따르지 않을 수도 있다는 의미가 아니라, 피고인의 열람·등사권을 보장하기 위하여 검사로 하여금 법원의 열람·등사에 관한 결정을 신속히 이행하도록 강제하는 한편, 이를 이행하지 아니하는 경우에는 증거신청상의 불이익도 감수하여야 한다는 의미로 해석하여야 할 것이므로, 법원이 검사의 열람·등사 거부처분에 정당한 사유가 없다고 판단하고 그러한 거부처분이 피고인의 헌법상 기본권을 침해한다는 취지에서 수사서류의 열람·등사를 허용하도록 명한 이상, 법치국가와 권력분립의 원칙상 검사로서는 당연히 법원의 그러한 결정에 지체 없이 따라야 할 것이다. 그러므로 <u>법원의 열람·등사 허용 결정에도 불구하고 검사가 이를 신속하게 이행하지 아니하는 경우에는 해당 증인 및 서류 등을 증거로 신청할 수 없는 불이익을 받는 것에 그치는 것이 아니라, 그러한 검사의 거부행위는 피고인의 열람·등사권을 침해하고, 나아가 피고인의 신속·공정한 재판을 받을 권리 및 변호인의 조력을 받을 권리까지 침해하게 되는 것이다.</u>

피의자신문에 참여한 변호인에 대한 후방착석요구행위 등 위헌확인 사건(헌재 2017.11.30. 2016헌마503)

이 사건 후방착석요구행위로 인하여 위축된 피의자가 변호인에게 적극적으로 조언과 상담을 요청할 것을 기대하기 어렵고, 변호인이 피의자의 뒤에 앉게 되면 피의자의 상태를 즉각적으로 파악하거나 수사기관이 피의자에게 제시한 서류 등의 내용을 정확하게 파악하기 어려우므로, 이 사건 후방착석요구행위는 변호인인 청구인의 피의자신문참여권을 과도하게 제한한다. 그런데 이 사건에서 변호인의 수사방해나 수사기밀의 유출에 대한 우려가 없고, 조사실의 장소적 제약 등과 같이 이 사건 후방착석요구행위를 정당화할 그 외의 특별한 사정도 발견되지 아니하므로, 이 사건 후방착석요구행위는 침해의 최소성 요건을 충족하지 못한다. 이 사건 후방착석요구행위는 변호인인 청구인의 자유로운 피의자신문참여를 제한함으로써 헌법상 기본권인 <u>변호인의 변호권을 침해</u>하므로 취소되어야 할 것이나, 이 사건 후방착석요구행위는 이미 종료되었으므로 동일 또는 유사한 기본권 침해의 반복을 방지하기 위하여 선언적 의미에서 그에 대한 위헌확인을 하기로 한다.

헌재 2012.10.25. 2011헌마598

헌법 제12조 제4항의 변호인의 조력을 받을 권리는 신체의 자유에 관한 영역으로서 <u>가사소송에서 당사자가 변호사를 대리인으로 선임하여 그 조력을 받는 것을 그 보호영역에 포함된다고 보기 어렵다.</u>

헌재 1992.1.28. 91헌마111

헌법 제12조 제4항이 보장하고 있는 신체구속을 당한 사람의 변호인의 조력을 받을 권리는 무죄추정을 받고 있는 <u>피의자·피고인에 대하여</u> 신체구속의 상황에서 생기는 여러 가지 폐해를 제거하고 구속이 그 목적의 한도를 초과하여 이용되거나 작용하지 않게끔 보장하기 위한 것이다.

헌재 2011.5.26. 2009헌마341

변호인의 조력을 받을 권리를 보장하는 목적은 피의자 또는 피고인의 방어권 행사를 보장하기 위한 것이므로, 미결수용자 또는 변호인이 원하는 <u>특정한 시점에 접견이 이루어지지 못하였다</u> 하더라도 그것만으로 곧바로 변호인의 조력을 받을 권리가 침해되었다고 단정할 수는 없는 것이다.

헌재 2013.9.26. 2011헌마398
변호인의 조력을 받을 권리는 '형사사건'에서의 변호인의 조력을 받을 권리를 의미한다. 따라서 수 형자가 형사사건의 변호인이 아닌 민사사건, 행정사건, 헌법소원사건 등에서 변호사와 접견할 경우 에는 원칙적으로 헌법상 변호인의 조력을 받을 권리의 주체가 될 수 없다 할 것이므로, 이 사건 녹취행위에 의하여 청구인의 변호인의 조력을 받을 권리가 침해되었다고 할 수는 없다.

관련판례 변호인의 조력을 받을 권리

국가보안법 위반 피의사실 때문에 안기부에 구속당한 피의자가 변호인을 접견할 때 안기부수사관 이 접견에 참여해서 그들이 내용을 듣고 기록하여 또 만나고 있는 장면을 촬영하는 등 접견에 개 입하자 그러한 접견개입행위를 중지하도록 요구했으나 거절당했다. 그러자 피의자는 변호인의 도 움을 받을 권리를 침해당했다고 주장하면서 헌법소원심판을 청구하였다.
① 헌법소원상의 심판청구의 이익: 헌법소원의 본질은 '개인의 주관적 권리구제'뿐 아니라 '객관적 인 헌법질서의 보장'도 겸하고 있다. 따라서 침해행위가 앞으로도 '반복될 위험'이 있거나 당해 분 쟁의 해결이 '헌법질서의 수호·유지'를 위하여 긴요한 사항이어서 헌법적으로 그 '해명'이 중대한 의미를 지니고 있는 경우에는 '심판청구의 이익'이 있다고 보아야 한다.
② 종료된 기본권 침해행위의 헌법소원: 헌법소원의 대상이 된 침해행위는 이미 종료되었지만 제 도적으로 시행되고 있는 변호인의 접견방해의 '시정'을 위하여, 그리고 '헌법상 보장된 변호인접견 권'의 내용을 명백히 하기 위하여 그것의 위헌 여부를 확인할 필요가 있기 때문에 심판청구의 이 익이 있는 적법한 헌법소원이다.
③ 변호인의 조력을 받을 권리: 변호인의 조력을 받을 권리의 필수적 내용은 신체구속을 당한 사 람과 변호인과의 접견교통권이며, 이러한 접견교통권의 충분한 보장은 구속된 자와 변호인의 대화 내용에 대하여 비밀이 완전히 보장되고 어떠한 제한·영향·압력 또는 부당한 간섭 없이 자유롭 게 대화할 수 있는 접견을 통하여서만 가능하고, 이러한 자유로운 접견은 구속된 자의 변호인의 접견에 교도관이나 수사관 등 관계공무원의 참여가 없어야 가능하다. 피의자와 변호인 간의 자유 로운 접견은 신체 구속을 당한 사람에게 보장된 변호인의 조력을 받을 권리의 가장 중요한 내용 이므로 국가안전보장·질서유지·공공복리 등 어떠한 명분으로도 제한될 수 없다.
④ 헌법소원사건에서 당해 법률조항에 대한 위헌선언가능 여부: 피청구인의 위헌적인 공권력 행사 가 위와 같은 위헌법률에 기인한 것이라고 인정되므로 헌법재판소법 제75조 제5항에 의하여 행형 법 제62조의 준용규정 중 제18조 제3항을 미결수용자의 변호인 접견에도 준용하도록 한 부분에 대하여 위헌선언을 할 수 있다(헌재 1992.1.28. 91헌마111).

V. 체포·구속이유 등 고지·통지제도(제12조 제5항)

1. 의의

영·미제도로서 현행 헌법에서 신설되었으며, 피의자와 피고인의 적절한 방어수 단을 보장하기 위한 제도이다.

고지받을 자는 체포 또는 구속을 당하는 피의자이고, 통지받을 자는 가족 등 법률이 정하는 자이다.

2. 연혁

1) 영·미에서 인신보호를 위한 형사절차로 발전하였다.

2) 영국(구속이유표시제도), 미국(영장주의, 적법절차의 일부)

3) 우리나라는 제9차 개정헌법에서 신설되었다.

3. 내용

구분	고지	통지
주체	체포·구속을 당하는 자	그의 가족 등 법률이 정한 자
사유	체포·구속의 이유와 변호인의 조력을 받을 권리	체포·구속의 이유, 일시, 장소, 변호인의 조력을 받을 권리
시기	체포·구속 당시에 구두	체포·구속 후에 지체 없이 서면
성격	체포·구속의 적법 전제조건	체포·구속 후의 사후조치

4. 침해와 구제

① 침해 후 수집된 증거: 위법수집증거로 증거능력을 부인한다.

② 수사기관: 고지·통지의무 위반에 의한 불법행위를 이유로 형사처벌이 가능하다.

Ⅵ. 체포·구속적부심사제도(제12조 제6항)

1. 의의

체포·구속적부심사제란 체포 또는 구속된 피의자가 체포·구속의 적부 여부 심사를 청구하여 심사결과 적법한 것이 아닌 경우 법관이 직권으로 피의자를 석방하는 제도이다.

2. 연혁

1679년 영국의 인신보호법에서 유래하였으며, 미국에서 적법절차제도로 확립되었다. 우리나라에서는 1948년 미군정법령 제176호에 의해 도입, 건국헌법에서부터 실시하다가 유신헌법에서 삭제, 제5공화국에서 다시 부활하였으며, 제8차 개정헌법은 법률유보조항을 두었으나, 현행 헌법에서는 제8차 개정시의 법률유보조항을 삭제하였다. 현행 형사소송법은 피의자에게만 인정하여 피고인에게는 인정하고 있지 않다.

3. 주체

① **헌법**: 누구든지 체포·구속을 당한 자에게 인정된다고 규정하고 있다.

② **형사소송법**: 체포·구속된 피의자에게만 인정하고 있다.

▶ 형사소송법 제214조의2: 체포·구속영장에 의하여 체포 또는 구속된 피의자, 변호인, 법정대리인, 배우자, 직계친족, 형제자매, 가족, 동거인 또는 고용주는 관할법원에 구속의 적부심사를 청구할 수 있다.

▶ 영장 없이 긴급체포된 피의자도 적부심사를 청구할 수 있는지 여부에 대해 학설대립이 있었으나 최근 대법원 판례와 다수설은 긍정적이다.

> **관련판례** 체포영장 없이 긴급체포된 피의자도 적부심사를 청구할 수 있다(대판 1997.8.27, 97도21).
> 헌법 제12조 제6항과 형사소송법 제214조의2 제1항이 체포 또는 구속의 적부심사를 청구할 수 있다고 규정하고 있는 바, 형사소송법의 위 규정이 체포영장에 의하지 아니하고 체포된 피의자의 적부심사청구권을 제외한 취지라고 볼 것은 아니므로 긴급체포 등 체포영장에 의하지 아니하고 체포된 피의자의 경우에도 헌법과 형사소송법의 위 규정에 따라 그 적부심사를 청구할 수 있다.

4. 청구사유

모든 범죄(제9차 개헌 시 제8차시의 법률유보를 삭제)에 대한 체포·구속의 적부심이 가능해졌다.

5. 심사기관

체포영장 또는 구속영장을 발부한 법관은 제3항의 심문·조사·결정에 관여하지 못한다. 다만, 체포영장 또는 구속영장을 발부한 법관 외에는 심문·조사·결정을 할 판사가 없는 경우에는 관여할 수 있다(형사소송법 제214조의2 제12항).

6. 심사절차

동일한 영장발부에 대하여 적부심사를 재청구할 때, 수사방해의 목적이 명백한 때에는 심문 없이 기각할 수 있다. 법원은 청구가 이유 없다고 인정한 때 기각하고, 이유가 있다고 인정한 때 피의자의 석방을 명하여야 한다(형사소송법 제214조의2 제3항, 제4항).

7. 판단시기

적부심사시설(다수설): 구속영장발부가 적법한가뿐만 아니라 영장발부가 적법하더라도 적부심사 당시에 구속할 필요가 있는가도 판단하는 것이다.

8. 법원의 결정에 대한 불복

법원의 적부심사에 대한 기각이나 인용결정에 대해 검사나 피의자는 항고할 수 없다(형사소송법 제214조의2). 다만, 대법원은 법원의 보증금 납입부 석방결정에 대한 검사의 보통항고는 인정하였다.

9. 우리나라의 특징

(1) 재심청구·항고적 성격

우리나라의 구속적부심사제는 인신보호영장제도라기보다는 사후구제제도로서 단독판사의 구속영장발부에 대한 재심청구 내지는 항고적 성격을 띠고 있다.

(2) 국선피고인선임제도

일반적으로 형사피고인에 한정되나, 구속적부심사시는 피의자에게 변호인이 없을 때 예외적으로 국선변호인의 선정이 가능하다.

형사소송법

제214조의2(체포와 구속의 적부심사) ① 체포 또는 구속된 피의자 또는 그 변호인, 법정

대리인, 배우자, 직계친족, 형제자매나 가족, 동거인 또는 고용주는 관할법원에 체포 또는 구속의 적부심사를 청구할 수 있다. 〈개정 1987.11.28, 1995.12.29, 2005.3.31, 2007.6.1〉

② 피의자를 체포 또는 구속한 검사 또는 사법경찰관은 체포 또는 구속된 피의자와 제1항에 규정된 자 중에서 피의자가 지정하는 자에게 제1항에 따른 적부심사를 청구할 수 있음을 알려야 한다. 〈신설 2007.6.1〉

③ 법원은 제1항에 따른 청구가 다음 각 호의 어느 하나에 해당하는 때에는 제4항에 따른 심문 없이 결정으로 청구를 기각할 수 있다. 〈개정 1987.11.28, 1995.12.29, 2007.6.1〉

  1. 청구권자 아닌 자가 청구하거나 동일한 체포영장 또는 구속영장의 발부에 대하여 재청구한 때

  2. 공범 또는 공동피의자의 순차청구가 수사방해의 목적임이 명백한 때

④ 제1항의 청구를 받은 법원은 청구서가 접수된 때부터 48시간 이내에 체포 또는 구속된 피의자를 심문하고 수사관계서류와 증거물을 조사하여 그 청구가 이유없다고 인정한 때에는 결정으로 이를 기각하고, 이유있다고 인정한 때에는 결정으로 체포 또는 구속된 피의자의 석방을 명하여야 한다. 심사청구 후 피의자에 대하여 공소제기가 있는 경우에도 또한 같다. 〈개정 1995.12.29, 2004.10.16, 2007.6.1〉

⑧ 제3항과 제4항의 결정에 대하여는 항고하지 못한다. 〈개정 2007.6.1〉

⑨ 검사·변호인·청구인은 제4항의 심문기일에 출석하여 의견을 진술할 수 있다. 〈개정 2007.6.1〉

⑩ 체포 또는 구속된 피의자에게 변호인이 없는 때에는 제33조의 규정을 준용한다. 〈개정 1995.12.29, 2007.6.1〉

⑫ 체포영장 또는 구속영장을 발부한 법관은 제4항부터 제6항까지의 심문·조사·결정에 관여하지 못한다. 다만, 체포영장 또는 구속영장을 발부한 법관외에는 심문·조사·결정을 할 판사가 없는 경우에는 그러하지 아니하다. 〈개정 1995.12.29, 2007.6.1〉

관련판례 형사소송법 제214조의2 제1항 위헌소원(헌재 2004.3.25. 2002헌바104)

【쟁점】 피의자에 한하여 체포구속적부심사를 청구할 수 있도록 규정한 것이 신체의 자유를 침해한 것인지 여부

【주문】
1. 형사소송법 제214조의2 제1항은 헌법에 합치되지 아니한다.

2. 위 규정은 입법자가 개정할 때까지 계속 적용된다.

【내용】신체의 자유를 회복하기 위한 절차적 기회의 제한(신체의 자유에 대한 제한은 없음)
검사의 전격기소가 있는 경우 구속 자체의 헌법적 정당성 여부에 관하여 결정할 권한이 없는 검사의 일방적인 행위로 인하여 법원으로부터 실질적인 심사를 받고자 하는 청구인의 '절차적 기회'가 박탈되는 결과가 초래되므로, 이 부분에 있어서 법적인 공백상태가 발생하는 것이다. 즉, 검사가 청구인에 대하여 전격기소를 하지 아니하였다고 가정하더라도 법원은 여러 가지 다른 사정을 고려하여 청구인의 적부심사청구를 기각할 수도 있기 때문에 '피의자'라는 청구인 적격을 '존속요건'으로 규정한 이 사건 법률조항으로 인하여 청구인의 '신체의 자유'에 대한 제한이 발생한 것은 아니고, 단지 이로 인하여 '신체의 자유'를 회복할 수 있는 청구인의 '절차적 기회'가 제한되는 것이다.

Ⅶ. 자백의 증거능력 및 증명력 제한(세12조 제7항)

1. 의의

임의성 없는 자백의 증거능력을 제한하고, 보강증거가 없는 유일한 자백의 증명력을 정식재판에서 제한함으로써 자백강요를 위한 인신침해를 방지하려는 데 그 의의가 있다.

2. 연혁

미국에서 위법수집증거배제의 원칙을 판례(Mapp 사건, Escobedo 사건, Miranda 사건)를 통하여 확립되었다.

3. 내용

(1) 자백의 증거능력 제한(전단)

피고인의 자백이 임의로 진술된 것이 아닌 경우 진실성 여부를 불문하고 증거능력을 부인한다(자백의 임의성).

▶ 자백의 임의성이 인정된다고 하더라도 이것은 그 자백의 증거능력이 있다는 것에 지나지 않으며, 그 자백의 증명력까지 당연히 인정되는 것은 아니다(대판 86도2399).

(2) 자백의 증명력 제한(후단)

자백의 임의성은 인정되나 유일한 증거인 경우 유죄의 증거로 삼거나 이를 이유로 처벌 불가하다. 정식재판에서만 인정한다(자백의 신빙성).

(3) 즉결심판에서는 자백만으로 유죄판결을 할 수 있다. 그러나 공판정에서의 자백은 강요된 것이 아니라 하더라도 그것만으로는 유죄로 할 수 없다(대판 66도 634). 따라서 공판정에서의 자백도 보강을 요하는 자백에 포함된다.

Ⅷ. 죄형법정주의(제12조 제1항 후단, 제13조 제1항 전단)

1. 의의

이미 제정된 정의로운 법률에 의하지 아니하고는 처벌받지 아니한다는 원칙으로서 국가권력의 남용으로부터 국민의 자유와 안전을 보장하기 위한 근대시민적 법치국가의 헌법원칙이다(1215년, 마그나카르타).

2. 파생원칙

(1) 형벌법률주의와 관습형법금지의 원칙

범죄와 형벌은 형식적 의미의 법률로 규정되어야 한다. 명령이나 규칙은 원칙적으로 범죄와 형벌을 규정할 수 없으나 법률이 범죄구성요건의 구체적 기준, 형의 종류 및 최고한도를 구체적으로 정하여 위임하여 명령이 형벌을 규정하는 것은 허용된다. 법률의 효력을 갖는 긴급명령, 긴급재정경제명령, 조약에 의한 범죄와 형벌규정은 죄형법정주의에 위반되지 않는다.

관련판례

관세법이나 특정범죄 가중처벌 등에 관한 법률의 개정 없이 조약에 의하여 관세범에 대한 처벌을 가중(헌재 1998.11.26. 97헌바65)
마라케쉬협정도 적법하게 체결되어 공포된 조약이므로 국내법과 같은 효력을 갖는 것이어서 그로 인하여 '새로운 범죄를 구성하거나' 범죄자에 대한 '처벌이 가중된다고 하더라도' 이것은 국내법에 의하여 형사처벌을 가중한 것과 같은 효력을 갖게 되는 것이다. 따라서 마라케쉬협정에 의하여 관세법 위반자의 처벌이 가중된다고 하더라도 이를 들어 법률에 의하지 아니한 형사처벌이라거나 행위시의 법률에 의하지 아니한 형사처벌이라고 할 수 없다.

과태료가 죄형법정주의에 포함되는지 여부(소극)(헌재 1998.5.28. 96헌바83)
죄형법정주의는 무엇이 범죄이며 그에 대한 형벌이 어떠한 것인가는 국민의 대표로 구성된 입법부가 제정한 법률로써 정하여야 한다는 원칙인데, 부동산등기특별조치법 제11조 제1항 본문 중 제2조 제1항에 관한 부분이 정하고 있는 과태료는 행정상의 질서유지를 위한 행정질서벌에 해당할 뿐 형벌이라고 할 수 없어 죄형법정주의의 규율대상에 해당하지 아니한다.

도로교통법 제159조 위헌제청(헌재 2010.7.29. 2009헌가14)
헌법재판소는 2010년 7월 29일 구 도로교통법 제159조 중 "개인의 대리인·사용인 그 밖의 종업원이 개인의 업무에 관하여 제150조 제1호의 위반행위를 한 때에는 그 개인에 대하여도 각 해당 조의 벌금 또는 과료의 형을 과한다"라는 부분 등에 대하여 재판관 7(전부위헌): 2(합헌)의 의견으로 책임주의 원칙에 반하므로 헌법에 위반된다는 결정을 선고하였다.
이 사건 심판대상 법률조항들은 개인이 고용한 종업원 등의 일정한 범죄행위 사실이 인정되면 종업원 등의 범죄행위에 대한 영업주의 가담여부나 종업원 등의 행위를 감독할 주의의무 위반여부 등을 전혀 묻지 않고 곧바로 영업주인 개인을 종업원 등과 같이 처벌하도록 규정하고 있는 바, 이는 아무런 비난받을 만한 행위를 한 바 없는 자에 대해서까지 다른 사람의 범죄행위를 이유로 처벌하는 것으로서 형벌에 관한 책임주의에 반하므로 헌법에 위반된다.

성충동 약물치료(속칭 화학적 거세)의 위헌 여부(헌재 2015.12.23. 2013헌가9)
헌법재판소는 2015년 12월 23일 ① 재판관 6(합헌) : 3(위헌)의 의견으로, 성폭력범죄를 저지른 성도착증 환자로서 성폭력범죄를 다시 범할 위험성이 있다고 인정되는 19세 이상의 사람에 대한 검사의 약물치료명령 청구에 관한 '성폭력범죄자의 성충동 약물치료에 관한 법률' 제4조 제1항은 과잉금지원칙을 위배하여 치료대상자의 기본권을 침해한다고 볼 수 없으므로 헌법에 위반되지 아니하고, ② 재판관 6(헌법불합치) : 3(위헌)의 의견으로 법원의 약물치료명령 선고에 관한 같은 법률 제8조 제1항은, 장기형의 선고로 치료명령의 선고시점과 집행시점 사이에 상당한 시간적 간극이 존재하여 집행시점에서 치료의 필요성이 달라진 때에 불필요한 치료를 배제할 수 있는 절차가 없는 상태에서 선고시점에서 치료명령청구가 이유 있는 경우 치료명령을 선고하도록 한 점에서 과잉금지원칙을 위배하여 치료대상자의 기본권을 침해하여 헌법에 위반되고, 다만 위와 같은 위헌적인 부분은 치료명령의 선고시점에서 현실화되는 것이 아니라, 집행시점에서 구체적으로 문제되고, 그 때까지 개선입법을 하여 제거될 수 있다는 이유로, 위 제4조 제1항에 대해서는 합헌, 제8조 제1항에 대해서는 계속적용을 명하는 헌법불합치 결정을 선고하였다.

상해죄의 동시범 사건(헌재 2018.3.29. 2017헌가10)
헌법재판소는 2018년 3월 29일 재판관 4:5의 의견으로, 독립행위가 경합하여 상해의 결과를 발생하게 한 경우에 있어서 원인된 행위가 판명되지 아니한 때에는 공동정범의 예에 의하도록 한 형법 제263조가 헌법에 위반되지 아니한다는 결정을 선고하였다. 심판대상조항은 가해행위가 가지는 특수성과 사회에 미치는 영향 등을 고려하여 가해행위로 인한 범죄의 발생을 예방하고 피고인이 의도하거나 예상한 상해의 결과에 대한 정당한 응보를 통하여 실질적인 정의를 실현하고자 하는 목적에서 상해의 결과를 발생시킨 가해행위를 한 피고인에게 자신의 행위로 인한 결과에 대해 책임을 지도록 하는 것이므로, 책임주의원칙에 반한다고 볼 수 없으므로, 헌법에 위반되지 아니한다.

(2) 형벌불소급의 원칙

(가) 개념　　　행위시에 죄가 되지 아니하는 행위는 사후 입법에 의해 처벌되지 아니한다는 원칙이다.

(나) 공소시효와 소급효금지　　　공소시효에 관한 규정은 소급효금지에 해당하지 아니한다는 것이 우리 헌법재판소와 독일 연방헌법재판소의 입장이다.

(다) 보안처분과 소급효금지　　　헌재 판례는 보호감호에 대한 형벌불소급원칙이 적용된다는 입장이다. 대법원 판례는 보호관찰처분에 대한 형벌불소급원칙이 적용되지 않는다는 입장이다.

보호관찰에 형벌불소급 적용 제외(대판 1997.6.13. 97도703)

보호관찰은 형벌이 아니라 보안처분의 성격을 갖는 것으로 그에 대하여 반드시 행위 이전에 규정되어 있어야 하는 것은 아니며, 재판시의 규정에 의하여 보호관찰을 받을 것을 명할 수 있다고 보아야 할 것이고, 이러한 해석이 형벌불소급의 원칙에 위배되는 것은 아니다.

판례의 변경은 소급효금지에 반하지 않는다(대판 1999.9.17. 97도3349).

형사처벌의 근거가 되는 것은 법률이지 판례가 아니고, 형법조항에 관한 판례의 변경은 그 법률조항의 내용을 확인하는 것에 지나지 아니하여 이로써 그 법률조항 자체가 변경된 것이라고 볼 수는 없으므로 행위 당시의 판례에 의하면 처벌대상이 되지 아니하는 것으로 해석되었던 행위를 판례의 변경에 따라 확인된 내용의 형법조항에 근거하여 처벌한다고 하여 그것이 헌법상 평등의 원칙과 형벌불소급의 원칙에 반한다고 할 수는 없다.

소위 '황제노역'과 관련하여 노역장유치기간의 하한을 정하면서 개정 전 범죄행위에 대하여도 소급 적용하도록 한 형법 조항 사건(헌재 2017.10.26. 2015헌바239)

형법 부칙(2014. 5. 14. 법률 제12575호) 제2조 제1항은 헌법에 위반된다. 노역장유치는 벌금형에 부수적으로 부과되는 환형처분으로서, 그 실질은 신체의 자유를 박탈하여 징역형과 유사한 형벌적 성격을 가지고 있으므로, 형벌불소급원칙의 적용대상이 된다. 따라서 법률 개정으로 동일한 벌금형을 선고받은 사람에게 노역장유치기간이 장기화되는 등 불이익이 가중된 때에는, 범죄행위시의 법률에 따라 유치기간을 정하여 선고하여야 한다. 노역장유치조항은 1억 원 이상의 벌금을 선고받는 자에 대하여 유치기간의 하한을 중하게 변경시킨 것이므로, 이 조항 시행 전에 행한 범죄행위에 대해서는 범죄행위 당시에 존재하였던 법률을 적용하여야 한다. 그런데 부칙조항은 노역장유치조항의 시행 전에 행해진 범죄행위에 대해서도 공소제기의 시기가 노역장유치조항의 시행 이후이면 이를 적용하도록 하고 있으므로, 이는 범죄행위 당시 보다 불이익한 법률을 소급 적용하도록 하는 것으로서 헌법상 형벌불소급원칙에 위반된다.

신용협동조합 임원 선거운동 제한 위반시 형사처벌 사건(헌재 2020.6.25. 2018헌바278 – 위헌)

헌법재판소는 2020년 6월 25일 재판관 7:2의 의견으로 임원의 선거운동 기간 및 선거운동에 필요한 사항을 정관에서 정할 수 있도록 규정한 신용협동조합법 제27조의2 제2항 내지 제4항이 헌법에 위반된다는 결정을 선고하였다.

ㅇ 신용협동조합법 제27조의2 제2항 내지 제4항은 구체적으로 허용되는 선거운동의 기간 및 방법을 시행령이나 시행규칙이 아닌 정관에 맡기고 있어 정관으로 정하기만 하면 임원 선거운동의 기간 및 방법에 관한 추가적인 규제를 설정할 수 있도록 열어 두고 있다.

ㅇ 이는 범죄와 형벌은 입법부가 제정한 형식적 의미의 법률로 정하여야 한다는 죄형법정주의를 위반한 것이므로 헌법에 위반된다.

재판관 전원일치 의견으로 자격정지 이상의 형을 받은 전과가 있는 자에 대하여 선고유예를 할 수 없도록 규정한 형법 제59조 제1항 단서가 헌법에 위반되지 않는다는 결정을 선고하였다.[합헌]

구 도로법상 양벌규정 위헌제청 사건(헌재 2020.6.25. 2020헌가7 – 위헌)

헌법재판소는 2020. 6. 25. 재판관 전원일치 의견으로, 법인의 종업원 등이 적재량 측정 방해행위를 하면 그 법인에게도 동일한 벌금형을 과하도록 규정한 구 도로법 제86조 중 '법인의 대리인 · 사용인 기타의 종업원이 그 법인의 업무에 관하여 제82조 제8의3호의 규정에 의한 위반행위를 한 때'에 관한 부분이 헌법에 위반된다는 결정을 선고하였다.

ㅇ 이처럼 심판대상조항은 종업원 등의 범죄행위에 관하여 비난할 근거가 되는 법인의 독자적인 책임에 관하여 전혀 규정하지 않은 채, 단순히 법인이 고용한 종업원 등이 업무에 관하여 범죄행위를 하였다는 이유만으로 법인에 대하여 형벌을 부과하도록 정하고 있는바, 이는 헌법상 법치국가원리로부터 도출되는 책임주의원칙에 위배된다.

(3) 유추해석금지의 원칙

유추해석금지의 원칙이란 특히 형벌관련사항에서 법적용자가 법률에 규정이 없는 사항에 대해 유사한 사항의 법률조항을 적용시키는 것을 금지하는 원칙이다.

> **관련판례** 헌법소원제기시 공소시효의 중단 여부(헌재 1993.9.27. 92헌마284)
>
> 공소시효제도는 비록 절차법인 형사소송법에 규정되어 있으나 실질은 국가형벌권의 소멸이라는 점에서 형의 시효와 마찬가지로 실체법적 성격을 갖고 있는 것으로, 예외로서 시효가 정지되는 경우는 특별히 법률로써 명문의 규정을 둔 경우에 한하여야 할 것이다. 만일 법률에 명문으로 규정되어 있지 아니한 경우에도 재정신청에 관한 위 법조의 규정을 피의자에게 불리하게 유추적용하여 공소시효의 정지를 인정하는 것은 유추적용이 허용되는 범위를 일탈하여 법률이 보장한 피의자의 법적 지위의 안정을 법률상의 근거없이 침해하는 것이 되고, 나아가서는 헌법 제2조 제항, 제13조 제항이 정하는 적법절차주의, 죄형법정주의에 반하게 되며, 헌법재판소가 사실상의 입법행위를 하는 결과가 되므로 형사소송법 제262조의2의 규정의 유추적용으로 고소사건에 대한 헌법소원이 심판에 회부된 경우도 공소시효가 정지된다고 인정함은 허용되지 않는다고 보아야 할 것으로 생각된다.

(4) 절대적 부정기형의 금지

절대적 부정기형이란 자유형에 대한 선고형의 기간을 재판에서 확정하지 않고 행형의 경과에 따라 사후에 결정하는 것이다.

절대적 부정기형은 장기와 단기가 전혀 특정되지 않은 것이고, 상대적 부정기형은 장기와 단기가 법정되어 있는 것이다. 상대적 부정기형은 소년범의 교화나 갱생을 위해 허용될 수 있다.

(5) 명확성의 원칙(헌재 1989.12.12. 88헌가13)

(가) 명확성의 의미   누구나 법률이 처벌하고자 하는 행위가 무엇이며 그에 대한 형벌이 어떠한 것인지를 예견할 수 있고 그에 따라 자신의 행위를 결정지을

수 있도록 구성요건이 명확할 것을 의미하는 것이다.

(나) 명확성 요구의 정도   다소 광범위하고 어느 정도의 범위에서는 법관의 보충적인 해석을 필요로 하는 개념을 사용하여 규정하였다고 하더라도 그 적용단계에서 다의적으로 해석될 우려가 없는 이상 그 점만으로 헌법이 요구하는 명확성의 요구에 배치된다고는 보기 어렵다.

관련판례 헌법재판소 판례에서 명확성의 원칙

1. 명확성의 원칙은 모든 법률에 있어 동일한 정도로 요구되는 것은 아니고 개개의 법률이나 법조항의 성격에 따라 요구되는 정도가 다르며, 어떤 규정이 부담적 성격을 가지는 경우에는 수익적 성격을 가지는 경우에 비하여 명확성의 원칙이 더욱 엄하게 요구된다고 할 것이다(헌재 1992.2.25. 89헌가104).

2. 명확성의 원칙은 특히 처벌법규에 있어서 엄격히 요구되는데, 다만, 그 구성요건이 명확하여야 한다고 하여 입법권자가 모든 구성요건을 단순한 의미의 서술적인 개념에 의하여 규정하여야 한다는 것은 아니고, 자의를 허용하지 않는 통상의 해석방법에 의하더라도 당해 처벌법규의 보호법익과 그에 의하여 금지된 행위 및 처벌의 종류와 정도를 누구나 알 수 있도록 규정되어야 한다는 의미로 파악되어야 할 것이며, 처벌법규의 구성요건이 다소 광범위하여 어떤 범위에서는 법관의 보충적인 해석을 필요로 하는 개념을 사용하였다고 하더라도 그 점만으로 헌법이 요구하는 처벌법규의 명확성에 반드시 배치되는 것이라고는 볼 수 없다(헌재 2001.8.30. 99헌바92, 2000헌바39, 2000헌마67 병합).

3. 명확성의 원칙은 기본적으로 최대한이 아닌 최소한의 명확성을 요구하는 것이다(헌재 1998.4.30. 95헌가16).

4. 처벌을 규정하고 있는 법률조항이 구성요건이 되는 행위를 같은 법률조항에서 직접 규정하지 않고 다른 법률조항에서 이미 규정한 내용을 원용하였다거나 그 내용 중 일부를 괄호 안에 규정하였다는 사실만으로 명확성 원칙에 위반된다고 할 수는 없다(헌재 2010.3.25. 2009헌바121).

관련판례 명확성원칙 위반인 것

명령 또는 정관에 위반하는 행위를 함으로써 금고 또는 연합회에 손해를 끼쳤을 때 처벌한다는 새마을금고법 제66조 제1항 제2호(헌재 2001.1.18. 1999헌바12)
범죄행위의 유형을 정하는 구성요건규정과 제재규정인 처벌규정을 별도의 조항에서 정하고 있는 법규인 경우 처벌규정에서 범죄구성요건에 해당하는 당해 법률규정을 명시하는 것이 통상의 예이고, 법규수범자는 처벌규정에서 정한 당해 법조에 의해 자신의 어떠한 행위가 처벌받는지를 예측할 수 있게 되지만, 이 규정의 경우는 '이 법과 이 법에 의한 명령'이라고만 되어있을 뿐 처벌규정에서 범죄구성요건에 해당하는 규정을 특정하지 아니하였을 뿐만 아니라 처벌규정 자체에서도 범죄구성요건을 정하고 있지 아니하여 금지하고자 하는 행위유형의 실질을 파악할 수 없도록 하고 있으므로 죄형법정주의의 명확성원칙에 위반된다.

단체협약에 위반한 자 처벌하는 구 노동조합법 제46조의3(헌재 1998.3.26. 96헌가20)
구 노동조합법 제46조의3은 그 구성요건을 '단체협약에 … 위반한 자'라고만 규정함으로써 범죄

구성요건의 외피(外皮)만 설정하였을 뿐 구성요건의 실질적 내용을 직접 규정하지 아니하고 모두 단체협약에 위임하고 있어 죄형법정주의의 기본적 요청인 '법률주위'에 위배되고, 그 구성요건도 지나치게 애매하고 광범위하여 죄형법정주의의 명확성의 원칙에 위배된다.

가정의례의 참뜻에 비추어 합리적인 범위를 벗어난 경조기간 중 주류 및 음식물 접대행위를 처벌하는 가정의례에 관한 법률 제4조 제1항(헌재 1998.10.15. 98헌마168)

미성년자에게 잔인성을 조장할 우려가 있는 만화를 미성년자에게 반포, 판매, 증여, 대여하는 행위를 처벌하는 미성년자보호법 제2조의2(헌재 2002.2.28. 99헌가8)
잔인성을 조장할 우려는 모호하고 막연한 개념이므로 명확성원칙에 위반된다.

아동의 덕성을 심히 해할 우려가 있는 도서관행물, 광고물, 기타 내용물을 제작, 판매하는 행위를 처벌하는 아동보호법 제18조(헌재 2002.2.28. 99헌가8)
아동의 덕성을 해할 우려가 있는 도서 등의 내용은 모호하고 막연한 개념이므로 명확성원칙에 위반된다.

헌재 1995.9.28. 93헌바50
헌법재판소는 정부관리기업체의 간부직원을 공무원으로 간주하여 처벌하고 있는 특가법 제4조에 관한 헌법소원사건에서, '정부·관리·기업체'라고 하는 것이 추상적이고 광범위하며, 수뢰죄와 같은 신분범에 있어 그 주체에 관한 규정이 지나치게 광범위하고 불명확하다면 명확성을 결여한 것으로 죄형법정주의에 위반된다고 하였다.

관련판례 명확성 원칙 위반이 아닌 것

허가 없이 근무장소 또는 지정장소를 일시 이탈하거나 지정한 시간 내에 지정한 장소에 도달하지 못한 자를 처벌하는 군형법 제79조의 무단이탈죄 조항(헌재 1999.2.24. 97헌바3)
이 사건 법률조항의 피적용자는 일반국민이 아니라 군인으로서 구체적 상황에서 자신의 행위가 무단이탈행위에 해당하는지 여부를 잘 인식할 수 있으므로 명확성원칙에 위반되지 아니한다.

청소년보호위원회가 청소년 유해매체물로 결정한 매체물을 청소년에게 판매·배포한 자를 처벌하는 청소년보호법 제8조, 제10조, 제17조 등(헌재 2000.6.29. 99헌가16)
청소년 유해매체물의 결정기준이 선정적이거나 음란한 것, 포악성이나 범죄 충동을 일으킬 수 있는 것으로 규정되어 있어 어떤 매체물이 청소년 유해매체물로 결정될지 그 대강을 예측할 수 있도록 하고 있으므로 죄형법정주의 명확성원칙에 위반되지 않는다.

계간 기타 추행한 행위를 처벌하는 군형법 제92조(헌재 2002.6.27. 2001헌바70)
'추행'이란 일반적으로 정상적인 성적 만족행위에 대비되는 다양한 행위태양을 총칭하는 것이고, 그 구체적인 적용범위도 사회적 변화에 따라 변동되는 동태적 성격을 가지고 있기 때문에 입법자가 이러한 변태성 성적 만족행위의 모든 형태를 미리 예상한 다음, '추행'에 해당하는 행위를 일일이 구체적, 서술적으로 열거하는 방식으로 명확성의 원칙을 관철하는 것은 입법기술상 불가능하거나 현저히 곤란하다. 이 사건 법률조항의 범죄구성요건 사실인 '추행'은 '군이라는 공동사회의 건전한 생활과 군기'라는 보호법익을 침해하는 동시에 일반인의 입장에서 추행행위로 평가될 수 있는 행위이고, 건전한 상식과 통상적인 법감정을 가진 군형법 피적용자는 어떠한 행위가 이 사건 법률조항의 구성요건에 해당되는지 여부를 어느 정도 쉽게 파악할 수 있으며, 법률적용자가 이 사건 법률조항 중 '기타 추행' 부분을 자의적으로 확대하여 해석할 염려가 없기 때문에 형벌법규의 명확성의 원칙에 위배되지 아니한다.

헌재 1996.8.29. 94헌바15
영화법 제4조 제1항은 '업'이라는 일반적 개념을 사용하고 있지만, 같은 법 제4조 제4항, 같은 법 시행령 제5조의2의 규정 등과 종합하여 볼 때 위 규정에서 '영화의 제작을 업으로 하는 자'라 함은 영리를 목적으로 하는지 여부와 관계없이 영화를 계속·반복하여 제작하고자 하는 자를 의미하는 것으로 해석하여야 하고, 이러한 해석은 일반인으로서도 통상적으로 인식할 수 있는 것이라고 보아야 할 것이므로 영화법 제4조 제4항은 죄형법정주의의 한 가지인 형벌법규의 명확성의 원칙에 위반한다고 볼 수 없다.

헌재 2000.4.27. 98헌바95 등(변호사법 제90조 제2호 위헌소원 - 합헌)
1. 이 사건 법률규정인 '일반의 법률사건' 부분은 그 입법취지, 입법연혁, 규정형식에 비추어 보면 법관의 보충적 해석을 통하여 확정될 수 있는 개념이다.
2. 이 사건 법률규정인 '일반의 법률사건' 및 '법률사무' 부분이 불명확하여 죄형법정주의에서 요구하는 처벌법규 구성요건의 명확성의 원칙에 위배된다고 볼 수 없다.

헌재 2000.6.29. 98헌바67(문화재보호법 제80조 제2항 등 위헌소원 - 합헌)
이 사건 법률조항의 '유형의 문화적 소산으로서 역사상 또는 예술상 가치가 큰 것과 이에 준하는 고고자료' 부분이 불명확하여 형벌법규의 명확성의 원칙에 위배된다고 할 수 없다.

도로교통법 제20조의2 제2호에 대한 위헌 여부
헌법재판소는 '도로의 구부러진 곳'을 앞지르기 금지장소로 규정한 도로교통법 제20조의2 제2호에 대한 위헌사건에서 위 규정에 '위험을 초래할 정도로', '시야를 가린', '전망할 수 없는' 등의 내용을 추가하는 것이 명확성을 더욱 담보할 수 있다 할지라도, 위 규정이 불명확한 개념은 아니어서 명확성의 원칙에 반하지 않는다고 하였다(헌재 2000.2.24. 99헌가4 참조).

노동쟁의의 제3자 개입처벌규정과 죄형법정주의(명확성의 원칙)
노동쟁의 행위에의 제3자 개입을 금지·처벌하는 노동쟁의조정법 제13조의2와 제45조의2는 "…… 기타 이에 영향을 미칠 목적으로 개입하는 행위"라고 규정된바, 애매모호하고 광범위하게 구성요건을 규정하여 죄형법정주의에 반하는 위헌이 아닌가?
1. 법 제13조의2가 규정하는 제3자개입금지는 헌법이 인정하는 근로3권의 범위를 넘어선 행위를 규제하기 위한 입법일 뿐, 근로자가 단순한 상담이나 조력을 받는 것을 금지하고자 하는 것은 아니므로 근로자 등의 위 기본권을 제한하는 것이라고는 볼 수 없다.
2. 처벌법규의 구성요건이 다소 광범위하여 '법관의 보충적인 해석'을 필요로 하는 개념을 사용하였더라도 그 점만으로 헌법이 요구하는 '처벌법규의 명확성'에 반드시 배치되는 것이라고 볼 수 없고, 그 구성요건 '전체'와의 관련 아래 판단하여야 한다. 그런데 노동쟁의조정법 제13조의2는 명

확성을 충족하므로 죄형법정주의에 위반되지 아니한다.

형법 제314조 제1항 등 위헌소원(헌재 2011.12.29. 2010헌바54)
헌법재판소는 2011년 12월 29일 관여 재판관 전원일치의 의견으로, 형법(1995.12.29. 법률 제5057호로 개정된 것) 제314조 제1항 중 '위계로써 또는 위력으로써 사람의 업무를 방해한 자' 부분, 제324조 중 '협박으로 사람의 권리행사를 방해하거나 의무없는 일을 하게 한 자' 부분, 제350조(공갈), 형법 제30조(공동정범)이 죄형법정주의의 명확성원칙에 위배되지 아니하고, 위 조항들을 소비자들이 집단적으로 벌이는 소비자불매운동에 적용하더라도 헌법이 소비자보호운동을 보장하는 취지에 반하지 않으며, 달리 여타의 기본권을 침해하지 아니하므로, 헌법에 위반되지 아니한다는 결정을 선고하였다.

성매매처벌법상 권유죄 명확성 사건(헌재 2017.9.28. 2016헌바376)
성매매알선 등 행위의 처벌에 관한 법률(2011. 5. 23. 법률 제10697호로 개정된 것) 제19조 제1항 제1호 중 '성매매를 권유하는 행위'에 관한 부분은 헌법에 위반되지 아니한다.
죄형법정주의의 명확성원칙 위반 여부심판대상조항은 성매매를 하는 행위와는 별도의 구성요건으로 '권유'의 행위태양을 통하여 성매매를 용이하게 하는 행위를 처벌하고 있다. '권유'의 사전적 의미, 성매매처벌법의 입법취지, 관련조항, 법원의 해석·적용 등을 종합적으로 살펴보면, 심판대상조항에서 말하는 '권유'란 상대방이 실제 성매매행위에 나아갈 것을 요하지는 아니하나, 성교행위나 유사 성교행위가 이루어지기 위한 조건을 어느 정도 구체적으로 제시하면서 상대방이 성을 판매 또는 구매하도록 의사를 형성·확대하는 데 영향을 미치는 일체의 행위를 의미함을 알 수 있다.따라서 심판대상조항은 죄형법정주의의 명확성원칙에 위반되지 아니한다.

허위사실공표 사건(헌재 2017.7.27. 2015헌바219)
구 공직선거법(2010.1.25. 법률 제9974호로 개정되고, 2015.12.24. 법률 제13617호로 개정되기 전의 것) 제250조 제1항의 '경력등' 중 같은 법 제64조 제5항의 '경력' 부분은 헌법에 위반되지 아니한다. 건전한 상식과 통상적인 법감정을 가진 사람의 입장에서는 후보자가 각종 세금을 성실하게 납부하였는지를 판단할 수 있는 체납사실을 공직 후보자의 지금까지의 이력 중 중요한 '경력'으로 보는 것이 당연하다. 결국 심판대상조항의 해석이 불명확하여 수범자의 예측가능성을 해하거나 법집행기관의 자의적인 집행을 초래할 정도로 불명확하다고는 할 수 없으므로, 심판대상조항은 죄형법정주의의 명확성원칙에 위반되지 않는다.

3. 벌칙규정의 위임문제

(1) 일반적·포괄적 위임금지. 그러나 긴급한 필요가 있거나 부득이한 사정시 구성요건은 구체적으로 정하고, 형의 종류 및 그 상한과 폭을 규정하여 위임 가능(헌재 1995.10.26. 93헌바62)하다.

(2) 조례에 의한 벌칙규정

법률의 위임에 의한 경우 가능하다. 1천만 원 이하의 과태료 부과 가능하다.

IX. 일사부재리의 원칙(제13조 제1항)

1. 의의

일사부재리란 실체판결(유죄, 무죄, 면소, 집행유예 불문)이 확정되어 기판력이 발생하면 동일한 사건에 대하여 거듭 심판(처벌)할 수 없다는 형사상의 원칙을 말한다. 확정판결이 있는 사건에 대해 다시 공소가 제기되면 법원은 면소의 선고를 해야 한다(형사소송법 제326조 제1호). 일사부재리원칙은 죄형법정주의와는 구별되는 별개의 원칙이다.

2. 이중위험금지의 원칙과의 관계

구분	일사부재리의 원칙	이중위험금지의 원칙
연혁	대륙법상의 원칙	영미법상의 원칙
내용	실체적 효력(기판력이 있는 사건의 재차의 심판을 금지)	절차적 효력(공판절차가 일정한 단계에 이르면 다시 그 절차의 반복 금지)
효력	판결이 확정되어야만 효력 발생	절차의 일정한 단계에서 효력 발생
범위	기판력 범위와 일치	기판력의 범위보다 넓게 적용됨

> **정리**
>
> **이중위험금지원칙**
> 미연방헌법 수정 제5조(누구든지 동일한 범행에 대하여 재차 생명 또는 신체에 대한 위협을 받지 아니한다)에 근거한 원칙으로 일정단계에 이르면 동일절차를 반복하여 다시 위험에 빠뜨릴 수 없다는 절차상 원리이다. 우리나라는 채택하고 있지 않다.

3. 이중처벌에서 처벌의 의미

헌법 제13조 제1항에서 말하는 처벌은 원칙적으로 범죄에 대한 국가의 형벌권 실행으로서의 과벌을 의미하는 것이고 국가가 행하는 일체의 제재나 불이익처분을 모두 그 처벌에 포함시킬 수는 없다고 할 것이다(헌재 1994.6.30, 92헌바38).

4. 적용범위

일사부재리의 원칙은 실체재판(유죄·무죄)과 실체관계적 형식재판(면소)에만 적용되며 실체적 확정력이 없는 형식재판(공소기각, 관할 위반)에는 적용되지 아니한다. 이중처벌금지의 원칙은 이중처벌만을 금지하는 것이 아니라 반복적 형사절차의 금지를 의미한다. 따라서 유죄이든 무죄이든 확정판결을 받은 사건을 형사소송의 대상으로 할 수 없다. 즉결처분이 있을 때도 같다.

다만, 유죄의 확정판결에 대한 재심은 선고받은 자의 이익을 위해서만 가능하다(형사소송법 제420조). 따라서 무죄의 확정판결이 있는 경우 새로운 증거로 범죄의 확증이 생기더라도 선고받은 자의 불이익을 위한 재심절차는 허용되지 아니하므로 무죄를 유죄로 하는 재심은 금지된다.

다음의 경우는 이중처벌에 해당하지 아니한다.

① 공소기각, 관할 위반의 형식적 재판

② 재심의 경우

③ 누범·경합범·상습범 가중

④ 검사가 불기소처분했다가 다시 공소를 제기한 경우

⑤ 형사처벌과 보호감호처분(보안처분)의 병과(헌재 1991.4.1, 89헌마17 등 병합)

⑥ 외국법원의 확정판결을 받은 동일한 행위에 대한 우리나라에서의 판결(대판 1983.10.25, 83도2366)

⑦ 형벌과 과태료 부과(대판 1989.6.19, 88도1983)

⑧ 탄핵결정을 받은 자에 대한 형벌 부과

⑨ 직위해제 + 감봉처분

⑩ 퇴직 후의 사유로 퇴직급여 제한

⑪ 불공정거래행위에 대한 형벌과 과징금 부과

⑫ 형벌과 신상공개

일사부재리의 원칙과 일사부재의의 원칙

일사부재리의 원칙	일사부재의의 원칙
• 헌법상 원리(헌법 제13조 제1항) • 형사원칙	• 법률상 원리(국회법 제85조) • 국회의사의 원칙

1. 헌법재판소는 보안처분은 본질, 목적, 기능면에서 형벌과 구별되므로 사회보호법상의 보호감호와 보안관찰법상의 보안관찰처분은 거듭처벌금지의 원칙에 위반되지 않는다고 하였다(헌재 1989.7.14. 88헌가5·8).

2. 헌법재판소는 건축법 제56조의2 제1항에 대한 헌법소원사건에서 무허가 건축행위로 형벌을 받은 자에게(건축법 제54조 제1항) 위법 건축물에 대한 시정명령에 위반한 경우 과태료를 부과하도록 한 것은(건축법 제56조의2) 전자는 무허가 건축행위를 한 건축주 등의 행위자체를 처벌하려는 것이고, 후자는 위법 건축물을 막고 행정명령의 실효성을 확보하기 위하여 제재를 가하는 것이므로 이중처벌에 해당하지 아니한다고 하였다(헌재 1994.6.30. 92헌바38).

3. 헌법재판소는 누범을 가중처벌하고 있는 형법 제35조에 대한 헌법소원사건에서 누범에 대한 가중처벌은 전범에 대하여 처벌을 받았음에도 다시 범행을 하는 경우에 전범과 후범을 일괄하여 다시 처벌하는 것이 전범에 대하여 형벌을 받았음에도 다시 범행을 하였다는 데 있으므로 일사부재리원칙에 위반되지 않으며, 상습범 처벌의 대상은 이미 처벌받은 전범이 아니라 후범이며, 상습성의 위험성 때문에 가중처벌하는 것이므로 일사부재리원칙에 위반되지 않는다고 하였다(헌재 1995.2.23. 93헌바43).

4. **청소년의 성보호에 관한 법률 제20조 제2항 제1호 등 위헌제청(헌재 2003.6.26. 2002헌가14 – 합헌)**
헌법 제13조 제1항에서 말하는 '처벌'은 원칙적으로 범죄에 대한 국가의 형벌권 실행으로서의 과벌을 의미하는 것이고, 국가가 행하는 일체의 제재나 불이익처분을 모두 그 '처벌'에 포함시킬 수는 없다. 법 제20조 제1항은 "청소년의 성을 사는 행위 등의 범죄방지를 위한 계도"가 신상공개제도의 주된 목적임을 명시하고 있는바, 이 제도가 당사자에게 일종의 수치심과 불명예를 줄 수 있다고 하여도, 이는 어디까지나 신상공개제도가 추구하는 입법목적에 부수적인 것이지 주된 것은 아니다. 또한 공개되는 신상과 범죄사실은 이미 공개재판에서 확정된 유죄판결의 일부로서 개인의 신상 내지 사생활에 관한 새로운 내용이 아니고, 공익목적을 위하여 이를 공개하는 과정에서 부수적으로 수치심 등이 발생된다고 하여 이것을 기존의 형벌 외에 또 다른 형벌로서 수치형이나 명예형에 해당한다고 볼 수는 없다. 그렇다면 신상공개제도는 헌법 제13조의 이중처벌금지원칙에 위배되지 않는다.

5. 사업자가 부당하게 특수관계인 또는 다른 회사에 가지급금·대여금·인력·부동산 등을 제공하거나 현저히 유리한 조건으로 지원하는 행위를 금지하고 이를 위반시 매출액의 100분의 2를 곱한 금액을 초과하지 않는 금액 내에서 과징금을 부과할 수 있도록 한 공정거래법 제24조의2(헌재 2003.7.24. 2001헌가25)
가. 과징금은 형벌권 실행으로서의 과벌인 처벌에 해당하지 아니하므로 공정거래법에서 형사처벌과 과징금을 병과할 수 있도록 하더라도 이중처벌금지원칙에 위반되지 아니한다.
나. 매출액의 100분의 2까지 과징금을 부과할 수 있도록 한 것은 과잉금지원칙에 위반되지 아니한다.

X. 소급입법의 금지(제13조 제2항)

(1) 소급입법의 유형(헌재 판례에 따름)

(가) 진정소급입법   이미 과거에 완성된 사실 또는 법률관계를 대상으로 하는 경우(진정소급입법)에는 입법권자의 입법형성권보다 당사자가 구법질서에 기대했던 신뢰보호의 견지에서, 그리고 법적 안정성을 도모하기 위하여 특단의 사정이 없는 한 구법에 의하여 얻은 자격과 권리는 새로운 입법을 함에 있어 존중해야 할 것이다. 따라서 진정소급입법은 원칙적으로 위헌이다.

(나) 부진정소급입법   이미 과거에 시작하였으나 이미 완성되지 아니하고 진행과정에 있는 사실 또는 법률관계를 규율의 대상으로 하는 경우(부진정소급입법)에는 구법질서에 대하여 기대했던 당사자의 신뢰보호보다는 광범위한 입법형성권을 경시해서는 안 될 것이므로 특단의 사정이 없는 한 새 입법을 하면서 구법관계 내지 구법상의 기대이익을 존중하여야 하는 의무는 발생하지 않는다. 따라서 부진정소급입법을 원칙적으로 허용된다.

(2) 형벌의 불소급의 원칙

> **관련판례** 특정 범죄자에 대한 위치추적 전자장치 부착등에 관한 법률 부칙 제2조 제1항 위헌제청
> (헌재 2012.12.27. 2010헌가82)
> 헌법재판소는 2012년 12월 27일 전자장치 부착을 통한 위치추적 감시제도가 처음 도입되어 시행될 때 부착명령의 대상에서 제외되었던 2008.9.1 이전에 제1심판결을 선고받은 사람들 중 구 '특정 범죄자에 대한 위치추적 전자장치 부착 등에 관한 법률'(2010.4.15. 법률 제10257호로 개정되고, 2012. 12.18. 법률 제11558호로 개정되기 전의 것) 시행 당시 징역형 등의 집행 중이거나 집행이 종료, 가종료·기출소·가석방 또는 면제된 후 3년이 경과하지 아니한 자에 대하여도 위치추적 전자장치를 부착할 수 있도록 규정하고 있는 '특정 범죄자에 대한 위치추적 전자장치 부착 등에 관한 법률'(2008.6.13. 법률 제9112호) 부칙 제2조 제1항(2010.4.15. 법률 제10257호로 개정된 것)은 <u>형벌불소급의 원칙과 과잉금지원칙에 위배되지 아니하므로 헌법에 위반되지 아니한다는 결정을 선고하였다.</u>

(3) 소급입법에 의한 국민의 참정권 제한 예

(가) 제헌국회   반민족행위자처벌법

(나) 4·19   반민주행위자공민권제한법

(다) 5 · 16   정치활동정화법
(라) 5 · 17   정치풍토쇄신을 위한 특별조치법 등이 있었다.

(4) 소급입법에 의한 재산권 박탈의 금지

(5) 개정된 신법이 국민에게 유리한 경우의 소급입법의 의무(존부)

개정된 신법이 피적용자에게 유리한 경우 이른바 시혜적인 소급입법을 하여야 한다는 입법자의 의무가 헌법상의 원칙들로부터 도출되지는 아니한다.

따라서 이러한 시혜적인 조치를 할 것인가를 결정함에 있어서는 국민의 권리를 제한하거나 새로운 의무를 부과하는 경우와는 달리 보다 광범위한 입법형성의 자유를 갖는다. → 특정범죄 가중처벌 등에 관한 법률 부칙 제2항 등 위헌소원(헌재 1998.11.26, 97헌바65)

XI. 연좌제 금지(제13조 제3항)

1. 연혁

체8차 개정헌법에 처음으로 규정하였다.

2. 개념

책임개별화의 원칙 및 자기책임의 원칙에 의하여 연좌제는 금지된다. 친족이나 타인행위로 인한 불이익 처우를 금지한다는 원칙이다. 이때의 불이익이란 국가기관에 의한 모든 불이익을 뜻한다.

그러나 하급자의 업무상 행위에 대하여 상급공무원에게 책임을 물어 인사조치 하는 것은 연좌제 금지에 반하지 아니한다. 왜냐하면 감독을 태만하게 했다는 자기행위에 대한 책임이기 때문이다.

> **관련판례**
> 반국가행위자의 처벌에 관한 특별조치법 제8조의 궐석재판에 의한 재산몰수(헌재 1996.1.25. 95헌가5)
> 친족의 재산까지도 반국가행위자의 재산이라고 검사가 적시하기만 하면 특조법 제7조 제7항에 의

하여 증거조사 없이 몰수형이 선고되게 되어 있으므로 특조법 제8조는 헌법 제13조 제3항에도 위반된다.

배우자가 기부행위금지위반죄 등으로 징역 또는 300만원 이상의 선고받은 때 당선을 무효로 하는 공선법 제26조(헌재 2005.12.22. 2005헌마19)
헌법 제13조 제3항은 친족의 행위와 본인 간의 실질적으로 의미있는 아무런 관련성이 인정될 수 없음에도 불구하고 친족이라는 사유 그 자체만으로 불이익한 처우를 가하는 경우에만 적용된다. 배우자는 후보자와 불가분의 선거운명공동체를 형성함으로 이 사건 법률조항은 연좌제에 해당하지 아니한다.

자동차손해배상보장법 제3조 단서 제2호 위헌제청, 자동차손해배상보장법 제3조 단서 제2호 위헌소원(헌재 1998.5.28. 96헌가4, 97헌가6·7, 95헌바58(병합))
이 사건 법률조항이 아래에서 보는 바와 같이 운행자의 재산권을 본질적으로 제한하거나 평등의 원칙에 위반되지 아니하는 이상 위험책임의 원리에 기하여 무과실책임을 지운 것만으로 헌법 제119조 제1항의 자유시장 경제질서나 청구인이 주장하는 <u>헌법 전문 및 헌법 제13조 제3항의 연좌제 금지의 원칙에 위반된다고 할 수 없다.</u>

인지세법 제1조 제2항 위헌확인(헌재 2007.5.31. 2006헌마1169)
2인 이상이 공동으로 문서를 작성한 경우에 그 작성자는 당해 문서에 대한 인지세를 연대하여 납부할 의무가 있음을 규정한 인지세법 제1조 제2항은 과세문서의 공동작성자에게 인지세 연대납세의무를 지우는 것이고 자기의 행위가 아닌 행위에 대하여 납세의무를 부과하는 것이 아니므로, <u>헌법 제13조 제3항에 위반된다고 볼 수 없다.</u>

공직자윤리법 제14조의4 제1항 위헌제청(헌재 2012.8.23. 2010헌가65)
헌법재판소는 2012년 8월 23일 재판관 4인의 의견으로 국회의원이 보유한 직무관련성 있는 주식의 매각 또는 백지신탁을 명하고 있는 구 공직자윤리법 제14조의4 제1항(이하 '이 사건 법률조항')이 헌법에 위반되지 않는다고 선고하였다.
헌법재판소는, 이 사건 법률조항이 국회의원의 보유주식과 직무 사이의 이해충돌을 방지하기 위하여 국회의원 및 그 이해관계인이 직무관련성이 인정되는 주식을 보유하고 있는 경우 당해 국회의원으로 하여금 그 보유주식을 매각 또는 독립된 지위에 있는 수탁자에게 백지신탁하도록 강제하는 것은 정당한 입법목적 달성을 위한 적합한 수단으로서, 그 적용대상과 범위를 최소화하고 있고 달리 입법목적을 동일한 수준으로 달성할 수 있는 다른 대체수단이 존재한다고 단정할 수 없으므로 과잉금지의 원칙에 반하여 국회의원의 재산권을 침해한다고 볼 수 없고, 나아가 이 사건 법률조항이 국회의원의 평등권을 침해하거나 <u>연좌제 금지원칙에 위배되는 것도 아니라고 판단하였다.</u>

XII. 무죄추정의 원칙(제27조 제4항)

1. 개념

무죄추정의 원칙은 공소제기 이전의 피의자는 물론 공소가 제기된 피고인까지도 유죄의 판결이 확정될 때까지는 죄 없는 자에 준하여 취급되어야 하고 불이익을 입혀서는 아니 된다는 원칙이다.

2. 범위

피고인·피의자 모두 무죄로 추정되며, 유죄판결의 확정 전까지 무죄로 추정된다. 유죄의 확정판결은 1심의 종국판결이 아니라 최종적인 확정판결을 의미한다. 또한 실형, 형의 면제, 선고유예, 집행유예와 같은 실체적 확정판결을 의미한다. 면소판결은 실체적 판단 없이 재판을 형식적으로 제외하므로 면소판결을 받은 자는 무죄로 추정된다.

3. 내용

(1) 불구속수사·불구속재판원칙

피의자와 피고인은 무죄로 추정되므로 불구속수사·불구속재판을 원칙으로 해야 한다. 따라서 구속수사·재판은 예외적이고 비례원칙을 준수하여 도주·증거인멸의 우려 등을 고려하여 결정해야 한다.

(2) 입증책임

피고인은 무죄로 추정되므로 범죄사실의 입증책임은 검사가 부담해야 한다. 따라서 피고인이 무죄임을 입증해야 하는 것이 아니라 범죄에 대한 확증이 없을 때, 의심스러울 때에는 피고인의 이익으로(in dubio pro reo)라는 원칙에 따라 재판을 해야 한다.

(3) 적용범위

헌법 제27조 제4항의 무죄추정의 원칙이란 공소의 제기가 있는 피고인이어야 하고, 불이익을 입혀서는 안 된다는 것이며, 가사 그 불이익을 입힌다 하여도 필요한 최소한도에 그치도록 비례의 원칙이 존중되어야 할 것이다. 여기의 불이익에는 형사절차상의 처분뿐만 아니라 그 밖의 기본권 제한과 같은 처분도 포함된다고 할 것이며, 불이익은 죄가 없는 자에 준하는 취급이 아님은 말할 것도 없고, 불이익을 입히는데 필요한 요건, 불이익처분의 기관구성, 절차 및 불이익의 정도 등에 있어서 비례의 원칙이 준수되어야 한다(헌재 1990.11.19. 90헌가48).

관련판례

1. 헌법재판소는 변호사법 제15조에 대한 위헌심판사건에서 공소가 제기되었다는 사실만 가지고 업무정지를 하는 것은 무죄추정의 원칙에 반하고, 제한을 위하여 선택된 수단이 제도의 당위성이나 목적에 부합되지 않으므로 위헌이라고 하였다(헌재 1990.11.19. 90헌가48).

2. 헌법재판소는 사립학교법 제58조의2 제1항 단서에 대한 위헌심판사건에서 형사사건으로 기소되었다는 사실만 가지고 필요적으로 직위해제를 하도록 한 것은 무죄추정의 원리에 위반되어 위헌이라고 하였으나, 형사사건으로 기소된 자에게 임면권자가 직위를 부여하지 않을 수 있도록 한 것(동법 제1항 제3호)은 합헌이라고 하였다(헌재 1994.7.29. 93헌가3).

3. 헌법재판소는 압수한 관세법칙 물건을 국고에 귀속하도록 한 관세법 제215조는 유죄판결이 확정되기도 전에 무죄추정을 받는 자의 소유에 속한 압수물건을 국고에 귀속하도록 한 것이므로 무죄추정의 원칙에 위반된다고 하였다(헌재 1997.5.29. 96헌가17).

4. 헌법재판소 전원재판부는 2009년 6월 25일 재판관 8 : 1의 의견으로 판결선고 전 구금일수의 통산을 규정한 형법 제57조 제1항 중 "또는 일부" 부분이 헌법상 무죄추정원칙 및 적법절차원칙을 위배하여 합리성과 정당성 없이 신체의 자유를 지나치게 제한함으로써 헌법에 위반된다는 결정을 선고하였다(헌재 2009.6.25. 2007헌바25).
• 형법 제57조【판결선고 전 구금일수의 통산】① 판결선고 전의 구금일수는 그 전부 또는 일부를 유기징역, 유기금고, 벌금이나 관료에 관한 유치 또는 구류에 산입한다.
〈단순위헌, 2007헌바25, 2009.6.25. 형법 제57조 제1항 중 "또는 일부" 부분은 헌법에 위반된다.〉

5. 형법 제35조 위헌소원(헌재 2011.5.26. 2009헌바63)
헌법재판소는 2011년 5월 26일 재판관 전원의 일치된 의견으로 "1. 형법 제35조 제1항, 제2항은 일사부재리원칙, 평등원칙 및 무죄추정의 원칙에 위배된다거나 책임주의에 반하는 과잉형벌이라고 할 수 없으므로 헌법에 위반되지 아니한다.
• 형법(1953.9.18. 법률 제293호로 제정된 것) 제35조【누범】① 금고 이상의 형을 받아 그 집행을 종료하거나 면제를 받은 후 3년 내에 금고 이상에 해당하는 죄를 범한 자는 누범으로 처벌한다.
② 누범의 형은 그 죄에 정한 형의 장기의 2배까지 가중한다.

제4장 사회적·경제적 자유

거주 이전의 자유/직업선택의 자유/영업의 자유와 한계/재산권의 보장/
주거의 자유/사생활의 비밀과 자유/통신의 자유/소비자의 권리

제1절 거주 이전의 자유

(1) 의의

거주 이전의 자유란 자기가 원하는 곳에 주소나 거소를 설정하거나 그것을 이
전하거나 자기의사에 반하여 주거지를 옮기지 않을 자유를 의미한다.

(2) 법적 성격

1) 경제적 기본권의 성격 + 정신적 자유의 성격
2) 연혁적으로 재산권의 보장과 직업선택의 자유와 밀접(Weimar헌법이 효시)

(3) 주체 – 국민의 권리

1) 내국인·법인이 해당된다.
2) 외국인: 부정설이 다수설이다.

(4) 내 용

(가) 국내 거주 이전의 자유

1) 국내에서의 주소·거소·여행의 자유
2) 고향의 권리(허: 인구정책이나 지역개발을 이유로 고향을 떠나 타 지역으로 이사
할 것을 강요받지 않을 권리)
3) 미성년자의 '가출의 자유'는 인정되지 않는다.
(나) 국외 거주 이전의 자유   해외이주의 자유, 해외여행의 자유, 귀국의

자유 등이 있다. 해외이주법이 국외이주를 신고사항으로 규정하고 있는 것은 위헌이 아니다. 출국의 자유 중 병역의무자의 출국을 제한하는 것은 거주 이전의 자유에 위배되지 아니한다.

(다) 국적 이탈의 자유 세계인권선언에 규정되어 있으며 인정설이 통설이다 (단, 무국적의 자유는 보장되지 않는다).

(라) 입·출국의 자유 모든 국민은 귀국(입국)의 자유가 보장된다. 북한에서 귀순한 동포는 대한민국 국민이므로 입국의 자유에 의하여 보호된다. 외국인은 입국의 자유가 원칙적으로 보장되지 않으나, 출국의 자유는 원칙적으로 보장되나 제한받을 수 있다. 병역의무자에 대한 해외여행허가제와 귀국보증제도는 거주 이전의 자유침해가 아니다.

관련판례 헌재 판례

헌재 1997.11.27. 97헌바10
헌법재판소는 약사법 제37조 제2항에 대한 헌법소원사건에서 약사법은 국민의 보건·위생을 위하여 약사의 자격요건을 엄격하게 규정하고 있으며, 한약업사는 전문약사가 부족한 지역에 한하되 그것도 판매지역·판매행위 등 제한된 범위 내에서 영업을 허가하였을 뿐이므로 한약업사는 약사에 대하여 보충적 지위를 가지며, 한약업사시험을 공고할 때 영업허가예정지역과 그 허가인원을 공고하고 응시원서에 영업예정지 및 약도를 첨부하도록 하였으므로, 한약업사의 영업지 제한(보사부령이 정한 지역 내에서)은 국민의 건강유지 및 향상이라는 공공복리를 위한 제한이며 정도와 목적이 정당하므로 합헌이라고 하였다.

헌재 1995.4.20. 92헌바29
헌법재판소는 거주 이전의 자유가 국민에게 그가 선택할 직업 내지 그가 취임할 공직을 그가 선택하는 임의의 장소에서 자유롭게 행사할 수 있는 권리까지 보장하는 것은 아니며, 직업에 관한 규정이나 공직취임의 자격에 관한 제한규정이 그 직업 또는 공직을 선택하거나 행사하려는 자의 거주 이전을 간접적으로 어렵게 하거나 불가능하게 하거나 원하지 않는 지역으로 이주할 것을 강요하게 될 수는 있으나, 그와 같은 조치가 특정한 직업 내지 공직의 선택 또는 행사에 있어서의 필요와 관련되어 있는 것인 한, 그러한 조치에 의하여 직업의 자유나 공무담임권이 제한될 수는 있어도 거주 이전의 자유가 제한되었다고 볼 수 없다고 하였다.

지방자치단체장 입후보선거에서 거주요건
거주 이전의 자유가 국민에게 그가 선택할 직업 내지 그가 취임할 공직을 그가 선택하는 임의의 장소에서 자유롭게 행사할 수 있는 권리까지 보장하는 것은 아니다. 따라서 당해 관할구역에 90일 이상 거주를 지방자치단체장 입후보요건으로 한 공선법조항으로 헌법 제15조의 직업의 자유 내지 헌법 제25조의 공무담임권이 제한될 수는 있어도 헌법 제14조의 거주 이전의 자유가 제한되었다고 볼 수 없다(헌재 1996.6.26. 96헌마200).

해직공무원의 보상금산출기간 산정에 있어 이민을 제한사유로 한 경우

헌법상 거주 이전의 자유 속에 국외거주의 자유가 포함된다고 하여도 1980년 해직공무원의 보상 등에 관한 특별 조치법 제2조 제5항은 그 자체 청구인이나 대한민국 국민 누구에게도 거주 이전의 자유를 제한하는 것이라거나 국외이주를 제한하는 규정이 아니므로, 동조항에 따른 보상의 차별이 있더라도 동규정이 헌법상 재외국민의 평등권을 침해하였다고 할 수 없는 것과 마찬가지로 거주 이전의 자유를 침해한 것이라 할 수 없다(헌재 1993.12.23. 89헌마189).

대도시 내 법인의 등록세율 중과

지방세법 제138조 제1항 제3호가 법인의 대도시 내의 부동산등기에 대하여 통상세율의 5배를 규정하고 있다 하더라도 그것이 대도시 내에서 업무용 부동산을 취득할 정도의 재정능력을 갖춘 법인의 담세능력을 일반적으로 또는 절대적으로 초과하는 것이어서 그 때문에 법인이 대도시 내에서 향유하여야 할 직업수행의 자유나 거주 이전의 자유가 형해화할 정도에 이르러 그 기본적인 내용이 침해되었다고 볼 수 없다(헌재 1998.2.27. 98헌바79).

출국금지

법무부령이 정하는 금액 이상의 벌금 또는 추징금을 납부하지 아니한 자에 대하여 법무부장관이 출국을 금지할 수 있도록 한 출입국관리법 제4조는 추징금을 납부하지 않는 자에 대한 출국금지로 국가형벌권 실현을 확보하고자 하는 국가의 이익은 형벌집행을 회피하고 재산을 국외로 도피시키려는 자가 받게 되는 출국금지의 불이익에 비하여 현저히 크다. 이처럼 고액 추징금 미납자에게 하는 출국금지조치는 정당한 목적실현을 위해 상당한 비례관계가 유지되는 합헌적 근거 법조항에 따라 시행되는 제도이다(헌재 2004.10.28. 2003헌가18).

거주지를 기준으로 한 중·고등학교 배정

거주지를 기준으로 한 중·고등학교 입학을 제한한 교육법 시행령 제71조 등의 규정으로 학부모가 원하면 자유로이 거주지를 이전할 수 있으므로 거주 이전의 자유를 제한한다고 할 수 없다(헌재 1995.2.23. 91헌마204).

해외체재자에 대한 병역면제연령 36세 기준

일반국민은 31세가 되면 병역의무가 면제되는데 반해, 해외체재자는 36세가 되어야 병역의무가 면제되도록 한 병역법 제71조 제1항 제6호는 청구인이 해외에 거주하거나 해외로 이전할 수 있는 권리제한이 아니므로 거주 이전의 자유 제한이라고 할 수 없다(헌재 2004.11.25. 2004헌바15).

민간투자사업에 유료도로를 포함시키고 유료도로의 사용료 징수를 할 수 있도록 한 민간투자법 제3조, 제25조

청구인들은 이 공항고속도로를 이용하지 않고도 이 도로개설 이전의 영종도 주민들과 마찬가지로 뱃길을 이용하여 자유로이 다른 곳으로 이동할 수도 있고 다른 곳으로 거주를 옮길 수도 있으며, 또 이 도로를 이용하는 경우에는 비록 통행료의 부담이 있기는 하지만 그 부담의 정도가 이전의 자유를 실제로 제약할 정도로 이용의 편익에 비하여 현저히 크다고는 볼 수 없다. 따라서 심판대상조항으로 인하여 청구인들의 거주 이전의 자유나 직업선택의 자유가 제한된다는 것으로 볼 수 없다(헌재 2005.12.22. 2004헌바645).

제2절 직업선택의 자유

(1) 개념

자기가 선택한 직업에 종사하여 이를 영위하고 언제든지 임의로 그것을 전환할 수 있는 자유를 의미한다. 직업이란 생활의 기본적 수요를 충족시키기 위한 계속적인 소득활동으로서 개념적 요소로는 생활수단성, 계속성, 공공무해성을 들 수 있다[계희열, 권영성, 허영, 홍성방]. 직업은 영리성을 요하지 않으므로 사회복지사업도 직업에 해당된다. 그러나 공공무해성은 직업의 자유의 개념요소라고 볼 것이 아니라는 견해가 최근에 주장된다[방승주]. 헌법재판소는 "직업이란 생활의 기본적 수요를 충족시키기 위한 계속적인 소득활동을 의미하며, 그러한 내용의 활동인 한 그 종류나 성질을 불문하는데 ……"라고 판시하여 공공무해성을 언급하고 있지 않다(헌재 1993.5.13. 92헌마80).

관련판례

1. 직업의 개념표지들은 개방적 성질을 지녀 엄격하게 해석할 필요는 없는 바, '계속성'과 관련하여서는 주관적으로 활동의 주체가 어느 정도 계속적으로 해당 소득활동을 영위할 의사가 있고, 객관적으로도 그러한 활동이 계속성을 띨 수 있으면 족하다고 해석되므로 휴가기간 중에 하는 일, 수습직으로서의 활동 따위도 이에 포함된다(헌재 2003.9.25. 2002헌마519).

2. 게임 결과물의 환전업은 게임이용자로부터 게임 결과물을 매수하여 다른 게임이용자에게 이윤을 붙여 되파는 영업으로서 헌법 제15조가 보장하는 직업에 해당한다(헌재 2010.2.25. 2009헌바38).

(2) 특성

1) 역사적으로 거주 이전의 자유와 밀접하며, 재산권 보장과 함께 자본주의 물적 기초가 된다.

2) 주관적 공권 + 객관적 가치질서(헌재 1996.2.29. 94헌마113)의 성격을 갖는다.

(3) 주체

1) 국민: 인정

2) 법인: 공법상 법인은 인정되지 않고, 사법상 법인은 인정된다.

관련판례

1. 직업의 자유 중 직업선택의 자유는 인간의 권리이기 때문에 외국인도 이러한 기본권의 주체가 될 수 있다(헌재 2011.9.29. 2007헌마1083 등).

2. 의료인의 면허된 의료행위 이외의 의료행위를 금지하고 처벌하는 의료법(2007. 4. 11. 법률 제8366호로 개정된 것) 제27조 제1항 본문 전단 부분이 제한하고 있는 직업의 자유는 국가자격제도 정책과 국가의 경제상황에 따라 법률에 의하여 제한할 수 있고 인류보편적인 성격을 지니고 있지 아니하므로 국민의 권리에 해당한다. 이와 같이 헌법에서 인정하는 직업의 자유는 원칙적으로 대한민국 국민에게 인정되는 기본권이지, 외국인에게 인정되는 기본권은 아니다(헌재 2014.8.28. 2013헌마359).

---

(4) 내용

(가) **직업결정의 자유(직업소유의 자유를 전제)**   직업결정, 개시, 계속, 포기, 변경의 자유, 직업교육장 결정의 자유

▶ 무직의 자유인정 여부: 근로의 의무와 관련 인정 여부가 문제(부정설: 김)되나, 근로의 의무는 법으로 강제할 성질의 의무가 아님으로 무직의 자유에 대한 제약사유가 될 수 없다(다수설).

(나) **직업수행의 자유(직업종사의 자유)**   직장선택의 자유(헌재 1989.11.20. 89헌가102), 영업의 자유·겸직의 자유(헌재 1997.4.24. 95헌마90), 경쟁의 자유(헌재 1996.12.26. 96헌가18) 등이 해당된다.

관련판례

1. 직업의 자유에 '해당 직업에 합당한 보수를 받을 권리'까지 포함되어 있다고 보기 어려우므로 이 사건 법령조항이 청구인이 원하는 수준 보다 적은 봉급월액을 규정하고 있다고 하여 이로 인해 청구인의 직업선택이나 직업수행의 자유가 침해되었다고 할 수 없다(헌재 2008.12.26. 2007헌마444).

2. 입법자는 일정한 전문분야에 관한 자격제도를 마련함에 있어서 그 제도를 마련한 목적을 고려

(다) **직업 전직 및 이탈의 자유**   영업을 그만두는 것은 직업의 자유에 해당하지만 영업을 양도·이전하는 것은 직업의 자유가 아니라 재산권의 내용에 해당한다.

(5) 제한의 한계(이중적 한계)

직업의 자유와 제한은 헌법 제10조와 관계에서 나오는 본질적 한계와 단계이론에 따른 단계적 한계를 넘을 수 없다. 다만, 현행 헌법상 제한의 중점은 제37조 제2항에 의한 제한이므로 제한의 한계의 중점도 본질적 한계이다.

(가) **본질적 한계**

(a) **본질적 내용의 침해금지:** 개성신장을 불가능하게 할 정도로 기본권 주체와 무관한 객관적 사유로 직업의 자유를 제한하는 것은 본질적 내용의 침해이다.

(b) 과잉금지의 원칙이 적용된다.

(나) **단계적 한계[독일헌법재판소의 단계이론(약국판결)]**   우리 헌재는 「직업결정의 자유나 전직의 자유에 비하여 직업종사(직업수행)의 자유에 대하여는 상대적으로 더욱 넓은 법률상의 제한이 가능하다」고 판시하여 단계이론을 수용하고 있다(당구장사건; 헌재 1993.5.13. 92헌마80).

(a) **직업수행(행사)의 자유의 제한(제1단계)**

(aa) 의의: 직업결정의 자유를 전제로, 다만 영업행위(직업행사)의 일부(영업시간, 영업방법 등)를 제한하는 경우로서 주유소의 휴일 영업 제한, 택시의 격일제 영업 제한, 백화점의 바겐세일 횟수 제한, 유흥업소의 영업시간 제한 등이 이에 속한다.

(bb) 특성: 직업결정의 자유에 비하여 직업수행의 자유에 대하여는 규제의 폭이 넓다(헌재 1995.4.20. 92헌마264).

(b) **주관적 사유에 의한 직업결정의 자유의 제한(제2단계):** 직업선택의 자유를 일정한 자격과 결부시켜 제한하는 것이다. 예를 들면, 법조인 직업은 사법시험에 합격한 사람만 선택할 수 있도록 하는 것이다. 주관적 사유는 기본권 주체가 노력에 의해 그 전제조건을 달성할 수 있는 사유여야 하므로 자동차수리공에게 공대졸

업을 요구하는 것과 같은 지나치게 높은 기준의 주관적 사유로 인한 직업선택의 자유제한은 비례원칙을 위반하는 것이 된다.

직업의 교육장을 의미하는 대학의 선택이 학력고사에 의해 제한을 받도록 하는 것이나 일정점수 이상을 합격기준으로 하는 것은 일종의 주관적 사유에 의한 직업선택의 자유의 제한이다.

(c) 객관적 사유에 의한 직업결정의 자유의 제한(제3단계): 기본권 주체에게 요청된 모든 전제조건들을 충족시킨 경우에도 객관적 사유로 직업을 선택할 수 없는 경우이다. 객관적 사유에 의한 직업의 자유 제한은 개인의 능력이나 자격이 직업선택에 영향을 미치지 아니하므로 가장 엄격한 제한이다.

따라서 이러한 제한은 월등하게 중요한 공익이 명백하고 확실한 위험을 방지하기 위해 그러한 자유제한이 필요성이 있다는 것이 엄격히 입증되어야 한다. 대표적인 예로는 약국거리 제한과 목욕탕거리제한 등이 있다. 사법시험을 합격하고 연수원과정을 이수하지 아니한 자는 변호사라는 직업을 선택할 수 없다는 것은 2단계 제한이나 사법시험 응시횟수를 제한하는 것은 객관적 사유에 의한 직업선택의 자유 제한이다.

관련판례

객관적 사유에 의한 제한(헌재 2002.4.25. 2001헌마614)
객관적 사유에 의한 이러한 제한은 직업의 자유에 대한 제한 중에서도 가장 심각한 제약이 아닐 수 없다. 따라서 이러한 제한은 월등하게 중요한 공익을 위하여 명백하고 확실한 위험을 방지하기 위한 경우에만 정당화될 수 있다고 보아야 한다. 헌법재판소가 이 사건을 심사함에 있어서는 헌법 제37조 제2항이 요구하는 바 과잉금지의 원칙, 즉 <u>엄격한 비례의 원칙이 그 심사척도가 된다는</u> 것도 바로 이러한 이유 때문이다.

직업의 자유의 단계이론에 대한 헌법재판소의 입장
1. 1단계 제한
가. 당구장 18세 미만 출입금지
나. 학교 정화구역 내 당구장·극장 영업금지
다. 자도생산 소주구입 강제제도
라. 축협중앙회의 농협으로 통합
마. 국산영화 의무상영제
바. 백화점 버스 운행금지
사. 요양기관을 보험자 또는 보험자단체가 강제 지정할 수 있도록 한 것
아. 부동산 중개수수료 상한제

2. 2단계 제한
가. 군법무관 자격제
나. 학원강사 자격제
다. 미수복지에서 귀순한 의학업자의 자격부여
3. 3단계 제한
가. 법무사 시험실시를 법원행정처장의 재량에 따라 실시하도록 한 것
나. 경찰청장의 퇴직 후 2년간 공직취임금지
다. 국·공립 사범대학 출신의 교육공무원 우선 임용
라. 형사사건으로 기소된 교원의 필요적 직위해제
마. 직업소개사업의 허가제
바. 경비업자의 경비업 외의 영업금지

제3절 영업의 자유와 한계

(1) 서설

(가) 영업의 자유의 의의 개인의 생활의 기초를 이루는 계속적·독립적·수익적 활동인 영업을 개시, 유지, 존속, 종료할 자유가 해당된다.

(나) 법적 성격   주관적 공권 + 객관적 가치질서의 성격이 있다.

(2) 헌법적 근거

(가) 제1설   직업선택의 자유에 포함된다는 설이 있다.

(나) 제2설   사유재산제의 제도적 보장이 내용이 된다는 설이 있다.

(3) 영업의 자유의 주체와 내용

(가) 주체   외국인의 경우 제한되고, 공법인은 부정된다.

(나) 내용   개업의 자유, 유지·존속의 자유, 폐업의 자유가 있다.

▶ 법인의 경우 직업수행의 자유는 영업의 자유일 수밖에 없다.

(4) 영업의 자유에 대한 제한과 한계

(가) 제한의 한계

(a) **단계이론:** '직업결정의 자유나 전직의 자유에 비하여 직업수행의 자유에 대

하여는 상대적으로 더 넓은 법률상의 규제가 가능'하다고 하여 단계이론을 수용(헌재 1993. 5.13. 92헌마80)하였다.

(b) 본질적 내용의 침해금지가 금지된다.

(c) 비례의 원칙을 준수해야 한다.

(d) 독점의 배제 또는 제한: 자유경쟁을 전제로 하므로 독점은 영업의 자유와 양립할 수 없다.

관련판례 위헌으로 본 사례

1. 검찰총장이었던 자의 공직취임금지

검찰청법 제12조 제4항은 검찰총장 퇴임 후 2년 이내에는 법무부장관과 내무부장관직뿐만 아니라 모든 공직에의 임명을 금지하고 있으므로 심지어 국·공립대학교 총·학장, 교수 등 학교의 경영과 학문연구직에의 임명도 받을 수 없게 되어 있다. 그 입법목적에 비추어 보면 그 제한은 필요 최소한의 범위를 크게 벗어나 직업선택의 자유와 공무담임권을 침해한 것으로서 헌법상 허용될 수 없다. → 검찰청법 제12조 제4항 등 위헌확인(헌재 1997.7.16. 76헌마26)

2. 주세법상 自道소주 구입명령제도

自道소주 구입명령제도는 소주판매업자의 직업의 자유는 물론 소주제조업자의 경쟁 및 기업의 자유, 즉 직업의 자유와 소비자의 행복추구권에서 비롯된 자기결정권을 지나치게 침해하는 위헌적인 규정이다(헌재 1996.12.26. 96헌마18).

3. 헌재 2000.3.30. 99헌마143

헌법재판소는 음주로부터 국민의 건강을 보호한다는 목적하에 식품이나 식품의 용기·포장에 '음주전후' 또는 '숙취해소'라는 내용을 표시할 수 없도록 하고 있는 식품의약품안정청고시 제7조 [별지 1]에 대한 헌법소원사건에서 위 표시는 음주를 조장하는 내용이라 볼 수 없고, 식품에 숙취해소작용이 있음에도 이를 금지할 경우 국민의 숙취해소기회를 박탈할 뿐만 아니라 숙취해소용 식품을 개발하기 위한 연구와 시도를 차단하므로 <u>숙취해소용 식품의 제조·판매에 관한 영업의 자유 및 광고표현의 자유를 위반하여 침해하는 것</u>이라고 하였다.

4. 행정사 이외의 직을 겸하는 것을 모두 금지하는 행정사법 제35조(헌재 1997.4.24. 95헌마90)

일반적으로 겸직금지규정을 당해 업종의 성격상 다른 업무와의 겸직이 업무의 공정성을 해칠 우려가 있을 경우에 제한적으로 둘 수 있다 할 것이므로 겸직금지규정을 둔 그 자체만으로는 위헌적이라 할 수 없으나, 위 법률 제35조 제1항 제1호는 행정사의 모든 겸직을 금지하고, 그 위반행위에대하여 모든 징역형을 포함한 형사처벌을 하도록 하는 내용으로 규정하고 있으므로 공익의 실현을 위하여 필요한 정도를 넘어 <u>직업선택의 자유를 지나치게 침해하는 위헌적 규정</u>이다.

5. 경비업자의 경비업 외 영업을 금지한 경비업법 제7조(헌재 2002.4.25. 2001헌마614)

이 사건 법률조항으로 달성하고자 하는 공익인 경비업체의 전문화, 경비원의 불법적인 노사분규개입 방지 등은 그 실현 여부가 분명하지 않은데 반하여, 경비업자인 청구인들이나 새로이 경비업에

진출하고자 하는 자들이 짊어져야 할 직업의 자유에 대한 기본권 침해의 강도는 지나치게 크다고 할 수 있으므로, 이 사건 법률조항은 보호하려는 공익과 기본권침 해간의 현저한 불균형으로 법익의 균형성을 잃고 있다.

6. 지적측량업무를 비영리법인에 한정한 지적법 제41조(헌재 2002.5.30. 2000헌마81 – 헌법불합치)

【주문】

1. 지적법 제41조 제1항은 헌법에 합치하지 아니한다.
2. 이 조항은 2003.12.31.을 시한으로 입법자가 개정할 때까지 계속 적용된다.

【판단】

통일적이고 획일적인 지적측량을 통해 지적제도의 공공성과 토지관련 법률관계의 법적 안정성을 보장하고 수수료의 안정화, 신속한 민원처리 등 요컨대 "측량성과의 정확성"을 통해 국민의 권익을 보호하고자 하는 이 법률조항의 입법목적은 정당하다고 볼 수 있다. 입법자가 그 측량성과의 정확성 확보에 미흡하다는 판단을 한다면 지적측량을 대행하는 자에게 지적직 공무원에 준하는 결격사유를 설정하든지, 측량법을 감안하여 일정 등급 이상 기술자의 현장배치 내지 관리규정을 덧붙이거나 허위측량에 대한 제재와 아울러 측량도서를 실명화하는 방안 등을 강구할 수도 있고 (동법 제42조, 동법 시행령 제22조 · 제26조), 기초측량 및 공공측량의 용역을 도급받는 측량업자와 마찬가지로 그 인적 구성이나 기술능력 및 장비기준 등의 등록요건을 요구할 수도 있다. 그렇다면 이와 같이 한층 완화된 제한수단을 외면한 채 오히려 입법목적을 달성하는 효과의 면에서 적합하지도 아니한 비영리법인의 설립요건과 같이 그 제한의 강도가 높은 수단을 선택한 것은 피해의 최소성원칙에 위반된다.

7. 약사법인의 약국운영을 금지한 약사법 제16조(헌재 2002.9.19. 2000헌바84: 헌법 불합치)

법인의 설립은 그 자체가 간접적인 직업선택의 한 방법으로서 직업수행의 자유의 본질적 부분의 하나이므로 정당한 이유 없이 본래 약국개설권이 있는 약사들만으로 구성된 법인에게도 약국개설을 금지하는 것은 입법목적을 달성하기 위하여 필요하고 적정한 방법이 아니고, 입법형성권의 범위를 넘어 과도한 제한을 가하는 것으로서 법인을 구성하여 약국을 개설 · 운영하려고 하는 약사들 및 이들로 구성된 법인의 직업선택(직업수행)의 자유의 본질적 내용을 침해하는 것이고, 동시에 약사들이 약국경영을 위한 법인을 설립하고 운영하는 것에 관한 결사의 자유를 침해하는 것이다.

8. 의사 및 한의사의 복수 면허의 의료인

의료법이 의사 및 한의사의 복수의 면허를 가진 의료인인 경우에도 '하나의' 의료기관만을 개설하고 다른 의료기관의 개설을 금지하도록 규정한 것은 직업의 자유를 침해한 것이다.

의료인 면허를 취득한 것은 그 면허에 따른 직업선택의 자유를 회복한 것이고, 이렇게 회복된 자유에 대하여 전문분야의 성격과 정책적 판단에 따라 면허를 실현할 수 있는 방법이나 내용을 정할 수는 있지만 이를 다시 전면적으로 금지하는 것은 입법형성의 범위 내라고 보기 어렵다(헌재 2007.12.27. 2004헌마021).

9. 의료법 제19조의2 등 위헌소원(제52조 제1항, 제53조의3)(헌재 2008.7.31. 2005헌바90)

헌법재판소 전원재판부는 2008년 7월 31일 재판관 8(헌법불합치의견 5인, 단순위헌의견 3인): 1 (합헌의견)의 의견으로 태아성별에 대한 고지를 금지하고 있는 구 의료법 제19조의2에 대하여 이 규정들이 의료인의 직업의 자유와 태아부모의 태아성별정보에 대한 접근을 방해받지 않을 권리를 침해하고 있다는 이유로 헌법불합치 결정을 선고하였다.

구 의료법 제19조의2 제2항의 태아성별고지금지는 성별을 이유로 한 낙태를 방지함으로써 성비의 불균형을 해소하고 태아의 생명권을 보호한다는 측면에서 입법목적의 정당성은 인정된다고 할 것이나, 낙태가 불가능한 임신 후반기에 이르러서도 이를 전면적으로 금지하는 것은 의료인의 직업수행의 자유와 태아부모의 태아성별정보에 대한 접근을 방해받지 않을 권리를 제한하여 헌법에 위반된다는 것이다.

한편, 위 구 의료법 규정은 개정되어 내용에는 변함이 없이 그 조문의 위치를 의료법 제20조 제2항으로 옮겼는 바, 이 규정 역시 <u>의료인의 직업수행의 자유와 태아부모의 태아성별정보에 대한 접근을 방해받지 않을 권리를 침해하므로 헌법에 위반된다</u>고 하였다.

10. 행정사법시행령 제4조 제3항 위헌확인(헌재 2010.4.29. 2007헌마910)

이 사건 조항은 행정사 자격시험의 실시 여부를 시·도지사의 재량사항으로, 즉, 시험전부면제대상자의 수 및 행정사업의 신고를 한 자의 수 등 관할구역 내 행정사의 수급상황을 조사하여 시험 실시의 필요성을 검토한 후 시험의 실시가 필요하다고 인정하는 때에는 시험실시계획을 수립하도록 규정하였는 바, 이는 <u>시·도지사가 행정사를 보충할 필요가 없다고 인정하면 행정사 자격시험을 실시하지 아니하여도 된다는 것으로서, 상위법인 행정사법 제4조에 의하여 청구인을 비롯한 모든 국민에게 부여된 행정사 자격 취득의 기회를 하위법인 시행령으로 박탈하고 행정사업을 일정 경력 공무원 또는 외국어 전공 경력자에게 독점시키는 것이 된다.</u> 그렇다면 이 사건 조항은 모법으로부터 위임받지 아니한 사항을 하위법규에서 기본권 제한 사유로 설정하고 있는 것이므로 위임입법의 한계를 일탈하고, 법률상 근거 없이 기본권을 제한하여 법률유보원칙에 위반하여 청구인의 직업선택의 자유를 침해한다.

11. 아동·청소년대상 성범죄자 취업제한 사건(헌재 2016.4.28. 2015헌마98)

헌법재판소는 2016년 4월 28일 재판관 전원 일치 의견으로, <u>성범죄로 형 또는 치료감호를 선고받아 확정된 자에 대하여 형 또는 치료감호의 집행이 종료·면제·유예된 때부터 10년 동안 아동·청소년 관련기관 등을 개설하거나 위 기관 등에 취업할 수 없도록 한</u> '아동·청소년의 성보호에 관한 법률'(2014.1.21. 법률 제12329호로 개정된 것) 제56조 제1항 중 '아동·청소년대상 성범죄로 형 또는 치료감호를 선고받아 확정된 자'에 관한 부분은 <u>헌법에 위반된다.</u>

○ 아동·청소년을 성범죄로부터 보호하고, 아동·청소년 관련기관 등의 윤리성과 신뢰성을 높여 아동·청소년 및 그 관계자들이 이 기관을 믿고 이용하도록 하는 것이 우리 사회의 중요한 공익이라는 것을 부정하기는 어려우나, 이 사건 취업제한 조항은 이 같은 공익의 무게에도 불구하고 청구인의 직업선택의 자유를 과도하게 제한하고 있어, 법익의 균형성 원칙에도 위반된다. 따라서 이 사건 취업제한 조항은 청구인의 <u>직업선택의 자유를 침해한다.</u>

12. 세무사 자격 보유 변호사의 세무대리 금지 사건(헌재 2018.4.26. 2015헌가19)

헌법재판소는 2018년 4월 26일 재판관 6:3의 의견으로 세무사 자격 보유 변호사로 하여금 세무사로서 세무사의 업무를 할 수 없도록 규정한 세무사법 제20조 제1항 본문 중 변호사에 관한 부분과 세무조정업무를 할 수 없도록 규정한 법인세법 제70조 제6항 제3호는 헌법에 합치되지 아니하고, 위 각 법률조항은 2019년 12월 31일을 시한으로 개정될 때까지 계속 적용된다는 결정을 선고하였다. 세법 관련 법령에 대한 해석·적용에 있어서는 일반 세무사나 공인회계사보다 법률사무

전반을 취급·처리하는 법률 전문직인 변호사에게 오히려 그 전문성과 능력이 인정된다. 그럼에도 불구하고 심판대상조항은 세무사 자격 보유 변호사로 하여금 세무대리를 일체 할 수 없도록 전면적으로 금지하고 있으므로, 수단의 적합성을 인정할 수 없다.

관련판례 합헌으로 본 사례

1. 탁주공급구역의 제한
탁주의 공급구역을 주류제조장소 소재지의 시·군의 행정구역으로 제한하고 있는 주세법 제5조는 탁주제조업자와 판매업자의 직업의 자유 및 평등권을 제한하고 있기는 하지만, 국민보건, 과당경쟁 방지 및 지역경제의 활성화 등을 위한 것으로서 헌법에 위반되지 않는다. → 주세법 제5조에 대한 위헌법률심판(헌재 1999.7.22. 98헌가5)

2. 법무사법 제2조 제1항 제2호 위헌확인사건
고소고발장 등 법원과 검찰청의 업무와 관련된 서류의 작성을 법무사만이 할 수 있도록 한 것을 일반행정사의 직업선택의 자유를 침해한다고 할 수 없다(헌재 2000.7.20. 99헌마52).

3. 초등학교 정화구역 내 여관시설을 금지시킨 학교보건법(헌재 2004.10.28. 2002헌바41)
이 사건 금지조항은 여관의 유해환경으로부터 초등학교 학생들을 보호하여 초등학교 교육의 능률화를 기하려는 것으로서 그 목적의 정당성이 인정되고, 유해환경으로서의 특성을 갖는 여관시설과 영업을 정화구역 안에서 금지한 것은 위와 같은 입법목적을 달성하기 위하여 효과적이고 적절한 방법의 하나라고 할 수 있다.
또한 학교환경위생정화위원회의 심의를 거쳐 학습과 학교보건위생에 나쁜 영향을 주지 않는다고 인정하는 경우에는 상대정화구역 안에서의 여관시설과 영업이 허용되며, 사전에 여관시설과 영업을 정리할 수 있도록 기존시설에 대하여 5년의 유예기간을 주는 규정이 있음을 고려하면 피해최소성의 원칙에도 부합될 뿐 아니라 여관시설과 영업을 금지함으로써 여관업자가 입게 될 불이익보다는 이를 허용함으로 인하여 초등학교 교육의 능률화를 기할 수 없는 결과가 더 크다고 할 것이므로 이 사건 금지조항은 직업수행의 자유를 침해하지 않는다.

4. 건설업 등록증 대여시 등록을 반드시 말소하도록 한 건설사업기본법 제83조(헌재 2001.3.21. 2000헌바27)
부실공사로부터 국민의 생명과 재산을 보호하여야 한다는 요구는 각종 붕괴사고에 대한 우리 사회의 경험과 그간의 각종 건설부조리를 고려하면 더 이상 방치할 수 없는 긴급하고 중대한 공익임이 명백하고, 유기적 일체로서의 건설공사의 특성으로 말미암아 경미한 부분의 명의대여행위라도 이는 건축물 전체의 부실로 이어진다는 점을 고려할 때에 이로 인하여 명의대여행위를 한 건설업자가 더 이상 건설업을 영위하지 못하는 등 손해를 입는다고 하더라도 이를 두고 침해되는 사익이 더 중대하다고 할 수는 없다. 그러므로 이 사건의 법률조항은 법익균형성의 원칙에도 위배되지 아니한다.

5. 건설업과 관련 없는 죄로 임원이 형을 선고받은 경우까지도 법인이 건설업을 영위할 수 없도록 하는 것은 입법목적달성을 위한 적합한 수단에 해당하지 아니하고, 이러한 경우까지도 가장 강

력한 수단인 필요적 등록말소라는 제재를 가하는 것은 <u>최소침해성 원칙에도 위배된다(헌재 2014.</u>
<u>4.24. 2013헌바25).</u>

6. 기술자 채용을 허위로 등록한 경우 주택관리등록의 필요적 말소(헌재 2003.6.26. 2001헌바31)
【심판대상】
주택관리사와 전기·가스분야 등의 기술자를 확보하지 않은 채 이들을 채용한 것처럼 허위로 주
택관리업등록을 한 경우 필요적으로 주택관리업 등록을 말소하도록 규정한 주택건설촉진법 제39
조의2 제1항 단서 중 제1호 부분

【판단】
공동주택에 거주하는 국민의 생명과 재산을 보호하여야 한다는 요구는 가스폭발사고, 누전으 로
인한 화재사고, 붕괴사고에 등에 대한 우리 사회의 경험을 고려할 때에 더 이상 방치할 수 없는
긴급하고 중대한 공익임은 명백하고, 주택관리사와 기술자가 없는 주택관리업 등록이 허용될 경우
공동주택의 안전에 중대한 위험이 초래될 것임을 고려할 때 이로 인하여 허위로 등록한 주택관리
업자가 더 이상 주택관리업을 영위하지 못하고 재산상 손해를 입는다고 하더라도 이를 두고 침해
되는 사익이 더 중대하다고 할 수는 없다. 그러므로 이 사건 법률조항은 법익균형성의 원칙에도
위배되지 않는다.

7. 부동산 중개수수료의 상한을 두고 있는 부동산중개업법 제15조, 제20조(헌재 2002.6.27. 2000
헌마642 · 2001헌바12)
부동산 중개업자로 하여금 법령이 정하고 있는 한도를 넘는 수수료를 받을 수 없도록 하고, 이를
위반한 경우 행정상 제재나 형사처벌을 할 수 있도록 하는 법정수수료제도가 부동산 중개업자의
직업의 자유 내지 신체의 자유를 침해하는지 여부(소극)
법정수수료제도는 중개업자로 하여금 법령이 정하는 한도를 초과하는 수수료를 받지 못하게 할
뿐, 부동산 중개업 자체를 금하고 있는 것은 아니므로 직업결정의 자유에 대한 제한이라기보다는
일정 한도 이상의 수수료를 받고 중개업을 할 자유, 즉 직업수행의 자유를 제한하는 것이라고 할
것이다. 직업수행의 자유는 직업결정의 자유에 비하여 상대적으로 그 침해의 정도가 작다고 할 것
이므로 이에 대하여는 공공복리 등 공익상의 이유로 비교적 넓은 법률상의 규제가 가능하지만, 그
경우에도 헌법 제37조 제2항에서 정한 한계인 과잉금지의 원칙은 지켜져야 할 것이다. 따라서 이
사건 심판대상규칙이 과잉금지의 원칙에 위배된 것인지 여부를 살펴본다.
우선 법정수수료제도를 둔 입법목적은 부동산 중개수수료율을 법정함으로써 공정한 부동산 거래질
서를 확립하여 국민의 재산권 보호에 기여함과 아울러 국민생활과 국민경제의 안전 및 발전에 기
여하려는 데 있으므로(법 제1조 참조) 그 입법목적은 정당하다. 법정수수료제도가 추구하는 경제적
공익은 결국 국민 전체의 경제생활의 안정이라 할 것이어서 대단히 중요하다고 하지 않을 수 없
고, 이는 부동산 중개업자의 사익에 비하여 보다 우월하다. 따라서 법정수수료제도는 부동산 중개
업자의 직업수행의 자유나 신체의 자유를 합리적 근거 없이 필요 이상으로 지나치게 제한하는 것
이라 할 수 없다.

8. 의료인이 아닌 자의 의료행위를 금지한 의료법 제25조(헌재 2002.12.18. 2001헌마370)
이 사건 법률조항은 '의료행위'를 개인의 경제적 소득 활동의 기반이자 자아실현의 근거로 삼으려
는 청구인의 기본권, 즉 직업선택의 자유를 제한하거나 또는 청구인이 의료행위를 지속적인 소득

활동이 아니라 취미, 일시적 활동 또는 무상의 봉사활동으로 삼는 경우에는 헌법 제10조의 행복추구권에서 파생하는 일반적 행동의 자유를 제한하는 규정이다. 이 사건 법률조항이 의료인이 아닌 자의 의료행위를 전면적으로 금지한 것은 매우 중대한 헌법적 법익인 국민의 생명권과 건강권을 보호하고 국민의 보건에 관한 국가의 보호의무(헌법 제36조 제3항)를 이행하기 위하여 적합한 조치로서, 위와 같은 중대한 공익이 국민의 기본권을 보다 적게 침해하는 다른 방법으로는 효율적으로 실현될 수 없으므로 이 사건 법률조항으로 인한 기본권의 제한은 비례의 원칙에 부합하는 것으로서 헌법적으로 정당화되는 것이다.

9. 운전학원으로 등록되지 않은 자가 대가를 받고 자동차 운전교육하는 것을 금지하는 도로교통법 제71조(헌재 2003.9.25. 2001헌마447 · 2002헌가19)

운전자의 과실로 인한 교통사고가 대부분을 차지하는 우리의 교통현실에서 교통사고의 발생과 이로 인한 사망자나 부상자의 수를 줄이기 위해서는 무엇보다 운전자의 자질 향상과 안전운전의식 강화가 시급한 과제라고 할 것인데, 이를 위해서는 시험합격요령과 단편적인 운전기능 중심의 운전교육에서 탈피하여 운전자가 운전능력과 운전예절을 배양할 수 있는 운전학원 중심의 종합적이고 체계적인 운전교육제도를 마련하는 것이 요청된다. 따라서 운전학원등록제의 실효성을 확보하기 위하여 등록한 운전학원이 아닌 무등록자의 운전교육을 금지한 것은 날로 늘어나는 교통사고의 위험으로부터 국민의 생명과 안전을 보호하고, 무등록자에 의한 운전교육과정에서 발생할 수 있는 안전사고의 방지와 피해자의 구제에 그 입법목적이 있다고 할 것이므로 그 정당성을 인정할 수 있다.

10. 학원강사자격제(헌재 2003.9.25. 2002헌마519)

학원법 제13조【강사 등】① 학원에서 교습을 담당하는 강사는 대통령령이 정하는 자격을 갖춘 자이어야 한다.
학원법 시행령 제12조【강사】학원강사 자격기준: 대학졸업

【판단】
이 사건 심판대상조항들을 통하여 달성하고자 하는 입법목적은 자질 미달의 강사가 가져올 부실교육 등의 폐단을 미연에 방지함으로써 양질의 교육서비스를 확보하고 교육소비자를 보호하며, 국가 전체적으로 평생교육을 성공적으로 실현하고자 하는 것으로서, 그 목적의 정당성을 인정할 수 있고, 학원에서 교습을 담당하는 강사의 자질과 능력은 학원교육의 질을 좌우하는 요소로서 특히 중요하다 할 것인데, 학원의 설립 · 운영을 규율하는 법령에 일정 수준의 학력과 같은 강사의 자격기준을 명시적으로 정해 놓고 일괄적으로 통제하는 것은 학원시장의 질서를 효율적으로 규율하는 방법의 하나로서 위와 같은 제한목적의 달성에 기여하는 수단으로서의 적합성이 있다고 볼 것이다.

11. 법무사 보수기준(헌재 2002.6.26. 2002헌바3)

법무사의 보수를 대한법무사협회회칙에 정하도록 하고 법무사가 회칙 소정의 보수를 초과하여 보수를 받거나 보수 외에는 명목의 여하를 불문하고 금품을 받는 것을 금지하는 법무사법 규정은 헌법에 위배되지 아니한다. 이 사건 보수기준제에 의하여 청구인을 비롯한 법무사들이 직업활동의 자유를 제한 받지만, 그 보다는 보수를 제한함으로써 달성하고자 하는 공익인 국민의 법률생활의 편익과 사법제도의 건전한 발전의 중대함에 비추어 볼 때, 제한을 통하여 얻는 공익적 성과와 법

무사의 직업행사의 자유에 대한 제한의 정도가 합리적인 비례관계를 벗어났다고 볼 수 없다.

12. 의료법 제61조 제1항 중 장애인복지법에 따른 시각장애인 중 부분 위헌확인(헌재 2008.10. 30. 2006헌마1098)

헌법재판소 전원재판부는 2008년 10월 30일 재판관 6(합헌): 3(위헌)의 의견으로 시각장애인에 대하여만 안마사 자격인정을 받을 수 있도록 이른바 비맹 제외기준을 설정하고 있는 구 의료법 제61조 제1항 중 "장애인복지법에 따른 시각장애인 중" 부분 및 의료법 제82조 제1항 중 "장애인복지법에 따른 시각장애인 중" 부분이 헌법에 위반되지 않는다는 결정을 선고하였다.

▶ 관련 결정례: 헌법재판소는 시각장애인 안마사제도와 관련하여 2003년 6월 26일 구 의료법 (2000.1.12. 법률 제6157호로 개정된 후 2002.3.30. 법률 제6686호로 개정되기 전의 것) 제61조 제1항 및 제4항이 의회유보원칙 및 포괄위임입법금지원칙을 위반하지 않는다고 합헌으로 결정 (2002헌가16)한 데 이어, 2006년 5월 25일 비맹 제외기준을 규정한 안마사에관한규칙이 비시각장 애인의 직업선택의 자유를 침해한다고 위헌으로 결정(2003헌마715)한 바 있다.

13. 변호사법 제21조의2 제1항 위헌확인 등(헌재 2014.9.25. 2013헌마424) – 변호사시험 합격자의 실무수습기간 중 수임 등 금지 사건

헌법재판소는 2014년 9월 25일 재판관 전원 일치 의견으로, 변호사시험 합격자의 6개월 실무수습 기간 중 단독 법률사무소 개설과 수임을 금지한 변호사법 제21조의2 제1항 등이 변호사시험 합격자인 청구인들의 직업수행의 자유나 평등권 등 기본권을 침해하지 아니한다는 결정을 선고하였다.

ㅇ 사법시험에 합격하여 사법연수원의 과정을 마친 자와 검사의 자격이 있는 자는 사법연수원의 정형화된 이론과 실무수습을 거치는 반면 청구인들과 같은 변호사시험 합격자들의 실무수습은 법학전문대학원 별로 편차가 크고 비정형적으로 이루어지고 있으므로, 변호사시험 합격자들에게 6개월의 실무수습을 거치도록 하는 것을 합리적 이유가 없는 자의적 차별이라고 보기는 어렵다.

ㅇ 판사의 자격이 있는 자는 변호사 자격이 있는 자 중에서도 일정 기간 이상의 법조 실무 경력이 있는 자로서 법률사무 수행능력이 충분히 검증되었기 때문에 별도의 실무수습을 요하지 않는 것이므로 그 차별에 합리적 이유가 있다.

ㅇ 사법연수생이나 법학전문대학원생은 아직 변호사 자격을 취득하지 않았으므로 변호사시험에 합격하여 변호사 자격을 취득한 청구인들과는 평등권 침해를 논할 비교집단이 되지 않는다. 따라서 심판대상조항은 청구인들의 직업수행의 자유나 평등권을 침해하지 아니한다.

14. 의료법 제66조 등 위헌소원(헌재 2014.6.26. 2012헌바369) – 외과의사의 침술행위 금지 사건

헌법재판소는 2014년 6월 26일 의료인도 면허된 이외의 의료행위를 할 수 없고 이를 위반한 사람을 처벌하도록 규정한 구 의료법 제66조 제3호 중 제25조 제1항 본문 후단 부분이 헌법에 위반되지 아니한다는 결정을 선고하였다. 이에 대해서 재판관 이정미, 재판관 서기석의 반대의견이 있다.

ㅇ 특히 이 사건에서 문제된 침술(鍼術)은 경혈에 침을 사용하여 자극을 줌으로써 질병의 예방과 치료를 행하는 것으로서, 의료법상 한의학의 전형적인 진료과목이다. 또한, 의과대학과 한의과대학의 각 교육과정, 의사와 한의사의 각 국가시험 과목 및 침술행위의 태양과 그 학문적 기초 등을 종합해 보면, 침술행위는 의료행위와 한방의료행위의 구분이 모호한 영역이라거나 교차영역이라고할 수 없고, 청구인이 주장하는 바와 같이 보건위생상 위험성이 낮은 의료행위로서 모든 의료인에게 허용되어야 하는 의료행위로 볼 수도 없다. 따라서 심판대상조항이 과잉금지원칙에 위반되어

청구인의 직업의 자유를 침해한다고 할 수 없다.

관련판례 담배자판기 설치금지와 직업선택의 자유

청소년 보호가 주목적이라면 청소년이 밀집되어 있는 장소나 학교 기타 교육기관 주변 등과 같이 객관적이고 합리적인 기준에 의해 자판기 설치로 청소년의 담배접근가능성이 현저히 증가하리라고 예상할 수 있는 장소에 한하여 자판기 설치를 제한하여야 함에도 부천시 및 강남구 전 지역에서 설치를 금지한 것은 과잉금지원칙 위반이고 직업선택의 자유의 본질적 내용을 침해한 것이 아닌가?

① 조례에 의한 기본권 제한: 이 사건 조례들은 지자법 제15조 단서 소정의 주민의 권리의무에 관한 사항을 규율하는 조례이므로 법률의 위임을 필요로 한다. 그런데 지방의회는 선거를 통하여 민주적 정당성을 지니고 있는 주민의 대표기관이고, 헌법이 지방자치단체에 대한 포괄적인 자치권을 보장하고 있는 취지로 볼 때 조례에 대한 법률의 위임은 법규명령의 위임과 같이 반드시 구체적으로 범위를 정할 필요가 없으며 포괄적인 것으로 족하다. 그러므로 위 사건의 조례는 자판기의 전면적인 설치금지를 내용으로 하는 등의 사정이 없는 이상 위임의 한계를 벗어난 규정이라고 볼 수 없다.

② 직업선택의 자유의 침해 여부: 직업수행의 자유는 직업결정의 자유에 비하여 상대적으로 그 침해의 정도가 작다고 할 것이므로 이에 대하여는 공공복리 등 공익상의 이유로 비교적 넓은 법률상의 규제가 가능하지만, 그 경우에도 헌법 제37조 제2항에서 정한 한계인 과잉금지의 원칙은 지켜져야 할 것이다.

자판기 판매는 그 특성상 판매자와 대면하지 않는 익명성, 비노출성으로 인하여 청소년으로 하여금 심리적으로 담배구입을 용이하게 하고, 주야를 불문하고 언제라도 담배구입을 가능하게 하며, 청소년이 쉽게 볼 수 있는 장소에 설치됨으로써 청소년에 대한 흡연유발효과도 매우 크다.

그렇다면 청소년의 보호를 위하여 자판기 설치의 제한은 반드시 필요하다고 할 것이고, 이로 인하여 담배소매인의 직업수행의 자유가 다소 제한되더라도 법익형량의 원리상 감수되어야 할 것이다. 그러므로 헌법 제15조에 의하여 보장된 청구인들의 직업선택의 자유를 침해하였다고 볼 수 없다 (헌재 1995.4.20. 92헌마264·92헌마279 병합 - 기각결정).

③ 평등권의 침해 여부: 조례에 의한 규제가 지역의 특성에 따라 다르게 나타나는 것은 헌법이 자치입법권을 인정한 이상 불가피한 결과이므로 이 조례로 인하여 청구인들이 다른 지역의 주민들에 비하여 더한 규제를 받게 되었다 하더라도 평등권이 침해되었다고 볼 수는 없다(헌재 1995.4.20. 92헌마264·92헌마279 병합 - 기각결정).

관련판례

직업선택의 자유

1. 헌법재판소는 체육시설의 설치·이용에 관한 법률 시행규칙 제5조에 대한 헌법소원사건에서 당구장 출입문에 18세 미만자의 출입금지표시를 하도록(게시의무규정) 규정한 규칙 제5조는 이 의무로 인하여 당구장 이용고객의 일정범위를 당구장 영업대상에서 제외시키는 결과가 된다고 할 것이므로 직업종사(수행)의 자유를 침해한다고 하였다(헌재 1993.5.13., 92헌마80).

2. 헌법재판소는 사법서사법 시행규칙에 관한 헌법소원사건에서 사법서사직은 자질과 능력에 따라 법률생활에 중대한 영향을 미치는 존재이므로 자격부여에 신중을 요함은 물론이요, 자격요건은 국

회가 합목적적으로 정할 입법사항이므로 법개정에 있어 경합자 환산규정을 두지 않음으로써 서기직 종사기간이 주사직 종사기간으로 환산되지 않았고, 따라서 사법사서직의 문화가 좁아져 직업선택의 자유를 제한하였다 하더라도 이는 사법서사의 질적 저하를 방지하기 위한 것이므로 대국민 위해방지를 위한 공공복리를 위한 제한으로 보아야 한다고 합헌으로 결정하였다(헌재 1989.3.17. 88헌마).

3. 헌법재판소는 건축사법 제28조 제1항 제2호에 대한 위헌심판사건에서 건축사가 업무범위를 위반하여 업무를 행한 경우를 필요적 등록취소사유로 규정하고 있는 것은 업무범위를 넘은 경우 임의적 등록취소사유에 불과한 다른 업종에 비하여 현저히 불합리하고, 범위를 넘었다는 이유만으로 등록을 취소하도록 한 것은 과잉금지원칙에 위반되는 것으로 직업선택의 자유를 침해한 위헌이라고 하였다(헌재 1995.2.23. 93헌가).

4. 헌법재판소는 법무사시험을 실시하도록 한 법무사법규정에 반하여 법무사시험을 실시할 수 있도록 한 법무사법 시행규칙(대법원규칙)에 대한 헌법소원사건에서 법무사시험에 합격한 자에게도 법무사 자격을 인정하는 취지는 국민 누구나 법이 정한 시험에 합격한 자는 법무사업을 선택하여 이를 행사할 수 있게 함으로써 특정인이나 특정 집단에 의한 특정 직업 또는 직종의 독점을 배제하고 자유경쟁을 통한 개성신장의 수단으로 직업선택의 자유를 구현시키려는 데 있는 것이다. 상위법인 법무사법 제4조 제1항에 의하여 모든 국민에게 부여된 법무사 자격취득의 기회를 하위법인 시행규칙으로 박탈하는 것이 되며, 이는 대법원이 규칙 제정권을 행사함에 있어 위임입법권의 한계를 일탈하여 직업선택의 자유를 침해한 것이라고 하였다(헌재 1990.10.15. 89헌마178).

5. 헌법재판소는 약사법이 개정되면서 한약사가 아닌 약사의 한약조제를 금지하고 개정법률시행 당시에 1년 이상 한약을 조제하여 온 약사는 2년간만 한약을 조제할 수 있도록 한 약사법 부칙 제4조 제2항에 대한 헌법소원사건에서 개정 전의 약사법 해석상으로는 약사에게 한약조제권이 있다는 전제에 선 것인데, 약사가 한약의 조제권을 상실한다고 하더라도 소득의 감소가 어느 정도 있을 수는 있으나, 약사라는 본래적인 직업의 주된 활동을 위축시키거나 그에 현저한 장애를 가하여 사실상 약사라는 직업을 포기하게 하는 결과를 초래하는 것도 아니며, 약사들의 본래의 주된 활동인 이른바 '양'약사라는 직업을 재개할 수 있기 때문에 직업의 자유의 본질적 내용을 침해한 것은 아니라고 하였다(헌재 1991.9.16. 89헌마231).

6. 헌법재판소는 안경사에게 도수조정용 시력검사를 허용하고, 안경의 조제·판매를 허용하며, 콘택트렌즈 판매를 안경사에게만 허용함으로써 안과의사의 의료권을 침해하였다고 다툰 사건에서 국민 스스로의 판단으로 안경사의 간편한 시력검사를 거쳐 안경을 조제·구입하건, 안과의사를 찾아 전문적인 진단을 받은 후에 안경을 조제·착용하건 그 선택권이 보장되어 있고, 심판대상규정이 안과의사의 진료를 차단하거나 봉쇄하고 있는 것은 아니므로 제한된 시력검사에 한하여 안경사에게 허용하고 있는 것을 위헌적인 제도라고 하기는 어렵다. 또한 콘택트렌즈의 조제에는 안과의사의 진료를 받도록 하고 있으나, 판매행위만을 안경사에게 독점시키고 있을 뿐인데, 안과의사는 그들의 진료행위에 병행·수반하여 당연히 환자에게 콘택트렌즈를 정착시킬 수 있는 것이며, 그러한 범위 내의 콘택트렌즈만의 판매행위는 진료행위에 포함되는 것이라 할 것이므로 진료행위와 관련이 없는 콘택트렌즈만의 판매행위를 금지하고 있다고 하여 자의적인 차별이라고 할 수는 없다고 하였다(헌재 1993.11.25. 92헌마87).

7. 헌법재판소는 의료기사에게 의사의 지시를 받아야 자신의 업무를 수행할 수 있도록 한 의료기사법 제1조에 대한 위헌심판사건에서 의료행위 중에서 국민보건에 위험성이 적은 일정한 범위의 것을 따로 떼어서 이를 의사에게 맡기지 아니하고 다른 자격제도를 두어 그 자격자에게 맡길 것인지 여부는 입법부의 입법형성의 자유에 속하는 것이며, 물리치료사와 임상병리사제도를 두어 의사에게 고용되어 의사의 지도하에서 각 업무를 수행하게 함으로써 의사의 진료행위를 지원하도록 제도를 마련하였다고 하더라도 특별한 사정이 없는 한 입법재량을 남용하였다거나 그 범위를 일탈하였다고 판단할 수는 없다고 하였다(헌재 1996.4.25. 94헌마129).

8. 헌법재판소는 유료직업소개소업을 허가사항으로 하고 있는 구 직업안정 및 고용촉진에 관한 법률 제10조 제1항에 대한 위헌심판사건에서 직업소개업을 자유로이 할 수 있도록 맡겨둘 경우 근로자의 안전 및 보건상의 위험, 공중도덕상 해로운 직종에의 유입, 미성년자에 대한 착취 등의 부작용이 초래될 수 있는 가능성이 매우 크므로 유료직업소개소업은 노동부장관의 허가를 받아야만 할 수 있도록 제한하는 것은 합리적인 제한이라고 하였다(헌재 1996.10.31. 93헌바13).

9. 헌법재판소는 국산영화의 의무상영제(연간 상영일수의 2/5)를 규정하고 있는 영화법 제26조에 대한 헌법소원사건에서 영화는 민족공동체의 문화적 창작력의 중요한 표현양식인데, 흥행성이 높은 외국산 영화의 무제한적인 수입으로 국산 영화의 존립 자체가 극도로 위태로울 지경에 이르고 있으므로 국산영화의무상영제를 두어 직업선택의 자유를 제한하였다 하더라도 공공복리를 위한 합리적 제한이라고 하였다(헌재 1995.7.21. 94헌마125).

10. 헌법재판소는 자동차매매업자와 자동차제작 · 판매자 등에게 자동차등록신청을 대행할 수 있다고 규정한 자동차관리법 제2조 제7호에 대하여 헌법소원을 청구한 사건에서 직업의 자유가 보장된다고 하여 그것이 반드시 특정인에게 배타적인 직업선택권이나 독점적인 직업활동의 자유를 보장하는 것은 아니며, 자동차등록업무는 그 성격상 이를 일반행정사만이 독점할 수 있는 고유의 핵심적인 업무로 보기도 어렵거니와 위 업무를 그들에게만 독점적 · 배타적으로 허용하고 보호하여 주어야 할 어떠한 합리적인 근거도 찾을 수 없으며, 위 법률조항은 자동차등록신청 대행업무를 자동차매매업자 및 자동차제작 · 판매자 등에게 허용하거나 의무지움에 그칠 뿐, 일반행정사들에게 위 업무의 취급을 금지하고 있는 것도 아니므로 자동차등록신청 대행업무를 일반행정사 이외의 자동차매매업자 및 자동차제작 · 판매자 등에게도 중첩적으로 허용하여 반사적으로 일반행정사의 업무영역이 잠식을 당하였다 하더라도 직업의 자유에 대한 본질적 침해라고는 볼 수 없다고 하였다(헌재 1997.10.30. 96헌마109).

11. 헌법재판소는 비변호사에 대해 일체의 법률사무취급을 금지하는 변호사법 제90조 제2호에 대한 위헌소원사건에서 변호사제도의 도입배경과 목적, 비변호사의 모든 법률사무취급을 금지하는 것이 아니라 금품 등 이익을 얻을 목적의 법률사무취급만을 금지하고 있는 점 등에 비추어 국민의 직업선택의 자유에 대한 과도한 제한으로 과잉금지원칙에 위배되는 것은 아니라고 하였다(헌재 2000.4.27., 98헌바95).

12. 여객자동차운수사업법 제73조의2에 대한 헌법소원(헌재 2001.6.28, 2000헌마32 – 합헌)에서 백화점의 셔틀버스 운행을 금지하고 있는 법률조항은 영업의 자유 · 평등권을 침해했다고 볼 수 없고 신뢰보호의 원칙에도 위반하지 않는다고 하였다.

13. 헌법재판소는 대형마트에 대해 일정한 범위의 영업시간 제한 등을 할 수 있도록 한 유통산업발전법 조항에 대하여, 이 사건 법률조항의 직접적 수규자가 아닌 제3자에 불과한 청구인들로서는 달리 이 사건 법률조항과 직접 관련되었다고 볼 만한 특별한 사정이 있다고 볼 수 없는바, 청구인들의 이 사건 심판청구는 자기관련성이 인정되지 않는다(헌재 2013.5.7. 2013헌마261).

법무사 아닌 자의 법무행위금지사건(헌재 2003.9.25. 2001헌마156 - 합헌)
1. 이 사건 법률조항은 청구인의 직업선택의 자유를 침해할 정도로 비례의 원칙에 위배한 것으로 볼 수 없고, 나아가 입법자가 등기신청대행만을 전담하는 자격제도를 따로 두고 있지 않다거나 현재보다 더 완화된 법무사 자격요건을 두고 있지 않다고 하더라도 그것이 곧 청구인의 직업선택의 자유를 침해할 정도로 입법형성의 재량을 일탈한 것이라고 볼 수도 없다고 할 것이다.
2. 법률적 소양이 없는 비자격자에게 등기신청의 대리업 등을 전면적으로 허용한다면 아무런 법률지식 없는 자도 등기신청대리 등을 업으로 하게 되어 부실등기로 인한 국민의 권리보전 및 거래안전을 해쳐 등기제도의 입법목적을 달성할 수 없음은 불을 보듯 뻔하다고 할 것인 바, 입법자가 비자격자의 등기신청대리 등을 제한하는 것은 등기업무의 적정·원활한 수행과 신속·징확한 등기를 통한 국민의 권리보전과 거래안전이라는 공익을 위한 것이라고 할 것이므로 거기에는 합리적 이유가 있다 할 것이고, 입법자가 자의적으로 법무사 자격이 없는 자를 법무사에 비하여 차별하는 것으로 볼 수는 없다(평등원칙에 위반되지 않는다).

학교보건법 제6조 제1항 제2호 위헌제청, 학교보건법 제19조 등 위헌제청(헌재 2004.5.27. 2003헌가1, 2004헌가4 병합)
【쟁점】 학교환경위생정화구역 안에서 극장을 금지하는 것이 직업의 자유를 침해하는지 여부
【주문】
1. 학교보건법 제6조 제1항 본문 제2호 중 '극장' 부분 가운데 고등교육법 제2조에 규정한 각 학교에 관한 부분은 헌법에 위반된다.
2. 학교보건법 제6조 제1항 본문 제2호 중 '극장' 부분 가운데 초·중등교육법 제2조에 규정한 각 학교에 관한 부분은 헌법에 합치하지 아니한다. 법원 기타 국가기관 및 지방자치단체는 입법자가 개정할 때까지 이 부분 법률조항의 적용을 중지하여야 한다.

【내용】 직업수행의 자유의 제한
이 사건 법률조항은 학교 부근의 정화구역 내에서의 극장시설 및 운영행위를 금지하는 것으로서 학교 부근이라는 한정된 지역에서의 극장시설 및 운영행위만을 제한하고 있을 뿐 그 이외의 지역에서의 극장업에 관하여는 아무런 제한을 가하지 않고 있으므로 좁은 의미의 직업선택의 자유를 제한하고 있다고는 볼 수 없고, 영화상영관을 자유롭게 운영할 수 있는 제청신청의 등의 직업수행의 자유를 일부 제한하고 있다고는 할 것이다(헌재 1998.3.26. 64헌마94).

자동차운전전문학원 운영정지사건(도로교통법 제71조의15 제2항 제8호 위헌제청; 헌재 2005.7.21. 2004헌가30 전원재판부 - 위헌)
【주문】 도로교통법 제71조의15(2001.12.31. 법률 제6565호로 개정되고, 2005.5.31. 법률 제7545호로 전문개정되기 전의 것) 제2항 제8호 중 '당해 전문학원을 졸업하고 운전면허를 받은 사람 중 교통사고를 일으킨 사람의 비율이 대통령령이 정하는 비율을 초과하는 때' 부분은 헌법에 위반된다.

1. '자동차운전전문학원을 졸업하고 운전면허를 받은 사람 중 교통사고를 일으킨 비율이 대통령령이 정하는 비율을 초과하는 때'에는 학원의 등록을 취소하거나 1년 이내의 운영정지를 명할 수 있도록 한 도로교통법 제71조의15 제2항 제8호의 '교통사고' 부분(이하 '이 사건 조항'이라 한다)이 포괄위임입법 금지원칙에 위배되는지 여부(적극)
2. 이 사건 조항이 운전전문학원 운영자의 직업의 자유를 침해하는지 여부(적극)

자동차를 이용한 범죄행위에 대한 필요적 운전면허취소사건(도로교통법 제78조 제1항 단서 제5호 위헌제청; 헌재 2005.11.24. 2004헌가28 – 위헌)
【주문】 도로교통법 제78조 제1항 제5호(2001.12.31. 법률 제6565호로 일부 개정되고 2005.5.31. 법률 제7545호로 전문개정되기 전의 것)는 헌법에 위반된다.

【판시사항】
1. '운전면허를 받은 사람이 자동차 등을 이용하여 범죄행위를 한 때'라는 도로교통법 제78조 제1항 제5호(2001.12.31. 법률 제6565호로 일부 개정되고 2005.5.31. 법률 제7545호로 전문개정되기 전의 것, 이하 '이 사건 규정'이라 한다)의 법문이 명확성원칙을 위반하고 있는지 여부(적극)
2. 위와 같은 경우에 반드시 운전면허를 취소하도록 하는 것이 직업의 자유 등을 침해하는 것인지 여부(적극)

성인대상 성범죄자의 아동·청소년 관련 학원 등 취업제한 사건(헌재 2016.7.28. 2015헌마914)
헌법재판소는 2016년 7월 28일 재판관 전원 일치의 의견으로 성인대상 성범죄로 형을 선고받아 확정된 자는 그 형의 집행을 종료한 날부터 10년 동안 아동·청소년 관련 학원이나 교습소를 개설하거나 위 기관에 취업할 수 없도록 한 '아동·청소년의 성보호에 관한 법률'(2012. 12. 18. 법률 제11572호로 전부개정된 것) 제56조 제1항 제3호 중 '성인대상 성범죄로 형을 선고받아 확정된 자'에 관한 부분이 헌법에 위반된다는 결정을 선고하였다. [위헌]

성적목적공공장소침입죄 전과자 취업제한사건(헌재 2016.10.27. 2014헌마709)
헌법재판소는 2016년 10월 27일 재판관 전원 일치 의견으로, ① 성적목적공공장소침입죄로 형을 선고 받아 확정된 사람은 그 형의 집형을 종료한 날부터 10년 동안 의료기관을 제외한 아동·청소년 관련 기관등을 운영하거나 위 기관에 취업할 수 없도록 한 '아동·청소년의 성보호에 관한 법률' 제 56조 제1항 중 관련 부분은 청구인의 직업선택의 자유를 <u>침해하여 헌법에 위반된다.</u>

변호사시험 응시자격 제한, 사법시험 폐지, 판·검사 임용자격, 법학전문대학원 입학자격·전형자료 사건(헌재 2020.10.29. 2017헌마1128 – 기각, 각하)
헌법재판소는 2020년 10월 29일 재판관 전원일치 의견으로, ① 변호사시험의 응시자격을 법학전문대학원 석사학위 취득자로 제한한 변호사시험법(2009. 5. 28. 법률 제9747호로 제정된 것) 제5조 제1항 본문, ② 사법시험법을 폐지한다고 규정한 변호사시험법 부칙(2009. 5. 28. 법률 제9747호) 제2조, 각각 판사와 검사의 임용자격에 관한 ③ 법원조직법(2011. 7. 18. 법률 제10861호로 개정된 것) 제42조 제2항 및 ④ 검찰청법(2009. 11. 2. 법률 제9815호로 개정된 것) 제29조 제2호, ⑤ 입학자격으로 대학교 학사학위 또는 이와 동등 이상의 학력을 요구하는 법학전문대학원 설치·운영에 관한 법률(2007. 7. 27. 법률 제8544호로 제정된 것) 제22조, ⑥ 입학전형자료로 활용할 필수기준에 관한 법학전문대학원 설치·운영에 관한 법률(2007. 7. 27. 법률 제8544호로 제정된 것) 제23조 제2항에 대한 심판청구를 모두 기각하고, 나머지 심판청구를 모두 각하한다는 결정을 선고하였다.

변호사시험 응시한도 및 예외에 대한 헌법소원(헌재 2020.11.26. 2018헌마733)
헌법재판소는 2020. 11. 26. ① 변호사시험 응시기회를 법학전문대학원 석사학위를 취득한 달의 말일부터(석사학위 취득예정자의 경우 그 예정기간 내 시행된 시험일부터) 5년 내 5회로 한 변호사시험법(2011. 7. 25. 법률 제10923호로 개정된 것) 제7조 제1항에 대한 일부 청구인들의 헌법소원심판청구를 각하하고, 나머지 청구인들의 심판청구에 대하여는 위 조항이 직업선택의 자유를 침해하지 않는다는 이유로 기각하였으며, ② 병역의무의 이행만을 위 응시한도의 예외로 인정한 변호사시험법(2018. 12. 18. 법률 제15975호로 개정된 것) 제7조 제2항에 대한 일부 청구인들의 심판청구를 각하하고, 나머지 청구인들의 심판청구를 기각하였다.
ㅇ 헌법재판소는 2016. 9. 29. 2016헌마47 결정, 2018. 3. 29. 2017헌마387등 및 2020. 9. 24. 2018헌마739등 결정에서, 변호사시험의 응시를 '5년 내 5회'로 제한한 이 사건 한도조항이 직업선택의 자유를 침해하지 않는다고 판단하였다.

관련판례

학교환경위생정화구역 안에서의 당구장영업금지(헌재 1997.3.27. 94헌마196·225)
① 심판대상: 학교보건법 제6조 ① 누구든지 학교환경위생정화구역 안에서는 다음 각 호의 1에 해당하는 행위 및 시설을 하여서는 아니 된다. 다만, 대통령령으로 정하는 구역 안에서는 제2호·제4호·제8호 및 제10호 내지 제14호에 규정한 행위 및 시설 중 시·도교육위원회 교육감 또는 교육감이 지정하는 자가 학교환경위생정화위원회의 심의를 거쳐 학습과 학교보건위생에 나쁜 영향을 주지 않는다고 인정하는 행위 및 시설은 제외한다.
13. 사행행위장, 당구장, 경마장
② 주문: 학교보건법 제6조 제1항 제3호 '당구장' 부분 중 교육법 제81조에 규정한 대학, 교육대학, 사범대학, 전문대학, 방송통신대학, 산업대학, 기술대학, 유치원 및 이와 유사한 교육기관에 관한 부분은 헌법에 위반된다.
③ 대학교 정화구역 내 당구장영업금지: 대학, 교육대학, 사범대학, 전문대학, 기타 이와 유사한 교육기관의 학생들은 변별력과 의지력을 갖춘 성인이어서 당구장을 어떻게 활용할 것인지는 이들의 자율적 판단과 책임에 맡길 일이고, 학교 주변의 당구장 시설제한과 같은 타율적 규제를 가하는 것은 대학교육의 목적에도 어긋나고 대학교육의 능률화에도 도움이 되지 않으므로, 위 각 대학 및 이와 유사한 교육기관의 학교환경위생정화구역 안에서 당구장 시설을 하지 못하도록 기본권을 제한하는 것은 교육목적의 능률화라는 입법목적의 달성을 위하여 필요하고 적정한 방법이라고 할 수 없어 <u>기본권 제한의 한계를 벗어난 것이다.</u>
④ 유치원 정화구역 내 당구장영업금지: 유치원 주변에 당구장 시설을 허용한다고 하여도 이로 인하여 유치원생이 학습을 소홀히 하거나 교육적으로 나쁜 영향을 받을 위험성이 있다고 보기 어려우므로 유치원 및 이와 유사한 교육기관의 학교환경위생정화구역 안에서 당구장 시설을 하지 못하도록 기본권을 제한하는 것은 입법목적의 달성을 위하여 필요하고도 적정한 방법이라고 할 수 없어 역시 <u>기본권 제한의 한계를 벗어난 것이다.</u>
⑤ 초등학교, 중학교, 고등학교 정화구역 내 당구장영업금지: 초등학교, 중학교, 고등학교 기타 이

와 유사한 교육기관의 학생들은 아직 변별력 및 의지력이 미약하여 당구의 오락성에 빠져 학습을 소홀히 하고 당구장의 유해환경으로부터 나쁜 영향을 받을 위험성이 크므로 이들을 이러한 위험으로부터 보호할 필요가 있는바, 이를 위하여 위 각 학교경계선으로부터 200미터 이내에 설정되는 학교환경위생정화구역 내에서의 당구장 시설을 제한하면서 예외적으로 학습과 학교보건위생에 나쁜 영향을 주지 않는다고 인정하는 경우에 한하여 당구장 시설을 허용하도록 하는 것은 기본권 제한의 입법목적, 기본권 제한의 정도, 입법목적 달성의 효과 등에 비추어 필요한 정도를 넘어 과도하게 <u>직업(행사)의 침해하는 것이라 할 수 없다.</u>

세무사 자격 보유 변호사의 세무대리 금지 사건(헌재 2018.4.26. 2015헌가19)
헌법재판소는 2018년 4월 26일 재판관 6 : 3의 의견으로, 세무사 자격 보유 변호사로 하여금 세무사로서 세무사의 업무를 할 수 없도록 규정한 세무사법 제20조 제1항 본문 중 변호사에 관한 부분과 세무조정업무를 할 수 없도록 규정한 법인세법 제70조 제6항 제3호는 헌법에 합치되지 아니하고, 위 각 법률조항은 2019. 12. 31.을 시한으로 개정될 때까지 계속 적용된다는 결정을 선고하였다. 세법 및 관련 법령에 대한 해석 · 적용에 있어서는 일반 세무사나 공인회계사보다 법률사무 전반을 취급 · 처리하는 법률 전문직인 변호사에게 오히려 그 전문성과 능력이 인정된다. 그럼에도 불구하고 심판대상조항은 세무사 자격 보유 변호사로 하여금 세무대리를 일체 할 수 없도록 전면적으로 금지하고 있으므로, 수단의 적합성을 인정할 수 없다.

연차 유급휴가 미사용 수당 사건(헌재 2020.9.24. 2017헌바433 – 합헌)
헌법재판소는 2020년 9월 24일 재판관 전원일치 의견으로, 업무상 재해로 휴업하여 당해 연도 출근의무가 없는 근로자에게도 유급휴가를 주도록 되어 있는 구 근로기준법(2007. 4. 11. 법률 제8372호로 전부개정되고, 2012. 2. 1. 법률 제11270호로 개정되기 전의 것) 제60조 제1항, 근로기준법(2007. 4. 11. 법률 제8372호로 전부개정된 것) 제60조 제4항이 사용자의 직업수행의 자유를 침해하지 않는다는 결정을 선고하였다.
ㅇ 근로기준법은 근로자가 업무상의 부상 또는 질병으로 휴업한 기간을 출근한 것으로 본다는 점, 연차 유급휴가는 1년간 사용하지 않으면 소멸되며, 연차 유급휴가 미사용 수당은 3년의 시효로 소멸하므로 이로 인한 사용자의 부담 또한 그 시효완성과 함께 소멸한다는 점까지 고려하면 이 조항이 과잉금지원칙에 위배되어 청구인의 직업수행의 자유를 침해한다고 보기 어렵다.

게임물을 통한 경품제공행위 규제 사건(헌재 2020.12.23. 2017헌바463 – 합헌)
헌법재판소는 2020. 12. 23. 재판관 전원일치 의견으로, 게임물 관련사업자가 게임물을 통해 경품 등을 제공하는 것을 원칙적으로 금지하고, 예외적인 경우에만 이를 허용하는 '게임산업진흥에 관한 법률'(2007. 1. 19. 법률 제8247호로 개정된 것) 제28조 제3호 및 이를 위반한 경우를 처벌하는 같은 법 제44조 제1항 제1호의2가 헌법에 위반되지 않는다고 결정하였다.
ㅇ 이 사건 법률조항들로 인해 게임물 관련사업자인 청구인들의 직업수행의 자유가 다소 제한되는 면이 있으나, 경품 등 제공의 제한으로 인하여 게임이용자의 게임물 이용이 축소, 제한된다고 볼 수 없고, 청소년게임제공업의 전체이용가 게임물에 대하여 제한적 경품제공이 가능하다는 점에서 이 사건 법률조항들로 인한 사익의 제한이 중대하다고 보기 어렵다. 반면 게임물의 사행화를 근절함으로써 게임산업을 진흥하고 건전한 게임문화를 확립하여 얻는 공익은 그 중요성이 제한되는 사익에 비해 훨씬 크다고 할 것이므로 이 사건 법률조항들은 법익의 균형성도 충족하고 있다. 따라서 이 사건 법률조항들은 청구인들의 직업수행의 자유를 침해하지 아니한다.

제4절 재산권의 보장

(1) 개념

개인생활의 경제적 기초가 되는 재산에 대해 자유로이 이용·수익·처분 등을 할 수 있는 권리로서 개인의 기본권 보장과 법제도로서의 사유재산제도를 보장하는 이중적 의미를 갖는다.

헌법적 의미의 재산권이란 '사적 유용성 및 그에 대한 원칙적 처분권을 포함하는 모든 재산가치 있는 구체적 권리'이다(헌재 1996.8.29. 95헌바36).

(2) 연혁

(가) 근대국가   천부불가침의 권리(프랑스인권선언)

(나) 현대국가   재산권의 사회성 강조[Weimar헌법(1919)이 최초의 성문화]

(3) 재산권보장의 법적 성격

(가) 제23조 제1항(원칙)

(a) **전문(재산권보장)**: 권리 + 제도보장 동시 보장설(다수설: 헌재 1993.7.29. 92헌바20)

(b) **후문(재산권 내용 · 한계의 법정주의)**: 형성적 법률유보로 본다(헌재 1993.7.29. 92헌바20)

(나) 제23조 제2항(한계)

1) 재산권 행사의 헌법적 한계를 뜻한다.

2) 재산권의 공공복리적합성의 내재적 제약성을 명문화한 헌법적 원리이다.

3) 헌법상의 의무로 본다(헌재 1989.12.22. 88헌가13).

(다) 제23조 제3항(제한)

1) 공용침해(수용 · 사용 · 제한) 시 정당보상을 요한다.

2) 정당보상이란 '시가에 의한 완전보상'을 뜻한다.

(4) 주체

(가) 국민 · 법인이 해당된다(국가와 지방자치단체도 그 주체가 됨).

(나) 외국인   헌법(제23조)에 의해 재산권이 보장되지 않으나, 국제조약이 정하는 바에 따라서는 보장된다.

(5) 재산권보장(제23조 제1항)

(가) 재산권

(a) **의의**: 민법상의 물권 · 채권 · 상속권, 특별법상의 광업권 · 어업권 · 수렵권 등은 재산권에 포함된다. 즉, 공 · 사법상의 경제적 가치가 있는 모든 권리이므로 민법상 소유권보다 범위가 넓은 개념이다.

공법상 공무원의 봉급청구권 · 연금청구권이나 국가유공자의 생활조정수당청구권 등 자신의 노력 · 업적에 대한 대가로서의 성질이 강하거나 자신 또는 가족의 특별한 희생으로 얻어진 보상적 성질의 권리와 상속권(헌재 1998.8.27. 96헌가22 병합)도 재산권에 포함된다. 또한 정당한 지목을 등록함으로써 토지소유자가 누리게 될 이익(헌재 1999.6.24. 97헌마315), 관행에 의한 입어권(헌재 1999.7.22. 97헌바76 병합), 공용수용의 정당화사유가 소멸되었을 때 발생하는 환매권(헌재 1994.2.24. 92헌가15)도 재산권에 포함된다. 그러나 약사의 한약조제권(헌재 1997.11.27. 97헌바10), 환매권 실효 후 우선매수권(헌재 1998.12.24. 97헌마87)은 재산권에 포함되지 않는다.

(b) 헌재 판례: 재산권의 범위에는 동산·부동산에 대한 모든 종류의 물권은 물론 재산가치 있는 모든 사법상의 채권과 특별법상의 권리 및 재산가치 있는 공법상의 권리 등이 포함되나, 단순한 기대이익이나 반사적 이익 또는 경제적인 기회 등은 재산권에 속하지 않는다(헌재 1998.7.16. 96헌마246).

공법상의 권리가 헌법상의 재산권보장의 보호를 받기 위해서는 다음과 같은 요건을 갖추어야 한다. 첫째, 공법상의 권리가 권리주체에게 귀속되어 개인의 이익을 위하여 이용가능해야 하며(사적 유용성), 둘째, 국가의 일방적인 급부에 의한 것이 아니라 권리주체의 노동이나 투자, 특별한 희생에 의하여 획득되어 자신이 행한 급부의 등가물에 해당하는 것이어야 하며(수급자의 상당한 자기기여), 셋째, 수급자의 생존의 확보에 기여해야 한다(헌재 2000.6.29. 99헌마289).

보상수급권은 법률에 의하여 비로소 인정되는 권리로서 재산권적 성질을 갖는 것이긴 하지만 그 발생에 필요한 요건이 법정되어 있는 이상 이러한 요건을 갖추기 전에는 헌법이 보장하는 재산권이라고 할 수 없다(헌재 1995.7.21. 93헌가14).

공무원의 보수청구권은, 법률 및 법률의 위임을 받은 하위법령에 의해 그 구체적 내용이 형성되면 재산적 가치가 있는 공법상의 권리가 되어 재산권의 내용에 포함되지만, 법령에 의하여 구체적 내용이 형성되기 전의 권리, 즉 공무원이 국가 또는 지방자치단체에 대하여 어느 수준의 보수를 청구할 수 있는 권리는 단순한 기대이익에 불과하여 재산권의 내용에 포함된다고 볼 수 없다(헌재 2008.12.26. 2007헌마444).

건강보험수급권과 같이 공법상의 권리가 헌법상의 재산권으로 보호받기 위해서는 국가의 일방적인 급부에 의한 것이 아니라 수급자의 상당한 자기기여를 전제로 한다(헌재 2000.6.29. 99헌마289).

공법상의 재산적 가치 있는 지위가 헌법상 재산권의 보호를 받기 위하여는, 우선 입법자에 의하여 수급요건, 수급자의 범위, 수급액 등 구체적인 사항이 법률에 규정됨으로써 구체적인 법적 권리로 형성되어 개인의 주관적 공권의 형태를 갖추어야 한다(헌재 2000.6.29, 99헌마289).

헌재가 재산권으로 인정하지 않은 대표적 예
1. 기대이익, 반사적 이익(헌재 1997.11.27, 97헌바101)
2. 약사의 한약조제권(헌재 1997.11.27, 97헌바101)
3. 의료보험조합의 적립금(헌재 2000.6.29, 99헌마2891)
4. 사실적·경제적 기회(헌재 1999.7.22, 98헌바14)
5. 강제집행권(헌재 1998.5.28, 96헌마44)

관련판례 재산권에서 보장받지 못하는 것

1. 기대이익, 법의 반사적 이익: 구체적인 권리가 아니니 단순한 기대이익이나 재화의 획득에 관한 기회 등은 재산권 보장의 대상이 아니다(헌재 1997.11.27, 97헌바이)[허영 p.450].
2. 한약조제권: 약사의 한약조제권은 양도·양수할 수 없고 침해되었을 때 방해배제나 원상회복, 손해배상을 청구할 수 있는 권리가 아니다. 의약품을 판매하여 얻게 되는 이익이란 장래의 불확실한 기대이익에 불과하다. 따라서 약사의 한약조제권은 위 헌법조항들(제23조 제항과 제13조 제2항)이 말하는 재산권의 범위에 속하지 아니한다 할 것이므로 위 한약조제권이 재산권임을 전제로 소급입법에 의한 재산권 침해라는 주장은 이유 없다(헌재 1997.11.27, 97헌바이).
3. 국가배상청구권의 재산권적 성질 보유 여부: 국가배상청구권에 대해 학설은 청구권설이 다수설 [권영성 p.566, 허영 p.546, 김철수 p.796]이나 헌재는 청구권적 성격과 재산권적 성격을 가지고 있다고 한다.
4. 강제집행권은 국가가 보유하는 통치권의 한 작용으로 민사사법권에 속하는 것이지 헌법 제23조 제3항의 재산권에 해당하지 않는다(헌재 1998.5.28, 96헌마44).
5. 개발이익
6. 시혜적 입법의 시혜대상이 될 경우 얻을 수 있는 재산상 이익(헌재 2002.12.18, 2001헌바55): 재산권에 관계되는 시혜적 입법의 시혜대상에서 제외되었다는 이유만으로 재산권 침해가 생기는 것은 아니고, 시혜적 입법의 시혜대상이 될 경우 얻을 수 있는 재산상 이익의 기대가 성취되지 않았다고 하여도 그러한 단순한 재산상 이익의 기대는 헌법이 보호하는 재산권의 영역에 포함되지 않으므로, 이 사건에서 재산권 침해가 문제되지 않는다.
7. 생활무능력자의 공적부조에 따라 급부를 받을 권리
8. 직장의료보험조합의 적립금(헌재 2000.6.29, 99헌마289): 공법상의 권리인 사회보험법상의 권리가 재산권 보장의 보호를 받기 위해서는 법적 지위가 사적 이익을 위하여 유용한 것으로서 권리 주체에게 귀속될 수 있는 성질의 것이어야 하는데, 적립금에는 사법상의 재산권과 비교될 만한 최소한의 재산권적 특성이 결여되어 있다. 적립금은 조합원 개인에 귀속되어 사적 이익을 위하여 사용될 수 있는 성질의 것이어야 하는데, 적립금에는 사법상의 재산권과 비교될 만한 최소한의 재산권적 특성이 결여되어 있다. 적립금은 조합원 개인에 귀속되어 사적 이익을 위하여 사용될 수 있는 재산적 가치가 아니라 의료보험이라는 공적 기능을 보장하고 원활하게 하고자 조성되는 기금이기 때문이다. 따라서 의료보험조합의 적립금은 헌법 제23조에 의하여 보장되는 재산권의 보호 대상이라 보기 어렵다.

9. 교원이 계속 재직하면서 재화를 획득할 수 있는 기회는 재산권 보장의 대상이 아니다(헌재 2001.12.14. 99헌마112).

10. 치과전문의로서 재직하여 받을 수 있는 추가적 급료는 사실적·경제적 기회이지 재산권 보호 대상이 아니다(헌재 2001.1.27. 99헌라123).

11. 자신의 토지를 장래에 건축이나 개발목적으로 사용할 수 있으리라는 기대 가능성이나 신뢰 및 이에 따른 지가 상승의 기회는 원칙적으로 재산권의 보호범위에 속하지 않는다(헌재 1998.12.24. 97헌바78).

12. 국가의 간섭을 받지 아니하고는 자유로이 기부할 수 있는 기회의 보장(1998.5.28. 96헌가5)

13. 재생처리업자의 영업권(헌재 2000.7.20. 99헌마452)

14. 이윤추구의 측면에서 자신에게 유리한 경제적·법적 상황이 지속되리라는 일반적 기대나 희망(헌재 2002.8.29. 2001헌마159)

15. 자신이 받은 교육이 장래에 일정한 경제적 결실을 맺으리라는 기대나 시설투자가 일정한 이윤을 가져오리라는 예상(헌재 2002.10.31. 99헌바76·2000헌마505)

16. 의료급여수급권은 공공부조의 일종으로서 순수하게 사회정책적 목적에서 주어지는 권리이므로 개인의 노력과 금전적 기여를 통하여 취득되는 재산권의 보호대상에 포함된다고 보기 어렵다(헌재 2009.9.24. 2007헌마1092).

17. 구 「태평양전쟁 전후 국외 강제동원희생자 등 지원에 관한 법률」에 규정된 위로금 등의 각종 지원은 인도적 차원의 시혜적 급부를 받을 권리이므로 헌법 제23조에 의하여 보장된 재산권이라고 할 수 없다(헌재 2015.12.23. 2009헌바317 등).

(나) 재산권보장의 내용

(a) 사유재산제도의 보장

(aa) 생산수단 사유의 보장

(bb) 사유재산제 제한의 한계: 상속제도의 전면적 부인 금지된다.

(b) 사유재산권의 보장

(aa) 소급입법에 의한 재산권 박탈 금지(제13조 제2항), 무상몰수는 금지된다.

(bb) 무체재산권의 보장(제22조 제2항)도 해당된다.

(cc) 국가의 자의적 과세권 행사는 국민의 재산권을 침해하므로 금지된다.

(6) 재산권 행사의 공공복리 적합의무(제23조 제2항)

(가) 의의   재산권의 행사는 개인과 사회의 조화, 즉 헌법상 내재적 한계가 있다. 즉, 공공복리를 위하여 재산권의 주체가 무보상으로 재산권 행사를 제한받게 되는 것을 말한다. 이러한 재산권의 사회적 기속성은 사유재산제도의 유지·존속을 위한 사유재산제도의 최소한의 자기희생 내지 양보인 것이다.

(나) 사회기속성(사회적 의무성)의 한계

(a) 의의: 손실보상이 필요없는 사회적 기속성의 범위를 지나치게 확대할 경우에는 자유민주주의의 기초인 사유재산제도의 본질을 침해한 것이 된다.

(b) 사회적 기속성의 근거: 일반적으로 헌법 제23조 제2항이 인정된다. 그 외에 제23조 제1항 제2문이 사회적 기속성의 근거로서 인정될 수 있는가에 대하여는 부정설이 다수설이나 헌재는 인정설을 취하고 있다(헌재 1999.10.21. 97헌바26).

(7) 토지재산권에 대한 규제

(가) 토지재산권의 의의   토지는 가장 중요한 재산권의 객체로서 토지재산권은 토지의 지표뿐만 아니라 일정한 범위의 지상과 지하에도 미친다.

그러나 <u>토지재산권은 고정성, 유한성으로 다른 재산권보다 가중된 사회적 구속을 받게 된다. 현행 헌법은 국토에 대하여 제122조를, 그 중에서 농지에 대해서는 제121조</u>를 두고 있다.

(나) 토지의 국·공유화

(a) 국유화: 산업 내지 경영의 국가소유화를 의미한다.

(b) 공유화: 지방자치단체 등 공공단체의 소유화를 의미한다.

▶ 현행법 체계상 부분적 국·공유화만 가능하다(사회국가원리하).

(8) 재산권의 침해와 손실보상(제23조 제3항)

(가) 재산권의 침해

(a) 제한의 목적-공공필요: 공공필요란 공공이익을 위한 일정한 공익사업을 실현시키거나 국가안전보장, 질서유지 등의 공익목적을 달성하기 위하여 재산권의 제한이 불가피한 경우를 말한다.

▶ 공공필요는 제37조 제2항의 공공복리보다 더 넓은 개념이라는 설, 같은 개념이라는 설, 좁은 개념이라는 설이 대립하고 있다.

(b) 제한의 형식-법률

(aa) 원칙: 형식적 의미의 법률로서만 제한이 가능하며, 명령의 형식은 불가하다(다수설).

(bb) 예외: 법률에 준하는 명령(긴급명령, 비상계엄, 조약)

(나) 손실보상청구권

(a) 의의: 손실보상청구권이란 공공수용 · 공용사용 · 공용제한 등의 적법한 공권력 행사로 인해 재산상 특별한 희생을 당한 국민이 국가에 대해 그 보상을 청구할 수 있는 권리를 말한다.

(b) 근거

(aa) 이론적 근거: 특별한 희생설(공적부담 앞의 평등사상)

(bb) 실정법적 근거: 헌법 제23조 제3항

(c) 성립요건: 개인의 재산권이, 공공필요를 위한, 적법한 공권력의 침해로 말미암아, 특별한 희생을 당한 경우라야 한다.

(d) 손실보상의 형식과 기준

(aa) 공용침해와 보상은 결부되어야 한다.

▶ 재산권보장의 본질상 개인의 재산권의 침해에는 당연히 그 보상이 전제된다(결부조항, 불가분조항, Junktim−Klause). 결부조항이란 헌법이 입법위임을 하면서 그 법률이 일정한 요건 내지 내용을 규정해야 한다는 의미로서, 결부조항으로서 헌법 제23조 제3항은 재산권 제한과 보상을 동일한 법률에 의해 규정되어야 한다는 의미이다[권영성 p.520]. 보상규정이 없는 공용침해는 헌법 제23조 제3항에 위반된다(1994.12.29, 89헌마2).

(bb) 공용침해와 손실보상의 적법성(형식적 의미의 법률)

(cc) 보상규정을 결한 공용침해: 수용유사적 침해의 법리가 적용된다.

(dd) 지급기준: 정당보상(제23조 제3항)

① **완전보상설:** 침해된 재산의 객관적 가치를 완전히 보상해야 한다[허영 p.464, 성낙인 p.491, 홍성방 『헌법 Ⅱ』. p.167].

보상기준관련 헌법재판소 판례

1. 헌법 제23조 제3항은 '공공필요에 의한 재산권의 수용·사용 또는 제한 및 그에 대한 보상은 법률로써 하되, 정당한 보상을 지급하여야 한다'고 규정하고 있다. 여기서 '정당한 보상'이란 '원칙적으로' 피수용재산의 객관적인 재산가치를 완전하게 보상하는 것이어야 한다는 완전보상을 뜻하는 것으로서, 재산권의 객체가 갖는 객관적 가치란 그 물건의 성질에 정통한 사람들의 자유로운 거래에 의하여 도달할 수 있는 합리적인 매매가능가격, 즉 시가에 의하여 산정되는 것이 '보통이다'. 그러나 헌법 제23조 제3항에 규정된 '정당한 보상'의 원칙이 모든 경우에 예외 없이 개별적 시가에 의한 보상을 요구하는 것이라고 할 수 없다. 헌법재판소는 거듭 토지의 경우에는 그 특성상 인근 유사토지의 거래가격을 기준으로 하여 토지의 가격형성에 미치는 제 요소를 종합적으로 고려한 합리적 조정을 거쳐서 객관적인 가치를 평가할 수밖에 없음을 전제로 토지수용으로 인한 손실보상액의 산정을 '공시지가'를 기준으로 한 것이 헌법상의 정당보상의 원칙에 위배되는 것이 아니라고 하였다(헌재 2002.12.18. 2002헌가4).

2. 개발이익은 정당보상범위에 포함되지 않는다.

② **상당보상설**: 헌법상의 정당보상원칙이 반드시 피침해자 재산권의 완전한 객관적 가치를 보상하는 것은 아니고 사회적·경제적 여건을 고려하여 사회적 강자에게는 시가 이하의 보상을 해주고 사회적 약자에게는 시가 이상의 보상을 해주어야 한다[김철수 p.571].

▶ 헌재 1990.6.25. 89헌마107에서 헌법재판소에 의하면 토지수용법상 토지수용으로 인한 손실보상에 있어서 기준시가기준의 보상으로 인해 개발이익을 배제한 결과가 헌법상 정당보상과 평등원칙에 위배되지 않는다고 결정했다.

역대 헌법의 보상기준

제헌헌법, 제2공헌법	상당보상설	공공필요에 의하여 국민의 재산권을 수용, 사용 또는 제한함은 법률이 정하는 바에 의하여 상당한 보상을 지급함으로써 행한다.
제3공헌법	정당보상설	공공필요에 의한 재산권의 수용·사용 또는 제한은 법률로써 하되 정당한 보상을 지급하여야 한다.
제4공헌법	법률유보설	공공필요에 의한 재산권의 수용·사용 또는 제한 및 그 보상의 기준과 방법은 법률로 정한다.
제5공헌법	이익형량보상설	공공필요에 의한 재산권의 수용·사용 또는 제한은 법률로써 하되, 보상을 지급하여야 한다. 보상은 공익 및 관계자의 이익을 정당하게 형량하여 법률로 정한다.
현행 헌법	정당보상설	공공필요에 의한 재산권의 수용·사용 또는 제한 및 그에 대한 보상은 법률로써 하되, 정당한 보상을 지급하여야 한다.

(ee) 기준과 방법

① **보상기준**: 헌법주의(헌법 제23조 제3항), 보상기준은 직접 헌법에 명시했다.

② **보상방법**: 법률주의(공익사업을 위한 토지 등의 취득 및 보상에 관한 법률, 도시 및 주거환경 정비법, 국토의 계획 및 이용에 관한 법률)

(9) 헌재 판례 - 재산권의 보장

(가) 법적 성격과 기능　재산권의 보장은 개인이 현재 누리고 있는 재산권을 개인의 기본권으로 보장한다는 의미와 개인이 재산권을 향유할 수 있는 법제도로서의 사유재산제도를 보장한다는 이중적 의미를 가지고 있다(헌재 1989.12.22. 88헌가13; 헌재 1993.7.29. 92헌바20).

(나) 법률유보의 유형　우리 헌법상의 재산권에 관한 규정은 다른 기본권 규정과는 달리 그 내용과 한계가 법률에 의하여 구체적으로 형성되는 기본권 형성적 법률유보의 형태를 띠고 있다(헌재 1993.7.29. 92헌바20).

(다) 재산권의 내용

(a) 내용

(aa) 국유의 잡종재산이 시효취득되는지 여부: "국유재산은 민법 제245조에도 불구하고 시효취득의 대상이 되지 않는다"고 규정하고 있는 국유재산법 제5조 제2항은 동법의 국유재산 중 잡종재산에 대하여 적용하는 것은 헌법에 위반된다(적용위헌결정=한정위헌결; 헌재 1991.5.13. 89헌가97).

(bb) 실화책임에 관한 법률위헌제청(헌재 2007.8.30. 2004헌가25)

① **판시사항**: ⅰ) 일반 불법행위에 대한 과실책임주의의 예외로서 경과실로 인한 실화의 경우 실화피해자의 손해배상 청구권을 전면 부정하고 있는 실화책임에 관한 법률(이하 실화책임법이라 한다)의 위헌 여부(적극)

ⅱ) <u>종전의 합헌결정을 변경하면서 헌법불합치결정을 선고한 사례</u>

② **결정요지**: ⅰ) 화재 피해자에 대한 보호수단이 전혀 마련되어 있지 아니한 상태에서 화재가 경과실로 발생한 경우에 화재와 연소의 규모와 원인 등 손해의 공평한 분담에 관한 여러 가지 사항을 전혀 고려하지 아니한 채 일률적으로 실화자의 손해배상책임과 피해자의 손해배상청구권을 부정하는 것은 일방적으로 실화자만 보호하고 실화 피해자의 보호를 외면한 것으로서 실화자 보호의 필요성과 실

화 피해자 보호의 필요성을 균형 있게 조화시킨 것이라고 보기 어렵다.

ⅱ) 이 결정과 달리 실화책임법이 헌법에 위반되지 아니한다고 결정한 헌법재판소 1995.3.23. 선고 92헌가4 등 결정은 이 결정의 견해와 저촉되는 한도에서 변경한다.

(cc) 환매권이 재산권에 포함되는지 여부: 수용된 토지 등이 공공사업에 필요없게 되었을 경우에는 피수용자가 그 토지 등의 소유권을 회복할 수 있는 권리, 즉 환매권은 헌법이 보장하는 재산권의 내용에 포함되는 권리라고 보는 것이 상당하다(헌재 1998.12.24. 97헌마87·88 병합).

(dd) 환매권의 실효 후 피수용자에게 부여되는 우선매수권이 재산권에 포함되는지 여부: 수용된 재산에 대한 우선매수권은 이미 환매권이 소멸된 토지를 대상으로 하고 있으므로 헌법 제23조에 의하여 직접 보장되는 재산권의 성질을 가진 것이 아니라 환매권이 이미 소멸된 토지의 피수용자 또는 그 상속인에게 당해 토지를 우선매수할 수 있는 기회를 부여함으로써 종전의 법률관계를 정리하겠다는 입법정책 아래 인정되는 수혜적인 성질을 가진 것이다(헌재 1998.12.24. 97헌마87·88 병합).

(ee) 강제집행권이 재산권에 포함되는지 여부: 강제집행은 국가가 보유하는 통치권의 한 작용으로서 민사사법권에 속하는 것이고, 채권자인 청구인들은 국가에 대하여 강제집행권의 발동을 구하는 공법상 권능인 강제집행권 청구권만을 보유하고 있을 뿐이므로 강제집행권은 헌법 제23조 제3항 소정의 재산권에 포함되지 않는다(헌재 1998.5.28. 96헌마44).

(ff) 외국 대사관저에 대해 강제집행이 불가능하게 된 경우 손실보상입법의무의 존부: 외국의 대사관저에 대하여 강제집행을 할 수 없다는 이유로 집달관이 청구인들에게 접수를 거부하여 강제집행이 불가능하게 된 경우 국가가 청구인들에게 손실을 보상하는 법률을 제정하여야 할 의무는 헌법상 도출되지 않는다(헌재 1998.5.28. 96헌마44).

(gg) 국민건강보험법 제33조 제2항 등 위헌확인: 이 사건 적립금의 경우 법률상 조합원이 조합의 합병·해산시 청구할 수 있는 권리를 규정하고 있지 아니하고 사법상의 재산권과 비교될 만한 최소한의 재산권적 특성이 결여되어 있어 헌법상 재산권에 해당하지 아니하다.

부담금제도에 대한 헌재 결정

종 류	결정주문	결정이유
수질개선부담금 (헌재 1998.12.24. 98헌가1)	합헌	지하수자원 보전 및 먹는 물 수질개선이라는 입법목적 달성을 위한 적정한 방법이라고 인정되고, 한편 자연자원으로서 유한한 공공재인 지하수자원을 소모해 가면서 이윤을 획득하는 먹는 샘물제조업에 대하여는 상당한 정도 고율의 부담금을 부과하더라도 헌법상 용인된다.
교통안전분담금 (헌재 1999.1.28. 97헌가8)	위헌	분담금의 분담방법 및 분담비율에 관한 사항을 대통령령으로 정하도록 규정한 교통안전공단법 제17조는 … 시행령에 포괄적으로 위임함으로써, 헌법 제75조에 위반된다.
카지노사업자의 납부금 (헌재 1999.10.21. 97헌바84)	합헌	부족한 관광진흥개발기금의 확충을 통하여 관광사업의 발전에 필요한 재원을 확보하기 위하여 카지노 사업자에게 일정금액을 관광진흥개발기금에 납부하게 하여 이 기금을 관광사업의 발전을 위한 특정한 용도에만 사용하도록 하는 것은 관광사업의 발전이라는 입법목적의 달성을 위한 적절한 방법으로 인정된다.
국외여행자납부금 (헌재 2003.1.30. 2002헌바5)	합헌	전체 인구 중 20%를 넘지 않는 상대적으로 소수인 내국인 국외여행자가 관광수지 적자에 대한 직접적 원인을 제공하고 있다는 점에 비추어보면 입법자가 관광진흥개발기금의 재원확대를 위하여 일반국민을 대상으로 한 조세의 방법을 선택하지 아니하고, 내국인 국외여행자만을 부과대상으로 한정한 현행 납부금제도를 선택한 것은 나름대로 합리성을 가진다.
문예진흥기금 (헌재 2003.12.18. 2002헌가2)	위헌	공연 등을 관람하는 일부의 국민들만이 문화예술의 진흥에 집단적으로 특별한 책임을 부당하여야 할 아무런 합리적인 이유가 발견되지 않는다.

관련판례

부담금은 조세에 대한 관계에서 어디까지나 예외적으로만 인정되어야 하며, 어떤 공적 과제에 관한 재정조달을 조세로 할 것인지 아니면 부담금으로 할 것인지에 관하여 입법자의 자유로운 선택권을 허용하여서는 안 된다(헌재 2004.7.15. 2002헌바42).

관련판례 재산권 침해인 것

1. 근로자 퇴직금 채권 전액을 저당권에 의하여 담보된 채권 등보다 우선 변제하도록 한 근로기준법 제30조의2 제2항(헌재 1997.8.21. 94헌바19: 헌법불합치)
1) 퇴직금 채권을 전액 우선함으로써 저당권자는 그 권리를 행사할 기회를 박탈당하므로 이 사건

법률조항은 저당권의 본질적인 내용을 침해한다.

2) 그러나 퇴직금의 전액이 아니라 근로자들의 생활보장차원에서 적정범위의 퇴직금 채권을 우선하는 것은 허용될 수 있으므로 입법자는 적정한 범위 내에 퇴직금 채권을 우선하는 법개정을 하여야 한다. → 헌법 불합치, 잠정 적용 중지

2. 조세채권우선(헌재 1995.7.21. 93헌바46 - 합헌)

헌법재판소는 국세에서 신고일 기준으로, 납세의무성립일 기준으로, 납세고지서의 발송일 기준으로 조세채권을 담보물권보다 우선하는 것은 합헌으로 보았다. 그 이유로는 신고일, 납세의무성립일, 방송일을 기준으로 담보권자가 그 시점에서 얼마든지 상대방의 조세채무의 존부와 범위를 확인할 수 있어 담보권자의 예측가능성을 해하지 아니하기 때문이다.

3. 상속인이 상속개시 있음을 안 날로부터 3월 내 한정승인이나 상속포기를 하지 아니한 경우 단순 승인을 한 것으로 본다고 규정한 민법 제1026조 제2호(헌재 1998.8.27. 96헌가2·3·9)

이 사건 법률조항은 상속인이 귀책사유 없이 상속채무가 적극 재산을 초과한다는 사실을 알지 못하고 고려기간 내 한정승인이나 상속포기를 하지 못한 경우에도 상속인으로 하여금 피상속인의 채무를 전부 부담케 하면서 상속채권자만을 일방적으로 보호한다는 점에서 상속인의 재산권 및 사적자치권 침해이다. → 헌법 불합치 결정, 잠정 적용 중지

4. 신고를 하지 않은 상속·증여에 대해 재산의 가액을 상속당시 또는 증여당시가 아니니 조세부과 당시를 기준으로 한 구 상속세법 제9조(헌재 1992.12.24. 90헌바21: 위헌)

조세평등주의의 관점에서 보면 첫째로, 우리나라의 현행 조세법제에 의하면 상속세나 증여세는 정부가 부과처분을 행함으로써 비로소 조세채무가 확정되는 이른바 부과과세방식을 택하고 있는데, 이러한 부과과세방식의 조세인 상속세나 증여세에 있어서 상속사실 또는 증여사실의 신고는 과세자료의 제출이라는 과세관청에 대한 일종의 협력의무에 불과한 것으로, 이 협력의무를 이행하지 아니하였다 하여 가산세를 부과하는 외에 상속재산(증여재산)의 가액 자체를 상속(증여)세 부과 당시를 기준으로 무겁게 평가하여 징벌적, 차별적인 중과세를 부과하는 것은 합리성이 있다고 볼 수 없다. 또한 상속재산이나 수증재산을 이미 처분한 후에 상속세나 증여세가 부과되는 때에는 경우에 따라서 처분가격보다 훨씬 많은 세금(때로는 처분가격의 몇십 배나 몇백 배가 되는 경우도 있다)을 납부하여야 하는 불합리한 결과가 발생할 수도 있는데, 이 점에 있어서는 성실신고자와의 관계에서 볼 때에도 합리적인 차별이라고 할 수 없다.

5. 헌재 2014.10.30. 2011헌바172 등

행정기관이 개발촉진지구 지역개발사업으로 실시계획을 승인하고 이를 고시하면 고급골프장 사업과 같이 공익성이 낮은 사업에 대해서까지도 시행자인 민간개발자에게 수용권한을 부여하는 규정은 헌법 제23조 제3항에 위반된다.

관련판례 재산권 침해가 아닌 것

1. 국가양로시설에 입소한 국가유공자에 대한 부가연금을 지급 정지하도록 한 예우법 제20조(헌재 2000.3.1. 92헌마216 - 합헌)

이 사건 규정으로 인하여 청구인들이 보훈원에서 보호를 받고 있는 동안 종전에 지급받던 부가연

금이나 생활조정수당 등의 지급이 정지된다고 하더라도 청구인들은 국가의 부담으로 시설보호를 받음으로써 거주비, 식비, 피복비의 대부분을 스스로 부담하지 않게 되어 사실상 종전에 지급받던 보상금 중 상당 부분에 갈음하여 다른 형태의 보상을 받고 있다고 볼 수 있고, 또 위와 같은 시설보호를 받을지의 여부는 청구인들의 선택에 달려 있다는 점 등을 고려하면 이 사건 규정으로 인하여 청구인들의 재산권이 침해되었다고는 볼 수는 없으므로 이 사건 규정이 입법재량의 범위를 일탈하여 헌법에 위배된다고 할 수 없다.

2. 공탁금이자 1% – 합헌
공탁금이자가 징수되지 않고 있는 점, 공탁제도는 원래 공탁자의 이익을 위한 제도이지 국가가 공탁자에게 무조건 공탁을 강요하는 것은 아니라는 점 등을 고려할 때 대법원은 공탁금을 현재의 예금제도하에서 가능한 최선의 관리를 하고 있는 것으로 인정할 수 있다고 판단되므로 현재의 공탁금관리방법이 공탁자나 공탁금 수령자의 재산권을 침해하는 것이라 할 수 없다.

3. 국민연금의 공공자금관리기금에 강제편입(헌재 1996.10.4., 96헌가6 – 합헌)
연금수급권이 재산권의 성격을 갖고 있다 할지라도 연금기금은 국민연금법의 입법목적에 부응하도록 정부가 합리적 재량에 따라 이를 관리·운용할 수 있다고 보아야 할 것이고 반드시 가입자 개개인이 주장하는 내용에 따라 이를 운용해야 한다고는 볼 수 없으며, 연금기금의 운영에 있어서는 안정성, 수익성, 공공성 등을 종합적으로 고려해야 할 것이나 그 중에서도 장기적인 '안정성'을 최우선으로 고려할 것이 요청되며, 정부의 국민연금기금의 운용방법이 수익률에 있어서는 다소 떨어진다고 하더라도 장기적인 안정성에 있어서 충분한 보장이 있는 이상 그와 같은 기금운영방법이 곧 연금가입자의 장래의 연금수급권을 침해한다거나 그들의 인간다운 생활을 할 기본권을 침해하는 것이라고 말할 수는 없을 것이다.

4. 국민연금 강제징수(헌재 2001.2.22. 99헌마365 – 합헌)
국민연금제도는 가입기간 중에 납부한 보험료를 급여의 산출근거로 하여 일정한 급여를 지급하는 것이므로 반대급부 없이 국가에서 강제로 금전을 징수하는 조세와는 성격을 달리한다. 비록 국민연금법 제79조가 연금보험료의 강제징수에 관하여 규정하고 있으나, 이는 국민연금제도의 고도의 공익성을 고려하여 법률이 특별히 연금보험료의 강제징수규정을 둔 것이지, 그렇다고 하여 국민연금보험료를 조세로 볼 수는 없다. 또한 국민연금제도에 소득재분배의 효과가 있지만, 이는 사회보험의 본질적 요소로서 소득재분배를 어느 정도로 할 것인지는 입법정책의 문제이며, 뿐만 아니라 연금보험료의 징수는 재산권 행사의 사회적 의무성의 한계 내에 있다고 볼 수 있다. 따라서 국민연금제도는 조세법률주의나 재산권 보장에 위배되지 않는다.

5. 국가배상청구권에도 소멸시효제도를 적용(헌재 1997.2.20. 96헌바24 – 합헌)
국가배상법 제8조가 '국가 또는 지방자치단체의 손해배상책임에 관하여 이 법의 규정에 의한 것을 제외하고는 민법의 규정에 의한다고 규정하여 소멸시효에 관하여 별도의 규정을 두지 아니함으로써 국가배상청구권에도 소멸시효에 관한 민법상의 규정인 민법 제766조가 적용되게 되었다 하더라도 이는 국가배상청구권의 성격과 책임의 본질, 소멸시효제도의 존재이유 등을 종합적으로 고려한 입법재량범위 내에서의 입법자의 결단의 산물인 것으로 국가배상청구권의 본질적인 내용을 침해하는 것이라고는 볼 수 없고, 기본권 제한에 있어서의 한계를 넘어서는 것이라고 볼 수도 없으므로 헌법에 위반되지 아니한다.

6. 실용신안권 등록료를 납부하지 아니한 경우 실용신안권을 소멸하도록 한 실용신안법 제34조(헌재 2002.4.25. 2001헌마200: 합헌)

구 실용신안법 제35조는 실용신안권자가 등록료 납부의무를 이행하지 않는 경우에 실용신안권을 소멸시켜 널리 일반의 공유재산으로 이용하게 함으로써 기술개발을 촉진하고 산업발전에 이바지하도록 한다는 것으로, 그 법목적은 정당하고, 이러한 목적을 달성하기 위한 방법도 적정하다고 보았다. 입법자가 우리의 기술수준과 산업발전의 단계를 진단·예측한 결과 6개월간의 등록료 납부 유예기간만을 둔 입법적 선택을 하였고, 불가피한 사유 등에 의한 미납시 사후적 구제절차를 두지 않았다고 하더라도 이러한 선택에 수인할 수 없을 정도의 불균형이 존재한다고 보이지는 아니하므로 자의적인 입법이라거나 현저히 불균형적인 입법이라고 할 수는 없어 재산권을 침해한다고 볼 수 없다.

7. 노래연습장 주류판매금지(헌재 2006.11.30. 2004헌마431·700)

주류의 판매·제공·보관 등을 금지하여 노래연습장을 주류가 없는 공간으로 하고, 청소년도 출입할 수 있는 건전한 생활문화공간이 되도록 하는 이 사건 의무조항과 시행령조항의 입법목적은 정당하다. 청구인들은 본래의 노래연습장을 얼마든지 할 수 있고, 주류를 판매·제공하고자 하는 자는 유흥주점이나 단란주점 영업을 할 수 있는 장소를 선택하여 유흥주점이나 단란주점 영업을 차단하고, 건전한 생활공간으로 노래연습장업을 육성하고자 하는 공익에 비하여 현저히 크다고 보기 어려우므로 이 사건 의무조항과 시행령조항이 직업의 자유를 과도하게 침해하는 것이라고 할 수 없다.

8. 성매매알선 등 행위의 처벌에 관한 법률 제2조 제1항 제2호 다목(헌재 2006.6.29. 2005헌마167)

【판시사항】
성매매알선 등 행위의 처벌에 관한 법률(2004.3.22. 법률 제7196호로 제정된 것. 이하 '이 사건 법률'이라 한다) 제2조 제1항 제2호 다목 중 "성매매에 제공되는 사실을 알면서 건물을 제공하는 행위(이하 '이 사건 법률조항'이라 한다)" 부분이 집창촌에서 건물을 소유하거나 그 관리권한을 가지고 있는 자의 재산권을 침해하는지 여부(소극)

【결정요지】
우리 사회에 만연되어 있는 성매매행위의 강요·알선 등 행위와 성매매행위를 근절하고 성매매 피해자를 보호하려는 이 사건 법률의 입법목적은 정당하고 이 사건 법률조항도 이와 같은 입법목적을 달성하기 위한 것으로서 그 정당성은 인정된다. 성매매에 제공되는 사실을 알면서 건물을 제공하는 것은 성매매 내지는 성매매알선을 용이하게 하는 것이고, 결국 성매매의 강요·알선 등 행위로 인하여 얻은 재산상의 이익을 취득하는 것이라는 점에서 성매매행위의 강요·알선 등 행위와 성매매행위를 근절하려는 목적을 달성하기 위해서는 이와 같은 간접적인 성매매알선도 규제의 필요성이 있으므로 이 사건 법률조항에 의한 규제는 입법목적을 달성하기 위한 적절한 수단이다. 이곳에서의 성매매 강요·알선을 근절하기 위해서 성매매에 제공되는 사실을 알면서 중간매개체에 대하여 건물을 제공하는 행위를 규제하는 것은 입법목적을 달성하기 위한 불가피한 선택이다.

그러므로 집창촌지역 내의 전업형 성매매의 고질적인 병폐 및 인권침해를 방지하고 궁극적으로는 이 지역에서의 성매매를 근절하여 집창촌을 폐쇄함으로써 얻어지는 공익이 단기적으로 침해되는 청구인들의 사익에 비하여 크다고 할 것이다. 따라서 이 사건 법률조항에 의한 집창촌에서 건물을 소유하거나 그 관리권한을 가지고 있는 자의 기본권제한은 헌법 제37조 제2항의 기본권제한의 한계를 일탈하였다고 볼 수 없다.

9. 구 종합부동산세법 제5조 등 위헌소원(헌재 2008.11.13. 2006헌바112)

이 사건 결정은 그동안 국가사회적으로 많은 논란이 되어 왔던 종합부동산세법에 대하여 그 중 세대별 합산과세방법은 헌법재판소가 과거 부부자산소득 합산과세제도에 대하여 위헌선언을 한 것과 동일한 맥락에서 헌법 제36조 제1항에 위반된다는 단순위헌을 선언한 것이고, 한편 종합부동산세의 과세표준 및 세율로 인한 납세의무자의 세부담 정도는 입법재량의 범위 내에 있지만, 주택분 종합부동산세의 경우에는 납세의무자 중 적어도 주거 목적으로 1주택 장기 보유자 등 일정한 경우에까지 과세 예외조항이나 조정장치를 두지 아니하고 일률적 또는 무차별적으로, 그것도 재산세에 비하여 상대적으로 고율인 누진세율을 적용하여 다액의 종합부동산세를 부과하는 것은 그 입법목적의 달성에 필요한 정책수단의 범위를 그러한 주택 보유자의 재산권을 침해한다고 보아 잠정적 용의 헌법 불합치 선언을 한 것이다.

▶ 관련 결정례: 헌법재판소는 지난 2002.8.29.과 2005.5.26. 자산소득에 대하여 부부간 합산과세를 하던 구 소득세법(1994.12.22. 법률 제4803호로 전문개정되고, 2002.12.18. 법률 제6781호로 개정되기 전의 것) 제61조 및 구 소득세법(1974.12.24. 법률 제2705호로 전문개정되고, 1994.12.22. 법률 제4803호로 전문개정되기 전의 것) 제80조 제1항 제2호에 대하여, 혼인한 부부를 사실혼관계의 부부나 독신자에 비하여 차별 취급하는 것으로서 헌법상 정당화되지 아니하므로 헌법 제36조 제1항에 위반된다는 이유로 위헌이라는 결정(2001헌바82, 2004헌가6)을 선고한 바 있다.

10. 상가건물 임대차보호법 제10조 제1항 단서 위헌소원(헌재 2014.8.28. 2013헌바76)

헌법재판소는 2014년 8월 28일 재판관 전원 일치 의견으로, 임대인이 갱신거절권을 행사할 수 있는 재건축 사유 및 재건축을 이유로 갱신거절권을 행사할 수 있는 시점에 대하여 어떠한 제한을 두지 않고 있는 구 상가건물 임대차보호법 제10조 제1항 단서 제7호 중 '재건축' 부분이 임차인의 재산권을 침해하지 아니하여 헌법에 위반되지 아니한다는 결정을 선고하였다.

○ 심판대상조항이 재건축 사유 및 재건축을 이유로 갱신거절권을 행사할 수 있는 시점 등에 대해 분명한 규정을 두고 있지 아니하여 임대인에 의해 남용될 여지가 있는 것은 사실이나, 복잡하고 다양한 재건축 사유 및 그 진행단계를 일일이 고려하여 입법한다는 것은 기술적으로 어려운 면이 있는 점, 또 실제로 심판대상조항을 둘러싸고 임대인과 임차인 사이에 분쟁이 발생한 경우 임대인의 갱신거절권 행사가 정당한지 여부에 대해, 법원이 구체적인 재건축 사유, 재건축사업의 실제 추진가능성 및 진행단계, 그 밖에 임차건물의 노후 및 훼손 정도, 안전사고 우려 여부 등 여러 사정을 고려하여 합목적적으로 판단함으로써 이와 관련된 문제는 대부분 해결될 수 있는 점, 임차인의 권리는 계약갱신요구권 이외에도 우선변제권이나 차임감액청구권 등 상가건물 임대차보호법 상 다른 규정에 따라 두텁게 보호되고 있는 점 등의 사정을 종합하여 보면, 심판대상조항이 침해의 최소성 원칙에 위배되거나 법익의 균형성에 어긋난다고 볼 수도 없다.

11. 유료도로법 제18조 위헌소원(헌재 2014.7.24. 2012헌바104) - 경인고속국도 통행료 사건

헌법재판소는 2014년 7월 24일 재판관 전원일치의 의견으로, 전국 고속국도를 하나의 도로로 간주하여 통행료를 부과하도록 한 구 유료도로법 제18조 중 '고속국도'에 관한 부분이 명확성 원칙에 위배되거나 경인고속국도를 통행하는 청구인들의 재산권을 침해하지 아니하여 합헌이라는 결정을 선고하였다.

12. 근로기준법 제33조 위헌소원(헌재 2014.5.29. 2013헌바171) - 근로기준법상 이행강제금 사건

헌법재판소는 2014년 5월 29일 재판관 전원 일치 의견으로, 구제명령을 이행하지 아니한 사용자에게 이행강제금을 부과하도록 하는 근로기준법 제33조 제1항 및 제5항이 <u>헌법에 위반되지 아니한다</u>는 결정을 선고하였다.

ㅇ 심판대상조항이 달성하고자 하는 공익은 구제명령이 적시에 이행되도록 함으로써 근로자를 보호하고 노·사 간의 분쟁을 조기에 해결하여 국가 경제 전체의 안정과 발전을 도모하고자 하는 것으로 사용자가 이행강제금을 납부함으로 인하여 받는 재산권에 대한 제한보다 중대하다. 심판대상조항은 법익의 균형성도 갖추었다. 심판대상조항은 과잉금지원칙에 위배되지 아니하므로, 청구인의 <u>재산권을 침해하지 아니한다.</u>

13. 공무원연금법 제30조 등 위헌확인(헌재 2014.5.29. 2012헌마555) - 공무원의 형제자매들이 청구한 유족연금 사건

헌법재판소는 2014년 5월 29일 재판관 전원 일치 의견으로, <u>공무원연금법상의 유족연금수급권자에서 형제자매를 제외하고 있는</u> 공무원연금법 제30조 제1항[급여의 수급권자에 대한 특례]은 청구인들의 <u>재산권 및 평등권 등을 침해하는 것이 아니라는</u> 결정을 선고하였다.

국민연금법이 형제자매를 사망일시금 수급권자로 규정하고 있는 것과는 달리 공무원연금법이 형제자매를 연금수급권자에서 제외하고 있다 하여도 합리적인 이유에 의한 차별로서, 이 사건 법률조항이 국민연금법상의 수급권의 범위와 비교하여 헌법상 <u>평등권을 침해하였다고 볼 수 없다.</u>

13. 헌재 2012.7.26. 2011헌바357

소유자가 거주하지 아니하거나 경작하지 아니하는 농지를 비사업용 토지로 보아 60%의 중과세율을 적용하도록 한 것은 <u>재산권을 침해하지 아니한다.</u>

14. 민법상 특별수익자의 상속분 조항 등 위헌소원 사건(헌재 2017.4.27. 2015헌바24)

[심판대상조항]

민법 제1008조(특별수익자 상속분) 공동상속인 중에 피상속인으로부터 재산의 증여 또는 유증을 받은 자가 있는 경우에 그 수증재산의 상속분에 달하지 못한 때에는 그 부족한 부분의 한도에서 상속분이 있다.

[이유의 요지]

[특별수익자 조항의 재산권 침해 여부] 공동상속인 간의 공평을 기하고자 하는 특별수익자 조항의 입법취지에 비추어 볼 때, 이 사건 특별수익자 조항이, 특별수익자가 배우자인 경우 특별수익 산정에 관한 예외규정을 두지 않은 것에는 그 정당성과 합리성이 인정된다. 나아가 공동재산 형성이나 배우자 부양 측면에서 배우자의 특수성은 민법상 법정상속제도, 기여분제도를 통하여 구체적 상속분 산정 시 고려되고 있으며, 대법원이 민법 제1008조에 대한 해석을 통하여 특별수익에 해당하는 증여 또는 유증의 범위를 합리적으로 제한하고 있다는 점에 비추어 볼 때, <u>특별수익자 조항이 특별수익자가 배우자인 경우 특별수익 산정에 관한 예외규정을 두지 않았다고 하더라도 이것이 입법자에게 주어진 입법재량의 한계를 벗어나 배우자인 상속인의 재산권을 침해한다고 볼 수 없다.</u>

15. 재건축초과이익 환수에 관한 법률 제3조 등 위헌소원(헌재 2019.12.27. 2014헌바381)

헌법재판소는 2019년 12월 27일 재판관 6:2의 의견으로 주택재건축사업에서 발생되는 재건축초과이익에 대하여 재건축부담금을 징수하도록 규정한 구 재건축초과이익 환수에 관한 법률 제3조, 제 5조, 일반분양분의 종료시점 주택가액을 분양시점 분양가격을 기준으로 산정하도록 규정한 재건축 초과이익 환수에 관한 법률 제7조 중'분양시점 분양가격'부분 및 개시시점 주택가액과 종료시점 주택가액의 산정 기준과 절차를 규정한 구 재건축초과이익 환수에 관한 법률 제9조는 <u>헌법에 위 반되지 않는다</u>는 결정을 선고하였다. [합헌]

이에 대하여는 위 조항들이 주택 소유자로 하여금 과도한 재건축부담금을 부담하게 하여 과잉금 지원칙에 위반되므로 헌법에 위반된다는 재판관 이은애, 재판관 이영진의 반대의견이 있다.

관련판례

1. 정당보상(헌재 1990.6.25. 89헌마107)

(1) 심판대상: 토지수용법 제46조 ① 손실액의 산정은 수용 또는 사용의 재결 당시의 가격을 기준 으로 하되, 수용할 토지에 대하여는 인근토지의 거래가격을, 사용할 토지에 대하여는 그 토지 및 인근토지의 지료, 차임 등을 고려한 적정가격으로 하여야 한다.

② 국토이용관리법 제29조 제1항의 규정에 의하여 기준지가가 고시된 지역에서의 토지에 대한 보 상은 고시된 기준지가를 기준으로 하되, 기준지가대상지역 공고일로부터 재결시까지의 관계법령에 의한 당해 토지의 이용계획 또는 당해지역과 관계없는 인근토지의 지가변동률ㆍ도매물가 상승률 기타 사항을 참작하여 평가한 금액으로 행한다.

(2) 정당보상원칙: 헌법 제23조 제3항이 규정한 정당한 보상이란 원칙적으로 피수용재산의 객관적 인 재산가치를 완전하게 보상하는 것이어야 한다는 완전보상을 뜻하는 것으로 보상금액뿐만 아니 라 보상의 시기나 방법 등에 있어서도 어떠한 제한을 두어서는 아니 된다는 것을 의미한다고 할 것이며, 재산권의 객체가 갖는 객관적 가치란 그 물건의 성질에 정통한 사람들의 자유로운 거래에 의하여 도달할 수 있는 합리적인 매매가능가격, 즉 시가에 의하여 산정되는 것이 보통이다.

(3) 개발이익이 완전보상의 범위에 포함되는지 여부: 공익사업의 시행으로 지가가 상승하여 발생하 는 개발이익(공익사업의 시행이 계획 공표되면 통상의 경우 대상토지의 이용가치가 장차 증가될 것을 기대하여 지가는 기대치만큼 미리 상승하게 된다)은 기업자의 투자에 의하여 발생하는 것으 로서 피수용인 토지소유자의 노력이나 자본에 의하여 발생한 것이 아니므로, 이러한 개발이익은 형평의 관념에 비추어볼 때 토지소유자에게 당연히 귀속되어야 할 성질의 것은 아니고, 오히려 투 자적인 기업자 또는 궁극적으로는 국민 모두에게 귀속되어야 할 성질의 것이다. 따라서 개발이익 은 그 성질상 완전보상의 범위에 포함되는 피수용자의 손실이라고는 볼 수 없으며, <u>개발이익을 배 제하고 손실보상액을 산정한다 하여 정당보상의 원리에 어긋나는 것이라고는 판단되지 않는다.</u>

2. 국세의 1년 우선조항(헌재 1990.9.3. 89헌가95)

(1) 심판대상: 국세기본법 제35조 ① 국세ㆍ가산금 또는 체납처분비는 다른 공과금 기타의 채권에 우선하여 징수한다. 다만, 다음 각 호의 1에 해당하는 공과금 기타의 채권에 대하여는 그러하지 아니하다.

3. 국세의 납부기한으로부터 1년 전에 전세권ㆍ질권 또는 저당권의 설정을 등기 또는 등록한 사실 이 대통령령이 정하는 바에 의하여 증명되는 재산의 매각에 있어서 그 매각금액 중에서 국세 또 는 가산금(그 재산에 대하여 부과된 국세와 가산금을 제외한다)을 징수하는 경우와 그 전세권ㆍ질 권 또는 저당권에 의하여 담보된 채권

(2) 응능과세원칙: 조세의 합형평성의 원칙은 조세관계법률의 내용이 과세대상자에 따라 상대적으

로 공평(상대적 평등)하여야 함을 의미하는 것으로서, 조세부담의 공평기준의 근세 초기에는 국가로부터 납세자가 받는 이익에 상응하는 부담이어야 한다는 소위 '응익과세'의 원칙이었으나, 오늘날은 소득·재산·부와 같은 납세능력 내지 담세력에 따라 부담하여야 한다는 소위 응능과세의 원칙이 강조되고 있는바, 결국 과세 적격사유가 있는 대상에 대하여 그 능력에 합당한 과세액이 부과·징수되도록 규정되어 있는 것을 의미하는 것이라 할 것이다.

(3) 사유재산제도 침해: 먼저 성립하고 공시를 갖춘 담보물권이 후에 발생하고 공시를 전혀 갖추고 있지 않은 조세채권에 의하여 그 우선순위가 추월당하도록 되어 있고, 담보물권의 근본요소가 담보부동산으로부터 우선변제를 확보하는 담보기능에 있다고 할 때 담보물권에서 담보기능이 배제되어 피담보채권을 확보할 수 없다면 그 점에서 이미 담보물권이라고 할 수도 없는 것이므로 담보물권이 합리적인 사유 없이 담보기능을 수행하지 못하여 담보채권의 실현에 전혀 기여하지 못하고 있다면 담보물권은 물론, 나아가 사유재산제도의 본질적 내용의 침해가 있는 것이라고 보지 않을 수 없다.

3. 토지거래허가제와 재산권 제한

토지거래허가제를 규정한 국토이용관리법 제21조의3과 그 규정의 위반에 대한 벌칙규정인 동법 제31조의2는 ㉠ 재산권의 본질적 내용의 침해, ㉡ 사적 자치의 원칙 내 보증의 원리, ㉢ 헌법상 과잉금지의 위배로서 위헌이 아닌가?

(1) 토지소유권은 내용과 한계를 법률로 정하고 의무를 수반하는 상대적 권리이며 토지재산권의 본질적인 내용이란 재산권의 핵이 되는 실질적 요소 내지 근본요소를 의미하므로 본질적 침해란 그 침해로 사유재산권이 유명무실해지고 사유재산제도가 형해화 되어 헌법이 재산권을 보장하는 궁극적인 목적을 달성할 수 없게 되는 지경에 이른 경우(사유재산제도의 전면적 부정, 재산권의 무상몰수, 소급법에 의한 재산권 제한)이다.

(2) 토지거래허가제와 재산권 제한 토지거래허가제는 부동산 투기를 억제하기 위한 것으로, 사유재산제도의 부정은 아니며 제한의 한 형태로 보아야 하며(제한형태) 사적 자치도 타 개인이나 사회공동체와 조화와 균형을 유지하면서 공존공영에 유익하거나 적어도 유해하지 않는 범위 내에서 용인되어야 하므로(사적 자치의 한계) 토지 투기와 같이 사회공동체에 유해한 경우에는 사적 자치가 인정될 수 없으므로 토지거래허가제는 법이 정한 경제질서와도 충돌이 없으며 헌법상의 보충의 원리에도 위반되지 않는다.

(3) 토지 투기를 억제함에 있어 벌금형과 징역형을 선택적으로 규정한 것은 입법재량에 속하는 것이고 과잉금지의 원칙에 위반되지 아니하므로, 다소 광범위하고 관의 보충적 해석이 필요하다고 하더라도 그 적용단계에서 다의적으로 해석할 우려가 없는 이상은 그 점만으로 헌법이 요구되는 명확성의 요구에 배치된다고 할 수 없다(위헌불선언 1989.12.12. 88헌가13).

4. 토지초과이득세와 재산권 제한

토지 투기 방지를 위하여 유휴토지에 대하여 과세되는 토지초과이득세는 미실현이득에 대한 과세라는 이유 등으로 재산권 침해와 조세법률주의 위반이 아닌가?

(1) 과세표준조항(토지초과이득세법 제11조): 토초세법의 기준시가는 조세내용과 관련된 중요사항이므로 토초세법 자체에서 그 대강이라도 직접 규정해야 하는데, 이 법이 기준시가를 전적으로 대통령령에 위임하고 있는 것은 조세법률주의 및 위임입법의 범위에 관한 헌법 제75조의 정신에 어긋난다.

(2) 세율조항(토지초과이득세법 제12조): 토초세는 양도소득세의 예납적 성격을 띠고 있으므로 누진

세가 바람직한데도 불구하고 토초세의 세유체계를 단일비례세로 한 것은 소득이 많은 납세자와 적은 납세자 사이의 실질적인 평등을 저해하여 토초세법 제12조는 헌법상의 재산권 보장규정과 평등조항에 위배된다.

(3) 헌법 불합치 결정: 단순위헌무효결정을 하지 않고 헌재법 제47조 제2항 본문의 효력 상실을 제한적으로 적용하여 변형 위헌결정으로서의 헌법 불합치 결정을 했다(헌재 1994.7.29. 92헌바49).

5. 택지 소유상한에 관한 법률 제2조 제1호 나목 등 위헌소원(헌재 1999.4.29. 94헌바37)

(1) 특별시·광역시에 있어서 택지의 소유상한을 200평으로 정한 것이 과잉금지원칙에 어긋나는지 여부(적극): 소유목적이나 택지의 기능에 따른 예외를 전혀 인정하지 아니한 채 일률적으로 200평으로 소유상한을 제한함으로써 어떠한 경우에도, 어느 누구라도 200평을 초과하는 택지를 취득할 수 없게 한 것은 적정한 택지공급이라고 하는 입법목적을 달성하기 위하여 필요한 정도를 넘는 과도한 제한으로서 헌법상의 재산권을 과도하게 침해하는 위헌인 규정이다.

(2) 헌법재판소법 제45조 단서에 따라 법률 전체에 대하여 위헌결정을 한 사례: 택지소유의 상한을 정한 법 제7조 제1항, 법 시행 이전부터 이미 택지를 소유하고 있는 택지소유자에 대하여도 택지소유상한을 적용하고 그에 따른 처분 또는 이용·개발의무를 부과하는 부칙 제2조, 그리고 부담금의 부과율을 정한 법 제24조 제1항이 위헌으로 결정된다면 법 전부를 시행할 수 없다고 인정되므로 헌법재판소법 제45조 단서의 규정취지에 따라 법 전부에 대하여 위헌결정을 하는 것이 보다 더 합리적이다.

6. 도시개발제한구역(헌재 1998.12.24. 89헌마214 등)

(1) 구역지정 후 토지를 종래의 목적으로도 사용할 수 없거나 또는 토지를 전혀 이용할 수 있는 방법이 없는 예외적인 경우: 구역지정으로 말미암아 예외적으로 토지를 종래의 목적으로도 사용할 수 없거나 또는 법률상 허용된 토지이용의 방법이 없기 때문에 실질적으로 토지의 사용·수익권이 폐지된 경우에는 다르다. 이러한 경우에는 재산권의 사회적 기속성으로도 정당화될 수 없는 가혹한 부담을 토지소유자에게 부과하는 것이므로 입법자가 그 부담을 완화하는 보상규정을 두어야만 비로소 헌법상으로 허용될 수 있기 때문이다.

(2) 헌법 불합치 결정의 이유와 의미: 도시계획법 제21조에 규정된 개발제한구역제도 그 자체는 원칙적으로 합헌적인 규정인데, 다만 개발제한구역의 지정으로 말미암아 일부 토지소유자에게 사회적 제약의 범위를 넘는 가혹한 부담이 발생하는 예외적인 경우에 대하여 보상규정을 두지 않은 것에 위헌성이 있는 것이고, 보상의 구체적 기준과 방법은 헌법재판소가 결정할 성질의 것이 아니라 광범위한 입법형성권을 가진 입법자가 입법정책적으로 정할 사항이므로 입법자가 보상입법을 마련함으로써 위헌적인 상태를 제거할 때까지 위 조항을 형식적으로 존속케 하기 위하여 헌법 불합치 결정을 한다.

관련판례

구 장애인고용촉진법상 장애인고용의무제사건(헌재 2003.7.24. 2001헌바96 - 합헌)
【'장애인고용의무'조항(구법 제35조 제1항 본문)에 대한 판단】
1. 청구인이 주장하는 계약자유의 원칙과 기업의 경제상의 자유는 무제한의 자유가 아니라 헌법 제37조 제2항에 의하여 공공복리를 위해 법률로써 제한이 가능한 것이며, 국가가 경제주체 간의 조화를 통한 경제의 민주화를 위해 규제와 조정을 할 수 있다(헌법 제119조 제2항)고 천명하고 있

는 것은 사회·경제적 약자인 장애인에 대하여 인간으로서의 존엄과 가치를 인정하고, 나아가 인간다운 생활을 보장하기 위한 불가피한 요구라고 할 것이어서 그로 인하여 사업주의 계약의 자유 및 경제상의 자유가 일정한 범위 내에서 제한된다고 하여 곧 비례의 원칙을 위반하였다고는 볼 수 없다.

2. 이 규정의 해석상 최소한 20인 이상의 근로자를 고용하는 사업주에게만 장애인고용의무가 도출됨을 알 수 있다. 왜냐하면 기준고용률의 상한인 5%를 상정하더라도 20인이 되어야 1명의 장애인고용의무가 생기기 때문이다. 따라서 동조항은 포괄위임입법금지원칙 내지는 법률유보원칙에 위반된다고 할 수 없다.

군인연금법 제21조 제5항 제2호 위헌제청(헌재 2003.9.25. 2001헌가22 - 위헌)

1. 퇴역연금지급정지제도 자체의 위헌 여부(소극): 퇴역연금수급권은 전체적으로 '재산권'적 보호의 대상이기는 하지만 기본적으로 그 목적이 퇴직 후의 소득상실보전에 있고 그 성격이 '사회보장적'인 것이므로 연금수급권자에게 임금 등 소득이 퇴직 후에 새로 생겼다면 이러한 소득과 연계하여 퇴역연금 일부의 지급을 정지함으로써 지급 정도를 입법자가 사회정책적 측면과 국가의 재정 및 기금의 상황 등 여러 가지 사정을 참작하여 폭넓은 재량으로 축소하는 것은 원칙적으로 가능한 일이어서 지급정지제도 자체가 위헌이라고 볼 수는 없다.

2. 포괄위임금지원칙의 위반 여부(적극): 지급정지대상기관의 문제심판대상조항은 재산권의 성격을 갖고 있는 퇴역연금수급권을 제한하는 규정으로서 그 제한대상이 되는 정부투자·재투자기관을 직접 법률로 규정하지 아니하고 국방부령에 위임하고 있으므로 심판대상조항이 기본권 제한규정으로서 헌법에 합치되기 위하여는 입법위임의 경우에 헌법상 요구되는 포괄위임금지의 원칙을 준수하였는지 여부가 문제된다. 연금지급정지의 대상이 되는 정부투자·재투자기관의 확정을 실질적으로 행정부에 일임한 것이 되어 포괄위임금지원칙에 위반된다.

국민건강보험법 제62조 제3항 등 위헌소원(헌재 2003.10.30. 2000헌마801 - 합헌)

1. 행복추구권과 재산권 침해 여부(소극): 국가가 국민에게 보험가입의무를 강제로 부과하고 경제적 능력에 따른 보험료를 납부하도록 하는 것은 건강보험의 목적을 달성하기 위하여 적합하고도 반드시 필요한 조치라는 점에서 이로 인한 기본권의 제한은 부득이한 것이고, 가입강제와 보험료의 차등부과로 인하여 달성되는 공익은 그로 인하여 침해되는 사익에 비하여 월등히 크다고 할 수 있으므로 일반적 행동의 자유권으로서의 보험에 가입하지 않을 자유와 재산권에 대한 제한은 정당화된다.

2. 평등권 침해 여부(소극): 이러한 내용을 규정한 법 제62조 제3항·제4항, 제63조 제1항·제4항, 제64조 제1항은 경제적 능력에 따른 부담의 원칙에 입각하고, 지역가입자와 직장가입자의 본질적인 차이를 고려하여 그에 상응하게 보험료의 산정을 달리하도록 한 것이므로 헌법상의 평등권을 침해하는 것이라 할 수 없다.

구 문화예술진흥법 제19조 제5항 등 위헌제청(헌재 2003.12.18. 2002헌가2 - 위헌)

1. 특별부담금으로서의 문예진흥기금의 납입금은 그 헌법적 허용한계를 일탈하여 헌법에 위반

가. 문예진흥기금의 모금대상인 시설을 이용하는 자는 연간 5,700만명에 이르고 있다. 이러한 문화시설 이용자를 공연 등을 관람한다는 이유만으로 역사적·사회적으로, 나아가 법적으로 다른 사람들과 구분할 만한 동질성 있는 특별한 집단으로 인정하는 것은 대단히 무리라고 할 것이다.

나. 공연 등을 관람하는 일부의 국민들만이 문화예술의 진흥에 집단적으로 특별한 책임을 부담하

여야 할 아무런 합리적인 이유도 발견되지 아니한다. 오히려 이들은 일반납세자로서 공연 등의 관람료에 포함된 부가가치세를 부담함에도 불구하고 세금의 부담에서 한 걸음 더 나아가 문예진흥기금의 납입이라는 추가적인 책임과 부담까지 안고 있는 것이다.

2. 헌법 제75조상의 포괄위임입법 금지의 원칙에 위배되어 위헌문예진흥기금의 모금은 공연 등을 관람하려는 수많은 국민들에게 금전적 부담을 지움으로써 국민의 문화향수권 및 재산권 등을 직접적으로 제한하게 된다.

분묘기지권 시효취득 사건(헌재 2020.10.29. 2017헌바208 - 합헌)

헌법재판소는 2020년 10월 29일 재판관 7:2의 의견으로, 분묘기지권에 관한 관습법 중 "타인 소유의 토지에 소유자의 승낙 없이 분묘를 설치한 경우에는 20년간 평온·공연하게 그 분묘의 기지를 점유하면 지상권과 유사한 관습상의 물권인 분묘기지권을 시효로 취득하고, 이를 등기 없이 제3자에게 대항할 수 있다."는 부분 및 "분묘기지권의 존속기간에 관하여 당사자 사이에 약정이 있는 등 특별한 사정이 없는 경우에는 권리자가 분묘의 수호와 봉사를 계속하는 한 그 분묘가 존속하고 있는 동안은 분묘기지권은 존속한다."는 부분은 모두 헌법에 위반되지 않는다는 결정을 신고하였다.

ㅇ 이 사건 관습법은 평온·공연한 점유를 요건으로 하고 있어 법률상 도저히 용인할 수 없는 분묘기지권의 시효취득을 배제하고 있고, 분묘기지권을 시효취득한 경우에도 분묘의 수호·관리에 필요한 상당한 범위 내에서만 인정되는 등 토지 소유자의 재산권 제한은 그 범위가 적절히 한정되어 있으며, 단지 원칙적으로 지료지급의무가 없다거나 분묘기지권의 존속기간에 제한이 없다는 사정만으로 이 사건 관습법이 필요한 정도를 넘어서는 과도한 재산권 제한이라고 보기는 어렵다. 따라서 이 사건 관습법은 과잉금지원칙에 위배되어 토지소유자의 재산권을 침해한다고 볼 수 없다.

환매권 발생기간 제한 사건(헌재 2020.11.26. 2019헌바131 - 헌법불합치)

헌법재판소는 2020년 11월 26일 재판관 6:3의 의견으로, 환매권의 발생기간을 제한한 공익사업을 위한 토지 등의 취득 및 보상에 관한 법률(2011. 8. 4. 법률 제11017호로 개정된 것) 제91조 제1항 중 '토지의 협의취득일 또는 수용의 개시일부터 10년 이내에' 부분이 헌법에 합치되지 아니한다는 결정을 선고하였다.

ㅇ 이와 같은 상황에서 이 사건 법률조항의 환매권 발생기간 '10년'을 예외 없이 유지하게 되면 토지수용 등의 원인이 된 공익사업의 폐지 등으로 공공필요가 소멸하였음에도 단지 10년이 경과하였다는 사정만으로 환매권이 배제되는 결과가 초래될 수 있다. 다른 나라의 입법례에 비추어 보아도 발생기간을 제한하지 않거나 더 길게 규정하면서 행사기간 제한 또는 토지에 현저한 변경이 있을 때 환매거절권을 부여하는 등 보다 덜 침해적인 방법으로 입법목적을 달성하고 있다. 이 사건 법률조항은 침해의 최소성 원칙에 어긋난다.

헌재 2012.3.29. 2010헌마443 등

개인택시면허의 재산권적 성격은 인정되나, 개인택시의 공급과잉을 억제하기 위해 개인택시면허의 양도를 금지하는 것이 개인택시운수사업자들의 재산권을 침해하는 것으로 볼 수 없다.

헌재 2010.10.28. 2008헌바74

건설공사를 위하여 문화재발굴허가를 받아 매장문화재를 발굴하는 경우 그 발굴비용을 사업시행자로 하여금 부담하도록 한 것은 과잉금지원칙에 위배되어 재산권을 침해하는 것이 아니다.

제5절 주거의 자유

(1) 의의

자신이 주거를 공권력이나 제3자로부터 침해를 당하지 아니할 권리를 말한다. 1948년 건국헌법 제10조에서 거주 이전의 자유와 함께 규정되어 있었으나 제3공화국 헌법에서 최초로 별개조항으로 규정하였다.

(2) 주체

1) 모든 자연인이 갖는다.

2) 법인은 주거의 자유의 주체가 될 수 없다.

3) 회사나 학교는 법인이 주체가 아니라 공간의 장인 대표이사와 학교장이 주체가 된다.

4) 호텔, 여관에서 주거의 자유의 주체는 투숙객이지 소유자가 아니다.

5) 여관의 주인에 허락을 받고 투숙객의 허락 없이 여관방을 수색한 것은 위법이다.

(3) 주거

(가) 주거인 경우   빈집 · 여관방 · 창고 · 기숙사 · 학교 · 대학강의실 · 대학연구실 · 주거이동차량 등이 해당된다.

(나) 주거가 아닌 경우   일반인의 출입이 자유롭게 허용될 수 있는 영업 중인 음식점, 백화점, 상점 등이 있다.

▶ 영업 중인 서점은 공공에게 출입을 개방하므로 주거라고 보기 어렵다.

(4) 주거의 불가침

주거자의 의사에 반하여 주거에 들어가는 것뿐 아니라 주거 내에 설치된 도청·녹음하는 것도 주거의 자유침해가 된다(그러나 주거 밖에서 도청하는 것은 사생활의 비밀과 자유의 침해는 되나 주거의 자유에 대한 침해는 아니다).

관련판례 대법원 판례

1. 남편 부재 중에 간통을 목적으로 처의 승낙을 받아 주거에 들어간 경우에도 주거침입죄가 성립된다(대판 1984.6.26. 83도685).
2. 임대차기간이 종료된 후 임차인과 같은 점유할 권리가 없는 자의 점유라도 주거의 평온은 보호되어야 하므로 권리자가 법에 정하여진 절차에 의하지 아니하고 그 건조물 등에 침입한 경우에는 주거침입죄가 성립한다(대판 1987.11.10. 87도1760).
3. 대리시험과 같은 불법적인 목적으로 주거에 들어간 경우 주거침입죄가 성립한다(대판 1967.12.19. 67도1281).

---

(5) 영장제도

(가) 영장제도

(a) **헌법 제12조 제3항 영장:** 체포·구속·압수·수색에 대한 영장주의를 규정하고 있다.

(b) **헌법 제16조 영장:** 주거에 대한 압수·수색에 대한 영장주의를 규정하고 있다.

제6절 사생활의 비밀과 자유

(1) 의의

개인의 사생활의 비밀을 공개당하지 아니하고 사생활의 자유로운 형성과 자신에 관한 정보를 통제할 수 있게 함으로써 사생활의 영역을 내용적으로 보호하기 위한 권리를 말한다.

▶ 사생활영역을 공간적으로 보호하는 것은 주거의 자유이다.

(2) 연혁과 입법례

(가) 1890년 Warren·Brandeis의 논문 「Privacy의 권리」에서 처음 등장한다.

(나) 입법례

(a) 미국 Privacy Act(1974)으로 보호한다.

(b) **헌법규정**: 이집트, 터키, 스페인 등에 있다.

(다) 우리나라　제8차 개정헌법에서 신설했다.

(3) 법적 성격

(가) 인격권의 일종으로서 '사생활의 비밀·자유 ≦ 프라이버시권 〈 인격권'의 포함관계가 성립된다.

(나) 소극적·방어적 성격의 자유권의 일종으로 시작되었으나, 오늘날 자기정보통제권과 관련하여 적극적·능동적 권리로서 청구권적 성격도 있다.

(4) 주체

(가) **인간의 권리(내·외국인 포함)** 자연인만 해당, 사자(死者)는 원칙적으로 적용이 안 되나 사자의 사생활 비밀침해가 사자와 관계있는 생존자의 권리를 침해할 경우 생존자에 관해서 문제가 된다.

(나) **법인·권리능력 없는 사단**　법인은 원칙적으로 그 주체가 될 수 없으나 법인의 명칭, 상호 등 기타 표지가 타인에 의해 영업적으로 이용되는 경우, 타인에 의하여 침해되는 경우에는 권리의 침해가 될 수 있다.

(5) 내용

(가) **사생활의 비밀의 불가침**　비밀유지에 관한 권리, 개인에 관한 난처한 사적 사항의 공개금지, 대중에게 오해를 낳게 하는 공표금지, 인격적 징표의 영리적 이용금지(초상게재권: Right of Publicity)

관련판례 사생활 비밀과 자유에서 보호되지 않는 것

1. 대외적으로 해명하는 행위: 이 사건에 있어서와 같이 자신의 인격권이나 명예권을 보호하기 위하여 대외적으로 해명하는 행위는 표현의 자유에 속하는 영역이라고 할 수 있을 뿐 이미 사생활의 자유에 의하여 보호되는 범주를 벗어난 행위라고 볼 것이므로, 위 법조항이 선거의 자유와 공정이라는 이념을 실현하기 위한 입법목적하에 선거에 영향을 미치게 하기 위한 일정한 선거운동

행위를 제한한다고 하여 위 청구인의 사생활의 자유가 침해된다고 볼 수 없고, 달리 위 법 조항이 사생활의 자유를 침해한다고 볼 만한 사정도 없다(헌재 2001.8.30. 99헌바92).

2. 도로에서 운전시 안전띠 착용 여부: 운전할 때 운전자가 좌석 안전띠를 착용하는 문제는 더 이상 사생활영역의 문제가 아니어서 사생활의 비밀과 자유에 의하여 보호되는 범주를 벗어난 행위라고 볼 것이므로, 이 사건 심판대상조항들은 청구인의 사생활의 비밀과 자유를 침해하는 것이라 할 수 없다(헌재 2003.10.30. 2002헌마518).

(나) **사생활의 자유의 불가침**　　사생활의 자유로운 형성과 유지의 불가침과 사생활 평온의 불가침이 보장된다.

(다) **자기정보통제권**　　협의로는 자기에 대한 정보를 열람, 정정, 사용 중지, 삭제 등을 요구할 수 있는 권리를 말하고, 광의로는 자기정보수집·분석, 처리배제청구권과 이의신청권, 손해배상청구권을 포함한다.

관련판례

자기정보관리통제권 관련 헌법재판소 판례

1. 열 손가락의 회전지문과 평면지문을 날인하도록 한 주민등록법 시행령 제33조: 17세 이상 모든 국민의 열 손가락 지문정보를 수집하도록 보관한 것은 지문정보를 범죄수사활동, 대형 사건사고나 변사자가 발생한 경우의 신원확인, 타인의 인적사항, 도용방지 등의 공익이 더 크다고 할 것이므로 자기정보관리통제권 침해가 아니다(헌재 2005.5.26. 99헌마513).

2. 교육정보시스템사건: 종교적 신조, 육체적·정신적 결함, 성생활에 대한 정보와 같이 인간의 존엄성이나 인격의 내적 핵심, 내밀한 사적 영역에 근접하는 민감한 개인정보에 대해서는 그 제한의 허용성은 엄격히 입증되어야 하나, 성명, 직명과 같은 정보는 언제나 엄격한 보호의 대상이 된다고 보기 어렵다. 개인정보인 성명, 생년월일, 졸업일자는 개인의 존엄성과 인격권에 심대한 영향을 미칠 수 있는 민감한 정보라고 보기 어려우므로 이에 관한 개인정보를 교육정보시스템에 보유하는 행위는 개인정보자기결정권 침해가 아니다(헌재 2005.7.21. 2003헌마282).

3. 국민기초생활보장법상의 수급자의 금융기관 통장사본 등 자료제출요구: 국민기초생활보장법상의 급여를 수급자에게 금융거래정보자료 제공동의서와 거래금융기관의 통장사본 등 수급자의 금융자산 또는 부채를 확인할 수 있는 자료제출을 요구할 수 있도록 한 시행규칙 제35조는 자기결정권 침해가 아니다(헌재 2005.11.24. 2005헌마112).

4. 모든 주민에게 고유한 주민등록번호를 부여하면서 주민등록번호 유출이나 오·남용으로 인하여 발생할 수 있는 피해 등에 대한 아무런 고려 없이 일률적으로 이를 변경할 수 없도록 한 것은 침해의 최소성 원칙에 위반된다(헌재 2015.12.23. 2013헌바68 등).

소득세법 제165조 제1항 등 위헌확인 등(헌재 2008.10.30. 2006헌마1401·1409(병합))
근로소득자인 청구인들의 진료정보가 본인들의 동의 없이 국세청 등으로 제출·전송·보관되는 것은 위 청구인들의 개인정보자기결정권을 제한하는 것이지만, 이 사건 법령조항은 의료비 특별공제를 받고자 하는 근로소득자의 연말정산을 위한 소득공제증빙자료 제출의 불편을 해소하는 동시에

이에 따른 근로자와 사업자의 시간적·경제적 비용을 절감하고 부당한 소득공제를 방지하려는 데그 목적이 있고, 위 목적을 달성하기 위하여, 연말정산에 필요한 항목 등을 제출대상으로 삼고 있으므로, 그 방법의 적절성 또한 인정된다. 또 소득공제증빙서류를 발급받는 자는 본인의 의료비내역과 관련된 자료의 제출을 자료집중기관이 국세청장에게 소득공제증빙서류를 제출하기 전까지 거부할 수 있도록 하고, 근로소득자 내지 부양가족 본인만이 자료를 조회하고 출력할 수 있도록 하는 등 이 사건 자료제출제도가 개인의 자기정보결정권에 대한 제한이 최소화되도록 제반 장치를갖추어 개인의 자기정보결정권이 필요최소한 범위 내에서 제한되도록 피해최소성의 원칙을 충족하고 있으며, 이 사건 법령조항에 의하여 얻게 되는 공익이 이로 인하여 제한되는 개인정보자기결정권인 사익보다 커서 법익의 균형성을 갖추었다고 할 것이므로 이 사건 법령조항이 헌법상 과잉금지 원칙에 위배하여 청구인들의 개인정보자기결정권을 침해하였다고 볼 수 없다.

형의 실효 등에 관한 법률 제8조 제1항 등 위헌확인(헌재 2012.7.26. 2010헌마446)
헌법재판소는 2012년 7월 26일 수사경력자료의 보존 및 보존기간을 정하면서도 범죄경력자료의 삭제에 대해 규정하지 않은 '형의 실효 등에 관한 법률' 제8조의2에 대하여 재판관 5[기각]: 2[인용]의의견으로, 위 법률조항이 개인정보자기결정권과 평등권을 침해하지 아니한다는 결정을 선고하였다.

채무불이행자명부 등재(헌재 2010.5.27. 2008헌마663)
채무불이행자명부에 등재되는 경우는 채무이행과 관련하여 채무자의 불성실함이 인정되어 그 명예와 신용에 타격을 가할 필요성이 인정되는 경우라고 할 것이므로, 채무불이행자명부에 등재되는채무자의 개인정보를 보호할 사익보다는 이 사건 법률조항이 추구하는 채무이행의 간접강제 및거래의 안전도모라는 공익이 더 크다고 할 것이어서 이 사건 법률조항은 법익균형성의 원칙에도반하지 아니하여 청구인들의 개인정보자기결정권을 침해한다고 할 수 없다.

성폭력범죄의 처벌 등에 관한 특례법 제32조 제1항 위헌확인(헌재 2014.7.24. 2013헌마423) – 성폭력범죄자의 신상정보 등록 사건
헌법재판소는 2014년 7월 24일 재판관 7(기각) : 2(반대)의 의견으로, 형법상 강제추행죄로 유죄판결이 확정된 자는 신상정보 등록대상자가 되도록 규정한 구 '성폭력범죄의 처벌 등에 관한 특례법' 제32조 제1항은 과잉금지원칙에 반하여 청구인들의 개인정보 자기결정권 등을 침해하지 아니한다는 이유로 청구를 기각하는 결정을 선고하였다.
이 사건 법률조항은 침해의 최소성이 인정된다. 또 신상정보 등록으로 인한 사익의 제한은 비교적경미하며 수인가능한 범위 내에 있는 반면 달성되는 공익은 매우 중대하다고 할 것이어서 법익균형성도 인정된다. 따라서 이 사건 법률조항은 과잉금지원칙에 반하여 개인정보 자기결정권을 침해한다고 할 수 없다.

헌재 2003.10.30. 2002헌마518
사생활의 비밀과 자유가 보호하는 것은 개인의 내밀한 내용의 비밀을 유지할 권리, 개인이 자신의사생활의 불가침을 보장받을 수 있는 권리, 개인의 양심영역이나 성적 영역과 같은 내밀한 영역에대한 보호, 인격적인 감정세계의 존중의 권리와 정신적인 내면생활이 침해받지 아니할 권리 등이다.

헌재 2012.12.27. 2010헌마153
구치소장이 미결수용자가 배우자와 접견하는 것을 녹음하는 행위는 교정시설 내의 안전과 질서유지에 기여하기 위한 것으로서 그 목적이 정당할 뿐 아니라 수단이 적절하다. 또한, 소장은 미리 접견내용의 녹음 사실 등을 고지하며, 접견기록물의 엄격한 관리를 위한 제도적 장치도 마련되어 있는 점 등을 고려할 때 침해의 최소성 요건도 갖추었고, 이 사건 녹음행위는 미리 고지되어 청구인의 접견내용은 사생활의 비밀로서의 보호가치가 그리 크지 않다고 할 것이므로 법익의 불균형을 인정하기도 어려워, 과잉금지원칙에 위반하여 청구인의 <u>사생활의 비밀과 자유를 침해하였다고 볼 수 없다.</u>

헌재 2014.9.25. 2012헌마523

<u>징벌혐의의 조사를 받고 있는 청구인이 변호인 아닌 자와 접견할 당시 교도관이 참여하여 대화내용을 기록하게 한 행위</u>는 접견내용을 녹음·녹화하는 경우 수용자 및 그 상대방에게 그 사실을 말이나 서면 등으로 알려주어야 하고 취득된 접견기록물은 법령에 의해 보호·관리되고 있으므로 사생활의 비밀과 자유에 대한 침해를 최소화하는 수단이 마련되어 있다는 점, 청구인이 나눈 접견내용에 대한 사생활의 비밀로서의 보호가치에 비해 증거인멸의 위험을 방지하고 교정시설 내의 안전과 질서유지에 기여하려는 공익이 크고 중요하다는 점에 비추어 볼 때, 이 사건 접견참여·기록이 청구인의 <u>사생활의 비밀과 사유를 침해하였다고 볼 수 없다.</u>

헌재 2013.8.29. 2011헌바176

<u>형법 제243조 중 '음란한 물건을 판매한 자'에 관한 부분 및 제244조 중 '판매할 목적으로 음란한 물건을 소지한 자'에 관한 부분</u>은 성기구 판매자의 직업수행의 자유 및 성기구 사용자의 <u>사생활의 비밀과 자유를 과도하게 제한하여 침해최소성원칙에 위반된다고 보기는 어렵고,</u> 법익의 균형성도 인정되므로 이 사건 법률조항은 과잉금지원칙에 위배되지 아니한다.

아동·청소년 성매수죄에 관한 신상정보 등록 사건(헌재 2016.2.25. 2013헌마830)

헌법재판소는 2016년 2월 25일 <u>아동·청소년 성매수죄로 유죄가 확정된 자는 신상정보 등록대상자가 되도록 규정한</u> '성폭력 범죄의 처벌 등에 관한 특례법' 제42조 제1항 중 관련 부분은 <u>헌법에 위반되지 않는다</u>는 결정을 선고하였다.

신상정보 등록대상자가 된다고 하여 그 자체로 사회복귀가 저해되거나 전과자라는 사회적 낙인이 찍히는 것은 아니므로 침해되는 사익은 크지 않고, 반면 등록조항을 통해 달성되는 공익은 매우 중요하다. 따라서 등록조항은 청구인의 <u>개인정보자기결정권을 침해하지 않는다.</u>

형제자매의 증명서 교부청구 사건(헌재 2016.6.30. 2015헌마924)

헌법재판소는 2016년 6월 30일 재판관 6:3의 의견으로 '가족관계의 등록 등에 관한 법률' 제14조 제1항 본문 중 '<u>형제자매</u>' 부분은 개인정보자기결정권을 침해하여 헌법에 <u>위반된다</u>고 선고하였다. 이 사건 법률조항은 가족관계등록법상의 각종 증명서 발급에 있어 형제자매에게 정보주체인 본인과 거의 같은 지위를 부여한다. 즉 형제자매는 본인과 관련된 모든 증명서를 발급받을 수 있고, 기록사항 전부가 현출된 증명서를 발급받을 수 있다. 이는 증명서 교부청구권자의 범위를 필요한 최소한도로 한정한 것이라고 볼 수 없다.

주민등록번호 변경 사건(헌재 2015.12.23. 2013헌바68)

헌법재판소는 2015년 12월 23일 <u>주민등록번호 변경에 관한 규정을 두고 있지 않은 주민등록법 제7조가 헌법에 합치되지 아니하고,</u> 위 조항은 2017.12.31.을 시한으로 입법자가 개정할 때까지 계속 적용된다는 결정을 선고하였다.

현대사회는 개인의 각종 정보가 타인의 수중에서 무한대로 집적, 이용 또는 공개될 수 있으므로 연결자 기능을 하는 주민등록번호가 불법 유출 또는 오·남용되는 경우 개인의 사생활뿐만 아니라 생명·신체·재산까지 침해될 소지가 크고, 실제 유출된 주민등록번호가 범죄에 악용되는 등 해악이 현실화되고 있다. 이러한 현실에서 주민등록번호 유출 또는 오·남용으로 인하여 발생할 수 있는 피해 등에 대한 아무런 고려 없이 주민등록번호 변경을 일률적으로 허용하지 않은 것은 그 자체로 개인정보자기결정권에 대한 과도한 침해가 될 수 있다.

통신매체이용음란죄 신상정보 등록 사건(헌재 2016.3.31. 2015헌마688)

헌법재판소는 2016년 3월 31일 재판관 6:3의 의견으로 통신매체이용음란죄로 유죄판결이 확정된 자는 신상정보 등록대상자가 된다고 규정한 '성폭력범죄의 처벌 등에 관한 특례법' 제42조 제1항 중 관련 부분은 개인정보자기결정권을 침해하여 헌법에 위반된다고 선고하였다.

○ 통신매체이용음란죄의 구성요건에 해당하는 행위 태양은 행위자의 범의·범행 동기·행위 상대방·행위 횟수 및 방법 등에 따라 매우 다양한 유형이 존재하고, 개별 행위유형에 따라 재범의 위험성 및 신상정보 등록 필요성은 현저히 다르다. 그런데 심판대상조항은 통신매체이용음란죄로 유죄판결이 확정된 사람은 누구나 법관의 판단 등 별도의 절차 없이 필요적으로 신상정보 등록대상자가 되도록 하고 있고, 등록된 이후에는 그 결과를 다툴 방법도 없다. 그렇다면 심판대상조항은 통신매체이용음란 행위의 특성이나 불법성의 정도를 고려하여 그 중 죄질이 무겁고 재범의 위험성이 인정되는 범죄로 등록대상을 축소하거나, 유죄판결 확정과 별도로 신상정보 등록 여부에 관하여 법관의 판단을 받도록 하는 절차를 두는 등 기본권 침해를 줄일 수 있는 다른 수단을 채택하지 않았다는 점에서 침해의 최소성에 위배되어 헌법에 합치되지 아니한다.

카메라 등 이용촬영자에 대한 신상정보 등록사건(헌재 2015.7.30. 2014헌마340)

일정한 성범죄를 저지른 자로부터 신상정보를 제출받아 보존·관리하는 것은 정당한 목적을 위한 적합한 수단이고, 침해되는 사익은 크지 않은 반면 해당 조항을 통해 달성되는 공익은 매우 중요하므로, 성폭력범죄의 처벌 등에 관한 특례법위반(카메라 등 이용촬영, 카메라 등 이용촬영미수)죄로 유죄판결이 확정된 자는 신상정보 등록대상자가 되도록 규정한 성폭력범죄의 처벌 등에 관한 특례법(2012. 12. 18. 법률 제11556호로 전부개정된 것) 제42조 제1항 중 해당 부분은 개인정보자기결정권을 침해하지 않는다.

재범 위험성이 있는 20년 동안 신상정보 보존사건(헌재 2015.7.30. 2014헌마340)

법무부장관이 등록대상자의 재범 위험성이 상존하는 20년 동안 그의 신상정보를 보존·관리하는 것은 이 사건 관리조항이 추구하는 공익이 중요하더라도, 모든 등록대상자에게 20년 동안 신상정보를 등록하게 하고 위 기간 동안 각종 의무를 부과하는 것은 비교적 경미한 등록대상 성범죄를 저지르고 재범의 위험성도 많지 않은 자들에 대해서는 달성되는 공익과 침해되는 사익 사이의 불균형이 발생할 수 있으므로 이 사건 관리조항은 개인정보자기결정권을 침해한다.

변호사시험 성적 공개 청구기간 제한 사건(헌재 2019.7.25. 2017헌마329)

헌법재판소는 2019년 7월 25일 재판관 6:3의 의견으로, 변호사시험 성적 공개 청구기간을 개정 변호사시험법 시행일로부터 6개월로 제한하는 변호사시험법 부칙(2017. 12. 12. 법률 제15154호) 제2조 중 '이 법 시행일부터 6개월 내에' 부분은 청구인의 정보공개청구권을 침해하여 헌법에 위반된다는 결정을 선고하였다.

ㅇ 변호사시험 합격자는 취업뿐만 아니라 이직을 위해서도 변호사시험 성적이 필요할 수 있으므로, 변호사시험 합격자가 법조직역에 진출한 뒤 일정한 기간이 지날 때까지는 자신의 성적에 접근할 수 있어야 한다.

ㅇ 변호사시험 합격자는 성적 공개 청구기간 내에 열람한 성적 정보를 인쇄하는 등의 방법을 통해 개별적으로 자신의 성적 정보를 보관할 수 있으나, 성적 공개 청구기간이 지나치게 짧아 정보에 대한 접근을 과도하게 제한하는 이상, 이러한 점을 들어 기본권 제한이 충분히 완화되어 있다고 보기도 어렵다.

ㅇ 이상을 종합하면, 특례조항은 과잉금지원칙에 위배되어 청구인의 정보공개청구권을 침해한다.

변호사시험 합격자 명단 공고 사건(헌재 2020.3.26. 2018헌마77)
헌법재판소는 2020년 3월 26일 재판관 4(기각):5(위헌)의 의견으로, 법무부장관으로 하여금 변호사시험 합격자의 성명을 공개하도록 하는 변호사시험법 제11조 중 명단 공고 부분에 대한 심판청구를 기각하였다.
심판대상조항이 과잉금지원칙에 위배되어 청구인들의 개인정보자기결정권을 침해한다는 취지의 재판관 유남석, 재판관 이선애, 재판관 이석태, 재판관 이종석, 재판관 김기영의 위헌의견이 다수이지만 헌법소원심판 인용 결정을 위한 심판정족수에 이르지 못하였다.

성폭력범죄의 처벌 등에 관한 특례법 위반(공중 밀집 장소에서의 추행)죄로 유죄판결이 확정된 자에 대한 신상정보 등록 사건(헌재 2020.6.25. 2019헌마699 —기각)
헌법재판소는 2020년 6월 25일 재판관 6:3의 의견으로, 성폭력범죄의 처벌 등에 관한 특례법 위반(공중밀집장소에서의 추행)죄로 유죄판결이 확정된 자를 신상정보 등록대상자로 규정한 '성폭력범죄의 처벌 등에 관한 특례법'(2016. 12. 20. 법률 제14412호로 개정된 것) 제42조 제1항 본문 중 '제11조의 범죄로 유죄판결이 확정된 자'에 관한 부분이 해당 신상정보 등록대상자의 개인정보자기결정권과 평등권을 침해하지 않는다고 보아 청구인의 심판청구를 기각하였다.

ㅇ 심판대상조항은 공중밀집장소추행죄로 유죄판결이 확정되면 이들을 모두 등록대상자가 되도록 함으로써 그 관리의 기초를 마련하기 위한 것이므로 신상정보 등록대상 여부를 결정함에 있어 유죄판결 이외에 반드시 재범의 위험성을 고려해야 한다고 보기는 어렵다. 또한 현재 사용되는 재범의 위험성 평가 도구의 오류 가능성을 배제하기 어려운 상황에서 일정한 성폭력범죄자를 일률적으로 등록대상자가 되도록 하는 것이 불가피한 측면도 있다.

문화예술계 블랙리스트의 작성 등과 지원사업 배제 지시에 관한 위헌소원 사건(헌재 2020.12.23. 2017헌마416 — 위헌확인)
헌법재판소는 2020년 12월 23일 재판관 전원일치 의견으로, 피청구인 대통령의 지시로 피청구인 대통령 비서실장, 정무수석비서관, 교육문화수석비서관, 문화체육관광부장관이 야당 소속 후보를 지지하였거나 정부에 비판적 활동을 한 문화예술인이나 단체를 정부의 문화예술 지원사업에서 배제할 목적으로, ① 청구인 윤◆◆, 정◆◆의 정치적 견해에 관한 정보를 수집·보유·이용한 행위와 ② 한국문화예술위원회, 영화진흥위원회, 한국출판문화산업진흥원 소속 직원들로 하여금 청구인 ㅁㅁ회, △△ 네트워크, 윤◆◆, ▲▲, 주식회사 ★★, 정◆◆을 문화예술인 지원사업에서 배제하도록 한 일련의 지시 행위가 위헌임을 확인하는 결정을 선고하였다.

ㅇ 이른바 문화예술계 블랙리스트 사건과 관련하여, 정부의 지원을 차단할 목적으로 개인의 정치적 견해에 관한 정보를 수집·보유·이용한 행위가 개인의 개인정보자기결정권을 침해하는 것으로

위헌임을 확인하였다.

ㅇ 또한, 정부에 대한 비판적 견해를 가졌다는 이유로 지원사업에서 배제되도록 지시한 것은, 정치적 표현의 자유에 대한 사후적인 제한으로서, 헌법상 허용될 수 없음을 확인하였다.

가족관계의 등록 등에 관한 법률 제14조 제1항 본문 부진정입법부작위 위헌확인 사건(헌재 2020.8.28. 2018헌마927 – 헌법불합치)

헌법재판소는 2020년 8월 28일 재판관 전원일치 의견으로, 가족관계의 등록 등에 관한 법률 (2017. 10. 31. 법률 제14963호로 개정된 것) 제14조 제1항 본문 중 '직계혈족이 제15조에 규정된 증명서 가운데 가족관계증명서 및 기본증명서의 교부를 청구'하는 부분에 대하여 위헌선언을 하되, 2021. 12. 31.을 시한으로 개정될 때까지 계속 적용한다는 결정을 선고하였다.

ㅇ 이 사건 법률조항은 주민등록법과는 달리 가정폭력 피해자의 개인정보보호를 위한 별도의 조치를 마련하고 있지 않아서, 가정폭력 가해자는 언제든지 그 자녀 명의의 가족관계증명서 및 기본증명서를 교부받아서 이를 통하여 가정폭력 피해자의 개인정보를 획득할 수 있다. 이 사건 법률조항은 청구인의 개인정보자기결정권 침해한다.

(6) 한계

(가) 표현의 자유와의 관계

(a) **언론의 자유의 우월성**: 사생활의 비밀과 언론의 자유가 충돌하는 경우에는 양자의 조화가 필요한데, 일반적으로 News성이 있는 기사는 국민의 알 권리를 충족시키기 위한 필요에서 사생활의 비밀이 침해되더라도 언론의 자유의 일환으로 인정된다.

(b) News성의 판단기준

구분	내용
공익이론	국민의 알 권리를 실현시키기 위해 보도적 가치, 교육적 가치 등 공익적 가치가 있는 사실을 알리는 것은 사생활의 비밀과 자유의 침해가 아니라는 것(예 공정한 해설, 사이비종교, 범죄피해자의 공개)
공적 인물이론	사회적으로 유명인의 경우에는 그 사생활은 공개를 통상인에 비해 수인해야 할 경우가 많다는 것(예 연예인, 국가대표선수, 정치인, 범인 등) – 권리충돌의 문제로서 규범 조화적인 해석이 필요하다.
공적 기록이론	공적 기록에 의하여 얻은 자료는 국민의 알 권리가 우선하므로 프라이버시 소송의 대상이 되지 않는다(예 주민등록, 군복무기록, 변호사자격취득 등).
권리포기이론	자살과 같은 경우에 사생활의 비밀과 자유를 포기한 것으로 간주, 언론이 공개하더라도 위법이 되지 않는다.

인격영역이론	독일의 판례와 학설에 의해 발전된 인격영역이론에 의하면 개인의 생활 영역을 가장 개방적 영역에서 가장 폐쇄적 영역에 이르기까지 단계적으로 분류하여 공개적 영역, 사회적 영역, 사적 영역, 비밀영역, 내밀영역으로 나누고, 사생활의 비밀이 어떤 영역에 속하는 사항이냐에 따라 공개가 인정될 수 있는지 여부 및 정도가 달라지게 된다.

관련판례

공적 인물(대판 1998.7.24. 96다42789)
공적 인물에 대하여는 사생활의 비밀과 자유가 일정한 범위 내에서 제한되어 그 사생활의 공개가 면책되는 경우도 있을 수 있으나 이는 공적 인물은 통상인에 비하여 일반 국민의 알 권리의 대상이 되고 그 공개가 공공의 이익이 된다는 데 근거한 것이므로 일반 국민의 알 권리와는 무관하게 국가기관이 평소의 동향을 감시할 목적으로 개인의 정보를 비밀리에 수집한 경우에는 그 대상자가 공적 인물이라는 이유만으로 면책될 수 없다고 하여 <u>공적 인물에 대한 사생활의 비밀의 공개가 국민의 알 권리와 공공의 이익을 위해서는 허용될 수 있음을 인정하였다.</u>

이익형량(대판 1996.6.28. 96도977)
공직선거및선거부정방지법 제251조 단서도 위법성조각사유의 하나인 이상 정당성의 일반적 원리를 필요로 하고, 그런 면에서 <u>개인의 명예(인격권)의 보호와 헌법 제21조에 의한 표현의 자유 및 공공의 이익 사이에 이익교량의 원리가 고려되어야 한다고 할 것이지만,</u> 이 경우도 공공의 이익의 기초가 되는 표현의 자유권 또한 헌법상 보장된 권리로서 인간의 존엄과 가치에 기초한 피해자의 명예(인격권) 못지아니할 정도로 보호되어야 할 중요한 권리이기 때문에 후자가 전자보다 중하기만 하면 위법성조각사유로서 정당성이 충족된다고 보는 것이 타당하다.

미연방대법원 판례(New Youk Time v. Sullivan. 1964)
공직자에 대한 언론보도가 약간 사실상 착오가 있는 오보라 하더라도 그것이 실제적 악의가 없는 경우 명예훼손이 아니고 악의가 있음을 입증할 책임은 공무원에게 있다.

악의 있음의 입증책임(대판 1998.5.8. 97다64563)
방송 등 언론매체가 사실을 적시하여 개인의 명예를 훼손하는 행위를 한 경우에도 <u>그 목적이 오로지 공공의 이익을 위한 것일 때에는 적시된 사실이 진실이라는 증명이 있거나 그 증명이 없다 하더라도 행위자가 그것을 진실이라고 믿었고 또 그렇게 믿을 상당한 이유가 있으면 위법성이 없다고 보아야 할 것이나, 그에 대한 입증책임은 어디까지나 명예훼손행위를 한 방송 등 언론매체에 있고 피해자가 공적인 인물이라 하여 방송 등 언론매체의 명예훼손행위가 현실적인 악의에 기한 것임을 그 피해자 측에서 입증하여야 하는 것은 아니다.</u> → 언론매체에 입증책임부과

명예훼손적 표현의 피해자에 대한 심사기준(헌재 1999.6.24. 97헌마265)
신문보도의 명예훼손적 표현의 피해자가 공적 인물인지 아니면 사인(私人)인지, 그 표현이 <u>공적인 관심사안에 관한 것인지 순수한 사적인 영역에 속하는 사안인지의 여부에 따라 헌법적 심사기준에는 차이가 있어야 한다.</u>

(나) 국정조사권과의 관계　　　국회의 국정조사권의 발동으로 국민은 증언
의무를 지게 된다. 그러나 국정조사의 목적과 직접 관련이 없는 프라이버시에 관
한 조사는 허용되지 않으며 그 증언을 거부할 수 있다. 그러므로 합리적인 범위
내에서 필요 최소한으로 그쳐야 한다.

(다) 사생활의 비밀·자유와 명단 공표　　　명단 공표란 행정법상의 의무이행을
간접적으로 확보하기 위해 의무위반자의 성명·위반사실 등을 일반에게 공개하는
것을 말한다. 행정법상의 의무위반자에 대한 명단공표는 사생활의 비밀·자유와
충돌할 우려가 있으므로 공표의 필요성과 사생활의 비밀·자유 간의 이익형량이
요구된다. 이와 관련하여 헌재는 청소년의 성보호에 관한 법률 제20조 제2항에
대해 합헌결정을 했다(헌재 2003.6.26. 2002헌가14).

제7절 통신의 자유

(1) 개념

개인이 통신의 수단에 의하여 의사나 정보를 전달 또는 교환하는 경우에 그 내
용이 본인의 의사에 반하여 침해당하지 아니하는 자유를 말한다.

(2) 성격

1) 통신의 자유설(다수설) vs. 표현의 자유설 vs. 사생활의 자유설
2) 사생활의 비밀을 통신의 측면에서 보장(국가와 제3자에 대한 자유)
3) 표현의 자유의 전제, 양심의 자유를 실질적으로 보장한다.

(3) 주체

자연인(내·외국인), 법인이 해당된다.

(4) 내용

(가) 통신의 비밀　　개인 간의 의사전달과 물품수수의 내용·형태·방법에 관한 비밀

(나) 불가침　통신의 열람금지 및 누설금지와 정보금지

(5) 한계와 제한

(가) 한　계

(a) 현행범에 대한 전화의 역탐지: 협박행위 등의 현행범에 대하여 수사기관이 직권으로 하거나 피해자의 요청이 있는 경우 영장 없이도 전화의 역탐지가 가능하다.

(b) 전화교환수가 업무상 행위 중 협박행위 등을 청취한 경우 범죄예방을 위한 수사기관에의 고지의무가 누설금지의무보다 우선하므로 경찰에 통보하는 것은 통신의 비밀침해가 아니다.

(c) 발신자 전화번호 통보제도: 전기통신에 의한 폭언·협박·희롱 등으로 수신인을 보호하기 위하여 수신인이 요구를 하는 경우 송신인의 전화번호 등을 수신인에게 알려줄 수 있다는 통신비밀보호법 제13조에 있다가 삭제되었고 전기통신사업법 제54조의2에 규정되었다.

(d) 부모가 미성년인 자의 통신에 대하여 통제하는 것은 통신의 자유를 침해하는 것은 아니다.

관련판례

타인의 통신녹음(대판 2002.10.8. 2002도123)
비록 제3자가 전화통화 당사자 일방의 동의를 받고 그 통화내용을 녹음했다 하더라도 그 상대방의 동의가 없었다면 통신비밀보호법 제3조 제1항에 위반된다.

불법감청 녹음테이프(대판 2001.10.9. 2001도3106)
감청영장에 의하지 않고 타인 간의 대화나 전화통화내용을 녹음한 녹음테이프는 증거능력이 없다.

통신의 비밀과 자유 관련 헌법재판소 판례
1. 미결수용자 서신검열: 미결수용자와 일반인 간의 서신을 검열한 교도소장의 검열행위는 통신의 비밀침해가 아니나 미결수용자와 변호인과의 서신검열은 통신의 비밀침해이다. 교도소 내의 서신 발송과 교부를 지연한 교도소장의 행위는 통신의 자유침해가 아니다(헌재 1995.7.21. 92헌마144).
2. 수형자 서신검열: 수형자와 변호사 간의 서신을 검열한 행위는 통신의 비밀침해가 아니다(헌재

1998.8.27. 96헌마398).

3. 수형자의 서신발송허가제: 수형자가 국가기관에게 서신을 발송할 경우 교도소장의 허가를 받도록 한 수형자 규율 및 징계에 관한 규칙 제3조는 통신의 비밀침해가 아니다(헌재 2001.11.29. 99헌마713).

4. 감청설비, 제조의 정통부장관 인가제: 사인이 감청설비를 제조, 수입하는 경우 정통부장관의 인가를 받도록 하면서 국가기관이 감청설비를 제조, 수입하는 경우에는 인가제를 배제한 통신비밀보호법 제10조는 국가기관의 감청설비 보유·사용에 대한 관리와 통제를 위한 법적, 제도적 장치가 마련되어 있으므로 국가기관이 인가 없이 감청설비를 보유·사용할 수 있다는 사실만 가지고 바로 국가기관에 의한 통신비밀침해행위를 용이하게 하는 결과를 초래함으로써 통신의 자유를 침해한다고 볼 수는 없다(헌재 2001.3.21. 2000헌바25).

5. 통신비밀보호법 제6조 제7항 단서 위헌제청(헌재 2010.12.28. 2009헌가30): 헌법재판소는 2010년 12월 28일 재판관 4(헌법 불합치): 2(단순위헌): 3(합헌)의 의견으로 통신제한조치기간의 연장을 허가함에 있어 총기간 내지 총연장횟수의 제한을 두지 않고 무제한연장을 허가할 수 있도록 규정한 통신비밀보호법 제6조 제7항 단서 중 전기통신에 관한 '통신제한조치기간의 연장'에 관한 부분이 과잉금지원칙을 위반하여 청구인의 통신의 비밀을 침해하는 법률로서 헌법에 합치하지 아니한다는 결정을 선고하였다.

헌재 2012.2.23. 2009헌마333

수용자가 보내려는 모든 서신에 대해 무봉함 상태의 제출을 강제함으로써 수용자의 발송 서신 모두를 사실상 검열 가능한 상태에 놓이도록 하는 것은 기본권 제한의 최소 침해성 요건을 위반하여 수용자인 청구인의 통신비밀의 자유를 침해하는 것이다.

통신비밀보호법 제16조 제1항 제2호 위헌소원(헌재 2011.8.30. 2009헌바42)

헌법재판소는 2011년 8월 30일 재판관 7(합헌): 1(한정위헌)의 의견으로, 공개되지 아니한 타인 간의 대화를 녹음 또는 청취하여 지득한 대화의 내용을 공개하거나 누설한 자를 처벌하는 통신비밀보호법 제16조 제1항 제2호 중 '대화의 내용'에 관한 부분이 헌법에 위반되지 아니한다는 결정을 선고하였다.

위 조항이 불법 취득한 타인 간의 대화내용을 공개한 자를 처벌함에 있어 형법 제20조(정당행위)의 일반적 위법성조각사유에 관한 규정을 적정하게 해석 적용함으로써 공개자의 표현의 자유도 적절히 보장될 수 있는 이상, 위 조항에 형법상의 명예훼손죄와 같은 위법성조각사유에 관한 특별규정을 두지 아니하였다는 점만으로 기본권 제한의 비례성을 상실하였다고는 볼 수 없다.

형의 집행 및 수용자의 처우에 관한 법률 제108조 제10호 등 위헌확인(헌재 2014.8.28., 2012헌마623) – 금치처분을 받은 미결수용자의 집필 및 서신수수 금지에 관한 사건

헌법재판소는 2014년 8월 28일, 재판관 5인(기각): 4인(반대)의 의견으로, 금치기간 중 집필을 금지하도록 한 '형의 집행 및 수용자의 처우에 관한 법률' 제112조 제3항 본문 중 미결수용자에게 적용되는 제108조 제10호에 관한 부분은 과잉금지원칙에 반하여 청구인의 표현의 자유를 침해하지 아니하고, 재판관 전원 일치 의견으로, 금치기간 중 서신수수를 금지하도록 한 형집행법 제112조 제3항 본문 중 미결수용자에게 적용되는 제108조 제11호에 관한 부분은 과잉금지원칙에 반하여 청구인의 통신의 자유를 침해하지 아니한다는 이유로, 청구를 기각하는 결정을 선고하였다.

대판 2015.2.12. 2011다76617

<u>전기통신사업자</u>는 수사종료 여부와 관계없이 통신비밀보호법 제13조의5, 제11조 제2항에 따라 전기통신 이용자를 포함한 외부에 대하여 통신사실 확인자료 제공 사항을 공개·누설하지 말아야 할 의무를 계속하여 부담하므로, <u>이용자의 공개 요구에도 응할 의무가 없다.</u>

통신비밀보호법 제13조 제1항 위헌확인 등(통신비밀보호법 '기지국수사' 사건)(헌재 2018.6.28. 2012헌마538)

헌법재판소는 2018년 6월 28일 재판관 6 : 3의 의견으로, 수사의 필요성이 있는 경우 기지국수사를 허용한 통신비밀보호법 제13조 제1항 중 '검사 또는 사법경찰관은 수사를 위하여 필요한 경우 전기통신사업법에 의한 전기통신사업자에게 제2조 제11호 가목 내지 라목의 통신사실 확인자료의 열람이나 제출을 <u>요청할 수 있다</u>' 부분이 헌법에 합치되지 아니한다는 결정을 선고하였다. [헌법불합치, 2020. 3. 31.까지 잠정적용]

1. 이 <u>사건 요청조항에 대한 판단 [헌법불합치]</u>

ㅇ 이 사건 요청조항은 수사를 위하여 필요한 경우 수사기관으로 하여금 법원의 허가를 얻어 전기통신사업자에게 특정 시간대 특정 기지국에서 발신된 모든 전화번호의 제공을 요청할 수 있도록 하고 있어 정보주체인 청구인의 개인정보자기결정권과 통신의 자유를 제한하므로, 과잉금지원칙 위반 여부가 문제된다.

ㅇ 이 사건 요청조항은 수사활동을 보장하기 위한 목적에서, 범죄수사를 위해 필요한 경우 수사기관이 법원의 허가를 얻어 전기통신사업자에게 해당 가입자에 관한 통신사실 확인자료의 제공을 요청할 수 있도록 하고 있으므로, 입법목적의 정당성과 수단의 적정성이 인정된다.

ㅇ ① 이동전화의 이용과 관련하여 필연적으로 발생하는 통신사실 확인자료는 비록 비내용적 정보이지만, 여러 정보의 결합과 분석을 통해 정보주체에 관한 정보를 유추해낼 수 있는 민감한 정보인 점, ② 수사기관의 통신사실 확인자료 제공요청에 대해 법원의 허가를 거치도록 규정하고 있으나 '수사의 필요성'만을 그 요건으로 하고 있어 제대로 된 통제가 이루어지기 어려운 현실인 점, ③ 기지국수사의 허용과 관련하여서는 유괴·납치·성폭력범죄 등 강력범죄나 국가안보를 위협하는 각종 범죄와 같이 피의자나 피해자의 통신사실 확인자료가 반드시 필요한 범죄로 그 대상을 한정하는 방안, 위 요건에 더하여 다른 방법으로는 범죄수사가 어려운 경우(보충성)를 요건으로 추가하는 방안 등을 검토함으로써 수사에 지장을 초래하지 않으면서도 불특정 다수의 기본권을 덜 침해하는 수단이 존재하는 점을 고려할 때, 이 사건 요청조항은 침해의 최소성과 법익의 균형성이 인정되지 아니한다.

ㅇ 따라서 이 사건 요청조항은 과잉금지원칙에 반하여 청구인의 개인정보자기결정권과 통신의 자유를 침해한다.

2. 이 <u>사건 허가조항에 대한 판단 [기각]</u>

ㅇ 이 사건 허가조항이 헌법상 영장주의에 위배되어 청구인의 개인정보자기결정권 및 통신의 자유를 침해하는지 문제된다.

ㅇ 통신비밀보호법이 정한 기지국수사는 강제처분에 해당되므로 헌법상 영장주의가 적용된다. 헌법상 영장주의의 본질은 강제처분을 함에 있어 중립적인 법관이 구체적 판단을 거쳐야 한다는 점에 있다.

ㅇ 이 사건 허가조항은 수사기관이 전기통신사업자에게 통신사실 확인자료 제공을 요청함에 있어 관할 지방법원 또는 지원의 허가를 받도록 규정하고 있다. 따라서 이 사건 허가조항은 헌법상 영장주의에 위배되지 아니한다.

인터넷회선 감청 위헌확인 사건(헌재 2018.8.30. 2016헌마263)

□ 결정주문

1. 통신비밀보호법(1993. 12. 27. 법률 제4650호로 제정된 것) 제5조 제2항 중 '인터넷회선을 통하여 송·수신하는 전기통신'에 관한 부분은 헌법에 합치되지 아니한다. 위 법률조항은 2020. 3. 31.을 시한으로 개정될 때까지 계속 적용한다.

□ 이유의 요지

이 사건 법률조항에 대한 판단(본안판단 적극)

과잉금지원칙 위반 여부(적극)

ㅇ '패킷감청'의 방식으로 이루어지는 인터넷회선 감청은 수사기관이 실제 감청 집행을 하는 단계에서는 해당 인터넷회선을 통하여 흐르는 불특정 다수인의 모든 정보가 패킷 형태로 수집되어 일단 수사기관에 그대로 전송되므로, 다른 통신제한조치에 비하여 감청 집행을 통해 수사기관이 취득하는 자료가 비교할 수 없을 정도로 매우 방대하다는 점에 주목할 필요가 있다.

－불특정 다수가 하나의 인터넷회선을 공유하여 사용하는 경우가 대부분이므로, 실제 집행 단계에서는 법원이 허가한 범위를 넘어 피의자 내지 피내사자의 통신자료뿐만 아니라 동일한 인터넷회선을 이용하는 불특정 다수인의 통신자료까지 수사기관에 모두 수집·저장된다. 따라서 인터넷회선 감청을 통해 수사기관이 취득하는 개인의 통신자료의 양을 전화감청 등 다른 통신제한조치와 비교할 바는 아니다.

ㅇ 따라서 인터넷회선 감청은 집행 및 그 이후에 제3자의 정보나 범죄수사와 무관한 정보까지 수사기관에 의해 수집·보관되고 있지는 않는지, 수사기관이 원래 허가받은 목적, 범위 내에서 자료를 이용·처리하고 있는지 등을 감독 내지 통제할 법적 장치가 강하게 요구된다.

－그런데 현행 통비법은 관련 공무원 등에게 비밀준수의무를 부과하고(법 제11조), 통신제한조치로 취득한 자료의 사용제한(법 제12조)을 규정하고 있는 것 외에 수사기관이 감청 집행으로 취득하는 막대한 양의 자료의 처리 절차에 대해서 아무런 규정을 두고 있지 않다.

ㅇ 이상을 종합하면, 이 사건 법률조항은 인터넷회선 감청의 특성을 고려하여 그 집행 단계나 집행 이후에 수사기관의 권한 남용을 통제하고 관련 기본권의 침해를 최소화하기 위한 제도적 조치가 제대로 마련되어 있지 않은 상태에서, 범죄수사 목적을 이유로 인터넷회선 감청을 통신제한조치 허가 대상 중 하나로 정하고 있으므로 침해의 최소성 요건을 충족한다고 할 수 없다. 그러므로 이 사건 법률조항은 과잉금지원칙에 위반하는 것으로 청구인의 기본권을 침해한다.

정리

통신비밀보호법

1. 검사는 일반범죄수사를 위하여 법원에 통신제한조치의 허가를 청구할 수 있다(제6조).
2. 정보수사기관의 장은 국가안전보장에 대한 위해 방지를 위하여(내국인→ 고등법원 수석부장판사의 허가, 외국인→ 대통령의 승인을 얻어) 통신제한조치를 할 수 있다(제7조).

통신의 자유를 제한하는 법령

1. 통신비밀보호법
2. 국가보안법: 반국가단체와의 통신금지
3. 형소법: 피고인에 관련된 우편물의 검열 등
4. 행형법: 교도관의 검열하에 서신수발
5. 파산법: 파산관리인이 파산자의 우편물을 개봉하는 것은 허용된다.

통신비밀보호법

제5조【범죄수사를 위한 통신제한조치의 허가요건】① 통신제한조치는 다음 각 호의 범죄를 계획 또는 실행하고 있거나 실행하였다고 의심할 만한 충분한 이유가 있고, 다른 방법으로는 그 범죄의 실행을 저지하거나 범인의 체포 또는 증거의 수집이 어려운 경우에 한하여 허가할 수 있다.

1.~11. 생략

② 통신제한조치는 제1항의 요건에 해당하는 자가 발송·수취하거나 송·수신하는 특정한 우편물이나 전기통신 또는 그 해당자가 일정한 기간에 걸쳐 발송·수취하거나 송·수신하는 우편물이나 전기통신을 대상으로 허가될 수 있다.

제6조【범죄수사를 위한 통신제한조치의 허가절차】① 검사(검찰관을 포함한다. 이하 같다)는 제5조 제1항의 요건이 구비된 경우에는 법원(군사법원을 포함한다. 이하 같다)에 대하여 각 피의자별 또는 각 피내사자별로 통신제한조치를 허가하여 줄 것을 청구할 수 있다.

③ 제1항 및 제2항의 통신제한조치 청구사건의 관할법원은 그 통신제한조치를 받을 통신 당사자의 쌍방 또는 일방이 주소지·소재지, 범죄지 또는 통신 당사자와 공법관계에 있는 자의 주소지·소재지를 관할하는 지방법원 또는 지원(보통군사법원을 포함한다)으로 한다.

⑤ 법원은 청구가 이유 있다고 인정하는 경우에는 각 피의자별 또는 각 피내사자별로 통신제한조치를 허가하고, 이를 증명하는 서류(이하 '허가서'라 한다)를 청구인에게 발부한다.

⑦ 통신제한조치의 기간은 2월을 초과하지 못하고 그 기간 중 통신제한조치의 목적이 달성되었을 경우에는 즉시 종료하여야 한다. 다만, 제5조 제1항의 허가요건이 존속하는 경우에는 제1항 및 제2항의 절차에 따라 소명자료를 첨부하여 2월의 범위 안에서 통신제한조치기간의 연장을 청구할 수 있다.

〈헌법불합치, 2009헌가30, 2010.12.28. 통신비밀보호법(2001.12.29. 법률 제6546호로 개정된 것) 제6조 제7항 단서 중 전기통신에 관한 '통신제한조치기간의 연장'에 관한 부분은 헌법에 합치하지 아니한다. 위 법률조항은 2011.12.31.을 시한으로 입법자가 개정할 때까지 계속 적용한다.〉

제7조【국가안보를 위한 통신제한조치】① 대통령령이 정하는 정보수사기관의 장(이하 "정보수사기관의 장"이라 한다)은 국가안전보장에 대한 상당한 위험이 예상되는 경우에 한하여 그 위해를 방지하기 위하여 이에 관한 정보수집이 특히 필요한 때에는 다음 각호의 구분에 따라 통신제한을 할 수 있다.

1. 통신의 일방 또는 쌍방 당사자가 내국인인 때에는 고등법원 수석부장판사의 허가를 받아야 한다. 다만, 군용전기통신법 제2조의 규정에 의한 군용전기통신(작전수행을 위한 전기통신에 한한다)에 대하여는 그러하지 아니하다.

2. 대한민국에 적대하는 국가, 반국가활동의 혐의가 있는 외국의 기관·단체와 외국인, 대한민국의 통치권이 사실상 미치지 아니하는 한반도 내의 집단이나 외국에 소재하는 그 산하단체의 구성원의 통신인 때 및 제1항 제1호 단서의 경우에는 서면으로 대통령의 승인을 얻어야 한다.

② 제1항의 규정에 의한 통신제한조치의 기간은 4월을 초과하지 못하고 그 기간 중 통신제한조치의 목적이 달성되었을 경우에는 즉시 종료하여야 하되, 제1항의 요건이 존속하는 경우에는 소명자료를 첨부하여 고등법원 수석부장판사의 허가 또는 대통령의 승인을 얻어 4월의 범위 이내에서 통신제한조치의 기간을 연장할 수 있다. 다만, 제1항 제1호 단서의 규정에 의한 통신제한조치는 전시·사변 또는 이에 준하는 국가비상사태에 있어서 적과 교전상태에 있는 때에는 작전이 종료될 때까지 대통령의 승인을 얻지 아니하고 기간을 연장할 수 있다.

제8조【긴급통신제한조치】① 검사, 사법경찰관 또는 정보수사기관의 장은 국가안보를 위협하는 음모행위, 직접적인 사망이나 심각한 상해의 위험을 야기할 수 있는 범죄 또는 조직범죄 등 중대한 범죄의 계획이나 실행 등 긴박한 상황에 있고 제5조 제1항 또는 제7조 제1항 제1호의 규정에 의한 요건을 구비한 자에 대하여 제6조 또는 제7조 제1항 및 제3항의 규정에 의한 절차를 거칠 수 없는 긴급한 사유가 있는 때에는 법원의 허가 없이 통신제한조치를 할 수 있다.

② 검사, 사법경찰관 또는 정보수사기관의 장은 제1항의 규정에 의한 통신제한조치(이하 "긴급통신제한조치"라 한다)의 집행착수 후 지체없이 제6조 및 제7조 제3항의 규정에 의하여 법원에 허가청구를 하여야 하며, 그 긴급통신제한조치를 한 때부터 36시간 이내에 법원의 허가를 받지 못한 때에는 즉시 이를 중지하여야 한다.

제14조【타인의 대화비밀 침해금지】① 누구든지 공개되지 아니한 타인 간의 대화를 녹음하거나 전자장치 또는 기계적 수단을 이용하여 청취할 수 없다.

제8절 소비자의 권리

(1) 소비자 권리의 의의

(가) 개념(소비자 기본권) 소비자 권리라 함은 소비자가 자신의 인간다운 생활을 영위하기 위하여 공정한 가격으로 양질의 상품 또는 용역을 적절한 유통구조를 통하여 구입, 사용할 수 있는 권리를 말한다.

우리나라 헌재는 소비자권을 헌법 제10조의 행복추구권에서 파생되는 자기결정권에서 근거를 찾고 있다(헌재 1996.12.26. 96헌가18).

(나) 연혁(등장배경) 및 취지   현대 독점자본주의 경제체제의 등장, 1962년 케네디의 교서에서 최초 선언 후 소비자보호론단계를 넘어 소비자주권론차원에서 논의, 우리나라에서는 제5공 헌법에 소비자 운동에 관한 규정을 두고 소비자보호법을 제정하였고, 2006년 9월 전면개정을 하였고 법명도 소비자기본법으로 변경했다. 개정 이유는 종래 소비자 보호 위주의 소비자 정책에서 탈피하여 중장기 소비자 정책의 수립, 소비자 안전·교육의 강화 등으로 소비자 권익을 증진함으로써 소비자의 주권을 강화하고, 시장환경 변화에 맞게 한국소비자원의 관할 및 소비자 정책에 대한 집행기능을 공정거래위원회로 이관하도록 하며, 소비자 피해를 신속하고 효율적으로 구제하기 위하여 일괄적 집단분쟁조정 및 단체소송을 도입하여 소비자피해구제제도를 강화하는 등 현행 제도의 운영상 나타난 일부 미비점을 개선·보완하려는 것이다.

(2) 소비자 권리의 근거와 법적 성격

(가) 헌법적 근거

1) 이념적 근거(인간의 존엄성 존중과 행복추구권 제10조)

2) 직접적 근거(소비자보호운동의 보장 제124조)

3) 간접적 근거(재산권 보장, 인간다운 생활권, 보건권 제23조 제1항, 제34조 제1항, 제36조 제3항)

4) 보완적 근거(제37조 제1항)을 들 수 있다.

(나) 법적 성격 복합적 기본권(다수설)이다.

(3) 소비자 권리의 주체

국민과 외국인, 법인을 포함한다.

(4) 소비자 권리의 내용

소비자기본법

제4조【소비자의 기본적 권리】 소비자는 다음 각 호의 기본적 권리를 가진다.

1. 물품 또는 용역(이하 "물품 등"이라 한다)으로 인한 생명·신체 또는 재산에 대한 위해로부터 보호받을 권리
2. 물품 등을 선택함에 있어서 필요한 지식 및 정보를 제공받을 권리
3. 물품 등을 사용함에 있어서 거래상대방·구입장소·가격 및 거래조건 등을 자유로이 선택할 권리
4. 소비생활에 영향을 주는 국가 및 지방자치단체의 정책과 사업자의 사업활동 등에 대하여 의견을 반영시킬 권리
5. 물품 등의 사용으로 인하여 입은 피해에 대하여 신속·공정한 절차에 따라 적절한 보상을 받을 권리
6. 합리적인 소비생활을 위하여 필요한 교육을 받을 권리
7. 소비자 스스로의 권익을 증진하기 위하여 단체를 조직하고 이를 통하여 활동할 수 있는 권리
8. 안전하고 쾌적한 소비생활환경에서 소비할 권리

소비자 단체 및 한국소비자원은 소비자의 알 권리를 보장하기 위해서 사업자에 대하여 자료 및 정보의 제공을 요청할 수 있다. 소비자의 권리의 침해에 대한 보다 효율적인 구제방안으로서 ① 무과실책임의 인정, ② 인과관계에 있어서의 개연성이론의 도입, ③ 소비자단체 등으로의 당사자 적격의 확대, ④ 사업자들의 연대책임 인정, ⑤ 소액재판제도의 도입, ⑥ 단체소송제도의 도입 등이 거론되어 왔고, 이 중에서 일괄적 집단분쟁조정 및 단체소송제도가 2006년 소비자기본법에 도입되었다.

제5장 정신적 자유

양심의 자유/종교의 자유/국교부인과 정교분리/언론·출판의 자유/
집회·결사의 자유/학문의 자유/대학의 자치/ 예술의 자유

제1절 양심의 자유

(1) 양심의 개념

(가) 윤리적 결정　　　　양심이란 인간의 윤리적·도덕적 내심영역의 문제이고 헌법이 보호하려는 양심은 어떤 일의 옳고 그름을 판단함에 있어서 그렇게 행동하지 아니하고는 자신의 인격적인 존재가치가 허물어지고 말 것이라는 강력하고 진지한 마음의 소리이지, 막연하고 추상적인 개념으로서 양심이 아니다(1997.3.27. 96헌가11). 양심은 윤리적 결정이므로 사실적 지식은 양심이 아니므로 진술거부권은 양심의 자유에서 보호되지 않는다.

관련판례

운전 중 좌석 안전띠 착용(헌재 2003.10.30. 2002헌마518)
제재를 받지 않기 위해서 어쩔 수 없이 좌석 안전띠를 매었다 하여 청구인이 내면적으로 구축한 인간양심이 왜곡·굴절되고 청구인의 인격적 존재가치가 허물어진다고 할 수는 없어 <u>양심의 자유의 보호영역에 속하지 아니하므로</u> 운전 중 운전자가 좌석 안전띠를 착용할 의무는 청구인의 양심의 자유를 침해하는 것이라 할 수 없다.

음주측정(헌재 1997.3.27. 96헌가11)
음주측정에 응해야 할 것인지, 거부해야 할 것인지 그 상황에서 고민에 빠질 수 있겠으나, 그러한 고민은 선과 악의 범주에 관한 진지한 윤리적 결정을 위한 고민이라 할 수 없으므로 그 고민 끝에 어쩔 수 없이 음주측정에 응하였다 하여 내면적으로 구축된 인간양심이 왜곡·굴절된다 할 수도 없다. 따라서 <u>음주측정요구와 그 거부는 양심의 자유의 보호영역에 포괄되지 아니하므로</u> 이 사건 법률조항을 두고 헌법 제19조에서 보장하는 양심의 자유를 침해하는 것이라고 할 수 없다.

2001년 판례
<u>자신의 태도나 입장을 외부에 설명하거나 해명하는 행위는</u> 진지한 윤리적 결정에 관계된 행위라기보다는 단순한 생각이나 의견, 사상이나 확신 등의 표현행위라고 볼 수 있어 그 행위가 선거에

영향을 미치게 하기 위한 것이라는 이유로 이를 하지 못하게 된다 하더라도 내면적으로 구축된 인간의 양심이 왜곡 굴절된다고는 할 수 없다는 점에서 양심의 자유의 보호영역에 포괄되지 아니한다 할 것이므로 공선법 제93조 제1항이 헌법 제19조에서 보장되는 <u>양심의 자유를 침해한다고</u> <u>볼 수는 없다.</u>

    (나) 주관적 양심   양심은 주관적인 결정이므로 합리적인 것인가, 다수의 지지를 받을 수 있는 내용인가, 법질서나 사회규범과 일치하는가의 양심의 개념적 요소로 보기 힘들다. 헌법 제19조의 양심은, 특히 소수자의 윤리적 결정을 보호하는 것이므로 객관성, 합리성을 요건으로 하지 않는다. 그러나 헌법 제46조 제2항의 국회의원의 양심과 헌법 제103조의 법관의 양심은 객관적 · 직업적 양심이다.

관련판례

공정거래를 위한 사실의 공표(헌재 2002.1.31. 2001헌바43)
단순한 사실관계의 확인과 같이 가치적 · 윤리적 판단이 개입될 여지가 없는 경우는 물론, <u>법률해</u> <u>석에 관하여 여러 견해가 갈리는 경우처럼 다소의 가치관련성을 가진다고 하더라도 개인의 인격</u> <u>형성과는 관계가 없는 사사로운 사유나 의견 등은 그 보호대상이 아니라고 할 것이다.</u> 이 사건의 경우와 같이 경제규제법적 성격을 가진 공정거래법에 위반하였는지 여부에 있어서도 각 개인의 소신에 따라 어느 정도의 가치판단이 개입될 수 있는 소지가 있고 그 한도에서 다소의 윤리적 · 도덕적 관련성을 가질 수도 있겠으나, 이러한 법률판단의 문제는 개인의 인격형성과는 무관하며, 대화와 토론을 통하여 가장 합리적인 것으로 그 내용이 동화되거나 수렴될 수 있는 포용성을 가지는 분야에 속한다고 할 것이므로 헌법 제19조에 의하여 보장되는 양심의 영역에 포함되지 아니한다고 봄이 상당하다.

양심의 존재 판단기준(헌재 2004.8.26. 2002헌가1)
'양심의 자유'가 보장하고자 하는 '양심'은 <u>민주적 다수의 사고나 가치관과 일치하는 것이 아니라,</u> <u>개인적 현상으로서 지극히 주관적인 것이다.</u> 양심은 그 대상이나 내용 또는 동기에 의하여 판단될 수 없으며, 특히 <u>양심상의 결정이 이성적 · 합리적인가, 타당한가 또는 법질서나 사회규범, 도덕률</u> <u>과 일치하는가 하는 관점은 양심의 존재를 판단하는 기준이 될 수 없다.</u>

---

(2) 연혁과 입법례

(가) 우리나라의 경우

(a) **제헌헌법**: 종교의 자유와 동일조항에 규정했다.

(b) **제5차 개정헌법(제3공화국헌법)**: 종교의 자유로부터 독립하여 규정했다.

(3) 주체

(가) 자연인　　양심의 자유는 자연인만이 그 주체가 될 수 있다(통설). 헌법 제19조는 모든 국민이라고 규정하고 있지만 외국인도 양심의 자유를 향유할 수 있다. 양심의 자유는 인류보편의 원리이기 때문이다.

(나) 법인

(a) 헌재의 견해: 우리 헌법이 보호하고자 하는 정신적 기본권의 하나인 양심의 자유의 제약(법인의 경우라면 그 대표자에게 양심표명의 강제를 요구하는 결과가 됨)이라고 보지 않을 수 없다(헌재 1991.4.1. 89헌마160).

(b) 법인의 기본권 주체성에 대한 헌재의 입장: 동판례는 사법인의 기본권 주체성(인격권)을 인정하고 있다. 양심의 자유의 주체성에 대하여 일반적으로 비정신적 존재인 법인에게는 성질상 부인되므로(통설) 본 판례에서는 '주식회사 동아일보 대표자 ○○○'에 대하여 그 기본권 주체성을 인정하고 있다.

(4) 내용

(가) 양심결정(형성)의 자유　　양심결정의 자유란 자신의 판단에 따라 사물의 옳고 그름을 판단하는 자유를 의미한다.

따라서 국가가 개인의 양심결정을 방해하거나 특정의 양심을 강요하는 것은 양심의 자유의 침해가 된다. 다수의 양심이 소수를 억압하고 다수의 결정에 따르도록 하는 양심의 다수화의 금지가 중요하다.

(나) 양심유지의 자유＝침묵의 자유(통설)　　침묵의 자유·양심유지의 자유란 자신의 양심을 언어에 의하여 표명하도록 강제당하지 않을 자유를 말한다. 이 침묵의 자유로부터 양심추지의 금지와 양심에 반(反)하는 행위의 강제금지가 파생한다(다수설, 헌재 89헌마160).

(a) 사상전향제도와 준법서약제: 양심형성의 자유와 관련해서는 사상전향제가 양심의 자유를 침해하는 것이 아닌지가 문제된다.

이러한 사상전향제도가 양심의 자유를 침해하는지에 관하여 대법원은 "구 사회안전법 제7조 제1호가 보안처분의 면제요건으로 '반공정신이 확립되었을 것'을 규정하고 있다거나 보안처분기간의 갱신 여부를 결정함에 있어 처분대상자의 신념이나 사상을 신문하고 전향의 의사를 확인하는 것은 그 대상자가 같은 법 제6조 제1

항 소정의 '죄를 다시 범할 현저한 위험성'의 유무를 판단하기 위한 자료를 수집하는 과정에 불과할 뿐 전향의 의사를 강요하는 것이 아니므로 이를 두고 <u>양심의 자유를 보장한 헌법규정에 반한다고 볼 수 없다</u>"(대판 1997.6.13. 96다56115)라고 판시한 바 있다.

관련판례 준법서약제가 양심의 자유를 침해하는지 여부(헌재 2002.4.25. 98헌마425 등)

1. 헌법상 그 침해로부터 보호되는 양심은 첫째, 문제된 당해 실정법의 내용이 양심의 영역과 관련되는 사항을 규율하는 것이어야 하고, 둘째, 이에 위반하는 경우 이행강제, 처벌 또는 법적 불이익의 부과 등 법적 강제가 따라야 하며, 셋째, 그 위반이 양심상의 명령에 따른 것이어야 한다.

2. 헌법과 법률을 준수할 의무는 국민의 기본의무로서 헌법상 명문의 규정은 없으나 우리 헌법에서도 자명한 것이다. 따라서 이 사건 <u>준법서약은 어떤 구체적이거나 적극적인 내용을 담지 않은 채 단순한 헌법적 의무의 확인·서약에 불과하다 할 것이어서 양심의 영역을 건드리는 것이 아니다.</u>

3. 이 사건의 경우 가석방 심사 등에 관한 규칙 제14조에 의하여 준법서약서의 제출이 반드시 법적으로 강제되어 있는 것이 아니다. 당해 수형자는 가석방 심사위원회의 판단에 따라 준법서약서의 제출을 요구받았다고 하더라도 자신의 의사에 의하여 준법서약서의 제출을 거부할 수 있다. 또한 가석방은 행형기관의 교정정책 혹은 형사정책적 판단에 따라 수형자에게 주는 은혜적 조치일 뿐이고 수형자에게 주어지는 권리가 아니어서 <u>준법서약서의 제출을 거부하는 당해 수형자는 결국 위 규칙조항에 의하여 가석방의 혜택을 받을 수 없게 될 것이지만, 단지 그것뿐이며 더 이상 법적 지위가 불안해지거나 법적 상태가 악화되지 아니한다.</u>

4. 이와 같이 위 규칙조항은 내용상 당해 수형자에게 하등의 법적 의무를 부과하는 것이 아니며, 이행강제나 처벌 또는 법적 불이익의 부과 등의 방법에 의하여 준법서약을 강제하고 있는 것이 아니므로 <u>당해 수형자의 양심의 자유를 침해하는 것이 아니다.</u>

(b) 양심에 반하는 행위의 강제금지

(aa) 사죄광고를 명하는 판결의 합헌성 여부: 헌법재판소는 사죄광고의 강제는 헌법에 위반되는 것이라 판시하였다. 첫째, 사죄광고의 강제는 양심 아닌 것을 양심인 것처럼 표현할 것의 강제이므로 침묵의 자유의 파생인 양심에 반하는 행위의 강제금지에 저촉된다. 둘째, 사죄광고에 의하여 인격권이 무시되고 인격의 외형적 변형이 초래되어 <u>인격의 존엄과 가치 및 인격권에 큰 위해가 되는 것이다.</u>

(bb) 양심상 병역거부와 대체복무제

① 문제점: 양심상 집총거부란 종교의 교리나 양심상의 결정을 이유로 병역, 특히 집총을 거부하는 것을 말하는데, 이를 양심의 자유로 인정할 수 있는가?

② 외국의 판례: 미국 연방대법원은 전쟁만이 아닌 특정 전쟁만을 반대한 자에게 양심적 집총거부를 부인하였고(Gillete v. U.S.), 독일 연방헌법재판소도 특정한 전쟁만을 거부하는 상황조건부 병역거부를 허용하고 있지 않다.

▶ 독일기본법 제4조 제3항은 양심적 집총거부를 명문으로 인정하고 있다.

③ 헌법재판소

관련판례 병역법 제88조 제1항 등 위헌소원(헌재 2018.6.28. 2011헌바379)

1. 헌법재판소는 2018년 6월 28일 재판관 6(헌법불합치): 3(각하)의 의견으로, 병역의 종류에 양심적 병역거부자에 대한 대체복무제를 규정하지 아니한 병역법 제5조 제1항은 헌법에 합치되지 아니하며, 2019. 12. 31.을 시한으로 입법자가 개정할 때까지 계속 적용된다는 결정을 선고하고, 재판관 4(합헌) : 4(일부위헌) : 1(각하)의 의견으로, 양심적 병역거부자의 처벌 근거가 된 병역법 제88조 제1항 본문 제1호 및 제2호가 헌법에 위반되지 아니한다는 결정을 선고하였다. [헌법불합치, 합헌]

2. 본안 판단

가. 양심적 병역거부의 의미

양심적 병역거부는 '양심에 따른' 병역거부를 가리키는 것일 뿐 병역거부가 '도덕적이고 정당하다'는 의미는 아니다. 따라서 '양심적' 병역거부라는 용어를 사용한다고 하여 병역의무이행은 '비양심적'이 된다거나, 병역을 이행하는 병역의무자들과 병역의무이행이 국민의 숭고한 의무라고 생각하는 대다수 국민들이 '비양심적'인 사람들이 되는 것은 결코 아니다.

나. 제한되는 기본권

병역종류조항에 대체복무제가 마련되지 아니한 상황에서, 양심적 병역거부자들이 현재의 대법원 판례에 따라 처벌조항에 의하여 형벌을 부과받음으로써 양심에 반하는 행동을 강요받고 있으므로, 이 사건 법률조항은 양심의 자유를 제한한다.

다. 병역종류조항의 위헌 여부

(1) 침해의 최소성

○ 병역종류조항은 병역의 종류를 현역, 예비역, 보충역, 병역준비역, 전시근로역의 다섯 가지로 한정적으로 열거하고 있다. 그런데 위 병역들은 모두 군사훈련을 받는 것을 전제하고 있으므로, 양심적 병역의무자에게 병역종류조항에 규정된 병역을 부과할 경우 그들의 양심과 충돌을 일으킬 수밖에 없다.

○ 이에 대한 대안으로 논의되어 온 대체복무제는 군사훈련을 수반하는 병역의무를 일률적으로 부과하는 것에 비하여 양심의 자유를 덜 제한하는 수단임이 명백하므로, 대체복무제를 도입할 경우 현재의 병역종류조항과 동등하게 입법목적을 달성할 수 있는지 살펴본다.

○ 양심적 병역거부자의 수는 병역자원의 감소를 논할 정도가 아니고, 이들을 처벌한다고 하더라도 교도소에 수감할 수 있을 뿐 병역자원으로 활용할 수는 없으므로, 대체복무제 도입으로 병역자원의 손실이 발생한다고 할 수 없다. 전체 국방력에서 병역자원이 차지하는 중요성이 낮아지고 있는 점을 고려하면, 대체복무제를 도입하더라도 우리나라의 국방력에 의미 있는 수준의 영향을 미친다고 보기는 어렵다.

○ 국가가 관리하는 객관적이고 공정한 사전심사절차와 엄격한 사후관리절차를 갖추고, 현역복무와 대체복무 사이에 복무의 난이도나 기간과 관련하여 형평성을 확보해 현역복무를 회피할 요인을 제거한다면, 심사의 곤란성과 양심을 빙자한 병역기피자의 증가 문제를 해결할 수 있다. 따라서 대체복무제를 도입하면서도 병역의무의 형평을 유지하는 것은 충분히 가능하다.

○ 위와 같이 대체복무제의 도입이 우리나라의 국방력에 유의미한 영향을 미친다거나 병역제도의 실효성을 떨어뜨린다고 보기 어려운 이상, 우리나라의 특수한 안보상황을 이유로 대체복무제를 도입하지 않거나 그 도입을 미루는 것이 정당화된다고 할 수는 없다.

ㅇ 따라서 <u>대체복무제라는 대안이 있음에도 불구하고 군사훈련을 수반하는 병역의무만을 규정한 병역종류조항은, 침해의 최소성 원칙에 어긋난다.</u>

⑵ 법익의 균형성

ㅇ 병역종류조항이 추구하는 '국가안보' 및 '병역의무의 공평한 부담'이라는 공익은 대단히 중요하나, 앞서 보았듯이 병역종류조항에 대체복무제를 도입한다고 하더라도 위와 같은 공익은 충분히 달성할 수 있다고 판단된다.

ㅇ 반면, 병역종류조항이 대체복무제를 규정하지 아니함으로 인하여 양심적 병역거부자들은 최소 1년 6월 이상의 징역형과 그에 따른 공무원 임용 제한 및 해직, 각종 관허업의 특허·허가·인가·면허 등 상실, 인적사항 공개, 전과자에 대한 유·무형의 냉대와 취업곤란 등 막대한 불이익을 감수하여야 한다.

ㅇ 양심적 병역거부자들에게 공익 관련 업무에 종사하도록 한다면, 이들을 처벌하여 교도소에 수용하고 있는 것보다는 넓은 의미의 안보와 공익실현에 더 유익한 효과를 거둘 수 있을 것이고, 국가와 사회의 통합과 다양성의 수준도 높아지게 될 것이다.

ㅇ 따라서 <u>병역종류조항은 법익의 균형성 요건을 충족하지 못한 것으로 판단</u>된다.

(다) 양심표현(실현)의 자유

(a) **문제점**: 양심의 자유가 양심을 외부에 표명하고 양심에 따라 행동할 자유까지 포함하는 것인가?

(b) **대법원 판례**: 헌법이 보호하고자 하는 양심은 '어떤 일의 옳고 그름을 판단함에 있어서 그렇게 행동하지 않고는 자신의 인격적 존재가치가 파멸되고 말 것이라는 강력하고 진지한 마음의 소리로서 절박하고 구체적인 양심'을 말하는 것인데, 양심의 자유에는 이러한 양심 형성의 자유와 양심상 결정의 자유를 포함하는 내심적 자유뿐만 아니라 <u>소극적인 부작위에 의하여 양심상 결정을 외부로 표현하고 실현할 수 있는 자유, 즉 양심상 결정에 반하는 행위를 강제 받지 아니할 자유도 함께 포함되어 있다고 보아야 할 것이므로 양심의 자유는 기본적으로 국가에 대하여, 개인의 양심의 형성 및 실현 과정에 대하여 부당한 법적 강제를 하지 말 것을 요구하는, 소극적인 방어권으로서의 성격을 가진다</u>(대법원 2004.7.15. 선고 2004도2965).

(c) **헌재의 태도(헌재 1998.7.16. 96헌바35)**: 헌법 제19조가 보호하고 있는 양심의 자유는 양심형성의 자유와 양심적 결정의 자유를 포함하는 내심적 자유(forum internum)뿐만 아니라 양심적 결정을 외부로 표현하고 실현할 수 있는 양심실현의 자유(forum externum)를 포함한다고 할 수 있다.

(5) 양심의 자유의 한계와 제한

(가) 내면적 한계설   양심이 외부에 표명되지 아니하고 내심의 작용으로 머물러 있는 경우에도 일정한 한계가 있다.

(나) 내면적 무한계설(다수설)   양심이 외부에 표명되면 일정한 제한이 따르지만 내심의 작용으로 머물러 있는 이상 제한을 받지 않는다.

(다) 절대적 무제약설   양심이 내심의 작용에 머물러 있는 경우뿐만 아니라 외부에 표명되는 경우에도 제한을 받지 않는다.

(라) 헌재의 태도(헌재 1998.7.16. 96헌바35) 내심적 자유, 즉 양심형성의 자유와 양심적 결정의 자유는 내심에 머무르는 한 절대적 자유라고 할 수 있지만, 양심실현의 자유는 타인의 기본권이나 다른 헌법적 질서와 저촉되는 경우 헌법 제37조 제2항에 따라 국가안전보장·질서유지 또는 공공복리를 위하여 법률에 의하여 제한될 수 있는 상대적 자유라고 할 수 있다.

(6) 헌재 판례

(가) 헌법재판소는 군인으로 입영하기 전에는 집회 및 시위에 참여하여 정부의 정책에 항의하던 청구인 등 전투경찰순경이 이제는 반대의 입장에서 사복체포조 등을 구성하여 시위자 전원을 검거하는 등 공격적인 양상으로 변한 시위진압임무에 투입되어 정신적·육체적 고통을 겪어왔고, 국민들의 항의와 비난으로 인하여 윤리적·도덕적인 자괴감을 떨치지 못하고 있다 하더라도 시위진압방식이 공격적인 양상을 취함으로써 청구인의 개인적 경험이나 윤리관·도덕관과 어긋난다고 하여 그러한 사실만 가지고 <u>진압명령이 청구인의 양심의 자유를 침해하였다고 볼 수 없다</u>고 하였다(헌재 1995.12.28. 91헌마80).

(나) 국가보안법 제3조 내지 제9조의 죄를 범한 자라는 점을 알면서 수사기관 등에 고지하지 아니한 자는 처벌한다는 국가보안법 제10조의 불고지죄(헌재 1998.7.16. 96헌바35)   국가보안법상의 불고지죄는 형성된 양심과 반대되는 내용을 강제하나 국가의 존립·안전이라는 법익의 중요성을 고려할 때 <u>양심의 자유침해라고 볼 수 없다.</u>

관련판례 명예훼손과 사죄광고의 강제

청구 외 ○○○는 모 여성잡지에 게재된 기사가 자신의 명예를 훼손하였다는 이유로 청구인(문제의 여성잡지를 발행하는 신문사 등)을 상대로 민사지방법원에 손해배상 및 민법 제764조에 의한 사죄광고를 청구하였는데, 청구인들은 이 소송사건에서 민법 제764조가 명예훼손의 경우에 사죄광고를 명할 수 있도록 한 것이라면 이는 위헌이라는 이유로 위헌심판제청을 신청하였으나 법원이 이를 기각하자 헌법재판소법 제68조 제2항에 따라 헌법소원을 제기하였다.
① 인격권의 침해 여부: 사과행위는 자발적인 것이라야 할 것이며 이의강제는 사죄자 본인에 대하여 굴욕이 되는데 그럼에도 불구하고 본인의 자발적 의사형성인 것 같이 되는 것이 사죄광고이다. 따라서 사죄광고과정에서 자연인이든 법인이든 인격의 자유로운 발현을 위해 보호받아야 할 인격권이 무시되고 국가에 의한 인격의 외형적 변형이 초래되어 인격형성에 분열이 필연적으로 수반하게 된다. 이러한 의미에서 사죄광고제도는 헌법에서 보장된 인격의 존엄과 가치 및 그를 바탕으로 하는 <u>인격권에도 큰 위해가 된다.</u>
② 양심의 자유의 침해 여부: 민법 제764조의 명예회복에 적정한 처분으로서 사죄광고게재를 명하는 것은 타인의 명예를 훼손하여 비행을 저질렀다고 믿지 않는 자에게 본심에 반하여 사죄의 의사표시를 강요하는 것이어서 양심도 아닌 것이 양심인 것처럼 표현할 것을 강제하는 사죄광고의 강제는 인간양심의 왜곡·굴절이고 이중인격형성의 강요인 것으로, 침묵의 자유의 파생인 양심에 반하는 행위의 강제금지에 저촉된다. <u>법인의 경우라면 그 대표자에게 양심표명의 강제를 요구하는 결과가 된다.</u>
③ 과잉금지의 위반 여부: 사죄광고를 구하는 판결이 아니고도 ㉠ 가해자의 비용으로 그가 패소한 민사손해배상판결을 신문·잡지 등에 게재, ㉡ 형사명예훼손죄의 유죄판결을 신문·잡지 등에 게재, ㉢ 명예훼손기사의 취소광고 등의 방법을 상정하는 경우에는 강제집행을 하게 된다 하여도 사죄광고의 경우처럼 양심결정의 강제나 인격권을 무시하는 헌법위반의 문제가 되지 않는다. 즉, 사죄광고 외의 이들 방법들은 합헌적이다. 사죄광고방법은 명예회복의 최후수단으로 보여지지 않으며 필요한 정도를 넘어서는 과도한 기본권 제한방법이다. 따라서 <u>민법 제764조의 명예회복에 적당한 처분에 사죄광고를 포함시켜 해석하면 헌법에 위반된다</u>(헌재 1991.4.1. 89헌마60).

관련판례 소득세법 제165조 제1항 등 위헌확인 등(헌재 2008.10.30. 2006헌마1401·1409(병합))

의사가 자신이 진찰하고 치료한 환자에 관한 사생활과 정신적·신체적 비밀을 유지하고 보존하는 것은 의사의 근원적이고 보편적인 윤리이자 도덕이고, 환자와의 묵시적 약속이라고 할 것이다. 만일 의사가 환자의 신병(身病)에 관한 사실을 자신의 의사에 반하여 외부에 알려야 한다면, 이는 의사로서의 윤리적·도덕적 가치에 반하는 것으로서 심한 양심적 갈등을 겪을 수밖에 없을 것이다. 그런데 <u>소득공제증빙서류</u> 제출의무자들인 의료기관인 의사로서는 과세자료를 제출하지 않을 경우 국세청으로부터 행정지도와 함께 세무조사와 같은 불이익을 받을 수 있다는 심리적 강박감을 가지게 되는바, 결국 이 사건 법령조항에 대하여는 의무불이행에 대하여 간접적이고 사실적인 강제수단이 존재하므로 법적 강제수단의 존부와 관계없이 <u>의사인 청구인들의 양심의 자유를 제한한다.</u>
그러나 이 사건 법령조항은 근로소득자들의 연말정산 간소화라는 공익을 달성하기 위하여 그에 필요한 의료비내역을 국세청장에게 제출하도록 하는 것으로서, 그 목적의 정당성과 수단의 적절성이 인정된다. 또 이 사건 법령조항에 의하여 국세청장에게 제출되는 내용은 환자의 민감한 정보가 아니고, 과세관청이 소득세 공제액을 산정하기 위한 필요최소한의 내용이며, 이 사건 법령조항으로

제2절 종교의 자유

(1) 개념

자기가 원하는 종교를 자기가 원하는 방법으로 신앙할 수 있는 자유를 말한다.

(2) 주체

1) 외국인을 포함한 자연인은 종교의 자유의 주체가 된다. 미성년자도 주체가 되나 태아는 될 수 없다.

2) 법인은 신앙의 자유의 주체가 될 수 없으나 선교의 자유, 예배의 자유 등 신앙실행의 자유가 인정된다.

(3) 내용

(가) 협의의 신앙의 자유

1) 종교를 믿을 자유, 종교를 안 믿을 자유, 종교를 선택·변경·포기할 자유, 신앙 또는 불신앙으로 불이익을 받지 않을 자유를 포함한다. 공직취임시 특정 종교의 신앙을 취임조건으로 하는 것은 인정되지 않으나 국법질서, 국가에 대한 충성을 요구하는 것은 허용된다.

2) 법률로도 제한할 수 없는 절대적 자유이다.

(나) **종교적 행위의 자유** 종교의식(예배·독경·기도)의 자유와 종교선전(자기 종교 선전·타 종교 비판·개종)의 자유가 있으며, 종교단체가 설립한 학교가 예배시간을 갖는 것은 허용될 수 있으나 우리나라 중·고등학교의 경우 학교배정이 학생의사와 상관없이 거주지별로 결정되므로 대체수단 없이 종교교육을 강제하는 것은 소극적 종교의 자유침해로 볼 수 있다.

대학교에서 종교학점이수를 졸업요건으로 하는 것은 종교의 자유와 학문의 자유침해가 아니다(대판 1998.11.10. 96다37268).

기독교재단이 설립한 사립대학이 학칙으로 대학예배의 6학기 참석을 졸업요건으로 정한 경우, 위 대학교의 대학예배는 목사에 의한 예배뿐만 아니라 강연이나 드라마 등 다양한 형식을 취하고 있고 학생들에 대하여도 예배시간의 참석만을 졸업요건으로 할 뿐 그 태도나 성과 등을 평가하지 않는 사실 등에 비추어볼 때 위 대학교의 예배는 복음전도나 종교인 양성에 직접적인 목표가 있는 것이 아니고 신앙을 가지지 않을 자유를 침해하지 않는 범위 내에서 학생들에게 종교교육을 함으로써 진리, 사랑에 기초한 보편적 교양인을 양성하는 데 목표를 두고 있었다 할 것이므로 대학예배에의 6학기 참석을 졸업요건으로 정한 위 대학교의 학칙은 헌법상 종교의 자유에 반하는 위헌무효의 학칙이 아니다.

대판 1996.9.6. 96다19246
종교의 자유에는 선교의 자유가 포함되고 선교의 자유에는 다른 종교를 비판하거나 다른 종교의 신자에 대하여 개종을 권고하는 자유도 포함되는바, 종교적 선전, 타 종교에 대한 비판 등은 동시에 표현의 자유의 보호대상이나, 그 경우 종교의 자유에 관한 헌법 제20조 제1항은 표현의 자유에 관한 헌법 제21조 제1항에 대하여 특별규정의 성격을 갖는다 할 것이므로 종교적 목적을 위한 언론·출판의 경우에는 그 밖의 일반적인 언론·출판에 비해 보다 고도의 보장을 받게 된다.

대판 1980.9.24. 79도1387
생모가 사망의 위험이 예견되는 그 딸에 대하여 수혈이 최선의 치료방법이라는 의사의 권유를 자신의 종교적 신념이나 후유증 발생의 염려만을 이유로 완강하게 거부하고 방해하였다면 유기치사죄에 해당한다.

헌재 2008.6.26. 2007헌마1366
종교전파의 자유는 국민에게 그가 선택한 임의의 장소에서 자유롭게 행사할 수 있는 권리까지 보장한다고 할 수 없으며, 그 임의의 장소가 대한민국의 주권이 미치지 아니하는 지역 나아가 국가에 의한 국민의 생명·신체 및 재산의 보호가 강력히 요구되는 해외 위난지역인 경우에는 더욱 그러하다.

헌재 2014.6.26. 2012헌마782
구치소장이 구치소 내에서 실시하는 종교의식 또는 행사에 미결수용자의 참석을 일률적으로 불허한 것은 종교의 자유를 침해한 것이다.

(다) 종교교육의 자유

1) 국·공립학교의 특정한 종교교육은 정교분리의 원칙에 따라 금지된다. 그러나 일반적인 종교교육을 하는 것은 허용될 수 있다.

2) 종교학교의 특정 종교교육의 자유는 인정된다(선교활동의 일환).

(라) 종교적 집회·결사의 자유   종교목적의 집회·결사는 일반 집회·결사의

자유(제21조 제1항)조항에 의해 보장되는 것이 아니라 종교의 자유(제20조)의 한 내용으로 보장되므로 일반 집회 · 결사에 비해 고도의 특별한 보호를 받는다.

관련판례

1. 믿음의 깊이는 헌금에 따라 판단된다는 설교는 <u>사기죄에 해당한다</u>(대판 1995.4.28. 95도250).
2. 대법원은 성직자가 죄지은 자를 능동적으로 고발하지 않는 것은 종교적 계율에 따라 그 정당성이 용인되나, 그에 그치지 아니하고 <u>적극적으로 은닉 · 도피케 하는 행위는 정당성을 인정할 수 없다</u>(대판 1983.3.8. 82도3248).
3. 종교단체의 권징결의는 교인으로서 비위가 있는 자에게 종교적인 방법으로 징계 · 제재하는 종교단체의 내부적 규제에 지나지 않으므로 이는 <u>사법심사의 대상이 아니다</u>(대판 1981.9.22. 81도276).

제3절 국교부인과 정교분리(제20조 제2항)

(1) 의의

국교부인이란 국가가 특정의 종교를 국교로 지정하는 것을 금지하는 것이고, 정교분리란 정치에 대한 종교의 중립, 국가에 의한 모든 종교의 동등한 처우 등을 내용으로 하는 것이다.

(2) 연혁과 입법례

(가) 연혁   국가교회제 등의 정교일치제가 종교개혁 이후 18세기에 교회공인제를 거쳐 국교부인, 정교분리가 확립되었다.

(나) 입법례

(a) **정교분리형**: 미국, 프랑스, 한국, 일본이 해당된다.

(b) **국교인정, 종교의 자유인정**: 영국, 스페인이 있다.

(c) **교회를 헌법상 공법인으로 인정**: 독일, 이탈리아 등이 그렇다.

(3) 종교의 자유와의 관계

국교부인과 정교분리의 원칙은 종교의 자유의 필수적인 전제조건이나 당연히 포함되는 것은 아니다(다수설). 종교의 자유가 인정되면 국교는 부인되고 정교는 분리되며, 국교부인과 정교분리의 원칙이 확립되면 종교의 자유가 보장되는 상호보완관계에 있다.

▶ 국교가 있는 나라에서도 종교의 자유가 인정된다(영국·스페인).

(4) 내용

(가) 종교의 정치관여금지 종교는 정치에 간섭할 수 없고 정치활동은 금지된다. 그러나 종교적 정당의 구성을 통한 정치관여는 별개의 문제이다.

(나) 국교의 부인 국가도 종교적 교육의 실시나 종교활동을 할 수 없다. 그러므로 국가도 종교적 교육의 실시나 종교활동을 할 수 없다.

(다) 국가에 의한 특정 종교의 차별금지 국가에 의한 특정 종교의 천대와 차별은 금지된다. 그러므로 종교단체에 대한 재정적 원조나 특혜는 금지된다. 모든 종교단체에 대한 동일한 재정지원이 가능한가에 대하여는 무종교의 자유를 고려하여 볼 때 부당한 우대라고 볼 수 있다는 견해와 허용된다는 견해가 있다.

관련판례

헌재 2000.3.30. 99헌바14
종교단체가 운영하는 학교 혹은 학원형태의 교육기관도 예외 없이 학교설립 인가 혹은 학원설립 등록을 받도록 규정한 경우에 대하여 종교교단의 재정적 능력에 따라 학교 내지 학원의 설립상 차별을 초래한다고 해도 거기에는 합리적 이유가 있으므로 평등원칙에 위배된다고 할 수 없다.

헌재 2001.9.27. 2000헌마159
사법시험 1차 시험 시행일을 일요일로 정하여 공고하는 행위와 관련되는 종교의 자유는 종교적 행위의 자유와 관련이 있다. 1차 사법시험일을 일요일로 정한 것은 학교시설 임차, 시험관리공무원 동원, 평일 시험시 직장인 결근문제 등을 고려하면 종교의 자유침해가 아니다.

예비군 훈련사건(헌재 2003.3.27. 2002헌바35)
병으로 제대한 자가 군종장교로 자원입대한 후 제대한 경우 장교로써 예비군훈련을 받도록 한 향토예비군설치법 제3조로 인하여 군종장교로 복무하였던 자가 예비역 장교의 자격으로 향토예비군으로 조직되어 훈련을 받게 되었는데, 이들은 예비군훈련을 받음으로 인하여 훈련이 없었다면 그 훈련기간 동안 할 수 있었던 종교적 활동을 하지 못하게 되는 것은 사실이나 국가의 안전보장을 도모하기 위하여 훈련대상자의 종교활동의 자유 등 제반 행동의 자유에 대하여 부득이하게 필요한 최소한도의 제한을 가하는 것이라고 하겠으므로 헌법상의 비례의 원칙에 적합하다고 판단된다.

2010년 사법시험실시계획 공고 중 시험일자부분위헌확인(헌재 2010.6.24. 2010헌마41)
청구인들이 믿고 있는 예수재림교의 교리에 의하면 성경상 일곱째날인 토요일은 거룩한 안식일로서 하나님을 예배하거나 선을 행하는 일 외에 개인적인 일을 하지 말아야 한다는 것인 바, 사법시험일자를 토요일 또는 토요일을 포함한 기간으로 지정함으로써 청구인들로서는 사법시험 응시를 하려면 안식일에 관한 교리에 위반할 수밖에 없어서 종교의 자유가 제한된다 할 것이다. 그러나 이러한 청구인들의 종교의 자유(종교적 행위의 자유)는 질서유지나 공공복리를 위하여 필요한 경우 제한이 가능한 자유로서 법무부장관이 다수의 사법시험 응시생들의 응시상 편의를 도모하고 시험장소의 확보, 시험관리 등을 용이하게 하기 위하여 <u>토요일이나 토요일을 포함하여 사법시험 일자로 지정한 것은 과잉금지원칙을 위반하여 청구인들의 종교의 자유를 침해한 것이라고 할 수 없다.</u>

형의 집행 및 수용자의 처우에 관한 법률 제45조 제1항 위헌확인 등(헌재 2011.12.29. 2009헌마 527)
헌법재판소는 2011년 12월 29일 관여 재판관 전원의 일치된 의견으로 피청구인 대구구치소장이 2009.6.1.부터 2009.10.8.까지 대구구치소 내에서 실시하는 종교의식 또는 행사에 미결수용자인 청구인의 참석을 금지한 행위는 청구인의 종교의 자유를 침해한 것으로서 <u>위헌임을 확인한다</u>는 결정을 선고하였다.

미결수용자 등 종교집회참석 불허 위헌확인(헌재 2014.6.26. 2012헌마782) - 미결수용자 및 미지정 수형자 종교집회 참석 제한 위헌
헌법재판소는 2014년 6월 26일 재판관 전원 일치의 의견으로, 2012.4.16부터 2012.9.19까지의 기간 중 4.18부터 4.27까지, 5.4부터 5.20까지, 5.25부터 6.21까지의 기간을 제외한 기간 동안, 부산구치소장이 청구인에 대하여 교정시설 안에서 매주 화요일에 실시하는 종교집회 참석을 제한한 행위는 청구인의 <u>종교의 자유를 침해하여 위헌임을 확인한다</u>는 결정을 선고하였다.
○ 종교의 자유 침해 여부
- 피청구인은 현재의 시설 여건하에서도 종교집회의 실시 회수를 출력수와 출력수 외의 수용자의 종교의 자유를 보장하는 범위 내에서 적절히 배분하는 방법, 공범이나 동일사건 관련자가 있는 경우에 한하여 이를 분리하여 종교집회 참석을 허용하는 방법, 미지정 수형자의 경우 추가사건의 공범이나 동일사건 관련자가 없는 때에는 출력수와 함께 종교집회를 실시하는 등의 방법으로 청구인의 기본권을 덜 침해하는 수단이 있음에도 불구하고 이를 전혀 고려하지 아니하였다. 그러므로 이 사건 종교집회 참석 제한 처우는 <u>침해의 최소성 요건을 충족하였다고 보기 어렵다.</u>

제4절 언론·출판의 자유

(1) 개념

자기의 사상 또는 의견을 언어·문자·도형 등으로 불특정다수인에게 발표하는 자유로서 넓은 의미로는 알 권리와 Access권, 언론기관의 자유까지도 포함하는 자유이다.

(2) 연혁

1) 영국 인민협정에서 선언되고, 검열법 폐지(1695)로 확립되었다.

2) 최초의 미연방헌법에는 없었는데, 수정 미연방헌법 제11조(1791)에서 추가되었다.

(3) 주체

1) 자연인(내·외국인) 및 법인(신문사, 통신사 등)에게 인정된다.

2) 외국인과 공무원은 예외적으로 제한이 가능하다.

(4) 내용

(가) 의사표현·전달의 자유

(a) 의의: 의사표현의 자유란 자기의 사상이나 의견의 자유로운 표명과 그것을 전파할 자유를 의미한다.

(b) 의사의 개념(사실 포함 여부): 평가적 의사설, 사실전달 포함설이 있으나 후자가 다수설이다.

(c) 상징적 표현 등 비언어적 매체나 행동에 의한 표현: 비언어적 매체에 의한 표현이나 행위에 의한 사상의 전달을 의미하는 것(피케팅, 리본에 의한 항의표시 등)으로 표현의 자유로 보호된다.

(d) 상업적 광고 표현: 음반·비디오물(헌재 1993.5.13. 91헌바17), 옥외광고물(헌재 1998.2.27. 96헌바2 등)도 표현의 자유에 포함된다.

(e) 익명 표현: '자유로운' 표명과 전파의 자유에는 자신의 신원을 누구에게도 밝히지 아니한 채 익명 또는 가명으로 자신의 사상이나 견해를 표명하고 전파할 익명 표현의 자유도 그 보호영역에 포함된다고 할 것이다(헌재 2010.2.25. 2008헌마324 등).

(나) 알 권리(정보의 자유)

(a) 의의: 일반적으로 접근할 수 있는 모든 정보원으로부터 의사형성에 필요한 정보를 수집·취사·선택할 수 있는 권리를 말한다.

(b) 알 권리의 헌법적 근거: 명문규정은 없지만 직접적으로는 헌법 제21조, 보충적으로 제10조(통설·헌재)에 근거한다. 헌재는 초기의 판례 등에서는 헌법 제21조 외에 제10조 등을 그 근거로 들다가 그 후에는 주로 헌법 제21조를 그 근거로 들고 있다.

(c) 알 권리의 법적 성격

(aa) 복합적 성격: 헌재는 소극적으로 국가의 방해배제를 요구하는 자유권적 성격과, 적극적으로 국가의 정보공개를 요구하는 청구권적 성격(정보공개청구권)을 가지며, 현대사회가 고도의 정보화사회로 이행해감에 따라 생활권적 성격도 띠게 된다(헌재 1991.5.13. 90헌마133).

(bb) 구체적 권리성: 헌재는 기록등사신청에 대한 헌법소원에서 알 권리의 실현을 위한 법률이 제정되어 있지 않다고 하더라도 그 실현이 불가능한 것이 아니라 헌법 제21조에 의하여 직접 보장될 수 있다고 보아 알 권리의 구체적 권리성을 인정하고 있다(헌재 1991.5.13. 90헌마133).

(d) 알 권리의 내용

(aa) 정보수집권과 방해배제청구권: 국민 개인 또는 언론기관이 정보수집에 있어 헌법과 법률에 의하지 아니하고는 국가권력의 방해를 받지 않을 권리

(bb) 정보공개청구권: 국가기관이 가지고 있는 정보자료의 공개를 요구할 수 있는 권리를 갖는다. 헌재는 형사피고인이었던 자가 자신의 소송기록의 열람·복사 요구를 알 권리로 인정한다(헌재 1991.5.13. 90헌마133).

(e) 알 권리와 군사기밀·국가기밀과의 관계: 군사기밀은 국민의 알 권리와 충돌하는 면이 매우 크므로 알 권리의 대상영역을 가능한 최대로 넓혀줄 수 있도록 필요한 최소한도에 그쳐야 한다. 일반적으로 국가기밀은 일반인에게 알려지지 아니한 것, 즉 비공지의 사실로서 국가의 안전에 대한 불이익의 발생을 방지하기 위하여 그것이 적국 또는 반국가단체에 알려지지 아니하도록 할 필요성, 즉 '요비닉성'이 있는 동시에, 그것이 누설되는 경우 국가의 안전에 명백한 위험을 초래한다고 볼 만큼의 실질적 가치가 있는 것, 즉 '실질비성'을 갖춘 것이어야 한다(헌재 1997.1.16. 92헌바6).

(f) 판례

(aa) 교화상 또는 구금목적에 특히 부적당하다고 판단되는 기사 등의 제한: 교화상 또는 구금목적상 특히 부적당하다고 인정되는 기사 등의 삭제는 … 수용질서를 위한 청구인의 권리의 최소한의 제한이므로 청구인의 권리를 과도하게 제한하는 것으로 보기 어렵다(헌재 1998.10.29. 98헌마4).

(bb) 국회 예산결산특별위원회 계수조정소위원회 방청허가 불허 위헌확인 등(합헌): 국회예산결산특별위원회 계수조정소위원회의 성격, 국회관행 등을 이유로 동

위원회 회의에 대한 시민단체의 방청을 불허한 것이 국민의 알 권리를 침해한다고 할 수 없다. 또한 의원들의 국정감사활동에 대한 평가 및 결과공표의 부적절함을 이유로 국정감사에 대한 시민단체의 방청을 불허한 것이 알 권리를 침해한다고 볼 수 없다(헌재 1998.5.29. 98헌마443).

판례문제 알 권리와 공문서의 열람 · 복사

1. 자신에 대한 피의사건의 확정된 형사소송기록의 복사신청에 대한 검찰의 거부행위가 알 권리의 침해가 아닌가?
현행 실정법상 청구인에게 형사확정소송기록을 열람 · 복사할 수 있는 권리를 인정한 명문규정이 없다는 이유만으로 무조건 청구인의 복사신청을 접수조차 거부하면서 복사를 해줄 수 없다고 한 행위는 헌법 제21조에 의하여 보장된 <u>알 권리를 침해한 것이므로 위헌이다.</u> 따라서 피청구인의 거부행위는 취소되어야 한다(헌재 1991.5.13. 90헌마133).

2. 임야조사서, 토지조사부에 대한 청구인의 열람 · 복사신청에 불응한 행정관청의 부작위가 알 권리의 침해가 아닌가?
청구인의 정당한 이해관계가 있는 정부보유의 정보의 열람 · 복사신청에 대하여 행정청이 아무런 검토 없이 불응한 부작위는 헌법 제21조, 헌법전문 제1조, 제4조에 의하여 보장된 <u>알 권리를 침해한 것이다</u>(헌재 1989.9.4. 88헌마22).

3. 헌재 1991.5.13. 90헌마133
정보공개청구권은 다시 공권력이 보유하는 모든 정보에 대하여 일반국민 또는 언론기관이 공개를 요구할 권리(일반적 공개청구권)와 공권력이 보유하는 특정의 정보에 대하여 이해관계가 있는 특정 개인이 공개를 요구할 권리(개별적 공개청구권)로 나뉜다.

관련판례

알 권리 침해로 결정한 것
1. 이천군수의 토지조사부, 열람등사, 신청에 대한 부작위
2. 형사확정소송기록의 열람, 등사거부처분
3. 저속한 간행물을 출판한 출판사의 등록을 취소하도록 한 법률
4. 변호인의 수사기록 열람등사를 거부한 경찰서장 행위

알 권리 침해로 결정하지 않은 것
1. 여론조사의 경위와 결과의 발표를 금지한 것
2. 피고인에 대한 재판서를 송달하지 아니한 것
3. 방송토론위원회가 방송토론 참석대상자를 제한한 것
4. 미결수용자가 구독하는 신문에 대한 일부 신문기사 삭제한 것
5. 국회예산결산특별위원회가 시민단체의 방청을 불허한 것

(다) 액세스권(Barron이 주장)

(a) 의의: 액세스(Access)권은 광의로는 자신의 의사표현을 위해 언론매체에 자유로이 접근, 이용권을 말하고, 협의로는 반론을 요구할 수 있는 반론권을 의미한다. 광의의 개념에는 반론권이 액세스권에 포함된다고 본다.

▶ 액세스권은 원칙적으로 국민 대 국가와의 사이에서 발생하는 문제가 아니라 국민 대 언론기관 사이에서 발생하는 문제이다. 그러나 액세스권을 실현하기 위해서는 국가권력의 발동을 요구할 수 있다(청구권적 성격).

(b) 액세스권의 헌법적 근거: 헌법 제21조 제4항을 근거로 드는 견해도 있으나 제21조 제1항 언론·출판의 자유를 기본으로 하여 국민주권의 원리(제1조 제2항), 행복추구권(제10조), 인간다운 생활을 할 권리(제34조 제1항)에서 찾음이 타당하다.

(c) 액세스권의 내용

(aa) 반론권: 매스미디어에 의해 명예훼손 등을 당한 이해관계자가 반박문, 정정문의 게재방송을 요구하는 권리로 언론 중재 및 피해 구제 등에 관한 법률에서 정정보도청구권(제14조, 제15조), 반론보도청구권(제16조), 추후보도청구권(제17조) 등이 규정되어 있다(언론중재위원회의 중재절차는 임의적 전치절차이다).

(bb) 의견광고: 언론매체에 대가를 지불하고 견해를 표명하는 것으로, 의견광고 게재의 자의를 방지하기 위해 계약자유를 넘어 기본권적 보호가 필요하다.

(cc) 독자투고: 독자가 서신을 통해 자기의견이나 판단을 신문 등에 게재시키는 행위로서, 경제적으로 의견광고를 이용할 수 없는 개인이나 단체에 유용, 현재 일정 지면을 투고란에 할애하고 있다.

(dd) 피해배상청구권: 헌법 제21조 제4항의 피해배상을 청구할 수 있다. 이에 따라 민법 제764조의 명예회복에 적당한 처분에 사죄광고의 강제는 제외된다(헌재 1990.9.3. 89헌가160).

참 고 액세스(access)권의 특징		
비 교	액세스(access)권	알 권리
문제발생	사인 간에 발생	사인과 국가 간에 발생
언론사의 권리인지 여부	보도의 대상자가 주장하는 권리이므로 언론사가 주장하는 권리는 아니다.	언론사가 주장할 수 있다.

경합과 충돌	언론사의 언론의 자유와 피해자의 인격권은 기본권 충돌의 문제이다.	변호사의 피의자 수사기록의 열람등 사거부처분에 있어 알 권리와 변호권은 경합의 문제이다
주된 기본권 효력	대사인적 효력	대국가적 효력
관련 법률	언론피해구제법	공공기관의 정보공개에 관한 법률

판례문제 정정보도청구권의 합헌성 여부

정간법 제16조 제3항의 정정보도청구권제도는 보도내용의 진실 여부나 보도기관의 귀책 여부를 따지지 않고 사실적 주장에 의하여 피해를 받은 자(피해자)의 요청에 의하여 정정보도를 당해 정간물에 무료로 게재하도록 하고 있는데, 이는 헌법상 근거가 없는 것이고 언론의 자유를 부당히 침해하는 것이어서 동조항이 위헌이 아닌가?

1. 헌법상의 근거: 반론권으로서의 정정보도청구권은 헌법상 보장된 인격권에 바탕을 둔 것으로서 피해자의 인격권을 보호함과 동시에 제도로서의 언론보장을 충실하게 하려는 취지로서 헌법 제10조(인간의 존엄), 제17조(사생활의 비밀과 자유), 제21조 제1항·제4항(언론·출판의 자유) 등을 근거로 제정된 것이다.

2. 법률조항 명칭(정정보도청구권)의 위헌 여부: 법률조항의 '정정'의 내용은 명칭과는 달리 보도내용에 대한 반박의 내용을 게재해줄 것을 청구할 수 있는 권리인 이른바 '반론권'을 입법화한 것으로 그 보도내용의 진실 여부를 따지거나 허위보도의 정정을 위한 것이 아니다. 더구나 법문이 비록 '정정보도문'이라는 표현을 사용한다고 하여 반박문의 표제를 그와 같이 강제하는 것은 아니다.

3. 언론의 자유의 침해 여부: 정정보도청구권제도는 언론의 자유와 서로 충돌되는 면이 없지 아니하나 전체적으로는 상충되는 기본권 사이에 합리적인 조화를 이루고 있는 것으로 헌법상 평등의 원칙에 반하지 아니하고 언론의 자유의 본질적 내용을 침해하거나 언론기관의 재판청구권을 부당히 침해하는 것으로도 볼 수 없어 헌법에 위반되지 아니한다.

4. 동법 제19조 제3항은 정정보도청구사건을 민사소송법의 가처분절차에 의하여 재판하도록 규정하여 소명으로 족한 간이한 절차에 따라 심리하게 되고, 그 재판에 대하여는 즉시 집행력이 부여되며, 불복수단마저 제한되어 있어, 이는 언론기관의 재판청구권을 부당히 침해하는 것으로 위헌이 아닌가?
정정보도청구사건 심판절차를 '가처분절차'에 의하고 그 인용결정에 대한 불복수단을 제한한 것은 언론기관의 보도에 대하여 피해자가 즉시 반박을 '실효성 있게' 자신의 인격권 침해에 대한 방어를 하기 위해 '신속성'을 강조한 것이므로 가처분절차에 따라 심판하더라도 그것이 곧 언론의 자유에 대한 중대한 침해이거나 부당한 재판청구권의 제한이라 할 수 없다(헌재 1991.9.16. 89헌마165).

▶ 헌법재판소의 이 판결 이후로 국회는 1995.12. 정기간행물의 등록에 관한 법률을 개정하여 정정보도청구권을 '반론보도청구권'으로 그 명칭을 바꾸었다. 현재는 언론중재 및 피해구제 등에 관한 법률에서 정정보도청구권(제14조, 제15조), 반론보도청구권(제16조), 추후보도청구권(제17조) 등이 규정되어 있다.

관련판례 신문법사건(헌재 2006.6.29. 2005헌마165 · 314 · 555 · 807, 2006헌가3(병합))

1. 일간신문과 뉴스통신 · 방송사업의 겸영을 금지하는 신문법 제15조 제2항이 신문사업자인 청구인들의 신문의 자유를 침해하는지 여부(소극): 신문법 제15조 제2항은 신문의 다양성을 보장하기 위하여 필요한 한도 내에서 그 규제의 대상과 정도를 선별하여 제한적으로 규제하고 있다고 볼 수 있다. 규제대상을 일간신문으로 한정하고 있고, 겸영에 해당하지 않는 행위, 즉 하나의 일간신문법이 복수의 일간신문을 발행하는 것 등은 허용되며, 종합편성이나 보도전문편성이 아니어서 신문의 기능과 중복될 염려가 없는 방송채널사용사업이나 종합유선방송사업, 위성방송사업 등을 겸영하는 것도 가능하다. 그러므로 신문법 제15조 제2항은 헌법에 위반되지 아니한다.

2. 일간신문사 지배주주의 뉴스통신사 또는 다른 일간신문사 주식 · 지분의 소유 · 취득을 제한하는 신문법 제15조 제3항이 신문사업자인 청구인들의 신문의 자유를 침해하는지 여부(한정 적극): 신문의 다양성을 보장하기 위하여 신문의 복수소유를 제한하는 것 자체가 헌법에 위반된다고 할 수 없지만, 신문의 복수소유가 언론의 다양성을 저해하지 않거나 오히려 이에 기여하는 경우도 있을 수 있는데, 이 조항은 신문의 복수소유를 일률적으로 금지하고 있어서 필요 이상으로 신문의 자유를 제약하고 있다. 그러나 신문의 다양성 보장을 위한 복수소유규제의 기준을 어떻게 설정할지의 여부는 입법자의 재량에 맡겨져 있으므로 이 조항에 대해서는 단순위헌이 아닌 헌법 불합치 결정을 선고하고, 다만 입법자의 개선입법이 있을 때까지 계속 적용을 허용함이 상당하다.

3. 일간신문의 전체 발행부수 등 신문사의 경영자료를 신고 · 공개하도록 규정한 신문법 제16조 제1항 · 제2항 · 제3항이 신문사업자인 청구인들의 신문의 자유와 평등권을 침해하는지 여부(소극): 신문법 제16조가 신문기업자료의 신고 · 공개제도를 둔 것은 신문시장의 투명성을 제고하고, 신문법 제15조의 경영금지 및 소유제한규정의 실효성을 담보함으로써 신문의 다양성이라는 헌법적 요청을 구현하기 위해서이다. 신문기업은 일반기업에 비하여 공적 기능과 사회적 책임이 크기 때문에 그 소유구조는 물론 경영활동에 관한 자료를 신고 · 공개하도록 함으로써 그 투명성을 높이고 신문시장의 경쟁질서를 정상화할 필요성이 더욱 크다.

4. 1개 일간신문사의 시장점유율 30%, 3개 일간신문사의 시장점유율 60% 이상인 자들 시장지배적 사업자로 추정하는 신문법 제17조가 신문사업자인 청구인들의 신문의 자유와 평등권을 침해하는지 여부(적극): 신문의 시장지배적 지위는 결국 독자의 개별적 · 정신적 선택에 의하여 형성되는 것인 만큼 그것이 불공정행위의 산물이라고 보거나 불공정행위를 초래할 위험성이 특별히 크다고 볼만한 사정이 없는데도 신문사업자를 일반사업자에 비하여 더 쉽게 시장지배적 사업자로 추정되도록 하고 있는 점 등이 모두 불합리하다. 따라서 신문법 제17조는 신문사업자인 청구인들의 평등권과 신문의 자유를 침해하여 헌법에 위반된다.

5. 시장지배적 사업자를 신문발전기금의 지원대상에서 배제한 신문법 제34조 제2항 제2호가 신문사업자인 청구인들의 평등권을 침해하는지 여부(적극): 시장점유율이 높다는 이유만으로, 즉 독자의 선호도가 높아서 발행부수가 많다는 점을 이유로 신문사업자를 차별하는 것, 그것도 시장점유율 등을 고려하여 신문발전기금 지원의 범위와 정도에 있어 합리적 차등을 두는 것이 아니라 기금 지원의 대상에서 아예 배제하는 것은 합리적이 아니다. 발행부수가 많은 신문사업자를 시장지배적 사업자제도를 이용하여 규제하려고 한다면 먼저 그 지배력의 남용 유무를 조사하여 그 남용이 인정될 때에만 기금 지원의 배제라는 추가적 제재를 가하는 것이 시장지배적 사업자제도의 취지에 맞다. 따라서 신문법 제34조 제2항 제2호는 합리적인 이유 없이 발행부수가 많은 신문사업자를 차별하는 것이므로 평등원칙에 위배된다[재판관 전원일치].

6. 일간신문사에 고충처리인을 두고 그 활동사항을 매년 공표하도록 규정한 언론중재법 제6조 제1

항·제4항·제5항이 신문사업자인 청구인들의 신문의 자유를 침해하는지 여부(소극): 고충처리인제 도는 언론피해의 예방, 피해발생시의 신속한 구제 및 분쟁해결에 있어서 적은 비용으로 큰 효과를 나타낼 수 있다. 그러므로 언론중재법 제6조 제1항·제4항·제5항은 헌법에 위반되지 아니한다.

7. 정정보도청구의 요건으로 언론사의 고의·과실이나 위법성을 요하지 않도록 규정한 언론중재법 제14조 제2항, 제31조 후문이 신문사업자인 청구인들의 언론의 자유를 침해하는지 여부(소극): 언 론중재법 제14조 제2항은 정정보도로 인하여 위축될 가능성이 있는 신문의 자유와 진실에 부합한 정정보도로 인하여 얻어지는 피해구제의 이익 간에 조화를 이루고 있다고 할 것이므로, 이 조항이 신문의 자유를 침해하는 것이라고 볼 수는 없다.

8. 정정보도청구의 소를 민사집행법상 가처분절차에 의하여 재판하도록 규정한 언론중재법 제26조 제6항 본문 전단 중 '정정보도청구' 부분이 신문사업자이니 청구인들의 공정한 재판을 받을 권리 와 언론의 자유를 침해하였는지 여부(적극): 이러한 언론의 위축효과는 중요한 사회적 관심사에 대 한 신속한 보도를 자제하는 결과를 초래하고, 그로 인한 피해는 민주주의의 기초인 자유언론의 공 적 기능이 저하된다는 것이다. 이와 같이 피해자의 보호만을 우선하여 언론의 자유를 합리적인 이 유 없이 지나치게 제한하는 것은 위헌이다.

언론의 자유침해인 것
1. 영화상영등급분류보류제
2. 음주 전후 숙취해소 광고표시금지
3. 한국공연예술진흥협의회의 음반 및 비디오 사전심의
4. 정기 간행물 등록에 있어 해당시설을 발행할 자의 자기소유인 것으로 해석하는 것: 한정위헌
5. 저속한 간행물을 출판한 출판사 등록 취소
6. 공연윤리위원회의 사전심의
7. 비디오물 복제전 공륜의 심의를 받도록 한 경우
8. 노동단체가 정치자금을 기부할 수 없도록 규정한 정치자금법 제12조
9. 공공의 안녕질서 또는 미풍양속을 해하는 통신행위금지

언론의 자유침해가 아닌 것
1. 방송사업의 허가제
2. 중계유선방송사업자가 방송의 중계송신업무만 수행하고 보도·논평, 광고할 수 없도록 한 것
3. 법원에 의한 TV방영금지 가처분
4. 식품·식품첨가물의 표시에 있어서 의약품과 혼동할 우려가 있는 표시나 광고를 금지한 식품위 생법 제11조 제1항
5. 정정보도청구권
6. 정기 간행물 납본제도
7. 음란한 간행물을 출판한 출판사 등록 취소
8. 정기 간행물 등록제
9. 교과서 검인정제도
10. 옥외광고물 허가제
11. 정정보도청구사건을 민사소송법상 가처분절차로 재판하도록 한 경우
12. 게임물의 제작 및 판매업자 등록제
13. 청소년을 이용한 음란물 제작 수입·수출금지

(라) 언론기관의 자유

(a) 언론기관 자유의 내용

(aa) 설립의 자유: 신문 등의 자유와 기능 보장에 관한 법률은 일정한 시설을 갖춘 법인을 요구하고 있으며, 외국인 등 일정한 자는 언론기관의 발행인이나 편집인이 될 수 없다.

▶ 정간법 제7조 제1항의 위헌심판결정에서 정간물의 등록제 자체는 합헌이므로 동법이 정하는 소정의 인쇄시절 등을 갖추어야 하지만, 정간법 및 음반법상 등록요건인 인쇄·제작시설을 '자기소유'로 해석하는 한 위헌(한정위헌; 90헌가23)이다.

(bb) 보도의 자유: 보도의 자유란 출판물·전자매체에 의해 의사를 표현하고 사실을 전달함으로써 여론형성에 참여할 수 있는 자유를 의미한다. 구체적으로는 보도·논평의 자유, 취재의 자유, 보급의 자유, 출간시기, 편집활동 등의 보조활동의 자유 등이 포함된다.

(cc) 내부적 자유(편집·편성의 자유): 명문의 규정은 없지만 언론기관 내부적 자유로서 편집·편성의 자유가 보장이 되어 편집권의 경영권으로부터의 독립이 요청된다.

(5) 언론·출판 자유의 제한

(가) 언론·출판 자유의 우월적 지위

(a) 우월적 지위론: 우월적 지위론은 미국 연방대법원 판례를 통하여 전개된 것으로 언론·출판의 자유는 단순한 소극적 방어권에 그치는 것이 아니라 민주주의 질서형성의 적극적 권리로 파악된다고 한다. 그러므로 언론·출판의 자유의 제한은 사전억제가 금지되고 다른 기본권보다 엄격한 합헌성 심사기준을 요구한다.

(b) 합헌성 판단기준

(aa) 이중기준의 원칙: 표현의 자유가 사회·경제적 자유에 대하여 가지는 우월적 지위를 확보하기 위하여 제한입법의 합헌성 판단의 기준을 사회·경제적 자유의 제한입법보다 더욱 엄격히 하여 표현의 자유(정신적 자유)를 보장하기 위한 원칙[표현의 자유(정신적 자유) 〉 사회·경제적 자유]

(bb) 명확성의 이론(막연하기 때문에 무효의 원칙): 언론·출판의 자유를 규제하는 법령의 규정은 명확해야 한다. 애매하고, 모호하고, 광범위한 용어를 사용하

여 언론·출판을 제한하는 것은 위헌이다.

(cc) 명백하고 현존하는 위험(Clear and Present Danger)의 원칙이 적용된다.

(dd) 필요최소한규제의 이론(LRA: Less Restrictive Alternative): 표현의 자유를 제한함에 있어서는 가능한 보다 덜 제한적인 수단을 선택하여야 한다는 원칙이다.

(ee) 이익형량의 원칙: 언론·출판의 자유를 제한함으로써 달성하려는 국가안전보장 등의 공익이 언론·출판의 자유의 법익보다 커야만 한다.

(ff) 규제입법의 합헌성 추정 배제의 원칙: 우월적 자유를 규제하는 법률에 대해서는 합헌적 법률해석은 가급적 자제되어야 한다.

(gg) 당사자 적격완화이론: 언론의 자유가 침해된 경우에는 원고적격을 확대할 필요가 있다는 원칙이다.

(나) 사전제한금지

(a) **허가제의 금지**: 언론·출판에 대한 허가제는 금지된다. 헌법재판소는 언론의 자유는 표현의 내용과 방법을 보장하는 것이지 이를 객관화하는 수단으로 필요한 객관적인 시설이나 언론기업의 기업인으로서의 활동까지 포함하는 것은 아니며, 현행 제도가 헌법이 금지하는 실질적인 허가제를 설정하기 위한 수단이 아니므로 등록제를 합헌으로 보았다.

(b) **검열제의 금지**: 헌법은 언론·출판에 대한 허가나 검열을 금지하고 있으므로 언론출판의 자유에 대한 제한이 가능하여도 검열을 수단으로 한 제한만은 법률로써도 허용되지 아니한다. 검열이란 행정권이 주체가 되어 사상이나 의견 등이 발표되기 이전에 예방적 조치로서 그 내용을 심사, 선별하여 발표를 사전에 억제하는 제도를 의미한다.

참 고 검열금지원칙 위반이 아닌 것

① 납본제도
② 교과서 검인정제도
③ 등급제, 등급제 위반시 행정적 제재
④ 법원의 TV상영금지가처분
⑤ 방송국 설립 허가제
⑥ 옥외광고물 허가제
⑦ 게임물판매업자 등록제

검열기관으로 본 헌재판례
1. 공연윤리위원회의 사전심의제도
2. 한국공연예술진흥협의회의 사전심의제도
3. 영상물등급위원회의 등급분류보류제도
4. 영상물등급위원회의 외국비디오물 수입 추천제도
5. 영상물등급위원회의 외국음반 국내제작 추천제도(헌재 2006.10.26., 2005헌가14)
6. 한국광고자율심의기구의 텔레비전 방송광고사전심의(헌재 2008.6.26. 2005헌마506)
7. 각 의사협회의 의료광고 사전심의(헌재 2015.12.23. 2015헌바75)

(c) 교과서 국정제 및 검인정제(교육법 제157조 제1항)

판례문제 교과서 국정제 및 검인정제의 위헌 여부

국정교과서 제도가 직업교사의 교과용 도서의 저작·출판을 불가능하게 하여 헌법 제21조 제1항에 위반되지 않는가?

우리 헌법재판소는 검인정제도는 <u>교사의 수업권은 학생의 교육을 받을 권리(수학권)를 위해 제한될 수 있으므로 교과서 검인정제도가 교사의 학문의 자유를 침해하는 것이 아니다.</u> 국정제는 교사들의 연구결과를 일반저작물로 출판하는 것 자체를 금지하는 것이 아니고 출판물을 교과서로 사용할 수 없도록 하는 것뿐이므로 출판의 자유를 침해하는 것이 아니다. 학생들의 수학권의 내실있는 보장과 교육내용의 객관성·전문성·적정성 유지·공교육에 관한 기준설정과 운영에 대한 국가의 책임을 완수하기 위해서는 국가가 교과용 도서의 발생에 관여할 수 밖에 없는 것이므로 <u>교과서 검인정제도는 합헌으로 보고 있다</u>(헌재 1992.11.12. 89헌마88).

(다) 영화·음반의 사전심의제(영화사전심의의 사전검열제 해당 여부)

판례문제 영화에 대한 공륜의 심의를 규정한 영화법 제12조의 위헌 여부

영화도 사상·양심 및 지식·경험 등을 표현하는 수단의 하나이므로 영화의 자유도 언론·출판의 자유에 포함된다 할 것인데 영화법 제12조 제1항·제2항은 영화에 대한 사전심의제를 규정하고 있으므로 언론·출판의 자유에 반하지 않는가?

1. 영화의 제작상영과 표현의 자유: 의사표현의 자유는 헌법 제21조 제1항이 규정하는 언론·출판의 자유에 속하고, 의사표현의 매개체는 어떠한 형태이든 제한이 없다. 영화도 의사표현의 한 수단이므로 영화의 제작 및 상영은 학문·예술의 자유를 규정하고 있는 헌법 제22조 제1항에 의하여 보장을 받는다. 동시에 학문의 자유와 예술의 자유에 의하여도 보장을 받는다.

2. 검열금지규정 여부: 검열은 행정권이 주체가 되어 사상이나 의견 등이 발표되기 이전에 예방적 조치로서 그 내용을 심사·선별하여 발표를 사전에 억제하는 제도를 뜻한다. 검열금지의 원칙은 모든 사전적인 규제를 금지하는 것이 아니고, 단지 의사표현의 발표 여부가 오로지 행정권의 허가에 달려 있는 사전심사만을 금지하는 것을 뜻한다. 그러므로 검열은 일반적으로 허가를 받기 위한

표현물의 제출의무, 행정권의 주체가 된 사전심사절차, 허가를 받지 아니한 의사표현의 금지, 심사절차를 관철할 수 있는 강제수단 등의 요건을 갖춘 경우에만 해당한다.

3. 영화사전심의제의 검열금지원칙 위배 여부: 법이 규정하고 있는 사전심의제는 공륜이 영화를 사전심사하여 상영의 금지를 결정할 수 있고, 심의를 받지 않고 상영한 경우 형사처벌이 가능하도록 되어 있으므로 검열에 해당한다. 공륜이 민간인으로 구성된 자율적인 기관이라고 해도 법에서 영화에 대한 사전허가제도를 채택하고 공연법에 의해 공륜을 설치토록 하여 행정권이 공륜의 구성에 지속적인 영향을 미칠 수 있게 하였으므로 공륜은 검열기관으로 볼 수밖에 없다. 따라서 영화법 제12조 제1항 등에 근거한 공륜의 영화사전심의는 헌법 제21조 제2항에 위배되는 검열제도라 할 것이다.

4. 영화의 자율적 사전심사의 가능 여부: 검열금지원칙은 바로 영화에 대한 사전금지를 모두 금지하는 것은 아니다. 영화라는 영상매체의 특성상 그 영향력이 적지 않으므로 심의기관에서 허가절차를 통하여 영화의 상영 여부를 종국적으로 결정할 수 있도록 하는 것은 분명 검열에 해당한다. 그러나 영화의 상영으로 인한 실정법 위반의 가능성을 사전에 막고 <u>청소년 등에 대한 상영이 부적절할 경우 이를 유통단계에서 효과적으로 관리할 수 있도록 미리 등급을 심사하는 것은 사전검열이 아니다</u>(헌재 1996.10.4. 93헌가13 · 91헌바10 병합).

관련판례

음반 및 비디오물에 관한 법률 제17조 제1항에 대한 위헌법률심판(헌재 1999.9.16. 99헌가1 – 위헌)
<u>한국공연예술진흥협의회도 검열기관으로 보는 것이 타당하고</u>, 따라서 한국공연예술진흥협의회가 비디오물의 제작 · 판매에 앞서 그 내용을 심사하여 심의기준에 적합하지 아니한 비디오물에 대하여는 제작 · 판매를 금지하고, 심의를 받지 아니한 비디오물을 제작 · 판매할 경우에는 형사처벌까지 할 수 있도록 규정한 이 사건 법률조항은 사전검열제도를 채택한 것으로서 헌법에 위배된다.

식품 등의 표시기준 제7조 [별지 1] 식품 등의 세부표시기준 1. 가. 10) 카)에 대한 헌법소원(헌재 2000.3.30. 99헌마143 – 위헌)
식품이나 식품의 용기포장에 '음주 전후' 또는 '숙취해소'라는 표시를 금지하는 것은 영업의 자유, 표현의 자유 및 특허권을 제한하고 있어 헌법에 위반된다.

군사기밀보호법 제6조에 대한 위헌법률심판(헌재 1992.2.25. 89헌가104 – 한정합헌)
'군사상의 기밀'이 비공지의 사실로서 적법절차에 따라 군사기밀로서의 표지를 갖추고 그 누설이 국가의 안전보장에 명백한 위험을 초래한다고 볼 만큼의 실질가치를 지닌 것으로 인정되는 경우에 한하여 적용된다는 해석하에 헌법에 위반되지 아니한다.

구 유선방송관리법에 대한 위헌소원(헌재 2001.5.31. 2000헌바43 – 합헌)
1. 종합유선방송 등에 대한 사업허가제를 두는 것 자체는 허용된다.
2. 중계유선방송사업자가 방송의 중계송신업무만 수행하고 보도, 논평, 광고는 할 수 없도록 하는 조항은 방송의 자유, 직업수행의 자유를 침해하지 않는다.
3. 종합유선방송사업자와의 관계에서 중계유선방송사업자의 평등권을 침해하는 것도 아니다.

영화진흥법 제21조 제4항에 대한 위헌법률심판(헌재 2001.8.30. 2000헌가9 – 위헌)
영화진흥법 제21조 제4항이 규정하고 있는 영상물등급위원회에 의한 등급분류보류제도는 영상물등급위원회가 영화의 상영에 앞서 영화를 제출받아 그 심의 및 상영등급분류를 하되 등급분류를 받지 아니한 영화는 상영이 금지되고, 만약 등급분류를 받지 않은 채 영화를 상영한 경우 과태료, 상영금지명령에 이어 형벌까지 부과할 수 있도록 하며, 등급분류보류의 횟수제한이 없어 실질적으로 영상물등급위원회의 허가를 받지 않는 한 영화를 통한 의사표현이 무한정 금지될 수 있으므로 검열에 해당한다.

외국 비디오물 수입추천제사건(구 음반 · 비디오물 및 게임물에 관한 법률 제16조 제1항 등 위헌제청; 헌재 2005.2.3. 2004헌가8 - 위헌)

외국 비디오물을 수입할 경우에 반드시 영상물등급위원회로부터 수입추천을 받도록 규정하고 있는 구 음반 · 비디오물 및 게임물에 관한 법률(1999.2.8. 법률 제5925호로 제정되고, 2001.5.24. 법률 제6473호로 전면개정되기 전의 것) 제16조 제1항 등에 의한 외국 비디오물 수입추천제도는
외국 비디오물의 수입 · 배포라는 의사표현행위 전에 표현물을 행정기관의 성격을 가진 영상물등급위원회에 제출토록 하여 표현행위의 허용 여부를 행정기관의 결정에 좌우되게 하고, 이를 준수하지 않는 자들에 대하여 형사처벌 등의 강제조치를 규정하고 있는 바, 허가를 받기 위한 표현물의 제출의무, 행정권이 주체가 된 사전심사절차, 허가를 받지 아니한 의사표현의 금지, 심사절차를 관철할 수 있는 강제수단이라는 요소를 모두 갖추고 있으므로 우리나라 헌법이 절대적으로 금지하고 있는 사전검열에 해당한다.

방송법 제32조 제2항 등 위헌확인(헌재 2008.6.26. 2005헌마506)

한국광고자율심의기구는 행정기관적 성격을 가진 방송위원회로부터 위탁을 받아 이 사건 텔레비전 방송광고 사전심의를 담당하고 있는 바, 한국광고자율심의기구는 민간이 주도가 되어 설립된 기구이기는 하나, 그 구성에 행정권이 개입하고 있고, 행정법상 공무수탁사인으로서 그 위탁받은 업무에 관하여 국가의 지휘 · 감독을 받고 있으며, 방송위원회는 텔레비전 방송 광고의 심의 기준이 되는 방송광고 심의규정을 제정 · 개정할 권한을 가지고 있고, 자율심의기구의 운영비나 사무실 유지비, 인건비 등을 지급하고 있다.
그렇다면 한국광고자율심의기구가 행하는 방송광고 사전심의는 방송위원회가 위탁이라는 방법에 의해 그 업무의 범위를 확장한 것에 지나지 않는다고 할 것이므로 한국광고자율심의기구가 행하는 이 사건 텔레비전 방송광고 사전심의는 행정기관에 의한 사전검열로서 헌법이 금지하는 사전검열에 해당한다.

의료광고 사전심의 사건(헌재 2015.12.23. 2015헌바75)

헌법재판소는 2015년 12월 23일 사전심의를 받지 아니한 의료광고를 금지하고 이를 위반한 경우 처벌하는 의료법 제56조 제2항 제9호 중 '제57조에 따른 심의를 받지 아니한 광고' 부분 및 의료법 제89조 가운데 제56조 제2항 제9호 중 '제57조에 따른 심의를 받지 아니한 광고'에 관한 부분은 모두 헌법에 위반된다는 결정을 선고하였다.
의료법상 사전심의의 주체는 보건복지부장관이며, 보건복지부장관은 언제든지 위탁을 철회하고 직접 의료광고 심의업무를 담당할 수 있다. 의료법 시행령은 위원의 수, 위원의 자격 등 심의위원회의 구성에 관하여 직접 규율하고 있다. 보건복지부장관은 공무수탁사인에 해당하는 각 의사협회에 대하여 위임사무 처리에 대한 지휘 · 감독권을 가지고 있으며, 의료법 시행령상 심의기관의 장은 심의 및 재심의 결과를 보건복지부장관에게 보고할 의무가 있다. 또한, 의료법상 보건복지부장관은 의료인 단체에 대해 재정지원을 할 수 있고, 심의기준과 절차 등에 대해 대통령령으로 정하도록

하고 있으므로, 행정권은 이를 통해 사전심의절차에 영향력을 행사할 수 있다. 그렇다면, 각 의사협회가 의료광고의 사전심의업무를 수행함에 있어서 보건복지부장관 등 행정권의 영향력에서 완전히 벗어나 독립적이고 자율적으로 사전심의를 하고 있다고 보기 어렵다. 따라서 이 사건 의료광고 사전심의는 헌법이 금지하는 사전검열에 해당하므로 청구인들의 표현의 자유를 침해한다.

건강기능식품에 관한 법률 제18조 제1항 제6호 등 위헌제청(헌재 2018.6.28. 2016헌가8)
헌법재판소는 2018년 6월 28일 재판관 8:1의 의견으로 사전심의를 받은 내용과 다른 내용의 건강기능식품 기능성광고를 금지하고 이를 위반한 경우 처벌하는 건강기능식품에 관한 법률 제18조 제1항 제6호 중'제16조 제1항에 따라 심의받은 내용과 다른 내용의 광고'부분 및 구 건강기능식품에 관한 법률 제44조 제4호 중 제18조 제1항 제6호 가운데'제16조 제1항에 따라 심의받은 내용과 다른 내용의 광고를 한 자'에 관한 부분, 구 건강기능식품에 관한 법률 제32조 제1항 제3호 중 제18조 제1항 제6호 가운데'제16조 제1항에 따라 심의받은 내용과 다른 내용의 광고를 한 자'에 관한 부분이 모두 헌법에 위반된다는 결정을 선고하였다. [위헌]
ㅁ 이유의 요지
ㅇ 건강기능식품 표시 · 광고 심의기준, 방법, 절차를 식약처장이 정하도록 하고 있으므로, 식약처장은 심의기준 등의 제정 및 개정을 통해 언제든지 심의기준 등을 정하거나 변경함으로써 심의기관인 한국건강기능식품협회의 심의 내용 및 절차에 영향을 줄 수 있다. 실제로 식약처장이 심의기준을 제정하면서 심의의 기준이 되는 사항들을 구체적으로 열거하고 있는 점, 심의 또는 재심의 결과를 통보받은 영업허가 또는 신고기관은 위 심의기준에 맞지 않는다고 판단하는 경우 식약처장에게 보고하여야 하고 보고를 받은 식약처장은 심의기관에 재심의를 권고할 수 있으며 심의기관은 특별한 사유가 없으면 이를 따라야 하는 점, 심의기관의 장은 심의 및 재심의 결과를 분기별로 분기종료 15일 이내에 식약처장에게 보고하여야 하는 점 등에 비추어 볼 때 건강기능식품 광고 심의업무가 행정기관으로부터 독립적, 자율적으로 운영되고 있다고 보기 어렵다.
ㅇ 따라서 이 사건 건강기능식품 기능성광고 사전심의는 그 검열이 행정권에 의하여 행하여진다 볼 수 있고, 헌법이 금지하는 사전검열에 해당하므로 헌법에 위반된다. 종래 이와 견해를 달리하여 건강기능식품 기능성광고의 사전심의절차를 규정한 구 건강기능식품법 관련조항이 헌법상 사전검열금지원칙에 위반되지 않는다고 판단한 우리 재판소 결정(헌재 2010. 7. 29. 2006헌바75)은, 이 결정 취지와 저촉되는 범위 안에서 변경한다.

명백하고 현존하는 위험의 원칙의 변화
이 원칙은 표현의 자유를 사후적으로 제약하는 경우에도 명백하고 현재하는 위험이 있지 않으면 안 된다는 것이다. 즉, 언론 · 출판의 자유에 대한 제한이 가해지지 않고는 국가보안보장 · 질서유지 · 공공복리가 명백하고 현존하는 위험에 봉착하게 되는 경우에만 제한이 가능하다는 원칙이다.
1. Schenk v. U.S.(1919): 제차 세계대전 중 징병제 반대를 주장하는 문서를 반포한 자를 방첩법(Espionage Act. 1917) 위반으로 기소된 사건에서 Holmes 판사가 자유로운 표현에 대한 의회의 억압을 제한하기 위한 방법으로 '명백하고 현존하는 위험'(Clear and Present Danger)원칙을 판시하였다.
2. Giltow v. New York(1925): 사회당의 좌파가 혁명적인 생디칼리즘에 의한 공산주의 혁명을 주장한 문서를 배포하여 기소된 사례에서 '위험경향원칙'(Danger Tendency Rule)으로 완화, 보호되는 이익에 대한 추상적 또는 직접적인 위험만 나타나게 되면 그에 관계된 언론은 헌법의 보호권

▶ 우리 헌재도 미국의 판례이론인 '명백하고 현존하는 위험'의 법리에 가깝게
'명백한 위험'이 있는 표현에 한정한 표현의 자유제약이라는 법리를 내놓고 있다.
이러한 판례는 주로 한정합헌결정들로서 국가보안법 제7조에 대한 위헌심판결정과
동법 제9조 제2항에 대한 헌법소원심판결정, 그리고 군사기밀보호법 제6조에 대한
위헌심판결정과 집회 및 시위에 관한 법률 제3조 제1항 제4호, 제14조 제1항에 관
한 위헌법률심판 등을 들 수 있다.

관련판례

특정 의료기관이나 의료인의 기능, 진료방법 등의 광고를 금지한 의료법 제46조 제3항과 제69조(헌
재 2005.10.27. 2003헌가3)
1. 상업광고는 표현의 자유의 보호영역에 속하지만 사상이나 지식에 관한 정치적, 시민적 표현행위
와는 차이가 있고, 한편 직업수행의 자유의 보호영역에 속하지만 인격발현과 개성신장에 미치는
효과가 중대한 것은 아니다. 그러므로 상업광고규제에 관한 비례의 원칙 심사에 있어서 '피해의
최소성'원칙은 같은 목적을 달성하기 위하여 달리 덜 제약적인 수단이 없을 것인지 혹은 입법목적
을 달성하기 위하여 필요한 최소한의 제한인지를 심사하기보다는 '입법목적을 달성하기 위하여 필
요한 범위 내의 것인지'를 심사하는 정도로 완화되는 것이 상당하다.
2. 객관적인 사실에 기인한 것으로서 소비자에게 해당 의료인의 의료기술이나 진료방법을 과장함
이 없이 알려주는 의료광고라면 이는 의료행위에 관한 중요한 정보에 관한 것으로서 소비자의 합
리적 선택에 도움을 주고 의료인들 간에 공정한 경쟁을 촉진하므로 오히려 공익을 증진시킬 수
있다. 한편 이 사건 조항이 보호하고자 하는 공익의 달성 여부는 불분명한 것인 반면, 이 사건 조
항은 의료인에게 자신의 기능과 진료방법에 관한 광고와 선전을 할 기회를 박탈함으로써 표현의
자유를 제한하고, 다른 의료인과의 영업상 경쟁을 효율적으로 수행하는 것을 방해함으로써 직업수
행의 자유를 제한하고 있고, 소비자의 의료정보에 대한 알 권리를 제약하게 된다. 따라서 보호하
고자 하는 공익보다 제한되는 사익이 더 중요하다고 볼 것이므로 이 사건 조항은 '법익의 균형성'
원칙에도 위배된다. 결국 이 사건 조항은 헌법 제37조 제2항의 비례의 원칙에 위배하여 표현의
자유와 직업수행의 자유를 침해하는 것이다.

식품에 음주 전후, 숙취해소표시를 금지한 식품의약품안정청고시 제7조(헌재 2000.3.30. 99헌마143)
1. 음주 전후, 숙취해소라는 상업적 광고표현은 언론의 자유에 보호된다.

---

2. 이 사건 규칙은 국민보건의 증진을 목적으로 한다. 음주 전후, 숙취해소표시금지를 통하여 음주를 줄이는 효과가 발생한다고 볼 수 없으므로 이 사건 규칙은 영업의 자유 및 표현의 자유를 지나치게 제한한 것이고 또한 청구인들은 '숙취해소용 천연차 및 그 제조방법'에 관하여 특허권을 획득하였음에도 불구하고 위 규정으로 인하여 특허권자인 청구인들조차 그 특허발명제품에 '숙취해소용 천연차'라는 표시를 하지 못하고, '천연차'라는 표시만 할 수밖에 없게 됨으로써 청구인들의 헌법상 보호받는 재산권인 특허권도 침해되었다.

청소년을 이용한 음란한 필름, 비디오물, 게임물과 같은 청소년 음란물을 제작 · 수입 · 수출을 금지한 청소년의 성보호에 관한 법률 제2조, 제8조(헌재 2002.4.25. 2001헌가27)
1. 이 사건 법률이 만화로 청소년을 음란하게 묘사한 당해 사건에 적용될 수 있는지 여부가 불명하나 검사가 이 사건 법률조항을 적용법조로 적시하였고, 법원도 적용가능성을 전제로 제청하여온 이상 헌법재판소도 재판의 전제성을 인정하여야 한다.
2. 청소년 이용 음란물이란 실제 청소년이 등장해야 한다는 것이 명백하므로 죄형법정주의 명확성원칙에 위반되지 아니한다.
3. 청소년 이용 음란물은 의사표현 전파의 형식 중 하나이므로 언론 · 출판의 자유에서 보호된다.
4. 청소년의 성호보라는 헌법상 공익이 이 사건 법률로 제한되는 표현의 자유가치보다 크므로 과잉금지원칙에 위반되지 아니한다.

교통수단을 이용하여 자신의 광고만을 허용하고 타인의 광고를 할 수 없도록 한 옥외광고물 등 관리법 시행령 제13조(헌재 2002.12.18. 2000헌마764)
옥외광고물등관리법은 옥외광고물의 표시장소 · 표시방법과 게시시설의 설치 · 유지 등에 관하여 필요한 사항을 규정함으로써 미관풍치와 미풍양속을 유지하고 공중에 대한 위해를 방지함을 목적으로 하고 있는바, 자동차에 무제한적으로 광고를 허용하게 되면 교통의 안전과 도시미관을 해칠 수가 있으며, 운전자들의 운전과 보행자들에게 산란함을 야기하여 운전과 보행에 방해가 됨으로써 도로안전에 영향을 미칠 수 있다. 따라서 도로안전과 환경 · 미관을 위하여 자동차에 광고를 부착하는 것을 제한하는 것은 일반 국민들과 운전자들의 공공복리를 위한 것이라 할 수 있고, 이러한 이유로 제한이 가능하다 할 것이다. 따라서 표현의 자유를 침해한다고 볼 수 없다.

방송법 제32조 제2항 등 위헌확인(제3항, 방송법 시행령 제21조의2, 방송위원회규칙 제23호)(헌재 2008.6.26. 2005헌마506)
헌법재판소 전원재판부(주심 이공현 재판관)는 2008년 6월 26일 재판관 8(별개의견 1인): 1의 의견으로 텔레비전 방송광고에 관하여 사전에 심의를 받도록 규정하고 있는 구 방송법 제32조 제2항, 제3항, 방송법 시행령 제21조의2 본문 중 '텔레비전 방송광고' 부분, '방송심의에관한규정' 제59조, 방송법 제32조 제2항, 제3항은 헌법에 위반된다는 결정을 선고하였다.

영화진흥법 제21조 제3항 제5호 등 위헌제청(헌재 2008.7.31. 2007헌가4)
헌법재판소 전원재판부는 2008년 7월 31일 재판관 7(헌법불합치 6인, 단순위헌 1인): 2(합헌)의 의견으로 제한상영가 영화등급에 관하여 정하고 있는 영화진흥법 제21조 3항 제5호 등과 '영화 및 비디오물진흥에 관한 법률' 제29조 제2항 제5호에 대하여 명확성원칙과 포괄위임금지원칙에 위배된다는 이유로 헌법 불합치 결정을 선고하였다.
영화진흥법 제21조 제3항 제5호는 "제한상영가" 영화에 관하여 '상영 및 광고선전에 있어서 일정한 제한이 필요한 영화'라고 규정하여 이 등급의 영화가 사후에 어떠한 법률적 제한을 받는지만을 규정할 뿐, 제한상영가 영화가 어떤 영화인지를 밝히고 있지 않고, 이 규정 이외에 다른 관련규정들도 제한상영가 등급의 영화가 어떤 영화인지를 알려주고 있지 않으므로 위 영화진흥법 규정은 명확성원칙에 위배된다는 것이다.

그리고 영화진흥법 제21조 제3항 제5호가 전환된 '영화 및 비디오물진흥에 관한 법률' 제29조 제2항 제5호도 제한상영가 등급의 영화를 종전과 같이 '상영 및 광고선전에 있어서 일정한 제한이 필요한 영화'라고 동일하게 규정하고 있는 바, 이 역시 명확성원칙에 위반된다는 이유로 영화진흥법 규정과 함께 위헌선언을 하였다.

방송법 제73조 제5항 등 위헌확인(시행령 제59조 제3항)(헌재 2008.11.27. 2006헌마352) – 헌법불합치

입법자는 위와 같은 방법을 외면한 채 한국방송광고공사와 이로부터 출자를 받은 회사만 지상파 방송광고의 판매대행을 할 수 있도록 함으로써 기본권 침해의 최소침해성원칙을 위반하고 있다. 결국 이 사건 규정은 과잉금지원칙을 위반하여 청구인의 직업수행의 자유를 침해하고 있다. 또한 이 사건 규정은 민영 방송광고 판매대행사는 사적 이익만을 위해 설립된 회사라고 단정하고 한국 방송광고공사와 이로부터 출자를 받은 회사에만 지상파 방송사업자에 대한 방송광고 판매대행을 할 수 있도록 하고 있는 바, 이는 차별목적과 수단 사이에 비례성을 상실한 것이라 할 것이다. 따라서 이 사건 규정은 청구인의 평등권을 침해하고 있다. 방송법 제73조 제5항과 방송법 시행령 제59조 제5항은 그 위헌성이 제거될 때까지 잠정적으로 적용되어야 하고, 늦어도 2009.12.31.까지는 개정을 하여야 할 것이다.

전기통신기본법 제47조 제1항 위헌소원(헌재 2010.12.28. 2008헌바157)

헌법재판소는 2010년 12월 28일 재판관 7(위헌): 2(합헌)의 의견으로 공익을 해할 목적으로 전기통신설비에 의하여 공연히 허위의 통신을 한 자를 형사처벌하는 전기통신기본법 제47조 제1항(이하 '이 사건 법률조항'이라 한다)은 '공익' 개념이 불명확하여 수범자인 국민에 대하여 일반적으로 허용되는 '허위의 통신' 가운데 어떤 목적의 통신이 금지되는 것인지 고지하여 주지 못하고 있으므로 명확성원칙에 위배하여 헌법에 위반된다는 결정을 선고하였다.

출판사 등의 등록취소사유로서 '음란한 간행물'(헌재 1998.4.30. 95헌가16)

출판사 및 인쇄소등록에 관한 법률 제5조의2[등록취소] 제5호의 '음란' 개념은 "적어도 수범자와 법집행자에게 적정한 지침을 제시하고 있다고 볼 수 있고, 또 법적용자의 개인적 취향에 따라 그 의미가 달라질 수 있는 가능성도 희박하다고 하지 않을 수 없다. 따라서 이 사건 법률조항의 '음란' 개념은 그것이 애매모호하여 명확성의 원칙에 반한다고 할 수 없다."

출판사 등의 등록취소사유로서 '저속한 간행물'(헌재 1998.4.30. 95헌가16)

이 사건 법률조항 중 '저속한 간행물' 부분은 불명확하고 애매모호할 뿐만 아니라 지나치게 광범위한 표현내용을 규율하는 것이어서 명확성의 원칙 및 과도한 광범성의 원칙에 반한다."

신문고시 제3조 제1항 제2호(경품제한 등 신문고시)에 대한 헌법소원(헌재 2002.7.18. 2001헌마605 – 합헌)

신문고시 제3조 제1항 제2호는 자유로운 기업활동과 소비자 보호는 물론 경쟁사업자나 일반소비자의 이익을 부당하게 침해하는 행위를 규제할 것을 위임한 공정거래법의 취지를 벗어나지 않았다. 경품제한 등 신문고시로 인해 침해되는 사익은 무가지활용, 경품제공에 있어서 신문판매업자가 누리는 사업활동의 자유와 재산권 행사의 자유인 반면에 공익은 과당경쟁을 완화하고 올바른 여론형성을 주도하는 신문의 공기능을 유지하는 데 있으므로 침해되는 사익에 비해 공익이 크다.

전기통신사업법 제53조 등 위헌사건(인터넷유포사건; 헌재 2002.6.27. 99헌마480 – 위헌)

표현의 자유를 규제하는 입법에 있어서 명확성의 원칙은 특별히 중요한 의미를 지닌다. 무엇이 금지되는 표현인지가 불명확한 경우에 자신이 행하고자 하는 표현이 규제의 대상이 아니라는 확신이 없는 기본권 주체는 대체로 규제를 받을 것을 우려해서 표현행위를 스스로 억제하게 될 가능성이 높기 때문에 표현의 개념을 세밀하고 명확하게 규정할 것이 헌법적으로 요구된다. 그런데 '공공의 안녕질서', '미풍양속'은 매우 추상적인 개념이어서 어떠한 표현행위가 과연 '공공의 안녕질서'나 '미풍양속'을 해하는 것인지, 아닌지에 관한 판단은 사람마다의 가치관, 윤리관에 따라 크게 달라질 수 밖에 없고, 법집행자의 통상적 해석을 통하여 그 의미내용을 객관적으로 확정하기도 어렵다. 나아가 전기통신사업법 제53조는 '공공의 안녕질서 또는 미풍양속을 해하는'이라는 불온통신의 개념을 전제로 하여 규제를 가하는 것으로서 불온통신 개념의 모호성, 추상성, 포괄성으로 말미암아 필연적으로 규제되지 않아야 할 표현까지 다함께 규제하게 되어 <u>과잉금지원칙에 어긋난다.</u>

정보통신망 이용촉진 및 정보보호 등에 관한 법률 제44조의2 제2항 위헌확인(헌재 2012.5.31. 2010헌마88)

헌법재판소는 2012년 5월 31일 관여 재판관 전원일치의 의견으로, 정보통신망을 통하여 일반에게 공개된 정보로 말미암아 사생활 침해나 명예훼손 등 타인의 권리가 침해된 경우 그 침해를 받은 자가 삭제요청을 하면 정보통신서비스 제공자는 권리의 침해 여부를 판단하기 어렵거나 이해당사자 간에 다툼이 예상되는 경우에는 <u>해당 정보에 대한 접근을 임시적으로 차단하는 조치를 하여야 한다고 규정하고 있는 정보통신망 이용촉진 및 정보보호 등에 관한 법률(2008.6.13. 법률 제9119호로 개정된 것) 제44조의2 제2항 중 '임시조치'에 관한 부분 및 제4항이 청구인의 표현의 자유를 침해하지 아니한다는 결정을 선고하였다.</u>

정보통신망 이용촉진 및 정보보호 등에 관한 법률 제44조의5 제1항 제2호 등 위헌확인(헌재 2012.8.23. 2010헌마47)

헌법재판소는 2012년 8월 23일 재판관 전원일치 의견으로, <u>인터넷게시판을 설치·운영하는 정보통신서비스제공자에게 본인확인조치의무를 부과하여 게시판 이용자로 하여금 본인확인절차를 거쳐야만 게시판을 이용할 수 있도록 하는 이른바 본인확인제를 규정한</u> '정보통신망 이용촉진 및 정보보호등에 관한 법률' 제44조의5 제1항 제2호, 같은 법 시행령 제29조, 제30조 제1항이 과잉금지원칙에 위배하여 <u>인터넷게시판 이용자의 표현의 자유, 개인정보자기결정권 및 인터넷게시판을 운영하는 정보통신서비스제공자의 언론의 자유를 침해하므로 헌법에 위반된다는 결정을 선고하였다.</u>

신문 등의 진흥에 관한 법률 제13조 제1항 제7호 위헌확인(헌재 2012.4.24. 2010헌마437)

헌법재판소는 2012년 4월 24일 재판관 7(기각): 1[인용]의 의견으로 신문 등의 진흥에 관한 법률(2009.7.31. 법률 제9785호로 개정된 것) 제13조 제1항 제7호 중 신문 및 인터넷신문의 발행인 또는 편집인의 결격사유로 미성년자를 규정한 부분이 미성년자인 청구인의 언론·출판의 자유를 침해하지 않으므로 심판청구를 기각한다는 결정을 선고하였다.

미성년자에 관한 행위능력제도의 취지 및 언론의 사회적 중요성에 비추어 위 조항은 청구인의 언론·출판의 자유에 대한 과도한 제한이라고 할 수 없다고 판단한 것이다.

정보통신망 이용촉진 및 정보보호 등에 관한 법률 제44조의7 제1항 제8호 등 위헌소원(헌재 2014.9.25. 2012헌바325) - 불법정보 게시물 삭제 사건
헌법재판소는 2014년 9월 25일 재판관 전원 일치 의견으로, '국가보안법에서 금지하는 행위를 수행하는 내용의 정보'에 대하여 정보통신망을 통한 유통을 금지하고, 방송통신위원회가 일정한 요건하에 서비스제공자 등에게 해당 정보의 취급거부 등을 명하도록 한 정보통신망 이용촉진 및 정보보호 등에 관한 법률 제44조의7 제1항 제8호, 제3항이 헌법에 위반되지 아니한다는 결정을 선고하였다.
어떤 행위가 국가의 안전을 위태롭게 하는 반국가활동에 해당하는가의 결정은 국민의 대표기관인 입법자의 판단에 맡겨져 있는 것인 바, 입법기관이 국가의 안전을 위태롭게 하는 반국가활동을 규제함으로써 국가의 안전과 국민의 생존 및 자유를 확보할 목적으로 제정한 국가보안법에서 금지하는 행위를 수행하는 내용의 정보는 '그 자체로서 불법성이 뚜렷하고 사회적 유해성이 명백한 표현물'에 해당하므로 그러한 정보의 유통을 금지하는 것을 언론의 자유에 대한 과도한 제한이라고 할 수는 없다.

국가모독죄 사건(헌재 2015.10.21. 2013헌가20)
헌법재판소는 2015년 10월 21일 관여 재판관의 일치된 의견으로, 대한민국 또는 헌법상 국가기관에 대하여 모욕, 비방, 사실 왜곡, 허위사실 유포 또는 기타 방법으로 대한민국의 안전, 이익 또는 위신을 해하거나 해할 우려가 있는 표현이나 행위에 대하여 형사처벌 하도록 규정한 구 형법 제104조의2(국가모독죄 조항)가 헌법에 위반된다는 결정을 선고하였다. [위헌]
국가의 안전, 이익, 위신 보전이 위 조항의 진정한 입법목적인지 의문이고, 형사처벌을 통한 일률적 표현행위 규제에 수단의 적합성을 인정할 수 없는 점, 의미내용이 불명확할 뿐만 아니라, 적용범위가 지나치게 광범위하고, 기본권 침해 정도가 큰 형사처벌을 통해 표현의 자유를 지나치게 제한하는 점 등에 비추어 볼 때, 과잉금지원칙에 위반하여 표현의 자유를 침해한다는 점을 위헌결정의 이유로 하였다.

인터넷신문의 고용 요건을 규정한 신문법 시행령 등 위헌확인 사건(헌재 2016.10.27. 2015헌마1206)
헌법재판소는 2016년 10월 27일 7:2의 의견으로, 인터넷신문의 취재 및 편집 인력 5명 이상을 상시 고용하고, 이를 확인할 수 있는 서류를 제출할 것을 규정한'신문 등의 진흥에 관한 법률 시행령'제2조 제1항 제1호 가목, 제4조 제2항 제3호 다목, 라목 및 부칙(2015. 11. 11. 대통령령 제26626호) 제2조는 인터넷신문사업자인 청구인들의 언론의 자유를 침해하므로 헌법에 위반된다.
ㅇ 급변하는 인터넷 환경과 기술 발전, 매체의 다양화 및 신규 또는 대안 매체의 수요 등을 감안하여 보더라도, 취재 및 편집 인력을 상시 일정 인원 이상 고용하도록 강제하는 것이 인터넷신문의 언론으로서의 신뢰성을 제고하기 위해 반드시 필요하다고 보기도 어렵다.
ㅇ 고용조항 및 확인조항은 소규모 인터넷신문이 언론으로서 활동할 수 있는 기회 자체를 원천적으로 봉쇄할 수 있음에 비하여, 인터넷신문의 신뢰도 제고라는 입법목적의 효과는 불확실하다는 점에서 법익의 균형성도 잃고 있다. 따라서 고용조항 및 확인조항은 과잉금지원칙에 위배되어 청구인들의 언론의 자유를 침해한다.

의료기기법상 의료기기 광고에 대한 사전심의 조항에 관한 위헌제청 사건(헌재 2020.8.28. 2017헌가35 - 위헌)
헌법재판소는 2020.8.28. 재판관 8 : 1의 의견으로, 의료기기와 관련하여 심의를 받지 아니하거나 심의 받은 내용과 다른 내용의 광고를 하는 것을 금지하고, 이를 위반한 경우 행정제재와 형벌을 부과하도록 한 의료기기법 제24조 제2항 제6호 및 구 의료기기법 제36조 제1항 제14호 중'제24조 제2항 제6호를 위반하여 의료기기를 광고한 경우'부분, 구 의료기기법 제52조 제1항 제1호 중'제24조 제2항 제6호를 위반한 자'부분이 모두 헌법에 위반된다는 결정을 선고하였다.

○ 따라서 이 사건 의료기기 광고 사전심의는 행정권이 주체가 된 사전심사로서 헌법이 금지하는 사전검열에 해당하고, 이러한 사전심의제도를 구성하는 심판대상조항은 헌법에 위반된다.

선거운동기간 중 인터넷게시판 실명확인 사건(헌재 2021.1.28. 2018헌마456 – 위헌, 각하)

헌법재판소는 2021년 1월 28일 재판관 6:3의 의견으로, 인터넷언론사는 선거운동기간 중 당해 홈페이지 게시판 등에 정당·후보자에 대한 지지·반대 등의 정보를 게시하는 경우 실명을 확인받는 기술적 조치를 해야 하고, 행정안전부장관 및 신용정보업자는 실명인증자료를 관리하고 중앙선거관리위원회가 요구하는 경우 지체 없이 그 자료를 제출해야 하며, 실명확인을 위한 기술적 조치를 하지 아니하거나 실명인증의 표시가 없는 정보를 삭제하지 않는 경우 과태료를 부과하도록 정한 공직선거법 조항은 모두 헌법에 위반되며, 일부 청구인들의 심판청구는 부적법하다는 결정을 선고하였다.

○ 심판대상조항은 정치적 의사표현이 가장 긴요한 선거운동기간 중에 인터넷언론사 홈페이지 게시판 등 이용자로 하여금 실명확인을 하도록 강제함으로써 익명표현의 자유와 언론의 자유를 제한하고, 익명표현의 부정적 효과를 방지하기 위하여 모든 익명표현을 규제함으로써 대다수 국민의 개인정보자기결정권도 광범위하게 제한하고 있다는 점에서 이와 같은 불이익은 선거의 공정성 유지라는 공익보다 결코 과소평가될 수는 없다. 이처럼 심판대상조항은 법익의 균형성 또한 갖추지 못하였다.

사실 적시 명예훼손죄에 관한 위헌확인 등 사건(헌재 2021.2.25. 2017헌마1113 – 기각, 합헌)

헌법재판소는 2021. 2. 25. 재판관 5 : 4의 의견으로, 공연히 사실을 적시하여 사람의 명예를 훼손한 경우 2년 이하의 징역·금고 또는 500만원 이하의 벌금에 처하도록 규정한 형법 제307조 제1항이 청구인들의 <u>표현의 자유를 침해하지 아니하고</u> 헌법에 위반되지 않는다는 결정을 선고하였다.

○ ① 헌법 제21조는 제1항에서 표현의 자유를 보장하면서도 제4항에서 표현의 자유의 한계로 타인의 명예와 권리를 선언하는 점, ② 타인으로부터 부당한 피해를 받았다고 생각하는 사람이 손해배상청구 또는 형사고소와 같은 민·형사상 절차에 따르지 아니한 채 공연히 사실을 적시하여 가해자의 명예를 훼손하려는 것은 가해자의 책임에 부합하지 않는 사적 제재수단으로 악용될 수 있기에 심판대상조항으로 규제할 필요성이 있는 점, ③ 형법 제310조의 공익성이 인정되지 않음에도 불구하고 단순히 타인의 명예가 허명(虛名)임을 드러내기 위해 개인의 약점과 허물을 공연히 적시하는 것은 자유로운 논쟁과 의견의 경합을 통해 민주적 의사형성에 기여한다는 표현의 자유의 목적에도 부합하지 않는 점을 고려하면, 심판대상조항은 법익의 균형성도 인정된다.

의사표현의 매개체의 범위

"의사표현의 자유는 언론 · 출판의 자유에 속하고, 여기서 <u>의사표현의 매개체는 어떠한 형태이건 그 제한이 없다</u>(헌재 1996.10.31. 94헌가6).

광고와 언론 · 출판의 자유

"우리 헌법은 제21조 제1항에서 '모든 국민은 언론 · 출판의 자유 … 를 가진다'라고 규정하여 현대 자유민주주의의 존립과 발전에 필수불가결한 기본권으로 언론 · 출판의 자유를 강력하게 보장하고

제5절 집회·결사의 자유

(1) 개념

다수인이 의사표현의 공동목적을 가지고 회합하고 결합하는 자유로서 민주주의 실현에 기여하고 언론·출판의 자유를 보완하는 기능을 수행한다.

(2) 주체

1) 모든 국민(법인 포함)이 해당한다.

2) 외국인, 특별권력관계자도 향유 주체이다. 그러나 제한이 가능하다.

(3) 성격

(가) 주관적 공권(자유권적 기본권＋정치적 기본권)이다.

(나) 객관적 가치질서의 의미도 있다.

(다) 제도보장 여부   집회의 자유는 부정하나, 결사의 자유가 제도적 보장이 되는가에 대하여 견해가 갈리고 있으나 다수설은 긍정한다.

(4) 내용

(가) 집회의 자유

(a) **집회의 개념**: 다수인(3인 이상설; 다수설)이, 공동목적(광의설)을 가지고, 일시적(계속성은 요건 아님)으로 회합하는 것을 말한다.

집회와 결사의 구별

구분	집회	결사
개념	일시적인 모임	계속적 조직
계속성 요건	×	○
인적 요건	3인	2인

(b) **집회에 집단적 시위·행진 포함의 여부**: 집단적 시위·행진은 '움직이는 집회'로서 집단적 사상표현의 한 형태에 불과하므로 집회의 개념에 포함된다고 한다(통설; 헌재 1992.1.28. 89헌가8).

(c) **집회에서의 연설·토론**

(aa) 다수설: 집회의 자유로서 보장(집회의 자유의 특별법적 성격)

(bb) 소수설: 언론의 자유로서 보장

(cc) 헌재의 견해: 집회에서의 의사표현의 법적 성격은 표현의 자유(언론의 자유)에 해당한다(헌재 1992.1.28. 89헌가8).

(d) **집회 및 시위에 관한 법률에 따른 제한**

(aa) 신고서 제출: 720시간 전부터 48시간 전에 관할경찰서장에게 제출한다.

(bb) 관할경찰서장의 불허통고: 접수일로부터 48시간 내에 불허통고를 해야 한다.

(cc) 불허에 대한 이의신청: 10일 이내 금지통고를 한 경찰서의 직근상급경찰관서의 장에게 불허에 대한 이의신청이 가능하다.

(dd) 재결: 접수시부터 24시간 내에 이루어져야 한다.

(ee) 불허재결에 대한 소송제기: 행정소송을 제기할 수 있다.

(ff) 질서유지인(18세 이상)을 둘 수 있다.

(gg) 경찰관의 출입가능: 주최자에게 통보하고 정복을 착용할 것. 단, 옥내 집회장소의 경우에는 직무집행에 있어서 긴급성이 있을 것이 추가로 요구된다.

집회의 자유의 의미(헌재의 견해)

1. 인간의 존엄성과 자유로운 인격발현을 최고의 가치로 삼는 우리 헌법질서 내에서 집회의 자유도 다른 모든 기본권과 마찬가지로 일차적으로는 개인의 자기결정과 인격발현에 기여하는 기본권이다. 인간이 타인과의 접촉을 구하고 서로의 생각을 교환하며 공동으로 인격을 발현하고자 하는 것은 사회적 동물인 인간의 가장 기본적인 욕구에 속하는 것이다. 집회의 자유는 공동으로 인격을 발현하기 위하여 타인과 함께 하고자 하는 자유, 즉 타인과의 의견교환을 통하여 공동으로 인격을 발현하는 자유를 보장하는 기본권이자 동시에 국가권력에 의하여 개인이 타인과 사회공동체로부터 고립되는 것으로부터 보호하는 기본권이다.

2. 집회의 자유는 사회·정치현상에 대한 불만과 비판을 공개적으로 표출케 함으로써 정치적 불만이 있는 자를 사회에 통합하고 정치적 안정에 기여하는 기능을 한다. 특히 집회의 자유는 집권세력에 대한 정치적 반대의사를 공동으로 표명하는 효과적인 수단으로서 현대사회에서 언론매체에 접근할 수 없는 소수집단에게 그들의 권익과 주장을 옹호하기 위한 적절한 수단을 제공한다는 점에서 소수의견을 국정에 반영하는 창구로서 그 중요성을 더해가고 있다. 이러한 의미에서 집회의 자유는 소수의 보호를 위한 중요한 기본권인 것이다. 소수가 공동체의 정치적 의사형성과정에 영향을 미칠 수 있는 가능성이 보장될 때 다수결에 의한 공동체의 의사결정은 보다 정당성을 가지며 다수에 의하여 압도당한 소수에 의하여 수용될 수 있는 것이다. 헌법이 집회의 자유를 보장한 것은 관용과 다양한 견해가 공존하는 다원적인 '열린 사회'에 대한 헌법적 결단인 것이다.

3. 집회의 목적·내용과 집회의 장소는 일반적으로 밀접한 내적인 연관관계에 있기 때문에 집회의 장소에 대한 선택이 집회의 성과를 결정짓는 경우가 적지 않다. 집회장소가 바로 집회의 목적과 효과에 대하여 중요한 의미를 가지기 때문에 누구나 '어떤 장소에서' 자신이 계획한 집회를 할 것인가를 원칙적으로 자유롭게 결정할 수 있어야만 집회의 자유가 비로소 효과적으로 보장되는 것이다. 따라서 집회의 자유는 다른 법익의 보호를 위하여 정당화되지 않는 한 집회장소를 항의의 대상으로부터 분리시키는 것을 금지한다(헌재 2003.10.30. 2000헌바67).

헌재 2013.12.26. 2013헌바24
당초 신고한 내용의 집회와 동일성을 상실한 집회는 신고한 범위를 뚜렷이 벗어난 집회가 아니라 미신고집회에 해당한다.

대판 2014.7.10. 선고 2014도1926
시위로 인하여 타인의 법익이나 공공의 안녕질서에 대한 직접적인 위험이 명백하게 초래된 경우에는 집시법 제20조 제1항 제2호에 기하여 해산을 명할 수 있고, 이러한 요건을 갖춘 해산명령에 불응하는 경우에는 집시법 제24조 제5호에 의하여 처벌할 수 있다.

헌재 2014.4.24. 2011헌가29
집회의 자유는 집회의 시간, 장소, 방법과 목적을 스스로 결정할 권리를 포함하기 때문에 옥외집회를 야간에 주최하는 것 역시 집회의 자유로 보호된다.

헌재 2014.1.28. 2011헌바174 등
사전신고는 경찰관청 등 행정관청으로 하여금 집회의 순조로운 개최와 공공의 안전보호를 위하여 필요한 준비를 할 수 있는 시간적 여유를 주기 위한 것으로서, 협력의무로서의 신고이다.

헌재 2014.4.24. 2011헌가29
헌법 제21조 제2항의 '허가'는 '행정청이 주체가 되어 집회의 허용 여부를 사전에 결정하는 것'으로서 행정청에 의한 사전허가는 헌법상 금지되지만, <u>입법자가 법률로써 일반적으로 집회를 제한하는 것은 헌법상 '사전허가금지'에 해당하지 않는다.</u>

(나) 결사의 자유

(a) 결사의 개념: 결사의 개념적 요소에는 결합, 계속성, 자발성, 조직적 의사에의 복종이 있다. 계속성은 영구성·항구성을 뜻하는 것은 아니고 일시적이 아닌 한 일정기간 존속을 위한, 잠정적 목적을 위한 결사도 결사의 자유로 보호된다. 자발성이 있어야 함으로 공법상 결사가 강제되는 대한민국변호사협회·대한의사협회는 헌법 제21조에서 보호되지 않는다. 결사는 2인 이상의 구성원이 결합하면 족하고, 구성원이 타 구성원을 알 필요는 없다. 따라서 1인 결사는 결사의 자유에서 보호되지 않는다.

(b) 내용: 결사의 자유에는 적극적으로는 단체결성의 자유, 단체존속, 활동의 자유, 단체의 가입 및 탈퇴의 자유 등이 있고, 소극적으로는 기존의 단체로부터 탈퇴할 자유와 결사에 가입하지 아니할 자유를 내용으로 한다(헌재 1996.4.25, 92헌바47). 원래 결사는 정치적 결사이었으나 최근에는 정치적 목적이 아닌 영리적 목적을 위한 영리적 단체(약사법인)도 결사의 자유에서 보호된다(헌재 2002.9.19, 2000헌바84).

(c) 소극적인 결사(결사에 가입하지 않을 자유)가 결사의 자유에 포함되는가가 문제된다.

(aa) 사법상 결사에는 인정된다.

(bb) 변호사회, 의사회 같은 공적인 단체의 강제결사에는 학설의 대립이 있다.

① **다수설:** 공적인 과제를 수행하기 위해 공법상 강제결사를 조직하는 것은 소극적인 결사의 자유의 한 침해라고 볼 수 없다.

② **소수설:** 공법상의 강제결사에도 한계를 인정하여 직업의 전문성 때문에 강제결사가 필요불가결하고 결사구성원 사이의 직업적 동질의식이 초래하는 경우에만 인정된다고 보는 견해이다.

(d) 헌법 제21조의 결사가 아닌 것: 헌법 제21조의 결사의 자유는 일반결사의 자유를 의미하므로 정당(제8조), 종교적 결사(제20조), 학문적 결사(제22조), 노동조합(제33조)은 제외된다. 헌법 제21조의 결사의 자유는 자유의사에 기하여 결합하고 조직화된 의사형성이 가능한 단체를 말하는 것이므로 공법상의 결사는 포함이 되지 않는다.

(5) 제한

(가) 구체적 제한

(a) 집회의 자유: 사전허가제의 금지(제21조 제2항), 집회 및 시위에 관한 법률(제6조 제1항)

(b) 결사의 자유: 결사에 대한 사전허가제는 금지(제21조 제2항)되나 등록제와 신고제는 허용된다. 종전에 사회단체 신고에 관한 법률이 있었으나 1997년 폐지되었다. 따라서 신고 없이도 단체는 성립하고 활동할 수 있다.

▶ 유사한 단체가 등록되었다는 이유로 등록을 거부한 것은 결사의 자유를 침해한 것이 된다(대판).

관련판례

주택건설촉진법 제3조 제9호가 주택조합의 조합원 자격을 무주택자로 한정하는 것은 유주택자에 대한 평등권, 결사의 자유를 침해하는 것이 아닌가?
1. 주택조합의 조합원 자격에서 유주택자를 배제하는 것은 우선 무주택자를 해소하겠다는 주택건설촉진법의 목적달성을 위해서 적정한 수단이기도 하므로, 이는 합리적 근거가 있는 차별이어서 헌법의 평등이념에 반하지 아니한다.
2. 주택조합은 법이 공공목적을 위하여 구성원의 자격을 제한적으로 정해 놓은 특수조합이어서, 이는 헌법상의 결사의 자유가 뜻하는 헌법상 보호법익의 대상이 되는 단체가 아니며, 그로 인해서 유주택자가 이 법률과 관계없는 주택조합의 조합원이 되는 것까지 제한받는 것도 아니다. 따라서 이 법은 유주택자의 결사의 자유를 침해하는 것이 아니다.

결사의 자유의 인정범위(헌재 1996.4.25. 92헌바47)
결사의 자유에서 말하는 결사란 자유의사에 기하여 결합하고 조직화된 의사형성이 가능한 단체를 말하는 것이므로 공법상의 결사는 이에 포함되지 아니한다.

복수조합설립금지의 위헌성(헌재 1996.4.25. 92헌바47)
입법목적을 달성하기 위한 수단의 선택문제는 기본적으로 입법재량에 속하는 것이기는 하지만 적어도 편저하게 불합리하고 불공정한 수단의 선택은 피하여야 할 것인 바, 복수조합의 설립을 금지

한 구 축산업협동조합법(1994.12.22. 법률 제4821호로 개정되기 전의 것) 제99조 제2항은 입법 목적을 달성하기 위하여 결사의 자유 등 기본권의 본질적 내용을 해하는 수단을 선택함으로써 입법재량의 한계를 일탈하였으므로 헌법에 위반된다.

헌재 2000.6.1. 99헌마553
축협중앙회와 농협중앙회 등을 해산하여 새로 발족하는 농협중앙회에 통합하도록 하는 농업협동조합법 부칙 제2조 등에 대하여 입법재량의 한계를 벗어나지 않았다.

외교기관 주변에서의 집회·시위의 금지(헌재 2003.10.30. 2000헌바67 등)
【주문】 집회 및 시위에 관한 법률 제1조 제호 중 국내주재 외국의 외교기관 부분은 헌법에 위반 된다.

【심판의 대상】 제11조【옥외 집회 및 시위의 금지장소】 누구든지 다음 각 호에 규정된 청사 또는 저택의 경계지점으로부터 1백미터 이내의 장소에서는 옥외 집회 또는 시위를 하여서는 아니 된다.
1. 국회의사당, 각급 법원, 헌법재판소, 국내 주재 외국의 외교기관
2. 대통령관저, 국회의장공관, 대법원장공관, 헌법재판소장공관
3. 국무총리공관, 국내 주재 외국의 외교사절의 숙소. 다만, 행진의 경우에는 예외로 한다.

【결정의 이유】
이 사건 법률조항은 전제된 위험상황이 구체적으로 존재하지 않는 경우에도 이를 함께 예외 없이 금지하고 있는데, 이는 입법목적을 달성하기에 필요한 조치의 범위를 넘는 과도한 제한인 것이다. 그러므로 이 사건 법률조항은 최소침해의 원칙에 위반되어 집회의 자유를 과도하게 침해하는 위헌적인 규정이다. 또한 이 사건 법률조항은 집회의 자유와 보호법익 간의 적정한 균형관계를 상실하고 있다. 이 사건 법률조항은 개별적인 경우 보호법익이 위협을 받는가와 관계없이 특정 장소에서의 모든 집회를 전면적으로 금지함으로써 개별적 집회의 경우마다 구체적인 상황을 고려하여 상충하는 법익 간의 조화를 이루려는 아무런 노력 없이 이 사건 법률조항에 의하여 보호되는 법익에 대하여 일방적인 우위를 부여하였다. 이로써 이 사건 법률조항은 민주국가에서 집회의 자유가 가지는 중요한 의미, 특히 대의민주제에서 표현의 자유를 보완하는 집회자유의 중요성을 간과하고 있다. 따라서 이러한 관점에서도 이 사건 법률조항은 비례의 원칙에 위반되어 집회의 자유를 과도하게 제한하는 규정이다(집시법 제11조 제1호 중 국내 주재 외국의 외교기관 부분은 헌법에 위반된다고 본 판례로 2004년 1월에 판례의 취지에 따른 개정이 있었다).

농지개량조합을 해산하는 농업기반 공사 및 농지 관리기금법 부칙 제2조 등에 대한 헌법소원(헌재 2000.11.30. 99헌마190: 각하)
결사의 자유에서의 '결사'란 자연인 또는 법인이 공동목적을 위하여 자유의사에 기하여 결합한 단체를 말하는 것으로 공적 책무의 수행을 목적으로 하는 공법상의 결사는 이에 포함되지 아니한다. 따라서 농지개량조합을 공법인으로 보는 이상 이는 결사의 자유가 뜻하는 헌법상 보호법익의 대상이 되는 단체로 볼 수 없어 조합이 해산됨으로써 조합원이 그 지위를 상실하였다고 하더라도 조합원의 '결사의 자유'가 침해되었다고 할 수 없다.

농업협동조합법에 대한 헌법소원(헌재 2000.6.1. 99헌마553: 합헌)
1. 법인 등 결사체도 그 조직과 의사형성에 있어서, 그리고 업무수행에 있어서 자기결정권을 가지

고 있어 결사의 자유의 주체가 된다고 봄이 상당하므로 축협중앙회는 그 회원조합들과 별도로 결사의 자유의 주체가 된다.

2. 헌법상 기본권의 주체가 될 수 있는 법인은 원칙적으로 사법인에 한하는 것이고 공법인은 헌법의 수범자이지 기본권의 주체가 될 수 없다. 축협중앙회는 지역별·업종별 축협과 비교할 때 회원의 임의탈퇴나 임의해산이 불가능한 점 등 그 공법인성이 상대적으로 크다고 할 것이지만, 이로써 공법인이라고 단정할 수는 없을 것이고, 이 역시 그 존립목적 및 설립형식에서의 자주적 성격에 비추어 사법인적 성격을 부인할 수 없으므로 축협중앙회는 공법인성과 사법인성을 겸유한 특수한 법인으로서 이 사건에서 기본권의 주체가 될 수 있다.

각급 법원 인근 옥외집회 금지 사건(헌재 2018.7.26. 2018헌바137)
ㅁ 결정주문
ㅇ '집회 및 시위에 관한 법률'(2007.5.11. 법률 제8424호로 전부개정된 것) 제11조 제1호 중 "각급 법원" 부분 및 제23조 제1호 중 제11조 제1호 가운데 "각급 법원"에 관한 부분은 모두 헌법에 합치되지 아니한다. 위 법률조항은 2019. 12. 31.을 시한으로 개정될 때까지 계속 적용한다.
ㅁ 이유의 요지
ㅇ 심판대상조항은 입법목적을 달성하는 데 필요한 최소한도의 범위를 넘어 규제가 불필요하거나 또는 예외적으로 허용 가능한 옥외집회·시위까지도 일률적·전면적으로 금지하고 있으므로, 침해의 최소성 원칙에 위배된다.
ㅇ 심판대상조항은 법관의 독립이나 법원의 재판에 영향을 미칠 우려가 있는 집회·시위를 제한하는 데 머무르지 않고, 각급 법원 인근의 모든 옥외집회를 전면적으로 금지함으로써 법익의 균형성 원칙에도 어긋난다.
ㅇ 심판대상조항은 과잉금지원칙을 위반하여 집회의 자유를 침해한다.

사회단체등록(대판 1989.12.26. 87두308)
요건을 갖춘 사회단체의 등록신청에 대하여 설립목적이 유사한 다른 사회단체가 이미 등록되었다는 이유로 행정관청이 그 등록접수를 거부하는 것은 결사의 자유에 대한 침해이다.

국회의사당 인근 옥외집회 금지 사건(헌재 2018.5.31. 2013헌바322)
헌법재판소는 2018년 5월 31일 재판관 전원일치의 의견으로, 누구든지 국회의사당의 경계지점으로부터 100미터 이내의 장소에서 옥외집회 또는 시위를 할 경우 형사처벌 한다고 규정한 '집회 및 시위에 관한 법률'(2007. 5. 11. 법률 제8424호로 전부개정된 것) 제11조 제1호 중 '국회의사당'에 관한 부분 및 제23조 중 제11조 제1호 가운데 '국회의사당'에 관한 부분이 모두 헌법에 합치하지 아니한다는 결정을 선고하였다. [헌법불합치]
심판대상조항은 입법목적을 달성하는 데 필요한 최소한도의 범위를 넘어, 규제가 불필요하거나 또는 예외적으로 허용하는 것이 가능한 집회까지도 이를 일률적·전면적으로 금지하고 있으므로 침해의 최소성 원칙에 위배된다.

국무총리 공관 인근 옥외집회 금지 사건(헌재 2018.6.28. 2015헌가28)
헌법재판소는 2018년 6월 28일 재판관 전원 일치 의견으로, 누구든지 국무총리 공관의 경계지점으로부터 100미터 이내의 장소에서 행진을 제외한 옥외집회·시위를 할 경우 형사처벌하도록 규정한 '집회 및 시위에 관한 법률' 제11조 제3호 및 제23조 중 제11조 제3호에 관한 부분, 위 조항을 위반한 옥외집회·시위에 대한 해산명령에 불응할 경우 형사처벌하도록 규정한 같은 법 제24조 제5호 중 제20조 제2항 가운데 '제11조 제3호를 위반한 집회 또는 시위'에 관한 부분이 모두 헌법에 합치되지 아니한다는 결정을 선고하였다. [헌법불합치]

ㅁ 이유의 요지

ㅇ 이 사건 금지장소 조항은 국무총리 공관 인근에서의 '행진'을 허용하고 있으나, 집시법상 '행진'의 개념이 모호하여 기본권 제한을 완화하는 효과는 기대하기 어렵다. 또한 집시법은 이 사건 금지장소 조항 외에도 집회의 성격과 양상에 따른 다양한 규제수단들을 규정하고 있으므로, 국무총리 공관 인근에서의 옥외집회·시위를 예외적으로 허용한다 하더라도 국무총리 공관의 기능과 안녕을 충분히 보장할 수 있다.

ㅇ 이러한 사정들을 종합하여 볼 때, 이 사건 금지장소 조항은 그 입법목적을 달성하는 데 필요한 최소한도의 범위를 넘어, 규제가 불필요하거나 또는 예외적으로 허용하는 것이 가능한 집회까지도 이를 일률적·전면적으로 금지하고 있다고 할 것이므로 침해의 최소성 원칙에 위배된다.

ㅇ 이 사건 금지장소 조항을 통한 국무총리 공관의 기능과 안녕 보장이라는 목적과 집회의 자유에 대한 제약 정도를 비교할 때, 이 사건 금지장소 조항으로 달성하려는 공익이 제한되는 집회의 자유 정도보다 크다고 단정할 수는 없으므로 이 사건 금지장소 조항은 법익의 균형성 원칙에도 위배된다.

ㅇ 따라서 이 사건 금지장소 조항은 과잉금지원칙을 위반하여 집회의 자유를 침해한다.

이 사건 해산명령불응죄 조항에 대한 판단

ㅇ 이 사건 해산명령불응죄 조항은 이 사건 금지장소 조항을 위반하여 국무총리 공관 인근에서 옥외집회·시위를 한 경우를 해산명령의 대상으로 삼아, 그 해산명령에 불응할 경우를 처벌하도록 규정하고 있다. 앞서 본 바와 같이 이 사건 금지장소 조항이 과잉금지원칙을 위반하여 집회의 자유를 침해하므로, 이 사건 금지장소 조항을 구성요건으로 하는 이 사건 해산명령불응죄 조항 역시 집회의 자유를 침해하여 헌법에 위반된다.

집회 및 시위에 관한 법률 제2조 제1호 등 위헌소원(헌재 2009.5.28. 2007헌바22)

【판시사항】

1. '집회' 개념이 불명확하여 옥외집회를 정의한 구 '집회 및 시위에 관한 법률'(2004. 1.29. 법률 제7123호로 개정되고, 2007.5.11. 법률 제8424호로 전부 개정되기 전의 것. 이하 '구 집시법'이라 한다) 제2조 제1호 및 제6조 제1항 중 '옥외집회'에 관한 부분, 제19조 제2항 중 '제6조 제1항의 옥외집회'에 관한 부분이 명확성원칙에 위배되는지 여부(소극)

2. 옥외집회의 사전신고의무를 규정한 구 집시법 제6조 제1항 중 '옥외집회'에 관한 부분이 과잉금지원칙에 위배하여 집회의 자유를 침해하는지 여부(소극)

3. 미신고 옥외집회 주최자를 형사처벌하도록 한 구 집시법 제19조 제2항 중 '제6조 제1항의 옥외집회'에 관한 부분이 과잉형벌을 규정한 것인지 여부(소극)

【결정요인】

1. 일반적으로 집회는 일정한 장소를 전제로 하여 특정 목적을 가진 다수인이 일시적으로 회합하는 것을 말하는 것으로 일컬어지고 있고, 그 공동의 목적은 '내적인 유대관계'로 족하다. 건전한 상식과 통상적인 법감정을 가진 사람이면 위와 같은 의미에서 구 집시법상 '집회'가 무엇을 의미하는지를 추론할 수 있다고 할 것이므로, 구 집시법상 '집회'의 개념이 불명확하다고 할 수 없다.

2. 구 집시법 제6조 제1항은 평화적이고 효율적인 집회를 보장하고, 공공질서를 보호하기 위한 것

으로 그 입법목적이 정당하고, 집회에 대한 사전신고를 통하여 행정관청과 주최자가 상호정보를 교환하고 협력하는 것은 위와 같은 목적달성을 위한 적절한 수단에 해당하며, 위 조항이 열거하고 있는 신고사항이나 신고시간 등은 지나치게 과다하거나 신고불가능하다고 볼 수 없으므로 최소침해성의 원칙에 반한다고 보기 어렵다. 나아가 위 조항이 정하는 사전신고의무로 인하여 집회개최자가 겪어야 하는 불편함이나 번거로움 등 제한되는 사익과 신고로 인해 보호되는 공익은 법익균형성요건도 충족하므로 <u>위 조항 중 '옥외집회'에 관한 부분이 과잉금지원칙에 위배하여 집회의 자유를 침해한다고 볼 수 없다.</u>

3. 어떤 행정법규 위반행위에 대하여 직접적으로 행정목적과 공익을 침해한 행위로 보아 행정형벌을 과할 것인가, 그리고 행정형벌을 과할 경우 그 법정형의 형종과 형량을 어떻게 정할 것인가는 기본적으로 입법권자가 제반사정을 고려하여 결정할 그 입법재량에 속하는 문제이다. <u>미신고 옥외집회의 주최는 직접적으로 행정목적을 침해하고, 나아가 공익을 침해할 고도의 개연성을 띤 행위라고 볼 수 있으므로 이에 대하여 행정형벌을 과하도록 한 구 집시법 제19조 제2항이 집회의 자유를 침해한다고 할 수 없고, 그 법정형이 입법재량의 한계를 벗어난 과중한 처벌이라고 볼 수 없으며, 이로 인하여 신고제가 사실상 허가제화한다고도 볼 수 없다.</u>

헌재 2009.9.24. 2008헌가25 집회 및 시위에 관한 법률 제10조 등 위헌제청
【주 문】 집회 및 시위에 관한 법률(2007.5.11. 법률 제8424호로 전부개정된 것) 제10조 중 '옥외집회 부분 및 제23조 제1호 중 '제10조 본문의 옥외집회' 부분은 <u>헌법에 합치되지 아니한다.</u>
위 조항들은 2010.6.30.을 시한으로 입법자가 개정할 때까지 계속 적용된다.

【결정요지】
1. 재판관 이강국, 재판관 이공현, 재판관 조대현, 재판관 김종대, 재판관 송두환의 위헌의견
가. 이 사건 헌법규정에 의하여 금지되는 '집회'에 대한 허가의 의미: <u>그러므로 결국 집회의 자유에 대한 허가금지를 규정한 이 사건 헌법규정의 취지는, 집회의 내용 그 자체를 기준으로 한 허가뿐만 아니라 집회의 시간·장소·방법을 기준으로 한 허가도 이 사건 헌법규정에 의하여 금지되는 허가에 해당하는 것으로 볼 수밖에 없는 것이다.</u>
나. 집시법 제10조가 이 사건 헌법규정에 위배되는지 여부: 집시법 제10조 본문은 "누구든지 해가 뜨기 전이나 해가 진 후에는 옥외집회 또는 시위를 하여서는 아니된다."고 규정하여 '야간옥외집회'를 일반적으로 금지하면서 그 단서에서는, "다만 집회의 성격상 부득이하여 주최자가 질서유지인을 두고 미리 신고한 경우에는 관할경찰서장은 질서 유지를 위한 조건을 붙여 해가 뜨기 전이나 해가 진 후에도 옥외집회를 허용할 수 있다"고 규정하고 있는 바, 위 조항 본문에 의하면 야간옥외집회는 일반적으로 금지하되 그 단서에서는 행정권인 관할경찰서장이 집회의 성격 등을 포함하여 야간옥외집회의 허용 여부를 사전에 심사하여 결정한다는 것이므로, <u>결국 야간옥외집회에 관한 일반적 금지를 규정한 집시법 제10조 본문과 관할 경찰서장에 의한 예외적 허용을 규정한 단서는 그 전체로서 야간옥외집회에 대한 '허가'를 규정한 것이라고 보지 않을 수 없고, 이는 이 사건 헌법규정에 정면으로 위반되는 것이다.</u>
2. 재판관 민형기, 재판관 목영준의 헌법 불합치의견: 집시법 제10조 중 '옥외집회'에 관한 부분은 목적달성을 위하여 필요한 범위를 넘어 과도하게 야간옥외집회를 제한함으로써, 과잉금지 원칙에 위배하여 집회의 자유를 침해하는 것이므로 헌법에 위반되고, 이를 구성요건으로 하는 집시법 제23조 제1호의 해당 부분 역시 헌법에 위반된다.

집회 및 시위에 관한 법률 제11조 제4호 가목 위헌확인(헌재 2010.10.28. 2010헌마111)

헌법재판소는 2010년 10월 28일 재판관 8(합헌) : 1(위헌)의 의견으로 외교기관 인근의 옥외집회나 시위를 원칙적으로 금지하면서도 외교기관의 기능이나 안녕을 침해할 우려가 없다고 인정되는 구체적인 경우에는 예외적으로 옥외집회나 시위를 허용하고 있는 <u>집회 및 시위에 관한 법률 제11조 제4호 중 '국내 주재 외국의 외교기관' 부분의 위헌확인을 구하는 심판청구에 대하여 이를 기각하는 결정을 선고하였다.</u>

야간 옥외집회, 시위 금지 사건(헌재 2014.4.24. 2011헌가29)

▫ 결정주문

○ 구 '집회 및 시위에 관한 법률'(1989.3.29 법률 제4095호로 개정되고, 2007.5.11 법률 제8424호로 개정되기 전의 것) 제10조 및 구 '집회 및 시위에 관한 법률'(2004.1.29 법률 제7123호로 개정되고, 2007.5.11 법률 제8424호로 개정되기 전의 것) 제20조 제3호 중 '제10조 본문'에 관한 부분은 각 <u>'일몰시간 후부터 같은 날 24시까지의 옥외집회 또는 시위'에 적용하는 한 헌법에 위반된다.</u>

▫ 이유의 요지

○ 헌법재판소는 야간 시위의 금지를 규정한 '집회 및 시위에 관한 법률' 제10조 본문에 대하여 2010헌가2 결정으로, 야간의 시위를 금지하는 것은 사회의 안녕질서를 유지하고 시위 참가자 등의 안전과 제3자인 시민들의 주거 및 사생활의 평온을 보호하기 위한 것으로서 정당한 목적달성을 위한 적합한 수단이 되나, '해가 뜨기 전이나 해가 진 후'라는 가변적이고 광범위한 시간대의 시위를 모두 절대적으로 금지하는 것은 오늘날 직장인이나 학생들의 근무 · 학업 시간, 도시화 · 산업화가 진행된 현대사회의 생활형태 등을 고려하지 아니하고 목적 달성을 위해 필요한 정도를 넘는 지나친 제한을 가하는 것이어서 최소침해성 및 법익균형성 원칙에 반하고, 집회의 자유를 침해하여 헌법에 위반된다고 판단한 바 있다. 이 사건 시위조항에 대하여 이와 달리 판단할 사정이 없다. 나아가 이 사건 집회조항의 경우 예외적으로 야간 옥외집회를 허용할 수 있도록 하고 있으나, 그러한 예외가 과도한 제한을 완화하는 적절한 방법이라고 할 수 없는 이상 이 사건 시위조항과 마찬가지로 <u>집회의 자유를 침해하여 헌법에 위반된다.</u>

○ 헌법재판소는, <u>'집회 및 시위에 관한 법률' 제10조 중 '옥외집회' 부분 등에 대한 헌법재판소의 헌법불합치 결정에도 불구하고 입법개선이 이루어지지 아니하여 조항 전부가 효력을 상실한 2008헌가25 사건의 예</u>와 그 이후의 '집회 및 시위에 관한 법률'의 적용 현황, 옥외집회 실태 등을 고려하여, <u>2010헌가2 결정으로 '집회 및 시위에 관한 법률' 제10조 중 '시위' 부분 등에 대하여 한정위헌 결정</u>을 한 바 있고, 이 사건 심판대상 조항들이 구법 조항이라고 하더라도, 재판규범으로서의 의미를 상실했다고 보기 어려운 점, 형벌에 대한 위헌 결정은 재심청구의 근거가 되는 점 등을 고려할 때 가능한 위헌인 부분을 가려내야 할 필요성은 2010헌가2 결정에서와 마찬가지로 인정된다. 이 사건 심판대상 조항들 가운데, 규제가 불가피하다고 보기 어려움에도 옥외집회 또는 시위를 원칙적으로 금지한 부분의 경우에는 위헌성이 명백하다고 할 것인 바, 현재 우리 국민의 일반적 생활형태, 집회 · 시위 실태, 주거 및 사생활의 평온 보호 요청 등을 종합적으로 고려하면, <u>심판대상 조항들은 '일몰시간 후부터 같은 날 24시까지의 옥외집회 또는 시위'에 적용하는 한 헌법에 위반된다.</u>

최루액 혼합살수행위 위헌확인 사건(헌재 2018.5.31. 2015헌마476)

헌법재판소는 2018년 5월 31일 재판관 7 : 2의 의견으로, 서울종로경찰서장이 2015. 5. 1. 22:13경부터 23:20경까지 사이에 최루액을 물에 혼합한 용액을 살수차를 이용하여 청구인들에게 살수한 행위는 헌법에 위반된다는 결정을 선고하였다. '경찰관 직무집행법'이나 이 사건 대통령령 등 법령의 구체적 위임 없이 혼합살수방법을 규정하고 있는 이 사건 지침은 <u>법률유보원칙에 위배</u>되고, 이 사건 지침만을 근거로 한 이 사건 혼합살수행위는 청구인들의 <u>신체의 자유와 집회의 자유를 침해한 공권력 행사로 헌법에 위반된다.</u>

직사살수행위 위헌확인 등(헌재 2020.4.23. 2015헌마1149)
○ 그럼에도 불구하고 피청구인들은 현장 상황을 제대로 확인하지 않은 채, 위 살수차를 배치한 후 단순히 시위대를 향하여 살수하도록 지시하였다. 그 결과 청구인 백○○의 머리와 가슴 윗부분을 향해 약 13초 동안 강한 물살세기로 직사살수가 계속되었다. 이로 인하여 청구인 백○○는 상해를 입고 약 10개월 동안 의식불명 상태로 치료받다가 2016. 9. 25. 사망하였다. 그러므로 이 사건 직사살수행위는 침해의 최소성에 반한다.
○ 이 사건 직사살수행위를 통하여 청구인 백○○가 홀로 경찰 기동버스에 매여 있는 밧줄을 잡아당기는 행위를 억제함으로써 얻을 수 있는 공익은 거의 없거나 미약하였던 반면, 청구인 백○○는 이 사건 직사살수행위로 인하여 사망에 이르렀으므로, 이 사건 직사살수행위는 법익의 균형성도 충족하지 못하였다.
○ 이 사건 직사살수행위는 과잉금지원칙에 반하여 청구인 백○○의 <u>생명권 및 집회의 자유를 침해하였다.</u>

집회 및 시위에 관한 법률

제2조【정의】 이 법에서 사용하는 용어의 정의는 다음과 같다.
  1. "옥외집회"라 함은 천장이 없거나 사방이 폐쇄되지 않은 장소에서의 집회를 말한다.
  2. "시위"라 함은 다수인이 공동목적을 가지고 도로 · 광장 · 공원 등 공중이 자유로이 통행할 수 있는 장소를 진행하거나 위력 또는 기세를 보여 불특정다수인의 의견에 영향을 주거나 제압을 가하는 행위를 말한다.
제3조【집회 및 시위의 방해금지】 ① 누구든지 폭행 · 협박 기타의 방법으로 평화적인 집회 또는 시위를 방해하거나 질서를 문란하게 하여서는 아니 된다.
② 누구든지 폭행 · 협박 기타의 방법으로 집회 또는 시위의 주최자 및 질서유지인의 이 법의 규정에 의한 임무의 수행을 방해하여서는 아니 된다.
③ 집회 또는 시위의 주최자는 평화적인 집회 또는 시위가 방해될 염려가 있다고 인정될 때에는 관할 경찰관서에 그 사실을 통고하여 보호를 요청할 수 있다. 이 경우 관할경찰관서의 장은 정당한 이유 없이 보호요청을 거절하여서는 아니 된다.
제5조【집회 및 시위의 금지】 ① 누구든지 다음 각 호의 1에 해당하는 집회 또는 시위를 주최하여서는 아니 된다.
  1. 헌법재판소의 결정에 의하여 해산된 정당의 목적을 달성하기 위한 집회 또는 시위

2. 집단적인 폭행·협박·손괴·방화 등으로 공공의 안녕질서에 직접적인 위협을 가할 것이 명백한 집회 또는 시위

② 누구든지 제1항의 규정에 의하여 금지된 집회 또는 시위를 할 것을 선전하거나 선동하여서는 아니 된다.

제6조【옥외집회 및 시위의 신고 등】① 옥외집회 또는 시위를 주최하고자 하는 자는 그 목적, 일시(소요시간을 포함한다), 장소, 주최자(단체인 경우에는 그 대표자를 포함한다)·연락책임자·질서유지인의 주소·성명·직업·연락처, 참가예정단체 및 참가예정인원과 시위방법(진로 및 약도를 포함한다)을 기재한 신고서를 옥외집회 또는 시위의 720시간 전부터 48시간 전에 관할경찰서장에게 제출하여야 한다. 다만, 2 이상의 경찰서의 관할에 속하는 경우에는 관할지방경찰청장에게 제출하여야 하고, 2 이상의 지방경찰청의 관할에 속하는 경우에는 주최지를 관할하는 지방경찰청장에게 제출하여야 한다. 〈개정 2004.1.29〉

제7조【신고서의 보완 등】① 관할경찰서장은 제6조 제1항의 규정에 의한 신고서의 기재사항에 미비한 점이 있다는 것을 안 경우에는 접수증을 교부한 때부터 12시간 이내에 주최자에게 24시간을 기한으로 그 기재사항을 보완할 것을 통고할 수 있다. 〈개정 2004.1.29〉

제8조【집회 및 시위의 금지 또는 제한통고】① 제6조 제1항의 규정에 의한 신고서를 접수한 관할경찰관서장은 신고된 옥외집회 또는 시위가 제5조 제1항, 제10조 본문 또는 제11조의 규정에 위반된다고 인정될 때 제7조 제1항의 규정에 의한 기재사항을 보완하지 아니한 때 또는 제12조 제1항의 규정에 의하여 금지할 집회 또는 시위라고 인정될 때 그 신고서를 접수한 때부터 48시간 이내에 집회 또는 시위의 금지를 주최자에게 통고할 수 있다. 다만, 집회 또는 시위가 집단적인 폭행·협박·손괴·방화 등으로 공공의 안녕질서에 직접적인 위험을 초래한 경우에는 남은 기간의 당해 집회 또는 시위에 대하여 신고서를 접수한 때부터 48시간이 경과된 경우에도 금지통고를 할 수 있다. 〈단서신설 2004.1.29〉

② 집회 또는 시위의 시간과 장소가 경합되는 2 이상의 신고가 있고 그 목적으로 보아 서로 상반되거나 방해가 된다고 인정될 경우에는 뒤에 접수된 집회 또는 시위에 대하여 제1항의 규정에 준하여 그 집회 또는 시위의 금지를 통고할 수 있다.

제9조【집회 및 시위의 금지통고에 대한 이의신청 등】① 집회 또는 시위의 주최자는 제8조의 규정에 의한 금지통고를 받은 날부터 10일 이내에 당해 경찰관서의 직근상급경찰관서의 장에게 이의를 신청할 수 있다.

② 제1항의 규정에 의한 이의신청을 받은 경찰관서의 장은 접수일시를 기재한 접수증을 즉시 이의신청인에게 교부하고 접수시부터 24시간 이내에 재결을 하여야 한다. 접수

시부터 24시간 이내에 재결서를 발송하지 아니한 때에는 관할경찰관서장의 금지통고
는 소급하여 그 효력을 잃는다.

제10조【옥외집회 및 시위의 금지시간】 누구든지 해가 뜨기 전이나 해가 진 후에는 옥외
집회 또는 시위를 하여서는 아니 된다. 다만, 집회의 성격상 부득이하여 주최자가 질
서유지인을 두고 미리 신고한 경우에는 관할경찰관서장은 질서유지를 위한 조건을
붙여 해가 뜨기 전이나 해가 진 후에도 옥외집회를 허용할 수 있다.

〈헌법 불합치, 2008헌가25, 2009.9.24, 집회 및 시위에 관한 법률(2007.5.11. 법
률 제8424호로 전부개정된 것) 제10조 중 '옥외집회' 부분 및 제23조 제1호 중
'제10조 본문의 옥외집회' 부분은 헌법에 합치되지 아니한다. 위 조항들은
2010.6.30을 시한으로 입법자가 개정할 때까지 계속 적용된다.〉

제11조【옥외집회 및 시위의 금지장소】 누구든지 다음 각 호에 규정된 청사 또는 저택의
경계지점으로부터 1백미터 이내의 장소에서는 옥외집회 또는 시위를 하여서는 아니
된다.

1. 국회의사당, 각급 법원, 헌법재판소(국회의사당 → 2018년에 헌법불합치결정 받음)

2. 대통령관저, 국회의장공관, 대법원장공관, 헌법재판소장공관

3. 국무총리공관. 다만, 행진의 경우에는 예외로 한다.

4. 국내 주재 외국의 외교기관이나 외교사절의 숙소. 다만, 다음 각목의 1에 해당하
는 경우로서 외교 기관이나 외교사절의 숙소의 기능이나 안녕을 침해할 우려가 없
다고 인정되는 때에는 그러하지 아니하다. 〈개정 2004.1.29〉

가. 당해 외교기관이나 외교사절의 숙소를 대상으로 하지 아니하는 경우

나. 대규모 집회 또는 시위로 확산될 우려가 없는 경우

다. 외교기관의 업무가 없는 휴일에 개최되는 경우

제12조【교통소통을 위한 제한】 ① 관할경찰관서장은 대통령령이 정하는 주요 도시의 주
요 도로에서의 집회 또는 시위에 대하여 교통소통을 위하여 필요하다고 인정할 때에
는 이를 금지하거나 교통질서유지를 위한 조건을 붙여 제한할 수 있다.

② 집회 또는 시위의 주최자가 질서유지인을 두고 도로를 행진하는 경우에는 제1항의
규정에 의한 금지를 할 수 없다. 다만, 당해 도로와 주변 도로의 교통소통에 장애를
발생시켜 심각한 교통불편을 줄 우려가 있는 경우에는 그러하지 아니하다. 〈단서신
설 2004.1.29〉

제13조【질서유지선의 설정】 ① 제6조 제1항에 따른 신고를 받은 관할경찰관서장은 집회
및 시위의 보호와 공공의 질서 유지를 위하여 필요하다고 인정하면 최소한의 범위를
정하여 질서유지선을 설정할 수 있다.

② 제1항에 따라 경찰관서장이 질서유지선을 설정할 때에는 주최자 또는 연락책임자에

게 이를 알려야 한다.

제14조【확성기 등 사용의 제한】① 집회 또는 시위의 주최자는 확성기, 북, 징, 꽹과리 등의 기계·기구(이하 이 조에서 "확성기 등"이라 한다)를 사용하여 타인에게 심각한 피해를 주는 소음으로서 대통령령으로 정하는 기준을 위반하는 소음을 발생시켜서는 아니 된다.

② 관할경찰관서장은 집회 또는 시위의 주최자가 제1항에 따른 기준을 초과하는 소음을 발생시켜 타인에게 피해를 주는 경우에는 그 기준 이하의 소음 유지 또는 확성기 등의 사용 중지를 명하거나 확성기 등의 일시보관 등 필요한 조치를 할 수 있다.

제15조【적용의 배제】학문, 예술, 체육, 종교, 의식, 친목, 오락, 관혼상제(冠婚喪祭) 및 국경행사(國慶行事)에 관한 집회에는 제6조부터 제12조까지의 규정을 적용하지 아니한다.

제16조【주최자의 준수 사항】① 집회 또는 시위의 주최자는 집회 또는 시위에 있어서의 질서를 유지하여야 한다.

② 집회 또는 시위의 주최자는 집회 또는 시위의 질서 유지에 관하여 자신을 보좌하도록 18세 이상의 사람을 질서유지인으로 임명할 수 있다.

③ 집회 또는 시위의 주최자는 제1항에 따른 질서를 유지할 수 없으면 그 집회 또는 시위의 종결(終結)을 선언하여야 한다.

④ 옥내집회의 주최자는 확성기를 설치하는 등 주변에서의 옥외 참가를 유발하는 행위를 하여서는 아니 된다.

제17조【질서유지인의 준수 사항 등】① 질서유지인은 주최자의 지시에 따라 집회 또는 시위 질서가 유지되도록 하여야 한다.

② 질서유지인은 제16조 제4항 각 호의 어느 하나에 해당하는 행위를 하여서는 아니 된다.

③ 질서유지인은 참가자 등이 질서유지인임을 쉽게 알아볼 수 있도록 완장, 모자, 어깨띠, 상의 등을 착용하여야 한다.

제18조【참가자의 준수 사항】① 집회나 시위에 참가하는 자는 주최자 및 질서유지인의 질서 유지를 위한 지시에 따라야 한다.

② 집회나 시위에 참가하는 자는 제16조 제4항 제1호 및 제2호에 해당하는 행위를 하여서는 아니 된다.

제19조【경찰관의 출입】① 경찰관은 집회 또는 시위의 주최자에게 통보하고 그 집회 또는 시위의 장소에 정복을 착용하고 출입할 수 있다. 다만, 옥내 집회장소에의 출입은 직무집행에 있어서 긴급성이 있는 경우에 한한다.

제21조【집회·시위자문위원회】① 집회 및 시위의 자유와 공공의 안녕질서가 조화되도록 하기 위하여 각급 경찰관서에 다음 각 호의 사항에 관하여 각급 경찰관서장에게

자문 등을 하는 집회·시위자문위원회(이하 이 조에서 "위원회"라 한다)를 둘 수 있다. 〈신설 2004.1.29〉

1. 제8조의 규정에 의한 집회 또는 시위의 금지 또는 제한통고에 대한 자문
2. 제9조 제2항의 규정에 의한 이의신청에 대한 재결에 대한 지문
3. 집회 또는 시위에 대한 사례 검토
4. 집회 또는 시위업무의 처리와 관련하여 필요한 사항

③ 위원장 및 위원은 각급 경찰관서장이 전문성 및 공정성 등을 고려하여 다음 각 호의 사람 중에서 위촉한다.

1. 변호사
2. 교수
3. 시민단체에서 추천하는 사람
4. 관할지역의 주민대표

제6절 학문의 자유

(1) 개념

학문의 자유란 학문적 활동에 대하여 간섭이나 방해를 받지 아니하는 자유를 말한다. 헌재는 학문의 자유란 진리를 탐구하는 자유를 의미하는데, 그것은 단순한 진리탐구의 자유에 그치지 않고 탐구한 결과에 대한 발표의 자유 내지 가르치는 자유 등을 포함한다고 한다(헌재 1992.11.12. 89헌마88).

(2) 연혁과 법적 성격

(가) 독일　　대학의 자치에서 유래 – Frankfurt(1848): 강학의 자유·제도보장설이 있다.

(나) 영국·미국 시민의 자유에서 유래 – 학문연구에 관한 기본권설로 주장된다.

(다) 우리나라　주관적 공권 + 객관적 가치질서(제도보장)로 인정된다.

(3) 주체

교수, 연구원만이 아니라 내·외국 모두가 학문의 자유의 주체가 된다. 대학, 연구단체 등 법인도 학문의 자유의 주체가 될 수 있다. 그러나 교수의 자유는 대학교 이상의 교육기관의 교수만이 주체가 된다.

(4) 내용

(가) 학문연구의 자유   연구의 자유란 연구과제, 방법, 조사, 실험을 위한 장소 등을 연구자가 임의로 선택·시행할 수 있는 자유이다. 학문의 자유에서 본질적 부분으로 법률로도 제한할 수 없는 절대적 자유권으로 보는 설이 다수설이다.

(나) 연구발표의 자유   법률로 제한가능하다(대판 1967.12.29, 67다591).

(다) 교수(강학)의 자유   대학, 고등교육기관 등에 종사하는 교육자에 한정되므로 중·고등학교에서는 교육의 자유가 인정될 뿐 교수(강학)의 자유는 인정되지 않는다고 한다. 헌법재판소도 교수의 자유와 교육의 자유는 다르다고 하였다. 이러한 교육의 자유는 학문연구의 자유와 학문연구결과발표의 자유와는 구별되는 것으로 교육내용·방법·교과목에 대하여 상당한 법적 통제를 받는다.

(라) 학문을 위한 집회·결사의 자유   일반 집회·결사의 자유보다 더 많은 보호를 받는다.

(5) 교수재임용제의 위헌 여부

헌법재판소는 사립대학교수의 기간임용제에 대해서 1998년의 1차 결정(1998.7.16, 96헌바33 등)에서는 '합헌결정'하였으나 2003년 2차 결정(2003.3.27, 2000헌바269)에서는 판례를 변경하여 '헌법 불합치결정'을 하였다(단, 기간임용제 자체는 합헌이다).

관련판례 교수재임용제의 위헌 여부(헌재 2003.2.27. 2000헌바26)
"대학교육기관의 교육기관의 교원은 당해 학교법인의 정관이 정하는 바에 따라 기간을 정하여 임면할 수 있다"고 규정한 사립학교법 제53조의2 제3항이 교원지위법정주의에 위배되는지 여부
1. 교원지위법정주의 위배 여부: 입법자가 법률로 정하여야 할 '기본적인 사항'에는 무엇보다도 교원의 신분이 부당하게 박탈되지 않도록 하는 최소한의 보호의무에 관한 사항이 포함된다. ……

객관적인 기준의 재임용 거부사유와 재임용에서 탈락하게 되는 교원이 자신의 입장을 진술할 수 있는 기회 그리고 재임용 거부를 사전에 통지하는 규정 등이 없으며, 나아가 재임용이 거부되었을 경우 사후에 그에 대해 다툴 수 있는 제도적 장치를 전혀 마련하지 않고 있는 이 사건 법률조항은 현대사회에서 대학교육이 갖는 중요한 기능과 그 교육을 담당하고 있는 대학교원의 신분의 부당한 박탈에 대한 최소한의 보호요청에 비추어볼 때 헌법 제31조 제6항에서 정하고 있는 교원지위법정주의에 위반된다고 볼 수밖에 없다.

2. 헌법불합치 결정: 이 사건 법률조항의 <u>위헌성은 기간임용제 그 자체에 있는 것이 아니라 재임용 거부사유 및 그 사전절차, 그리고 부당한 재임용 거부에 대하여 다툴 수 있는 사후의 구제절차에 관하여 아무런 규정을 하지 아니함으로써 재임용을 거부당한 교원이 구제를 받을 수 있는 길을 완전히 차단한 데 있다.</u> 그런데 이 사건 법률조항에 대하여 단순위헌을 선언하는 경우에는 기간임용제 자체까지도 위헌으로 선언하는 결과를 초래하게 되므로 단순위헌결정 대신 헌법 불합치 결정을 하는 것이다.

제7절 대학의 자치(제31조 제4항)

(1) 의의

(가) 개념　　학문의 자유의 기초가 되고 있는 대학에 있어서의 교수의 인사, 시설, 운영에 관하여 대학 자체에서 자율적으로 결정·관리운영하는 것이다.

(나) 헌법적 근거　　헌법 제31조 제4항(대학의 자율성 보장)에서 찾는 견해와 헌법 제21조 제1항(학문의 자유)에서 찾고, 제31조 제4항은 재확인규정이라는 견해가 있다.

(2) 주체

교수주체설과 전 구성원주체설(학생 포함)이 대립하나 교수주체설을 원칙으로 하면서 한정적인 영역, 즉 학생활동과 학문연구에서는 학생도 그 주체성을 인정받는다.

(3) 법적 성격

학설은 제도보장으로 이해하는 것이 일반적이나, 헌재는 서울대입시요강사건에서 '헌법 제31조 제4항이 규정하여 보장하고 있는 대학의 자율성을 대학에서 부여한 헌법상의 기본권'이라고 본다.

(4) 내용

1) 인사에 관한 자치 내지 자주결정권

2) 대학의 관리 및 운영에 관한 자주결정권

3) 학사관리에 관한 자주결정권을 내용으로 한다.

관련판례

헌법재판소 판례: 세무대학교 폐지 법률의 대학자율권 침해 여부(헌재 2001.2.22. 99헌마613)
국립대학인 세무대학은 공법인으로서 사립대학과 마찬가지로 대학의 자율권이라는 기본권의 보호를 받으므로 세무대학은 국가의 간섭 없이 인사·학사·시설·재정 등 대학과 관련된 사항들을 자주적으로 결정하고 운영할 자유를 갖는다. 그러나 대학의 자율성은 그 보호영역이 원칙적으로 당해 대학 자체의 계속적 존립에까지 미치는 것은 아니다. 즉, 이러한 자율성은 법률의 목적에 의해서 세무대학이 수행해야 할 과제의 범위 내에서만 인정되는 것으로서 세무대학의 설립과 폐교가 국가의 합리적인 고도의 정책적 결단 그 자체에 의존하고 있는 이상 세무대학의 계속적 존립과 과제수행을 자율성의 한 내용으로 요구할 수는 없다고 할 것이다. 따라서 이 사건 폐지법에 의해서 세무대학을 폐교한다고 해서 세무대학의 자율성이 침해되는 것은 아니다.

국립대학교 총장 간선제(헌재 2006.4.27. 2005헌마1047·1048(병합))
1. 국립대학교 교수나 교수회도 대학의 자율권의 주체가 된다.
2. 교수나 교수회도 헌법상 기본권으로서 국립대학의 장 후보자 선정에 참여할 권리가 있다.
3. 대학총장을 간선제로 하도록 한 교육공무원법 제24조 제4항은 대학의 자율성을 침해하는 것은 아니다.

대법원 판례
1. 대학입학지원자가 모집정원에 미달한 경우라도 대학이 수학능력이 없는 자에 대하여 불합격처분을 한 것은 불법적인 것이 아니다(대판 1983.6.28. 83누193).
2. 해외근무자들의 자녀에 대해 과목별 실제점수에 20% 가산점을 부여하여 합격사정을 함으로써 실제 취득점수에 의하면 합격할 수 있는 원고들에 대하여 불합격처분을 하였다면 위법이다(대판 1990.8.28. 89누8255).
3. 채점기준은 답안채점위원회 자유재량에 속한다(대판 1979.6.12. 79누13).

헌재 2013.11.28. 2011헌마282 등
국립대학 교원의 성과연봉제는 학문의 자유를 침해하지 않는다.

헌재 1992.11.12. 89헌마88
수업의 자유는 무제한 보호되기는 어려우며 초·중·고등학교의 교사는 자신이 연구한 결과에 대하여 스스로 확신을 갖고 있다고 하더라도 그것을 학회에서 보고하거나 학술지에 기고하거나 스스로 저술하여 책자를 발행하는 것은 별론 수업의 자유를 내세워 함부로 학생들에게 여과(濾過)없이 전파할 수는 없다.

(5) 대학자치와 경찰권

연혁상 인정되어온 대학의 가택권, 질서유지권, 징계권 등을 대학의 자율권에
포함시켜 경찰권의 개입을 제한할 수 있는가?

대학의 자율을 존중하고 학문의 자유를 최대한 보장한다는 측면에서 일차적인
대학의 판단권을 존중하여 대학의 요청이 있는 경우만 경찰권의 개입이 허용되어
야 한다. 그러나 집회 및 시위에 관한 법률 제17조에 의하면 학교장의 요청 없이
도 경찰권이 집회 및 시위에 출동·개입할 수 있는 근거를 마련해 놓고 있다.

(6) 대학자치의 한계와 제한

대학은 치외법권이 인정되는 성역은 아니므로 절대적 법률권은 인정되지 아니
하며 제도내재적 법률유보에 따른다. 대학자치의 본질적 내용을 침해하는 제한은
허용되지 아니한다.

제8절 예술의 자유

(1) 개념

순주관적인 것이 아니라 객관화될 수 있는 미적 감각세계를 창조적이고 개성적으로 추구할 수 있는 자유로서 전달에 주안점이 있는 것이 아니라 표현에 주안점이 있는 자기목적적인 것이다(바이마르헌법이 최초, 우리 헌법은 제5차 개정 시).

(2) 주체

1) 예술가뿐만 아니라 모든 인간에게 보장되는 자유이다.

2) 극장, 박물관, 미술관, 교향악단은 그 자체로서 예술의 자유의 주체라고 할 수 없고, 그 구성원이 예술의 자유의 주체라는 견해와 법인인 예술단체는 그 주체가 되나, 법인이 아닌 예술단체의 경우에는 예술가 개개인이 그 주체가 된다는 견해와 법인 등 단체도 예술의 자유의 주체가 된다는 견해로 나뉘고 있다.

(3) 성격

주관적 공권 + 객관적 가치질서의 성격이 있다.

(4) 내용(헌재 1993.5.13, 91헌바17)

(가) 예술창작의 자유

1) 창작소재, 창작형태, 창작과정 등에 대한 임의로운 결정권이 포함된다.

2) 상업광고물은 그 자체가 목적이 아닌 수단이나 도구로서 행해지므로 예술창작의 자유에서 보호받지 못한다고 할 것이다. 또한 단순히 기능적인 요리, 수공업은 예술창작의 자유에 포함되지 않는다.

(나) 예술표현(공연, 전시, 보급)의 자유

1) 음반제작자에게도 예술품 보급의 자유가 인정된다(헌재 1993.5.13. 91헌바17). 예술표현의 자유에는 국가기관에 대해 예술작품을 전시, 공연, 선전, 보급해 줄 것을 요구할 권리는 내포되지 않는다.

2) 예술품의 경제적 활용은 예술의 자유가 아니라 재산권에 의해 보호된다.

3) 예술비평은 예술의 자유에 포함되지 아니하고 일반적인 표현의 자유에 의해 보호된다.

(다) 예술적 집회 · 결사의 자유

1) 고도의 자율성이 요청된다.

2) 일반적인 집회 · 결사의 자유보다 고도로 보장된다.

(5) 제한과 그 한계

(가) 내재적 한계　　예술의 자유의 내재적 한계의 인정 여부에 대하여 학설이 갈리고 있다. 그러나 헌재는 "예술표현의 자유는 타인의 권리와 명예 또는 공중도덕이나 사회윤리를 침해하여서는 아니 된다(헌재 1993.5.13. 91헌바17)"라고 하여 내재적 한계를 인정하고 있다.

(나) 예술의 자유의 제한

1) 예술경향에 대한 국가의 간섭은 본질적 내용의 침해가 된다. 예술의 자유의 제한은 과잉금지의 원칙에 따라 필요최소한에 그쳐야 한다.

2) 국가에 의한 예술작품에 대한 수준심사도 허용되지 않는다.

> **정 리**
>
> 예술의 자유 중 예술창작의 자유는 법률로써도 제한할 수 없는 절대적 기본권이나, 예술표현의 자유나 예술적 집회 · 결사의 자유 등은 법률로써 제한이 가능한 상대적 기본권이라 하겠다. 영화 · 연극 등에 대하여는 그 대중성 · 직접성 때문에 질서유지를 위하여 다른 활동보다 더 강한 규제를 받는다(통설). 헌법재판소는 '공연윤리위원회'나 '한국공연예술진흥협의회'의 영화나 비디오물에 대한 사전심의를 위헌이라고 하였다. 예술의 형태, 예술의 내용, 예술의 경향 등에 대한 국가의 간섭 (예술작품에 대한 수준심사)은 예술의 자유의 본질적 내용에 대한 침해가 된다.

제6장 정치적 기본권(참정권)

정치적 기본권 일반/선거권/공무담임권/ 국민표결권

제1절 정치적 기본권 일반

(1) 의의

국민이 국가기관의 구성원으로서 공무에 참여하는 권리로서 민주적·정치적 권리이며 개별적인 국민의 능동적인 공권이다. 참정권은 국민주권의 표현으로서 다른 기본권에 대하여 우월적인 지위를 가진다.

(2) 법적 성격

(가) 국가 내적인 권리(실정법상 권리)이다.

(나) 의무성 여부   긍정설 대 부정설(다수설)의 대립이 있다.

(다) 일신전속적 권리   양도, 대리행사가 불가하다.

(3) 주체

일정 연령에 달한 자연인인 국민의 권리이므로 외국인은 제외된다.

(4) 참정권의 분류

(가) 내용에 따른 분류   공무원선임, 공무담임권, 선거권, 피선거권, 국민발안권, 국민투표권으로 분류할 수 있다.

(나) 직접성·간접성에 따른 분류

(a) **직접적 참정권**: 국가의사형성에 직접 참여할 수 있는 권리로 국민투표권, 국민발안권, 국민소환권이 있다.

(b) **간접적 참정권**: 국가기관형성에 간접적 참여, 또는 그 구성원으로 선임될

수 있는 권리로 선거권, 피선거권(공무담임권) 등이 있다.

(다) 현행 헌법상의 참정권　　　공무원선거권, 공무담임권, 국민투표권이 있다.

제2절 선거권

(1) 의의

국민이 공무원(국가기관 구성원)을 선출하는 권리를 말한다. 여기서 공무원은 가장 넓은 의미의 공무원으로서 일반직 공무원은 물론 국회의원·대통령·지방의회 의원 등 국가기관과 지방자치단체를 구성하는 모든 자를 말한다(통설).

(2) 내용

(가) 선거권자　법률에 요건 규정(18세에 달한 자로서 결격사유가 없을 것)

(나) 구체적 내용　　　대통령 선거권, 국회의원 선거권, 지방의회의원과 지방자치단체장의 선거권이 있다.

(다) 선거권의 평등　　　선거참여자의 기회균등과 아울러 투표가치의 평등도 요구된다.

(3) 선거권의 제한

(가) 선거연령　선거연령은 법률에 위임되어 있는데 18세 이상은 선거권을 가진다(공선법 제15조). 선거권연령을 공무담임권의 연령인 18세와 달리 20세로 규정한 것은 입법부에 주어진 합리적인 재량의 범위을 벗어난 것으로 볼 수 없다. 공선법 제15조는 선거권이나 평등권을 침해하지 않는다(헌재 1997.6.26. 96헌마89).

(4) 판례

(가) 평등선거의 원칙　　　선거구 간 인구편차의 한계

(a) **외국의 입법례와 판례:** 미연방대법원은 최대선거구와 최소선거구 간에 유권자 비율이 3: 1을 넘는 경우에는 위헌으로 보고 있으며, 독일연방선거법은 선거구 획정의 기본원칙으로서 "한 선거구의 인구수가 선거인 평균인구수로부터 위아래로 25%를 초과하는 편차는 허용되지 않으며(훈시규정), 그 편차가 33.1/3을 넘으면

선거구를 새로이 획정하여야 한다"고 규정하고 있다(효력규정). 한편, 연방헌법재판소도 선거구의 인구편차가 선거구의 평균인구수로부터 위아래로 그 33.1/3을 초과하는 것은 위헌이라고 선언하고 있다.

(b) **우리나라**: 선거구획정에 있어서는 인구비례의 원칙이 가장 중요하고 기본적인 기준이며, 평등선거의 원칙을 엄격히 적용하는 경우 적어도 최대선거구의 인구수가 최소선거구의 인구수의 2배 이상인 때에는 위헌이라고 한다면, 그 여타의 제2차적 고려를 아무리 한다 하더라도 그 갑절인 4배, 즉 선거구 간 유권자 비율이 4: 1을 넘은 경우에는 헌법 합치적 해석이 불가능하며, …… 평균인구수가 기준 상하 60% 편차론은 상당한 합리적 근거를 갖는다 하겠다(헌재 1995.12.27. 95헌마 224 · 239 · 373 병합). 최근에 2: 1이 넘으면 위헌이라는 헌법 불합치 결정이 있었다(헌재 2014.10.30. 2012헌마192).

(c) **인접하지 않은 2개의 지역을 1개의 선거구로 획정한 경우**: 인접하지 않은 2개 지역을 하나의 선거구로 획정한 것은 특별한 사정이 없는 한 위헌적인 요소를 지닌 불합리한 선거구획정이나 선거구획정에 대한 헌법재판소의 위헌결정에 따라 선거구를 재획정하여야 할 의무를 부담한 상황하에서 4개월 후인 1996.4.11. 선거에만 한시적으로 적용하기 위하여 행해진 점 등을 고려한다면 위 선거구획정은 입법적 한계를 일탈한 자의적인 것으로서 헌법에 위반된다고 할 수 없다(헌재 1998.11.26. 96헌마54).

(나) 적용례

(a) **선거기간 중 여론조사결과의 공표금지의 합헌성**: 선거기간 중 여론조사결과의 공표를 금지하는 공직자선거 및 부정선거방지법 제108조 제1항은 필요하고 합리적인 범위 내에서의 제한이므로 국민의 언론 · 출판의 자유나 알 권리 및 선거권을 침해하였다고 할 수 없다(헌재 1999.1.28. 98헌바64).

(b) **방송토론회 등에서 후보자의 초청범위를 언론기관에 맡긴 것의 합헌성**: 후보자 등의 대담 · 토론회의 개최 · 보도를 언론기관의 자율에 맡김으로써 방송시간 · 신문의 지면 등을 고려하여 언론기관에 의한 후보자의 초청범위 등의 제한이 가능하도록 한 공직선거법 제82조 제2항은 합리적 차별에 근거한 것으로 헌법에 위반되지 아니한다(헌재 1999.1.28./ 99헌마172).

(c) **후보자나 선거사무원 등이 같은 정당소속의 후보자를 지원하는 것의 합헌성**: 후보자나 선거사무원 등이 다른 정당의 선거운동을 할 수 없도록 하면서도 같

은 소속정당의 후보자를 지원하는 것은 허용하고 있는 공선법 제88조는 정당의 본질적 기능과 기본권 활동을 위한 합리적이고 상대적인 차별로서 헌법에 위반되지 아니한다(헌재 1999.1.28. 99헌마172).

   (d) 해외거주자들에게 부재자투표를 인정하지 않는 것의 합헌성: 해외거주자들에게 부재자투표를 허용하고 있지 않는 공선법 제38조 제1항은 …… 불합리적 차별로서 헌법에 위반된다(헌재 2007.6.28. 2004헌마644 등).

   (e) 지방자치단체장의 임기 중에 국회의원선거에 출마제한: 이 사건 조항에 의한 피선거권의 제한이 민주주의의 실현에 미치는 불리한 효과는 매우 큰 반면, 이 사건 조항을 통하여 달성하려 하는 공익적 효과는 상당히 작다고 판단되므로 피선거권의 제한을 통하여 정당화하는 합리적인 이유를 인정할 수 없다고 하겠다. 따라서 이 사건 조항은 보통선거원칙에 위반되어 청구인들의 피선거권을 침해하는 위헌적인 규정이다(공직선거법 제53조 제3항 등 위헌확인; 헌재 1999.5.27. 98헌마214).

   (f) 재외국민에 대하여 선거권을 부여하지 않은 것의 합헌성: 재외국민에 대하여 선거권을 제한하고 있는 공직선거법 제37조 제1항은 그에 대한 정당한 목적을 찾기 어려우므로 헌법 제37조 제2항에 위반하여 재외국민의 평등권을 침해하고 보통 선거원칙에 위배된다(헌재 2007.6.28. 2004헌마644 등).

제3절 공무담임권

(1) 의의

   공무담임권이란 행정부, 입법부, 사법부, 지방자치단체 기타 일체의 공공단체의 구성원으로 선임될 수 있는 권리 및 그 직무를 담임할 수 있는 권리로서, 선거에 의하여 국가기관의 구성원이 될 수 있는 자격인 피선거권과 구별되며 더 넓은 개념이다.

(2) 내용

   ① 국회의원 피선거권

   ② 대통령 피선거권

   ③ 지방의회의원과 지방자치단체장 피선거권이 있다.

(3) 제한과 한계

공무담임권의 보호영역에는 일반적으로 공직취임의 기회보장, 신분박탈, 직무의 정지가 포함될 뿐이고, 청구인이 주장하는 '승진시험의 응시제한'이나 이를 통한 승진기회의 보장문제는 공직신분의 유지나 업무수행에는 영향을 주지 않는 단순한 내부승진인사에 관한 문제에 불과하여 공무담임권의 보호영역에 포함된다고 보기는 어려우므로 결국 이 사건 심판대상규정은 청구인의 공무담임권을 침해한다고 볼 수 없다(헌재 2007.6.28. 2005헌마1179).

관련판례

헌재 2000.1.27. 99헌마123 참조
헌법재판소는 지방고등고시 제1차 시험에 합격하였으나 최종시험 시행일을 기준으로 한 응시상한 연령(33세)에 5일 초과함으로써 제2차 시험 응시자격을 박탈당하게 된 수험생이 청구한 헌법소원 사건에서, 응시연령기준일을 정함에 있어 매 연도별로 결정되고 최종시험 시행일을 기준으로 하는 것은 응시자의 예측가능성을 현저히 저해하는 것이라 할 것이고, 특히 최종시험 시행일을 예년보다 늦은 연도 말(1999.12.24.)로 정함으로써 청구인으로 하여금 응시상한연령을 5일 초과하게 하여 응시자격을 박탈한 것은 법치주의의 한 요청인 예측가능성을 위반하여 공무담임권을 침해한 것이라면서 행정자치부장관의 제5회 지방고등고시 응시연령공고(공권력의 행사임을 인정)를 취소하였다.

공무담임권침해에 관한 헌법재판소의 판례
헌법재판소는 ① 금고 이상의 형의 '집행유예'를 받은 공무원의 당연퇴직(헌재 1997.11.27. 95헌바14 등), ② 교육경력자의 지방교육위원에의 우선당선조항(헌재 2003.3.27. 2002헌마573), ③ 초·중등학교 교원의 정년을 65세에서 62세로 하향조정한 것(헌재 2000.12.14. 99헌마12 등) 등에 대해서 합헌결정하였다.
그러나 ① 형사기소된 국가공무원에 대한 필요적 직위해제(헌재 1998.5.28. 96헌가12), ② 금고이상의 형의 '선고유예'를 받은 공무원의 당연퇴직(헌재 2002.8.29. 2001헌마788 등), ③ 자격정지 이상의 형의 선고유예를 받은 직업군인의 당연제적(헌재 2003.9.25. 2003헌마293 등), ④ 자격정지 이상의 형의 선고유예를 받은 경찰공무원의 당연퇴직(헌재 2004.9.23. 2004헌가12), ⑤ 검찰총장의 퇴직 후 2년 이내에 모든 공직에의 취임금지(헌재 1997.7.16. 97헌마26), ⑥ 경찰청장이 퇴임 후 2년 이내에 정당가입을 금지(헌재 1999.12.23. 99헌마35 - 위헌)에 대해서는 위헌결정하였다.

군인사법 제40조 제1항 제4호 위헌확인(헌재 2003.9.25. 2003헌마293·437 병합: 위헌)
【직업군인이 자격정지 이상의 형의 선고유예를 받은 경우에 군공무원직에서 제적】
오늘날 사회구조의 변화로 인하여 '모든 범죄로부터 순결한 공직자 집단'이라는 신뢰를 요구하는 것은 지나치게 공익만을 우선한 것이며, 오늘날 사회국가원리에 입각한 공직제도의 중요성이 강조되면서 개개 공무원의 공무담임권 보장의 중요성은 더욱 큰 의미를 가지고 있다. 일단 공무원으로 채용된 공무원을 퇴직시키는 것은 공무원이 장기간 쌓은 지위를 박탈해 버리는 것이므로 같은 입법목적을 위한 것이라고 하여도 당연제적사유를 임용결격사유와 동일하게 취급하는 것은 타당하다고 할 수 없다. 결국 <u>이 사건 법률조항은 헌법 제25조의 공무담임권을 침해하였다고 할 것이다.</u>

국가공무원법 제33조 제1항 제5호 등 위헌확인(헌재 2003.10.30. 2002헌마684 등 병합: 위헌)
【금고 이상의 형의 선고유예를 받은 경우에 공무원직에서 당연퇴직】
이 사건 법률조항은 기본권을 필요한 최소한의 정도를 넘어 제한하고 있으며, 공직제도의 신뢰성이라는 공익과 공무원의 기본권이라는 사익을 적절하게 조화시키지 못함으로써 헌법 제25조의 공무담임권을 침해하였다고 할 것이다.

구 경찰공무원법 제21조 위헌제청(헌재 2004.9.23. 2004헌가12)
【쟁점】 경찰공무원이 자격정지 이상의 선고유예판결을 받은 경우 이를 당연퇴직사유로 규정한 것이 공무담임권을 침해하여 헌법에 위반되는지 여부

【주문】 구 경찰공무원법 제21조 중 제7조 제2항 제5호 부분은 헌법에 위반된다.

【결정요지】
경찰공무원과 군인의 공무원으로서의 법적 지위, 그 임무의 연결성과 조직체계의 유사성을 고려하고, 구 군인사법의 당연퇴직사유 중 '자격정지 이상의 형의 선고를 받고 선고유예기간 중에 있는 자'가 규정되어 있는 것과 마찬가지로 이 사건 법률조항 역시 동일한 내용을 담고 있는 점에 비춰보면 구 군인사법의 관련 당연퇴직조항이 이미 위헌으로 결정된 것과 달리 경찰공무원에 대한 이 사건 법률조항을 합헌으로 판단할 특별한 사정이 있다고 할 수 없다. 따라서 이 사건 법률조항 역시 과잉금지원칙에 위배해 <u>공무담임권을 침해하는 조항이라 할 것이다.</u>

검찰청법 제12조 제4항에 대한 헌법소원(헌재 1997.7.16. 97헌마26: 위헌)
검찰총장 퇴임 후 2년 이내에는 모든 공직에의 임명을 금지하고 있는 것은 직업선택의 자유와 공무담임권을 침해하는 것으로서 헌법에 위배되고 검찰총장 퇴직 후 일정기간 동안 정당의 발기인이나 당원이 될 수 없도록 하는 것은 정치적 결사의 자유와 <u>참정권(선거권과 피선거권)을 침해하고 있다.</u>

국가인권위원회법 제11조 위헌확인 헌법소원(헌재 2004.1.29. 2002헌마788: 위헌)
인권위원의 참정권 등 기본권을 과잉되게 침해하여 위헌
인권위원의 참정권 등 기본권을 과잉되게 침해하여 위헌이 사건 법률조항이 위원이 교육공무원직을 제외한 선거직 등 모든 형태의 공직에 진출하는 것을 퇴직 후 2년간 불가능하도록 함으로써 이 사건 법률조항은 퇴직한 인권위원이 국회의원 등 선거직 공직뿐만 아니라 행정각부의 장·차관 등 정무직 공직으로부터 각 부처에 설치되어 있는 각종 연구직 공직에 이르기까지 교육공무원직을 제외한 모든 영역에서 공직활동을 하는 것을 일정기간 동안 포괄적으로 봉쇄하고 있다. 이렇게 이 사건 법률조항은 퇴직위원이 취임하고자 하는 공직이 인권보장업무와 전혀 관련성이 없거나 관련성이 있더라도 밀접하지 아니한 경우에도 모두 포괄적으로 그 취임을 제한하고 있으며, 또한 구체적인 경우에 퇴직하는 당해 위원의 상황을 고려한 판단의 가능성도 전혀 인정하지 아니하는 것으로써 그 입법목적의 달성에 필요한 범위를 명백히 넘어서서 퇴직위원의 위 기본권들을 과도하게 제한한다고 할 것이다. 그렇다면 이 사건 법률조항은 과잉금지의 원칙상 요구되는 피해의 최소성의 원칙에 위배된다.

형사기소와 공무원의 직위해제

이 사건 규정은 공무원이 형사사건으로 기소된 경우에는 형사사건의 성격을 묻지 아니하고, 즉 고의범이든 과실범이든, 법정형이 무겁든 가볍든, 범죄의 동기가 어디에 있든지를 가리지 않고 필요적으로 직위해제처분을 하도록 규정하고 있다. …… 따라서 이 사건 규정은 헌법 제37조 제2항의 비례의 원칙에 위반되어 직업의 자유를 과도하게 침해하고 헌법 제27조 제4항의 무죄추정의 원칙에도 위반된다(헌재 1998.5.28. 96헌가12).

관련판례

교원공무원의 정년을 62세로 한 교육공무원법 제47조(헌재 2000.12.14. 99헌마112)
대학교교원의 정년을 65세로 하면서 초·중등교원의 정년은 62세로 하여 양자를 차별하였다 하더라도 대학교원은 최초 임용시 연령이 초·중등교원보다 상대적으로 고령인 점을 고려하면 합리적 이유가 있는 차별이다.

주민투표법 입법부작위 헌법소원(헌재 2001.6.28. 2000헌마735)
우리 헌법은 법률이 정하는 바에 따른 '선거권'과 '공무담임권' 및 국가안위에 관한 중요정책과 헌법개정에 대한 '국민투표권'만을 헌법상의 참정권으로 보장하고 있으므로 지방자치법 제13조의2(현행 제14조)에서 규정한 주민투표권은 그 성질상 선거권, 공무담임권, 국민투표권과 전혀 다른 것이어서 이를 법률이 보장하는 참정권이라고 할 수 있을지언정 헌법이 보장하는 참정권이라고 할 수는 없다.

교육위원 선거권을 학교운영위원회 위원으로 한정하는 지방교육자치에 관한 법률 제62조(헌재 2002.3.28. 2000헌마283·778)
1. 헌법의 명문으로 규정하고 있는 선거권은 대통령 선거권, 국회의원 선거권, 지방의원 선거권이고, 지자체장 선거권과 교육위원 선거권은 법률에 의해서 인정되고 있다.
2. 교육위원은 정치적 중립성, 자주성을 확보하기 위하여 학교운영위원회에 한하여 교육위원 선거권을 인정하는 것은 합리적 재량의 범위 내의 것이라고 할 수 있다.

교육경력자를 교육위원 정수 중 2분의 1까지 우선 당선시키도록 한 지방교육자치에 관한 법률 제115조(헌재 2003.3.27. 2002헌마573)
1. 4인의 의견: 헌법 제31조 제4항의 교육의 자주성, 전문성, 정치적 중립성을 확보하기 위하여 경력자를 우선 당선시키도록 하여 민주적 정당성이 일부 후퇴하더라도 이는 부득이한 것으로 법익균형성원칙에 위배되지 아니한다.
2. 5인의 위헌의견: 경력자를 우선 당선시키는 것은 비경력자의 공무담임권을 침해하는 것이다.

금고 이상 형의 선고유예를 받은 공무원의 당연퇴직을 규정한 지방공무원법 제61조(헌재 2002.8.29. 2001헌마788·2002헌마173)
1. 당연퇴직은 행정처분 없이 법률상 공무원 직위를 상실시키는 것이다.
2. 공무담임권은 모든 국민이 현실적으로 공무를 담당할 수 있다는 의미가 아니라 공직취직의 기회의 자의적인 배제를 금지하고 공무원 신분의 부당한 박탈을 금지하는 것이다.

3. 공무원의 범죄를 사전에 예방하고 국민의 신뢰를 유지하려는 이 사건 법률조항의 목적은 저당하나 금고 이상의 선고유예판결을 받은 모든 공무원의 당연퇴직을 규정하여 교통사고관련범죄 등 과실범의 경우마저 당연퇴직하도록 하는 것은 최소침해성원칙에 위반된다.

관련판례 1
금고 이상의 선고유예판결을 받은 공무원을 당연퇴직하도록 한 국가공무원법 제69조는 공무담임권 침해이다(헌재 2003.10.30. 2002헌마684).

관련판례 2
금고 이상의 형의 선고유예를 받고 그 선고유예기간 중에 있는 예비군 부대지휘관을 당연퇴직하도록 규정한 향토예비군설치법 시행규칙 제11조 제1항은 공무담임권침해이다(헌재 2005.12.22. 2004헌마947).

선고유예를 받은 청원경찰의 당연퇴직 사건(헌재 2018.1.25. 2017헌가26)
헌법재판소는 2018년 1월 25일 재판관 전원 일치 의견으로, 청원경찰이 금고 이상의 형의 선고유예를 받은 경우 당연 퇴직되도록 규정한 청원경찰법(2010. 2. 4. 법률 제10013호로 개정된 것) 제10조의6 제1호 중 제5조 제2항에 의한 국가공무원법 제33조 제5호에 관한 부분이 헌법에 위반된다는 결정을 선고하였다. 심판대상조항은 청원경찰이 저지른 범죄의 종류나 내용을 불문하고 금고 이상의 형의 선고유예를 받게 되면 당연히 퇴직되도록 규정함으로써 청원경찰에게 공무원보다 더 가혹한 제재를 가하고 있으므로, 침해의 최소성 원칙에 위배된다.

금고 이상의 집행유예를 받은 공무원의 당연퇴직을 규정한 지방공무원법 제61조(헌재 2003.12.18. 2003헌마409)
공무담임권 침해 여부: 공무원에게 가해지는 신분상 불이익과 보호하려는 공익을 비교할 때 금고 이상의 형의 집행유예 판결을 받은 것을 공무원의 당연퇴직사유로 규정한 법률조항이 입법자의 재량을 일탈하여 공무담임권, 평등권 등을 침해하는 위헌의 법률조항이라고 볼 수는 없다.
※ 주의: 금고 이상의 선고유예판결을 받은 공무원의 당연퇴직은 위헌이나, 금고 이상의 집행유예 판결을 받은 공무원의 당연퇴직은 합헌이다.

직무와 무관한 범죄로 인하여 금고 이상의 집행유예를 선고받은 공무원의 당연퇴직을 규정한 국가공무원법 제69조(헌재 1997.11.27. 95헌바14)
공무원에 부과되는 신분상 불이익과 보호하려고 하는 공익이 합리적 균형을 이루는 한 법원이 범죄의 모든 정황을 고려한 나머지 금고 이상의 형에 대한 집행유예의 판결을 하였다면 그 범죄행위가 직무와 직접적 관련이 없거나 과실에 의한 것이라 하더라도 공무원의 품위를 손상하는 것으로 당해공무원에 대한 사회적 비난가능성이 결코 적지 아니할 것이므로 이를 공무원 임용결격 및 당연퇴직사유로 규정한 것을 위헌의 법률조항이라고 볼 수 없다.
※ 대법원도 국가공무원법 동조항을 합헌으로 보고 있다(대판 1996.5.14. 95누7307).

지방자치단체의 장은 다른 지방자치단체의 장의 동의를 얻어 그 소속공무원을 전입할 수 있다고 규정한 지방공무원법 제29조의3(헌재 2002.11.28. 98헌바101·99헌바8)
1. 지방공무원을 전출하기 위해서는 당해 공무원의 동의를 받아야 하고 동의 없이 전출시키는 것은 공무담임권침해이다.
2. 대법원은 이 사건 법률조항을 당해 공무원의 동의를 전제하는 것으로 해석하고 있고, 이 사건

법률조항은 당해 공무원의 동의를 전제로 하고 있는 것으로 해석되는 바, 이 사건 법률조항이 공무원의 공무담임권을 침해하는 것은 아니다.

제주도의 지방자치단체인 시·군을 모두 폐지하는 제주도 행정체제 등에 관한 특별법 제3조 및 제주특별자치도 설치 및 국제자유도시 조성을 위한 특별법 제15조 제1항·제2항이 제주도민들의 선거권 및 피선거권의 참정권을 침해하는지 여부(소극)(헌재 2006.4.27. 2005헌마1190 전원재판부)
제주국제자유도시 조성은 단순한 산업발전을 위한 정책을 넘어 사람·상품·자본의 국제적 이동과 기업활동의 편의가 최대한 보장되도록 규제를 완화하고 국제적 기준이 적용되는 지역적 단위를 설정하는 것이다. 이를 위해서는 기존의 법령을 개정하여 새로운 기준을 설정하는 것뿐 아니라 광범위한 개발계획의 시행이 이루어져야 한다. 1도·2시·2군의 기존 제주도 행정체계로는 이와 같은 새로운 행정수요를 충적시키기 어렵다. 따라서 지방행정구조개편이 필요하며 행정의 효율화를 달성하고 국제자유도시의 조성을 도모하려는 입법자의 판단이 부정확한 사실인식과 불합리한 예측을 근거로 한 것이라 할 수는 없다.

공무원임용시험령 제16조 별표 4 중 9급 공개경쟁채용시험의 응시연령을 '28세까지'로 한 부분이 응시자의 공무담임권을 침해하는지 여부(소극)(헌재 2006.5.25. 2005헌마11·2006헌마314(병합))
이 사건 조항이 9급 공개경쟁채용시험의 응시연령을 28세까지로 한 것이 비합리적이거나 불공정한 것이 아니라거나 기타 입법자가 행사할 수 있는 재량의 범위를 벗어난 것이라고 단정하기 어렵다. 그렇다면 이 사건조항이 청구인들의 공무담임권을 침해한다고 볼 수 없다.

공직선거법 제47조 등 위헌확인(헌재 2011.3.31. 2009헌마286)
【판시사항】
1. 정당이 자치구·시·군의 장 후보자를 추천할 수 있도록 한 공직선거법 제47조 제1항 본문이 청구인의 공무담임권, 평등권 등을 침해하는지 여부(소극)
2. 투표용지의 후보자게재순위를 정함에 있어서 정당·의석수를 기준으로 기호배정하도록 한 공직선거법 제150조 제3항이 청구인의 평등권, 공무담임권 등을 침해하는지 여부(소극)

경찰공무원임용령 제39조 제1항 등 위헌확인(헌재 2012.5.31. 2010헌마278)
헌법재판소는 2012년 5월 31일 경찰공무원임용령(2005.5.13. 대통령령 제18826호로 개정된 것) 제39조 제1항 중 순경 공개채용시험의 응시연령의 상한을 "30세 이하"로 규정한 부분 및 소방공무원임용령(2003.1.20. 대통령령 제17887호로 개정된 것) 제43조 제1항 별표 2 중 소방사·지방소방사 공개경쟁채용시험 및 특별채용시험의 응시연령의 상한을 "30세 이하"로 규정한 부분과 같은 조 제2항에서 소방간부후보생 선발시험의 응시 연령의 상한을 "30세 이하"로 규정한 것에 관한 위헌확인 사건에서 위 조항들이 공무담임권을 침해하여 헌법에 합치되지 아니한다는 결정을 선고하였다. 위 조항 부분은 2012.12.31.을 시한으로 개정될 때까지 계속 적용된다.

공무원임용시험령별표 5 위헌확인(헌재 2012.7.26. 2010헌마264)
헌법재판소는 2012년 7월 26일 재판관 전원의 일치된 의견으로, 7급 및 9급 전산직 공무원시험의 응시자격으로 전산관련 산업기사 이상의 자격증 소지를 요구하는 구 공무원임용시험령 제18조 제1항 [별표5] 중 '전산직렬 6·7급 및 8·9급'에 관한 부분이 청구인의 기본권을 침해하지 아니하여 기각한다는 결정을 선고하였다.

군인사법 제15조 제1항 위헌확인(헌재 2014.9.25. 2011헌마414) - 부사관의 임용연령 상한을 27세로 정한 군인사법 위헌확인 사건

1. 또한 심판대상조항으로 인하여 입는 불이익은 부사관 임용지원기회가 27세 이후에 제한되는 것임에 반하여, 이를 통해 달성할 수 있는 공익은 군의 전투력 등 헌법적 요구에 부응하는 적절한 무력의 유지, 궁극적으로 국가안위의 보장과 국민의 생명·재산 보호로서 매우 중대하므로, 법익의 균형성 원칙에도 위배되지 아니한다.

2. 따라서 심판대상조항이 과잉금지의 원칙을 위반하여 청구인들의 공무담임권을 침해한다고 볼 수 없다.

헌재 2015.4.30. 2014헌마621

심판대상조항이 사립대학의 교원에게 국·공립대학의 교원과 동일하게 국회의원에 당선된 경우 교수의 직에서 사직할 의무를 부과한 것에는 합리적 이유가 있으므로, 심판대상조항은 청구인의 평등권을 침해하지 않는다.

총장후보자 지원자에게 기탁금을 납부하도록 한 총장후보자 선정규정에 관한 사건(헌재 2018.4.26. 2014헌마274)

헌법재판소는 총장후보자 지원자에게 기탁금 1,000만 원을 납부하도록 한 '전북대학교 총장임용후보자 선정에 관한 규정'(2014. 6. 13. 훈령 제1753호로 개정된 것) 제15조 제1항 제9호, '전북대학교 총장임용후보자 선정에 관한 규정'(2014. 8. 22. 훈령 제1768호로 개정된 것) 제15조 제3항은 청구인의 공무담임권을 침해하므로 헌법에 위반된다는 결정을 선고하였다.

이 사건 기탁금조항의 1,000만 원 액수는 교원 등 학내 인사뿐만 아니라 일반 국민들 입장에서도 적은 금액이 아니다. 여기에, 추천위원회의 최초 투표만을 기준으로 기탁금 반환 여부가 결정되는 점, 일정한 경우 기탁자 의사와 관계없이 기탁금을 발전기금으로 귀속시키는 점 등을 종합하면, 이 사건 기탁금조항의 1,000만 원이라는 액수는 자력이 부족한 교원 등 학내 인사와 일반 국민으로 하여금 총장후보자 지원 의사를 단념토록 하는 정도에 해당한다. 이러한 사정들을 종합하면, 이 사건 기탁금조항은 침해의 최소성에 반한다.

제4절 국민표결권(국민투표권)

(1) 의의

국민표결권이란 국민의 국민투표로서 국가의사의 결정에 직접 참여할 수 있는 권리를 말한다(직접민주제의 한 형태).

(2) 내용

레퍼렌덤(협의의 국민표결), 플레비지트(국민결정)로 나누어 볼 수 있는데, 레퍼렌덤은 헌법규정에 따라 헌법사항에 대한 투표를 의미하고, 플레비지트는 일종의 신

임투표로서 특정인의 통치나 영토변경에 대하여 임의적으로 행하는 투표를 의미한다. 전자가 국민의 '직접입법'이라면 후자는 국민의 '정치적 결단'을 의미하며, 전자가 법전에서의 입법이라면 후자는 개별적 행위를 대상으로 하며, 전자가 '의무적' 국민투표라면 후자는 '임의적' 국민투표이며, 전자는 스위스가 후자는 프랑스가 기원이다.

(3) 우리 헌법상 인정되는 국민표결권(국민투표권)

헌법개정안(헌법 제130조 제2항), 외교·국방·통일 기타 국가안위에 관한 중요정책(헌법 제72조)의 경우에 국민투표를 인정하고 있는데, 전자는 필수적이고 후자는 임의적이다.

국민투표법

제7조【투표권】19세 이상의 국민은 투표권이 있다. 〈개정 2007.5.17〉

제9조【투표권이 없는 자】투표일 현재 「공직선거법」제18조의 규정에 따라 선거권이 없는 자는 투표권이 없다. [전문개정 2007.5.17]

제92조【국민투표무효의 소송】국민투표의 효력에 관하여 이의가 있는 투표인은 투표인 10만인 이상의 찬성을 얻어 중앙선거관리위원회위원장을 피고로 하여 투표일로부터 20일 이내에 대법원에 제소할 수 있다.

제93조【국민투표무효의 판결】대법원은 제92조의 규정에 의한 소송에 있어서 국민투표에 관하여 이 법 또는 이 법에 의하여 발하는 명령에 위반하는 사실이 있는 경우라도 국민투표의 결과에 영향이 미쳤다고 인정하는 때에 한하여 국민투표의 전부 또는 일부의 무효를 판결한다.

관련판례

헌재 2005.11.24. 2005헌마579 등
헌법 제72조는 국민투표에 부쳐질 중요정책인지 여부를 대통령이 재량에 의하여 결정하도록 명문으로 규정하고 있고 헌법재판소 역시 위 규정은 대통령에게 국민투표의 실시 여부, 시기, 구체적 부의사항, 설문내용 등을 결정할 수 있는 임의적인 국민투표발의권을 독점적으로 부여하였다고 하여 이를 확인하고 있다.

헌재 2004.5.14. 2004헌나1
대통령은 헌법상 국민에게 자신에 대한 신임을 국민투표의 형식으로 물을 수 없을 뿐만 아니라, 특정 정책을 국민투표에 붙이면서 이에 자신의 신임을 결부시키는 대통령의 행위도 위헌적인 행

<u>위로서 헌법적으로 허용되지 않는다.</u>

헌재 2004.5.14. 2004헌나1
헌법 제72조는 대통령에게 국민투표의 실시 여부, 시기, 구체적 부의사항, 설문내용 등을 결정할 수 있는 임의적인 국민투표발의권을 독점적으로 부여함으로써, 대통령이 단순히 특정 정책에 대한 국민의 의사를 확인하는 것을 넘어서 자신의 정책에 대한 추가적인 정당성을 확보하거나 정치적 입지를 강화하는 등, 국민투표를 정치적 무기화하고 정치적으로 남용할 수 있는 위험성을 안고 있다. 이러한 점을 고려할 때, 대통령의 부의권을 부여하는 헌법 제72조는 가능하면 대통령에 의한 국민투표의 정치적 남용을 방지할 수 있도록 엄격하고 축소적으로 해석되어야 한다. 이러한 관점에서 볼 때, <u>헌법 제72조의 국민투표의 대상인 '중요정책'에는 대통령에 대한 '국민의 신임'이 포함되지 않는다.</u>

공직선거법 제218조의4 제1항 등 위헌확인(헌재 2014.7.24. 2009헌마256) – 재외선거인 선거권 및 국민투표권 제한 사건
헌법재판소는 2014년 7월 24일 재외선거인의 국민투표권을 제한하는 <u>국민투표법 제14조 제1항의 관련부분은 재외선거인의 국민투표권을 침해하여 헌법에 합치되지 아니한다는 결정을 선언하였다.</u> 그 외에 재외선거인에게 임기만료 지역구 국회의원선거권을 인정하지 않은 제15조 제1항 단서 및 제218조의5 제1항 관련부분, 국회의원 재보궐 선거의 선거권을 인정하지 않은 제218조의5 제1항 관련부분, 재외선거인 명부작성시 신청등록제를 채택한 제218조의5 제1항 관련부분, 재외선거 투표 절차를 공관방문투표방법으로 정한 제218조의19 제1항 및 제2항 관련부분은 <u>헌법에 위반되지 않는다</u>고 선언하였다.

헌재 2014.7.24. 2009헌마256
대의기관의 선출주체가 곧 대의기관의 의사결정에 대한 승인주체가 되는 것은 당연한 논리적 귀결이므로, 국민투표권자의 범위는 대통령선거권자 · 국회의원선거권자와 일치되어야 한다.

헌재 2014.7.24. 2009헌마256
국민투표는 선거와 달리 국민이 직접 국가의 정치에 참여하는 절차이므로, 국민투표권은 대한민국 국민의 자격이 있는 사람에게 반드시 인정되어야 하는 권리이다.

제7장 청구권적 기본권

청구권적 기본권/청원권/재판청구권/형사보상청구권/
국가배상청구권/범죄피해구조청구권

제1절 청구권적 기본권

(1) 개념

국민이 국가에 대하여 일정한 행위를 적극적으로 청구할 수 있는 주관적 공권
(기본권의 실효성을 보장하기 위한 권리)을 말한다.

(2) 법적 성격

(가) 국가 내적인 권리   초국가적 자연권과 구별되어진다.

(나) 적극적 권리   소극적인 자유권과 능동적인 참정권과 구별된다.

(다) 절차적 권리   다른 기본권을 실현하기 위한 절차적 기본권이다.

(3) 주체

(가) 국민   원칙적으로 국민에 한정되며 법인은 구속적부심사청구권, 형사
보상청구권, 범죄피해자구조청구권을 행사할 수 없다.

(나) 외국인   상호(보증)주의가 적용되는 것으로 국가배상청구권, 범죄피해자
구조청구권이 있다. 외국인에게 인정되는 청구권적 기본권으로 청원권, 재판청구
권, 형사보상청구권이 있다.

(4) 청구권의 내용

청원권(제26조), 재판청구권(제27조), 형사보상청구권(제28조), 국가배상청구권
(제29조), 범죄피해자구조청구권(제30조) 등이 있다.

제2절 청원권

(1) 개념

국가기관에 대하여 일정한 사항에 관한 의견이나 희망을 진술할 권리를 말한다.

헌법 제26조에서 규정한 청원권은 공권력과의 관계에서 일어나는 여러가지 이해관계, 의견, 희망 등에 관하여 적법한 청원을 한 국민에게 국가기관이 이를 수리·심사하여 그 심사결과를 통보하여 줄 것을 요구할 수 있는 권리이다(헌재 2000.10.25. 99헌마458).

(2) 법적 성격

(가) 청구권설(다수설)

(나) 복합적 기본권설   자유권＋청구권＋참정권

▶ 청원은 비사법적인 권리구제수단 또는 정치적 권리구제수단이다.

(3) 주체

(가) 자연인(내·외국인과 법인)은 해당된다. 단, 공법인은 해당되지 않는다(청원의 객체).

(나) 특별권력관계에 있는 자(공무원, 군인, 수형자 등)도 해당된다. 단, 직무에 관련된 청원과 집단적 청원은 할 수 없다.

(4) 청원내용

(가) 청원사항(청원법 제4조)

(a) 피해의 구제

(b) 공무원의 위법·부당한 행위에 대한 시정이나 징계의 요구

(c) 법률·명령·조례·규칙 등의 제정·개정 또는 폐지

(d) 공공의 제도 또는 시설의 운영

(e) 그 밖에 국가기관 등의 권한에 속하는 사항

(나) 청원의 불수리(청원법 제5조) 청원서를 접수한 기관은 다음의 어느 하나에

해당하는 사유로 청원을 수리하지 아니하는 때에는 그 사유를 명시하여 청원인에게 통지하여야 한다.

(a) 감사 · 수사 · 재판 · 행정심판 · 조정 · 중재 등 다른 법령에 의한 조사 · 불복 또는 구제절차가 진행중인 때

(b) 허위의 사실로 타인으로 하여금 형사처분 또는 징계처분을 받게 하거나 국가기관 등을 중상모략하는 사항인 때

(c) 사인 간의 권리관계 또는 개인의 사생활에 관한 사항인 때

(d) 청원인의 성명 · 주소 등이 불분명하거나 청원내용이 불명확한 때

(5) 청원절차

(가) **청원형식** 문서주의(헌법주의 제6조: 구두청원은 인정 안 됨), 청원인의 성명과 주소 또는 거소를 기재하고 서명한 문서로 한다.

(나) **제출기관** 국가기관은 물론이고

(a) 지방자치단체와 그 소속기관

(b) 법령에 의하여 행정권한을 가지고 있거나 행정권한을 위임 또는 위탁받은 법인 · 단체 또는 그 기관이나 개인(청원법 제3조)에게도 가능하다.

▶ 무관기관 청원시 → 기각하지 않고 접수 후 담당기관에 이송해야 한다.

(다) **국회와 지방의회에 대한 청원** 국회는 국회의원(국회법), 지방의회는 지방의회의원(지방자치법)의 소개가 있어야 한다.

▶ 국회가 채택한 청원으로서 정부에서 처리함이 타당하다고 인정되는 청원은 의견서를 첨부하여 정부에 이송한다. 이때 정부는 청원을 처리하고 그 처리결과를 국회에 보고하여야 한다(국회법 제126조).

관련판례 국회법 제123조 제1항 위헌확인(헌재 2012.11.29. 2012헌마330)

헌법재판소는 2012년 11월 29일 관여 재판관 전원의 일치된 의견으로, 국회에 청원을 하려고 하는 자는 의원의 소개를 얻어 청원서를 제출하도록 규정한 국회법(1991.5.31. 법률 제4385호로 개정된 것) 제123조 제1항은 청원권과 평등권을 침해하지 아니하므로, 이 사건 심판청구를 기각한다는 결정을 선고하였다.

(6) 청원효과

(가) 적극적 효과

(a) **헌법**: 국가는 청원에 대하여 심사할 의무를 진다(헌법 제26조).

(b) **청원법**: 성실하고 공정하게 청원을 심사 · 처리하여야 한다. 청원을 접수한 때에는 특별한 사유가 없는 한 90일 이내에 그 처리결과를 청원인에게 통지하여야 한다(청원법 제9조).

(나) 소극적 효과　　　청원을 하였다는 이유로 차별대우를 받거나 불이익을 강요당하지 아니한다(청원법 제12조).

청원한 사항 처리방법(대판 1990.5.25. 90누1458)

청원을 국가기관이 수리하여 구체적인 조치를 취할 것인지의 여부는 국가기관 자유재량에 속한다.

청원권의 보호범위와 처리방법

헌법상 보장된 청원권은 공권력과의 관계에서 일어나는 여러 가지 이해관계, 의견, 희망 등에 관하여 적법한 청원을 한 모든 국민에게 국가기관이 청원을 수리할 뿐만 아니라 이를 심사하여 청원자에게 그 처리결과를 통지할 것을 요구할 수 있는 권리를 말하나, 청원사항의 처리결과에 심판서나 재결서에 준하여 이유를 명시할 것을 요구하는 것은 청원권의 보호범위에 포함되지 아니하므로, 청원 소관관서는 청원법이 정하는 절차와 범위 내에서 청원사항을 성실·공정·신속히 심사하고 청원인에게 그 청원을 어떻게 처리하고 처리하려 하는지를 알 수 있을 정도로 결과통지함으로써 충분하다(헌재 1994.2.24. 93헌마213·214·215 병합).

헌재 2005.11.24. 2003헌바108

청원권 행사를 위한 청원사항이나 청원방식, 청원절차 등에 관해서는 입법자가 그 내용을 자유롭게 형성할 재량권을 가지고 있으므로 공무원이 취급하는 사건 또는 사무에 관한 사항의 청탁에 관해 금품을 수수하는 등의 행위를 청원권의 내용으로서 보장할지 여부에 대해서도 입법자에게 폭넓은 재량권이 주어져 있다. 우리 헌법 제26조에서 "모든 국민은 법률이 정하는 바에 의하여 국가기관에 문서로 청원할 권리를 가진다. 국가는 청원에 대하여 심사할 의무를 진다."고 하여 청원권을 기본권으로 보장하고 있으므로 국민은 여러 가지 이해관계 또는 국정에 관하여 자신의 의견이나 희망을 해당 기관에 직접 진술하는 외에 그 본인을 대리하거나 중개하는 제3자를 통해 진술하더라도 이는 청원권으로서 보호된다.

청원결과통지에 대한 헌법소원

적법한 청원에 대하여 국가기관이 이를 수리·심사하여 그 결과를 청원인에게 통보하였다면 이로써 당해 국가기관은 헌법 및 청원법상의 의무이행을 다한 것이고, 그 통보 자체에 의하여 청구인의 권리의무나 법률관계가 직접 무슨 영향을 받는 것도 아니므로 비록 그 통보내용이 청원인이 기대하는 바에는 미치지 못한다고 하더라도 그러한 통보조치가 헌법소원의 대상이 되는 구체적인 공권력의 행사 내지 불행사라고 볼 수는 없다(헌재 2000.10.25. 99헌마458).

청원결과통지에 대한 행정소송

청원을 수리한 국가기관은 이를 성실, 공정, 신속히 심사·처리하여 그 결과를 청원인에게 통지하는 이상의 법률상 의무를 지는 것은 아니라고 할 것이다. 따라서 국가기관이 그 수리한 청원을 받아들여 구체적인 조치를 취할 것인지 여부는 국가기관의 자유재량에 속한다고 할 것일 뿐만 아니라 이로써 청원자의 권리의무, 그 밖의 법률관계에는 하등의 영향을 미치는 것이 아니므로 청원에 대한 심사처리결과의 통지 유무는 행정소송의 대상이 되는 행정처분이라고 할 수 없다(대판 1990. 5.25. 90누1458).

청원법

제4조【청원사항】 청원은 다음 각 호의 1에 해당하는 경우에 한하여 이를 할 수 있다.

1. 피해의 구제

2. 공무원의 비위의 시정 또는 공무원에 대한 징계나 처벌의 요구

3. 법률·명령·규칙의 제정·개정 또는 폐지

4. 공공의 제도 또는 시설의 운영

5. 그 밖에 국가기관 등의 권한에 속하는 사항

제5조【청원의 불수리사항】 ① 청원내용이 다음 각 호의 1에 해당하는 것은 이를 수리하지 아니한다.

1. 감사·수사·재판·행정심판·조정·중재 등 다른 법령에 의한 조사·불복 또는 구제절차가 진행중인 때

2. 허위의 사실로 타인으로 하여금 형사처분 또는 징계처분을 받게 하거나 국가기관 등을 중상모략하는 사항인 때

3. 사인 간의 권리관계 또는 개인의 사생활에 관한 사항인 때

4. 청원인의 성명·주소 등이 불분명하거나 청원내용이 불명확한 때

② 청원서를 접수한 기관은 제1항 각 호의 어느 하나에 해당하는 사유로 청원을 수리하지 아니하는 때에는 그 사유를 명시하여 청원인에게 통지하여야 한다.

제6조【청원방법】 ① 청원은 청원인의 성명(법인인 경우에는 명칭 및 대표자의 성명을 말한다)과 주소 또는 거소를 기재하고 서명한 문서(「전자정부구현을위한행정업무등의전자화촉진에관한법률」에 의한 전자문서를 포함한다)여야 한다.

② 다수인이 공동으로 청원을 하는 때에는 그 처리결과를 통지받을 3인 이하의 대표자를 선임하여 이를 청원서에 표시하여야 한다.

③ 청원서에는 청원의 이유와 취지를 밝히고, 필요한 때에는 참고자료를 첨부할 수 있다.

제7조【청원서의 제출】① 청원서는 청원사항을 관장하는 기관에 제출하여야 한다.

② 청원서를 접수한 기관은 청원사항이 그 기관이 관장하는 사항이 아니라고 인정되는 때에는 그 청원사항을 관장하는 기관에 청원서를 이송하고 이를 청원인에게 통지하여야 한다.

제8조【반복청원 및 이중청원의 처리】동일인이 동일한 내용의 청원서를 동일한 기관에 2건 이상 제출하거나 2 이상의 기관에 제출한 때에는 나중에 접수된 청원서는 이를 반려할 수 있다.

제9조【청원의 심사】① 청원을 수리한 기관은 성실하고 공정하게 청원을 심사·처리하여야 한다.

② 청원을 관장하는 기관이 청원을 접수한 때에는 특별한 사유가 없는 한 90일 이내에 그 처리결과를 청원인에게 통지하여야 한다.

③ 청원을 관장하는 기관은 부득이한 사유로 제2항의 처리기간 내에 청원을 처리하기 곤란하다고 인정하는 경우에는 60일의 범위 내에서 1회에 한하여 그 처리기간을 연장할 수 있다. 이 경우 그 사유와 처리예정기한을 지체없이 청원인에게 통지하여야 한다.

제10조【위임규정】청원을 관장하는 기관은 청원의 처리 등 필요한 사항에 관하여 이 법에 위반되지 아니하는 범위 내에서 규칙을 제정할 수 있다.

제11조【모해의 금지】누구든지 타인을 모해할 목적으로 허위의 사실을 적시한 청원을 하여서는 아니 된다.

제12조【차별대우의 금지】누구든지 청원을 하였다는 이유로 차별대우를 받거나 불이익을 강요당하지 아니한다.

제13조【벌칙】제11조의 규정을 위반한 자는 5년 이하의 징역 또는 1천만원 이하의 벌금에 처한다.

제3절 재판청구권(제27조 제1항)

(1) 개념

독립된 법원에서 신분이 보장된 법관에 의해 적법한 절차에 따른 공정한 재판을 받을 권리를 의미한다.

즉, 국민에게 기본적 인권을 보장하고 법적 정의를 실현하려는 것이다(기본권의 절차적 보장).

(2) 법적 성격

청구권설(다수설), 이중적 성격설(청구권+자유권)

(3) 주체

모든 국민(내국인, 외국인 및 법인)에게 인정된다.

(4) 내용

(가) 헌법과 법률이 정한 법관에 의한 재판을 받을 권리(제27조 제1항) 법관에 의한 재판을 받을 권리라 함은 결국 법관이 사실을 확정하고 법률을 해석·적용하는 재판을 받을 권리를 보장한다는 뜻이고, 그와 같은 법관에 의한 사실확정과 법률의 해석적용의 기회에 접근하기 어렵도록 제약이나 장벽을 쌓아서는 아니 된다고 할 것이며, 만일 그러한 보장이 제대로 이루어지지 아니한다면 헌법상 보장된 재판을 받을 권리의 본질적 내용을 침해하는 것으로 헌법상 허용되지 않는다(헌재 1995.9.28, 92헌가11; 93헌가8·9·10 병합).

(a) 군사재판

① 헌법과 법률이 정하는 법관에 의한 재판이 아니다.

② 헌법 제110조에 군사법원에 대한 근거를 명시하고 있다.

(b) 배심제도: 법관에 의한 재판이 아니고, 배심원이 사실판단에만 관여하고, 법률판단에는 관여하지 않는다(현행 재판제도하에서 배심제도의 도입은 가능하다고 주장되었고 2007년 6월 1일에 국민의 형사재판 참여에 관한 법률이 제정되었다).

▶ 참심제는 일반인이 사실심과 법률심에도 관여하는 것으로 현행 헌법에 그대로 도입하는 것은 위헌으로 본다.

(c) 통고처분(헌재 96헌바4)

① 법관에 의한 재판이 아니다(例 경찰서장의 교통범칙금).

② 승복을 발효조건으로 하고 불응시 정식재판 가능하므로, 재판청구권의 침해가 아니다.

(d) 즉결심판·가사심판·보호처분

① 시·군판사, 가정법원, 법원소년부에 의한 재판

② 헌법과 법률에 의한 재판으로 합헌이다.

관련판례 국민의 형사재판 참여에 관한 법률 제5조 제1항 등 위헌소원(헌재 2009.11.26. 2008헌바12 전원재판부)

【판시사항】
1. '국민의 형사재판 참여에 관한 법률'(이하 '재판참여법률'이라 한다)이 정하는 국민의 참여재판을 받을 권리가 헌법상 재판청구권으로서 보장되는지 여부(소극)
2. 국민참여재판의 대상사건을 제한한 재판참여법률 제5조 제1항이 청구인의 평등권을 침해하는지 여부(소극)
3. 국민참여재판의 적용시기를 규정한 재판참여법률 부칙 제2항이 청구인의 평등권을 침해하는지 여부(소극)

【결정요지】
1. 우리 헌법상 헌법과 법률이 정한 법관에 의한 재판을 받을 권리는 직업법관에 의한 재판을 주된 내용으로 하는 것이므로 국민참여재판을 받을 권리가 헌법 제27조 제1항에서 규정한 재판을 받을 권리의 보호범위에 속한다고 볼 수 없다.
2. 재판참여법률 제5조 제1항은 기존의 형사재판과 상이한 국민참여재판을 위한 물적, 인적여건이 처음부터 구비되기 어렵다는 점을 감안하여 대상사건의 범위를 제한한 것으로서 목적의 정당성이 인정되고, 국민의 관심사가 집중되고 피고인의 선호도가 높은 중죄 사건으로 그 대상사건을 한정한 것은 위와 같은 목적을 위한 합리적인 방법이므로 청구인의 평등권을 침해하지 않는다.
3. 재판참여법률 부칙 제2항은 법원의 업무부담과 소송경제 등을 고려하여 그 대상사건을 한정할 필요가 있어 국민참여재판의 대상시기를 법 시행일 당시의 공소제기 유무를 기준으로 정한 것으로 목적의 정당성이 인정되고, 공소제기 시점을 기준으로 법 적용 여부를 정한 이 조항의 경우 목적달성을 위한 합리적인 수단이라고 할 것이므로 이 조항 역시 청구인의 평등권을 침해하지 않는다.

국민의 형사재판 참여에 관한 법률

제1조【목적】이 법은 사법의 민주적 정당성과 신뢰를 높이기 위하여 국민이 형사재판에 참여하는 제도를 시행함에 있어서 참여에 따른 권한과 책임을 명확히 하고, 재판절차의 특례와 그 밖에 필요한 사항에 관하여 규정함을 목적으로 한다.

제8조【피고인 의사의 확인】① 법원은 대상사건의 피고인에 대하여 국민참여재판을 원하는지 여부에 관한 의사를 서면 등의 방법으로 반드시 확인하여야 한다. 이 경우 피고인 의사의 구체적인 확인 방법은 대법원규칙으로 정하되, 피고인의 국민참여재판을 받을 권리가 최대한 보장되도록 하여야 한다.

제9조【배제결정】① 법원은 공소제기 후부터 공판준비기일이 종결된 다음날까지 다음 각 호의 어느 하나에 해당하는 경우 국민참여재판을 하지 아니하기로 하는 결정을 할

수 있다.

제12조【배심원의 권한과 의무】① 배심원은 국민참여재판을 하는 사건에 관하여 사실의 인정, 법령의 적용 및 형의 양정에 관한 의견을 제시할 권한이 있다.

② 배심원은 법령을 준수하고 독립하여 성실히 직무를 수행하여야 한다.

③ 배심원은 직무상 알게 된 비밀을 누설하거나 재판의 공정을 해하는 행위를 하여서는 아니 된다.

제16조【배심원의 자격】배심원은 만 20세 이상의 대한민국 국민 중에서 이 법으로 정하는 바에 따라 선정된다.

제44조【배심원의 증거능력 판단 배제】배심원 또는 예비배심원은 법원의 증거능력에 관한 심리에 관여할 수 없다.

제46조【재판장의 설명·평의·평결·토의 등】① 재판장은 변론이 종결된 후 법정에서 배심원에게 공소사실의 요지와 적용법조, 피고인과 변호인 주장의 요지, 증거능력, 그 밖에 유의할 사항에 관하여 설명하여야 한다. 이 경우 필요한 때에는 증거의 요지에 관하여 설명할 수 있다.

② 심리에 관여한 배심원은 제1항의 설명을 들은 후 유·무죄에 관하여 평의하고, 전원의 의견이 일치하면 그에 따라 평결한다. 다만, 배심원 과반수의 요청이 있으면 심리에 관여한 판사의 의견을 들을 수 있다.

③ 배심원은 유·무죄에 관하여 전원의 의견이 일치하지 아니하는 때에는 평결을 하기 전에 심리에 관여한 판사의 의견을 들어야 한다. 이 경우 유·무죄의 평결은 다수결의 방법으로 한다. 심리에 관여한 판사는 평의에 참석하여 의견을 진술한 경우에도 평결에는 참여할 수 없다.

④ 제2항 및 제3항의 평결이 유죄인 경우 배심원은 심리에 관여한 판사와 함께 양형에 관하여 토의하고 그에 관한 의견을 개진한다. 재판장은 양형에 관한 토의 전에 처벌의 범위와 양형의 조건 등을 설명하여야 한다.

⑤ 제2항부터 제4항까지의 평결과 의견은 법원을 기속하지 아니한다.

⑥ 제2항 및 제3항의 평결결과와 제4항의 의견을 집계한 서면은 소송기록에 편철한다.

제49조【판결서의 기재사항】① 판결서에는 배심원이 재판에 참여하였다는 취지를 기재하여야 하고, 배심원의 의견을 기재할 수 있다.

② 배심원의 평결결과와 다른 판결을 선고하는 때에는 판결서에 그 이유를 기재하여야 한다.

(나) **법률에 의한 재판을 받을 권리(제27조 제1항)**　국민이 재판청구권을 기본적으로 인정하고 있는 헌법 제27조 제1항에서의 '법률에 의한 재판'이라 함은 합헌적인 실체법과 절차법에 따라 행하여지는 재판을 의미하므로, 결국 형사재판에 있어서는 적어도 그 기본원리인 죄형법정주의와 위와 같은 적법절차주의에 위반되지 않는 실체법과 절차법에 따라 규율되는 재판이라야 '법률에 의한 재판'이라고 할 수 있다(헌재 1993.7.29. 90헌바35).

(다) **재판을 받을 권리(제27조 제1항)**

(a) 각종 재판을 받을 권리로 민사 · 형사 · 행정 · 헌법재판청구권이 있다.

(b) 군인 또는 군무원이 아닌 국민은 원칙적으로 군사법원의 재판을 받지 아니한다(제27조 제2항).

(c) **대법원의 재판을 받을 권리**　대법원의 재판을 받을 권리에 대하여 헌재는 소액사건심판법에 의한 상고제한(헌재 1992.6.26. 90헌바25), 소송촉진 등에 관한 특례법에 의한 상고허가제(헌재 1995.1.20. 90헌바1), 상고심절차에 관한 특례법상의 심리불속행제도(헌재 1997.10.30. 97헌바37 등) 등의 상고제한규정에 대하여 일관되게 합헌결정하였다.

관련판례

심리불속행제도(헌재 1997.10.30. 97헌바37)
원심판결이 헌법에 위반하거나 헌법을 부당하게 해석한 때, 원심판결이 명령 · 규칙 또는 처분의 법률위반 여부에 관하여 부당하게 판단한 때, 원심판결이 법률 · 명령 · 규칙 또는 처분에 대하여 대법원판례와 상반되게 해석한 때, 법률 · 명령 · 규칙 또는 처분에 대한 해석에 관하여 대법원판례가 없거나 대법원판례를 변경할 필요가 있는 때, 제1호 내지 제4호 외에 중대한 법령위반에 관한 사항이 있는 때를 제외하고는 대법원은 심리를 하지 않고 상고를 기각하도록 한 상고심절차에 관한 특례법 제4조는 재판의 신속성 확보, 대법원의 심리부담 경감이라는 차원에서 대법원의 재판을 받을 권리를 제한하는 것으로 입법재량의 범위 내에 속하는 사항이다.

헌재 2012.7.26. 2011헌마728
헌법 제27조 제1항에서 말하는 '헌법과 법률이 정한 법관에 의하여 법률에 의한 재판을 받을 권리'가 사건의 경중을 가리지 않고 모든 사건에 대하여 대법원을 구성하는 법관에 의한 균등한 재판을 받을 권리를 의미하거나 또는 상고심재판을 받을 권리를 의미하는 것은 아니다.

헌재 2009.10.29. 2008헌바101
재심제도의 규범적 형성에 있어서, 입법자는 확정판결을 유지할 수 없을 정도의 중대한 하자가 무엇인지를 구체적으로 가려내어야 하는바, 이는 사법에 의한 권리보호에 관하여 한정된 사법자원의 합리적인 분배의 문제인 동시에 법치주의에 내재된 두 가지의 대립적 이념 즉, 법적 안정성과 정의의 실현이라는 상반된 요청을 어떻게 조화시키느냐의 문제로 돌아가므로, 결국 이는 불가피하게 입법자의 형성적 자유가 넓게 인정되는 영역이라고 할 수 있다.

헌재 2011.11.24. 2008헌마578 등
형사피해자로 하여금 자신이 피해자인 범죄에 대한 형사재판절차에 접근할 가능성을 제한하는 것은 동시에 그의 재판청구권을 제한하는 것이 될 수 있다.

판례문제 소액사건의 경우 일반사건에 비하여 상고·재항고를 제한하고 있는 소액사건심판법의 규정은 제27조의 재판을 받을 권리에 반하지 않는가?

1. 헌법상 기본권 여부: 상고심의 재판을 받을 권리는 헌법상 명문규정이 없고 상고문제가 일반법률에 맡겨진 우리 법제에서는 모든 사건에 대해 획일적으로 상고할 수 있게 하느냐, 하지 않느냐는 특단의 사정이 없는 한 입법정책의 문제이다.
2. 상고 등을 제한한 동법조항의 위헌 여부: 헌법 제27조의 재판을 받을 권리는 모든 사건에 대해 상고법원의 구성법관에 의한, 상고심절차에 의한 재판을 받을 권리를 포함한다고는 볼 수 없다. 또한 헌법의 제101조 제2항은 어느 사건이건 차별 없이 모두 대법원에 상고할 수 있다는 취지의 규정은 아니다. 따라서 상고제한의 특례입법인 소액사건심판법 제3조는 재판을 받을 권리를 침해한 것이 아니다(헌재 1992.6.26. 90헌바25).
3. 이러한 태도는 종래 대법원이 '모든 사건에 대해 획일적으로 상소할 수 있게 하느냐는 특단의 사정이 없는 한 입법정책의 문제'라는 본 판례 태도를 그대로 답습한 것이다(대판 1976.11.9.; 1989.12.24).
4. 이러한 논리로서 대법원은 구 소송촉진에관한특례법의 상고이유제한 및 상고허가제를 합헌이라 판시했다. 그럼에도 불구하고 이에 관한 위헌논의가 불식되지 않아 1990년 1월 13일 동법률의 개정으로 상고허가제는 사실상 폐지되기에 이르렀다. 그러나 대법원은 1994년 4월 27일 상고절차에 관한특례법을 제정하여 상고심리불속행제도를 도입하여 사실상 상고허가제를 취하고 있다.

(라) 공정한 재판을 받을 권리

(a) **의의**: 헌법 제27조가 보장하고 있는 공정한 재판을 받을 권리 속에는 신속하고 공개된 법정의 법관의 면전에서 모든 증거자료가 조사·진술되고 이에 대하여 피고인이 공격·방어할 수 있는 기회가 보장되는 재판, 즉 원칙적으로 당사자주의와 구두변호주의가 보장되어 당사자가 공소사실에 대한 답변과 입증 및 반증 등 공격·방어권이 충분히 보장되는 재판을 받을 권리가 포함되어 있다.

관련판례
우리 헌법은 명문으로 '공정한 재판'이라는 문구를 두고 있지는 않으나, 헌법재판소는 우리 헌법이

'공정한 재판'을 받을 권리를 국민의 기본권으로 보장하고 있다고 본다.

공정한 재판을 받을 권리는 헌법 제27조의 재판청구권에 의하여 함께 보장되고, 재판청구권에는 민사재판, 형사재판, 행정재판뿐만 아니라 헌법재판을 받을 권리도 포함되므로 헌법상 보장되는 기본권인 '공정한 재판을 받을 권리'에는 '공정한 헌법재판을 받을 권리'도 포함된다(헌재 2014.4.24. 2012헌마2).

(b) 위헌으로 본 판례

관련판례

제1회 공판 전 증인신문제도

피고인 등의 반대신문권을 제한하고 있는 법 제221조의2 제5항은 피고인들의 공격·방어권을 과다하게 제한하는 것으로써 그 자체의 내용이나 대법원의 제한적 해석에 의하더라도 그 입법목적을 달성하기에 필요한 입법수단으로서의 합리성 내지 정당성이 인정될 수 없다고 할 것이므로, 헌법상 적법절차의 원리 및 청구인의 공정한 재판을 받을 권리를 침해하여 위헌이다. 한편, 동조 제5항과 불가분의 관계에 있는 제2항도 그 범위 내에서는 위헌이다. → 형사소송법 제221조의2 위헌소원(헌재 1996.12.26. 94헌바1)

의무적 궐석재판제도

특조법 제7조 제5항은 검사의 청구에 의하여 법원으로 하여금 처음부터 의무적으로 궐석재판을 행하도록 하고 있으며, 재판의 연기도 전혀 허용하지 않고 있어 중형에 해당하는 사건에 대하여 피고인의 방어권이 일절 행사될 수 없는 상태에서 재판이 진행되도록 규정한 것이므로 그 입법목적의 달성에 필요한 최소한의 범위를 넘어서 피고인의 공정한 재판을 받을 권리를 과도하게 침해한 것이다. → 반국가행위자의처벌에관한특별조치법 위헌제청(헌재 1996.1.25. 95헌가5)

소송촉진 등에 관한 특례법 제23조 위헌소원

소송촉진 등에 관한 특례법상 궐석재판제도: 피고인의 소재를 확인할 수 없을 때 피고인의 진술 없이 재판할 수 있도록 제1심 공판의 특례를 규정한 소송촉진등에관한특례법 제23조의 이른바 궐석재판제도는 재판청구권 및 적접절차원리에 위반된다. (헌재 1998.7.16. 97헌바22)

변호사징계절차 위헌제청

변협징계위원회의 징계결정을 받은 변호사가 법무부 변호사징계위원회에서의 이의절차를 거친 다음 곧바로 대법원에 즉시 항고하도록 하는 변호사법 제81조 제4항 내지 제6항이 법관에 의한 재판을 받을 권리 및 평등권을 침해하는 것이다. (헌재 2000.6.2., 99헌가9)

국가보안법 제19조에 대한 헌법소원사건

헌법재판소는 국가보안법 제19조에 대한 헌법소원사건에서 구속기간의 연장을 제7조(찬양·고무), 제9조(불고지)에도 적용하는 것은 불필요한 장기수사를 허용한 것으로 신체의 자유 침해는 물론 신속한 재판을 받을 권리를 침해한 것이라고 하여 위헌이라고 하였다(헌재 1992.4.14. 90헌마82).

특허법 제186조에 대한 위헌심판사건

헌법재판소는 특허분쟁사건에 있어서는 사실관계의 확정을 특허청 내부의 행정심판기관에 일임하여 법원에 의한 사실확정을 배제한 특허법 제186조에 대한 위헌심판사건에서, 위 조항은 특허분쟁의 당사자에게 사실적 측면에 관하여 법관에 의한 재판을 받을 권리를 박탈하고 있으므로 위헌이라고 하였으나, 법적 충격을 완화하기 위하여 헌법불합치결정을 하였다(헌재 1995.9.28. 92헌가11).

상속이 개시된 날로부터 10년이 경과하면 상속회복청구권이 소멸된다고 규정한 민법 제999조

참칭상속인에 의하여 상속개시일로부터 10년이 경과한 후 상속권 침해행위가 발생한 경우 참칭상속인은 침해와 동시에 상속재산을 취득하고 진정상속인은 권리를 잃고 구제받을 수 없게 되어 상속인의 재산권과 재판청구권 침해이다(헌재 2001.7.19. 99헌바9).

국가정보원 직원이 증인, 참고인, 사건 당사자로써 직무상 비밀에 속한 사항을 증언, 진술하고자 할 때 국정원장의 허가를 받도록 한 국가정보원직원법 제17조

국정원장의 허가 없이는 정보가치가 희박하나 보안사항까지 진술할 수 없도록 힘으로써 피고인이 재판과정에서 공격, 방어할 권리를 행사할 수 없게 한 이 사건 법률조항은 공정한 재판을 받을 권리 침해이다(헌재 2002.11.28. 2001헌가28).

공권력행사 위헌확인(헌재 2012.3.29. 2010헌마475)

헌법재판소는 2012년 3월 29일 재판관 8인 중 6인의 의견으로 피청구인인 경북 북부 제0교도소장이 출정비용납부거부 또는 상계동의 거부를 이유로 청구인의 행정소송 변론기일에 청구인의 출정을 각 제한한 행위(이하 '이 사건 각 출정제한행위'라 한다)는 청구인의 재판청구권을 침해한 것으로서 위헌임을 확인한다고 선고하였다.

그 이유는, 민사재판 등 소송 수용자 출정비용 징수에 관한 지침(이하 '이 사건 지침'이라 한다) 제4조 제3항에 의하면, 교도소장은 수형자가 출정비용을 예납하지 않았거나 영치금과의 상계에 동의하지 않았다고 하더라도 우선 수형자를 출정시키고 사후에 출정비용을 받거나 영치금과의 상계를 통하여 출정비용을 회수하여야 함에도 이 사건 각 출정제한행위를 한 것은, 피청구인에 대한 업무처리지침 내지 사무처리준칙인 이 사건 지침을 위반하여 청구인이 직접 재판에 출석하여 변론할 권리를 침해함으로써, 형벌의 집행을 위하여 필요한 한도를 벗어나 청구인의 재판청구권을 과도하게 침해하였다는 것이다.

형의 집행 및 수용자의 처우에 관한 법률 시행령 제58조 제4항

변호사와 접견하는 경우에도 수용자의 접견은 원칙적으로 접촉차단시설이 설치된 장소에서 하도록 규정하고 있는 형의 집행 및 수용자의 처우에 관한 법률 시행령 제58조 제4항은 과잉금지원칙에 위배하여 청구인의 재판청구권을 지나치게 제한하고 있으므로, 헌법에 위반된다(헌재 2013.8.29. 2011헌마122).

헌재 1997.11.27. 94헌마60

청구인의 변호인이 국가보안법위반죄로 구속기소된 청구인의 변론준비를 위하여 피청구인인 검사에게 그가 보관중인 수사기록 일체에 대한 열람 · 등사신청을 하였으나, 피청구인은 국가기밀의 누설이나 증거인멸, 증인협박, 사생활침해의 우려 등 정당한 사유를 밝히지 아니한 채 이를 전부 거부한 것은 청구인의 신속 · 공정한 재판을 받을 권리와 변호인의 조력을 받을 권리를 침해하는 것으로 헌법에 위반된다.

헌재 2001.8.30. 99헌마496
검사가 법원의 증인으로 채택된 수감자를 그 증언에 이르기까지 거의 매일 검사실로 하루 종일
소환하여 피고인측 변호인이 접근하는 것을 차단하고, 검찰에서의 진술을 번복하는 증언을 하지
않도록 회유·압박하는 한편, 때로는 검사실에서 그에게 편의를 제공하기도 한 행위는 피고인의
공정한 재판을 받을 권리를 침해한다.

(c) 합헌으로 본 사례

관련판례

증거결정을 취소하거나 불필요한 변론을 제한할 수 있는 재판장의 소송지휘권
증인신문사항의 서면제출을 명하고 이를 이행하지 않을 경우에 증거결정을 취소할 수 있는 권한
의 근거가 되는 형사소송법 제279조(재판장의 소송지휘권) 및 제299조(불필요한 변론 등의 제한)
는 헌법상 보장된 무죄추정의 원칙 내지 공정한 재판을 받을 권리를 침해한다 할 수 없다. → 형
사소송법 제279조 등 위헌확인(헌재 1998.12.24. 94헌바46)

헌법재판소법 제75조 제7항 위헌소원
헌재법 제68조 제2항에 의한 헌법소원이 인용된 경우, 당해 헌법소원과 관련된 소송사건이 확정
되었을 때, 그 확정된 소송사건에 대하여만 재심을 통하여 구제받을 수 있도록 재심의 범위를 한
정하고 있는 헌법재판소법 제75조 제7항이 청구인의 재판청구권, 평등권 및 재산권을 침해하는 위
헌규정이라 할 수 없다(헌재 2000.6.29. 99헌바66 등).

헌재 1994.2.24. 91헌가3
헌법재판소는 민사소송등인지법 제3조에 대한 헌법소원사건에서 상소시 인지액의 차별을 두는 것
은 남상소로 인한 법원의 권리보호기능의 저하를 방지하려는 것이므로 상소인을 1심 원고에 비하여
불합리하게 차별하는 것은 아니며, 무자력자에 대하여는 소송구제제도가 있으므로 무자력자에게 상
소의 기회를 이용할 수 없을 정도로 재판청구권을 불합리하게 제한하는 것은 아니라고 하였다.

헌재 1995.3.23. 92헌바1
헌법재판소는 상소의 제기기간은 재판의 선고 또는 고지한 날로부터 진행한다고 규정한 형소법
제343조 제2항에 대한 헌법소원사건에서 재판의 선고는 출석한 피고인에게 주문낭독, 이유요지설
명, 상소할 기간과 법원을 고지하도록 되어 있으므로 상소기간을 재판서송달일이 아니라 선고일로
계산하는 것이 과잉으로 국민의 재판청구권을 침해하였다고 볼 수 없다고 하였다.

헌재 1994.12.29. 92헌바31
헌법재판소는 변호인이 있는 경우에는 피고인에게 별도의 공판조서 열람을 불허하고 있는 형사소
송법 제55조 제1항에 대한 헌법소원사건에서, 변호인이 있는 경우에는 변호인을 통하여 조서열람
이 가능하고, 변호인은 국선이건 사선이건 간에 해임 또는 취소를 신청할 수 있으므로 피고인의

공정한 재판을 받을 권리를 침해한 것이 아니라고 하였다.

헌재 1995.6.29. 93헌바45

헌법재판소는 피고인이 된 피의자에 대한 검사작성의 피의자신문조서에 대하여 피고인이 법정에서 그 내용을 부인하는 경우에도 증거능력을 인정할 수 있도록 한 형사소송법 제312조 제1항 단서에 대한 헌법소원사건에서 전문법칙을 채택할 필요가 있는가, 증거의 종류에 따라 어떤 증거법칙을 허용할 것인가는 입법형성권에 속하는 것이며, 검사작성의 피의자신문조서에 대하여 성립의 진정과 진술이 특히 신빙할 수 있는 상태하에서 행하여진 때에 한하여 그것도 증거능력만을 인정하는 것이므로, 공정한 재판을 받을 권리를 침해하는 것이 아니라고 하여 합헌이라고 하였다.

헌재 1994.2.24. 91헌가3

헌법재판소는 인지특례법 제2조에 대한 위헌심판사건에서 국가가 인지첩부를 면제받는다고 하여 실제적인 재판의 승패에 영향을 주는 것이 아니며, 국가의 인지첩부시 그 대금은 국고에서 나와 국고로 다시 들어가게 되므로 국고의 손실이 없으며, 국가의 남소나 남상소 등의 폐해가 나타나고 있지 않으므로 신속한 재판을 받을 권리를 보장함에 있어 당사자를 차별한 것이 아니라고 하였다.

소송비용에 대한 독립된 상소를 불허하고 있는 민사소송법 제361조

헌법재판소는 소송비용에 대한 독립된 상소를 불허하고 있는 민사소송법 제361조에 대한 위헌소원사건에서, 소송비용의 재판은 본안의 당부에 관한 결론에 따라 당사자의 소송비용 부담부분이 정하여지는 부수적인 재판으로서, 소송비용의 재판에 대한 당부를 판단하기 위해서는 본안의 당부를 판단하지 않을 수 없는데, 만일 소송비용의 재판에 대하여 본안의 재판과 독립하여 불복할 수 있게 하는 경우에는 부수적인 재판 때문에 주된 재판에 대하여 다시 판단하여야 하는, 이른바 '본말전도(本末顚倒)의 현상'이 발생하고, 이미 확정된 본안의 재판과 다른 내용의 판단을 기초로 하는 소송비용의 재판이 행하여져 재판 간의 모순을 가져올 수 있으므로, 소송비용의 재판에 대하여는 반드시 본안의 재판과 함께 상소를 제기할 수 있도록 함으로써 본말전도의 현상을 방지하고, 확정된 본안재판의 법적 안정성을 유지하며 불필요한 상소로 인한 법원의 부담을 경감시켜 소송경제에 이바지하고자 하는 데에 있다고 하여 합헌결정을 하였다(헌재 1996.2.29. 92헌바8).

전문법칙의 예외를 규정하고 있는 형사소송법 제314조에 대한 헌법소원사건

헌법재판소는 공정한 재판을 보장하기 위하여 반대신문의 기회가 부여되지 않은 전문증거에 대한 증거능력을 부인하는 전문법칙을 채택하고 있는데, 이 전문법칙의 예외를 규정하고 있는 형사소송법 제314조에 대한 헌법소원사건에서, 전문증거도 일정한 조건하에 증거능력을 인정할 필요가 있으며, 필요성과 신용성의 정황적 보장을 조건으로 그 예외를 인정하고 있는 위 조항을 합헌이라고 하였다(헌재 1994.4.28. 93헌바26).

상속권의 침해행위가 있은 날로부터 10년을 경과하면 상속회복청구권은 소멸된다고 규정한 민법 제999조 제2항(헌재 2002.11.28. 2002헌마134)

이 사건 법률조항은 종전보다 상속회복청구권자에게 유리하게 기간을 규정하였는데, 그 기간이 연장된 정도는 침해행위가 있은 날이 상속개시일로부터 멀수록 늘어나며, 만일 침해행위가 상속개시일로부터 10년이 된 때 발생한다면 그 기간은 종전보다 10년이 길어진 것이 되는바, 이는 구법 조항에 비해 합리적인 정도로 기간이 연장된 것이라 볼 것이다. 한편 위 결정에서는 침해가 "상속개시일로부터 10년이 경과된 이후에 발생한 경우"에 발생하는 불합리성이 지적되었는데, 개정법은 그러한 불합리성을 원천적으로 방지하고 있다. 그렇다면, 일반적으로 상속제도나 상속권의 구체적 내용은 입법자가 입법정책적으로 결정할 사항임을 감안할 때, 이 사건 법률조항이 <u>입법재량의 범위를 일탈하여 재산권을 침해한 것</u>이라 할 수 없다.

경찰서장은 범칙자로 인정되는 자에 대하여 범칙금 납부를 통보할 수 있도록 한 도로교통법 제118조(헌재 2003.10.30. 2002헌마275)

도로교통법상의 통고처분은 처분을 받은 당사자의 임의의 승복을 발효요건으로 하고 있으며, 행정공무원에 의하여 발하여지는 것이지만, 통고처분에 따르지 않고자 하는 당사자에게는 정식재판의 절차가 보장되어 있다. 통고처분제도는 경미한 교통법규 위반자로 하여금 형사처벌절차에 수반되는 심리적 불안, 시간과 비용의 소모, 명예와 신용의 훼손 등의 여러 불이익을 당하지 않고 범칙금 납부로써 위반행위에 대한 제재를 신속·간편하게 종결할 수 있게 해주며, 교통법규 위반행위가 홍수를 이루고 있는 현실에서 행정공무원에 의한 전문적이고 신속한 사건처리를 가능하게 하고, 검찰 및 법원의 과중한 업무 부담을 덜어준다. 또한 통고처분제도는 형벌의 비범죄화 정신에 접근하는 제도이다. 이러한 점들을 종합할 때, 통고처분 제도의 근거규정인 도로교통법 제118조 본문이 적법절차 원칙이나 사법권을 법원에 둔 권력분립원칙에 위배된다거나, 재판청구권을 침해하는 것이라 할 수 없다.

교원징계재심위원회의 결정에 대하여 학교교원은 행정소송을 제기할 수 있도록 하면서 학교법인은 행정소송을 제기할 수 없도록 한 교원지위법 제10조(헌재 2006.2.23. 2005헌가7, 2005헌마1163(병합), 헌재 1998.7.16. 95헌바19 판례변경)

학교법인도 재판청구권의 주체가 되고, 교원징계재심위원회의 결정은 행정처분에 해당한다. 학교법인의 행정소송을 제기할 수 없도록 한 이 사건 법률조항은 학교법인의 재판청구권 침해이다.
▶ 관련판례(1998.7.16. 95헌바19): 1998년 판례에서는 교원징계재심위원회의 결정을 행정처분이 아니라 행정심판의 재의결로 보아, 학교법인이 재심결정에 대하여 행정소송을 제기할 수 없도록 한 교원지위법 제10조에 대해서 재판청구권 침해로 보지 않았다.

법관이 아닌 사회보호위원회가 치료감호의 종료 여부를 결정하도록 한 사회보호법 제9조 제2항(헌재 2005.2.3. 2003헌바1)

피치료감호자 등은 치료감호의 종료 여부를 심사·결정하여 줄 것을 사회보호위원회에 신청할 수 있고, 위원회가 신청을 기각하는 경우에 이들은 그 결정에 대하여 행정소송을 제기하여 법관에 의한 재판을 받을 수 있다고 해석되므로, 피치료감호자 등의 재판청구권이 침해되는 것은 아니다.

형사소송법 제298조 등 위헌소원(헌재 2012.5.31. 2010헌바128)

헌법재판소는 2012년 5월 31일 재판관 전원의 일치된 의견으로, <u>형사항소심에서 공소장변경을 허용하고 있는 형사소송법 제370조 중 제298조 제1항을 준용하는 부분</u>은 헌법에 위반되지 않는다는 결정을 선고하였다.

형사소송법 제56조의2 제1항 등 위헌소원(헌재 2012.4.24. 2010헌바379)

헌법재판소는 2012년 4월 24일 재판관 전원일치의 의견으로, 공판조서의 절대적 증명력을 규정한 형사소송법(1954.9.23. 법률 제341호로 제정된 것) 제56조가 헌법에 위반되지 아니한다는 결정을 선고하였다.

형사소송법상 즉시항고 제기기간 3일 제한 사건(헌재 2018.12.27. 2015헌바77)

ㅁ 결정주문

형사소송법(1954.9.23. 법률 제341호로 제정된 것) 제405조는 헌법에 합치되지 아니한다. 위 법률 조항은 2019.12.31.을 시한으로 입법자가 개정할 때까지 계속 적용된다.

ㅁ 이유의 요지

ㅇ 즉시항고는 당사자의 중대한 이익에 관련된 사항이나 소송절차의 원활한 진행을 위해 신속한 결론이 필요한 사항을 대상으로 하는 것으로, 한정된 사항에 대하여 간이하고 신속한 판단을 하기 위한 절차라는 점에서 그 제기기간을 단기로 정할 필요성이 인정된다. 그러나 즉시항고의 대상이 되는 형사재판에는 정식재판청구 기각결정, 상소권회복청구 허부결정, 집행유예 취소결정, 선고유예한 형을 선고하는 결정, 항소기각결정 등과 같이 당사자의 법적 지위에 중대한 영향을 주는 것들이 많이 있으므로, 항고권자의 재판청구권 보장 측면에서 항고를 위한 숙려 및 준비를 위한 실효적인 불복기간의 보장이 요청된다.

ㅇ 3일이라는 즉시항고 제기기간은 민사소송, 민사집행, 행정소송, 형사보상절차 등의 즉시항고기간 1주일이나, 미국, 독일, 프랑스 등의 즉시항고기간과 비교하더라도 지나치게 짧다. 형사재판의 특수성을 고려할 때 신속하게 법률관계를 확정할 필요성이 인정되지만, 형사재판에 대한 당사자의 불복권을 실질적으로 보장하여 방어권 행사에 지장이 없도록 하는 것도 중요하므로, 형사재판이라는 이유만으로 민사소송 등의 절반에도 못 미치는 즉시항고 제기기간을 둔 것이 형사절차의 특수성을 제대로 반영하였다고 보기 어렵다. 즉시항고 자체가 형사소송법상 명문의 규정이 있는 경우에만 허용되므로 기간 연장으로 인한 폐해가 크다고 볼 수도 없다.

ㅇ 따라서 심판대상조항은 즉시항고 제기기간을 지나치게 짧게 정함으로써 실질적으로 즉시항고 제기를 어렵게 하고, 즉시항고 제도를 단지 형식적이고 이론적인 권리로서만 기능하게 하므로, 입법재량의 한계를 일탈하여 <u>재판청구권을 침해한다.</u>

ㅇ 종전 심판대상조항에 대한 합헌 선례(헌재 2011.5.26. 2010헌마499; 헌재 2012.10.25. 2011헌마789)는 이 결정 취지와 저촉되는 범위 안에서 변경한다.

교원에 대한 징계처분의 필수적 재심청구제도(헌재 2007.1.17. 2005헌바86)

교원에 대한 징계처분에 관하여 재심청구를 거치지 아니하고서는 행정소송을 제기할 수 없도록 한 구 국가공무원법 제16조 제2항은 재판청구권을 침해하지 않는다. 재심청구는 불복절차로 행정소송을 제기할 수 있으므로 재판의 전심절차로서의 한계를 준수하고 있고, 판단기관인 재심위원회의 구성과 운영에 있어서 심사·결정의 독립성과 공정성을 객관적으로 신뢰할 수 있으며, 교원지위법과 교원징계처분 등의 재심에 관한 규정이 규정하고 있는 재심청구의 절차와 보완적으로 적용되는 행정심판법의 심리절차를 고려하여 보면 심리절차에 사법절차를 준용하고 있으므로, <u>헌법 제107조 제3항에 위반된다고 할 수 없다.</u>

헌재 2012.7.26. 2010헌바62

형사소송법 제297조 제1항 전문 중 '재판장은 증인이 피고인의 면전에서 충분한 진술을 할 수 없다고 인정한 때에는 피고인을 퇴정하게 하고 진술하게 할 수 있다.'는 부분은 헌법이 보장하는 공정한 재판을 받을 권리를 침해한다고 할 수 없다.

헌재 2009.7.30. 2008헌바162
현역병의 군대 입대 전 범죄에 대한 군사법원의 재판권을 규정하고 있는 군사법원법 제2조 제2항 중 제1항 제1호의 '군형법 제1조 제2항의 현역에 복무하는 병' 부분은 재판청구권을 침해한다고 볼 수 없다.

헌재 2011.11.24. 2010헌마746
산업기능요원으로 편입되어 1년 이상 종사하다가 편입이 취소되어 입영하는 사람의 경우 복무기간을 단축할 수 있다고 규정한 구 병역법 규정은 1년 미만을 종사하다가 편입취소된 산업기능요원만 차별하여 위헌이다.

행정심판법 제49조 제1항 위헌소원(헌재 2014.6.26. 2013헌바22) – 행정심판법 인용재결기속 사건
헌법재판소는 2014년 6월 26일 재판관 전원 일치 의견으로, 행정심판청구를 인용하는 재결의 기속력을 규정한 행정심판법 제49조 제1항이 <u>헌법에 위반되지 아니한다</u>는 결정을 선고하였다.
헌법 제101조 제1항, 제107조 제2항 및 제3항 위배 여부: 헌법 제101조 제1항과 헌법 제107조 제2항은 입법권 및 행정권으로부터 독립된 사법권의 권한과 심사범위를 규정한 것이다. 그리고 헌법 제107조 제3항은 행정심판제도의 목적이 행정의 자율적 통제기능과 사법 보완적 기능을 통한 국민의 권리구제에 있으므로 행정심판의 심리절차에서도 관계인의 충분한 의견진술 및 자료제출과 당사자의 자유로운 변론 보장 등과 같은 대심구조적 사법절차가 준용되어야 한다는 취지일 뿐, 사법절차의 심급제에 따른 불복할 권리까지 준용되어야 한다는 취지는 아니다. 그러므로 이 사건 법률조항은 <u>헌법 제101조 제1항, 제107조 제2항 및 제3항에 위배된다고 볼 수 없다.</u>

국민의 형사재판 참여에 관한 법률 제9조 제1항 제3호 등 위헌소원(헌재 2014.1.28. 2012헌바298)
헌법재판소는 2014년 1월 28일 재판관 전원일치의 의견으로, <u>국민참여재판으로 진행하는 것이 적절하지 아니하다고 인정되는 경우 법원이 국민참여재판을 하지 아니하는 결정을 할 수 있도록 한</u> 구 '국민의 형사재판 참여에 관한 법률' 제9조 제1항 제3호는 무죄추정원칙, 적법절차원칙에 위배되지 아니하고, 형사피고인의 재판청구권을 침해하지 아니하므로, <u>헌법에 위반되지 아니한다</u>는 결정을 선고하였다.
1) 이 사건 참여재판 배제조항은 국민참여재판의 특성에 비추어 그 절차로 진행함이 부적당한 사건에 대하여 법원의 재량으로 국민참여재판을 하지 아니하기로 하는 결정을 할 수 있도록 한 것일 뿐, 피고인에 대한 범죄사실 인정이나 유죄판결을 전제로 하여 불이익을 과하는 것이 아니므로 무죄추정원칙에 위배된다고 볼 수 없다.
2) 신분이 보장되고 독립된 법관에 의한 재판의 보장을 주된 내용으로 하는 우리 헌법상 재판청구권의 보호범위에는 배심재판을 받을 권리가 포함되지 아니하므로, 국민참여재판 배제결정의 근거가 되는 이 사건 참여재판 배제조항은 피고인의 재판청구권을 침해한다고 할 수 없다.

형의 집행 및 수용자의 처우에 관한 법률 제82조 위헌확인(헌재 2015.12.23. 2013헌마712)
1. '형의 집행 및 수용자의 처우에 관한 법률' 제88조가 형사재판의 피고인으로 출석하는 수형자에 대하여, 사복착용을 허용하는 형집행법 제82조를 준용하지 아니한 것이 공정한 재판을 받을 권리, 인격권, 행복추구권을 침해하는지 여부(적극)
수형자라 하더라도 확정되지 않은 별도의 형사재판에서만큼은 미결수용자와 같은 지위에 있으므로, 이러한 수형자로 하여금 형사재판 출석 시 아무런 예외 없이 사복착용을 금지하고 재소자용

의류를 입도록 하여 인격적인 모욕감과 수치심 속에서 재판을 받도록 하는 것은 재판부나 검사 등 소송관계자들에게 유죄의 선입견을 줄 수 있고, 이미 수형자의 지위로 인해 크게 위축된 피고인의 방어권을 필요 이상으로 제약하는 것이다.

2. 형집행법 제88조가 민사재판의 당사자로 출석하는 수형자에 대하여, 사복착용을 허용하는 형집행법 제82조를 준용하지 아니한 것이 공정한 재판을 받을 권리, 인격권, 행복추구권을 침해하는지 여부(소극)

수형자가 민사법정에 출석하기까지 교도관이 반드시 동행하여야 하므로 수용자의 신분이 드러나게 되어 있어 재소자용 의류를 입었다는 이유로 인격권과 행복추구권이 제한되는 정도는 제한적이고, 형사법정 이외의 법정 출입 방식은 미결수용자와 교도관 전용 통로 및 시설이 존재하는 형사재판과 다르며, 계호의 방식과 정도도 확연히 다르다. 따라서 심판대상조항이 민사재판에 출석하는 수형자에 대하여 사복착용을 허용하지 아니한 것은 청구인의 인격권과 행복추구권을 침해하지 아니한다.

디엔에이감식시료채취 영장 발부 절차 사건(헌재 2018.8.30. 2016헌마344)

ㅁ 결정주문

1. '디엔에이신원확인정보의 이용 및 보호에 관한 법률'(2010.1.25. 법률 제9944호로 제정된 것) 제8조는 헌법에 합치되지 아니한다. 위 법률조항은 2019.12.31.을 시한으로 입법자가 개정할 때까지 계속 적용된다.

ㅁ 이유의 요지

이 사건 영장절차 조항의 재판청구권 침해 여부(적극)

디엔에이감식시료채취영장에 따른 디엔에이감식시료 채취 및 등록 과정에서 채취대상자는 신체의 자유, 개인정보자기결정권 등 기본권을 제한받게 된다. 그럼에도 불구하고 이 사건 영장절차 조항이 디엔에이감식시료채취영장 발부 과정에서 자신의 의견을 진술할 기회를 절차적으로 보장하고 있지 않을 뿐만 아니라, 발부 후 그 영장 발부에 대하여 불복할 수 있는 기회를 주거나 채취행위의 위법성 확인을 청구할 수 있도록 하는 구제절차를 마련하고 있지 않음으로써, 채취대상자의 재판청구권은 형해화되고 채취대상자는 범죄수사 내지 예방의 객체로만 취급받게 된다.

이상의 사정들을 종합하면, 이 사건 영장절차 조항은 채취대상자인 청구인들의 재판청구권을 과도하게 제한하므로, 침해의 최소성 원칙에 위반된다. 따라서 이 사건 영장절차 조항은 <u>과잉금지원칙을 위반하여 청구인들의 재판청구권을 침해한다.</u>

관련판례

재판청구권 침해인 것

1. 항소기록을 검사를 통해 항소법원에 우회적으로 송부하도록 한 구 형소법 제361조(1995.11.30. 92헌마44): 동법조항에 기하여 검사가 기록을 보관할 수 있는 기간은 형사소송법상 12일이지만, 피고인이 구속된 경우에는 현재 항소심의 구속기간이 최장 4월로 제한되어 있는 결과 위 12일의 기간은 구속된 피고인의 신속한 재판을 받을 권리에 대한 제한정도가 심각하다고 아니할 수 없다. 아울러 위 조항 송부기간을 훈시규정으로 해석함이 법학계의 지배적 견해이고, 대법원의 판례와 법원의 실무도 그에 따르고 있는 실정 하에서는, 검사가 기록송부과정에서 기록을 보관할 수 있는 기간에 사실상 아무런 제한이 없어 피고인의 신속한 재판을 받을 권리에 대한 제한정도가 적지

않으며, 소송기록 등을 송부함에 있어 검사가 항소법원에 소송기록을 늦게 송부하는 경우에는 특히 구속피고인의 경우 구속기간제한으로 말미암아 항소심의 심리기간에 그만큼 단축됨으로써 항소심에서 피고인이 방어권행사를 제대로 못하게 되는 결과를 초래할 수 있다.

2. 검사의 신청에 따른 증인신문절차에서 피의자·피고인·변호인을 참여하게 할 수 있도록 한 '참여를 법관의 재량적 판단에 맡긴' 것

3. 궐석재판을 규정한 반국가행위자처벌에 관한 특례법

4. 피고인의 책임 없는 사유로 송달불능이 된 경우에도 중형이 선고될 수 있는 궐석재판을 하도록 한 것

5. 검사가 증인을 145차례 소환한 것

6. 특허분쟁사건의 경우 특허청의 심판절차를 거쳐 대법원에 상고할 수 있도록 한 것

7. 법무부징계위원회의 결정에 대하여 대법원에 즉시 항고할 수 있도록 한 변호사법 제81조

8. 상속이 개시된 날로부터 10년이 지나면 상속권회복청구소송을 제기할 수 없도록 한 것

9. 동의된 국가배상 심의결정에 대한 재판상 화해인정

10. 공소 제기된 수사기록의 열람·등사 신청거부

11. 법령에 의한 증인·참고인·감정인 또는 사건당사자로서 직무상 비밀에 속한 사항을 증언 또는 진술하고자 할 때에 미리 원장의 허가를 받도록 국가정보원직원법 제17조 제2항(헌재 2002.11.28. 2001헌가28)

재판청구권 침해가 아닌 것

1. 대법원의 재판을 받을 권리제한

2. 심리불속행제도

3. 변호인이 있는 때에 피고인의 공판조서 열람청구를 부정한 것

4. 피고인이 상당한 이유 없이 상소를 제기한 경우 상소제기기간 만료일로부터 상소이유서 제출기간 만료일까지 일수를 본형에 산입하지 아니한 것

5. 피고인의 구속기간을 제한한 형사소송법 제92조 제1항

6. 재판의 선고일로부터 상소의 제기기간으로 하는 형소법 조항

7. 관세청의 통고처분을 행정소송의 대상에서 제외한 관세법 제38조: 통고처분은 상대방의 임의의 승복을 그 발효요건으로 하기 때문에 그 자체만으로는 통고이행을 강제하거나 상대방에게 아무런 권리의무를 형성하지 않으므로 행정심판이나 행정소송의 대상으로서의 처분성을 부여할 수 없고, 통고처분에 대한 이의가 있으면 통고내용을 이행하지 않음으로써 고발되어 형사재판절차에서 통고처분의 위법·부당함을 얼마든지 다툴 수 있기 때문에 관세법 제38조 제3항 제2호가 법관에 의한 재판받을 권리를 침해한다든가 적법절차의 원칙에 저촉된다고 볼 수 없다.

8. 국가배상심의회의절차를 손해배상소송을 제기하기 전에 필수적으로 거치도록 한 것

9. 헌법재판에서 변호사강제주의

10. 정정보도청구사건에 대한 민사소송법상 가처분절차에 따른 심판제도(정간법: 합헌/언론피해구제법: 위헌)

11. 법관이 아닌 자로 군사법원조직

12. 변호사보수를 패소당사자부담으로 하는 구 민사소송법 제89조의2(헌재 2002.4.25. 2000헌바20): 변호사보수를 소송비용에 산입하여 패소한 당사자의 부담으로 한 구 민사소송법 제99조의2 제1항은 변호사보수를 소송비용에 산입하는 것은 정당한 권리행사를 위하여 소송을 제기하거나 부당한 제소에 대하여 응소하려는 당사자를 위하여 실효적인 권리구제를 보장하고, 남소와 남상소를

방지하여 사법제도의 적정하고 합리적인 운영을 도모하려는 데 취지가 있다고 할 것이므로 그 입법목적이 정당하고, 위 법률조항은 정당한 권리실행을 위하여 소송제도를 이용하려는 사람들에게 실효적인 권리구제수단을 마련하고 사법제도를 적정하고 합리적으로 운영하기 위한 중대한 공익을 추구하고 있다 할 것이므로 피해의 최소성과 법익의 균형성도 갖추고 있다.

13. 도로교통법상 처분에 대한 행정소송을 제기하기 전에 행정심판을 거치도록 한 도로교통법 제101조의3(헌재 2002.10.31. 2001헌바40): 이 사건 법률조항에 의하여 달성하고자 하는 공익과 한편으로는 전심절차를 밟음으로써 야기되는 국민의 일반적인 수고나 시간의 소모 등을 비교하여 볼 때, 이 사건 법률조항에 의한 재판청구권의 제한은 정당한 공익의 실현을 위하여 필요한 정도의 제한에 해당하는 것으로 헌법 제37조 제2항의 비례의 원칙에 위반되어 국민의 재판청구권을 과도하게 침해하는 위헌적인 규정이라 할 수 없다.

14. 패소할 것이 명백한 경우에 소송구조에서 제외하는 민사소송법 제118조 제1항 단서(헌재 2001.2.22. 99헌바74): 1, 2, 3심의 구조에 의한 불복절차가 마련되어 있고 소송자료와 당사자를 직접 그리고 가장 쉽게 접할 수 있으며 일정한 자격과 경력을 가진 법관으로 구성된 법원의 판단에 '패소할 것이 명백한지 여부'를 맡기는 것 이상의 합리적인 제도는 없다. 이렇게 볼 때에 법원이 충분한 자료의 검토 없이 서둘러 소송구조의 허부를 판단함으로써 구체적 사건에서 그 판단을 그르칠 약간의 가능성이 있을 수 있다는 우려 때문에 이 사건 법률조항 자체가 국민의 재판청구권을 침해한다고는 도저히 말할 수 없는 것이다.

(마) 신속한 공개재판을 받을 권리(제27조 제3항)

(a) '신속한 재판'을 받을 권리(소송기록송부 지연의 위헌성): 형사소송의 구조를 당사자주의와 직권주의 중 어느 것으로 할 것인가의 문제는 입법정책의 문제로서 우리나라 형사소송법은 그 해석상 소송절차의 전반에 걸쳐 기본적으로 당사자주의 소송구조를 갖는 것으로 이해된다. 당사자주의에 충실하려면 제1심법원에서 항소법원으로 소송기록을 바로 송부함이 바람직하다. 그런데 형사소송법 제361조 제1항·제2항은 그 입법목적을 달성하기 위하여 형사소송법의 다른 규정만으로 충분한데도 구태여 항소법원에의 소송기록송부시 검사를 거치도록 함으로써 피고인의 헌법상 기본권을 침해하고 법관의 재판상 독립에도 영향을 주는 것으로 과잉금지의 원칙에 반하여 피고인의 신속·공정한 재판을 받을 권리를 침해하는 것으로 위헌이다. →소송기록지연 등에 대한 헌법소원(헌재 1995.11.30. 92헌마44)

(b) 공개재판을 받을 권리

(aa) 형사피고인의 권리[조문상]로 규정되어 있으나 모든 국민의 권리(헌재 1995.7.21. 93헌바26)로 헌재는 보고 있다.

(bb) 상당한 이유가 없는 한 지체없이 공개재판을 받아야 한다. 단, 법원의 결정으로 '심리'는 공개하지 않을 수 있지만 판결은 반드시 공개해야 한다(제109조).

(바) 무죄추정권(제27조 제4항)

(a) 연혁: 프랑스인권선언(제9조), 세계인권선언(제1항)에 있으며, 우리나라는 제8차 개정헌법에서 도입되었다.

(b) 주체: 형사피고인은 물론 형사피의자도 해석상 포함된다. 단, 헌법상은 '형사피고인'이라고 한정하여 규정하고 있다.

(c) 내용

(aa) 유죄의 판결: 실형선고·집행유예·선고유예의 판결이 포함된다.

(bb) 판결이 확정될 때까지

① 하급심 판결: 불복기간 경과로 확정된다.

② 대법원 판결: 선고로 확정된다.

(d) 효과

(aa) 유죄의 입증책임: 검사입증의 원칙이 적용된다.

(bb) 유무죄의 판단: 의심스러울 때는 피고인의 이익으로 판단한다.

(cc) 피고인의 인권보호: 무리한 진실추구의 배제를 뜻한다.

(dd) 불구속수사·불구속재판이 원칙(헌재 1992.4.14. 90헌마82)이다.

(e) 판례

(aa) 무죄추정의 원칙의 의의: 공소제기가 된 피고인이라도 확정판결이 있기까지는 원칙적으로 죄가 없는 자에 준하여 취급하여야 하고 불이익을 입혀서는 안된다고 할 것으로, 가사 그 불이익을 입힌다 하여도 필요한 최소제한에 그치도록 비례의 원칙이 존중되어야 한다는 것이 헌법 제27조 제4항의 무죄추정의 원칙이며, 여기의 불이익에는 형사절차상의 처분에 의한 불이익뿐만 아니라 그 밖의 기본권제한과 같은 처분에 의한 불이익도 포함된다고 할 것이다(헌재 1990.11.19. 90헌가48).

(bb) 적용례

① 압수한 관세범칙물건의 당연 국고귀속규정: 압수한 관세범칙물건은 범인이 당해 관서에 출두하지 아니하거나 또는 범인이 도주한 때에는 그 물품을 압수한 날로부터 4월이 경과하면 별도의 재판이나 처분 없이 곧바로 국고에 귀속하도록 한 것은, 유죄판결이 확정되기도 전에 무죄의 추정을 받는 자의 소유에 속한 압수물건을 국고에 귀속하도록 규정함으로써 실질적으로는 몰수형을 집행한 것과 같은 효과를 발생케 하는 내용의 것이므로 결국 헌법 제27조 제4항에 정한 무죄추정의

원칙에 위반된다고 아니할 수 없다.

따라서 구관세법 제215조 중 제181조 부분은 헌법에 위반된다. → 구 관세법 제215조에 대한 위헌제청(헌재 1997.5.29. 96헌가17)

② 미결수용자에 대한 재소자용 수의착용처분의 합헌성과 위헌성: 미결수용자가 수감되어 있는 동안 구치소 등 수용시설 안에서 사복을 착용하지 못하도록 하고 재소자용 의류를 입도록 한 것은 … 구금목적의 달성, 시설의 규율과 안전유지를 위한 필요최소한의 제한으로서 헌법에 위반되지 아니하나, 수사 및 재판단계에서 유죄가 확정되지 아니한 미결수용자에게 재소자용 의류를 입게 하는 것은 과잉금지원칙에 위반되는 것으로 무죄추정의 원칙과 인간의 존엄과 가치 및 행복추구권, 공정한 재판을 받을 권리를 침해하는 것으로 헌법에 위반된다. → 재소자용 수의착용처분에 대한 위헌확인(헌재 1999.5.27. 97헌가137 등)

③ 성폭력범죄의 처벌 및 피해자보호 등에 관한 법률 제5조 제2항 등 위헌소원(헌재 2009.6.25. 2007헌바25): 헌법재판소 전원재판부는 2009년 6월 25일 재판관 8 : 1의 의견으로 판결산고 전 구금일수의 통산을 규정한 형법 제57조 제1항 중 "또는 일부" 부분이 헌법에 위반된다고 하였다. 헌법상 무죄추정의 원칙에 따라, 유죄판결이 확정되기 전에 피의자 또는 피고인을 죄 있는 자에 준하여 취급함으로써 법률적 · 사실적 측면에서 유형 · 무형의 불이익을 주어서는 아니되고, 특히 미결구금은 신체의 자유를 침해받는 피의자 또는 피고인의 입장에서 보면 실질적으로 자유형의 집행과 다를 바 없으므로, 인권보호 및 공평의 원칙상 형기에 전부 산입되어야 한다. 그러나 형법 제57조 제1항 부분은 미결구금의 이러한 본질을 충실히 고려하지 못하고 법관으로 하여금 미결구금일수 중 일부를 형기에 산입하지 않을 수 있게 허용하였는바, 이는 헌법상 무죄추정의 원칙 및 적법절차의 원칙 등을 위배하여 합리성과 정당성 없이 신체의 자유를 지나치게 제한함으로써 헌법에 위반된다.

④ 형사소송법 제482조 제1항 등 위헌제청(헌재 2009.12.29. 2008헌가13): 헌법재판소는 2009년 12월 29일 재판관 8(헌법불합치) : 1(합헌)의 의견으로, 상소제기 후 상소취하시까지의 미결구금을 형기에 산입하지 아니하는 것은 헌법상 무죄추정의 원칙 및 적법절차의 원칙, 평등원칙 등을 위배하여 합리성과 정당성 없이 신체의 자유를 지나치게 제한하는 것이므로 '상소제기 후 미결구금일수의 산입'에 관하여 규정하고 있는 형사소송법 제482조 제1항 및 제2항은 헌법에 합치되지 아

니하고, 위 조항들은 입법자가 합헌적인 내용으로 법률을 개정할 때까지 계속 존속하게 하여 적용된다는 결정을 선고하였다.

(사) 형사피해자의 재판절차진술권(제27조 제5항)

(a) 개념: 범죄로 인한 피해자가 당해사건의 재판절차에 증인으로 출석하여 자신이 입은 피해의 내용과 사건에 관하여 의견을 진술할 수 있는 권리를 말한다.

(b) 기능: 헌법 제27조 제5항에서 형사피해자의 재판절차진술권을 독립된 기본권으로 보장한 취지는 형사피해자로 하여금 당해사건의 형사재판절차에 참여할 수 있는 청문의 기회를 부여함으로써 형사사법의 절차적 적정성을 확보하기 위한 것이다(헌재 1993. 3.11. 92헌마48).

(c) 주체: 헌법 제27조 제5항의 형사피해자의 개념은 반드시 형사실체법상의 보호법익을 기준으로 한 피해자개념에 한정하여 결정할 것이 아니라 형사실체법상으로는 직접적인 보호법익의 향유주체로 해석되지 않는 자라 하더라도 문제된 범죄행위로 말미암아 법률상 불이익을 받게 되는 자를 말한다(동일 판례).

(d) 판례

(aa) 형사피해자의 재판절차진술권의 의의: 검사의 불기소처분이 자의적으로 행사된 경우 그 피해자는 헌법 제11조에 규정된 평등권과 제27조 제5항에 규정된 재판절차진술권이 침해되었음을 이유로 헌법소원심판을 청구할 수 있다. 이와 같이 검사의 불기소처분에 대하여 기소처분을 구하는 취지에서 헌법소원을 청구할 수 있는 자는 원칙적으로 헌법상 재판절차진술권의 주체인 형사피해자에 한한다(헌재 1992.2.25. 90헌마91).

(bb) 내용: 헌법조항의 형사피해자의 개념은 반드시 형사실체법상의 보호법익을 기준으로 한 피해자개념에 한정하여 결정할 것이 아니라 형사실체법상으로는 직접적인 보호법익의 향유주체로 해석되지 않는 자라 하더라도 문제된 범죄행위로 말미암아 법률상 불이익을 받게 되는 자의 뜻으로 풀이하여야 할 것이다.

(cc) 당사자적격이 인정된 경우: 교통사고로 사망한 사람의 부모는 형사소송법상 고소권자의 지위에 있을 뿐만 아니라, 비록 교통사고처리법상의 보호법익인 생명의 주체는 아니라고 하더라도, 그 교통사고로 자녀가 사망함으로 인하여 극심한 정신적 고통을 받는 법률상 불이익을 입게 된 자임이 명백하므로, 헌법상 재판절차진술권이 보장되는 형사피해자의 범주에 속한다(헌재 1993.3.11. 92헌마48).

(dd) 당사자적격이 부인된 경우

① **범죄피해자가 아닌 고발인:** 범죄피해자가 아닌 고발인에게는 개인적·주관적인 권리나 재판절차진술권 등의 기본권이 허용될 수 없으므로 검사가 자의적인 불기소처분을 하였다고 하여 달리 특별한 사정이 없으면 <u>헌법소원심판의 청구요건인 자기관련성이 없다</u>(헌재 1989.12.22. 89헌마145).

② **고소를 취하한 자:** 검사에게 피고소인을 고소하였다가 개인사정으로 취소한 자는 그 사건에 대한 불기소처분에 대하여 헌법소원심판을 청구할 수는 없다(헌재 1998.8.27. 97헌마79).

제4절 형사보상청구권

(1) 개념

형사피고인·형사피의자로 구금되었다가 무죄판결 및 법률이 정하는 불기소처분을 받은 경우에, 그 정신적·물질적 손실을 보상해 주도록 국가에 대하여 청구할 수 있는 권리를 말한다.

(2) 연혁

(가) 최초 규정 Frankfurt(1849)헌법에서 최초로 규정되었다.

(나) 우리나라

(a) 형사피고인: 제헌헌법에서부터 규정되었다.

(b) 형사피의자: 제9차 헌법에서 추가 신설하였다.

(3) 본질 – 손실보상설(다수설)

국가의 형사사법작용으로 야기된 인권침해의 결과에 대한 책임을 국가에게 지움으로써 사후적이나마 국민의 권리를 구제하여 주려는 무과실·결과책임으로서의 손실보상을 말하는 것이다.

> **관련판례**
>
> 형사보상은 과실책임의 원리에 의하여 고의·과실로 인한 위법행위와 인과관계 있는 모든 손해를 배상하는 손해배상과는 달리, 형사사법절차에 내재하는 불가피한 위험에 대하여 형사사법기관의

귀책사유를 따지지 않고 형사보상청구권자가 입은 손실을 보상하는 것이다(헌재 2010.10.28. 2008 헌마514 등).

(4) 법적 성격

청구권적 기본권의 일반 성격을 갖는다.

(5) 주체

1) 형사피고인, 형사피의자가 해당한다.

2) 그 상속인(청구하지 않고 사망이나 사형이 집행된 경우)도 가능하다.

3) 외국인도 가능하다.

(6) 내용

내용	형사피고인	형사피의자
공통요건 - 구금	• 미결구금(형의 집행을 위한 구치나 노역장유치의 집행을 위한 구치) • 형의 집행(형의 집행 또는 노역장유치의 집행) • 무과실 책임(국가기관의 고의 · 과실불문)	
개별요건	• 무죄판결: 협의의 무죄판결 외에 무죄판결의 현저한 사유가 있는 경우의 면소 및 공소기각의 재판을 포함 • 제외할 수 있는 자 ① 허위자백, 증거위조로 구금 ② 경합범 중 일부에 대해 무죄판결이 내려진 경우 ③ 형사미성년자나 심신장애를 이유로 무죄판결이 행해진 경우	• 법률이 정하는 불기소처분 ① 협의의 불기소처분 ○ ② 기소중지, 기소유예 × • 제외할 수 있는 자 ① 허위자백, 증거위조로 구금 ② 구금기간 중 다른 사실에 대하여 범죄 성립 ③ 보상하는 것이 선량한 풍속에 반하는 경우
청구기관	• 무죄판결을 한 법원	• 지방(고등 ×)검찰청 피의자보상심의회
청구기간	• 무죄재판이 확정된 사실을 안 날로부터 3년 • 무죄재판이 확정된 때로부터 5년	• 공소를 제기하지 아니하는 처분의 고지 또는 통지를 받은 날로부터 3년

관련판례

형사보상법 제7조 위헌제청(헌재 2010.7.29. 2008헌가4)

헌법재판소는 2010년 7월 29일 재판관 8(위헌) : 1(합헌)의 의견으로 형사보상의 청구는 <u>무죄재판이 확정된 때로부터 1년 이내에 하도록</u> 규정하고 있는 '형사보상법' 제7조가 입법재량의 한계를 일탈하여 청구인의 형사보상청구권을 침해한 것이라는 이유로 헌법에 합치하지 아니한다는 결정을 선고하였다.

형사보상청구권의 제척기간으로서 '1년'이라는 기간은 지나치게 짧아 형사보상청구권의 실질적인 보장을 어렵게 하며, '무죄재판이 확정된 때'라는 기산점은 형사피고인이 책임질 수 없는 사유에 의하여 법률상, 사실상 무죄재판이 확정된 사실을 모를 수 있어 형사피고인이 책임질 수 없는 사유에 의하여 제척기간이 도과될 가능성이 있는바, 이는 형사보상청구권의 본질적 내용을 침해한다는 것이다.

주문표시방법에 관하여 법적공백이나 혼란 방지 및 입법형성권 존중을 이유로 헌법불합치 선언을 하여야 한다는 재판관 4인(재판관 이강국, 재판관 이공현, 재판관 김희옥, 재판관 민형기)의 의견과 법적 공백상태가 생길 염려가 없으므로 위헌선언을 하여야 한다는 재판관 4인(재판관 조대현, 재판관 김종대, 재판관 목영준, 재판관 송두환)의 의견이 있으나, 위헌의견도 헌법불합치 의견의 범위 내에서는 헌법불합치 의견과 견해를 같이 하므로 헌법불합치 결정을 선고하였다. 이번 헌법불합치 결정으로 인해 위 조항은 입법자의 개선입법이 이루어질 때까지 <u>적용 중지</u>된다.

형사보상법 제19조 제1항 등 위헌확인(헌재 2010.10.28. 2008헌마514)

헌법재판소는 2010년 10월 28일 재판관 전원의 일치된 의견으로 <u>형사보상의 청구에 대하여 한 보상의 결정에 대하여는 불복을 신청할 수 없도록</u> 규정하고 있는 형사보상법 제19조 제1항이 청구인들의 형사보상청구권 및 재판청구권을 침해하므로 헌법에 위반된다는 결정을 선고하였다.

한편, <u>형사보상금을 일정한 범위 내로 한정하도록</u> 규정하고 있는 형사보상법 제4조 제1항과 그에 따라 보상금의 상한내용을 구체적으로 정하고 있는 형사보상법 시행령 제2조에 대해서는 재판관 <u>7(합헌) : 2(위헌)</u>의 의견으로 헌법에 위반되지 않는다는 결정을 선고하였다.

이 사건 불복금지조항은 형사보상의 청구에 대하여 한 보상의 결정에 대하여는 불복을 신청할 수 없도록 하여 형사보상의 결정을 단심재판으로 규정하고 있는데, <u>보상액의 산정에 기초되는 사실인정이나 보상액에 관한 판단에서 오류나 불합리성이 발견되는 경우에도 그 시정을 구하는 불복신청을 할 수 없도록 하는 것은 형사보상청구권 및 그 실현을 위한 기본권으로서의 재판청구권의 본질적 내용을 침해하는 것</u>이라 할 것이고, 나아가 법적안정성만을 지나치게 강조함으로써 재판의 적정성과 정의를 추구하는 사법제도의 본질에 부합하지 아니하는 것이다. 또한 불복을 허용하더라도 즉시항고는 절차가 신속히 진행될 수 있고 사건수도 과다하지 아니한데다 그 재판내용도 비교적 단순하므로 불복을 허용한다고 하여 상급심에 과도한 부담을 줄 가능성은 별로 없다고 할 것이므로, 이 사건 불복금지조항은 형사보상청구권 및 재판청구권의 본질적 내용을 침해하는 것으로 헌법에 위반된다.

---

(7) 특징

(가) 제외되는 경우   구금을 요건으로 하므로

1) 불구속으로 수사를 받다가 불기소처분을 받은 자는 제외된다.

2) 불구속으로 기소되어 무죄판결을 받은 자는 제외된다.

(나) 양도 및 압류금지(동법 제23조)

(다) 구금에 대한 보상을 할 때에는 그 구금일수(拘禁日數)에 따라 1일당 보상청구의 원인이 발생한 연도의 '최저임금법'에 다른 일급(日給) 최저임금액 이상 대통령령으로 정하는 금액 이하의 비율에 의한 보상금을 지급한다.

(8) 형사보상 및 명예회복에 관한 법률[시행 2011.5.23.][법률 제10698호, 2011.5.23. 전부개정]

(가) 개정이유 형사소송절차에서 무죄재판 등을 받아 확정되는 경우 정당한 보상이 이루어지도록 형사보상금액의 하한을 상향 조정하고, 형사보상청구기간 및 불복신청범위를 확대하는 한편, 무죄재판 등이 확정되더라도 이에 대한 보도가 제대로 되지 않아 수사 또는 재판과정에서 훼손된 명예를 회복시킬 수 없었던 점을 개선하기 위하여 법무부 인터넷 홈페이지에 그 사실을 게재하여 널리 알릴 수 있도록 하는 명예회복제도를 신설하려는 것임.

(나) 주요 내용

(a) 제명의 변경 및 목적의 규명(제1조): 제명을 '형사보상 및 명예회복에 관한 법률'로 변경하고 목적조항을 새로이 규정하여 무죄재판 등을 받은 자에 대한 정당한 형사보상과 실질적인 명예회복을 위한 법률임을 명확히 함.

(b) 형사보상금액의 하한(下限)조정(제5조): 구금에 대한 보상금의 하한을 1일 5천원에서 보상청구의 원인이 발생한 연도의 '최저임금법'에 다른 최저임금액으로 상향조정함

(c) 형사보상청구기간의 연장(제8조): 헌법재판소의 헌법 불합치결정(2008헌가4) 취지에 따라 형사보상청구권을 실질적으로 보장하기 위하여 그 청구기간을 무죄재판의 확정된 사실을 안 날부터 3년, 무죄재판이 확정된 때부터 5년 이내로 확대함.

(d) 불복신청의 범위확대(제20조 제1항): 형사보상청구의 기각결정에 대해서만 불복신청을 할 수 있도록 하였던 종전의 규정이 헌법재판소에 위헌으로 결정(2008 헌마514)됨에 따라 보상결정에 대해서도 1주일 이내에 즉시항고(卽時抗告)를 할 수 있도록 함.

(e) 형사보상청구의 범위확대(제26조 제1항 제2호): '치료감호법' 제7조에 따라

공소가 제기되지 않고 치료감호만 청구된 자가 범죄로 되지 않거나 범죄사실의 증명이 없어 청구기각의 판결을 받아 확정된 경우에도 보상을 청구할 수 있도록 함.

(f) **무죄재판서의 게재(제30조부터 제34조까지)**: 무죄, 면소, 공소기각 또는 치료감호 독립청구에 대한 기각재판을 받아 확정된 경우에는 무죄재판서 등을 법무부 인터넷 홈페이지에 게재할 수 있도록 함.

형사보상 및 명예회복에 관한 법률 [시행 2011.5.23.][법률 제10698호, 2011.5.23. 전부개정]

제1장 총칙

제1조【목적】 이 법은 형사소송절차에서 무죄재판 등을 받은 자에 대한 형사보상 및 명예회복을 위한 방법과 절차 등을 규정함으로써 무죄재판 등을 받은 자에 대한 정당한 보상과 실질적 명예회복에 이바지함을 목적으로 한다.

제2장 형사보상

제2조【보상요건】 ① 「형사소송법」에 따른 일반 절차 또는 재심(再審)이나 비상상고(비상상고)절차에서 무죄재판을 받아 확정된 사건의 피고인이 미결구금(미결구금)을 당하였을 때에는 이 법에 따라 국가에 대하여 그 구금에 대한 보상을 청구할 수 있다.

② 상소권회복에 의한 상소, 재심 또는 비상상고의 절차에서 무죄재판을 받아 확정된 사건의 피고인이 원판결(原判決)에 의하여 구금되거나 형 집행을 받았을 때에는 구금 또는 형의 집행에 대한 보상을 청구할 수 있다.

제3조【상속인에 의한 보상청구】 ① 제2조에 따라 보상을 청구할 수 있는 자가 그 청구를 하지 아니하고 사망하였을 때에는 그 상속인이 이를 청구할 수 있다.

② 사망한 자에 대하여 재심 또는 비상상고의 절차에서 무죄재판이 있었을 때에는 보상의 청구에 관하여는 사망한 때에 무죄재판이 있었던 것으로 본다.

제4조【보상하지 아니할 수 있는 경우】 다음 각 호의 어느 하나에 해당하는 경우에는 법원은 재량(裁量)으로 보상청구의 전부 또는 일부를 기각(기각)할 수 있다.

  1. 「형법」 제9조 및 제10조 제1항의 사유로 무죄재판을 받은 경우
  2. 본인이 수사 또는 심판을 그르칠 목적으로 거짓 자백을 하거나 다른 유죄의 증거를 만듦으로써 기소(起訴), 미결구금 또는 유죄재판을 받게 된 것으로 인정된 경우
  3. 1개의 재판으로 경합범(競合犯)의 일부에 대하여 무죄재판을 받고 다른 부분에 대하여 유죄재판을 받았을 경우

제5조【보상의 내용】 ① 구금에 대한 보상을 할 때에는 그 구금일수(拘禁日數)에 따라 1일당 보상청구의 원인이 발생한 연도의 「최저임금법」에 따른 일급(일급) 최저임금액

이상 대통령령으로 정하는 금액 이하의 비율에 의한 보상금을 지급한다.

제6조【손해배상과의 관계】① 이 법은 보상을 받을 자가 다른 법률에 따라 손해배상을 청구하는 것을 금지하지 아니한다.

② 형사보상을 받을 자가 같은 원인에 대하여 다른 법률에 따라 손해배상을 받은 경우에 그 손해배상의 액수가 형사보상 및 명예회복에 관한 법률에 따라 받을 보상금의 액수와 같거나 그보다 많을 때에는 보상하지 아니한다(형사보상법 제6조 제2항).

제7조【관할법원】보상청구는 무죄재판을 한 법원에 대하여 하여야 한다.

제8조【보상청구의 기간】보상청구는 무죄재판이 확정된 사실을 안 날부터 3년, 무죄재판이 확정된 때부터 5년 이내에 하여야 한다.

제20조【불복신청】① 제17조 제1항에 따른 보상결정에 대하여는 1주일 이내에 즉시항고(卽時抗告)를 할 수 있다.

② 제17조 제2항에 따른 청구기각 결정에 대하여는 즉시항고를 할 수 있다.

제23조【보상청구권의 양도 및 압류의 금지】보상청구권은 양도하거나 압류할 수 없다. 보상금지급청구권도 또한 같다.

제26조【면소 등의 경우】① 다음 각 호의 어느 하나에 해당하는 경우에도 국가에 대하여 구금에 대한 보상을 청구할 수 있다.

  1. 「형사소송법」에 따라 면소(免訴) 또는 공소기각(공소기각)의 재판을 받아 확정된 피고인이 면소 또는 공소기각의 재판을 할 만한 사유가 없었더라면 무죄재판을 받을 만한 현저한 사유가 있었을 경우

  2. 「치료감호법」 제7조에 따라 치료감호의 독립 청구를 받은 피치료감호청구인의 치료감호사건이 범죄로 되지 아니하거나 범죄사실의 증명이 없는 때에 해당되어 청구기각의 판결을 받아 확정된 경우

제27조【피의자에 대한 보상】① 피의자로서 구금되었던 자 중 검사로부터 공소를 제기하지 아니하는 처분을 받은 자는 국가에 대하여 그 구금에 대한 보상(이하 "피의자보상"이라 한다)을 청구할 수 있다. 다만, 구금된 이후 공소를 제기하지 아니하는 처분을 할 사유가 있는 경우와 공소를 제기하지 아니하는 처분이 종국적(종국적)인 처분이 아니거나 「형사소송법」 제247조에 따른 것일 경우에는 그러하지 아니하다.

② 다음 각 호의 어느 하나에 해당하는 경우에는 피의자보상의 전부 또는 일부를 지급하지 아니할 수 있다.

  1. 본인이 수사 또는 재판을 그르칠 목적으로 거짓자백을 하거나 다른 유죄의 증거를 만듦으로써 구금된 것으로 인정되는 경우

  2. 구금기간 중에 다른 사실에 대하여 수사가 이루어지고 그 사실에 관하여 범죄가

성립한 경우

3. 보상을 하는 것이 선량한 풍속이나 그 밖에 사회질서에 위배된다고 인정할 특별한 사정이 있는 경우

③ 피의자보상에 관한 사항을 심의·결정하기 위하여 지방검찰청에 피의자보상심의회 (이하 "심의회"라 한다)를 둔다.

제28조【피의자보상의 청구 등】① 피의자보상을 청구하려는 자는 공소를 제기하지 아니하는 처분을 한 검사가 소속된 지방검찰청(지방검찰청 지청의 검사가 그러한 처분을 한 경우에는 그 지청이 속하는 지방검찰청을 말한다)의 심의회에 보상을 청구하여야 한다.

② 제1항에 따라 피의자보상을 청구하는 자는 보상청구서에 공소를 제기하지 아니하는 처분을 받은 사실을 증명하는 서류를 첨부하여 제출하여야 한다.

③ 피의자보상의 청구는 검사로부터 공소를 제기하지 아니하는 처분의 고지(告知) 또는 통지를 받은 날부터 3년 이내에 하여야 한다.

④ 피의자보상의 청구에 대한 심의회의 결정에 대하여는 「행정심판법」에 따른 행정심판을 청구하거나 「행정소송법」에 따른 행정소송을 제기할 수 있다.

제3장 명예회복

제30조【무죄재판서 게재청구】무죄재판을 받아 확정된 사건(이하 "무죄재판사건"이라 한다)의 피고인은 무죄재판이 확정된 때부터 3년 이내에 확정된 무죄재판사건의 재판서(이하 "무죄재판서"라 한다)를 법무부 인터넷 홈페이지에 게재하도록 해당 사건을 기소한 검사가 소속된 지방검찰청(지방검찰청 지청을 포함한다)에 청구할 수 있다.

제5절 국가배상청구권

(1) 개념

공무원의 직무상의 불법행위로 손해를 받은 경우에, 국가 또는 지방자치단체에 대하여 손해의 배상을 청구할 수 있는 권리이다(국가와 사회의 구별을 전제로 한 이원론에 기초한다).

(2) 연혁

(가) 프랑스　1873년 관할재판소의 Blanco판결에서 유래하였다(영·미계열에서 유래되지 않음)

(나) 독일　　　Weimar헌법이 최초로 명문화하였다.

(다) 우리나라　　군인·공무원의 이중배상금지조항은 이중배상금지와 관련된 국가배상법조항이 제3공화국 때에 위헌판결을 받자 제4공화국 때에 헌법에 명문화가 되었다.

▶ 영·미계는 국가배상책임을 인정하지 않다가 제2차 세계대전 후 법률로서 제정되었다.

(3) 주체

(가) 국민(자연인·법인)이 해당된다.

(나) 외국인　　　상호주의가 적용된다(국가배상법 제7조).

(다) 군인·군무원 등　　　이중배상의 금지가 적용된다(제29조 제2항).

(4) 국가배상책임의 본질

(가) 대위책임설　　　　국가배상책임은 국가가 피해자 구제를 위해 공무원을 대신하여 부담하는 책임으로 본다.

(나) 자기책임설(다수설)　국가의 배상책임은 국가가 공무원의 책임을 대신 지는 것이 아니라 기관의 행위를 통해 지는 자기책임이라고 한다.

(다) 절충설　　　공무원의 위법행위가 고의나 중과실에 기한 경우에는 기관행위로 볼 수 없으므로 대위책임이나 경과실에 의한 경우에는 자기책임으로 본다(대판 1996.2.15. 95다38677).

(5) 법적 성격(공권인가 사권인가)

국가배상청구권은 헌법의 규정만으로 효력이 발생하는 직접효력규정이고, 재산과는 구별되는 청구권이며 공권(다수설)으로 보고 있다.

(6) 국가배상의 유형

① 공무원의 직무집행행위에 의한 것(국가배상법 제2조)과 ② 영조물의 설치·관리의 하자에 의한 것(국가배상법 제5조)이 있다.

국가배상법

제2조【배상책임】① 국가나 지방자치단체는 공무원 또는 공무를 위탁받은 사인(이하 "공무원"이라 한다)이 직무를 집행하면서 고의 또는 과실로 법령을 위반하여 타인에게 손해를 입히거나, 「자동차손해배상 보장법」에 따라 손해배상의 책임이 있을 때에는 이 법에 따라 그 손해를 배상하여야 한다. 다만, 군인·공무원·경찰공무원 또는 향토예비군대원이 전투·훈련 등 직무 집행과 관련하여 전사(戰死)·순직(殉職)하거나 공상(公傷)을 입은 경우에 본인이나 그 유족이 다른 법령에 따라 재해보상금·유족연금·상이연금 등의 보상을 지급받을 수 있을 때에는 이 법 및 「민법」에 따른 손해배상을 청구할 수 없다. 〈개정 2009.10.21〉

② 제1항 본문의 경우에 공무원에게 고의 또는 중대한 과실이 있으면 국가나 지방자치단체는 그 공무원에게 구상(求償)할 수 있다.

제5조【공공시설 등의 하자로 인한 책임】① 도로·하천, 그 밖의 공공의 영조물(營造物)의 설치나 관리에 하자(瑕疵)가 있기 때문에 타인에게 손해를 발생하게 하였을 때에는 국가나 지방자치단체는 그 손해를 배상하여야 한다. 이 경우 제2조 제1항 단서, 제3조 및 제3조의2를 준용한다.

② 제1항을 적용할 때 손해의 원인에 대하여 책임을 질 자가 따로 있으면 국가나 지방자치 단체는 그 자에게 구상할 수 있다.

(7) 국가배상의 대상

(가) 헌법 제29조　　　　국가, 공공단체(지자체＋영조물법인＋공공조합)로 규정되어 있다.

(나) 국가배상법 제2조 제1항　　　국가, 지방자치단체로 규정되어 있어 '지방자치단체' 부분에 대하여 합헌설과 위헌설이 대립한다.

(8) 공무원의 직무상 불법행위로 인한 손해배상청구권

(가) 공무원　　국가 또는 지방자치단체를 위하여 공무에 종사하는 자이다.

1) 업무를 기준으로 파악한다.

2) 공무위탁사인도 포함된다.

(나) 직무상 행위

(a) 범위: 본조의 직무를 권력작용뿐만 아니라 비권력적 작용(관리작용)까지 포함하는 공법적 작용으로 보는 것이 다수설과 대판의 입장이다. 즉, 사법상의 사경제적 작용은 제외된다(대판 2004.4.9. 2002다10691).

(b) 직무의 판단: 외형설(객관설)

(aa) 직무집행의 의사를 불문(피해자가 공무집행이 아니라는 사정을 안 경우에도 가능)

(bb) 직무 그 자체는 물론, 직무와 외형상 관련 있는 행위도 포함된다.

여 청구기간이 도과하였음을 이유로 이를 각하하는 결정을 하여 법률의 규정을 따르지 아니한 잘못을 하였음을 알 수 있는바, 위와 같은 잘못은 법이 헌법재판소 재판관의 직무 수행상 준수할 것을 요구하고 있는 기준을 현저하게 위반한 경우에 해당하여 국가배상책임을 인정하는 것이 상당하다고 하지 않을 수 없다.

대법원 판례
1. 행위의 외관상 공무원의 직무행위로 보여질 때는 실질적으로 직무행위인 여부와 행위자의 주관적 의사에 관계없이 국가배상법 제2조 소정의 공무원의 직무행위에 해당한다(대판 1971.8.31. 71다13).
2. 공무원이 그 직무를 행함에 당하여 일어난 것인지의 여부를 판단하는 기준은 <u>행위의 외관을 객관적으로 관찰하여 공무원의 행위로 보여질 때는 공무원의 직무상 행위로 볼 것이며, 이러한 행위가 공무집행위가 아니라는 사정을 피해자가 알았다 하더라도 이에 대한 국가배상책임은 부정할 수 없다</u>(대판 1966.3.22. 66다117).

대판 2008.7.10. 2006다23664
<u>경매법원의 담당공무원이 구 민사소송법 제617조 제2항 소정의 이해관계인에 대한 경매기일 및 경락기일 통지를 제대로 하지 않는 등</u> 적법한 경매절차 진행에 관한 직무상 의무를 위반하였고, 그 결과 경락인인 원고로서는 이 사건 경락이 적법 유효한 것으로 믿고 경락대금 및 등기비용 등을 지출함에 따른 손해를 입게 되었다 할 것인데, 그 일련의 과정에서 경매법원 스스로 그 하자를 시정하는 조치를 취하지 않는 이상 특별히 경락인이 불복절차 등을 통하여 이를 시정하거나 위 결과 발생을 막을 것을 기대할 수도 없으며, 경락인의 손해에 대하여 국가배상 이외의 방법으로 구제받을 방법이 있는 것도 아니라는 점 등을 아울러 고려하면, 경매법원 공무원의 위 이해관계인 통지 등에 관한 절차상의 과오는 원고의 손해 발생과 상당인과관계가 있다고 할 것이고, 이는 경매법원의 경락허가결정, 대금지급기일 지정 및 그 실시, 소유권이전등기의 촉탁 등의 재판행위가 개입되어 있었다고 하여 달리 볼 것은 아니다(대법원 1982.6.22. 선고 80다2801 판결 등 참조). 따라서 피고는 국가배상법 제2조 제1항, 제3조에 따라 원고가 입은 <u>상당인과관계 있는 범위 내의 손해를 배상할 책임이 있다고 할 것이다.</u>

대판 2000.5.12. 99다70600
<u>어떠한 행정처분이 후에 항고소송에서 취소되었다고 할지라도 그 기판력에 의하여 당해 행정처분이 곧바로 공무원의 고의 또는 과실로 인한 것으로서 불법행위를 구성한다고 단정할 수는 없는 것</u>이고, 그 행정처분의 담당공무원이 보통 일반의 공무원을 표준으로 하여 볼 때 객관적 주의의무를 결하여 그 행정처분이 객관적 정당성을 상실하였다고 인정될 정도에 이른 경우에 국가배상법 제2조 소정의 국가배상책임의 요건을 충족하였다고 봄이 상당할 것이며, 이때에 객관적 정당성을 상실하였는지 여부는 피침해이익의 종류 및 성질, 침해행위가 되는 행정처분의 태양 및 그 원인, 행정처분의 발동에 대한 피해자측의 관여의 유무 정도 및 손해의 정도 등 제반 사정을 종합하여 손해의 전보책임을 국가 또는 지방자치단체에게 부담시켜야 할 실질적인 이유가 있는지 여부에 의하여 판단하여야 한다.

헌재 2014.4.24. 2011헌바56
일반적으로 법률이 헌법에 위반된다는 사정은 헌법재판소의 위헌결정이 있기 전에는 객관적으로 명백한 것이라고 할 수 없어, 법률이 헌법에 위반되는지 여부를 심사할 권한이 없는 공무원으로서

는 행위 당시의 법률에 따를 수 밖에 없으므로, 행위의 근거가 된 법률조항에 대하여 위헌결정이 선고되더라도 위 법률조항에 따라 행위한 당해 공무원에게는 고의 또는 과실이 있다 할 수 없어 국가배상책임은 성립되지 아니한다.

과거사 민주화보상법 '재판상 화해 간주' 사건(헌재 2018.8.30. 2014헌바180)
□ 결정주문
○ 구 '민주화운동 관련자 명예회복 및 보상 등에 관한 법률'(2000.1.12. 법률 제6123호로 제정되고, 2015.5.18. 법률 제13289호로 개정되기 전의 것) 제18조 제2항의 '민주화운동과 관련하여 입은 피해' 중 불법행위로 인한 정신적 손해에 관한 부분은 헌법에 위반된다.
□ 법정의견 요지
국가배상청구권 침해 여부
○ 정신적 손해에 대한 국가배상청구권 침해 여부에 대하여 살펴본다. 앞서 살펴본 바와 같이 민주화보상법상 보상금 등에는 정신적 손해에 대한 배상이 포함되어 있지 않음을 알 수 있다. 이처럼 정신적 손해에 대해 적절한 배상이 이루어지지 않은 상태에서 적극적·소극적 손해 내지 손실에 상응하는 배·보상이 이루어졌다는 사정만으로 정신적 손해에 관한 국가배상청구마저 금지하는 것은, 해당 손해 내지 손실에 관한 적절한 배·보상이 이루어졌음을 전제로 하여 국가배상청구권 행사를 제한하려 한 민주화보상법의 입법목적에도 부합하지 않으며, 국가의 기본권보호의무를 규정한 헌법 제10조 제2문의 취지에도 반하는 것으로서, 지나치게 가혹한 제재에 해당한다.
○ 따라서 심판대상조항 중 정신적 손해에 관한 부분은 관련자와 유족의 국가배상청구권을 침해한다.

과거사 국가배상청구 '소멸시효' 사건(헌재 2018.8.30. 2014헌바148)
□ 결정주문
○ 민법(1958.2.22. 법률 제471호로 제정된 것) 제166조 제1항, 제766조 제2항 중 '진실·화해를 위한 과거사정리 기본법' 제2조 제1항 제3호, 제4호에 규정된 사건에 적용되는 부분은 헌법에 위반된다.
□ 법정의견 요지
민법 제166조 제1항, 제766조 제2항의 과거사정리법 제2조 제1항 제호, 제4호에 규정된 사건에 관한 예외적 위헌성
○ '민간인 집단희생사건'과 '중대한 인권침해·조작의혹사건'은 국가기관이 국민에게 누명을 씌워 불법행위를 자행하고, 소속 공무원들이 조직적으로 관여하였으며, 사후에도 조작·은폐함으로써 오랜 기간 진실규명이 불가능한 경우가 많아 일반적인 소멸시효 법리로 타당한 결론을 도출하기 어려운 문제들이 발생하였다. 이에 2005년 여·야의 합의로 과거사정리법이 제정되었고, 그 제정 경위 및 취지에 비추어볼 때 위와 같은 사건들은 '사인간 불법행위' 내지 '일반적인 국가배상' 사건과 근본적 다른 유형에 해당됨을 알 수 있다.
○ 구체적으로 살펴보면, 불법행위의 피해자가 '손해 및 가해자를 인식하게 된 때'로부터 3년 이내에 손해배상을 청구하도록 하는 것은 불법행위로 인한 손해배상청구에 있어 피해자와 가해자 보호의 균형을 도모하기 위한 것이므로, 과거사정리법 제2조 제1항 제3, 4호에 규정된 사건에 민법 제766조 제1항의 '주관적 기산점'이 적용되도록 하는 것은 합리적 이유가 인정된다.
○ 그러나, 국가가 소속 공무원들의 조직적 관여를 통해 불법적으로 민간인을 집단 희생시키거나 장기간의 불법구금·고문 등에 의한 허위자백으로 유죄판결을 하고 사후에도 조작·은폐를 통해 진상규명을 저해하였음에도 불구하고, 그 불법행위 시점을 소멸시효의 기산점으로 삼는 것은 피해

자와 가해자 보호의 균형을 도모하는 것으로 보기 어렵고, 발생한 손해의 공평·타당한 분담이라는 손해배상제도의 지도원리에도 부합하지 않는다. 그러므로 과거사정리법 제2조 제1항 제3, 4호에 규정된 사건에 민법 제166조 제1항, 제766조 제2항의 '객관적 기산점'이 적용되도록 하는 것은 합리적 이유가 인정되지 않는다.

○ 결국, 민법 제166조 제1항, 제766조 제2항의 객관적 기산점을 과거사정리법 제2조 제1항 제3, 4호의 '민간인 집단희생사건, 중대한 인권침해·조작의혹사건'에 적용하도록 규정하는 것은, 소멸시효제도를 통한 법적 안정성과 가해자 보호만을 지나치게 중시한 나머지 합리적 이유 없이 위 사건 유형에 관한 국가배상청구권 보장 필요성을 외면한 것으로서 입법형성의 한계를 일탈하여 청구인들의 국가배상청구권을 침해한다.

(다) **불법행위**　법률·명령·관습법위반 과실책임주의(고의·과실을 요함)에 따른다.

(라) **손해**　상당인과관계 있는 모든 손해(물질적＋정신적 손해)를 말한다.

정 리

국가배상법상 공무원의 범위에 해당하는 자(대판)
소집 중인 예비군, 미군부대 카츄사, 시청소차 운전수, 철도건널목 간수, 집행관, 통장(그러나 의용소방대원, 시영버스운전수 등은 공무원이 아니라고 판결)

(9) 공공시설의 하자로 인한 손해배상청구권

국가배상법상 제5조에 규정이 있고 헌법에는 직접 규정이 없다.

1) 공공의 영조물(공용물·공공용물·공기업물·인공공물·하천, 호수 등 자연공물을 포함한다)일 것

2) 설치·관리의 하자가 있을 것

3) 손해의 발생: 인과관계를 요한다.

4) 무과실책임: 고의·과실을 요하지 않는다.

(10) 배상책임

(가) 배상책임자

(a) **헌법 제29조**: 국가 또는 '공공단체'로 규정되어 있다.

(b) **국가배상법 제2조**: 국가 또는 '지방자치단체'로 규정되어 있어 합헌론과 위헌론의 대립이 있다.

▶ 고의·중과실로 위법행위를 한 공무원은 민사상 불법행위 책임을 진다(판례).

(나) 구상권

(a) 공무원의 선임감독자와 비용부담자가 일치하지 않은 경우

국가배상법

제6조【비용부담자 등의 책임】① 제2조·제3조 및 제5조에 따라 국가나 지방자치단체가 손해를 배상할 책임이 있는 경우에 공무원의 선임·감독 또는 영조물의 설치·관리를 맡은 자와 공무원의 봉급·급여, 그 밖의 비용 또는 영조물의 설치·관리비용을 부담하는 자가 동일하지 아니하면 그 비용을 부담하는 자도 손해를 배상하여야 한다.
② 제1항의 경우에 손해를 배상한 자는 내부관계에서 그 손해를 배상할 책임이 있는 자에게 구상할 수 있다.

(b) 공무원에 대한 구상 여부

(aa) 고의·중과실의 경우: 공무원에 구상이 가능하다.

(bb) 경과실의 보호: 구상권이 봉쇄된다.

(11) 선택적 청구권의 문제

대법원은 전원합의체 판결(1996.2.15)에서 종래의 일관되지 못했던 판례의 공무원 자신의 외부적 배상책임의 인정여부에 대하여 입장을 정리하였다.

(가) 공무원의 경과실(선택적 청구불허)　　국가에만 귀속되고,

(나) 공무원의 고의·중과실(선택적 청구인정)　　국가와 공무원에 중첩적으로 귀속된다.

관련판례

국가배상법 제2조 제1항 본문 및 제2항의 입법 취지는 공무원의 직무상 위법행위로 타인에게 손해를 끼친 경우에는 변제자력이 충분한 국가 등에게 선임감독상 과실여부에 불구하고 손해배상책임을 부담시켜 국민의 재산권을 보장하되, 공무원이 직무를 수행함에 있어 경과실로 타인에게 손해를 입힌 경우에는 그 직무수행상 통상 예기할 수 있는 흠이 있는 것에 불과하므로, 이러한 공무원의 행위는 여전히 국가 등의 기관의 행위로 보아 그로 인하여 발생한 손해에 대한 배상책임도 전적으로 국가 등에만 귀속시키고 공무원 개인에게는 그로 인한 책임을 부담시키지 아니하여 공무원의 공무집행의 안정성을 확보하고, 반면에 공무원의 위법행위가 고의·중과실에 기한 경우에는 비록 그 행위가 그의 직무와 관련된 것이라고 하더라도 그와 같은 행위는 그 본질에 있어서 기관행위로서의 품격을 상실하여 국가 등에게 그 책임을 귀속시킬 수 없으므로 공무원 개인에게 불법행위로 인한 손해배상책임을 부담시키되, 다만 이러한 경우에도 그 행위의 외관을 객관적으로 관찰하여 공무원의 직무집행으로 보여질 때에는 피해자인 국민을 두텁게 보호하기 위하여 국가 등이 공무원과 더불어 중첩적으로 배상책임을 부담하되 국가 등이 배상책임을 지는 경우에는 공무원 개인에게 구상할 수 있도록 함으로써 궁극적으로 그 책임이 공무원 개인에게 귀속되도록 하려는 것이라고 봄이 합당하다. …… 따라서 종전에 이와 견해를 달리하여 공무원 직무상 불법행위로 국민에게 손해를 입힌 경우에 공무원의 귀책사유의 정도에 관계없이 공무원 개인이 손해배상책임을 진다고 판시한 당원 1972.10.10. 선고; 69다701 판결 등과 공무원의 귀책사유의 정도에 관계없이 공무원개인은 손해배상책임을 지지 아니한다고 판시한 당원 1994.4.12. 선고; 93다807 판결은 이를 모두 변경하기로 한다(대판 1996.2.15. 95다38577 전합).

손해배상청구권과 손실보상청구권 비교

구분	손해배상청구권(제29조)	손실보상청구권(제23조)
발생원인	공무원의 직무상 불법행위	사유재산의 특별희생
원인행위	위법한 행정작용	적법한 행정작용
대상	재산상 손해 및 정신적 손해	원칙적으로 재산상 손실
기준시점	불법행위시	협의시나 재결시
정의관	평균적(원상회복)	배분적(조절적 보상)
책임유형	개인주의적 책임제도	단체주의적 책임제도
부가적 기능	법치국가적 요청에 입각한 행정통제적 기능	

(12) 국가배상법 제16조에 관한 위헌심판

(가) 주문 　　　국가배상법 제16조 중에서 "심의회의 배상결정은 신청인이 동의한 때에 민사소송법의 규정에 의한 재판상의 화해가 성립된 것으로 본다"라는 부분은 헌법에 위반된다.

(나) 이유

1) 독립된 사법기관이나 준사법기관이 아닌 배상심의회에 재판상 화해의 능력까지를 주는 것은 타당하지 않다.

2) 배상결정에 대한 동의에 부제소합의까지 포함된 것으로 의제하는 것은 국민의 재판청구권을 과도하게 제한하는 것으로 과잉금지의 원칙에 위반된다.

3) 실질적 의미의 사법작용인 분쟁해결에 관한 종국적인 권한은 원칙적으로 법관으로 구성된 사법부에 귀속시키고 그러한 법관에 의한 재판을 받을 권리를 규정

하고 있는 기본권을 보장하고 있는 헌법정신에 반한다(헌재 1995.5.25. 91헌가7).

(13) 국가배상법상 소멸시효제도의 합헌성

국가배상청구권에 민법상 손해배상청구권의 소멸시효를 준용하도록 되어 있는 국가배상법 제8조는 그것이 헌법 제29조 제1항이 규정하는 국가배상청구권을 일부 제한하고 있다 하더라도 일정한 요건하에 그 행사를 제한하고 있는 점에서 그 본질적 내용에 대한 침해라고는 볼 수 없을 뿐더러, 그 제한의 목적과 수단 및 방법에 있어서 정당하고 상당한 것이며, 그로 인하여 침해되는 법익과의 사이에 입법자의 자의라고 볼 정도의 불균형이 있다고 볼 수도 없어서 기본권제한의 한계를 규정한 헌법 제37조의 제2항에 위반된다고 볼 수도 없다(헌재 1997.2.20. 96헌바24).

(14) 국가배상법 제2조 제1항

(가) 법적 성격

1) 군인·군무원 등 국가배상법 제2조 제1항에 열거된 자가 전투·훈련 기타 직무집행과 관련하는 등으로 공상을 입은 경우라고 하더라도 군인연금법 또는 국가유공자 등 예우 및 지원에 관한 법률에 의하여 재해보상금·유족연금·상이연금 등 별도의 보상을 받을 수 없는 경우에는 국가배상법 제2조 제1항 단서의 적용대상에서 제외된다(대판 1997.2.14. 96다28066).

2) 병역법 제75조 제2항이 공익근무요원으로 복무중 순직한 사람의 유족에 대하여 국가유공자 등 예우 및 지원에 관한 법률에 따른 보상을 하도록 규정하고 있다고 하여도, 공익근무요원이 국가배상법 제2조 제1항 단서의 규정에 의하여 국가배상법상 손해배상청구가 제한되는 군인·군무원·경찰공무원 또는 향토예비군대원에 해당한다고 할 수 없다(대판 1997.3.28. 97다4036).

(나) 내용

1) 국가배상법 제2조 제1항 단서는 헌법 제29조 제1항에 의하여 보장되는 국가배상청구권을 헌법내재적으로 제한하는 헌법 제29조 제2항에 직접 근거하고, 실질적으로 그 내용을 같이 하는 것이므로 헌법에 위반되지 아니한다(헌재 1995.12.28. 95헌바3).

2) 전투경찰은 경찰청 산하의 전투경찰대에 소속되어 대간첩작전의 수행 및 치

안업무의 보조를 그 임무로 하고 있어서 그 직무수행상의 위험성이 다른 경찰공무원의 경우보다 낮다고 할 수 없을 뿐만 아니라, 전투경찰대설치법 제4조가 경찰공무원의 다수조항을 준용하고 있는 점 등에 비추어보면, 국가배상법 제2조 제1항 단서 중의 '경찰공무원'은 '경찰공무원법상의 경찰공무원'만을 의미한다고 단정하기 어렵고, 널리 경찰업무에 내재된 고도의 위험성을 고려하여 '경찰조직의 구성원을 이루는 공무원'을 특별취급하려는 취지로 파악함이 상당하므로 전투경찰순경은 헌법 제29조 제2항 및 국가배상법 제2조 제1항 단서 중의 '경찰공무원'에 해당한다고 보아야 할 것이다(헌재 1996.6.13. 94헌마118, 95헌바39 병합).

판례문제 헌법 제29조 제2항 등의 헌법소원

향토예비군대원 12명은 농원훈련소십 중 폭악폭발사고로 사망하였다. 청구인(사망자의 가족)들은 위 사고는 현역군인들의 안전주의의무위반으로 발생하였다고 주장하여 국가를 상대로 손해배상청구소를 제기하고 헌법 제29조 제2항 중 '기타 법률이 정하는 자' 부분과 국가배상법 제2조 제1항 중 단서규정 '향토예비군' 부분에 대한 위헌심판제청신청을 하였으나 기각되자 헌법소원을 제기하였다.

1. 헌법개별규정의 헌법소원대상 여부: 헌법 제111조 제1항 제1호 및 헌법재판소법 제41조 제1항은 위헌법률심판의 대상에 관하여, 헌법 제111조 제1항 제5호 및 헌법재판소법 제68조 제2항, 제41조 제1항은 헌법소원심판의 대상에 관하여 그것이 법률임을 명문으로 규정하고 있으며, 여기서 위헌심사의 대상이 되는 법률이 국회의 의결을 거친 이른바 형식적 의미의 법률을 의미하는 것에 아무런 의문이 있을 수 없으므로, 헌법의 개별규정 자체는 헌법소원에 의한 위헌심사의 대상이 아니다.

2. 헌법 제29조 제2항 중 '기타 법률이 정하는 자' 헌법소원의 적부: 헌법은 전문과 단순한 개별조항의 상호관련성이 없는 집합에 지나지 않는 것이 아니고, 하나의 통일된 가치체계를 이루고 있으므로, 이념적 · 논리적으로 헌법규범 상호 간의 가치의 우열을 인정할 수 있을 것이다. 그러나 이때 인정되는 헌법규범 상호 간의 우열은 추상적 가치규범의 구체화에 따른 것으로서 헌법의 통일적 해석을 위하여 유용한 정도를 넘어 헌법의 어느 특정규정이 다른 규정의 효력을 전면 부인할 수 있는 정도의 효력상의 차등을 의미하는 것이라고는 볼 수 없다.

3. 국가배상법 제2조 제1항 단서 중 '향토예비군대원' 부분의 위헌여부: 향토예비군대원에 대하여 다른 법령의 규정에 의한 사회보장적 보상제도를 전제로 하여 이중보상으로 인한 일반인과의 불균형을 제거하고 국가재정의 지출을 절감하기 위하여 임무수행 중에 입거나 사망한 개별 향토예비군대원의 국가배상청구권을 금지하는 것은 그 목적의 정당성이 인정되고, 수단의 상당성 · 침해의 최소성 및 법익의 균형성이 인정되므로, 헌법의 과잉금지의 원칙에 반한다고 할 수 없고, 평등의 원칙에 반한다거나 재산권의 본질적 내용을 침해하는 위헌규정이라고 할 수 없다(헌재 1996.6.13. 94헌바20).

관련판례 헌재의 태도

헌법재판소는 국가배상소송제기시 국가배상심의회의 필요적 전치를 규정한 국가배상법 제9조에 대한 위헌소원사건에서, 배상신청으로서는 본안판결을 받기 위해 반드시 배상신청을 하여야 하고 이

제6절 범죄피해구조청구권

(1) 개념

본인에게 귀책사유가 없는 타인의 범죄행위로 인하여 생명·신체의 피해를 입은 경우에 국가에 대해 경제적 구조를 청구할 수 있는 권리를 말한다(헌법 제30조).

(2) 연혁과 근거

1) Hobbes와 Spinoza의 질서 국가사상과 J. Bentham의 공리주의철학, 사회국가사상과 M. Fry의 '피해자를 위한 정의' 등이 사상적으로 영향을 주었다.

2) 제9차 현행 헌법에 신설되었다.

(3) 법적 성격

청구권적 기본권의 성격을 갖는다.

(4) 주체

(가) 범죄피해자 타인의 범죄행위로 피해를 당한 사람과 그 배우자(사실상의 혼인관계를 포함한다), 직계친족 및 형제자매를 말한다.

(나) 유족

1) 배우자(사실상 혼인관계를 포함한다) 및 구조피해자의 사망 당시 구조피해자의 수입으로 생계를 유지하고 있는 구조피해자의 자녀

2) 구조피해자의 사망 당시 구조피해자의 수입으로 생계를 유지하고 있는 구조피해자의 부모, 손자·손녀, 조부모 및 형제자매

3) 위 ㉠, ㉡에 해당하지 아니하는 구조피해자의 자녀, 부모, 손자·손녀, 조부모 및 형제자매

(다) 유족의 범위에서 태아는 구조피해자가 사망할 때 이미 출생한 것으로 본다.

▶ 외국인은 상호보증에 있는 때에 한하여 그 주체가 될 수 있다(범죄피해자구조법 제23조).

▶ 우리나라의 주권이 미치는 영역(선박, 항공기 포함) 내에서 발생한 범죄행위로 인한 피해자만이 주체가 되므로 외국에서 거주하는 한국인은 인정되지 아니한다.

(5) 요건과 종류

(가) 요건

(a) 피해자나 가해자 간에 친족관계가 있는 경우, 피해자에게 범죄를 유발하였거나, 귀책사유가 있는 경우, 기타 사회통념상 상당한 경우는 구조금의 전부 또는 일부를 지급하지 않을 수 있다(범죄피해자구조법 제19조).

(b) **범죄행위**: 긴급피난시는 청구가 가능하나 정당행위, 정당방위, 과실에 의한 행위는 제외된다.

(나) **종류**　　유족구조금, 장해구조금, 중상해구조금을 구분하며, 일시금으로 지급한다.

(6) 행사(보조금의 지급신청)

구조금을 받으려는 사람은 법무부령으로 정하는 바에 따라 그 주소지, 거주지 또는 범죄발생지를 관할하는 지구심의회에 신청하여야 한다(범죄피해자보호법 제25조). 구조금의 지급신청은 범죄피해의 발생을 안 날로부터 3년, 또는 당해 범죄피해가 발생한 날로부터 10년 이내에 하여야 한다. 구조금의 지급을 받을 권리(구조금수령권)는 양도·압류·담보로 제공할 수 없으며, 구조금지급결정이 신청인에게 송달된 날로부터 2년간 행사하지 않으면 시효로 소멸한다(동법 제31조, 제32조).

(7) 구조청구권의 특성

(가) **보충성**　　국가는 구조피해자나 유족이 해당 구조대상 범죄피해를 원인으로 손해배상을 받았으면 그 범위에서 구조금을 지급하지 아니한다(형사보상청구권과는 구별을 요함).

(나) **대위성** 국가는 지급한 구조금의 범위에서 해당 구조금을 받은 사람이 구조

대상 범죄피해를 원인으로 하여 가지고 있는 손해배상 청구권을 대위한다.

(8) 범죄피해자보호법[시행 2010.8.15.][법률 제10283호, 2010.5.14. 전부개정]

(가) 개정이유   범죄피해자를 보호·지원하는 제도와 범죄피해자를 구조하는 제도는 정책방향이 같으므로 '범죄피해자구조법'을 이 법에 통합하고, 구조의 대상이 되는 범죄피해의 범위를 종래 중장해에서 장해 및 중상해까지 확대하고, 구조금의 지급요건에서 가해자의 불명 또는 무자력부분을 삭제하여 범죄피해자구조의 범위를 확대하며, 범죄피해자와 그 가족에게 신체적·정신적 안정을 제공하고 사회복귀를 돕기 위하여 국가가 일시적 보호시설 및 상담·치료프로그램을 마련하여 운영하도록 하고, 대통령령에 위임되어 있는 구조금지급 제한사유를 법률에서 구체적으로 규정하며, 구조금액을 월급액·월실수입액 또는 평균임금을 기준으로 산정하도록 정비하고, 구조금지급신청의 기한을 민법에서 손해배상청구권의 소멸시효기간과 같은 기간으로 연장하며, 구조금지급신청의 기각이나 각하결정에 대하여 불복절차를 마련하고, 형사조정제도의 법적 근거를 마련하는 등 범죄피해자보호를 위한 제도를 전반적으로 보완하려는 것임

(나) 주요 내용

1) 구조의 대상이 되는 범죄피해의 범위를 중장해에서 장해 또는 중상해까지 확대함(제3조 제4호).

2) 범죄피해자와 그 가족에게 신체적·정신적 안정을 제공하고 사회복귀를 돕기 위하여 국가가 일시적 보호시설을 설치하고 상담·치료프로그램을 마련하여 운영하도록 함(제7조).

3) 구조금의 지급요건에서 가해자의 불명 또는 무자력을 제외하여 범죄피해자의 구조범위를 확대함(제16조 제1항 제1호).

4) 대통령령에 위임되어 있는 구조금지급 제한사유를 법률에서 구체적으로 규정함(제19조).

5) 구조금액을 월급액·월실수입액 또는 평균임금에 18개월 이상 36개월 이하의 범위에서 대통령령으로 정한 개월수를 곱한 금액으로 함(제22조).

6) 구조금지급신청의 기한을 범죄피해의 발생을 안 날부터 3년 또는 범죄피해가 발생한 날부터 10년으로 연장함(제25조 제2항).

7) 구조금지급신청의 기각이나 각하결정에 대한 불복절차를 마련함(제24조 및 제27조).

8) 형사조정제도를 신설하여 수사 중인 형사사건을 공정하고 원만하게 해결하고 범죄피해자의 피해를 실질적으로 회복하는 데 도움이 되도록 함(제41조부터 제45조까지).

관련판례 범죄피해자구조법 제2조 제1호 등 위헌확인(헌재 2011.12.29. 2009헌마354)
범죄피해자구조청구권의 대상이 되는 범죄피해에 해외에서 발생한 범죄피해의 경우를 포함하고 있지 아니한 것이 현저하게 불합리한 자의적인 차별이라고 볼 수 없어 평등원칙에 위반되지 아니한다고 판단한 것이다.

범죄피해자보호법 [시행 2015.4.16.]

제1조【목적】이 법은 범죄피해자 보호 · 지원의 기본 정책 등을 정하고 타인의 범죄행위로 인하여 생명 · 신체에 피해를 받은 사람을 구조(救助)함으로써 범죄피해자의 복지 증진에 기여함을 목적으로 한다.

제2조【기본이념】① 범죄피해자는 범죄피해 상황에서 빨리 벗어나 인간의 존엄성을 보장받을 권리가 있다.

② 범죄피해자의 명예와 사생활의 평온은 보호되어야 한다.

③ 범죄피해자는 해당 사건과 관련하여 각종 법적 절차에 참여할 권리가 있다.

제3조【정의】① 이 법에서 사용하는 용어의 뜻은 다음과 같다.

1. "범죄피해자"란 타인의 범죄행위로 피해를 당한 사람과 그 배우자(사실상의 혼인관계를 포함한다), 직계친족 및 형제자매를 말한다.

2. "범죄피해자 보호 · 지원"이란 범죄피해자의 손실 복구, 정당한 권리 행사 및 복지 증진에 기여하는 행위를 말한다. 다만, 수사 · 변호 또는 재판에 부당한 영향을 미치는 행위는 포함되지 아니한다.

3. "범죄피해자 지원법인"이란 범죄피해자 보호 · 지원을 주된 목적으로 설립된 비영리법인을 말한다.

4. "구조대상 범죄피해"란 대한민국의 영역 안에서 또는 대한민국의 영역 밖에 있는 대한민국의 선박이나 항공기 안에서 행하여진 사람의 생명 또는 신체를 해치는 죄에 해당하는 행위(「형법」 제9조, 제10조 제1항, 제12조, 제22조 제1항에 따라 처벌되지 아니하는 행위를 포함하며, 같은 법 제20조 또는 제21조 제1항에 따라 처벌되지 아니하는 행위 및 과실에 의한 행위는 제외한다)로 인하여 사망하거나 장

해 또는 중상해를 입은 것을 말한다.

  5. "장해"란 범죄행위로 입은 부상이나 질병이 치료(그 증상이 고정된 때를 포함한다)된 후에 남은 신체의 장해로서 대통령령으로 정하는 경우를 말한다.

  6. "중상해"란 범죄행위로 인하여 신체나 그 생리적 기능에 손상을 입은 것으로서 대통령령으로 정하는 경우를 말한다.

② 제1항 제1호에 해당하는 사람 외에 범죄피해 방지 및 범죄피해자 구조 활동으로 피해를 당한 사람도 범죄피해자로 본다.

제8조의2【범죄피해자에 대한 정보 제공 등】① 국가는 수사 및 재판 과정에서 다음 각 호의 정보를 범죄피해자에게 제공하여야 한다.

  1. 범죄피해자의 해당 재판절차 참여 진술권 등 형사절차상 범죄피해자의 권리에 관한 정보

  2. 범죄피해 구조금 지급 및 범죄피해자 보호 · 지원 단체 현황 등 범죄피해자의 지원에 관한 정보

  3. 그 밖에 범죄피해자의 권리보호 및 복지증진을 위하여 필요하다고 인정되는 정보

② 제1항에 따른 정보 제공의 구체적인 방법 및 절차 등에 필요한 사항은 대통령령으로 정한다.[본조신설 2014.10.15]

제16조【구조금의 지급요건】국가는 구조대상 범죄피해를 받은 사람(이하 "구조피해자"라 한다)이 다음 각 호의 어느 하나에 해당하면 구조피해자 또는 그 유족에게 범죄피해 구조금을 지급한다.

  1. 구조피해자가 피해의 전부 또는 일부를 배상받지 못하는 경우

  2. 자기 또는 타인의 형사사건의 수사 또는 재판에서 고소 · 고발 등 수사단서를 제공하거나 진술, 증언 또는 자료제출을 하다가 구조피해자가 된 경우

제17조【구조금의 종류 등】① 구조금은 유족구조금 · 장해구조금 및 중상해구조금으로 구분하며, 일시금으로 지급한다.

② 유족구조금은 구조피해자가 사망하였을 때 제18조에 따라 맨 앞의 순위인 유족에게 지급한다. 다만, 순위가 같은 유족이 2명 이상이면 똑같이 나누어 지급한다.

③ 장해구조금 및 중상해구조금은 해당 구조피해자에게 지급한다.

제18조【유족의 범위 및 순위】① 유족구조금을 지급받을 수 있는 유족은 다음 각 호의 어느 하나에 해당하는 사람으로 한다.

  1. 배우자(사실상 혼인관계를 포함한다) 및 구조피해자의 사망 당시 구조피해자의 수입으로 생계를 유지하고 있는 구조피해자의 자녀

  2. 구조피해자의 사망 당시 구조피해자의 수입으로 생계를 유지하고 있는 구조피해자의 부모, 손자 · 손녀, 조부모 및 형제자매

    3. 제1호 및 제2호에 해당하지 아니하는 구조피해자의 자녀, 부모, 손자·손녀, 조부
       모 및 형제자매
② 제1항에 따른 유족의 범위에서 태아는 구조피해자가 사망할 때 이미 출생한 것으로
   본다.
③ 유족구조금을 받을 유족의 순위는 제1항 각 호에 열거한 순서로 하고, 같은 항 제2호
   및 제3호에 열거한 사람 사이에서는 해당 각 호에 열거한 순서로 하며, 부모의 경우
   에는 양부모를 선순위로 하고 친부모를 후순위로 한다.
④ 유족이 다음 각 호의 어느 하나에 해당하면 유족구조금을 받을 수 있는 유족으로 보
   지 아니한다.
  1. 구조피해자를 고의로 사망하게 한 경우
  2. 구조피해자가 사망하기 전에 그가 사망하면 유족구조금을 받을 수 있는 선순위 또
     는 같은 순위의 유족이 될 사람을 고의로 사망하게 한 경우
  3. 구조피해자가 사망한 후 유족구조금을 받을 수 있는 선순위 또는 같은 순위의 유
     족을 고의로 사망하게 한 경우
제19조【구조금을 지급하지 아니할 수 있는 경우】① 범죄행위 당시 구조피해자와 가해
   자 사이에 다음 각 호의 어느 하나에 해당하는 친족관계가 있는 경우에는 구조금을
   지급하지 아니한다.
  1. 부부(사실상의 혼인관계를 포함한다)
  2. 직계혈족
  3. 4촌 이내의 친족
  4. 동거친족
② 범죄행위 당시 구조피해자와 가해자 사이에 제1항 각 호의 어느 하나에 해당하지 아
   니하는 친족관계가 있는 경우에는 구조금의 일부를 지급하지 아니한다.
③ 구조피해자가 다음 각 호의 어느 하나에 해당하는 행위를 한 때에는 구조금을 지급하
   지 아니한다.
  1. 해당 범죄행위를 교사 또는 방조하는 행위
  2. 과도한 폭행·협박 또는 중대한 모욕 등 해당 범죄행위를 유발하는 행위
  3. 해당 범죄행위와 관련하여 현저하게 부정한 행위
  4. 해당 범죄행위를 용인하는 행위
  5. 집단적 또는 상습적으로 불법행위를 행할 우려가 있는 조직에 속하는 행위(다만,
     그 조직에 속하고 있는 것이 해당 범죄피해를 당한 것과 관련이 없다고 인정되는
     경우는 제외한다)
  6. 범죄행위에 대한 보복으로 가해자 또는 그 친족이나 그 밖에 가해자와 밀접한 관

계가 있는 사람의 생명을 해치거나 신체를 중대하게 침해하는 행위

④ 구조피해자가 다음 각 호의 어느 하나에 해당하는 행위를 한 때에는 구조금의 일부를 지급하지 아니한다.

  1. 폭행 · 협박 또는 모욕 등 해당 범죄행위를 유발하는 행위

  2. 해당 범죄피해의 발생 또는 증대에 가공(加功)한 부주의한 행위 또는 부적절한 행위

⑤ 유족구조금을 지급할 때에는 제1항부터 제4항까지의 규정을 적용할 때 "구조피해자"는 "구조피해자 또는 맨 앞의 순위인 유족"으로 본다.

⑥ 구조피해자 또는 그 유족과 가해자 사이의 관계, 그 밖의 사정을 고려하여 구조금의 전부 또는 일부를 지급하는 것이 사회통념에 위배된다고 인정될 때에는 구조금의 전부 또는 일부를 지급하지 아니할 수 있다.

⑦ 제1항부터 제6항까지의 규정에도 불구하고 구조금의 실질적인 수혜자가 가해자로 귀착될 우려가 없는 경우 등 구조금을 지급하지 아니하는 것이 사회통념에 위배된다고 인정할 만한 특별한 사정이 있는 경우에는 구조금의 전부 또는 일부를 지급할 수 있다. 〈개정 2014.10.15〉

제20조【다른 법령에 따른 급여 등과의 관계】구조피해자나 유족이 해당 구조대상 범죄피해를 원인으로 하여 「국가배상법」이나 그 밖의 법령에 따른 급여 등을 받을 수 있는 경우에는 대통령령으로 정하는 바에 따라 구조금을 지급하지 아니한다.

제21조【손해배상과의 관계】① 국가는 구조피해자나 유족이 해당 구조대상 범죄피해를 원인으로 하여 손해배상을 받았으면 그 범위에서 구조금을 지급하지 아니한다.

② 국가는 지급한 구조금의 범위에서 해당 구조금을 받은 사람이 구조대상 범죄피해를 원인으로 하여 가지고 있는 손해배상청구권을 대위한다.

③ 국가는 제2항에 따라 손해배상청구권을 대위할 때 대통령령으로 정하는 바에 따라 가해자인 수형자나 보호감호대상자의 작업장려금 또는 근로보상금에서 손해배상금을 받을 수 있다.

제22조【구조금액】① 유족구조금은 구조피해자의 사망 당시(신체에 손상을 입고 그로 인하여 사망한 경우에는 신체에 손상을 입은 당시를 말한다)의 월급액이나 월실수입액 또는 평균임금에 18개월 이상 36개월 이하의 범위에서 유족의 수와 연령 및 생계유지상황 등을 고려하여 대통령령으로 정하는 개월 수를 곱한 금액으로 한다.

② 장해구조금과 중상해구조금은 구조피해자가 신체에 손상을 입은 당시의 월급액이나 월실수입액 또는 평균임금에 2개월 이상 36개월 이하의 범위에서 피해자의 장해 또는 는 중상해의 정도와 부양가족의 수 및 생계유지상황 등을 고려하여 대통령령으로 정한 개월 수를 곱한 금액으로 한다.

③ 제1항 및 제2항에 따른 월급액이나 월실수입액 또는 평균임금 등은 피해자의 주소지

를 관할하는 세무서장, 시장·군수·구청장(자치구의 구청장을 말한다) 또는 피해자의 근무기관의 장(長)의 증명이나 그 밖에 대통령령으로 정하는 공신력 있는 증명에 따른다.

제23조【외국인에 대한 구조】이 법은 외국인이 구조피해자이거나 유족인 경우에는 해당 국가의 상호보증이 있는 경우에만 적용한다.

제24조【범죄피해구조심의회 등】① 구조금 지급에 관한 사항을 심의·결정하기 위하여 각 지방검찰청에 범죄피해구조심의회를 두고 법무부에 범죄피해구조본부심의회를 둔다.

제25조【구조금의 지급신청 】① 구조금을 받으려는 사람은 법무부령으로 정하는 바에 따라 그 주소지, 거주지 또는 범죄 발생지를 관할하는 지구심의회에 신청하여야 한다.
② 제1항에 따른 신청은 해당 구조대상 범죄피해의 발생을 안 날부터 3년이 지나거나 해당 구조대상 범죄피해가 발생한 날부터 10년이 지나면 할 수 없다.

제26조【구조결정】지구심의회는 제25조제1항에 따른 신청을 받으면 신속하게 구조금을 지급하거나 지급하지 아니한다는 결정(지급한다는 결정을 하는 경우에는 그 금액을 정하는 것을 포함한다)을 하여야 한다.

제31조【소멸시효】구조금을 받을 권리는 그 구조결정이 해당 신청인에게 송달된 날부터 2년간 행사하지 아니하면 시효로 인하여 소멸된다.

제32조【구조금 수급권의 보호】구조금을 받을 권리는 양도하거나 담보로 제공하거나 압류할 수 없다.

제8장 생존권(사회적 기본권)

생존권 일반/교육을 받을 권리/근로의 권리/근로자의 노동3권/
인간다운 생활을 할 권리/환경권/혼인·가족·모성·보건

제1절 생존권 일반

국민이 국가에 대하여 인간다운 생활에 필요한 조건을 확보하여 줄 것을 요청할 수 있는 권리를 말한다.

(1) 연혁과 입법례

(가) 연혁

1) 근대 민주주의(개인주의, 자유민주주의)의 경제적 모순으로

2) 현대 생존권 사상이 대두하였다.

▶ A. Menger가 생존권사상을 주장하였다.

(나) 헌법규정

1) 최초 Weimar헌법에서 사회적 기본권(생존권)은 실정화되었다.

2) 우리나라 건국헌법부터 규정되어 현재 헌법 제31조에서 제36조에 규정하고 있다.

(2) 법적 성격

객관설은 사회적 기본권의 권리성을 인정하지 않으나 우리 헌법상 사회적 기본권을 권리로 규정하고 있어 문제점이 있다. 다수설은 구체적 권리설로 볼 수 있다.

(3) 생존권의 특성

(가) 현대적 권리 　　　　20세기의 실질적 평등권의 실현(사회정의구현)을 위한 권리이다.

(나) **국가 내적 권리**　　실정법적인 국민의 권리이다.

(다) **적극적인 권리**　　국가에 의하여 실현되는 권리, 국가에게 생활의 기본적 수요의 충족을 요구하는 권리

(라) **권리 · 의무의 표리성**　　생존권과 그 구현을 위한 의무는 상호표리관계이며, 권리인 동시에 의무라는 특성을 갖고 있다.

제2절 교육을 받을 권리

(1) 개념

교육을 받을 권리는 교육을 받는 것을 국가로부터 방해받지 아니할 뿐 아니라 (자유권적 측면) 교육을 받을 수 있도록 국가가 적극적으로 배려하여 주도록 요구할 수 있는 권리(생존권적 측면)를 말한다. 개개인이 능력에 따라 균등하게 교육을 받을 수 있는 수학권뿐 아니라 학부모가 교육의 기회를 제공하도록 요구할 수 있는 교육기회제공청구권까지 포괄하는 권리이다.

(2) 연혁

교육을 받을 권리가 자유권입장에서 최초로 명문화된 헌법은 1830년 벨기에헌법이고 사회적 기본권으로 최초로 명문화된 헌법은 1919년 Weimar헌법이다.

(3) 주체

(가) 국민(내국인)의 권리이다.

(나) 법인 · 외국인은 인정되지 않는다.

(4) 내용

(가) 능력에 따라 교육을 받을 권리

(a) **능력에 따라**: '능력에 따라'라고 하는 것은 정신적 · 육체적인 능력을 말하는 것이므로 능력에 따른 차별은 가능하나, 그 외의 재산 · 성별 · 가정에 의한 차별은 할 수 없다.

(b) **교육을 받을 권리**: '교육'이란 광의의 교육(가정 · 학교 · 사회 · 평생교육)을 말

하며 학교교육이 중심이 된다. '받을 권리'란 국민의 학습권(수학권)으로, 교육을 하거나 시킬 권리(교육권)는 이에 해당되지 않는다.

▶ 국민의 수학권과 교사의 교육할 권리는 다같이 보호되어야 하겠지만 그 중에서도 국민의 수학권이 더 우선하여 보호되어야 한다(헌재 1992.11.12, 89헌마88).

(나) 교육의 의무(제2항) 및 의무교육의 무상성(제3항)

(a) 의무교육의 주체: 권리주체는 미취학의 아동이며, 의무주체는 아동의 친권자·후견인이다. 초등학교 무상교육을 받을 권리는 헌법상 직접적 권리이나 초등교육 이상의 의무교육은 구체적으로 법률로써 이에 관한 규정이 제정되어야 가능한데(교육법 제8조의2) 초등교육 이외의 의무교육의 실시범위를 정하는 것은 입법자의 형성의 자유에 속한다.

▶ 중등교육 3년은 대통령령이 정하는 바에 따라 순차적으로 실시하는데(교육법 제8조 제2항), 이는 헌법에 위반되지 않는다(헌재 1991.2.11. 90헌가27).

(b) 의무교육 무상성의 범위—취학필요비무상설(다수설): 수업료＋교재·학용품도 무상으로 한다.

관련판례

헌재 2012.4.24. 2010헌바164
의무교육에 있어서 무상의 범위에는 의무교육이 실질적이고 균등하게 이루어지기 위한 본질적 항목으로, 수업료나 입학금의 면제, 학교와 교사 등 인적·물적 시설 및 그 시설을 유지하기 위한 인건비와 시설유지비 등의 부담제외가 포함되고, 그 외에도 의무교육을 받는 과정에 수반하는 비용으로서 의무교육의 실질적인 균등보장을 위해 필수불가결한 비용은 무상의 범위에 포함된다. 이러한 비용 이외의 비용을 무상의 범위에 포함시킬 것인지는 국가의 재정상황과 국민의 소득수준, 학부모들의 경제적 수준 및 사회적 합의 등을 고려하여 입법자가 입법정책적으로 해결해야 할 문제이다.

헌재 2012.4.24. 2010헌바164
학교급식은 학생들에게 한 끼 식사를 제공하는 영양공급 차원을 넘어 교육적인 성격을 가지고 있지만, 이러한 교육적 측면은 기본적이고 필수적인 학교 교육 이외에 부가적으로 이루어지는 식생활 및 인성교육으로서의 보충적 성격을 가지므로 의무교육의 실질적인 균등보장을 위한 본질적이고 핵심적인 부분이라고까지는 할 수 없다.

헌재 2012.4.24. 2010헌바164
의무교육 대상인 중학생의 학부모에게 급식관련 비용 일부를 부담하도록 하는 것이 의무교육의 무상원칙을 위반하지는 않는다.

(다) 교육제도의 보장(제4항)

(a) **법률주의**: 교육제도의 보장은 법률이 정하는 바에 의하여 보장된다.

(b) 대학의 자율성(대학의 자치, 현행 헌법 신설)

관련판례

헌재 2003.11.27. 2003헌바39
실질적인 평등교육을 실현해야 할 국가의 적극적인 의무가 인정된다고 하여 이로부터 국민이 직접 실질적 평등교육을 위한 교육비를 청구할 권리가 도출된다고 볼 수 없다.

헌재 2012.4.24. 2010헌바64
의무교육에 있어서 무상의 범위에는 의무교육이 실질적이고 균등하게 이루어지기 위한 본질적 항목으로, 수업료나 입학금의 면제, 학교와 교사 등 인적·물적 시설 및 그 시설을 유지하기 위한 인건비와 시설유지비 등의 부담제외가 포함되고, 그 외에도 의무교육을 받는 과정에 수반하는 비용으로서 의무교육의 실질적인 균등보장을 위해 필수불가결한 비용은 무상의 범위에 포함된다.

---

(5) 부모의 교육권

(가) **개념**　　부모가 자녀를 학교교육 및 가정교육 등을 통하여 교육할 권리이다.

(나) **헌법상 근거**　　헌법에 명시적인 규정은 없으나 헌법재판소는 부모의 자녀교육권의 근거로서 제10조, 제36조 제1항, 제37조 제1항을 들고 있고, 학부모의 교육참여권의 근거로는 헌법 제31조 제1항과 제2항을 들고 있다.

(다) **내용**

(a) **교육기회제공청구권**: 헌법 제31조의 교육을 받을 권리는 수학권뿐만 아니라 학부모가 그 자녀에게 적절한 교육기회를 제공하여 주도록 요구할 수 있는 교육기회제공청구권을 포함한다.

(b) **학교선택권**: 학부모가 자녀를 교육시킬 학교를 선택할 권리인 학교선택권도 자녀에 대한 부모교육권에 포함된다(헌재 1995.2.23. 91헌마204). 또한 부모의 교육권에는 학부모가 자신의 자녀를 위해서 가지는 자녀에 대한 정보청구권, 면접권도 포함된다.

(c) **학부모의 교육참여권**: 학부모가 자녀를 위한 교육을 효율적으로 행사하기 위하여 학교운영에 집단적으로 참여할 수 있는 절차적 내지 제도적 장치를 학교 내에 설치해줄 것을 요구할 수 있는 권리를 가져야 한다. 따라서 학부모의 집단적

참여권은 국가로부터의 교육권침해에 대항하여 방어할 수 있는 권리뿐만 아니라 교육에 관련된 사안에 대한 국가의 결정과정에 참여할 수 있는 권리까지 포함한다고 보아야 하기 때문에 헌법 제31조 제11항, 제2항에 의거한 학부모의 교육권으로부터 직접 도출된다(헌재 1999.3.25. 97헌마130).

(d) **부모의 자녀교육권**: 학부모가 자녀의 인격발현을 위하여 자녀를 교육할 권리이다. 과외를 원칙적으로 금지하는 학원설립·운영에 관한 법률 제3조는 부모의 자녀교육권침해이다.

(6) 헌재 판례

관련판례

의무교육의 취학연령의 획일화
교육법이 만 6세가 되기 전에 입학을 허용하지 않는다고 하여 능력에 따라 균등한 교육을 받을 권리의 본질적 내용을 침해했다고 볼 수 없다(헌재 1994.2.24. 93헌마92).

학원의 설립·운영에 관한 법률 제22조 제1항 제1호 등 위헌제청사건(헌재 2000.4.27. 98헌가16: 위헌)
1. 자녀의 교육은 헌법상 부모와 국가에게 공동으로 부과된 과제이지만, 부모의 자녀교육권이 학교 외의 영역에서 국가의 교육권보다 우선한다.
2. 헌법 제31조의 '능력에 따라 균등한 교육을 받을 권리'가 학교교육 외의 사적인 교육영역에서 동일하고 균등한 교육이 이루어지도록 개인이 사적으로 별도의 교육을 시키거나 받는 행위를 국가가 금지하거나 제한할 수 있는 근거를 부여하는 수권규범이 아니다.
3. 이 사건 법률조항이 위와 같은 입법목적을 추구하더라도 입법목적과 관련 없는 과외교습행위까지 광범위하게 원칙적으로 금지하고 예외적으로 허용하는 것은 기본권에 대한 과잉침해로써 헌법에 위반된다.

관련판례

헌재 1995.2.23. 91헌마204
헌법재판소는 거주지를 기준으로 중·고등학교의 입학을 제한하고 있는 교육법시행령 제71조(중학교에 입학하고자 하는 자는 그 출신 국민(초등)학교가 속하는 위원회에 중학교배정원서를 제출하여야 한다) 등에 대한 헌법소원사건에서 과열된 입시경쟁으로 말미암아 발생하는 부작용을 방지하고, 도시와 농어촌 사이에 교육여건이 크게 다르지 아니하므로 자녀를 교육시킬 학부모의 학교선택권의 본질적 내용을 침해한 것으로 볼 수 없다고 하였다.

헌재 1998.2.27. 96헌바2
헌법재판소는 교육법 제8조의2에 대한 위헌심판사건에서 의무교육제도는 헌법상의 교육기본권에 부수되는 제도보장이란 전제하에, 헌법은 "법률이 정하는 교육을 받게 할 의무를 진다. 교육제도의 기본적 사항은 법률로 정한다"고 규정하고 있으므로 시행시기를 법률이 아닌 대통령령으로 정한 것이나, 의무교육은 기본적 사항인데 이를 법률로 정하지 않은 것은 위헌이 아닌가가 문제될 수 있는바, 헌법의 요구사항은 교육제도의 기본방침을 법률로 정하라는 의미이지 세부적 사항(기본방침을 구체화하거나 이를 집행하기 위한 세부사항)까지 법률로 정하라는 것은 아니므로, 중학교 의무교육의 실시여부 자체라든가 그 연한은 형식적 의미의 법률로 규정되어야 하겠으나 실시의 시기·범위 등 세부사항은 반드시 형식적 의미의 법률로 정할 필요가 없고, 법률이란 실질적 의미의 법률을 포함한다고 보아야 할 것이므로 합헌이라고 하였다.

세무대학설치법 폐지법률에 대한 헌법소원(헌재 2001.2.22. 99헌마613 – 합헌)
이 사건 폐지법으로 인하여 청구인들의 행복청구권, 대학의 자율권과 교수의 자유, 신뢰보호의 원칙 및 교육을 받을 권리, 평등권 등의 기본권이 침해되었다고 볼 수 없다고 하였다.

학교용지부담금부과사건(구 학교용지 확보에 관한 특례법 제2조 제2호 등 위헌제청; 헌재 2005.3.31. 2003헌가20 전원재판부 – 위헌)
【주문】 구 학교용지 확보에 관한 특례법(2000.1.28. 법률 제6219호로 개정되어 2002.12.5. 법률 제6744호로 개정되기 전의 것) 제5조 제1항 중 제2조 제2호가 정한 주택건설촉진법에 의하여 시행하는 개발사업지역에서 …… 공동주택을 분양받은 자에게 학교용지확보를 위하여 부담금을 부과·징수할 수 있다는 부분은 헌법에 위반된다.

【결정요지】
헌법은 모든 국민은 그 보호하는 자녀에게 적어도 초등교육과 법률이 정하는 교육을 받게 할 의무를 지고(헌법 제31조 제2항), 의무교육은 무상으로 한다(헌법 제31조 제3항)고 규정하고 있다. 이러한 의무교육제도는 국민에 대하여 보호하는 자녀들을 취학시키도록 한다는 의무부과의 면보다는 국가에 대하여 인적·물적 교육시설을 정비하고 교육환경을 개선하여야 한다는 의무부과의 측면이 보다 더 중요한 의미를 갖는다. 의무교육에 필요한 학교시설은 국가의 일반적 과제이고, 학교용지는 의무교육을 시행하기 위한 물적 기반으로서 필수조건임은 말할 필요도 없으므로 이를 달성하기 위한 비용은 국가의 일반재정으로 충당하여야 한다. 따라서 적어도 의무교육에 관한 한 일반재정이 아닌 부담금과 같은 별도의 재정수단을 동원하여 특정한 집단으로부터 그 비용을 추가로 징수하여 충당하는 것은 의무교육의 무상성을 선언한 헌법에 반한다.

학교운영위원회의 임의적 설치(헌재 1999.3.25. 97헌마130)
사립학교에도 국·공립학교처럼 의무적으로 운영위원회를 두도록 할 것인지, 아니면 임의단체인 기존의 육성회 등으로 하여금 유사한 역할을 계속할 수 있게 하고 법률에서 규정된 운영위원회를 재량사항으로 하여 그 구성을 유도할 것인지의 여부는 입법자의 입법형성영역인 정책문제에 속하고, 그 재량의 한계를 현저하게 벗어나지 않는 한 헌법위반으로 단정할 것은 아니다. 청구인이 위 조항으로 인하여 사립학교의 운영위원회에 참여하지 못하였다고 할지라도 그로 인하여 교육참여권이 침해되었다고 볼 수 없다.

사립학교운영위원회의 의무적 설치(헌재 2001.11.29. 2000헌마278)
일반적으로 부모의 그러한 교육권으로부터 바로 학부모의 학교참여권(참가권)이 도출된다고 보기는 어렵겠지만, 학부모가 미성년자인 학생의 교육과정에 참여할 당위성은 부정할 수 없다. 그러므로 입법자가 학부모의 집단적인 교육참여권을 법률로써 인정하는 것은 헌법상 당연히 허용된다고 할 것이다. 설사 이 사건 조항에 의하여 사립학교 교육의 자주성·전문성이 어느 정도 제한된다고 하더라도, 그 제한이 법률에 의한 것이며 사립학교의 자주성·전문성 내지 자율성과 공공성을 조화시키는 범위 내에서 규정된 것이라면 그 제한이 헌법에 반한다고 하기 어렵다 할 것인바, 학교운영위원회의 입법취지 및 이 제도에 대한 일반적인 허용입법의 범위를 볼 때, 또 위 재산권 부분에서 살펴본 내용을 고려할 때, 이 사건 조항이 현저히 자의적이거나 비합리적으로 사립학교의 공공성만을 강조하고 사립학교의 자율성을 제한한 것이라고 보기 어렵다.

학교용지 확보 등에 관한 특례법 제2조 제2호 등 위헌제청(헌재 2008.9.25. 2007헌가9)
헌법재판소 전원재판부는 2008년 9월 25일 학교용지부담금제도를 정하고 있는 학교용지 확보 등에 관한 특례법 제2조 제2호, 제5조 제1항 본문에 대하여는 재판관 7(합헌): 2(위헌)의 의견으로 합헌을, 위 부담금의 면제사유를 정하고 있는 동법 제5조 제4항에 대하여는 재판관 8(헌법불합치): 1(합헌)의 의견으로 헌법불합치를 각 선고하였다.
특례법 제2조 제2호, 제5조 제1항에 대한 합헌의견은 학교용지부담금은 수분양자가 아닌 개발사업자를 부과대상으로 하고 있어 의무교육의 무상성과 무관하며, 부담금 부과에 있어서 평등의 원칙과 비례의 원칙을 모두 준수하고 있어 헌법에 위반되지 아니한다는 것을 근거로 한다. 특례법 제5조 제4항에 대한 헌법불합치 의견은 부담금의 면제사유를 정하고 있는 동 조항이 학교건물을 증축하여 기부채납한 자를 학교용지를 확보하여 기부채납한 자에 비해 합리적 이유 없이 차별하는 것으로 평등의 원칙에 반한다는 것을 그 근거로 한다. 다만 이에 대하여 단순위헌을 선언할 경우 기존의 면제사유에 해당하는 자까지도 부담금을 면제받을 수 없게 되는 법적 공백이 발생하므로 개정시까지 잠정적용되도록 헌법불합치 선고를 하는 것이다.

서울특별시 학원의 설립·운영 및 과외교습에 관한 조례 제5조 제1항 전문위헌 확인(헌재 2009.10.29. 2008헌마635)
헌법재판소는 2009년 10월 29일 재판관 5(기각): 4(위헌)의 의견으로, 학교교과교습학원 및 교습소의 교습시간을 05:00부터 22:00까지 규정하고 있는 '서울특별시 학원의 설립·운영 및 과외교습에 관한 조례' 제5조 제1항 본문이 청구인들의 인격의 자유로운 발현권, 자녀교육권, 직업의 자유 및 평등권을 침해하지 아니한다는 이유로 심판청구를 기각한다는 결정을 선고하였다.

학교급식법 제8조 제2항 등 위헌소원(헌재 2012.4.24. 2010헌바164)
헌법재판소는 2012년 4월 24일 재판관 전원일치의 의견으로, 구 학교급식법(1996.12.30. 법률 제5236호로 개정되고, 2006.7.19. 법률 제7962호로 개정되기 전의 것) 제8조 제1항 후단 및 제2항 전단 중 초·중등교육법 제2조의 중학교에 관한 부분은 헌법에 위반되지 않는다는 결정을 선고하였다.
이 사건 심판대상조항이 의무교육대상인 중학생의 학부모들에게 급식관련 비용의 일부를 부담하도록 하고 있지만, 급식활동 자체가 의무교육에 필수불가결한 내용이라 보기 어렵고, 국가나 지방자치단체의 지원으로 부담을 경감하는 조항이 마련되어 있으며, 특히 저소득층 학생들을 위한 지원방안이 마련되어 있다는 점을 고려해 보면 이 사건 심판대상조항이 입법형성권의 범위를 넘어 헌법상 의무교육의 무상원칙에 반한다고 할 수 없으므로 헌법에 위반되지 않는다는 것이다.

법학전문대학원 설치 운영에 관한 법률 제8조 제1항 등 위헌확인(헌재 2012.3.29. 2009헌마754)

변호사시험법 제5조 제1항 본문은, 양질의 법률서비스를 제공하기 위하여 다양한 학문적 배경을 가진 전문법조인을 법률이론과 실무교육을 통해 양성하고, 법학교육을 정상화하며, 과다한 응시생이 장기간 사법시험에 빠져 있음으로 인한 국가인력의 극심한 낭비와 비효율성을 막기 위한 취지에서 도입된 법학전문대학원 제도의 목적을 변호사 시험 제도와의 연계를 통하여 효과적으로 달성하기 위한 것이므로, 그 목적의 정당성과 수단의 적합성이 인정된다. 사법시험 병행제도 및 예비시험 제도는 위와 같은 입법목적을 달성하기에 부족한 것으로 보이는 반면, 법학전문대학원법은 특별전형제도, 장학금제도 등을 통해 경제적 자력이 없는 사람들에게도 법학전문대학원 과정을 이수할 기회를 부여하였고, 변호사시험법은 사법시험을 2017년까지 병행 실시하도록 하여 기존 사법시험 준비자들의 신뢰를 보호하였으므로, 위 법률조항은 침해의 최소성 원칙에도 위배되지 않는다.

헌재 2015.6.25. 2012헌마494
전문적으로 교수·연구활동을 담당하는 직위인 수석교사들이 일반 교사들과는 달리 임기 중에 각급 학교의 교장 자격을 취득할 수 없도록 하는 것은 일반 교사로 남아 교장 등 관리직 자격을 취득할지 수석교사가 되어 연구·교수 지원활동에만 전념할지 여부는 본인의 자발적인 선택에 달려 있다. 또한 수석교사를 그만두고 일반 교원으로 복귀하면 교장 등 관리직 승진을 위한 자격 취득이 가능하다. 이러한 사정을 고려할 때, 이 사건 법률조항이 일반 교사와 달리 수석교사 임기 중에 교장 등 관리직 자격 취득을 제한하는 것은 합리적인 이유가 있는 것이므로, 청구인들의 평등권을 침해하지 아니한다.

교육대학교 등 수시모집 입시요강 위헌확인 사건(헌재 2017.12.28. 2016헌마649)
헌법재판소는 2017. 12. 28. 재판관 전원일치 의견으로, ○○교육대학교 등 11개 대학교의 '2017학년도 신입생 수시모집 입시요강'이 검정고시로 고등학교 졸업학력을 취득한 사람들의 수시모집 지원을 제한하는 것은 교육을 받을 권리를 침해한다고 결정하였다. 이상과 같은 점들을 종합하면, 이 사건 수시모집요강은 검정고시 출신자인 청구인들을 합리적인 이유 없이 차별하여 청구인들의 교육을 받을 권리를 침해한다. 따라서 이 사건 수시모집요강은 헌법에 위반되므로 취소하여야 하나, 이 사건 수시모집요강에 따른 2017년도 신입생 합격자 발표가 이미 종료되었으므로 선언적 의미에서 이에 대한 위헌확인을 한다.

교육기본법 [일부개정 2008.3.21. 법률 제8915호]

제1장 총칙 〈개정 2007.12.21〉
제1조【목적】이 법은 교육에 관한 국민의 권리·의무 및 국가·지방자치단체의 책임을 정하고 교육제도와 그 운영에 관한 기본적 사항을 규정함을 목적으로 한다.
제2조【교육이념】교육은 홍익인간(弘益人間)의 이념 아래 모든 국민으로 하여금 인격을 도야(陶冶)하고 자주적 생활능력과 민주시민으로서 필요한 자질을 갖추게 함으로써 인간다운 삶을 영위하게 하고 민주국가의 발전과 인류공영(人類共榮)의 이상을 실현하는 데에 이바지하게 함을 목적으로 한다.
제3조【학습권】모든 국민은 평생에 걸쳐 학습하고, 능력과 적성에 따라 교육 받을 권리

를 가진다.

제4조【교육의 기회균등】 ① 모든 국민은 성별, 종교, 신념, 인종, 사회적 신분, 경제적
지위 또는 신체적 조건 등을 이유로 교육에서 차별을 받지 아니한다.

제5조【교육의 자주성 등】 ① 국가와 지방자치단체는 교육의 자주성과 전문성을 보장하
여야 하며, 지역 실정에 맞는 교육을 실시하기 위한 시책을 수립·실시하여야 한다.

제6조【교육의 중립성】 ① 교육은 교육 본래의 목적에 따라 그 기능을 다하도록 운영되어
야 하며, 정치적·파당적 또는 개인적 편견을 전파하기 위한 방편으로 이용되어서는
아니 된다.

② 국가와 지방자치단체가 설립한 학교에서는 특정한 종교를 위한 종교교육을 하여서는
아니 된다.

제7조【교육재정】 ① 국가와 지방자치단체는 교육재정을 안정적으로 확보하기 위하여 필
요한 시책을 수립·실시하여야 한다.

제8조【의무교육】 ① 의무교육은 6년의 초등교육과 3년의 중등교육으로 한다.

제9조【학교교육】 ① 유아교육·초등교육·중등교육 및 고등교육을 하기 위하여 학교를
둔다.

② 학교는 공공성을 가지며, 학생의 교육 외에 학술 및 문화적 전통의 유지·발전과 주
민의 평생교육을 위하여 노력하여야 한다.

③ 학교교육은 학생의 창의력 계발 및 인성(人性) 함양을 포함한 전인적(全人的) 교육을
중시하여 이루어져야 한다.

제10조【사회교육】 ① 국민의 평생교육을 위한 모든 형태의 사회교육은 장려되어야 한다.

제3장 교육의 진흥 〈개정 2007.12.21〉

제17조의2【남녀평등교육의 증진】 ① 국가와 지방자치단체는 남녀평등정신을 보다 적극
적으로 실현할 수 있는 시책을 수립·실시하여야 한다.

제17조의3【학습윤리의 확립】 국가와 지방자치단체는 모든 국민이 학업·연구·시험 등
교육의 모든 과정에 요구되는 윤리의식을 확립할 수 있도록 필요한 시책을 수립·실
시하여야 한다.

제17조의4【건전한 성의식 함양】 ① 국가와 지방자치단체는 학생의 존엄한 성(性)을 보
호하고 학생에게 성에 대한 선량한 정서를 함양시킬 수 있도록 필요한 시책을 수립·
실시하여야 한다.

제18조【특수교육】 국가와 지방자치단체는 신체적·정신적·지적 장애 등으로 특별한 교
육적 배려가 필요한 자를 위한 학교를 설립·경영하여야 하며, 이들의 교육을 지원하
기 위하여 필요한 시책을 수립·실시하여야 한다.

제19조【영재교육】 국가와 지방자치단체는 학문·예술 또는 체육 등의 분야에서 재능이 특히 뛰어난 자의 교육에 필요한 시책을 수립·실시하여야 한다.

제20조【유아교육】 국가와 지방자치단체는 유아교육을 진흥하기 위하여 필요한 시책을 수립·실시하여야 한다.

제21조【직업교육】 국가와 지방자치단체는 모든 국민이 학교교육과 사회교육을 통하여 직업에 대한 소양과 능력을 계발하기 위한 교육을 받을 수 있도록 필요한 시책을 수립·실시하여야 한다.

제22조【과학·기술교육】 국가와 지방자치단체는 과학·기술교육을 진흥하기 위하여 필요한 시책을 수립·실시하여야 한다.

제28조【장학제도 등】 ① 국가와 지방자치단체는 경제적 이유로 교육받기 곤란한 자를 위한 장학제도와 학비보조제도 등을 수립·실시하여야 한다.

제29조【국제교육】 ① 국가는 국민이 국제사회의 일원으로서 갖추어야 할 소양과 능력을 기를 수 있도록 국제화교육에 노력하여야 한다.

제3절 근로의 권리

(1) 개념

근로자가 자신의 의사·능력에 따라 근로관계를 형성·유지하고 또한 근로기회의 제공을 국가에 대하여 청구할 권리를 의미한다.

(2) 연혁

Weimar헌법은 근로의 권리를 최초로 규정하였다.

(3) 법적 성격

헌법 제32조, 제33조에 규정된 근로기본권은 자유권적 기본권으로서의 성격보다는 생존권 내지 사회권적 기본권으로서의 측면이 보다 강한 것으로 그 권리의 실질적 보장을 위해서는 국가의 적극적 개입과 뒷받침이 요구되는 기본권이다(헌재 1991.7.22. 89헌가106).

(4) 주체

자연인인 국민은 근로의 권리의 주체가 된다. 근로기회제공의 청구는 실업자가 1차적 주체이나 취업근로자도 주체가 될 수 있다. 외국인은 원칙적으로 근로의 권리가 국민의 권리이기 때문에 권리가 보장되지 아니한다. 법인은 직업의 자유의 주체가 될 수는 있으나 근로의 권리의 주체가 될 수는 없다.

▶ 외국인의 근로기준법 적용(대판 1995.9.15. 94누12067) 외국인(비록 위장취업을 위하여 불법입국한 외국인이라 할지라도)이 국내 사업주와 불법으로 근로계약을 체결하였더라도 그 계약은 유효하고, 그 외국인은 근로기준법상의 근로자에 해당된다고 보아야 한다. 따라서 근로기준법상의 근로자보호규정은 외국인인 근로자에게도 적용되어야 한다. 그 결과 외국인인 근로자의 임금채권도 보호되어야 하고 그가 업무상 부상 등을 입은 경우에는 산업재해보상보험법도 적용받아야 마땅하다고 본다.

관련판례

헌재 2007.8.30. 2004헌마670
근로의 권리가 "일할 자리에 관한 권리"만이 아니라 "일할 환경에 관한 권리"도 함께 내포하고 있는바, 후자는 인간의 존엄성에 대한 침해를 방어하기 위한 자유권적 기본권의 성격도 갖고 있어 건강한 작업환경, 일에 대한 정당한 보수, 합리적인 근로조건의 보장 등을 요구할 수 있는 권리 등을 포함한다고 할 것이므로 외국인 근로자라고 하여 이 부분에까지 기본권 주체성을 부인할 수는 없다.

헌재 2012.10.25. 2011헌마307
헌법 제32조 제1항 후단은 "국가는 사회적·경제적 방법으로 근로자의 고용 증진과 적정임금의 보장에 노력하여야 하며, 법률이 정하는 바에 의하여 최저임금제를 시행하여야 한다."고 규정하고 있어서 최저임금을 청구할 수 있는 권리가 바로 헌법 제32조 제1항의 근로의 권리에 의하여 보장된다고 보기는 어렵다.

헌재 2009.2.26. 2007헌바27
헌법 제32조 제1항이 규정한 근로의 권리는 근로자를 개인의 차원에서 보호하기 위한 권리로서 개인인 근로자가 그 주체가 되는 것이고 노동조합은 그 주체가 될 수 없다.

판례문제 요양불승인처분취소(대판 1995.9.15. 94누12067)
【판시사항】
1. 구 출입국관리법상 외국인 고용제한 규정에 위반하여 체결한 근로계약의 효력과 그에 따른 근

로관계의 성격

2. 구 출입국관리법상 외국인 고용제한 규정에 위반하여 취업한 후 근로제공을 하다가 부상을 입은 외국인이 구 산업재해보상보험법상의 요양급여를 받을 수 있는 대상인지 여부

【판결요지】

1. 취업자격 없는 외국인이 구 출입국관리법상의 고용제한 규정을 위반하여 근로계약을 체결하였다 하더라도 그것만으로 그 근로계약이 당연히 무효라고는 할 수 없고, 취업자격은 외국인이 대한민국 내에서 법률적으로 취업활동을 가능케 하는 것이므로 이미 형성된 근로관계가 아닌 한 취업자격 없는 외국인과의 근로관계는 정지되고, 당사자는 언제든지 그와 같은 취업자격이 없음을 이유로 근로계약을 해지할 수 있다.

2. 외국인이 취업자격이 아닌 산업연수 체류자격으로 입국하여 구 산업재해보상보험법(1994.12.22, 법률 제4826호로 전문 개정되기 전의 것)의 적용대상이 되는 사업장인 회사와 고용계약을 체결하고 근로를 제공하다가 작업 도중 부상을 입었을 경우, 비록 그 외국인이 구 출입국관리법상의 취업자격을 가지고 있지 않았다 하더라도 그 고용계약이 당연히 무효라고 할 수 없고, 위 부상 당시 그 외국인은 사용 종속관계에서 근로를 제공하고 임금을 받아 온 자로서 근로기준법 소정의 근로자였다 할 것이므로 구 산업재해보상보험법상의 요양급여를 받을 수 있는 대상에 해당한다.

(5) 내용

(가) 본질적 내용(근로의 권리의 구체적 내용이 무엇인가)　국가에 대해 근로기회를 요구하고 그것이 불가능할 때는 생활비지급을 청구할 수 있다(생활비지급청구권설)는 설도 있으나, 국가에 대해 근로의 기회 그 자체의 제공을 요구할 권리(근로기회제공청구권설)라는 설이 다수설이다. 이에 대해 헌법재판소는 근로의 권리는 사회적 기본권으로서, 국가에 대하여 직접 일자리를 청구하거나 일자리에 갈음하는 생계비의 지급청구권을 의미하는 것이 아니라, 고용증진을 위한 사회적·경제적 정책을 요구할 수 있는 권리에 그친다고 보아 다수설인 근로기회제공청구권에 대해 부정적 입장이다(헌재 2002.11.28. 2001헌바50).

관련판례

진흥원은 각 연구원에 속하였던 재산과 권리의무를 승계한다고 규정하여 근로관계의 당연승계조항을 두지 아니한 한국보건산업진흥법 부칙 제3조(헌재 2002.11.28. 2001헌바50)

1. 근로의 권리는 일자리를 청구하는 권리를 의미하는 것은 아니다.

2. 헌법상 국가에 대한 직접적인 직장존속보장청구권을 인정할 근거는 없으므로 이 사건 법률 부칙 제3조가 직원들의 근로관계승계를 규정하지 아니하였다 하더라도 헌법에 위반된다고 할 수 없다.

근로기준법 제34조 등 위헌확인(헌재 2011.7.28. 2009헌마408)

헌법재판소는 2011년 7월 28일 재판관 전원일치의 의견으로 계속근로기간 1년 미만인 근로자를

퇴직급여지급대상에서 제외하는 근로자퇴직급여보장법 제4조 제1항 단서 중 '계속근로기간이 1년 미만인 근로자' 부분과 같은 법 제8조 제1항 중 '계속근로기간 1년' 부분이 청구인의 평등권, 근로의 권리 등을 침해하지 않는다는 결정을 선고하였다.

【결정이유의 요지】
헌법 제32조 제1항이 규정하는 근로의 권리는 사회적 기본권으로서 국가에 대하여 직접 일자리를 청구하거나 일자리에 갈음하는 생계비의 지급청구권을 의미하는 것이 아니라 고용증진을 위한 사회적·경제적 정책을 요구할 수 있는 권리에 그치며, 근로의 권리로부터 국가에 대한 직접적인 직장존속청구권이 도출되는 것도 아니다. 나아가 근로자가 퇴직급여를 청구할 수 있는 권리도 헌법상 바로 도출되는 것이 아니라 퇴직급여법 등 관련 법률이 구체적으로 정하는 바에 따라 비로소 인정될 수 있는 것이므로 계속근로기간 1년 미만인 근로자가 퇴직급여를 청구할 수 있는 권리가 헌법 제32조 제1항에 의하여 보장된다고 보기는 어렵다. 그리고 헌법 제32조 제3항은 "근로조건의 기준은 인간의 존엄성을 보장하도록 법률로 정한다"라고 규정하는바, 인간의 존엄에 상응하는 근로조건의 기준이 무엇인지를 구체적으로 정하는 것은 일차적으로 입법자의 형성의 자유에 속한다고 할 것이다. 이 사건 법률조항이 '계속근로기간 1년 이상인 근로인지 여부'라는 기준에 따라 퇴직급여법의 적용 여부를 달리한 것에는 앞서 본 바와 같이 합리적 이유가 있다고 인정되고, 그 기준이 인간의 존엄성을 전혀 보장할 수 없을 정도라고도 보기 어려우므로 이 사건 법률조항은 헌법 제32조 제3항에 위반된다고 할 수 없다.

근로기준법 제28조 제2항 등 위헌확인(헌재 2012.2.23. 2011헌마233)
헌법재판소는 2012년 2월 23일 관여재판관 전원의 일치된 의견으로, 사용자로부터 부당해고를 당한 근로자가 노동위원회에 부당해고 구제신청을 할 수 있는 기간을 부당해고가 있었던 날로부터 3개월 이내로 규정한 근로기준법(2007.4.11. 법률 제8372호로 개정된 것) 제28조 제2항이 청구인의 재판청구권을 침해하지 않는다는 이유로 청구를 기각하는 결정을 선고하였다.

근로기준법 제56조 위헌소원(헌재 2014.8.28. 2013헌바172)
헌법재판소는 2014년 8월 28일, 근로기준법 제56조 중 통상임금 부분에 대한 위헌소원 사건에서, 근로기준법에서 통상임금에 대한 직접적인 정의 규정을 두고 있지 않다 하더라도 근로기준법 제56조의 입법취지, 임금 및 근로시간 등에 관한 다른 규범과의 연관성 등을 종합하여 볼 때 통상임금의 의미를 충분히 도출할 수 있고, 법원이 무엇이 통상임금에 해당하는지에 대하여 구체적이고 합리적인 해석 기준을 확립하여 적용하고 있어 근로기준법상 통상임금이 헌법상 명확성의 원칙에 반하지 아니하므로, 심판대상조항이 헌법에 위반되지 아니한다는 결정을 하였다.

헌재 2015.5.28. 2013헌마619
연차유급휴가의 판단기준으로 근로연도 1년간의 재직 요건을 정한 이상, 이 요건을 충족하지 못한 근로연도 중도퇴직자의 중도퇴직 전 근로에 관하여 반드시 그 근로에 상응하는 등의 유급휴가를 보장하여야 하는 것은 아니므로, 근로연도 중도퇴직자의 중도퇴직 전 근로에 대해 1개월 개근 시 1일의 유급휴가를 부여하지 않더라도 이것이 청구인의 근로의 권리를 침해한다고 볼 수 없다.

(나) 근로의 권리(제1항)　　헌법 제32조가 해고의 자유를 제한하는 근거가 되는가에 대해 긍정설이 다수설이다.

(다) 근로의 권리의 실질화

(a) 임금의 보장(제1항 후문)

1) 적정임금은 근로자와 그 가족이 인간다운 생활을 할 정도의 임금을 뜻하며, 적정임금을 받기 위한 소를 제기할 수 없다. 최저임금제는 최저한의 생활보호에 필요한 최저임금이며 헌법상 국가를 구속하는 제도이다. 이를 위해 최저임금법이 제정되어 있다.

2) 무노동·무임금의 원칙이란 파업시간 또는 근로시간 중의 노조활동이나 노조전임자에 대하여는 임금을 지급하지 아니한다는 원칙이다. 현행법과 대판은 무노동·무임금을 원칙으로 하고 있다.

관련판례 대법원 판례

대법원은 임금이분설에 근거하여 쟁의행위로 인하여 사용자에게 근로를 제공하지 아니한 근로자는 근로를 제공한 데 대하여 받는 교환적 부분은 받지 못하지만 근로자로서의 지위에서 받는 생활보장적 부분은 받는다고 판시했으나 95년 판례에서 입장을 바꾸어 무노동·무임금설을 지지하고 있다(대판 1995.12.21. 94다26721).

(b) 국민의 근로의무(제2항): 국가는 근로의 의무의 내용과 조건을 민주주의원칙에 따라 정한다.

(c) 근로조건의 기준의 법정주의(제3항): 인간의 존엄성을 보장하도록 법률로 정한다.

(d) 여자의 근로의 특별보호와, 고용·임금 및 근로조건에 있어서 부당차별금지 (제4항)

(e) 연소자의 근로의 특별보호(제5항)

(f) 국가유공자·상이군경 및 전몰군경의 유가족의 우선 근로기회 보장(제6항)

관련판례

헌재 2012.11.29. 2011헌마533

헌법 제32조 제6항의 문언은 엄격하게 해석할 필요가 있고, 위 조항에 따라 우선적인 근로의 기

제4절 근로자의 노동3권(제33조)

(1) 개념

생산수단을 갖지 못한 근로자들이 근로조건의 향상과 인간다운 생활을 확보하기 위하여, 자주적으로 단결·단체교섭 및 단체행동을 할 수 있는 권리를 말한다.

(2) 연혁

(가) 근로자의 근로3권은 20세기의 자연법적 권리로 승인되었다.

(나) **최초규정** Weimar헌법(1919)을 효시로 하며, 우리나라는 건국헌법에 규정되었다.

(3) 노동3권의 법적 성격

헌재판례는 일정치 않다. 전교조사건에서는 사회적 기본권성을 강조하였고(헌재 1991. 7.22. 89헌가106) 강제중재사건에서는 자유권으로 보았고(헌재 1996.12.26. 90헌바19), 단체협약체결권사건에서는 사회권적 성격을 띤 자유권으로 보았다(헌재 1998.2.27., 94헌바13).

(4) 주체

근로자란 직업의 종류를 불문하고 임금·요금 기타 이에 준하는 수입에 의하여 생활하는 자(노동조합법 제4조)로서 단순노무직 공무원, 외국인 근로자(불법취업자 포함) 실업중인 자도 포함되나, 개인택시사업자 등 자영사업종사자는 제외된다. 근로자단체(노동조합 등)도 근로3권의 주체가 되나 사용자, 사용자 단체는 결사의 자유(단체결성), 계약의 자유(단체교섭)에 의해 보호되며 근로3권의 주체가 되는 것이 아니다.

(5) 근로3권의 내용

(가) 단결권

(a) 의의: 근로자가 근로조건의 유지·개선을 목적으로 사용자와 대등한 교섭력을 가지기 위하여 자주적인 단체를 결성하는 권리를 말한다. 계속성은 단결권의 필수요소가 아니다. 따라서 근로자는 노동조합과 같은 계속적인 단체뿐 아니라 일시적인 단체인 쟁의단을 조직할 수도 있다.

(b) 주체

1) 근로자, 근로자단체는 주체가 된다.

2) 사용자, 사용자단체는 주체가 인정되지 않는다.

(c) 노동조합의 결성 및 가입·탈퇴의 권리

▶ 노조에 가입하지 않거나 탈퇴를 조건으로 하는 황견계약(黃犬契約)이나 노조의 결성이나 가입을 이유로 해고하는 것은 위법하다.

(d) 소극적 결사(노동조합에 가입하지 않을 권리 포함여부 문제)

(aa) 긍정설: 헌법 제33조 제1항이 소극적 단결권까지 보장하고 있다는 견해이다.

(bb) 부정설: 헌법 제33조 제1항이 아니라 결사의 자유로 보장된다는 견해이다.

(e) **적극적 단결권(단결강제의 문제)**: 고용된 근로자는 일정 기간 내에 노조에 가입해야 한다는 Union Shop, 기존 조합원이 아니면 고용하지 않는다는 Closed Shop, 노조로부터 근로자를 탈퇴할 수 없도록 하고 탈퇴한 경우 사용자로 하여금 해고하도록 하는 Maintenance of Membership 등이 있다.

▶ Union Shop 조항에 대해 헌재는 합헌으로 보았다(헌재 2005.11.24, 2002헌바95).

(나) 단체교섭권

(a) **의의**: 근로자들이 근로조건의 유지 · 개선을 위하여 근로자단체를 통하여 사용자나 사용자단체와 자주적으로 교섭하는 권리를 말한다.

(b) **주체**

1) 근로자단체(노동조합)가 된다.

2) 사용자, 사용자단체는 인정 안 된다.

(c) **내용**

1) 원칙적으로 경영권 · 인사권 · 이윤취득권은 단체교섭대상이 아니다.

2) 노조의 단체교섭요구시 사용자는 응할 의무가 있다.

3) 사용자의 정당한 이유 없는 단체교섭거부는 부당노동행위가 된다.

4) 단체교섭의 효력은 자치법규로 국법상 보호된다.

5) 단체교섭권의 정당한 행사는 민 · 형사상 책임이 면제된다.

써 산업평화를 유지하고자 하는 중대한 공익을 하기 위한 것으로서 그 수단 또는 필요·적정한 것이라 할 것이므로 헌법에 위반된다고 할 수 없다.

헌재 2008.12.26. 2005헌마971 등
공무원인 노동조합원의 쟁의행위를 형사처벌하면서 사용자 측인 정부교섭대표의 부당노동행위에 대해서는 그 구제수단으로서 민사상의 구제절차를 마련하는 데 그치고 형사처벌을 규정하지 않았다고 하더라도 이러한 규정이 공무원의 단체교섭권을 침해하는 것은 아니다.

(다) 단체행동권

(a) 의의: 단체교섭에 있어서 노사의 의사가 일치하지 않아서 노동쟁의가 발생한 경우에 근로자측이 주장을 관철시키기 위하여 쟁의행위 등을 할 수 있는 권리를 말한다.

(b) 주체

1) 근로자 개개인 및 당해 노동조합은 주체가 된다(단, 주요방위산업체에 종사하는 근로자는 주체가 안 된다).

2) 사용자·사용자단체도 인정 안 된다.

▶ 제3자 개입금지조항은 합헌결정을 받았으나 1997년 3월 노동법개정으로 삭제되었다.

(c) 수단: 동맹파업(Strike), 태업(Sabotage), 감시행위(Picketing), 불매운동(Boycott)

▶ 사용자의 쟁의수단으로서 직장패쇄(Lockout)가 인정된다. 주의할 것은 직장폐쇄는 단체행동권에 의해서가 아니라 재산권의 보장, 직업수행의 자유에 의해 보장된다.

노동조합 및 노동관계조정법
제46조(직장폐쇄의 요건) ① 사용자는 노동조합이 쟁의행위를 개시한 이후에만 직장폐쇄를 할 수 있다.
② 사용자는 제1항의 규정에 의한 직장폐쇄를 할 경우에는 미리 행정관청 및 노동위원회에 각각 신고하여야 한다.

(d) 단체행동권의 한계

(aa) 주체상 한계: 노동조합에 의해 주도되어야 한다.

(bb) 목적상 한계: 순수한 정치파업은 인정 안 된다. 그러나 노동관계법령의 개폐와 같은 근로자의 지위 등에 직접 관계되는 사항을 쟁점으로 하는 산업적 정치파업은 가능하다.

(cc) 수단상 한계: 근로자들이 사업장과 공장을 점령하고 사용자의 의사에 반하여 생산수단을 자기지배하에 두고 경영까지 지배하는 생산관리가 인정되느냐에 대해 학설이 대립한다. 재산권과 규범조화가 가능한 범위 내에서만 허용된다는 설과 재산권 침해이므로 허용되지 않는다는 설이 있다.

(dd) 방법상 한계: 비폭력적·비파괴적 방법으로 한다.

(ee) 절차상 한계: 냉각기간 등의 절차 준수 등이 있다.

(6) 근로3권의 제한

(가) 공무원의 근로3권 제한의 근거   헌재는 전교조 사건으로 해직된 국·공립학교 교원이 제기한 국가공무원법 제66조 제1항에 대한 헌법소원심판에서 공무원의 국민 전체에 대한 봉사자로서의 지위 및 그 직무의 공공성, 주권자인 국민의 공공복리, 합리적인 공무원제도의 보장 등을 근거로 공무원에 대한 노동운동의 금지는 합헌이라고 결정하였다(헌재 1992.4.28. 90헌바25 등). 즉, 헌재는 국민전체봉사자설과 직무성질설을 함께 인정하고 있다.

(나) 헌법 제33조에 의한 제한

(a) 공무원의 근로3권 제한(제33조 제2항): 법률(국가공무원 제66조)이 정하는 자에 한하여 근로3권을 인정한다.

관련판례

사실상 노무의 종사하는 공무원 이외의 공무원의 노동3권을 부정한 국가공무원법 제66조 제1항 (헌재 1992.4.28. 90헌바27)

청구인 등과 같은 교육공무원을 비롯한 일반 공무원의 근로관계는 근로자와 사용자의 이원적 구조 아래서 서로 투쟁과 타협에 의하여 발전되어 온 노동법관계에 의하여 규율하는 것보다는 오히려 공무원의 지위와 그 직무의 공공성에 적합하게 형성·발전되도록 하는 것이 보다 합리적이고 합목적적일 수 있다. 따라서 동 조항이 사실상 노무종사자를 제외한 다른 공무원의 노동운동을 금

지한 국가공무원법 제66조 제1항은 헌법 제33조 제2항이 입법권자에게 부여하고 있는 형성적 재량권의 범위를 벗어난 것이 아니다. 그리고 공무원에 대해서만 노동3권을 제한함으로써 일반근로자 또는 사실상 노무에 종사하는 공무원의 경우와 차별하는 것은 합리적인 이유(공공성·공정성·성실성 및 중립성이 요구되는 공무원직무의 성질상의 필요성)에 의한 것이기 때문에 평등의 원칙에도 위반되지 않는다.

헌재 1993.3.11. 88헌마5
헌법 제33조 제2항은 일정한 범위 내의 공무원인 노동자의 경우에는 단결권·단체교섭권을 포함하여 단체행동권을 갖는 것을 전제하였으며, 다만 그 구체적인 범위는 법률에서 정하여 부여하도록 위임하고 있는 것이다.

공무원의 노동조합 설립 및 운영 등에 관한 법률 위헌확인 등(헌재 2008.12.26. 2005헌마971·1193, 2006헌마198(병합))
【판시사항】
1. 5급 이상 공무원의 노동조합가입을 금지하고, 나아가 6급 이하의 공무원 중에서도 '지휘·감독권행사자', '업무총괄자', '인사·보수 등 행정기관의 입장에 서는 자', '노동관계의 조정·감독 등 업무종사자' 등의 가입을 금지하는 '공무원의 노동조합 설립 및 운영 등에 관한 법률'(2005.1.27. 법률 제7380호로 제정된 것, 이하 '공노법'이라 한다) 제6조가 공무원인 청구인들의 단결권을 과도하게 제한하며, 5급 및 6급 공무원을 합리적 이유 없이 7급 이하 공무원인 공무원들과 차별하여 평등권을 침해하는지 여부(소극)
2. '법령 등에 의하여 국가 또는 지방자치단체가 그 권한으로 행하는 정책결정에 관한 사항, 임용권의 행사 등 그 기관의 관리·운영에 관한 사항으로서 근무조건과 직접 관련되지 아니하는 사항'에 대해서는 단체교섭을 할 수 없도록 규정하고 있는 공노법 제8조 제1항 단서가 청구인들의 단체교섭권을 침해하는지 여부(소극)
3. 노동조합이 2 이상인 경우 노동조합이 정부교섭대표의 교섭창구 단일화요구에 응하지 않는 경우에는 정부교섭대표로 하여금 교섭창구가 단일화될 때까지 교섭을 거부할 수 있도록 한 공노법 제9조 제4항이 청구인들의 단체교섭권을 침해하는지 여부(소극)
4. '법령·조례·예상 및 하위규정'과 다른 내용으로 체결되는 단체협약에 대하여 효력을 발생하지 않도록 한 공노법 제10조 제1항이 국회의 입법재량권의 한계를 일탈하여 청구인들의 단체교섭권을 침해하는지 여부(소극)
5. 공무원에 대하여 일체의 쟁의행위를 금지한 공노법 제11조가 청구인들의 단체행동권을 침해하는지 여부(소극)
6. 공노법 제11조를 위반하여 파업·태업 그 밖에 업무의 정상적인 운영을 저해하는 행위를 한 공무원을 형사처벌하는 공노법 제18조가 죄형법정주의원칙 중 명확성의 원칙에 반하거나 입법재량의 한계를 일탈한 과중한 처벌로서 헌법에 위배되는지 여부(소극)
7. 노동조합 및 노동관계조정법상 단체교섭 거부, 단체협약 불이행 및 구제명령 불이행에 대한 형사처벌조항의 적용을 배제하고 있는 공노법 제17조 제3항 중 '제89조 제2호', '제90조 중 제31조' 부분이 헌법이 부여한 입법재량권의 한계를 일탈하여 공무원노동조합의 단체교섭권을 침해하고, 일반노동조합에 비하여 공무원노동조합을 합리적 이유 없이 차별함으로써 헌법 제11조 소정의 평등의 원칙에 위배되는지 여부(소극)

헌재 2005.10.27. 2003헌바50

지방공무원법 제58조 제1항이 <u>근로3권이 보장되는 공무원의 범위를 사실상 노무에 종사하는 공무원에 한정하고 있는</u> 것은 근로3권의 향유주체가 될 수 있는 공무원의 범위를 법률로 정하도록 위임하고 있는 헌법 제33조 제2항에 근거한 것으로 입법자에게 부여하고 있는 형성적 재량권의 범위를 벗어난 것이라고는 볼 수 없으므로, 위 법률조항이 <u>근로3권을 침해한 것으로 위헌이라 할 수 없다.</u>

(b) 주요 방위산업체 종사자의 단체행동권의 제한(제33조 제3항): 단체행동권만 제한할 수 있다(단결권, 단체교섭권은 제한 불가).

(7) 헌재의 태도

관련판례

공익사업에서 쟁의가 발생한 경우 노동위원회가 강제중재하면 15일간 쟁의행위를 할 수 없도록 한 노동쟁의조정법 제4조, 제30조, 제31조(헌재 1996.12.26. 90헌바19)
이 사건 법률조항들에 의한 직권중재의 대상은 도시철도를 포함한 철도, 수도, 전기, 가스, 석유정제 및 석유 공급, 병원, 한국은행, 통신의 각 사업에 한정되어 있다. 태업, 파업 또는 직장폐쇄 등의 쟁의행위가 이러한 필수공익사업에서 발생하게 되면 비록 그것이 일시적이라 하더라도 그 공급중단으로 커다란 사회적 혼란을 야기함은 물론 국민의 일상생활 심지어는 생명과 신체에까지 심각한 해악을 초래하게 되고 국민경제를 위태롭게 하므로, 현재의 우리나라의 노사여건 하에서는 위와 같은 필수공익사업에 한정하여 쟁의행위에 이르기 이전에 노동쟁의를 신속하고 원만하게 타결하도록 강제중재제도를 인정하는 것은 공익과 국민경제를 유지·보전하기 위한 최소한의 필요한 조치로서 <u>과잉금지의 원칙에 위배되지 아니한다.</u>

노동조합의 대표자의 단체교섭권과 단체협약을 체결할 권한을 인정하는 노동조합법 제33조 제1항 (헌재 1998.2.27. 94헌바13·26 / 95헌바44병합)
1. 근로3권의 법적 성격: 근로3권은 국가로부터 근로3권을 침해받지 아니할 <u>자유권적인 측면</u>과 근로3권을 실질적으로 보장하기 위하여 국가가 법제도를 마련해야 할 의무를 부과시키는 <u>사회권적 성격을 가진다.</u>
2. 단체교섭권에는 단체협약체결권이 포함되고, 노동조합 대표자에게 단체협약체결권을 부여한 것은 근로조건향상을 위한 근로자 대표와 사용자 간의 교섭을 확보하기 위한 것으로 근고3권의 정신에 부합되므로 노동자들의 근로3권을 침해한 것으로 볼 수 없다.

위력으로써 사람의 업무를 방해한 자를 처벌하는 업무방해죄 조항인 형법 제314조(헌재 1998.7.16. 97헌바23)
1. 법원의 판례를 통하여 구체화된 법률의 의미는 헌법재판소의 심판대상이 된다.
2. 불법적인 집단노무제공 거부행위를 업무방해에 해당한다고 보아서 처벌하는 것은 적법한 집단

노무제공거부를 넘은 불법적인 집단노무제공 거부행위는 근로3권의 내재적 한계를 넘어선 것으로 이를 규제하는 것이고 이는 근로3권 침해라고 할 수 없다.

3. 강제노동폐지에 관한 국제노동기구의 제105조 조약은 우리나라가 비준한 바 없고, 헌법 제6조 제1항에서 말하는 일반적으로 승인된 국제법규로서 헌법적 효력을 갖는 것이라고 볼 만한 근거도 없으므로 이 사건 심판대상 규정의 위헌성 심사의 척도가 될 수 없다.

사용자가 노동조합의 대표자 또는 노동조합으로부터 위임을 받은 자와의 단체협약체결 기타의 단체교섭을 정당한 이유없이 거부하거나 해태하는 행위를 할 수 없도록 한 노동조합 및 노동관계조정법 제81조(헌재 2002.12.18. 2002헌바12)
우선 헌법 제33조 제1항에서 "근로자는 근로조건의 향상을 위하여 자주적인 단결권·단체교섭권 및 단체행동권을 가진다"고 명시적으로 규정하고 있는바, 이 사건 조항은 단체교섭권을 실효성 있게 보장하기 위한 것으로서 정당한 입법목적을 가지고 있다.
이 사건 조항은, 노동관계 당사자가 상반된 이해관계로 말미암아 대립의 관계로 나아가지 않고 대등한 교섭주체의 관계로 발전하게 하여 분쟁을 평화적으로 해결하게 함으로써 근로자의 이익과 지위의 향상을 도모하고 헌법상의 근로3권 보장 취지를 구현한다는 공익을 위한 것인데 비해, 이 사건 조항으로 인하여 초래되는 사용자의 자유의 제한은, 단지 정당한 이유 없는 불성실한 단체교섭 내지 단체협약체결의 거부 금지라는 합리적으로 제한된 범위 내의 기본권 제한에 그치고 있으므로, 법익간의 균형성이 침해된 것이라 할 수 없다.
공단은 그 조직·회계·인사 및 보수 등에 관한 사항을 정하여 건설교통부장관의 승인을 얻어야 한다고 규정한 구 한국고속철도건설공단법 제31조(2004.8.26. 2003헌바28)
단체협약의 내용 중 국고부담의 증가를 초래하여 예산의 변경을 수반할 수 밖에 없는 경우 건설교통부 장관의 승인을 얻도록 하는 것은 한국고속철도건설공단의 원활한 운영을 위하여 불가피한 것으로 <u>단체교섭권 침해라고 볼 수 없다.</u>

사업장의 안전보호시설에 대하여 정상적인 유지·운영을 정지·폐지 또는 방해하는 행위는 쟁위행위로서 이를 행할 수 없다고 한 노동조합 및 노동관계조정법 제42조(헌재 2005.6.30. 2002헌바83)
이 사건 법률조항들이 근로자의 헌법상 기본권인 단체행동권을 제한하는 규정이기는 하지만, 사람의 생명·신체의 안전보호라는 입법목적의 정당성을 인정할 수 있고, 안전보호시설의 유지·운영을 정지·폐지 또는 방해하는 내용의 쟁의행위를 제한하는 것은 위 목적을 달성하기 위한 효과적이고 적절한 수단이어서 방법의 적정성도 인정되며, 그 제한은 안전보호시설의 중요성에 비추어 볼 때 최소한의 제한으로 평가되므로 피해의 최소성도 갖추었고, 추구하는 공익인 '사람의 생명·신체의 안전'과 제한되는 사익인 청구인들의 '단체행동권'을 비교하여 볼 때 법익균형성도 갖추었으므로 청구인들의 <u>단체행동권을 과도하게 침해한다고 할 수 없다.</u>

노동조합이 당해 사업장에 종사하는 근로자의 3분의 2 이상을 대표하고 있을 때 근로자가 그 노동조합의 조합원이 될 것을 고용조건으로 하는 단체협약의 체결을 인정하는 노동조합 및 노동관계조정법 제81조 제2호(헌재 2005.11.24. 2002헌바95)
1. 이 사건 법률로 단결하지 아니할 자유와 단결선택권이 제한된다.
2. 노동조합의 가입을 강제함으로써 근로자의 단결하지 아니할 자유가 제한됨으로 근로자의 단결하지 아니할 자유와 노동조합의 적극적 단결권 충돌이 발생한다. <u>근로자의 단결하지 아니할 자유는 헌법 제10조의 일반적 행동의 자유와 헌법 제21조의 결사의 자유에서 근거를 찾을 수 있고, 노</u>

동조합의 적극적 단결권은 헌법 제33조에서 보호된다. 근로3권은 특별법적 권리로써 우선적으로 보장되어야 하므로 근로자 개인의 자유권에 비하여 노동조합의 적극적 단결권을 우선시하더라도 근로자의 단결하지 아니할 자유 침해라고 할 수 없다.

3. 특정한 노동조합의 조합원이 될 것을 고용조건으로 할 경우 근로자의 단결하지 아니할 자유뿐 아니라 단결선택권도 제한된다. 근로자의 단결선택권과 노동조합의 집단적 단결권이 충돌하는 경우 어느 기본권이 더 상위 기본권이라고 단정할 수 없다. 이 사건 법률조항이 근로자의 단결선택권을 제한하고 있으나 근로자의 3분의 2 이상을 대표하는 노동조합에 한해 근로자의 노동조합 가입을 강제함으로써 근로자의 단결선택권과 노동조합의 집단적 단결권 사이에 균형을 도모하고 있으므로 비례원칙에 위반되지 아니한다.

공무원의 노동조합 설립 및 운영 등에 관한 법률 제6조 제1항 제2호 위헌확인(헌재 2008.12.26. 2006헌마462)

노동조합에 가입할 수 있는 특정직 공무원의 범위를 "6급 이하의 일반직 공무원에 상당하는 외무행정·외교정보관리직 공무원"으로 한정하여, 소방공무원을 노동조합가입대상에서 제외한 '공무원의 노동조합 설립 및 운영 등에 관한 법률' 제6조 제1항 제2호는 심판대상조항은 소방공무원이 그 업무의 성격상 사회공공의 안녕과 질서유지에 미치는 영향력이 크고, 그 책임 및 직무의 중요성, 신분 및 근로조건의 특수성이 인정되므로, 노동조합원으로서의 지위를 가지고 업무를 수행하는 것이 적절하지 아니하다고 보아 노동조합가입대상에서 제외한 것이다. 또한 소방공무원은 특정직 공무원으로서 '소방공무원법'에 의하여 신분보장이나 대우 등 근로조건의 면에서 일반직 공무원에 비하여 두텁게 보호하고 있다. 따라서 심판대상조항이 헌법 제33조 제2항의 입법형성권의 한계를 일탈하여 소방공무원인 청구인의 단결권을 침해한다고 볼 수 없다. 또한 소방공무원은 일반 근로자나 일반직 공무원에 비하여 그 업무의 공공성·공익성이 강하고, 신분 및 근로조건 등에 있어 특수성이 인정된다. 따라서 심판대상조항이 노동조합에 가입할 수 있는 공무원의 범위를 정함에 있어서 소방공무원 전체에 대하여 노동조합가입을 금지하여 일반 근로자나 일반직 공무원에 비하여 차별취급하고 있다고 하더라도 이는 헌법 제33조 제1항에 근거를 두고 있을 뿐 아니라 합리적인 이유가 있다 할 것이므로 청구인의 평등권을 침해하는 것으로 볼 수 없다.

공무원의 노동조합 설립 및 운영 등에 관한 법률 제5조 제1항 중 행정부부분 등 위헌확인(헌재 2008.12.26. 2006헌마518)

1. 공무원노동조합의 설립 최소단위를 '행정부'로 규정하여 노동부만의 노동조합 결성을 제한한 '공무원의 노동조합 설립 및 운영 등에 관한 법률' 제5조 제1항 중 '행정부' 부분은 조합활동 및 단체교섭체계의 효율화를 위하여 근무조건이 결정되는 단위별로 공무원노동조합을 결성하도록 노동조합 설립의 최소단위를 규정한 것으로서 입법목적에 합리성이 인정되고, 공무원노동조합의 형태로서 최소단위만을 제한할 뿐이어서 각 부·처단위의 공무원들은 행정부 공무원노동조합 또는 전국단위 공무원노동조합에 가입할 수 있을 뿐만 아니라, 행정부·처별로 설치된 노동조합지부 등은 각 부·처장권이 관리하거나 결정할 권한을 가진 사항에 대하여 해당 장관과의 교섭이 가능하여 그 제한의 정도가 과하다고 보기 어렵다. 따라서 공노법 제5조 부분이 헌법 제33조 제2항의 입법형성권의 한계를 넘어 청구인들의 단결권을 제한한다고 보기 어렵다.

2. 노동부 소속 근로감독관 및 조사관의 공무원노동조합 가입을 제한한 공노법 제6조 제2항 제4호 및 공무원의 노동조합 설립 및 운영 등에 관한 법률 시행령 제3조 제4호 가목, 나목 부분은 근로감독관이나 조사관이 공무원노동조합의 구성원이 되는 것은 적절하지 않다고 보아 이루어진

것으로, 그것이 입법자의 재량권을 현저히 일탈한 것이라고는 볼 수 없다. 또한 공노법 제6조 부분이 노동부 소속 근로감독관 및 조사관의 업무를 맡고 있는 공무원들의 노동조합 가입을 제한한 것은 그 업무의 공정성·공익성·중립성을 고려한 것으로, 헌법 제33조 제2항에 근거를 두고 있을 뿐만 아니라 합리적인 이유가 있다 할 것이므로 공노법 제6조 부분이 노동조합 가입에 있어서 근로감독관 및 조사관을 일반 근로자나 다른 일반직 공무원과 다르게 취급하여도 그것이 청구인들의 평등권을 침해하는 것으로 볼 수 없다.

노동조합 및 노동관계조정법 제29조 제2항 등 위헌확인(헌재 2012.4.24. 2011헌마338)
헌법재판소는 2012년 4월 24일 전원의 일치된 의견으로 하나의 사업 또는 사업장에 2개 이상의 노동조합이 있는 경우 단체교섭에 있어 그 창구를 단일화하도록 하여 교섭대표가 된 노동조합에게만 단체교섭권을 부여하고 있는 '노동조합 및 노동관계조정법'(2010.1.1. 법률 제9930호로 개정된 것) 제29조 제2항, 제29조의2 제1항이 청구인들의 기본권을 침해하지 않는다는 결정을 선고하였다. 교섭창구단일화제도는 근로조건의 결정권이 있는 사업 또는 사업장 단위에서 복수 노동조합과 사용자 사이의 교섭절차를 일원화하여 효율적이고 안정적인 교섭체계를 구축하고 소속 노동조합과 관계없이 조합원들의 근로조건을 통일하기 위한 것으로, 교섭대표노동조합이 되지 못한 소수 노동조합의 단체교섭권을 제한하고 있지만, 소수 노동조합도 교섭대표노동조합을 정하는 절차에 참여하게 하여 교섭대표노동조합이 사용자와 대등한 입장에 설 수 있는 기반이 되도록 하고 있으며, 그러한 실질적 대등성의 토대 위에서 이뤄낸 결과를 함께 향유하는 주체가 될 수 있도록 하고 있으므로 노사대등의 원리 하에 적정한 근로조건의 구현이라는 단체교섭권의 실질적인 보장을 위한 불가피한 제도라고 볼 수 있다.

국가공무원법 제66조 제1항 등 위헌소원(헌재 2014.8.28. 2011헌바32) – 공무원의 집단행위와 교원노조의 정치활동 금지 사건
헌법재판소는 2014년 8월 28일, 공무원의 집단행위를 금지하고 있는 국가공무원법 제78조 제1항 제1호의 '이 법' 부분 중 제66조 제1항 본문의 '공무 외의 일을 위한 집단 행위' 부분에 대해서는 재판관 7 : 2의 의견으로, 교원노조의 정치활동을 금지하고 있는 구 '교원의 노동조합 설립 및 운영 등에 관한 법률' 제3조 중 '일체의 정치활동' 부분에 대해서는 4 : 3(각하의견) : 2의 의견으로 명확성원칙, 과잉금지원칙, 평등원칙에 위배되지 않으므로 헌법에 위반되지 않는다는 결정을 선고하였다.

헌재 2015.3.26. 2014헌가5
국가비상사태하에서라도 단체교섭권·단체행동권이 제한되는 근로자의 범위를 공무원 등으로 구체적으로 제한함이 없이, 단체교섭권·단체행동권의 행사요건 및 한계 등에 관한 기본적 사항조차 법률에서 규정하지 아니한 채 그 행사의 허용 여부를 주무관청의 조정결정에 포괄적으로 위임하고, 이에 위반하는 경우 형사처벌하도록 규정한 것은 근로3권의 본질적인 내용을 침해한다.

청원경찰 근로3권 전면 제한 사건(헌재 2017.9.28. 2015헌마653)
헌법재판소는 2017년 9월 28일 재판관 전원 일치 의견으로, 청원경찰의 복무에 관하여 국가공무원법 제66조 제1항을 준용하여 노동운동을 금지하는 청원경찰법(2010.2.4. 법률 제10013호로 개정된 것) 제5조 제4항 중 국가공무원법 제66조 제1항 가운데 '노동운동'부분을 준용하는 부분은 헌법에 합치되지 아니하고, 위 법률조항은 2018.12.31.을 시한으로 개정될 때까지 계속 적용한다는 결정을 선고하였다. 심판대상조항이 모든 청원경찰의 근로3권을 전면적으로 제한하는 것은 입법목적 달성을 위해 필요한 범위를 넘어선 것으로서 침해의 최소성 원칙에 위배된다.

전국교수노동조합 사건(헌재 2018.8.30. 2015헌가38)

□ 결정주문

교원의 노동조합 설립 및 운영 등에 관한 법률(2010.3.7. 법률 제10132호로 개정된 것) 제2조 본문은 헌법에 합치되지 아니한다. 위 법률조항은 2020.3.31.을 시한으로 개정될 때까지 계속 적용한다.

□ 이유의 요지

가. 교육공무원 아닌 대학 교원의 단결권 침해 여부

○ 설령 일반 근로자 및 초·중등교원과 구별되는 대학 교원의 특수성을 인정하더라도, 대학 교원에게도 단결권을 인정하면서 다만 해당 노동조합이 행사할 수 있는 권리를 다른 노동조합과 달리 강한 제약 아래 두는 방법도 얼마든지 가능하다.

○ 그러므로 교육공무원이 아닌 대학 교원들의 단결권을 전면적으로 제한하는 것은 필요 이상의 과도한 제한이다.

○ 심판대상조항으로 인하여 공무원 아닌 대학 교원들이 향유하지 못하는 단결권은 헌법 제33조 제1항이 보장하고 있는 근로3권의 핵심적이고 본질적인 권리임에 비하여, 대학 사회가 다층적으로 변화하면서 대학 교원의 사회·경제적 지위의 향상을 위한 요구가 높아지고 있는 상황에서 공무원이 아닌 대학 교원이 단결권을 행사하지 못한 채 개별적으로만 근로조건의 향상을 도모해야 하는 불이익은 중대한 것이므로, 심판대상조항은 법익균형성도 갖추지 못한 것이다.

○ 그러므로 심판대상조항은 과잉금지원칙에 위배되어 공무원 아닌 대학 교원의 단결권을 침해한다.

나. 교육공무원인 대학 교원의 단결권 침해 여부

○ 교육공무원은 교육을 통해 국민 전체에게 봉사하는 공무원의 지위를 가지고 있기는 하지만, 그 직무수행은 '교육'이라는 근로를 제공하여 교육을 받을 권리를 향유하는 국민들의 수요를 충족시킴으로써 국민의 복리를 증진시키는 특수성을 가지고 있는 것이고, 직업공무원관계의 특성인 공법상의 근무·충성 관계에 입각하여 국민과 국가의 관계 형성에 관하여 중요하고 독자적인 결정권한을 갖는다고 볼 수는 없다. 이러한 교육공무원의 직무수행의 특성과 헌법 제33조 제1항 및 제2항의 정신을 종합해 볼 때, 교육공무원에게 근로3권을 일체 허용하지 않고 전면적으로 부정하는 입법형성은 합리성을 상실한 과도한 것으로 허용되지 않는다.

○ 대학의 자율성 보장이나 학칙에 의한 교수협의회 등은 연구와 교육에 관한 중요한 의사결정 과정에 대학 구성원들이 참여할 수 있도록 하는 제도라는 점에서 그 취지가 있는 것이고, 단지 위와 같은 제도가 있다는 이유만으로 대학 교원의 임금, 근무조건, 후생복지 등 교원의 경제적·사회적 지위향상을 위한 단결의 필요성을 전면적으로 부인하는 것이 합리화 되지는 않는다. 외국의 입법례를 보더라도 대학 교원에 대하여 단결권 자체를 인정하지 않는 경우는 찾기 어렵고, 다만 단체교섭의 방법 및 단체협약체결권 인정 여부 등을 일반 노동조합이나 초·중등교원과 달리 규정하고 있음을 알 수 있다.

○ 이러한 점들을 종합할 때, 공무원인 대학 교원의 단결권을 전면적으로 부정하고 있는 심판대상조항은 입법형성의 범위를 벗어난 입법이다.

사립학교 교원의 노동운동금지의 합헌성

사립학교 교원에 대한 노동운동을 금지한 사립학교법 제55조 및 노동운동을 한 경우 면직사유로 규정한 동법 제58조 제1항 제4호는 근로3권 침해로 헌법 제33조 위반이 아닌가?

1. 교원지위 법정주의와 근로기본권과의 관계: 헌법 제31조 제6항은 국민의 교육을 받을 기본적 권리를 보다 효과적으로 보장하기 위하여 '교원의 보수 및 근무조건' 등을 포함하는 '교원의 지위'에 관한 기본적인 사항을 법률로써 정하도록 한 것이므로 교원의 지위에 관한 한 헌법 제33조 제1항에 '우선'하여 적용된다.

2. 사립학교 교원에 대한 근로3권의 제한: 위 법률조항들이 헌법 제33조 제1항에서 정한 '근로3권의 행사를 제한 또는 금지'하고 있다 하더라도 그것은 사립학교교원의 근로기본권의 본질적 내용을 침해한 것으로 볼 수 없고, 그 제한은 교원지위의 특수성과 우리의 역사적 현실을 종합하여 교육제도의 본질을 지키기 위한 것으로서 필요하고 적정한 범위 내의 것이다.

3. 사립학교 교원에 대한 근로3권의 제한과 평등원칙: 교원지위의 특수성, 교원직무의 자주성 · 전문성, 교육제도의 구조적 특성과 전통, 사립학교 교원의 신분보장 및 교육회조직 등에 비추어 근로3권의 행사에 있어서 <u>사립학교 교원을 일반 근로자의 경우와 달리 취급하여야 할 합리적인 이유가 있다. 또한 동 법률 조항들은 국 · 공립학교 교원에게 적용되는 교육공무원법 및 국가공무원법의 관계규정보다 반드시 불리한 것으로 볼 수 없기</u> 때문에 평등원칙에 위반되는 것이 아니다.

4. 교원지위에 관한 국제법규와의 저촉 여부: 교육에 관한 국제법상의 선언, 규약 및 권고문 등은 우리의 현실에 적합한 교육제도의 실시를 제약하면서까지 교원에게 근로권이 제한 없이 보장되어야 한다든가 교원단체를 전문직으로서의 특수성을 살리는 교직단체로서 구성하는 것을 배제하고 반드시 일반 근로조합으로서만 구성하여야 한다는 주장의 근거로 삼을 수 없다(헌재 1991.7.22. 89헌가106).

※ 현재 교원의 노동조합 설립 및 운영 등에 관한 법률에서 노동조합설립이 합법적으로 인정되고 단결권, 단체교섭권이 인정되며 단체행동권은 인정되지 않는다.

노동조합 및 노동관계조정법 제24조 제2항 등 위헌확인(헌재 2014.5.29. 2010헌마606) - 노조전임자 및 근로시간 면제 제도(타임오프제) 사건

헌법재판소는 2014년 5월 29일, <u>노동조합의 전임자가 사용자로부터 급여를 지급받는 것을 금지하는 한편, 근로시간 면제 한도 내에서 임금의 손실 없이 근로자의 노동조합 업무를 보장하는 소위 타임오프제를</u> 정한 '노동조합 및 노동관계조정법' 조항들의 위헌 여부에 관한 헌법소원에 대하여, 근로시간 면제의 구체적 한도를 법에서 직접 정하고 있지 않더라도 죄형법정주의원칙에 반하지 않고, 노동조합이 노조전임자에 대한 급여 지급 요구 및 근로시간 면제 한도를 초과하는 요구를 하고 이를 관철할 목적의 쟁의행위를 하는 것을 금지하는 심판대상조항들이 청구인들의 단체교섭권 및 단체행동권에 대한 과도한 제한으로 보기 어려우므로 <u>헌법에 위반되지 않는다</u>는 이유로 기각 결정하였다.

○ 헌법재판소는 이에 대하여, 근로시간 면제 제도의 도입으로 노조전임자에 대한 급여 금지로 인한 피해를 최소화하고 있고, 우리나라 노사관계의 특수성 및 제도의 도입 배경 등을 고려할 때 근로시간 면제 한도를 최대한으로 규율하는 현행 타임오프제도가 근로자의 단체교섭권이나 단체행동권에 대한 과도한 제한이 아니라고 판단하였다. 한편 2013년에 근로시간 면제 한도 고시 개정으로, 조합원 100명 미만 소규모 사업장의 근로시간 면제 한도가 최대 2,000시간으로 상향 조정된

바 있다.

제5절 인간다운 생활을 할 권리(제34조 제1항)

(1) 개념

(가) 문화적 최저생활의 보장(다수설)   인간의 존엄성에 상응하는 건강하고 문화적인 최저한도의 생활을 할 권리를 말한다.

(나) 물질적 최저생활의 보장   물질적 궁핍으로부터의 해방을 주요내용으로 하는 물질적인 최저생활권을 의미한다.

(2) 법적 성격

헌재는 1995.7.21. 93헌마14 판례에서는 추상적 권리로 보았으나 1998.2.27. 97헌가10에서는 인간다운 생활을 할 권리로부터 최소한의 물질적 생활의 유지에 필요한 급부를 요구할 수 있는 구체적인 권리가 도출될 수는 있다고 하여도 그 이상의 급부를 내용으로 하는 구체적인 권리를 발생케 한다고는 볼 수 없다고 판시하였다.

(3) 주체

1) 국민의 권리(내국인)이다.
2) 법인·외국인은 원칙적으로 인정되지 않는다.

(4) 내용

(가) 사회보장

(a) 사회보험(가장 중추적 제도): 국민의 생활의 안정과 그 노동력의 재생산을 목적으로 운영되는 공공적 보험제도를 말하며 국민건강보험(국민건강보험법), 재해보험(산업재해보상보험법), 퇴직연금보험(국민연금법, 공무원연금법, 군인복지연금법) 등이 있다.

(b) 공적 부조(생활보호를 받을 권리): 생활능력이 없거나 곤란한 상태에 있는 자에게 최종적인 생활보장수단으로서 무상으로 최저생활에 필요한 급여를 하는 제도(제34조 제5항)를 말하며 생계보호(생활보호법), 의료보호(의료보호법), 자활보호(국가유공자등에관한법률, 상이군경연금법) 등이 있다.

> **관련판례** 국민기초생활보장법상 급여의 보충성(헌재 2004.10.28. 2002헌마328)
> 이 법에 의한 급여는 수급자가 자신의 생활의 유지·향상을 위하여 그 소득·재산·근로능력 등을 활용하여 최대한 노력하는 것을 전제로 이를 보충·발전시키는 것을 기본원칙으로 하며, 부양의무자의 부양과 다른 법령에 의한 보호는 이 법에 의한 급여에 우선하여 행하여지는 것으로 한다고 함으로써(제3조), 이 법에 의한 급여가 어디까지나 보충적인 것임을 명시하고 있다.

(나) 사회복지 일부 특별한 국민(아동, 여성, 장애자, 윤락여성)의 건강유지와 빈곤해소를 위한 사회구호시설(양로원, 고아원, 직업훈련원 등)의 혜택을 받을 수 있는 제도를 말하며 심신장애자(심신장애자복지사업법), 청소년(아동복지법), 노인(노인복지법), 여성(모자보호법, 윤락방지법), 각종 재해로부터 국민보호(재해구호법) 등이 있다.

(다) 사회보장수급권 사회보장수급권·사회보장권이란 사회적 위험으로부터 개인이 인간의 존엄에 상응하는 인간다운 생활을 영위하기 위하여 국가에 일정한 내용의 적극적 급부를 요구할 수 있는 권리를 말한다. 개념적 요소로서 사회적 위험, 보호를 요하는 상태, 인간다운 생활의 보장, 국가의 적극적 급부 등이 있다. 학설상은 구체적 권리이나 헌법재판소는 "헌법상의 사회보장권은 그에 관한 수급요건, 수급자의 범위, 수급액 등 구체적인 사항이 법률에 규정됨으로써 비로소 구체적인 법적 권리로 형성된다고 보아야 할 것이다."라고 보아 추상적 권리로 보고 있다.

(라) 국민기초생활보장법

(a) 목적(제1조): 생활이 어려운 자에게 필요한 급여를 행하여 이들의 최저생활을 보장하고 자활을 조성하는 것이다.

(b) 급여의 기준(제4조): 이 법에 의한 급여는 건강하고 문화적인 최저생활을 유지할 수 있는 수준이어야 한다.

(c) 수급권자의 범위(제5조): 수급권자는 부양의무자가 없거나 있다 하더라도 부양능력이 없거나 부양을 받을 수 없는 자로서 소득인정액이 최저생계비 이하인 자로 한다.

(d) 급여의 종류(제7조): 생계급여, 주거급여, 의료급여, 교육급여 등이 있다. 생계급여와 나머지 급여를 함께 행할 수 있다.

(e) 양도·압류금지(제35·36조): 수급자에게 지급된 수급품과 이를 받을 권리를 압류하거나 양도할 수 없다.

관련판례

1994년 생계보호기준위헌확인(헌재 1997.5.29. 94헌마33)

1. 인간다운 생활을 할 권리의 의의 및 법적 성격, 위헌심사기준

인간다운 생활을 할 권리(헌법 제34조)는 모든 국가기관을 기속하지만 그 기속의 의미는 적극적·형성적 활동을 하는 입법부 또는 행정부의 경우와 헌법재판에 의한 사법적 통제기능을 하는 헌법재판소와 동일하지 아니하다. 모든 국민은 인간다운 생활을 할 권리를 가지며 국가는 생활능력 없는 국민을 보호할 의무가 있다는 헌법의 규정은 입법부와 행정부에 대하여는 국민소득, 국가의 재정능력과 정책 등을 고려하여 가능한 범위 안에서 최대한으로 모든 국민이 물질적인 최저생활을 넘어서 인간의 존엄성에 맞는 건강하고 문화적인 최저생활을 누릴 수 있도록 하여야 한다는 행위의 지침 및 행위규범으로서 작용하지만, 헌법재판에 있어서는 다른 국가기관 즉 입법부나 행정부가 국민으로 하여금 인간다운 생활을 영위하도록 하기 위하여 객관적으로 필요한 최소한의 조치를 취할 의무를 다하였는지의 여부를 기준으로 국가기관의 행위의 합헌성을 심사하여야 한다는 통제규범으로 작용하는 것이다. 그러므로 국가가 인간다운 생활을 보장하기 위한 헌법적인 의무를 다하였는지의 여부가 사법적 심사의 대상이 된 경우에는, 국가가 생계보호에 관한 입법을 전혀 하지 아니하였다든가 그 내용이 헌저히 불합리하여 헌법상 용인될 수 있는 재량의 범위를 명백히 일탈한 경우에 한하여 헌법에 위반된다고 할 수 있다.

2. 인간다운 생활을 할 권리 침해 여부

국가가 행하는 생계보호의 수준이 그 재량의 범위를 명백히 일탈하였는지의 여부, 즉 <u>인간다운 생활을 보장하기 위한 객관적 내용의 최소한을 보장하고 있는지의 여부는 생활보호법에 의한 생계보호급여만을 가지고 판단하여서는 아니 되며 그 외의 법령에 의거하여 국가가 생계보호를 위하여 지급하는 각종 급여나 각종 부담의 감면 등을 총괄한 수준을 가지고 판단하여야 하는 바,</u> 1994년도를 기준으로 생활보호대상자에 대한 생계보호급여와 그 밖의 각종 급여 및 각종 부담감

면의 액수를 고려할 때, 이 사건 생계보호기준이 청구인들의 인간다운 생활을 보장하기 위하여 국가가 실현해야 할 객관적 내용의 최소한도의 보장에도 이르지 못하였다거나 헌법상 용인될 수 있는 재량의 범위를 명백히 일탈하였다고는 보기 어렵고, 따라서 비록 위와 같은 생계보호의 수준이 일반 최저생계비에 못 미친다고 하더라도 그 사실만으로 곧 그것이 헌법에 위반된다거나 청구인들의 행복추구권이나 인간다운 생활을 할 권리를 침해한 것이라고는 볼 수 없다.

2002년도 국민기초생활보장 최저생계비(헌재 2004.10.28. 2002헌마328)

최저생계비를 고시함에 있어서 장애인가구의 추가지출을 반영하지 아니했다 하더라도 장애인복지법에 의한 장애수당 등이 지급되고 있으므로 장애로 인한 추가지출비용을 반영하지 않고 가구별 인원수만을 기준으로 최저생계비를 결정한 것은 장애인가구 구성원의 인간의 존엄과 가치 및 행복추구권, 인간다운 생활을 할 권리를 침해했다고 할 수 없다.

국민연금법 가입대상자를 18~60세로 한정한 국민연금법 제6조 제한(헌재 2001.4.26. 2000헌마390)

국민기초생활보장법, 노인복지법 등 법령에 의하여 저소득 노인에 대한 각종 급여 및 부담의 면제, 시설제공 등으로 인한 노인들의 생활여건에 비추어 볼 때, 이 사건 법률조항이 청구인들과 같은 노인들의 국민연금가입을 제한하고 있다고 하더라도 인간다운 생활을 보장하기 위하여 국가가 실현해야 할 객관적 내용의 최소한도의 보장에도 이르지 못하였다거나 헌법상 용인될 수 있는 재량의 범위를 명백히 일탈하였다고는 보기 어렵고 청구인들이 국민연금제도에서 제외되었다는 사실만으로 곧 그것이 헌법에 위반된다거나 청구인들의 인간으로서의 존엄과 가치, 행복추구권이나 인간다운 생활을 할 권리를 침해한 것이라고는 볼 수 없다 할 것이다.

국민건강보험을 의무적으로 가입하도록 한 국민건강보험법 제48조(헌재 2001.8.30. 2000헌마668)

국민건강보험법이 의무적 가입을 규정하고 임의해지를 금지하면서 보험료를 납부케 하는 것은, 경제적인 약자에게도 기본적인 의료서비스를 제공하기 위한 국가의 사회보장·사회복지의 증진 의무(헌법 제34조 제2항)라는 정당한 공공복리를 효과적으로 달성하기 위한 것이며, 조세가 아닌 보험료를 한 재원으로 하여 사회보험을 추구하기 위한 것이다. 그렇다면 동법 제5조 제1항 본문 및 제62조가 청구인의 재산권이나 인간다운 생활을 할 권리 혹은 행복추구권을 침해한다고 할 수 없다.

국민기초생활보장법 시행령 제2조 제2항 제3호 위헌확인(헌재 2011.3.31. 2009헌마617)

헌법재판소는 2011년 3월 31일 재판관 전원의 일치된 의견으로 교도소·구치소에 수용중인 자를 기초생활보장급여의 지급대상에서 제외하고 있는 '국민기초생활보장법 시행령' 제2조 제2항 제3호가 헌법에 위반되지 않는다는 결정을 선고하였다.

'국민기초생활보장법'상 기초생활보장급여의 수급은 부양의무자 또는 다른 법령에 의한 보호가 결여된 경우에 보충적으로 적용되는 것인바, 교도소·구치소에 수용 중인 자에 대하여는 '형의 집행 및 수용자의 처우에 관한 법률'에 의하여 생계유지의 보호를 받게 되므로 이러한 생계유지의 보호를 받고 있는 자에 대하여 '국민기초생활보장법'에 의한 중복적인 보장을 피하기 위하여 기초생활보장급여의 지급대상에서 제외키로 한 입법자의 판단이 헌법상 용인될 수 있는 재량의 범위를 벗어난 것으로 볼 수 없다는 것이다.

수용자 보험급여정지 위헌확인(헌재 2012.2.23. 2011헌마123)

헌법재판소는 2012년 2월 23일 재판관 전원의 일치된 의견으로, 구치소와 치료감호시설에 수용

중인 자를 '국민기초생활 보장법'상 급여의 지급 대상에서 제외하고 있는 '국민기초생활 보장법 시행령' 제2조 제2항 제3호가 헌법에 위반되지 아니한다는 결정을 선고하였다.

구치소와 치료감호시설에 수용 중인 자에 대하여는 '형의 집행 및 수용자의 처우에 관한 법률' 및 치료감호법에 의하여 생계유지의 보호와 의료적 처우를 받게 되므로 이들에 대하여 '국민기초생활 보장법'에 의한 중복적인 보장을 피하기 위하여 급여의 지급 대상에서 제외키로 한 입법자의 판단이 헌법상 용인될 수 있는 재량의 범위를 벗어난 것으로 볼 수 없으므로, 청구인의 인간다운 생활을 할 권리, 보건권 및 평등권을 침해하지 아니한다는 것이다.

북한이탈주민 부정수급 지원금 필요적 몰수·추징 사건(헌재 2017.8.31. 2015헌가22)

헌법재판소는 2017년 8월 31일 재판관 4 : 4의 의견으로, '거짓이나 그 밖의 부정한 방법으로' 이 법에 따른 보호 또는 지원을 받아 재물이나 재산상의 이익을 받은 경우 이를 필요적으로 몰수·추징하도록 규정하고 있는 '북한이탈주민의 보호 및 정착지원에 관한 법률' 제33조 제3항 중 제1항의 '거짓이나 그 밖의 부정한 방법으로 이 법에 따른 보호 및 지원을 받은 자'부분은 헌법에 위반되지 아니한다는 결정을 선고하였다.

헌재 2007.4.26. 2003헌마533

사립학교법상 명예퇴직수당은 교원이 정년까지 근무할 경우에 받게 될 장래 임금의 보전이나 퇴직 이후의 생활안정을 보장하는 사회보장적 급여가 아니라 장기근속 교원의 조기 퇴직을 유도하기 위한 특별장려금이라고 할 것이다.

헌재 2005.7.21. 2004헌바2

헌법 제34조 제2항 및 제6항의 국가의 사회보장·사회복지 증진의무나 재해예방노력의무 등의 성질에 비추어 국가가 어떠한 내용의 산재보험을 어떠한 범위와 방법으로 시행할지 여부는 입법자의 재량영역에 속하는 문제이고, 산재피해 근로자에게 인정되는 산재보험수급권도 그와 같은 입법재량권의 행사에 의하여 제정된 산재보험법에 의하여 비로소 구체화되는 '법률상의 권리'이며, 개인에게 국가에 대한 사회보장·사회복지 또는 재해예방등과 관련된 적극적 급부청구권은 인정하고 있지 않다.

헌재 2004.10.28. 2002헌마328

국가가 인간다운 생활을 보장하기 위한 헌법적 의무를 다하였는지의 여부가 사법적 심사의 대상이 된 경우에는, 국가가 최저생활보장에 관한 입법을 전혀 하지 아니하였다든가 그 내용이 현저히 불합리하여 헌법상 용인될 수 있는 재량의 범위를 명백히 일탈한 경우에 한하여 헌법에 위반된다고 할 수 있다.

헌재 2008.2.28. 2005헌마872등

공무원연금법상의 각종 급여는 모두 사회보장 수급권으로서의 성격과 아울러 재산권으로서의 성격도 가지고, 그 중 퇴직일시금 및 퇴직수당 수급권은 후불임금 내지 재산권적 성격을 많이 띠고 있는데 비하여, 퇴직연금 수급권은 상대적으로 사회보장적 급여로서의 성격이 강하다.

헌재 2009.5.28. 2005헌바20등

일정한 법정요건을 갖춰 발생한 산재보험수급권은 구체적인 법적 권리로 보장되고 그 성질상 경제적·재산적 가치가 있는 공법상의 권리로서 헌법상 재산권의 보호대상에 포함된다.

제6절 환경권

(1) 개념

인간다운 건강하고 쾌적한 환경 속에서 생활할 권리를 말한다.

(가) 제35조 제1항　　　환경권+환경보전의무를 함께 규정하고 있다.

(나) 제35조 제2항　　　환경권의 구체화를 위한 법률유보이다.

(2) 연혁 및 입법례

전 인류가 국제적으로 연대하여 보장해야 하는 환경권은 인간존중주의 및 환경공유사상을 기초로 한 사회권으로, 맑고 깨끗한 환경에서 생활할 수 있는 권리를 의미한다. 환경보전의 기본원칙은 존속보장의 원칙, 사전배려의 원칙, 원인자책임의 원칙, 공동부담의 원칙, 협력의 원칙을 들 수 있다. 환경권의 주체는 자연인이며 미래의 자연인, 즉 후손들도 그 주체성을 인정한다.

환경권은 1960년대 이후 미국에서 논의되기 시작한 것으로 천부인권으로 주장된 것이 아니라 공해에 대한 투쟁의 개념으로 등장한 현대적 기본권의 하나라고 할 수 있다. 그 이후 1972년 스웨덴의 스톡홀름에서의 인간환경선언과 1992년 브라질의 리우선언에서 환경의 중요성을 국제적으로 선언하여 환경고유사상을 고취시킨 바 있다.

우리나라의 헌법에서 환경권을 최초로 규정한 것은 1980년에 개정된 제5공화국 헌법이다. 현행 헌법에서도 헌법 제35조에 환경권을 직접 명문화하고 있으며, 기본적인 환경정책의 방향은 1990년 8월에 제정된 환경정책기본법에 규정하고 있다. 기타 개별법으로 수질환경보전법, 대기환경보전법, 유해물질관리법, 소음·진동규제법, 환경오염피해분쟁조정법이 제정·시행 중에 있으므로, 우리나라는 환경에 대한 복수법주의를 채택하고 있다고 볼 수 있다.

(3) 법적 성격

(가) 소극적 자유권+생존권적 기본권

(나) 종합적 기본권(자유권·생존권·청구권의 성격을 모두 갖고 있음)

(4) 주체

외국인을 포함한 자연인은 주체가 되나, 법인의 환경권 주체가 되느냐에 대해 학설이 대립하고 있으나 환경권의 성질상 부정설이 다수설이다. 미래세대가 환경권의 주체가 되는가에 대해 의견이 대립하고 있으나 주체가 된다는 것이 다수설이다. 자연 그 자체가 권리의 주체이냐에 대해 학설이 대립하나 자연은 권리주체가 아니므로 부정적이다.

(5) 내용

(가) 환경권의 대상　　환경권의 대상으로서 환경은 자연환경과 문화적 · 사회적 생활환경 모두를 포함하고, 공해는 육체적 건강을 해치는 유해물질의 배출 · 폐기 · 방치뿐 아니라 정신적 건강을 해치는 소음, 진동, 악취, 색채 등을 의미한다.

(나) 국가의 환경침해에 대한 방어권　　환경권은 국가작용으로 인해 발생하는 각종 환경오염행위에 대한 방어권을 제1차적인 내용으로 한다(사회공동생활에서 감수해야 되는 경우에는 수인하여야 함).

(다) 공해의 예방 · 배제청구권　　공해예방청구권은 훼손 · 파괴함으로써 공해를 유발하는 결과를 초래하지 않도록 요구할 수 있는 권리이다. 공해배제청구권은 국가 이외의 사인 등의 행위로 발생하는 공해나 환경오염을 국가가 방지하고 배제하여 주도록 요구할 수 있는 권리를 말한다.

(라) 생활환경의 조성청구권　　국가에 대하여 건강하고 쾌적한 생활환경을 조성하고 보전해 줄 것을 요구할 수 있는 권리를 말한다. 환경정책결정에의 주민참여권은 참정권 등으로 인정될 여지는 있으나 환경권의 내용은 아니라는 견해가 있다.

(마) 쾌적한 주거생활권　쾌적한 주거생활권이란 국민이 국가기관에 주택개발정책 등을 통하여 쾌적한 주거생활의 실현을 청구할 수 있는 권리를 의미한다. 쾌적

한 주거생활권은 적극적인 급부나 배려를 국가에 청구할 수 있다는 점에서 주거의 비밀을 보장하는 헌법 제16조의 주거의 자유와 차이점이 있다.

▶ 환경법의 체계에는 기본법인 환경정책기본법과 그 구체화인 대기환경보전법, 수질환경보전법, 소음진동규제법, 유해물질규제법, 환경오염피해분쟁조정법으로 복수법체계로 구성되어 있다.

(6) 침해와 구제

(가) **국가권력에 의한 침해와 구제**　　환경권은 국가나 지방자치단체가 비행장 등의 건설로 소음공해를 야기하거나 산업단지에 공해산업을 유치함으로써 적극적으로 환경을 침해하는 경우에는 청원권의 행사, 행정소송의 제기, 헌법소원, 국가배상청구 등에 의해서 구제받을 수 있을 것이다. 또한 행정청의 인·허가에 따라 환경파괴의 원인이 되는 사업활동·개발행위 등이 행해지는 경우에는 그 인·허가의 취소 또는 무효확인을 구하는 행정소송을 제기할 수 있을 것이다. 이는 '복효적 행정행위'로서 원고적격이 문제되는바, 대법원은 인근주민의 생활환경을 보호받을 이익은 단순한 반사적 이익이 아니라 법률에 의하여 보호되는 이익이라고 하면서 원고적격을 인정한 바 있다.

(나) **사인에 의한 침해와 구제**

(a) **손해배상청구와 유지청구:** 사인의 행위로 말미암은 환경피해에 대한 구제수단으로 사후적 구제방법으로서 손해배상청구와, 사전적 구제방법으로서 유지청구가 주된 것이다.

유지청구란 한경피해가 현실로 발생하였거나 발생이 예견되는 경우에 피해자가 환경피해의 배제 또는 예방을 구하는 방법을 말한다. 손해배상청구는 민법 제750조의 불법행위에 기한 것으로 특히 과실과 관련하여 무과실책임주의에 접근하고 있다. 환경정책기본법 제31조에 의하면 사업자는 환경피해에 대하여 무과실책임을 진다.

(b) **수인한도론:** 환경분쟁에 있어 위법성의 판단과 관련하여 수인한도론이 등장하여 판례와 학설의 지지를 얻고 있다. 수인한도론은 공해에 있어서의 피해자와 가해자의 이익, 피해의 정도나 형태, 사업의 유효성 등을 비교형량하여 가해행위가 사회생활상 일반적으로 수인할 수 있을 정도로 초월한 침해가 아닌 경우에는 수인해야 한다고 보는 이론이다.

(c) **개연성이론:** 인과관계의 입증과 관련하여 개연성이론도 학설과 판례의 지지

를 받고 있다. 개연성이론이라 함은 환경분쟁에 있어서 인과관계의 증명은 과학적으로 엄밀한 증명을 요하지 아니하고, 침해행위와 손해발생 사이에 인과관계가 존재한다는 상당한 정도의 개연성이 있음을 입증함으로써 족하고, 가해자는 이에 대한 반증을 한 경우에만 인과관계의 존재를 부인할 수 있다는 이론이다.

판례문제 개연성이론과 입증책임전환이론

오염물질인 폐수를 배출하는 등의 공해로 인한 손해배상을 청구하는 소송에 있어서는 기업이 배출한 원인물질이 물을 매체로 하여 간접적으로 손해를 끼치는 수가 많고 공해문제에 관하여는 현재의 과학수준으로도 해명할 수 없는 분야가 있기 때문에 가해행위와 손해의 발생 사이의 인과관계를 구성하는 하나하나의 고리를 자연과학적으로 증명한다는 것은 극히 곤란하거나 불가능한 경우가 대부분이므로, 이러한 공해소송에 있어서 피해자에게 사실적인 인과관계의 존재에 관하여 과학적으로 엄밀한 증명을 요구한다는 것은 공해로 인한 사법적 구제를 사실상 거부하는 결과가 될 우려가 있는 반면에 가해기업은 기술적, 경제적으로 피해자보다 훨씬 원인조사가 용이한 경우가 많을 뿐만 아니라 그 원인을 은폐할 염려가 있고 가해기업이 어떠한 유해한 원인물질을 배출하고 그것이 피해물건에 도달하여 손해가 발생하였다면 가해자측에서 그것이 무해하다는 것을 입증하지 못하는 한 책임을 면할 수 없다고 보는 것이 사회형평의 관념에 적합하다고 할 것이다(대판 1997.6.27. 95다2692).

관련판례

공해(환경)소송(환경권이 추상적 권리설에 입각하고 있다는 대판)
대학 인근에 고층아파트 건설에 대한 공사중지 가처분신청에 대하여 원심판결은 직접적으로 환경권을 피보전권리로 인정하였으나 대법원은 환경권에 관한 헌법 제35조의 제1항의 규정은 개개의 국민에 직접적으로 구체적인 사법상의 권리를 부여한 것이라고 보기 어렵고 사법상의 권리로서의 환경권이 인정되려면 그에 관한 명문규정이 있거나 관계법령의 규정취지나 조리에 비추어 권리의 주체ㆍ대상ㆍ행사방법 등이 구체적으로 정립될 수 있어야 할 것이다라고 판시하였다(대판 1995.5.23. 94헌마2213).

교도소 내 화장실 창문 철망설치행위 위헌확인(헌재 2014.06.26. 2011헌마150) - 교도소 내 화장실 창문 안전철망 설치행위 사건
헌법재판소는 2014년 6월 26일 재판관 전원 일치 의견으로, 교도소 수용자들의 자살을 방지하기 위하여 독거실 내 화장실 창문에 안전철망을 설치한 행위가 수형자인 청구인의 환경권, 인간의 존엄과 가치 및 행복권 등 기본권을 침해하지 아니한다는 결정을 선고하였다.
ㅇ 교정시설 내 자살사고는 수용자 본인이 생명을 잃는 중대한 결과를 초래할 뿐만 아니라 다른 수용자들에게도 직접적으로 부정적인 영향을 미치고, 나아가 교정시설이나 교정정책 전반에 대한 불신을 야기할 수 있다는 점에서 이를 방지할 필요성이 매우 크고, 그에 비해 청구인에게 가해지는 불이익은 채광ㆍ통풍이 다소 제한되는 정도에 불과하여 위와 같은 안전철망 설치행위에 의하여 달성하려는 공익보다 결코 크다고 할 수 없으므로, 이 사건 설치행위는 법익의 균형성도 갖추었다. 이 사건 설치행위는 청구인의 기본권을 침해하지 아니한다.

제7절 혼인 · 가족 · 모성 · 보건

(1) 혼인·가족제도(제36조 제1항)

(가) 의의

(a) 혼인: 남녀가 부부가 되어 생활공동체를 구성하는 것이다.

(b) 가족: 혼인 · 혈연 · 입양으로 맺어진 생활공동체를 말한다.

(나) 헌법상의 혼인 · 가족제도

(a) 법적 성격: 제도보장설, 생존권설, 문화민족의 이념을 구현하도록 촉구하는 규정이라는 주장이 있다. 헌법재판소는 혼인가족제도를 원리, 제도, 주관적 공권, 자유권적 성격을 가지는 것으로 보았다(헌재 2002.8.29, 2001헌바82).

(b) 적용대상: 모든 자연인설, 내국인설이 있다.

(다) 혼인제도의 내용

(a) 혼인결정의 자유

1) 우리나라는 법률혼주의에 따르는데, 사실혼 보호문제가 제기된다. 헌법재판소는 혼인의 자유를 제10조의 인간의 존엄과 가치와 행복추구권에서 도출한 바 있다.

2) 결혼퇴직제와 독신조항은 위헌으로 본다.

3) 동성동본금혼제는 헌법불합치 결정을 받았다(헌재 1997.7.16. 95헌가6).

(b) 혼인관계 유지의 자유: 혼인관계 유지를 전제로 이혼의 자유(민법 제834조)가 있다.

관련판례

고용보험법 등 각종 사회보장법에서 사실혼 배우자를 배우자로 인정하여 일정한 범위 안에서 법률혼에 준하여 보호하고 있는 것은 사실혼관계의 부부 중 일방이 사망한 경우 잔존 배우자의 경제적 안정을 도모하기 위한 것에 불과할 뿐이고, 사실혼에 대하여 혼인의 효과 가운데 신고를 전제로 하는 것이 인정되지 아니하는 것과 마찬가지로 조세나 과징금 부과 등의 공법관계에서는 획일성이 요청되므로 사실혼을 법률혼과 동일하게 취급할 수 없다(헌재 2010.12.28. 2009헌바400).

(라) 가족제도의 내용

(a) 개인의 존엄과 양성의 평등을 기초로 하는 부부관계를 전제로 한다.

1) 남녀평등에 기초한 부부간의 협력, 공동생활의무가 있다.

2) 간통죄는 위헌 결정을 받았다(헌재 2015.2.26. 2009헌바17).

3) 호주제도는 헌법불합치 결정을 받았다(헌재 2005.2.3. 2001헌가9 등, 2004헌가5 병합).

(b) 개인의 존엄과 양성의 평등을 기초로 하는 친자관계: 헌법상 양친에게 자녀교육의무가 있다. 헌재에 따르면 부모의 자녀교육권은 헌법 제36조 제1항 등에서 도출되는 중요한 기본권이다(헌재 2000.4.27. 98헌가16).

관련판례

헌재 2008.10.30. 2005헌마156
육아휴직신청권은 헌법 제36조 제1항 등으로부터 개인에게 직접 주어지는 헌법적 차원의 권리라고 볼 수는 없고, 입법자가 입법의 목적, 수혜자의 상황, 국가예산, 전체적인 사회보장수준, 국민정서 등 여러 요소를 고려하여 제정하는 입법에 적용요건, 적용대상, 기간 등 구체적인 사항이 규정될 때 비로소 형성되는 법률상의 권리이다.

헌재 2012.5.31. 2010헌바87
친양자 입양을 청구하기 위해서는 친생부모의 친권상실, 사망 기타 동의할 수 없는 사유가 없는 한 친생부모의 동의를 반드시 요하도록 한 구 민법 제908조의2 제1항 제3호는 친양자가 될 자의 가족생활에 관한 기본권 등을 침해하지 않는다.

헌재 2012.5.31. 2010헌바87
'친양자가 될 자'의 지위에 있는 당해 사건 본인들은 자신들의 양육에 보다 적합한 가정환경에서 양육을 받을 것을 선택할 권리가 있고, 부당한 외부적 간섭에 의해 그의 선택을 방해받지 아니할 권리를 가진다 할 것이다.

헌재 2008.10.30. 2005헌마156
양육권은 공권력으로부터 자녀의 양육을 방해받지 않을 권리라는 점에서는 자유권적 기본권으로서의 성격을, 자녀의 양육에 관하여 국가의 지원을 요구할 수 있는 권리라는 점에서는 사회권적 기본권으로서의 성격을 아울러 가진다.

관련판례

헌재 2000.4.27. 98헌가16
가족생활을 구성하는 핵심적 내용 중의 하나가 바로 자녀의 양육과 교육이고, 이는 일차적으로 부모의 천부적인 권리인 동시에 부모에게 부과된 의무이기도 하므로, '부모의 자녀에 대한 교육권'은 비록 헌법에 명문으로 규정되어 있지 않지만, 모든 인간이 국적과 관계없이 누리는 양도할 수 없는 불가침의 인권으로서 혼인과 가족생활을 보장하는 헌법 제36조 제1항, 행복추구권을 보장하는 헌법 제10조 및 "국민의 자유와 권리는 헌법에 열거되지 아니한 이유로 경시되지 아니한다."고 규정한 헌법 제37조 제1항에서 나오는 중요한 기본권이 된다 할 것이다.

부계혈통주의(헌재 2000.8.31. 97헌가2)

국적취득에 있어서 부계혈통주의를 취한 구 국적법 제2조 제1항은 국적취득에 있어서 父와 자녀 관계만 인정하고 母와 자녀관계는 인정하지 않는다면 이는 헌법 제36조 제1항의 가족생활에 있어서의 양성평등의 원칙에 위배된다.

부부자산소득합산과세를 규정한 소득세법 제61조(헌재 2002.8.29. 2001헌바82)

헌법 제36조 제1항의 혼인가족생활의 평등원칙은 적극적으로 혼인과 가족을 지원하고 제3자에 의한 침해로부터 혼인과 가족을 보호해야 할 국가의 과제를 포함하며 소극적으로는 혼인과 가족을 차별하는 것을 금지해야 할 국가적 의무를 포함한다. 소득세법 제61조에 따라 혼인 부부의 소득을 합산하면 더 높은 누진세율을 적용받기 때문에 혼인부부가 개인과세 되는 독신자나 혼인하지 않은 부부나 독신자에 비하여 차별 취급하는 것은 헌법상 제36조 제1항에 위반된다. 소득세법 제61조 제1항이 위헌이라면 제2항 내지 제4항은 규범적 의미를 상실함으로 제2항 내지 제4항에 대해서도 위헌결정 하였다.

子는 父의 성을 따르도록 하고 다만 父가 외국인일 때에는 母의 성을 따르도록 한 민법 제781조 (헌재 2005.12.22. 2003헌가56)

父性主義 자체는 합헌이나 父가 사망하였거나 부모가 이혼하여 母가 단독으로 친권을 행사하고 양육할 것이 예상되는 경우 혼인의 子를 父가 인지하였으나 母가 단독으로 양육하고 있는 경우 등에 있어서 부성을 사용토록 강제하면 母의 성의 사용을 허용하지 않은 것은 헌법 제36조 제1항에 위반된다. 이 사건 법조항에 대하여 위헌결정을 선고하는 경우 부성주의원칙 자체까지 위헌으로 선언되는 결과를 초래하게 되므로 헌법불합치결정을 선고하되 2007.12.31까지 잠정적용을 명한다.

민법 제781조 제1항 본문 후단부분 위헌제청 등(헌재 2005.2.3. 2001헌가9 등·2004헌가5 병합 - 헌법불합치 결정)

1. 헌법과 전통의 관계: 호주제는 전통 가족제도이므로 존중하여야 한다는 주장이 있어 먼저 헌법과 가족법의 관계, 헌법 제9조(전통문화의 계승·발전)와 헌법 제36조 제1항(혼인과 가족생활의 개인존엄 및 양성평등)의 관계에 관하여 살피고 있다.

헌법전문과 헌법 제9조에서 말하는 '전통', '전통문화'란 역사성과 시대성을 띤 개념으로서 헌법의 가치질서, 인류의 보편가치, 정의와 인도정신 등을 고려하여 오늘날의 의미로 포착하여야 하며, 가족제도에 관한 전통·전통문화란 적어도 그것이 가족제도에 관한 헌법이념인 개인의 존엄과 양성의 평등에 반하는 것이어서는 안 된다는 한계가 도출되므로, 전래의 어떤 가족제도가 헌법 제36조 제1항이 요구하는 개인의 존엄과 양성평등에 반한다면 헌법 제9조를 근거로 그 헌법적 정당성을 주장할 수는 없다.

2. 호주제의 위헌성

호주제는 당사자의 의사나 복리와 무관하게 남계혈통 중심의 가의 유지와 계승이라는 관념에 뿌리박은 특정한 가족관계의 형태를 일방적으로 규정·강요함으로써 개인을 가족 내에서 존엄한 인격체로 존중하는 것이 아니라 가의 유지와 계승을 위한 도구적 존재로 취급하고 있는데, 이는 혼인·가족생활을 어떻게 꾸려나갈 것인지에 관한 개인과 가족의 자율적 결정권을 존중하라는 헌법 제36조 제1항에 부합하지 않는다.

호주제가 설사 부계혈통주의에 입각한 전래의 가족제도와 일정한 연관성을 지닌다고 가정하더라도, 이와 같이 그 존립의 기반이 붕괴되어 더 이상 변화된 사회환경 및 가족관계와 조화되기 어려운 호주제를 존치할 이유를 찾아보기 어렵다.

민법 제864조(혼인 외 출생자의 인지청구) 위헌 여부(헌재 2001.5.31. 98헌바9 – 합헌)
'혼인 외 출생자는 부 또는 모가 사망한 때에는 그 사망을 안 날로부터 1년 내에 검사를 상대로 하여 인지에 대한 이의 또는 인지청구의 소를 제기할 수 있다'는 민법 제864조의 규정이 인간의 존엄성을 침해하는 것은 아니다.

민법 제818조 위헌제청(헌재 2010.7.29. 2009헌가8)
헌법재판소는 2010년 7월 29일 재판관 7(헌법불합치): 1(별개의견): 1(반대의견)의 의견으로 민법 제818조는 헌법에 합치되지 아니한다는 결정을 선고하였다. 중혼의 취소청구권자를 규정한 민법 제818조는 그 취소청구권자로 직계존속과 4촌 이내의 방계혈족을 규정하면서도 직계비속을 제외하였는바, 직계비속을 제외하면서 직계존속만을 취소청구권자로 규정한 것은 가부장적·종법적인 사고에 바탕을 두고 있고, 직계비속이 상속권 등과 관련하여 중혼의 취소청구를 구할 법률적인 이해관계가 직계존속과 4촌 이내의 방계혈족 못지않게 크며, 그 취소청구권자의 하나로 규정된 검사에게 취소청구를 구한다고 하여도 검사로 하여금 직권발동을 촉구하는 것에 지나지 않은 점 등을 고려할 때, 합리적인 이유 없이 직계비속을 차별하고 있어, 평등원칙에 위배되는 것으로서 헌법에 위반된다고 판단한 것이다. 나아가 위 법률조항에 대하여 당장 위헌결정을 하면 법적공백상태가 발생할 수 있어, 2011.12.31.을 시한으로 입법자가 개정할 때까지 잠정적 적용할 것을 결정하였다.

헌재 2014.7.24. 2011헌바275
중혼을 혼인취소의 사유로 정하면서 그 취소청구권의 제척기간 또는 소멸사유를 규정하지 않은 민법(2005. 3. 31. 법률 제7427호로 개정된 것) 제816조 제1호 중 '제810조의 규정에 위반한 때' 부분은 후혼의 취소가 가혹한 결과가 발생하는 경우에는 구체적 사건에서 법원이 권리남용의 법리 등으로 해결하고 있다. 따라서 중혼 취소청구권의 소멸에 관하여 아무런 규정을 두지 않았다 하더라도, 이 사건 법률조항이 현저히 입법재량의 범위를 일탈하여 후혼배우자의 인격권 및 행복추구권을 침해하지 아니한다.

민법 제908조의2 제1항 제3호 위헌소원(헌재 2012.5.31. 2010헌바87)
헌법재판소는 2012년 5월 31일 재판관 6인의 의견으로 친양자 입양을 청구하기 위해서는 친생부모의 친권상실, 사망 기타 동의할 수 없는 사유가 없는 한 그의 동의를 반드시 요하도록 한 구 민법 제908조의2 제1항 제3호(이 사건 법률조항)가 헌법에 위반되지 않는다고 선고하였다. 헌법재판소는, 이 사건 법률조항은 친양자 입양에 있어 무조건 친생부모의 동의를 요하도록 하고 있는 것이 아니라, '친생부모의 친권이 상실되거나 사망 기타 그 밖의 사유로 동의할 수 없는 경우'에는 그 동의를 배제하는 예외규정을 두어 친양자가 될 자의 권리를 보호하고 있으므로 기본권 제한의 비례성을 준수하고 있으므로 헌법에 위반되지 않는다고 판단하였다.

민법 제1003조 제1항 위헌소원(헌재 2014.8.28. 2013헌바119) – 사실혼 배우자의 상속권에 관한 사건
헌법재판소는 2014년 8월 28일 재판관 전원 일치 의견으로, 사실혼 배우자에게 상속권을 인정하지 않는 민법 제1003조 제1항 중 '배우자' 부분이 사실혼 배우자의 상속권 및 평등권을 침해하지 않고, 헌법 제36조 제1항에 위반되지 않는다는 결정을 선고하였다.
1) 법률혼주의를 채택한 취지에 비추어 볼 때 제3자에게 영향을 미쳐 명확성과 획일성이 요청되는

상속과 같은 법률관계에서는 사실혼을 법률혼과 동일하게 취급할 수 없는 점 등을 고려하면, 이 사건 법률조항이 청구인의 평등권을 침해한다고 보기 어렵다.
2) 아울러, 법적으로 승인되지 아니한 사실혼은 헌법 제36조 제1항의 보호범위에 포함되지 아니하므로, 이 사건 법률조항은 헌법 제36조 제1항에 위반되지 않는다.

민법 제844조 제2항 등 위헌확인(헌재 2015.4.30. 2013헌마623)
독일과 같이 친생추정에 일정한 예외를 인정하거나, 친생부인의 소보다 절차가 간단하고 비용도 적게 드는 비송사건절차를 통하여 친생추정을 번복할 수 있는 길을 열어주는 등 친생추정의 예외를 인정하지 아니함으로 인한 위헌성을 해소함과 동시에 자의 신분관계 안정을 도모할 수 있는 길이 있다. 그럼에도 불구하고 민법 제정 이후 사회적·의학적·법률적 사정변경을 전혀 반영하지 아니하고 아무런 예외 없이 일률적으로 300일의 기준만 강요함으로써 가족 구성원이 겪는 구체적이고 심각한 불이익에 대한 해결책을 마련하지 아니하고 있는 것은, 입법형성의 한계를 벗어난 것으로서 모가 가정생활과 신분관계에서 누려야 할 인격권 및 행복추구권, 개인의 존엄과 양성의 평등에 기초한 혼인과 가족생활에 관한 기본권을 침해하는 것이다. 그러므로 혼인 종료 후 300일 이내에 출생한 자를 전남편의 친생자로 추정하는 민법 제844조 제2항 중 "혼인관계종료의 날로부터 300일 내에 출생한 자"에 관한 부분은 모가 가정생활과 신분관계에서 누려야 할 인격권, 혼인과 가족생활에 관한 기본권을 침해한다.

피상속인의 4촌 이내의 방계혈족을 4순위 법정상속인으로 규정한 민법 조항에 관한 위헌제청 사건(헌재 2020.2.27. 2018헌가1)
ㅇ 심판대상조항은 피상속인의 4촌 이내의 방계혈족을 일률적으로 4순위 법정상속인으로 규정함으로써, 경우에 따라서는 피상속인의 채무를 승계하도록 하거나 상속 포기, 소송 대응 등 상속에 관한 법률관계를 형성하도록 강제한다.
그러나 피상속인의 4촌 이내의 방계혈족 자신의 개인적 사정이나 피상속인과의 친소(親疏)관계 등 주관적 요소를 일일이 고려하여 상속인의 기준을 법률에 규정하기 어렵고, 이러한 요소를 고려하여 상속인의 기준을 정할 경우 상속을 둘러싼 법적 분쟁을 사전에 예방한다는 입법취지를 달성하기 어렵게 될 우려가 있다. 또한, 오늘날 1인 가구가 늘어나는 등 가족 형태가 다양화됨에 따라 피상속인이 자녀나 배우자, 형제자매 없이 사망하는 경우도 있을 수 있는데, 상속인이 없는 재산의 경우 법정의 절차를 거쳐 최종적으로는 국가에 귀속된다는 점을 고려하면(민법 제1058조 제1항 참조), 심판대상조항은 피상속인의 4촌 이내의 방계혈족을 상속인에 포함시켜 혈족 상속을 최대한 보장하고 상속에 대한 국가의 개입을 최소화하기 위한 것으로도 볼 수 있다.
ㅇ 따라서 심판대상조항은 피상속인의 4촌 이내의 방계혈족의 재산권 및 사적 자치권을 침해하지 아니한다.

(2) 모성의 보호(제36조 제2항)

(가) 의의　　모성이란 여성이 어머니로서 가지는 정신적·육체적 특징으로서 모성의 보호란 국가가 어머니로서의 여성의 특성을 보호하고 어머니로서의 여성에 대해 특별한 배려를 하는 것이다.

(나) 주체　　자녀를 가진 여성에 한정된다.

(다) 내용　　　국가에게 보호의무가 있다. 모성을 이유로 고용, 해고, 임금 등의 근로조건에 있어서 부당한 차별을 받아서는 안 된다. 모성에 대한 적극적 보호를 위해 근로기준법은 유해업무의 취급금지, 산전·산후휴가 등을 규정하고 있다.

(3) 보건권(제36조 제3항)

(가) 의의　　　국민이 자신과 가족의 건강보호를 위해 국가에 대하여 적극적인 배려와 급부를 요구할 수 있는 권리를 말한다.

(나) 연혁　　　최초규정은 1919년 바이마르헌법이며 우리나라는 건국헌법 이래로 이어지고 있다.

(다) 주체　　　국민에 한정하며 법인은 제외한다. 외국인은 어느 정도 인정하려 한다.

(라) 내용　　　전염병 예방대책을 강구하거나, 보건에 관한 외국인홍보와 정보제공 및 교육을 실시하며, 국가의 보조정책 시행으로 인한 손실을 보상한다.

관련판례

국민건강증진법 시행규칙 제7조 위헌확인(헌재 2004.8.26. 2003헌마457)
【쟁점】흡연권을 법률로 제한하는 것이 흡연자와 혐연자의 기본충돌의 해결원칙을 준수한 입법인지 여부

【주문】청구인의 심판청구를 기각한다.
1. 과잉금지원칙 위반 여부
가. 공공복리를 위한 제한흡연은 비흡연자들 개개인의 기본권을 침해할 뿐만 아니라 흡연자 자신을 포함한 국민의 건강을 해치고 공기를 오염시켜 환경을 해친다는 점에서 개개인의 사익을 넘어서는 국민 공동의 공공복리에 관계된다. 따라서 공공복리를 위하여 개인의 자유와 권리를 제한할 수 있도록 한 헌법 제37조 제2항에 따라 흡연행위를 법률로써 제한할 수 있다. 나아가 국민은 헌법 제36조 제3항 규정한 보건권을 기하여 국가로 하여금 흡연을 구제하도록 요구할 권리가 있으므로, 흡연에 대한 제한은 국가의 의무라고까지 할 수 있다.
나. 과잉금지원칙 위반여부나아가 이 사건 조문이 일부 시설에 대하여는 시설 전체를 금연구역으로 지정하도록 하였지만, 이러한 시설은 세포와 신체조직이 아직 성숙하는 단계에 있는 어린이나 청소년들의 경우 담배로 인한 폐해가 심각하다는 점을 고려하여 규정한 보육시설과 초·중등교육법에 규정된 학교의 교사 및 치료를 위하여 절대적인 안정과 건강한 환경이 요구되는 의료기관, 보건소·보건의료원·보건지소에 한하고 있다는 점에 비추어 볼 때, 흡연자들의 흡연권을 최소한도로 침해하고 있다고 할 수 있다. 그렇다면 이 사건 조문은 과잉금지원칙에 위반되지 아니한다.
2. 평등권의 침해여부국민의 건강과 혐연권을 보장하기 위하여 흡연권을 제한하는 것으로서 그 제한에 합리적인 이유가 있으므로 평등권을 침해하였다고 할 수 없다.

치료감호법 제4조 제1항 위헌확인(헌재 2010.4.29. 2008헌마622)

마약류 중독자들에 대한 국가적 급부와 배려는 다른 법률조항들에 의하여 충분히 이루어지고 있으므로, 이 사건 법률조항에서 청구인의 치료감호 청구권을 인정하지 않는다 하더라도 <u>국민의 보건에 관한 권리를 침해한다고 볼 수 없다.</u>

침술사 민간자격 금지(2010.7.29. 2009헌바53 등)

〈'국민의 생명·건강에 직결되는 분야'에 있어서 국가 외의 민간자격 신설을 허용하지 않는 자격기본법 제17조 제1항 제2호가 위헌인지 여부〉

이 사건 법률조항은 국가가 직접 '국민의 생명·건강에 직결되는 분야'에 관한 자격제도를 신설하고 철저하게 관리·운영함으로써 <u>국민의 보건에 관한 국가의 보호의무를 이행하고, 민간자격의 남발로 인한 국민의 피해를 예방하기 위한 것</u>으로서 … 과잉금지원칙에 위배하여 청구인들의 직업선택의 자유, 일반적 행동의 자유 등을 침해하지 아니한다.

대마흡연의 처벌(헌재 2010.11.25. 2009헌바246)

〈대마가 흡연을 범죄로 규정하여 처벌하고 있는 '마약류관리에 관한 법률' 제61조 제1항 제8호, 제3조 제11호가 위헌인지 여부〉

사건 법률조항의 목적은 대마의 의약적 효과를 부정하거나 의학적 사용 자체를 금지하려는 것이 아니라, "흡연"이라는 방식을 통한 대마의 사용은 그 오용과 남용으로 인한 위험이 크다고 보아 이를 금지하려는 것으로, 국민보건에 관한 국가의 보호의무를 저버리는 것이 아니라 오히려 제36조 제3항이 규정하고 있는, 국민보건에 관한 국가의 보호의무를 다하고자 하는 것이므로 이 사건 법률조항은 <u>헌법 제36조 제3항에 위반되지 않는다.</u>

판례문제

형법 제241조(간통죄 규정)의 위헌 여부

청구인 K는 간통죄로 공소제기되어 징역형을 선고받고 대법원에 상고하여 재판을 받던 중 형법 제241조가 헌법에 위반된다고 주장하고 대법원에 위헌제청신청을 하였으나 기각되자, 헌법재판소법 제68조 제2항에 의하여 헌법소원심판을 청구하였다.

1. 헌법 제10조, 제37조 제2항의 위헌 여부: 헌법 제10조는 개인의 인격권과 행복추구권을 보장하고 있다. 그리고 이와 같은 기본권은 개인의 자기운명결정권을 전제로 하는 것인데 그 속에는 성적 자기결정권도 포함된다. 그리고 형법 제241조는 이것을 제한하는 규정인데 이 규정은 헌법 제37조 제2항이 규정한 기본권제한 기준에 합치되는 것이다. 즉, 성적 자기결정권에 대한 필요최소한의 제한이므로 자유와 권리의 본질적 내용을 침해하는 것이 아니다(헌재 1990.9.10. 1993.3.11.).

2. 형법 제241조에 대한 위헌법률심판: 형법 제241조, 즉, 간통죄의 위헌 여부에 관하여 이미 헌법재판소가 1990.9.10. 89헌마82 사건에서 헌법에 위반되지 아니한다고 판시하였는 바, 이를 달리 판단하여야 할 사정변경이 있다고 인정되지 아니하므로 그 결정을 그대로 유지하기로 한다(헌재 1993.3.11. 90헌가70 – 합헌).

3. 형법 제241조에 대한 헌법소원: 선량한 성도덕과 일부일처주의 혼인제도의 유지 및 가족생활의 보장을 위함이나 부부간의 성적 성실의무의 수호를 위하여, 그리고 간통으로 인하여 야기되는 배우자의 가족의 유기, 혼외 자녀 문제, 이혼 등 사회적 해악의 사전예방을 위하여 배우자 있는 자

의 간통행위를 규제하는 것은 불가피한 것이며, 그러한 행위를 한 자를 2년 이하의 징역에 처할 수 있도록 규정한 형법 제241조의 규정은 성적 자기결정권에 대한 필요 및 최소한의 제한으로서 헌법 제37조 제2항에 위반되지 않는다. 간통은 결국 현재의 상황에서는 사회의 질서를 해치고 타인의 권리를 침해하는 경우에 해당한다고 보는 우리의 법의식은 여전히 유효하다고 아니 할 수 없다. 다만 입법자로서는 첫째, 기본적으로 개인 간의 윤리적 문제에 속하는 간통죄는 세계적으로 폐지추세에 있으며, 둘째, 개인의 사생활 영역에 속하는 내밀한 성적 문제에 법이 개입함은 부적절하고, 셋째, 협박이나 위자료를 받기 위한 수단으로 악용되는 경우가 많으며, 넷째, 수사나 재판과정에서 대부분 고소취하되어 국가형벌로서의 처단기능이 약화되었을 뿐만 아니라, 다섯째, 형사정책적으로 보더라도 형벌의 억지효나 재사회화의 효과는 거의 없고, 여섯째, 가정이나 이성보호를 위한 실효성도 의문이라는 점 등 간통죄폐지론의 주장과 관련하여 우리사회의 법의식의 흐름과의 면밀한 검토를 통하여 앞으로 간통죄의 폐지여부에 대한 진지한 접근이 요구된다(헌재 2001.10.25. 2000헌마60 – 합헌).

▶ 개인의 인격권·행복추구권에는 자기운명결정권이 전제되고 자기운명결정권에는 성행위 여부 및 그 상대방을 결정할 수 있는 자기결정권이 또한 포함되어 있다.

4. 형법 제241조 위헌제청(헌재 2008.10.30. 2007헌가17)(간통죄 제4차 판례)

헌법재판소 전원재판부는 2008년 10월 30일 재판관4(합헌): 재판관4(위헌): 재판관1(헌법불합치)의 의견으로, 배우자 있는 자의 간통 및 그와의 상간을 처벌하는 형법 제241조는 과잉금지원칙에 위배하여 성적자기결정권, 사생활의 비밀과 자유를 침해하지 아니하고, 또한 그 법정형이 책임과 형벌 간 비례원칙 등에 위배하여 과중한 것으로 볼 수도 없다는 이유로 헌법에 위반되지 아니한다는 결정을 선고하였다.

비록 위헌의견이 다수이긴 하나 법률의 위헌선언에 필요한 정족수 6인에 미달하므로 합헌결정을 선고하였다.

5. 형법 제241조 위헌소원(헌재 2015.2.26. 2009헌바17)

헌법재판소는 2015년 2월 26일 재판관 7: 2의 의견으로, <u>간통 및 상간행위에 대하여 2년 이하의 징역에 처하도록 규정한 형법 제241조가 헌법에 위반</u>된다는 결정을 선고하였다.[위헌]

이에 대하여 간통행위를 처벌하는 것은 헌법에 위반되지 않는다는 재판관 이정미, 재판관 안창호의 반대의견과 재판관 이진성의 다수의견에 대한 보충의견이 있다.

ㅁ 재판관 박한철, 재판관 이진성, 재판관 김창종, 재판관 서기석, 재판관 조용호의 위헌의견 심판대상조항은 선량한 성풍속 및 일부일처제에 기초한 혼인제도를 보호하고 부부간 정조의무를 지키게 하기 위한 것으로서, 헌법상 보장되는 성적 자기결정권 및 사생활의 비밀과 자유를 제한한다.

그런데 사회 구조 및 결혼과 성에 관한 국민의 의식이 변화되고, 성적 자기결정권을 보다 중요시하는 인식이 확산됨에 따라, 간통행위에 대하여 이를 국가가 형벌로 다스리는 것이 적정한지에 대해서는 이제 더 이상 국민의 인식이 일치한다고 보기 어렵게 되었다. 또한 비록 비도덕적인 행위라 할지라도 본질적으로 개인의 사생활에 속하고 사회에 끼치는 해악이 그다지 크지 않거나 구체적 법익에 대한 명백한 침해가 없는 경우에는 국가권력이 개입해서는 안 된다는 것이 현대 형법의 추세이고, 이에 따라 전세계적으로 간통죄는 폐지되고 있다. 혼인과 가정의 유지는 당사자의 자유로운 의지와 애정에 맡겨야지, 형벌을 통하여 타율적으로 강제될 수 없는 것이다.

현재 간통행위가 처벌되는 비율, 간통행위에 대한 사회적 비난의 정도에 비추어 보아 형사정책상 일반예방 및 특별예방의 효과를 거두기는 어렵게 되었다. 부부간 정조의무 및 여성 배우자의 보호는 간통한 배우자를 상대로 한 재판상 이혼 청구(민법 제840조 제1호), 손해배상청구(민법 제843조, 제806조), 자(子)의 양육, 면접교섭권의 제한·배제 등의 결정에서의 불이익 부여(민법 제

837조, 837조의2), 재산분할청구(민법 제839조의2) 등에 의하여 보다 효과적으로 달성될 수 있다. 오히려 간통죄가 유책의 정도가 훨씬 큰 배우자의 이혼수단으로 활용되거나 일시 탈선한 가정주부 등을 공갈하는 수단으로 악용되고 있기도 하다.

이상을 종합해 보면, 심판대상조항은 그 수단의 적절성과 침해최소성을 갖추지 못하였다고 할 것이다.

그리고 위와 같이 혼인제도 및 부부간 정조의무 보호라는 공익이 더 이상 심판대상조항을 통하여 달성될 것으로 보기 어려운 반면, 심판대상조항은 국민의 성적 자기결정권 등의 기본권을 지나치게 제한하고 있으므로 법익 균형성도 상실하였다.

결국 심판대상조항은 과잉금지원칙에 위배하여 국민의 성적 자기결정권 및 사생활의 비밀과 자유를 침해하는 것으로서 헌법에 위반된다.

동성동본불혼제도

민법 제809조 제1항의 동성동본인 혈족 사이에서의 혼인금지규정은 행복추구권과 평등권 조항과 제36조 제1항에 위반하는 것이 아닌가?

이 사건 법률조항은 금혼규정으로서의 사회적 타당성 내지 합리성을 상실하고 있음과 아울러 '인간으로서의 존엄과 가치 및 행복추구권'을 규정한 헌법이념 및 규정과 '개인의 존엄과 양성의 평등'에 기초한 혼인과 가족생활의 성립·유지라는 헌법규정에 정면으로 배치된다 할 것이고, 또 그 금혼의 범위를 동성동본인 혈족, 즉 <u>남계혈족에만 한정하여 성별에 의한 차별을 하고 있는데 이를 시인할 만한 합리적인 이유를 찾아볼 수 없으므로 헌법상의 평등의 원칙에도 위반되는 것이다.</u>

제9장 국민의 기본의무

국민의 기본적 의무/국민의 기본적 의무의 내용

제1절 국민의 기본적 의무

국민의 기본적 의무는 국민이 통치권의 대상으로서의 지위에서 의무를 말하는 것으로, 국민의 기본적 의무란 헌법이 규정하고 있는 의무를 의미한다. 국민의 의무를 헌법에 명시하는 이유는 결국 국민의 자유를 보장하기 위해서이다. 국민의 의무는 1791년 프랑스혁명 헌법에서 최초로 규정되었다. 20세기의 현대적 의무는 1919년 독일의 바이마르 헌법이 최초이다. 국민의 기본적 의무는 국민의 재산과 자유권을 보장하기 위한 제도로서, 전국가적인 인간의 의무가 아니라 국민의 실정법상의 의무라는 것이 다수적인 견해이다. 국민의 의무에는 납세의무, 국방의무와 같은 고전적 의무와 교육 · 근로 · 환경보전 · 재산권행사의무 등의 현대적 의무가 포함된다.

제2절 국민의 기본적 의무의 내용

〈현대적 의무 규정〉

제23조【재산권 보장과 제한】② 재산권의 행사는 공공복리에 적합하도록 하여야 한다.

제31조【교육을 받을 권리 · 의무 등】② 모든 국민은 그 보호하는 자녀에게 적어도 초등교육과 법률이 정하는 교육을 받게 할 의무를 진다.

제32조【근로할 권리 · 의무 등】② 모든 국민은 근로의 의무를 진다. 국가는 근로의 의무의 내용과 조건을 민주주의원칙에 따라 법률로 정한다.

제35조【환경권 등】① 모든 국민은 건강하고 쾌적한 환경에서 생활할 권리를 가지며, 국가와 국민은 환경보전을 위하여 노력하여야 한다.

〈고전적 의무 규정〉

제38조【납세의 의무】모든 국민은 법률이 정하는 바에 의하여 납세의 의무를 진다.

제39조【국방의 의무】① 모든 국민은 법률이 정하는 바에 의하여 국방의 의무를 진다.

Ⅰ. 고전적인 국민의 의무

(1) 납세의 의무

헌법 제38조에 "모든 국민은 법률이 정하는 바에 의하여 납세의무를 진다"고 규정하고 있다. 납세의무는 재산권을 보장하는 소극적인 성격을 가질 뿐만 아니라 국가재정을 형성하는 적극적인 성격을 가지고 있다. 헌법 제59조의 조세법률주의의 원칙은 과세요건과 징수절차 등의 과세권 행사는 법률로써 규정되어야 한다는 것을 말한다. 이때의 법률에는 법률의 효력을 가진 명령도 포함된다고 볼 수 있다. 조세법률주의에서의 조세의 종목과 세율은 명령이나 조례에 의해서 변경할 수 없으나, 법률의 위임이 있는 경우에는 조례에 의해서도 변경이 가능하다.

(2) 국방의 의무

헌법 제39조 제1항의 국방의무는 병역의무, 방공의무, 방첩의무, 징발에 응할 의무를 들 수 있다. 국민개병의 원칙에 의해서 대한민국의 남성은 병역의무를 진다. 헌법 제39조 제2항은 "누구든지 병역의무의 이행으로 불이익한 처우를 받지 아니한다"고 규정하여 불이익처우금지를 명시하고 있다.

판례문제

1. 국방의 의무의 의미
국방의 의무라 함은 직접적인 병력형성의무만을 가리키는 것으로 좁게 볼 것이 아니라, 향토예비군설치법, 민방위기본법, 비상대비자원관리법, 병역법 등에 의한 간접적인 병력형성의무 및 병력형성 이후 군작전명령에 복종하고 협력하여야 할 의무도 포함하는 넓은 의미의 것으로 보아야 할 것이므로, 전투경찰순경으로서 대간첩작전을 수행하는 것도 위와 같이 넓은 의미의 국방의 의무를 수행하는 것으로 볼 수 있다(헌재 1995.12.28. 91헌마80).

2. 군법무관 출신의 변호사개업지 제한
병역의무의 이행으로 복무한 군법무관 출신에 대하여 변호사개업지를 차별제한하는 것이 병역의무의 이행으로 인한 불이익에 해당하는지 여부
사법연수원을 수료하고 즉시 개업하는 변호사의 경우 개업지를 선택함에 있어 아무런 제한을 받지 아니하나, 병역의무의 이행을 위하여 군법무관으로 복무한 자는 전역 후 변호사로 개업함에 있어 개업지의 제한을 받게 된다. 군법무관으로의 복무 여부가 자신의 선택에 의하여 정해지는 경우와는 달리 병역의무의 이행으로 이루어지는 경우, 이는 병역의무의 이행으로 말미암아 불이익한 처우를 받게 되는 것이라 아니할 수 없어 이의 금지를 규정한 헌법 제39조 제2항에 위반된다(헌재 1989.11.20. 89헌가102).

---

3. 동원예비군의 무단이탈

동원훈련소집되어 실역에 복무 중인 예비군의 무단이탈행위에 대하여 군형법을 적용하여 처벌하는 것이 병역의무의 이행으로 인한 불이익에 해당하는지 여부

병역의무이행의 일환으로 병역의무이행 '중'에 입는 불이익은 '병역의무의 이행으로 인한' 불이익에 해당하지 않는다. 예비군이 소집되어 실역에 복무하는 동안 군형법의 적용을 받는 것은 국방의 의무를 이행하는 중에 범한 군사상의 범죄에 대하여 형벌이라는 제재를 받는 것이므로 헌법 제39조 제1항에 규정된 국방의 의무를 이행하느라 입는 불이익이라고 할 수는 있을지언정, 이를 가리켜 병역의무의 이행으로 불이익한 처우를 받는 것이라고는 할 수 없다. 그러므로 군형법 제1조 제3항 제3호는 헌법 제39조 제2항에도 위반되지 않는다(헌재 1999.2.25. 97헌바3).

4. 공무원채용시험에서의 제대군인가산점

제대군인이 공무원채용시험 등에 응시한 때에 가산점을 부여하는 제대군인가산점제도가 헌법 제39조 제2항에 근거한 제도인지 여부

헌법 제39조 제2항은 병역의무를 이행한 사람에게 보상조치를 취하거나 특혜를 부여할 의무를 국가에게 지우는 것이 아니라, 법문 그대로 병역의무의 이행을 이유로 불이익한 처우를 하는 것을 금지하고 있을 뿐이다. 그리고 이 조항에서 금지하는 '불이익한 처우'라 함은 단순한 사실상 · 경제상의 불이익을 모두 포함하는 것이 아니라 법적인 불이익을 의미하는 것으로 보아야 한다. … 그런데 가산점제도는 이러한 헌법 제39조 제2항의 범위를 넘어 제대군인에게 일종의 적극적 보상조치를 취하는 제도라고 할 것이므로 이를 헌법 제39조 제2항에 근거한 제도라고 할 수 없다(헌재 1999.12.23. 98헌마363).

5. 병역법 제35조 제2항 등 위헌제청(헌재 2010.7.29. 2008헌가28)

헌법재판소는 2010년 7월 29일 재판관(8인) 전원의 의견으로 구 병역법(1999.2.5. 법률 제5757호로 개정되고, 2009.6.9. 법률 제9754호로 개정되기 전의 것) 제35조 제3항 중 "제1항 제6호에 해당하여 제2항의 규정에 의하여 공중보건의사의 편입이 취소된 사람은 편입되기 전의 신분으로 복귀하여 현역병으로 입영하게 하거나 공익근무요원으로 소집하여야 한다"는 부분 및 병역법(2009.6.9. 법률 제9754호로 개정된 것) 제35조 제3항 중 "제1항 제6호에 해당하여 제2항에 따라 공중보건의사로의 편입이 취소된 사람은 편입되기 전의 신분으로 복귀하여 현역병으로 입영하게 하거나 공익근무요원으로 소집하여야 한다."는 부분에 대하여 헌법에 합치되지 아니한다는 결정을 선고하였다.

Ⅱ. 현대적 의무

(1) 교육의무

헌법 제31조 제2항에 의해서 "모든 국민은 보호하는 자녀에게 적어도 초등교육과 법률이 정하는 교육을 받게 할 의무를 진다."라고 규정하고 있고, 현행 교육기본법 제8조는 6년의 초등교육과 3년의 중등교육을 합하여 9년의 의무교육을 명시하고 있다. 단, 3년의 중등교육에 대해서는 대통령령이 정하는 바에 의하여 순차

적으로 실시한다고 규정하고 있다.

(2) 근로의무

헌법 제32조 제2항에 의해서 모든 국민은 근로의 의무를 진다. 국가는 근로의무의 내용과 조건을 민주주의원칙에 따라 법률로 정한다고 규정하고 있다. 근로의무는 소극적인 성격을 가지는 것으로, 생활권 보장을 위한 윤리적 의무이다.

(3) 환경보전의무

헌법 제35조 제1항에 의해서 "국민은 환경보전을 위하여 노력해야 한다"라고 규정하고 있다. 환경보전의무는 국민의 의무인 동시에 국가의 의무이기도 하다.

(4) 재산권 행사의 의무

재산권의 행사는 공공복리에 적합하게 행사하여야 한다. 재산권행사의 의무는 재산권의 사회적 구속성에 기초한 것으로, 권리 내재적 제약의 성격을 가진다.

보충 내용

[헌법재판소]
제1장 헌법재판제도[헌법재판소]

제1절 헌법재판제도 개관

제1강 헌법재판의 의의

　협의의 헌법재판이라 함은 사법적 국방부 직할부대 및 기관이 법률의 위헌 여부를 심사하고, 그 법률이 헌법에 위반되는 것으로 판단하는 경우에, 그 효력을 상실하게 하든가 그 적용을 거부하는 제도를 말한다. 이에 대하여 광의의 헌법재판이라 함은 헌법에 관한 쟁의나 헌법에 대한 침해를 헌법규범을 준거로 하여 사법적 절차에 따라 해결하는 작용으로서, 위헌법률심사뿐만 아니라 명령규칙심사 · 정당해산심판 · 탄핵심판 · 권한쟁의심판 · 헌법소원심판 · 선거소송심판 등을 총칭한다.

제2강 헌법재판의 기능

　입헌민주국가에 있어서 헌법재판제도는 긍정적인 측면과 부정적인 측면을 함께 가지고 있다. 헌법재판의 긍정적 기능으로는 민주주의이념 구현의 기능, 헌법질서 수호의 기능, 기본권 보장의 기능, 소수자보호의 기능, 정치적 평화유지의 기능이 있다. 한편 부정적 측면으로는 사법부의 정치기관화를 초래하고, 보수적인 사법부로 말미암아 사회발전이 지연될 수 있다는 점이 그것이다.

제3강 헌법재판소의 구성

　헌법재판소는 법관의 자격을 가진 9인의 재판관으로 구성되며, 재판관은 대통령이 임명한다. 이 중 3인은 국회에서 선출하는 자를, 3인은 대법원장이 지명하는 자를 임명한다. 헌법재판소장은 대통령이 국회의 동의를 얻어 재판관 중에서 임명한다. 헌법재판소를 대통령 · 국회 · 대법원장이 합동으로 구성하게 하는 것은 그 관할사항이 정치적 성격을 띠고 있기 때문에, 정치적 중립성을 유지하도록 하기 위한 것이지만, 헌법재판소가 수행하는 헌법수호기관으로서의 역할을 엄정하고 공정하게 수행할 수 있도록 하기 위한 것이기도 하다.

제2절 헌법재판의 유형

제1강 위헌법률심판

1. 위헌법률심판의 의의와 성질

위헌법률심판이라 함은 헌법재판소가 국회가 의결한 법률이 헌법에 위반되는가의 여부를 심사하고, 그 법률이 헌법에 위반되는 것으로 인정하는 경우에, 그 효력을 상실하게 하는 제도를 말한다.

현행헌법에 있어서 위헌법률심판은 사후교정적 위헌심사이며, 특히 구체적 규범통제로서의 성격을 가지는 것이다. 그러나 위헌으로 결정된 법률 또는 법률조항은 일반적으로 효력을 상실하여 그 법률이 폐지된 것과 동일한 효과를 낳게 하고 있다.

2. 위헌법률심판의 요건

위헌법률심판은 법률이 헌법에 위반되는 여부가 재판의 전제가 된 경우에, 당해 사건을 심리하는 법원의 제청에 따라, 헌법재판소가 그 법률의 위헌 여부를 심판하는 구체적 규범통제제도이다. 그러므로 헌법재판소가 법률 또는 법률조항에 대한 위헌여부의 심판을 하려면, 재판의 전제성과 법원의 제청이라는 요건이 구비되어야 한다.

3. 위헌법률심판의 대상

위헌법률심판에서 심판의 대상이 되는 법률은 형식적 의미의 법률은 물론이고 그와 동일한 효력을 가지는 법규범까지 모두 포함한다. 따라서 긴급명령과 긴급재정경제명령은 물론이고 조약도 위헌법률심판의 대상에 포함된다.

4. 위헌법률심판의 기준

위헌법률심판은 법률이 헌법에 위반되는 여부를 심판하는 것이므로, 심판의 기준은 헌법이어야 한다. 이때의 헌법에는 형식적 의미의 헌법뿐만 아니라, 실질적 의미의 헌법에 해당하는 헌법적 관습까지 포함된다. 따라서 헌법적 관례나 관행도 위헌심판에서 심판의 기준이 된다.

5. 위헌법률심판의 결정

헌법재판소가 법률에 대한 위헌결정(한정합헌결정·한정위헌결정·헌법불합치결정·단순위헌결정)을 하려면, 9인의 재판관 중 6인 이상의 찬성이 있어야 한다. 그 밖의 경우에는 재판관 과반수의 찬성으로써 결정한다.

가. 합헌결정

(1) 단순합헌결정

헌법재판소가 법률의 위헌 여부를 심리한 결과 5인 이상의 재판관이 합헌이라고 판단하는 경우에 관하여, 헌법재판소법은 명백한 규정을 두고 있지 아니하다. 독일은 이런 경우에 "기본법에 합치한다"는 선언을 하고, 오스트리아는 제청신청을 기각하는 선고를 한다. 우리 헌법재판소는 "법률은 헌법에 위반되지 아니한다."라는 주문형식을 채택하고 있다.

(2) 위헌불선언결정

위헌불선언결정은 재판관 5인이 위헌의견을 제시하고 4인이 합헌의견을 제시한 경우에, 위헌의견이 다수임에도 위헌결정정족수(재판관6인 이상) 미달로 위헌선언을 할 수 없기 때문에, 우리 헌법재판소가 채택한 바 있는 독특한 결정형식이다. 1996년 이후에는 위헌불선언결정의 형식을 택하지 아니하고 단순합헌결정의 형식을 택하고 있다.

나. 위헌결정

(1) 단순위헌결정

헌법재판소가 위헌법률심판의 대상이 된 법률에 대하여 위헌성을 확인하게 되면 원칙적으로 위헌결정을 하고, 당해 법률은 효력을 상실하게 된다.

(2) 일부위헌결정

위헌결정에는 법률 전체에 대한 위헌선언 이외에 그 일부에 대한 위헌선언도 포함된다. 일부위헌의 대상은 독립된 법조문일 수도 있고, 법조문 중 특정의 항일 수도 있으며, 일정한 문장 혹은 그 일부분일 수도 있다.

다. 변형결정

(1) 헌법불합치결정

헌법불합치결정이라 함은 법률의 실질적 위헌성을 인정하면서도 입법자의 입법 형성의 자유를 존중하고 법의 공백과 혼란을 피하기 위하여 일정기간까지는 당해 법률이 잠정적인 계속효를 가진다는 것을 인정하는 결정형식이다.

(2) 한정합헌결정

한정합헌결정이라 함은 해석 여하에 따라서는 위헌이 되는 부분을 포함하고 있는 법령의 의미를, 헌법의 정신에 합치되도록 한정적으로 축소해석하여 위헌판단을 회피하는 결정형식이다. 헌법재판소는 한정합헌결정도 위헌결정의 범주에 드는 것이므로 재판관 6인 이상의 찬성을 요한다고 한다.

(3) 한정위헌결정

한정위헌결정이라 함은 불확정개념이거나 다의적인 해석가능성이 있는 조문에 대하여 헌법과 조화를 이룰 수 없는 확대해석은 헌법에 위반되어 채택할 수 없다는 뜻의 결정을 말한다. 한정위헌결정도 위헌결정의 범주에 드는 것이므로 재판관 6인 이상의 찬성을 요한다.

6. 위헌결정의 효력

가. 위헌결정의 기속력

위헌결정의 기속력은 대법원을 비롯한 각급법원과 국가기관·지방자치단체에 대해 미칠 뿐만 아니라, 불가변력이 있어 헌법재판소도 이를 스스로 취소·변경할 수 없다.

나. 일반적 효력의 부인

현행헌법의 위헌법률심사제는 구체적 규범통제이므로, 위헌결정이 있는 경우 당해 사건에 한하여 단지 그 적용이 배제되는 개별적 효력의 부인이라야 한다. 하지만 헌법재판소법은 위헌으로 결정된 법률 또는 법률조항은 그 효력을 상실한다라고 하여 일반적 효력까지 부인하고 있다. 이와 같이 구체적 규범통제이면서 위헌결정이 내려진 법률 또는 법률조항의 효력을 절대적으로 상실시키는 제도를 객관적 규범통제라고도 한다.

다. 위헌결정의 효력발생시기

위헌결정의 효력발생시기에 관한 입법례로는, 위헌결정에 소급효를 인정하면서 부분적으로 이를 제한하는 예(소급무효설의 입장), 장래효를 인정하면서 부분적으로 소급효를 인정하는 예(폐지무효설의 입장), 소급효를 인정할 것인가 장래효를 인정할 것인가를 사건별로 결정하는 예(선택적 무효설의 입장)가 있다. 결국 위헌결정의 효력발생시기에 관한 문제는 논리에 충실할 것인가 법률생활의 안정을 존중할 것인가라는 헌법정책 내지 입법정책의 문제라고 할 수 있다. 헌법재판소법 제47조 제2항은 「위헌으로 결정된 법률 또는 법률의 조항은 그 결정이 있는 날로부터 효력을 상실한다. 다만 형벌에 관한 법률조항은 소급하여 그 효력을 상실한다」라고 규정하고 있다. 이것은 장래효를 인정하면서 부분적으로 소급효를 인정하는 유형에 해당한다. 그리고 헌법재판소법은 위헌법률에 근거한 유죄의 확정판결에 대하여는 재심을 청구할 수 있게 하고 있다.

제2강 헌법소원심판

Ⅰ. 헌법소원의 의의

헌법소원제도라 함은 공권력의 행사 또는 불행사로 말미암아 헌법상 보장된 기본권이 직접 그리고 현실적으로 침해당한 자가 헌법재판기관에 당해 공권력의 위헌 여부의 심사를 청구하여 기본권을 구제받는 제도를 말한다.

헌법소원제도는 개인의 주관적 기본권을 보장한다는 기본권보장기능과 위헌적인 공권력행사를 통제함으로써 객관적인 헌법질서를 수호한다는 헌법보장기능을 수행한다. 이것을 헌법소원제도의 이중적 기능이라 한다.

Ⅱ. 헌법소원의 종류

1. 권리구제형 헌법소원

권리구제형 헌법소원이라 함은 공권력의 행사 또는 불행사로 말미암아 헌법상 보장된 기본권을 침해당한 자가 청구하는 헌법소원을 말한다(헌재법 제68조 제1항). 이것이 본래의 헌법소원이다. 권리구제형 헌법소원은 그 대상에 따라 입법작용에 대한 헌법소원·집행작용에 대한 헌법소원·사법작용에 대한 헌법소원 등으로 나누어진다.

2. 위헌심사형 헌법소원

위헌심사형 헌법소원이라 함은 위헌법률심판의 제청신청이 법원에 의하여 기각된 경우에 제청신청을 한 당사자가 청구하는 헌법소원을 말한다(헌재법 제68조 제2항). 이를 위헌제청형 헌법소원 또는 규범통제형 헌법소원 또는 위헌소원이라고도 한다. 독일에서는 위헌심판제청을 신청한 경우에, 법원이 제청신청을 기각하면 독립하여 이를 다투지 못하고, 항소나 상고를 통해 당해 기각결정을 시정받거나, 상고심판결에 대한 헌법소원을 통하여 법률의 위헌 여부를 다툴 수 있을 뿐이다. 그러나 우리 헌법재판소법은 제68조 제2항에서 위헌심판제청신청이 기각당한 경우에 바로 헌법소원을 청구할 수 있도록 함으로써, 제1심 단계에서부터 재판의 전제가 된 법률의 위헌 여부의 심판을 받을 수 있도록 하는 독특한 제도를 채택하고 있다.

헌법재판소법 제68조 제2항에 의한 위헌심사형 헌법소원의 성격 여부에 관해서는 견해가 갈리고 있다. 위헌재판심사설은 법원의 재판에 대해서는 원칙적으로 헌법소원이 인정되지 않으나, 위헌심판제청신청에 대한 법원의 기각 결정에 대해서는 예외적으로 헌법소원을 허용함으로써 위헌재판심사를 인정한 것이 바로 위헌심사형 헌법소원이라고 한다. 이에 대하여 위헌법률심사설은 법률의 위헌심판제청신청이 기각된 경우에는, 헌법소원의 전제요건인 침해된 기본권이 없으므로, 위헌심사형 헌법소원은 그 본질상 위헌법률심판에 해당하는 것이라고 한다. 헌법재판소는 위헌법률심사설 입장에 있다.

Ⅲ. 헌법소원심판의 청구

권리구제형 헌법소원심판을 청구할 수 있는 자는 공권력의 행사 또는 불행사로 말미암아 헌법상 보장된 자신의 기본권이 침해되었다고 주장하는 모든 국민이다. 이 때의 국민 중에는 자연인만이 아니라 법인(국내사법인)도 포함되며, 권리능력 없는 사단도 일정한 범위안에서 헌법소원심판을 청구할 수 있다. 국민의 기본권을 보호 내지 실현할 책임과 의무를 지는 국가기관이나 그 일부 또는 공무원은 헌법소원을 청구할 수 없다. 이에 대하여 위헌심사형 헌법소원심판을 청구할 수 있는 자는 위헌제청신청을 한 당사자이다.

Ⅳ. 헌법소원심판청구의 실질적 요건(청구원인·청구대상·당사자적격성)

헌법재판소법 제68조 제1항의 규정에 의한 권리구제형 헌법소원심판을 청구하기 위한 실질적 요건은 다음과 같다. 공권력의 행사 또는 불행사가 존재할 것(공권력의 존재), 공권력의 행사 또는 불행사로 말미암아 헌법상 보장된 자신의 기본권이 직접적이고 현실적으로 침해되었을 것(당사자적격성: 자기관련성, 직접성, 현재성), 다른 법률에 구제절차가 있는 경우에는 그 절차를 모두 마친 후일 것(보충성의 원칙), 권리보호의 필요성이 있을 것(권리보호의 이익) 등이다.

그리고 헌법재판소법 제68조 제2항의 규정에 의한 위헌심사형 헌법소원(위헌소원)심판을 청구하기 위해서는 문제된 법률의 위헌여부가 재판의 전제가 되어야 하고(재판의 전제성), 법원이 청구인의 위헌제청신청을 기각한 경우(제청신청의 기각)라야 한다.

아래에서는 권리구제형 헌법소원의 경우를 중심으로 하여 그 실질적 요건을 살펴보기로 한다.

1. 공권력의 행사·불행사

헌법소원심판은 원칙적으로 헌법에 위반하는 모든 공권력의 행사 또는 불행사를 대상으로 하여 청구할 수 있다. 모든 공권력의 행사 또는 불행사라 함은 입법권·집행권·사법권을 행사하는 모든 국가기관의 적극적인 장위행위와 소극적인 부작위행위를 총칭한다.

2. 기본권의 침해

헌법소원심판청구는 헌법상 보장된 기본권이 침해되었음을 요건으로 하지만, 그 침해는 심판청구인 자신의 기본권이 직접 그리고 현재 침해된 경우라야 한다. 다시 말하면 헌법소원은 기본권의 직접적인 피해자에게만 허용되므로, 누구에게나 심판청구가 허용되는 민중소송은 현행헌법소원제도상 인정되지 아니한다. 요컨대 헌법소원심판을 청구할 수 있으려면, 기본권의 침해가 자기와 관련이 있을 것(자기관련성)·직접적일 것(직접성)·현실적일 것(현재성) 등의 요건을 갖추어야 한다.

3. 보충성의 원칙

헌법소원의 보충성이라 함은 기본권침해를 제거할 수 있는 다른 수단이 없거나 헌법재판소에 제소하지 아니하고도 동일한 결과를 얻을 수 있는 법적 절차나 방법이 달리 없을 때에 한하여, 예외적으로 인정되는 최후적 기본권보장수단성을 말한다. 헌법재판소법 제68조 제1항 단서는 「다른 법률에 구제절차가 있는 경우에는 그 절차를 모두 거친 후가 아니면」 헌법소원심판을 청구할 수 없다라고 하여 보충성의 원칙을 규정하고 있다. 「다른 법률에 의한 구제절차」라 함은 공권력의 행사 또는 불행사를 직접 대상으로 하여 그 효력을 다툴 수 있는 적법한 권리구제절차를 의미하는 것이지, 공권력의 행사 또는 불행사의 결과 생긴 효과를 원상복귀시키거나, 사후적 · 보충적 구제수단인 손해배상청구나 손실보상청구를 의미하는 것은 아니다.

4. 권리보호의 이익(소의 이익 · 심판청구의 이익)

헌법소원은 국민의 침해된 기본권을 구제하는 제도이므로, 그 제도의 목적상 당연히 권리보호의 이익이 있는 경우라야 제기할 수 있다. 따라서 심판청구 당시 권리보호의 이익이 인정되더라도, 심판계속 중에 생긴 사정변경, 즉 사실관계 또는 법령제도의 변동으로 말미암아 권리보호의 이익이 소멸 또는 제거된 경우에는, 원칙적으로 심판청구는 부적법하게 된다. 다만 그와 같은 경우에도 그러한 기본권침해행위가 반복될 위험이 있거나, 그러한 분쟁의 해결이 헌법질서의 수호유지를 위하여 긴요한 사항이어서 헌법적으로 그 해명이 중대한 의미를 지니고 있는 경우에는, 예외적으로 심판청구의 이익이 있다고 볼 수 있다.

V. 헌법소원의 심판

1. 지정재판부의 사전심사

헌법재판소법은 헌법소원의 남소로 인한 헌법재판소의 업무량과다를 조절하기 위한 장치로서 공탁금납부명령제와 지정재판부에 의한 사전심사제를 규정하고 있다. 헌법재판소장은 재판관 3인으로 구성되는 지정재판부를 두어 헌법소원심판의 사전심사를 담당하게 할 수 있다.

2. 전원재판부의 심판

지정재판부가 헌법소원을 재판부의 심판에 회부하는 결정을 한 때에는 전원재판부가 이를 심판한다. 헌법소원심판은 서면심리에 의하되, 재판부가 필요하다고 하는 경우에는 변론을 열어 당사자·이해관계인 기타 참고인의 진술을 들을 수 있다.

VI. 헌법소원의 종국결정

위헌심사형 헌법소원심판의 경우에 인용결정(위헌결정)이 있으면 "당해 헌법소원과 관련된 소송사건이 이미 확정된 때에는 당사자가 재심을 청구할 수 있다."는 점을 제외하고는, 그 결정형식은 위헌법률심판사건의 그것(합헌결정·위헌결정·변형결정 등)과 다를 것이 없다.

아래에서는 본래의 헌법소원인 권리구제형 헌법소원심판의 종국결정형식만을 살펴보기로 한다.

1. 각하결정

각하결정은 헌법소원심판청구의 요건이 부적법한 경우에 내리는 결정형식이다.

2. 기각결정

기각결정은 헌법소원심판청구가 '이유 없는' 경우, 다시 말하면 공권력의 행사 또는 불행사로 말미암아 헌법상 보장된 자신의 기본권이 직접 그리고 현재 침해되었음이 인정되지 아니하여, 청구인의 주장을 배척하는 경우에 하게 되는 결정형식이다.

3. 인용결정

인용결정은 공권력의 행사 또는 불행사로 말미암아 청구인의 헌법상 보장된 기본권이 침해되었음을 인정하는 결정형식이다. 헌법재판소법 제75조에 따라 헌법재판소는 기본권침해의 원인이 된 공권력의 행사를 취소하거나 그 불행사가 위헌임을 확인할 수 있다.

제3강 탄핵심판

Ⅰ. 탄핵제도의 의의

탄핵제도라 함은 일반사법절차에 따라 소추하거나 징계절차로써 징계하기가 곤란한 고위직행정공무원이나 법관 등 신분이 보장된 공무원이 직무상 중대한 비위를 범한 경우에, 이들을 의회가 소추하여 처벌하거나 파면하는 제도를 말한다. 현행헌법에서의 탄핵제도는 형사처벌적 성질의 것이 아니고, 미국·독일 등과 마찬가지로 징계적 처벌의 성질을 가지는 것이다.

Ⅱ. 국회의 탄핵소추권

탄핵을 소추할 수 있는 기관은 국가에 따라 동일하지 아니하나 대체로 의회를 소추기관으로 하고 있다. 현행헌법은 "국회는 탄핵의 소추를 의결할 수 있다."라고 하여, 국회를 탄핵소추기관으로 하고 있다.

1. 탄핵소추의 대상자

헌법은 탄핵소추대상자로서 대통령·국무총리·국무위원·행정각부의 장, 헌법재판소 재판관·법관, 중앙선거관리위원회 위원·감사원장·감사위원, 기타 법률이 정한 공무원을 들고 있다.

2. 탄핵소추의 사유

헌법은 '직무집행에 있어서 헌법이나 법률에 위배된 때'라고 하여 탄핵소추의 사유를 포괄적으로 규정하고 있다.

Ⅲ. 헌법재판소에 의한 탄핵심판

탄핵심판은 실질적 의미에서 사법작용에 해당하므로, 공정하고 중립성이 보장된 기관으로 하여금 담당하게 해야 한다. 현행헌법은 헌법재판소로 하여금 탄핵심판을 담당하게 하고 있다. 그것은 탄핵심판이 헌법수호의 기능까지 아울러 가지고 있는 까닭에, 중립적 입장에서 공정한 심판을 할 수 있는 헌법재판소의 관할로 한 것이다.

1. 탄핵의 결정

탄핵심판사건은 헌법재판소의 재판관 전원(9인)으로 구성된 전원재판부에서 관장한다. 재판장은 헌법재판소장이 된다. 재판부는 재판관 7인 이상의 출석으로 사건을 심리하고, 탄핵의 결정을 할 때에는 재판관 6인 이상의 찬성이 있어야 한다.

2. 탄핵결정의 효과

탄핵결정은 공직자를 공직으로부터 파면함에 그친다. 그러나 탄핵의 결정으로 민사상의 책임이나 형사상의 책임이 면제되는 것은 아니다. 탄핵의 결정은 징계적 처벌이므로 탄핵결정과 민·형사재판간에는 일사부재리의 원칙이 적용되지 아니한다.

제4강 정당해산심판

Ⅰ. 정당해산의 제소

정부는 정당의 목적이나 활동이 민주적 기본질서에 위배될 때에는 국무회의의 심의를 거쳐 헌법재판소에 해산을 제소할 수 있다. 정부에 대하여 정당해산제소권을 부여하고 있는 결과, 정당에 대한 위헌 여부의 제1차적 판단은 정부의 권한이다.

Ⅱ. 정당해산의 심판

정당해산심판은 헌법재판소장을 재판장으로 하고, 7인 이상의 재판관이 출석한 재판부에서 심판한다. 그 심판절차는 구두변론주의와 공개주의를 원칙으로 한다. 헌법재판소는 정당해산심판의 청구가 있는 경우에, 청구인의 신청이나 직권으로 종국결정의 선고시까지 피청구인의 활동을 정지하는 결정(가처분결정)을 할 수 있다.

Ⅲ. 정당해산의 결정

헌법재판소는 9인의 재판관 중 6인 이상의 찬성으로써 정당의 해산을 명하는 결정을 할 수 있다. 헌법재판소의 정당해산결정은 각급법원은 물론이고 모든 국가기관을 기속한다.

Ⅳ. 정당해산결정의 집행

헌법재판소가 정당의 해산을 명하는 결정을 한 때에는 결정서를 피청구인과 국회·정부 및 중앙선거관리위원회에 송달하여야 한다. 정당해산결정은 중앙선거관리위원회가 정당법의 규정에 따라 집행한다.

Ⅴ. 정당해산결정의 효과

헌법재판소가 해산결정을 선고하면 그때부터 그 정당은 위헌정당이 되기 때문에 정당의 특권을 상실한다. 첫째, 정당의 대표자와 간부는 해산된 정당의 강령 또는 기본정책과 동일하거나 그와 유사한 대체정당을 창설하지 못한다. 둘째, 해산된 정당의 잔여재산 중 적극재산은 국고에 귀속된다. 셋째, 소속의원의 자격에 대하여는 규정이 없어 학설이 대립하고 있다. 현대국가들이 정당국가로 발전하고 있는 추세에 비추어 보거나 방어적 민주주의의 관점에서 볼 때, 의원자격을 상실하는 것으로 보는 것이 다수설 입장이다. 넷째, 해산된 정당의 명칭과 동일한 명칭은 정당의 명칭으로 다시 사용하지 못한다.

제5강 권한쟁의심판

Ⅰ. 권한쟁의심판의 의의

권한쟁의라 함은 국가기관 또는 지방자치단체 등 간에 권한의 존부나 범위에 관하여 적극적 또는 소극적 분쟁이 발생한 경우에, 독립적 지위를 가진 제3의 기관이 그 권한의 존부·내용·범위 등을 명백히 함으로써 기관 간의 분쟁을 해결하는 제도를 말한다.

Ⅱ. 권한쟁의의 심판

1. 권한쟁의심판의 청구사유

기관 간에 권한의 존부나 범위에 관하여 다툼이 있으면, 국가기관이나 지방자치단체는 헌법재판소에 권한쟁의심판을 청구할 수 있다. 심판청구는 피청구인의 처분 또는 부작위가 헌법이나 법률에 의하여 부여받은 청구인의 권한을 침해하였거나 침해할 현저한 위험이 있는 때에 한하여 할 수 있다.

2. 권한쟁의심판의 심리

권한쟁의의 심판은 구두변론에 의하며, 심판의 변론과 결정의 선고는 공개한다. 다만 서면심리와 평의는 공개하지 아니한다. 그리고 헌법재판소가 권한쟁의심판의 청구를 받은 때에는 직권 또는 청구인의 신청에 의하여 종국결정의 선고시까지 심판대상이 된 피청구인의 처분의 효력을 정지하는 결정(가처분결정)을 할 수 있다.

Ⅲ. 권한쟁의심판의 결정

1. 결정정족수

권한쟁의의 결정은 재판관 7인 이상이 참석하고, 참석재판관 중 과반수의 찬성으로써 한다.

2. 결정의 내용

헌법재판소는 심판의 대상이 된 국가기관 또는 지방자치단체의 권한의 존부 또는 범위에 관하여 판단한다. 피청구인의 처분이나 부작위가 청구인의 권한을 침해한 때에는 이를 취소하거나 무효를 확인할 수 있다.

3. 결정의 효력

헌법재판소의 권한쟁의심판의 결정은 모든 국가기관과 지방자치단체를 기속한다. 헌법재판소가 부작위에 대한 심판청구를 인용하는 결정을 한 때에는 피청구인은 결정취지에 따른 처분을 해야 한다. 국가기관 또는 지방자치단체의 처분을 취소하는 결정은 그 처분의 상대방에 대하여 이미 발생한 효력에는 영향을 미치지 아니한다.

부록

대한민국헌법

[시행 1988.2.25] [헌법 제10호, 1987.10.29, 전부개정]

전 문

유구한 역사와 전통에 빛나는 우리 대한국민은 3·1운동으로 건립된 대한민국임시정부의 법통과 불의에 항거한 4·19민주이념을 계승하고, 조국의 민주개혁과 평화적 통일의 사명에 입각하여 정의·인도와 동포애로써 민족의 단결을 공고히 하고, 모든 사회적 폐습과 불의를 타파하며, 자율과 조화를 바탕으로 자유민주적 기본질서를 더욱 확고히 하여 정치·경제·사회·문화의 모든 영역에 있어서 각인의 기회를 균등히 하고, 능력을 최고도로 발휘하게 하며, 자유와 권리에 따르는 책임과 의무를 완수하게 하여, 안으로는 국민생활의 균등한 향상을 기하고 밖으로는 항구적인 세계평화와 인류공영에 이바지함으로써 우리들과 우리들의 자손의 안전과 자유와 행복을 영원히 확보할 것을 다짐하면서 1948년 7월 12일에 제정되고 8차에 걸쳐 개정된 헌법을 이제 국회의 의결을 거쳐 국민투표에 의하여 개정한다.

제1장 총 강

제1조 ① 대한민국은 민주공화국이다.

② 대한민국의 주권은 국민에게 있고, 모든 권력은 국민으로부터 나온다.

제2조 ① 대한민국의 국민이 되는 요건은 법률로 정한다.

② 국가는 법률이 정하는 바에 의하여 재외국민을 보호할 의무를 진다.

제3조 대한민국의 영토는 한반도와 그 부속도서로 한다.

제4조 대한민국은 통일을 지향하며, 자유민주적 기본질서에 입각한 평화적 통일 정책을 수립하고 이를 추진한다.

제5조 ① 대한민국은 국제평화의 유지에 노력하고 침략적 전쟁을 부인한다.

② 국군은 국가의 안전보장과 국토방위의 신성한 의무를 수행함을 사명으로 하며, 그 정치적 중립성은 준수된다.

제6조 ① 헌법에 의하여 체결·공포된 조약과 일반적으로 승인된 국제법규는 국내법과 같은 효력을 가진다.

② 외국인은 국제법과 조약이 정하는 바에 의하여 그 지위가 보장된다.

제7조 ① 공무원은 국민전체에 대한 봉사자이며, 국민에 대하여 책임을 진다.

② 공무원의 신분과 정치적 중립성은 법률이 정하는 바에 의하여 보장된다.

제8조 ① 정당의 설립은 자유이며, 복수정당제는 보장된다.

② 정당은 그 목적·조직과 활동이 민주적이어야 하며, 국민의 정치적 의사형성에 참여하는데 필요한 조직을 가져야 한다.

③ 정당은 법률이 정하는 바에 의하여 국가의 보호를 받으며, 국가는 법률이 정하

는 바에 의하여 정당운영에 필요한 자금을 보조할 수 있다.

④ 정당의 목적이나 활동이 민주적 기본질서에 위배될 때에는 정부는 헌법재판소에 그 해산을 제소할 수 있고, 정당은 헌법재판소의 심판에 의하여 해산된다.

제9조 국가는 전통문화의 계승·발전과 민족문화의 창달에 노력하여야 한다.

제2장 국민의 권리와 의무

제10조 모든 국민은 인간으로서의 존엄과 가치를 가지며, 행복을 추구할 권리를 가진다. 국가는 개인이 가지는 불가침의 기본적 인권을 확인하고 이를 보장할 의무를 진다.

제11조 ① 모든 국민은 법 앞에 평등하다. 누구든지 성별·종교 또는 사회적 신분에 의하여 정치적·경제적·사회적·문화적 생활의 모든 영역에 있어서 차별을 받지 아니한다.

② 사회적 특수계급의 제도는 인정되지 아니하며, 어떠한 형태로도 이를 창설할 수 없다.

③ 훈장 등의 영전은 이를 받은 자에게만 효력이 있고, 어떠한 특권도 이에 따르지 아니한다.

제12조 ① 모든 국민은 신체의 자유를 가진다. 누구든지 법률에 의하지 아니하고는 체포·구속·압수·수색 또는 심문을 받지 아니하며, 법률과 적법한 절차에 의하지 아니하고는 처벌·보안처분 또는 강제노역을 받지 아니한다.

② 모든 국민은 고문을 받지 아니하며, 형사상 자기에게 불리한 진술을 강요당하지 아니한다.

③ 체포·구속·압수 또는 수색을 할 때에는 적법한 절차에 따라 검사의 신청에 의하여 법관이 발부한 영장을 제시하여야 한다. 다만, 현행범인인 경우와 장기 3년 이상의 형에 해당하는 죄를 범하고 도피 또는 증거인멸의 염려가 있을 때에는 사후에 영장을 청구할 수 있다.

④ 누구든지 체포 또는 구속을 당한 때에는 즉시 변호인의 조력을 받을 권리를 가진다. 다만, 형사피고인이 스스로 변호인을 구할 수 없을 때에는 법률이 정하는 바에 의하여 국가가 변호인을 붙인다.

⑤ 누구든지 체포 또는 구속의 이유와 변호인의 조력을 받을 권리가 있음을 고지받지 아니하고는 체포 또는 구속을 당하지 아니한다. 체포 또는 구속을 당한 자의 가족 등 법률이 정하는 자에게는 그 이유와 일시·장소가 지체 없이 통지되어야 한다.

⑥ 누구든지 체포 또는 구속을 당한 때에는 적부의 심사를 법원에 청구할 권리를 가진다.

⑦ 피고인의 자백이 고문·폭행·협박·구속의 부당한 장기화 또는 기망 기타의 방법에 의하여 자의로 진술된 것이 아니라고 인정될 때 또는 정식재판에 있어서 피고인의 자백이 그에게 불리한 유일한 증거일 때에는 이를 유죄의 증거로 삼거나 이를 이유로 처벌할 수 없다.

제13조 ① 모든 국민은 행위시의 법률에 의하여 범죄를 구성하지 아니하는 행위로 소추되지 아니하며, 동일한 범죄에 대하여 거듭 처벌받지 아니한다.

② 모든 국민은 소급입법에 의하여 참정권

의 제한을 받거나 재산권을 박탈당하지
아니한다.

③ 모든 국민은 자기의 행위가 아닌 친족의
행위로 인하여 불이익한 처우를 받지 아
니한다.

제14조 모든 국민은 거주·이전의 자유를
가진다.

제15조 모든 국민은 직업선택의 자유를 가
진다.

제16조 모든 국민은 주거의 자유를 침해받
지 아니한다. 주거에 대한 압수나 수색
을 할 때에는 검사의 신청에 의하여 법
관이 발부한 영장을 제시하여야 한다.

제17조 모든 국민은 사생활의 비밀과 자유
를 침해받지 아니한다.

제18조 모든 국민은 통신의 비밀을 침해받
지 아니한다.

제19조 모든 국민은 양심의 자유를 가진다.

제20조 ① 모든 국민은 종교의 자유를 가진다.

② 국교는 인정되지 아니하며, 종교와 정치
는 분리된다.

제21조 ① 모든 국민은 언론·출판의 자유
와 집회·결사의 자유를 가진다.

② 언론·출판에 대한 허가나 검열과 집
회·결사에 대한 허가는 인정되지 아니
한다.

③ 통신·방송의 시설기준과 신문의 기능을
보장하기 위하여 필요한 사항은 법률로
정한다.

④ 언론·출판은 타인의 명예나 권리 또는
공중도덕이나 사회윤리를 침해하여서는
아니 된다. 언론·출판이 타인의 명예나
권리를 침해한 때에는 피해자는 이에 대
한 피해의 배상을 청구할 수 있다.

제22조 ① 모든 국민은 학문과 예술의 자유
를 가진다.

② 저작자·발명가·과학기술자와 예술가의
권리는 법률로써 보호한다.

제23조 ① 모든 국민의 재산권은 보장된다.
그 내용과 한계는 법률로 정한다.

② 재산권의 행사는 공공복리에 적합하도록
하여야 한다.

③ 공공필요에 의한 재산권의 수용·사용 또
는 제한 및 그에 대한 보상은 법률로써
하되, 정당한 보상을 지급하여야 한다.

제24조 모든 국민은 법률이 정하는 바에 의
하여 선거권을 가진다.

제25조 모든 국민은 법률이 정하는 바에 의
하여 공무담임권을 가진다.

제26조 ① 모든 국민은 법률이 정하는 바에
의하여 국가기관에 문서로 청원할 권리
를 가진다.

② 국가는 청원에 대하여 심사할 의무를 진다.

제27조 ① 모든 국민은 헌법과 법률이 정한
법관에 의하여 법률에 의한 재판을 받을
권리를 가진다.

② 군인 또는 군무원이 아닌 국민은 대한민
국의 영역 안에서는 중대한 군사상 기
밀·초병·초소·유독음식물공급·포로·
군용물에 관한 죄 중 법률이 정한 경우
와 비상계엄이 선포된 경우를 제외하고는
군사법원의 재판을 받지 아니한다.

③ 모든 국민은 신속한 재판을 받을 권리를
가진다. 형사피고인은 상당한 이유가 없
는 한 지체 없이 공개재판을 받을 권리
를 가진다.

④ 형사피고인은 유죄의 판결이 확정될 때
까지는 무죄로 추정된다.

⑤ 형사피해자는 법률이 정하는 바에 의하여 당해 사건의 재판절차에서 진술할 수 있다.

제28조 형사피의자 또는 형사피고인으로서 구금되었던 자가 법률이 정하는 불기소 처분을 받거나 무죄판결을 받은 때에는 법률이 정하는 바에 의하여 국가에 정당한 보상을 청구할 수 있다.

제29조 ① 공무원의 직무상 불법행위로 손해를 받은 국민은 법률이 정하는 바에 의하여 국가 또는 공공단체에 정당한 배상을 청구할 수 있다. 이 경우 공무원 자신의 책임은 면제되지 아니한다.

② 군인·군무원·경찰공무원 기타 법률이 정하는 자가 전투·훈련은 직무집행과 관련하여 받은 손해에 대하여는 법률이 정하는 보상 외에 국가 또는 공공단체에 공무원의 직무상 불법행위로 인한 배상은 청구할 수 없다.

제30조 타인의 범죄행위로 인하여 생명·신체에 대한 피해를 받은 국민은 법률이 정하는 바에 의하여 국가로부터 구조를 받을 수 있다.

제31조 ① 모든 국민은 능력에 따라 균등하게 교육을 받을 권리를 가진다.

② 모든 국민은 그 보호하는 자녀에게 적어도 초등교육과 법률이 정하는 교육을 받게 할 의무를 진다.

③ 의무교육은 무상으로 한다.

④ 교육의 자주성·전문성·정치적 중립성 및 대학의 자율성은 법률이 정하는 바에 의하여 보장된다.

⑤ 국가는 평생교육을 진흥하여야 한다.

⑥ 학교교육 및 평생교육을 포함한 교육제도와 그 운영, 교육재정 및 교원의 지위에 관한 기본적인 사항은 법률로 정한다.

제32조 ① 모든 국민은 근로의 권리를 가진다. 국가는 사회적·경제적 방법으로 근로자의 고용의 증진과 적정임금의 보장에 노력하여야 하며, 법률이 정하는 바에 의하여 최저임금제를 시행하여야 한다.

② 모든 국민은 근로의 의무를 진다. 국가는 근로의 의무의 내용과 조건을 민주주의원칙에 따라 법률로 정한다.

③ 근로조건의 기준은 인간의 존엄성을 보장하도록 법률로 정한다.

④ 여자의 근로는 특별한 보호를 받으며, 고용·임금 및 근로조건에 있어서 부당한 차별을 받지 아니한다.

⑤ 연소자의 근로는 특별한 보호를 받는다.

⑥ 국가유공자·상이군경 및 전몰군경의 유가족은 법률이 정하는 바에 의하여 우선적으로 근로의 기회를 부여받는다.

제33조 ① 근로자는 근로조건의 향상을 위하여 자주적인 단결권·단체교섭권 및 단체행동권을 가진다.

② 공무원인 근로자는 법률이 정하는 자에 한하여 단결권·단체교섭권 및 단체행동권을 가진다.

③ 법률이 정하는 주요방위산업체에 종사하는 근로자의 단체행동권은 법률이 정하는 바에 의하여 이를 제한하거나 인정하지 아니할 수 있다.

제34조 ① 모든 국민은 인간다운 생활을 할 권리를 가진다.

② 국가는 사회보장·사회복지의 증진에 노력할 의무를 진다.

③ 국가는 여자의 복지와 권익의 향상을 위

하여 노력하여야 한다.

④ 국가는 노인과 청소년의 복지향상을 위한 정책을 실시할 의무를 진다.

⑤ 신체장애자 및 질병·노령 기타의 사유로 생활능력이 없는 국민은 법률이 정하는 바에 의하여 국가의 보호를 받는다.

⑥ 국가는 재해를 예방하고 그 위험으로부터 국민을 보호하기 위하여 노력하여야 한다.

제35조 ① 모든 국민은 건강하고 쾌적한 환경에서 생활할 권리를 가지며, 국가와 국민은 환경보전을 위하여 노력하여야 한다.

② 환경권의 내용과 행사에 관하여는 법률로 정한다.

③ 국가는 주택개발정책 등을 통하여 모든 국민이 쾌적한 주거생활을 할 수 있도록 노력하여야 한다.

제36조 ① 혼인과 가족생활은 개인의 존엄과 양성의 평등을 기초로 성립되고 유지되어야 하며, 국가는 이를 보장한다.

② 국가는 모성의 보호를 위하여 노력하여야 한다.

③ 모든 국민은 보건에 관하여 국가의 보호를 받는다.

제37조 ① 국민의 자유와 권리는 헌법에 열거되지 아니한 이유로 경시되지 아니한다.

② 국민의 모든 자유와 권리는 국가안전보장·질서유지 또는 공공복리를 위하여 필요한 경우에 한하여 법률로써 제한할 수 있으며, 제한하는 경우에도 자유와 권리의 본질적인 내용을 침해할 수 없다.

제38조 모든 국민은 법률이 정하는 바에 의하여 납세의 의무를 진다.

제39조 ① 모든 국민은 법률이 정하는 바에 의하여 국방의 의무를 진다.

② 누구든지 병역의무의 이행으로 인하여 불이익한 처우를 받지 아니한다.

제3장 국 회

제40조 입법권은 국회에 속한다.

제41조 ① 국회는 국민의 보통·평등·직접·비밀선거에 의하여 선출된 국회의원으로 구성한다.

② 국회의원의 수는 법률로 정하되, 200인 이상으로 한다.

③ 국회의원의 선거구와 비례대표제 기타 선거에 관한 사항은 법률로 정한다.

제42조 국회의원의 임기는 4년으로 한다.

제43조 국회의원은 법률이 정하는 직을 겸할 수 없다.

제44조 ① 국회의원은 현행범인인 경우를 제외하고는 회기 중 국회의 동의 없이 체포 또는 구금되지 아니한다.

② 국회의원이 회기 전에 체포 또는 구금된 때에는 현행범인이 아닌 한 국회의 요구가 있으면 회기 중 석방된다.

제45조 국회의원은 국회에서 직무상 행한 발언과 표결에 관하여 국회 외에서 책임을 지지 아니한다.

제46조 ① 국회의원은 청렴의 의무가 있다.

② 국회의원은 국가이익을 우선하여 양심에 따라 직무를 행한다.

③ 국회의원은 그 지위를 남용하여 국가·공공단체 또는 기업체와의 계약이나 그 처분에 의하여 재산상의 권리·이익 또는 직위를 취득하거나 타인을 위하여 그

취득을 알선할 수 없다.

제47조 ① 국회의 정기회는 법률이 정하는 바에 의하여 매년 1회 집회되며, 국회의 임시회는 대통령 또는 국회재적의원 4분의 1 이상의 요구에 의하여 집회된다.

② 정기회의 회기는 100일을, 임시회의 회기는 30일을 초과할 수 없다.

③ 대통령이 임시회의 집회를 요구할 때에는 기간과 집회요구의 이유를 명시하여야 한다.

제48조 국회는 의장 1인과 부의장 2인을 선출한다.

제49조 국회는 헌법 또는 법률에 특별한 규정이 없는 한 재적의원 과반수의 출석과 출석의원 과반수의 찬성으로 의결한다. 가부동수인 때에는 부결된 것으로 본다.

제50조 ① 국회의 회의는 공개한다. 다만, 출석의원 과반수의 찬성이 있거나 의장이 국가의 안전보장을 위하여 필요하다고 인정할 때에는 공개하지 아니할 수 있다.

② 공개하지 아니한 회의내용의 공표에 관하여는 법률이 정하는 바에 의한다.

제51조 국회에 제출된 법률안 기타의 의안은 회기 중에 의결되지 못한 이유로 폐기되지 아니한다. 다만, 국회의원의 임기가 만료된 때에는 그러하지 아니하다.

제52조 국회의원과 정부는 법률안을 제출할 수 있다.

제53조 ① 국회에서 의결된 법률안은 정부에 이송되어 15일 이내에 대통령이 공포한다.

② 법률안에 이의가 있을 때에는 대통령은 제1항의 기간 내에 이의서를 붙여 국회로 환부하고, 그 재의를 요구할 수 있다. 국회의 폐회 중에도 또한 같다.

③ 대통령은 법률안의 일부에 대하여 또는 법률안을 수정하여 재의를 요구할 수 없다.

④ 재의의 요구가 있을 때에는 국회는 재의에 붙이고, 재적의원과반수의 출석과 출석의원 3분의 2 이상의 찬성으로 전과 같은 의결을 하면 그 법률안은 법률로서 확정된다.

⑤ 대통령이 제1항의 기간 내에 공포나 재의의 요구를 하지 아니한 때에도 그 법률안은 법률로서 확정된다.

⑥ 대통령은 제4항과 제5항의 규정에 의하여 확정된 법률을 지체 없이 공포하여야 한다. 제5항에 의하여 법률이 확정된 후 또는 제4항에 의한 확정법률이 정부에 이송된 후 5일 이내에 대통령이 공포하지 아니할 때에는 국회의장이 이를 공포한다.

⑦ 법률은 특별한 규정이 없는 한 공포한 날로부터 20일을 경과함으로써 효력을 발생한다.

제54조 ① 국회는 국가의 예산안을 심의·확정한다.

② 정부는 회계연도마다 예산안을 편성하여 회계연도 개시 90일전까지 국회에 제출하고, 국회는 회계연도 개시 30일전까지 이를 의결하여야 한다.

③ 새로운 회계연도가 개시될 때까지 예산안이 의결되지 못한 때에는 정부는 국회에서 예산안이 의결될 때까지 다음의 목적을 위한 경비는 전년도 예산에 준하여 집행할 수 있다.

1. 헌법이나 법률에 의하여 설치된 기관

또는 시설의 유지·운영

2. 법률상 지출의무의 이행

3. 이미 예산으로 승인된 사업의 계속

제55조 ① 한 회계연도를 넘어 계속하여 지출할 필요가 있을 때에는 정부는 연한을 정하여 계속비로서 국회의 의결을 얻어야 한다.

② 예비비는 총액으로 국회의 의결을 얻어야 한다. 예비비의 지출은 차기국회의 승인을 얻어야 한다.

제56조 정부는 예산에 변경을 가할 필요가 있을 때에는 추가경정예산안을 편성하여 국회에 제출할 수 있다.

제57조 국회는 정부의 동의 없이 정부가 제출한 지출예산 각항의 금액을 증가하거나 새 비목을 설치할 수 없다.

제58조 국채를 모집하거나 예산외에 국가의 부담이 될 계약을 체결하려 할 때에는 정부는 미리 국회의 의결을 얻어야 한다.

제59조 조세의 종목과 세율은 법률로 정한다.

제60조 ① 국회는 상호원조 또는 안전보장에 관한 조약, 중요한 국제조직에 관한 조약, 우호통상항해조약, 주권의 제약에 관한 조약, 강화조약, 국가나 국민에게 중대한 재정적 부담을 지우는 조약 또는 입법사항에 관한 조약의 체결·비준에 대한 동의권을 가진다.

② 국회는 선전포고, 국군의 외국에의 파견 또는 외국군대의 대한민국 영역 안에서의 주류에 대한 동의권을 가진다.

제61조 ① 국회는 국정을 감사하거나 특정한 국정사안에 대하여 조사할 수 있으며, 이에 필요한 서류의 제출 또는 증인의 출석과 증언이나 의견의 진술을 요구할 수 있다.

② 국정감사 및 조사에 관한 절차 기타 필요한 사항은 법률로 정한다.

제62조 ① 국무총리·국무위원 또는 정부위원은 국회나 그 위원회에 출석하여 국정처리상황을 보고하거나 의견을 진술하고 질문에 응답할 수 있다.

② 국회나 그 위원회의 요구가 있을 때에는 국무총리·국무위원 또는 정부위원은 출석·답변하여야 하며, 국무총리 또는 국무위원이 출석요구를 받은 때에는 국무위원 또는 정부위원으로 하여금 출석·답변하게 할 수 있다.

제63조 ① 국회는 국무총리 또는 국무위원의 해임을 대통령에게 건의할 수 있다.

② 제1항의 해임건의는 국회재적의원 3분의 1 이상의 발의에 의하여 국회재적의원 과반수의 찬성이 있어야 한다.

제64조 ① 국회는 법률에 저촉되지 아니하는 범위 안에서 의사와 내부규율에 관한 규칙을 제정할 수 있다.

② 국회는 의원의 자격을 심사하며, 의원을 징계할 수 있다.

③ 의원을 제명하려면 국회재적의원 3분의 2 이상의 찬성이 있어야 한다.

④ 제2항과 제3항의 처분에 대하여는 법원에 제소할 수 없다.

제65조 ① 대통령·국무총리·국무위원·행정각부의 장·헌법재판소 재판관·법관·중앙선거관리위원회 위원·감사원장·감사위원 기타 법률이 정한 공무원이 그 직무집행에 있어서 헌법이나 법률을 위배한 때에는 국회는 탄핵의 소추를 의결할 수 있다.

② 제1항의 탄핵소추는 국회재적의원 3분의 1 이상의 발의가 있어야 하며, 그 의결은 국회재적의원 과반수의 찬성이 있어야 한다. 다만, 대통령에 대한 탄핵소추는 국회재적의원 과반수의 발의와 국회재적의원 3분의 2 이상의 찬성이 있어야 한다.

③ 탄핵소추의 의결을 받은 자는 탄핵심판이 있을 때까지 그 권한행사가 정지된다.

④ 탄핵결정은 공직으로부터 파면함에 그친다. 그러나, 이에 의하여 민사상이나 형사상의 책임이 면제되지는 아니한다.

제4장 정 부

제1절 대통령

제66조 ① 대통령은 국가의 원수이며, 외국에 대하여 국가를 대표한다.

② 대통령은 국가의 독립·영토의 보전·국가의 계속성과 헌법을 수호할 책무를 진다.

③ 대통령은 조국의 평화적 통일을 위한 성실한 의무를 진다.

④ 행정권은 대통령을 수반으로 하는 정부에 속한다.

제67조 ① 대통령은 국민의 보통·평등·직접·비밀선거에 의하여 선출한다.

② 제1항의 선거에 있어서 최고득표자가 2인 이상인 때에는 국회의 재적의원 과반수가 출석한 공개회의에서 다수표를 얻은 자를 당선자로 한다.

③ 대통령후보자가 1인일 때에는 그 득표수가 선거권자 총수의 3분의 1 이상이 아니면 대통령으로 당선될 수 없다.

④ 대통령으로 선거될 수 있는 자는 국회의원의 피선거권이 있고 선거일 현재 40세에 달하여야 한다.

⑤ 대통령의 선거에 관한 사항은 법률로 정한다.

제68조 ① 대통령의 임기가 만료되는 때에는 임기만료 70일 내지 40일전에 후임자를 선거한다.

② 대통령이 궐위된 때 또는 대통령 당선자가 사망하거나 판결 기타의 사유로 그 자격을 상실한 때에는 60일 이내에 후임자를 선거한다.

제69조 대통령은 취임에 즈음하여 다음의 선서를 한다.

"나는 헌법을 준수하고 국가를 보위하며 조국의 평화적 통일과 국민의 자유와 복리의 증진 및 민족문화의 창달에 노력하여 대통령으로서의 직책을 성실히 수행할 것을 국민 앞에 엄숙히 선서합니다."

제70조 대통령의 임기는 5년으로 하며, 중임할 수 없다.

제71조 대통령이 궐위되거나 사고로 인하여 직무를 수행할 수 없을 때에는 국무총리, 법률이 정한 국무위원의 순서로 그 권한을 대행한다.

제72조 대통령은 필요하다고 인정할 때에는 외교·국방·통일 기타 국가안위에 관한 중요정책을 국민투표에 붙일 수 있다.

제73조 대통령은 조약을 체결·비준하고, 외교사절을 신임·접수 또는 파견하며, 선전포고와 강화를 한다.

제74조 ① 대통령은 헌법과 법률이 정하는 바에 의하여 국군을 통수한다.

② 국군의 조직과 편성은 법률로 정한다.

제75조 대통령은 법률에서 구체적으로 범위를 정하여 위임받은 사항과 법률을 집행

하기 위하여 필요한 사항에 관하여 대통령령을 발할 수 있다.

제76조 ① 대통령은 내우·외환·천재·지변 또는 중대한 재정·경제상의 위기에 있어서 국가의 안전보장 또는 공공의 안녕질서를 유지하기 위하여 긴급한 조치가 필요하고 국회의 집회를 기다릴 여유가 없을 때에 한하여 최소한으로 필요한 재정·경제상의 처분을 하거나 이에 관하여 법률의 효력을 가지는 명령을 발할 수 있다.

② 대통령은 국가의 안위에 관계되는 중대한 교전상태에 있어서 국가를 보위하기 위하여 긴급한 조치가 필요하고 국회의 집회가 불가능한 때에 한하여 법률의 효력을 가지는 명령을 발할 수 있다.

③ 대통령은 제1항과 제2항의 처분 또는 명령을 한 때에는 지체 없이 국회에 보고하여 그 승인을 얻어야 한다.

④ 제3항의 승인을 얻지 못한 때에는 그 처분 또는 명령은 그때부터 효력을 상실한다. 이 경우 그 명령에 의하여 개정 또는 폐지되었던 법률은 그 명령이 승인을 얻지 못한 때부터 당연히 효력을 회복한다.

⑤ 대통령은 제3항과 제4항의 사유를 지체 없이 공포하여야 한다.

제77조 ① 대통령은 전시·사변 또는 이에 준하는 국가비상사태에 있어서 병력으로써 군사상의 필요에 응하거나 공공의 안녕질서를 유지할 필요가 있을 때에는 법률이 정하는 바에 의하여 계엄을 선포할 수 있다.

② 계엄은 비상계엄과 경비계엄으로 한다.

③ 비상계엄이 선포된 때에는 법률이 정하는 바에 의하여 영장제도, 언론·출판·집회·결사의 자유, 정부나 법원의 권한에 관하여 특별한 조치를 할 수 있다.

④ 계엄을 선포한 때에는 대통령은 지체 없이 국회에 통고하여야 한다.

⑤ 국회가 재적의원 과반수의 찬성으로 계엄의 해제를 요구한 때에는 대통령은 이를 해제하여야 한다.

제78조 대통령은 헌법과 법률이 정하는 바에 의하여 공무원을 임면한다.

제79조 ① 대통령은 법률이 정하는 바에 의하여 사면·감형 또는 복권을 명할 수 있다.

② 일반사면을 명하려면 국회의 동의를 얻어야 한다.

③ 사면·감형 및 복권에 관한 사항은 법률로 정한다.

제80조 대통령은 법률이 정하는 바에 의하여 훈장 기타의 영전을 수여한다.

제81조 대통령은 국회에 출석하여 발언하거나 서한으로 의견을 표시할 수 있다.

제82조 대통령의 국법상 행위는 문서로써 하며, 이 문서에는 국무총리와 관계 국무위원이 부서한다. 군사에 관한 것도 또한 같다.

제83조 대통령은 국무총리·국무위원·행정각부의 장 기타 법률이 정하는 공사의 직을 겸할 수 없다.

제84조 대통령은 내란 또는 외환의 죄를 범한 경우를 제외하고는 재직 중 형사상의 소추를 받지 아니한다.

제85조 전직대통령의 신분과 예우에 관하여는 법률로 정한다.

제2절 행정부

제1관 국무총리와 국무위원

제86조 ① 국무총리는 국회의 동의를 얻어 대통령이 임명한다.

② 국무총리는 대통령을 보좌하며, 행정에 관하여 대통령의 명을 받아 행정각부를 통할한다.

③ 군인은 현역을 면한 후가 아니면 국무총리로 임명될 수 없다.

제87조 ① 국무위원은 국무총리의 제청으로 대통령이 임명한다.

② 국무위원은 국정에 관하여 대통령을 보좌하며, 국무회의의 구성원으로서 국정을 심의한다.

③ 국무총리는 국무위원의 해임을 대통령에게 건의할 수 있다.

④ 군인은 현역을 면한 후가 아니면 국무위원으로 임명될 수 없다.

제2관 국무회의

제88조 ① 국무회의는 정부의 권한에 속하는 중요한 정책을 심의한다.

② 국무회의는 대통령·국무총리와 15인 이상 30인 이하의 국무위원으로 구성한다.

③ 대통령은 국무회의의 의장이 되고, 국무총리는 부의장이 된다.

제89조 다음 사항은 국무회의의 심의를 거쳐야 한다.

1. 국정의 기본계획과 정부의 일반정책

2. 선전·강화 기타 중요한 대외정책

3. 헌법개정안·국민투표안·조약안·법률안 및 대통령령안

4. 예산안·결산·국유재산처분의 기본계획·국가의 부담이 될 계약 기타 재정에 관한 중요사항

5. 대통령의 긴급명령·긴급재정경제처분 및 명령 또는 계엄과 그 해제

6. 군사에 관한 중요사항

7. 국회의 임시회 집회의 요구

8. 영전수여

9. 사면·감형과 복권

10. 행정각부간의 권한의 획정

11. 정부안의 권한의 위임 또는 배정에 관한 기본계획

12. 국정처리상황의 평가·분석

13. 행정각부의 중요한 정책의 수립과 조정

14. 정당해산의 제소

15. 정부에 제출 또는 회부된 정부의 정책에 관계되는 청원의 심사

16. 검찰총장·합동참모의장·각군참모총장·국립대학교총장·대사 기타 법률이 정한 공무원과 국영기업체관리자의 임명

17. 기타 대통령·국무총리 또는 국무위원이 제출한 사항

제90조 ① 국정의 중요한 사항에 관한 대통령의 자문에 응하기 위하여 국가원로로 구성되는 국가원로자문회의를 둘 수 있다.

② 국가원로자문회의의 의장은 직전대통령이 된다. 다만, 직전대통령이 없을 때에는 대통령이 지명한다.

③ 국가원로자문회의의 조직·직무범위 기타 필요한 사항은 법률로 정한다.

제91조 ① 국가안전보장에 관련되는 대외정책·군사정책과 국내정책의 수립에 관하

여 국무회의의 심의에 앞서 대통령의 자문에 응하기 위하여 국가안전보장회의를 둔다.

② 국가안전보장회의는 대통령이 주재한다.

③ 국가안전보장회의의 조직·직무범위 기타 필요한 사항은 법률로 정한다.

제92조 ① 평화통일정책의 수립에 관한 대통령의 자문에 응하기 위하여 민주평화통일자문회의를 둘 수 있다.

② 민주평화통일자문회의의 조직·직무범위 기타 필요한 사항은 법률로 정한다.

제93조 ① 국민경제의 발전을 위한 중요정책의 수립에 관하여 대통령의 자문에 응하기 위하여 국민경제자문회의를 둘 수 있다.

② 국민경제자문회의의 조직·직무범위 기타 필요한 사항은 법률로 정한다.

제3관 행정각부

제94조 행정각부의 장은 국무위원 중에서 국무총리의 제청으로 대통령이 임명한다.

제95조 국무총리 또는 행정각부의 장은 소관사무에 관하여 법률이나 대통령령의 위임 또는 직권으로 총리령 또는 부령을 발할 수 있다.

제96조 행정각부의 설치·조직과 직무범위는 법률로 정한다.

제4관 감사원

제97조 국가의 세입·세출의 결산, 국가 및 법률이 정한 단체의 회계검사와 행정기관 및 공무원의 직무에 관한 감찰을 하기 위하여 대통령 소속하에 감사원을 둔다.

제98조 ① 감사원은 원장을 포함한 5인 이상 11인 이하의 감사위원으로 구성한다.

② 원장은 국회의 동의를 얻어 대통령이 임명하고, 그 임기는 4년으로 하며, 1차에 한하여 중임할 수 있다.

③ 감사위원은 원장의 제청으로 대통령이 임명하고, 그 임기는 4년으로 하며, 1차에 한하여 중임할 수 있다.

제99조 감사원은 세입·세출의 결산을 매년 검사하여 대통령과 차년도국회에 그 결과를 보고하여야 한다.

제100조 감사원의 조직·직무범위·감사위원의 자격·감사대상공무원의 범위 기타 필요한 사항은 법률로 정한다.

제5장 법 원

제101조 ① 사법권은 법관으로 구성된 법원에 속한다.

② 법원은 최고법원인 대법원과 각급법원으로 조직된다.

③ 법관의 자격은 법률로 정한다.

제102조 ① 대법원에 부를 둘 수 있다.

② 대법원에 대법관을 둔다. 다만, 법률이 정하는 바에 의하여 대법관이 아닌 법관을 둘 수 있다.

③ 대법원과 각급법원의 조직은 법률로 정한다.

제103조 법관은 헌법과 법률에 의하여 그 양심에 따라 독립하여 심판한다.

제104조 ① 대법원장은 국회의 동의를 얻어 대통령이 임명한다.

② 대법관은 대법원장의 제청으로 국회의 동의를 얻어 대통령이 임명한다.

③ 대법원장과 대법관이 아닌 법관은 대법관회의의 동의를 얻어 대법원장이 임명한다.

제105조 ① 대법원장의 임기는 6년으로 하며, 중임할 수 없다.

② 대법관의 임기는 6년으로 하며, 법률이 정하는 바에 의하여 연임할 수 있다.

③ 대법원장과 대법관이 아닌 법관의 임기는 10년으로 하며, 법률이 정하는 바에 의하여 연임할 수 있다.

④ 법관의 정년은 법률로 정한다.

제106조 ① 법관은 탄핵 또는 금고 이상의 형의 선고에 의하지 아니하고는 파면되지 아니하며, 징계처분에 의하지 아니하고는 정직·감봉 기타 불리한 처분을 받지 아니한다.

② 법관이 중대한 심신상의 장해로 직무를 수행할 수 없을 때에는 법률이 정하는 바에 의하여 퇴직하게 할 수 있다.

제107조 ① 법률이 헌법에 위반되는 여부가 재판의 전제가 된 경우에는 법원은 헌법재판소에 제청하여 그 심판에 의하여 재판한다.

② 명령·규칙 또는 처분이 헌법이나 법률에 위반되는 여부가 재판의 전제가 된 경우에는 대법원은 이를 최종적으로 심사할 권한을 가진다.

③ 재판의 전심절차로서 행정심판을 할 수 있다. 행정심판의 절차는 법률로 정하되, 사법절차가 준용되어야 한다.

제108조 대법원은 법률에 저촉되지 아니하는 범위 안에서 소송에 관한 절차, 법원의 내부규율과 사무처리에 관한 규칙을 제정할 수 있다.

제109조 재판의 심리와 판결은 공개한다. 다만, 심리는 국가의 안전보장 또는 안녕질서를 방해하거나 선량한 풍속을 해할 염려가 있을 때에는 법원의 결정으로 공개하지 아니할 수 있다.

제110조 ① 군사재판을 관할하기 위하여 특별법원으로서 군사법원을 둘 수 있다.

② 군사법원의 상고심은 대법원에서 관할한다.

③ 군사법원의 조직·권한 및 재판관의 자격은 법률로 정한다.

④ 비상계엄하의 군사재판은 군인·군무원의 범죄나 군사에 관한 간첩죄의 경우와 초병·초소·유독음식물공급·포로에 관한 죄 중 법률이 정한 경우에 한하여 단심으로 할 수 있다. 다만, 사형을 선고한 경우에는 그러하지 아니하다.

제6장 헌법재판소

제111조 ① 헌법재판소는 다음 사항을 관장한다.

1. 법원의 제청에 의한 법률의 위헌여부 심판

2. 탄핵의 심판

3. 정당의 해산 심판

4. 국가기관 상호간, 국가기관과 지방자치단체간 및 지방자치단체 상호간의 권한쟁의에 관한 심판

5. 법률이 정하는 헌법소원에 관한 심판

② 헌법재판소는 법관의 자격을 가진 9인의 재판관으로 구성하며, 재판관은 대통령이 임명한다.

③ 제2항의 재판관중 3인은 국회에서 선출

하는 자를, 3인은 대법원장이 지명하는 자를 임명한다.

④ 헌법재판소의 장은 국회의 동의를 얻어 재판관 중에서 대통령이 임명한다.

제112조 ① 헌법재판소 재판관의 임기는 6년으로 하며, 법률이 정하는 바에 의하여 연임할 수 있다.

② 헌법재판소 재판관은 정당에 가입하거나 정치에 관여할 수 없다.

③ 헌법재판소 재판관은 탄핵 또는 금고 이상의 형의 선고에 의하지 아니하고는 파면되지 아니한다.

제113조 ① 헌법재판소에서 법률의 위헌결정, 탄핵의 결정, 정당해산의 결정 또는 헌법소원에 관한 인용결정을 할 때에는 재판관 6인 이상의 찬성이 있어야 한다.

② 헌법재판소는 법률에 저촉되지 아니하는 범위 안에서 심판에 관한 절차, 내부규율과 사무처리에 관한 규칙을 제정할 수 있다.

③ 헌법재판소의 조직과 운영 기타 필요한 사항은 법률로 정한다.

제7장 선거관리

제114조 ① 선거와 국민투표의 공정한 관리 및 정당에 관한 사무를 처리하기 위하여 선거관리위원회를 둔다.

② 중앙선거관리위원회는 대통령이 임명하는 3인, 국회에서 선출하는 3인과 대법원장이 지명하는 3인의 위원으로 구성한다. 위원장은 위원 중에서 호선한다.

③ 위원의 임기는 6년으로 한다.

④ 위원은 정당에 가입하거나 정치에 관여할 수 없다.

⑤ 위원은 탄핵 또는 금고 이상의 형의 선고에 의하지 아니하고는 파면되지 아니한다.

⑥ 중앙선거관리위원회는 법령의 범위 안에서 선거관리·국민투표관리 또는 정당사무에 관한 규칙을 제정할 수 있으며, 법률에 저촉되지 아니하는 범위 안에서 내부규율에 관한 규칙을 제정할 수 있다.

⑦ 각급 선거관리위원회의 조직·직무범위 기타 필요한 사항은 법률로 정한다.

제115조 ① 각급 선거관리위원회는 선거인명부의 작성은 선거사무와 국민투표사무에 관하여 관계 행정기관에 필요한 지시를 할 수 있다.

② 제1항의 지시를 받은 당해 행정기관은 이에 응하여야 한다.

제116조 ① 선거운동은 각급 선거관리위원회의 관리 하에 법률이 정하는 범위 안에서 하되, 균등한 기회가 보장되어야 한다.

② 선거에 관한 경비는 법률이 정하는 경우를 제외하고는 정당 또는 후보자에게 부담시킬 수 없다.

제8장 지방자치

제117조 ① 지방자치단체는 주민의 복리에 관한 사무를 처리하고 재산을 관리하며, 법령의 범위 안에서 자치에 관한 규정을 제정할 수 있다.

② 지방자치단체의 종류는 법률로 정한다.

제118조 ① 지방자치단체에 의회를 둔다.

② 지방의회의 조직·권한·의원선거와 지방자치단체의 장의 선임방법 기타 지방자치단체의 조직과 운영에 관한 사항은

법률로 정한다.

제9장 경제

제119조 ① 대한민국의 경제질서는 개인과 기업의 경제상의 자유와 창의를 존중함을 기본으로 한다.

② 국가는 균형 있는 국민경제의 성장 및 안정과 적정한 소득의 분배를 유지하고, 시장의 지배와 경제력의 남용을 방지하며, 경제주체간의 조화를 통한 경제의 민주화를 위하여 경제에 관한 규제와 조정을 할 수 있다.

제120조 ① 광물 기타 중요한 지하자원·수산자원·수력과 경제상 이용할 수 있는 자연력은 법률이 정하는 바에 의하여 일정한 기간 그 채취·개발 또는 이용을 특허할 수 있다.

② 국토와 자원은 국가의 보호를 받으며, 국가는 그 균형 있는 개발과 이용을 위하여 필요한 계획을 수립한다.

제121조 ① 국가는 농지에 관하여 경자유전의 원칙이 달성될 수 있도록 노력하여야 하며, 농지의 소작제도는 금지된다.

② 농업생산성의 제고와 농지의 합리적인 이용을 위하거나 불가피한 사정으로 발생하는 농지의 임대차와 위탁경영은 법률이 정하는 바에 의하여 인정된다.

제122조 국가는 국민 모두의 생산 및 생활의 기반이 되는 국토의 효율적이고 균형 있는 이용·개발과 보전을 위하여 법률이 정하는 바에 의하여 그에 관한 필요한 제한과 의무를 과할 수 있다.

제123조 ① 국가는 농업 및 어업을 보호·육성하기 위하여 농·어촌종합개발과 그 지원은 필요한 계획을 수립·시행하여야 한다.

② 국가는 지역간의 균형 있는 발전을 위하여 지역경제를 육성할 의무를 진다.

③ 국가는 중소기업을 보호·육성하여야 한다.

④ 국가는 농수산물의 수급균형과 유통구조의 개선에 노력하여 가격안정을 도모함으로써 농·어민의 이익을 보호한다.

⑤ 국가는 농·어민과 중소기업의 자조조직을 육성하여야 하며, 그 자율적 활동과 발전을 보장한다.

제124조 국가는 건전한 소비행위를 계도하고 생산품의 품질향상을 촉구하기 위한 소비자보호운동을 법률이 정하는 바에 의하여 보장한다.

제125조 국가는 대외무역을 육성하며, 이를 규제·조정할 수 있다.

제126조 국방상 또는 국민경제상 긴절한 필요로 인하여 법률이 정하는 경우를 제외하고는, 사영기업을 국유 또는 공유로 이전하거나 그 경영을 통제 또는 관리할 수 없다.

제127조 ① 국가는 과학기술의 혁신과 정보 및 인력의 개발을 통하여 국민경제의 발전에 노력하여야 한다.

② 국가는 국가표준제도를 확립한다.

③ 대통령은 제1항의 목적을 달성하기 위하여 필요한 자문기구를 둘 수 있다.

제10장 헌법개정

제128조 ① 헌법개정은 국회재적의원 과반수 또는 대통령의 발의로 제안된다.

② 대통령의 임기연장 또는 중임변경을 위

한 헌법개정은 그 헌법개정 제안 당시의 대통령에 대하여는 효력이 없다.

제129조 제안된 헌법개정안은 대통령이 20일 이상의 기간 이를 공고하여야 한다.

제130조 ① 국회는 헌법개정안이 공고된 날로부터 60일 이내에 의결하여야 하며, 국회의 의결은 재적의원 3분의 2 이상의 찬성을 얻어야 한다.

② 헌법개정안은 국회가 의결한 후 30일 이내에 국민투표에 붙여 국회의원선거권자 과반수의 투표와 투표자 과반수의 찬성을 얻어야 한다.

③ 헌법개정안이 제2항의 찬성을 얻은 때에는 헌법개정은 확정되며, 대통령은 즉시 이를 공포하여야 한다.

부 칙〈제10호, 1987.10.29.〉

제1조 이 헌법은 1988년 2월 25일부터 시행한다. 다만, 이 헌법을 시행하기 위하여 필요한 법률의 제정·개정과 이 헌법에 의한 대통령 및 국회의원의 선거 기타 이 헌법시행에 관한 준비는 이 헌법시행 전에 할 수 있다.

제2조 ① 이 헌법에 의한 최초의 대통령선거는 이 헌법시행일 40일 전까지 실시한다.

② 이 헌법에 의한 최초의 대통령의 임기는 이 헌법시행일로부터 개시한다.

제3조 ① 이 헌법에 의한 최초의 국회의원선거는 이 헌법공포일로부터 6월 이내에 실시하며, 이 헌법에 의하여 선출된 최초의 국회의원의 임기는 국회의원선거후 이 헌법에 의한 국회의 최초의 집회일로부터 개시한다.

② 이 헌법공포 당시의 국회의원의 임기는 제1항에 의한 국회의 최초의 집회일 전일까지로 한다.

제4조 ① 이 헌법시행 당시의 공무원과 정부가 임명한 기업체의 임원은 이 헌법에 의하여 임명된 것으로 본다. 다만, 이 헌법에 의하여 선임방법이나 임명권자가 변경된 공무원과 대법원장 및 감사원장은 이 헌법에 의하여 후임자가 선임될 때까지 그 직무를 행하며, 이 경우 전임자인 공무원의 임기는 후임자가 선임되는 전일까지로 한다.

② 이 헌법시행 당시의 대법원장과 대법원판사가 아닌 법관은 제1항 단서의 규정에 불구하고 이 헌법에 의하여 임명된 것으로 본다.

③ 이 헌법중 공무원의 임기 또는 중임제한에 관한 규정은 이 헌법에 의하여 그 공무원이 최초로 선출 또는 임명된 때로부터 적용한다.

제5조 이 헌법시행 당시의 법령과 조약은 이 헌법에 위배되지 아니하는 한 그 효력을 지속한다.

제6조 이 헌법시행 당시에 이 헌법에 의하여 새로 설치될 기관의 권한에 속하는 직무를 행하고 있는 기관은 이 헌법에 의하여 새로운 기관이 설치될 때까지 존속하며 그 직무를 행한다.

참고문헌

계희열, 헌법학 上·中(박영사)

권영성, 헌법학원론(법문사)

김철수, 헌법학개론(박영사)

김학성, 헌법개론(피앤씨미디어)

양 건, 헌법연구(법문사)

장영수, 헌법학Ⅰ·Ⅱ(홍문사)

정재황, 헌법재판개론(박영사)

정종섭, 헌법소송법(박영사)

정회철, 헌법(한울아카데미)

허 영, 한국헌법론(박영사)

허 영, 헌법이론과 헌법(박영사)

홍성방, 헌법Ⅰ·Ⅱ(현암사)

권순현

고려대학교 법과대학 및 동대학원 졸
법학박사
현) 신라대학교 경찰행정학과 교수

저서
헌법강의(삼조사)
객관식헌법(삼조사)
헌법판례선(삼조사)
조문·판례 헌법(삼조사)
헌법기출문제집(피앤씨미디어)
법학개론(피엔씨미디어, 공저)

경찰헌법

초판발행	2022년 3월 10일
지은이	권순현
펴낸이	안종만·안상준
편 집	정수정
기획/마케팅	정성혁
표지디자인	BEN STORY
제 작	고철민·조영환
펴낸곳	(주) 박영사
	서울특별시 금천구 가산디지털2로 53, 210호(가산동, 한라시그마밸리)
	등록 1959. 3. 11. 제300-1959-1호(倫)
전 화	02)733-6771
f a x	02)736-4818
e-mail	pys@pybook.co.kr
homepage	www.pybook.co.kr
ISBN	979-11-303-4134-7 93360

정 가   34,000원